Psychoanalysis and Buddhism

불교와 정신분석

Psychoanalysis and Buddhism

불교와 정신분석

제레미 사프란(JEREMY D. SAFRAN) 편
이성동 역

씨
아이
알

카르마 틴레이 린포체에게
선승 리차드 쉬로브에게
그리고 스테펜 미첼에게

To Karma Thinley Rinpoche

To Zen Master Richard Shrobe

And to the memory of Stephen A. Mitchell

****

나의 티베트 스승이자 16세기 라마 카르마 틴레이의 네 번째 환생인 카르마 틴레이가 어색하고 진한 억양의 영어로 언젠가 나에게 질문을 하였다. "서구 심리학은 예민한 신경증을 어떻게 치료하나요?" "왜 나에게 그런 것을 묻는 것이죠?" 나는 되물었다. 그는 대답하였다 "나는 항상 예민한 신경증을 가지고 있습니다. 심지어 내가 어린 소년이었을 때도 예민하였고 지금도 그렇습니다. 나는 대중 강연을 하거나 모르는 사람과 말할 때 특히 예민해집니다." 카르마 틴레이가 나에게 질문할 때 늘 그렇듯이 이번에도 제대로 답을 찾을 수 없었다. 부분적인 이유는 영어가 제한적인 누군가에게 무엇을 제대로 설명할 단어들을 찾기가 어렵기 때문이었다. 그러나 여기에는 또 다른 더 중요한 요인이 있다. 얼핏 보기에는 이것은 간단한 질문이다. 그러나 카르마 틴레이는 60대의 대단히 존경받는 라마이고 고도의 티베트 불교 명상수행으로 오랜 세월을 보낸 사람이다. 카르마 틴레이를 잘 알고 있는 사람들은 그를 깨달은 자로 알고 있다. 서구의 정신치료자들은 불안을 포함해서 여러 정신적 문제를 해결하는 데 불교 명상을 가치 있는 치료법으로 생각하는 경향이 증가하고 있다. 그에게 불안을 어떻게 다루어야 하는지를 말하는 나는 누구인가? 명상에 탁월한 카르마 틴레이가 이런 일상적인 걱정에 여전히 시달리고 있다는 것이 가능한 일인가? 깨달은 사람이 어떻게 남 앞에 서는 것을 불안해할 수 있는가? 그는 정말로 깨달았는가? 깨달았다는 것이 의미하는 바가 무엇인가? 이렇게 새로 생긴 의문으로 나의 머릿속은 소용돌이쳤다. 그리고 잠시 동안 정신이 멈추어버렸다. 그러고 나서 나는 카르마 틴레이에게서 나오는 따뜻함을 느꼈다. 또한 그를 향한 따뜻함도 느꼈다. 나는 젊고 부드럽고 내가 아는 모든 것에 개방적이고 불확실함을 감지하였다.

제레미 사프란

감사의 글

우선 카르마 틴레이 린포체와 선승 리차드 쉬로브에게 감사를 표하고자 한다. 그들은 나의 인생에서 힘든 시기를 함께 해주었고, 나에게 간명함, 평범함, 변함없음, 자애를 가르쳐주었다. 또한 나를 신뢰해주고 지도해주고 격려해준 필립 브롬버그Philip Bromberg에게 감사를 보낸다. 특히 작고한 스테펜 미첼에게 많은 빚을 지고 있다. 그는 열린 마음으로 나를 지적으로 자극해주었고 자신의 열정을 나에게 쏟아주었다. 이번 기획의 초기 단계에서 보여준 그의 지지가 실제로 책이 되어 나오는 데 핵심적인 역할을 하였다. 네일 알트만Neil Altman, 조셉 밥로우Joseph Bobrow, 잭 엥글러Jack Engler, 마크 핀Mark Finn, 제임스 그로트스타인James Grotstein, 로버트 랭건Robert Langan, 배리 마기드Barry Magid, 스테펜 미첼Stephen Mitchell, 라울 몬카요Raul Moncayo, 스튜어트 파이저Stuart Pizer, 오웬 레닉Owen Renik, 필립 링스트롬Philip Ringstrom, 제프리 루빈Jeffrey Rubin, 찰스 스페짜노Charles Spezzano, 네빌 시밍턴Neville Symington, 마이클 톰슨Michael Thompson, 사라 웨버Sara Weber, 폴리 영-아이젠드라스Polly Young-Eisendrath에게 감사를 표한다. 이런 중요하고 때로는 어려운 작업에 기여한 당신들의 공헌과 의지에 정말 감사한다. 이 기획은 상당히 오랜 시간이 걸렸고 때로는 정말로 이 책이 출판될 수 있을까 하고 의문을 표하는 사람들도 있었다. 나도 그런 의문이 들 때도 있었다. 출판사의 편집자 조시 바르톡Josh Bartok과 함께 일하는 것이 즐거웠다. 그는 지적이고 박식하고 헌신적이고 열정적이며 개방적인 사람이다. 나는 또한 대단히 훌륭하고 지적인 편집을 해준 존 르로이John LeRoy에게도 정말 감사한다. 인생의 동반자인, 사랑하는 아내 제니Jenny에게도 감사한다. 그녀는 지속적으로 나의 작업을 지지해주었고, 지적이고 건설적인 비평을 하였으며(처음에는 제대로 몰랐지만 결국은 항상 그녀의 비평이 옳았다), 이 기획이 제대로 끝날 수 있게 격려해주었다. 마빈Marvin과 캐시 헌터Cathy Hunter에게도 감사한다. 그들은 따뜻하고 관대하고 활기에 넘친 사람들이다. 그리고 마지막으로 나의 딸들 아일라Ayla와 엘리아나Eliana에게도 감사한다. 그녀들은 나의 인생에 기쁨을 주고 있다. 내가 젊었을 때 아버지는 나의 누이동생과 나를 자신의 보석이라고 말하곤 하였다. 이제 내가 아버지의 마음을 헤아리고 있다.

서문

내가 불교와 인연을 맺은 뿌리는 아주 오래전으로 거슬러 올라간다. 이런 인연은 내가 서구의 정신치료와 정신분석에 관심을 기울인 만큼이나 오래되었다는 것은 분명한 사실이다. 내가 밴쿠버의 선 센터에서 처음 명상을 시작했던 그때는 1970년대 초반이었다. 당시 나는 임상 심리학 대학원에 입학하기 전이었고 더군다나 정신분석 수련을 받기 훨씬 전이었다. 선 센터의 스승은 영국에서 온 성실한 젊은 승려였다. 그는 나에게 심대한 영향을 미친 우상파괴적인 선불교의 스승과 티베트 라마들과 비교하여 보면 전형적인 기독교 목사와 같은 유형의 경건한 태도를 보인 사람이었다. 그러나 그는 명상은 올바른 자세로 앉아서 하는 등 잘 훈련된 방식으로 해야 한다는 것의 중요성을 내게 일깨워주었다. 당시 나는 그렇게 성실했던 수행자라고는 말할 수 없지만 이후 불교에 대한 관심은 수년간이나 지속되었다. 1990년대 초가 되자 나의 직업적 글쓰기에 불교 교리와 수행의 영향은 명확하게 나타나기 시작하였다. 물론 지금과 같은 책의 기획을 맡기에는 아직 더 오랜 시간이 필요했다. 이번 기획의 중심 주제인 불교와 정신분석에 대한 공통된 관심으로 나를 이끌어준 여러 힘들이 도대체 무엇인지 단지 추측만 할 수 있을 뿐이다. 여기에는 프로이트가 가르친 대로 의식적이고 무의식적인 여러 다양한 결정 요인들이 있다는 것은 의심할 여지가 없다. 또한 여기에는 불교가 가르쳐 주는 대로 여러 업(카르마)의 결정 요인들도 있을 것이다. 지금 내가 알고 있는 것은 이런 기획을 할 시점이 무르익었다는 점이다.

정신분석과 불교의 대화는 오랜 역사를 갖고 있지만 둘의 접점을 체계적인 방식으로 파악하려는 시도는 그동안 산발적이고 부분적으로만 이루어졌다. 이런 대화에 관심을 보이는 정신분석가들은 정신분석학계에서는 변방에 서 있곤 하였다. 그들은 정신분석적 사고의 주류에 벗어나서 활동하고 있었다. 그러나 최근 정신분석가들이 불교에 깊은 관심을 보이고 있는데 이런 흐름은 서구의 일반적 정신치료자들과 서구 문화의 전반적 흐름이 불교에 점점 더 많은 관심을 보이는 경향과 맥을 같이하고 있다. 이 책에서는 정신분석과 불교의 접점에 대해 저술한 정신분석가들과 주류 정신분석가 사이의 공식적인 대화를 처음으로 시도하였다.

이 책은 다음과 같이 구성되어 있다. 먼저 원저자가 논문을 쓰고 이어서 이에 대한 논평 그리고 원저자의 답변으로 구성되어 있다. 정신분석과 불교 모두에 비슷한 정도의 관심을 지닌 원저자들 대부분은 그동안 두 분야의 접점에 대해 상당한 정도의 공헌을 한 사람들이다. 논평을 쓴 정신분석가들은 대개 불교와의 친화도라는 점에서는 다소 한계를 갖고 있지만 대화를 하기에 충분할 정도로 불교에 관심을 갖고 있는 사람들이다. 이렇게 뛰어난 정신분석가들을 이번의 출판 기획에 참여시킬 수 있어서 정말 행운이라고 생각한다. 이분들은 현대 정신분석이론의 발달에 중요한 기여를 한 분들이다. 그들이 이런 기획에 기꺼이 참여를 해주었다는 사실은 불교에 대한 문화적 환경이 정신분석학계와 일반적 문화에서 변화되어 가고 있다는 점을 반영하고 있다. 정신분석학계에서 "불교 친화적" 흐름이 항상 밑바닥에 있어왔지만 이 책과 같은 대화는 비로소 최근 불과 몇 년 사이에 이루어질 수 있었다. 이런 대화를 통해서 불교와 정신분석의 접점에서 발생한 사상이 새로운 차원의 세련미를 갖는 방향으로 상승되고, 또한 정신분석가들과 정신치료자 및 일반 대중 모두에게 이런 주제에 대한 관심을 촉발하는 데 도움이 되기를 희망해본다.

「문화적 장치로서 불교와 정신분석」이라는 제목을 붙인 서론은 내가 집필하였는데 이 논문에서 나는 상호 대화의 맥락을 보여주려고 하였다. 이런 목적을 달성하기 위해 불교와 정신분석의 발전에 영향을 미치고, 또한 오늘날 불교에 대한 높은 관심에 영향을 끼치고 있는 문화적 및 역사적 요소들을 개략적으로 서술하였다. 그리고 서론 논문의 두 번째 내용은 불교와 정신분석에 별로 친숙하지 않은 독자들에게 몇 가지 배경지식을 제공하기 위해 불교와 정신분석의 몇 가지 주요한 주제와 발달 과정을 검토하였다.

서론과 이 책 전체의 최종적인 목적은 현대의 정신분석에 친숙하지 않은 현대의 독자들에게 현대 정신분석학계에서 일어나고 있는 흥미롭고 미래지향적인 몇 가지 발전 사항들의 풍미를 제공하는 것이다. 서구의 정신치료는 20세기 초 정신분석의 등장으로 시작되었다. 수년 동안 정신분석은 심리 치료의 지배적 방식이었다. 정신분석은 인간의 경험을 이해하는 데 항상 개념적으로 풍부하고 세련된 틀을 제공하였지만 다른 한편으로 정신분석이론은 환원적이고 유사과학적인 불모성을 보이는 경향을 촉발하곤 하였다. 정신분석이 점차로 일종의 문화적 장치로서 확립되어가는 것과 동시에 정신분석은 혁신적이고 진보적인 잠재적 가능성을 상실해가면서 다소 거만해지고 보수적이고 고립적인 경향을 보였다. 그리하여 1960년대에 정신분석은 시련의 시간을 맞이하기 시작하였다. 정신과학에서 정신분석은 생물학적 혁명으로 대체되었다. 그리고 정신치료의 분야에서 정신분석은 한편으로는 실용성과 과학적 정통성의 측면에서 인지행동치료에 그리고 다른 한편으로는 인간의 품위와 잠재력의 근본적인 중요성을 강조하는 인본주의적 정신치료에 공격당하고 포위되어 버렸다.

그러나 최근 정신분석이론과 치료에서 새로운 바람이 일어나고 있다. 이 바람은 보수주의의 족쇄를 부수고 인간의 마음과 영혼의 호소에 긍정적으로 반응하는 방향으로 그 모습을 취하고 있다. 나는 이 책이 이런 새로운 바람과 이런 바람이 지속되고 있다는 점을 반영하고 있다고 생각한다.

추천사

평소 다양한 정신 치료의 근본이 불교의 가르침과 다르지 않다는 생각을 해오던 중 이 책을 읽게 되었다.

저자가 불교에 깊은 관심을 지닌 19명의 저명한 서구 심리학자란 점과 각 저자의 글에 논평과 답변이 따르는 구성이 여느 책과는 다르게 느껴진다. 내용 또한 단순히 알려진 이론을 소개한다기보다 저자의 고유한 생각과 체험을 기반으로 하고 있다는 점이 돋보인다. 논평과 답변으로 이루어진 깊이 있고 격조 높은 논의는 학문적 토론의 진수를 보여주며 이 책의 가치와 품격을 더하고 있다.

이 책은 제목이 말해주듯이 불교와 정신분석의 접점을 다루고 있다. 프로이트의 고전적 정신분석에서 신프로이트 학파, 대상관계 이론, 라캉 그리고 칼 구스타프 융에 이르기까지 다양한 정신분석 이론을 소개하며 궁극적으로 지향하는 바가 불교의 가르침과 크게 다르지 않음을 밝히고 있다.

서두에서 고전적 프로이트 이론의 한계를 지적하며 치료자의 세계관이 중요하다는 점을 말하면서 죽음 또는 삶의 고통(둣카)과 같은 실존적 문제를 다뤄야 한다고 밝히고 있는데, 평소 내 생각과 같은 데다 전공의를 가르치며 자주 강조하는 내용이라 마음에 드는 부분이다. 무신론자인 프로이트가 삶의 덧없음에 대해 보인 태도를 언급한 대목도 인상적이다.

이어서 '무아'에 앞서 '유아'가 필요하다는 부분 또한 흥미롭고 깊게 새겨 볼만하다. 정신 치료에서 말하는 진정한 자아와 불교에서 말하는 '무아'에 대한 논의 역시 천천히 되새겨 볼 수준 높은 내용이다.

정신분석적 사고에 존재론적 고려가 부족한 점의 아쉬움을 채우기 위해 존재론적 측면을 환기시킨 부분도 눈길을 끈다. 현 존재분석의 핵심 개념이라 할 수 있는 하이데거의 '알레테이아'에 대한 언급은 논의를 풍요롭게 하고, 라캉을 언급하며 매슬로우의 B-인지를 떠올린 점도 흥미롭다.

마지막으로 일상적 삶에서 좋은 삶이란 어떤 것인지에 대해 정신분석학적 관점과 불교적 관점에서 알기 쉽게 설명하고 있다. 좋은 삶을 구성하는 요인들로 신경증적 속박으로부터 자유와 공감적 이해 및 도덕적 책임 그리고 칼 구스타프 융이 말한 개성화와 종교적 심성 등을 들고 있는데 함축적이면서 핵심적인 내용을 포괄하고 있다.

이 책은 심리치료에 관심 있는 사람이라면 꼭 읽어 보기를 권한다. 다양한 심리치료 이론의 근본과 지향하는 바가 불교의 가르침과 맞닿아 있다는 사실을 깨닫게 될 것이다. 치료의 근본을 이해하면 유행하는 치료 기법이나 정형화된 이론적 틀에서 벗어나 좀 더 유연하고 깊이 있는 치료를 할 수 있게 될 것이다. 치료의 원리는 하나 속에 모든 것이 있고 모든 것 속에 하나가 있다.

더불어 평소 불교에 관심이 있는 분이라면 욕망과 깨달음에 대한 서구 심리학자의 관점과 설명이 기존에 알고 있던 것보다 좀 더 구체적이고 명료하게 와닿을 수 있다. 모호하게 느껴지던 불교의 가르침을 일상적 삶에 적용하는 데 유용하다.

특히 명상을 하며 단순한 호흡 조절과 주의집중 수준의 마음챙김이 미흡하게 느껴지고 삶의 근원적 문제에 대해 통찰을 원하는 분께 일독을 권한다.

또한 대중적 자기계발서의 내용이 진부하고 깊이가 부족하다고 느끼면서 진정한 자신에 대한 이해를 구하고 진지하게 좋은 삶의 방향을 찾고자 하는 분께도 적극 추천한다.

이 책에서 다루고 있는 정신분석과 불교의 가르침에 따른 치료적 마음은 심리학과 불교에 특별한 관심을 가진 사람이 아닐지라도 정신적으로 건강한 삶을 사는 데 큰 도움이 되리라 믿는다.

마지막으로 저자들의 정신분석과 불교의 만남에 대한 깊은 통찰력과 명료한 해석 그리고 격조 있는 논의에 경의를 표하며 번역서가 아니라면 쉽게 접하기 어려웠을 책을 국내 독자들이 읽을 수 있도록 해준 이성동 선생의 노고에 감사드린다.

김창윤
『성격과 삶』의 저자
울산대학교 의과대학, 서울아산병원 정신건강의학과 교수

서 론

문화적 장치로서 불교와 정신분석

제레미 D. 사프란(JEREMY D. SAFRAN)

프로이트와 달라이 라마

1950년대와 1960년대 에리히 프롬과 카렌 호나이와 같은 정신분석가들이 불교에 산발적인 관심을 보였지만 지금 되돌이켜 보면 불교에 대한 그들의 이런 관심은 그렇게 대단한 것은 아니었다. 그러나 지금 불교에 대한 관심은 놀랄 정도로 높아졌다. 이런 점은 인기 있는 책들에서 잘 반영되고 있다. 예를 들면, 마크 엡스타인Mark Epstein(1995, 1998, 2001), 제프리 루빈Jeffrey Rubin(1996), 존 술러John Suler(1993), 앤토니 모리노Anthony Molino(1998), 배리 마기드Barry Magid(2002)가 집필한 책들을 들 수 있다. 특히 엡스타인의 책은 일반 독자와 정신분석학계에 상당한 반향을 불러일으켰다. 이렇게 불교에 대한 관심이 증가되면서 대중 문화에서도 불교의 인기가 점차로 높아지고 있다. 비틀즈가 예수 그리스도보다 더 인기가 있다고 한 존 레논의 재치있는 말을 슬쩍 적용해보면 달라이 라마가 지그문트 프로이트에 승리를 거두었다고 말해도 좋을 정도이다. 정통적인 정신분석가는 이런 언급을 신성모독이라고 생각하겠지만 좋든 싫든 간에 불교가 이미 우리 문화의 여기 그리고 지금 존재한다는 징조를 드러내고 있다. 또한 불교가 정신분석학계의 사유 방식에 미치는 영향도 점점 커지고 있다.

정신분석학계가 이전보다 불교에 관심을 더 많이 갖고 있다는 것을 우리는 어떻게 이해해야 하는가? 정신분석이 태동할 당시 20세기 초에는 세속적 세계관이 활개를 펴기 시작할 때였다. 이 시대의 많은 사람들은 근대적 세계관과 놀라운 과학적 합리주의의 성취로 인해 종교적인 신앙을 유지하는 데 어려움을 겪었다.

프로이트(1927, 1930)는 종교의 일차적 기능 중 하나가 삶의 불가피한 잔인함과 혹독함에 직면한 인간에게 위안을 주는 것이라는 사실을 잘 알고 있었다. 그럼에도 프로이트는 종교를 미숙하고 자기 망상적인 것으로 간주했다. 종교는 전지전능하고 신적인 아버지 상像의 존재를 믿음으로써 위안을 얻고자 하는 시도로 여겼다. 오늘날 세속화된 많은 사람들처럼 프로이트는 자신의 신념을 과학에 두었다.

21세기의 시작인 오늘날의 사람들은 과학에 대한 신뢰를 이전만큼 가지고 있지도 않다. 또한 이 시대에는 신의 죽음으로 야기된 존재론적 진공 상태가 그 어느 때보다도 더욱 두드러지게 되었다. 정신분석학은 물리학 또는 화학과 동일한 의미를 갖는 과학이라고 할 수 없다. 정신분석은 어떤 의미에서는 오히려 일종의 세속화된 영성靈性의 한 종류라는 것이 점점 더 분명해지고 있다. 어떤 점에서는 정신분석학은 한때 종교가 채워주었던 빈 공간을 채우는 역할을 하고 있다. 그러나 정신분석학은 종교가 던진 질문, 즉 유한성이라는 한계를 살아가는 인간에게 삶의 의미는 무엇인가? 한 개인으로서 인간은 보다 더 넓은 우주와 어떻게 조화를 이루고 살아가야 하는가? 삶에서 불가피하게 직면할 수밖에 없는 고통, 아픔, 상실에서 어떻게 의미를 찾을 수 있는가와 같은 보다 깊은 존재론적인 질문에 광범위하게 답을 하지 못하고 있다.

우리 시대의 많은 사람들이 일종의 영적인 굶주림을 느끼고 있다. 그러나 그렇다고 해서 세속적인 세계관으로 무장한 현대인이 근대 이전의 종교적 세계관으로 돌아가는 것은 불가능하다고 할 수는 없지만 상당히 어려운 일이다. 사회학자 필립 라이프Philip Reiff(1996)가 지적하고 있는 바와 같이 근대 이전의 '종교적 인간'은 '심리적 인간'으로 대체되어 버렸고, 정신분석은 이런 변화에 중요한 역할을 하였다. 세속적이고 정신분석적 문화에 불교가 호소력을 발휘하는 이유 중 하나는 불교가 유대-그리스도교라는 모델의 입장에서 보면 종교가 아니라는 점이다. 유대-그리스도교에는 신에 대한 믿음과 신앙의 도약을 요구하는 신학적 교리가 있다. 스테펜 베철러Stephen Batchelor(1997)가 잘 지적한 바와 같이 불교는 "신앙 없는 종교religion without beliefs" 또는 앨런 왓츠Alan Watts의 말을 빌리면 "종교 아닌 종교a religion of no-religion"이다. 이런 점 때문에 종교에 목말라 하지만 종교적인 신앙에는 마음이 내키지 않는 종교 너머를 추구하는 포스트 모던시대의 사람들에게 불교는 호소력을 발휘하고 있다.

불교가 어떤 종교적 신앙을 요구하지 않는다는 것은 어느 정도 사실이지만 현실은 그보다 훨씬 더 복잡하다. 정신분석과 마찬가지로 불교는 여러 종파가 뒤섞이고 서로 다르거나 심지어 서로 모순되는 교리를 갖고 있는 혼합적 종교이다. 불교와 정신분석은 그 기원상 복잡한 갈등과 모순 그리고 가치를 드러내면서 역사적으로 발전해온 문화적 장치이다. 두 장치 모두 문화와 자아 개념의 변화에 부응하고 새로운 문화에 적응하면서 발전해온 치유의 체계이다. 또한 둘 다 모두 자신이 몸담고 있는 문화를 변화시키면서 진화하여 왔다. 오늘날의 정신분석은 프로이트 시대와는 다르고, 미국의 정신분석은 프랑스의 정신분석과는 다르다. 불교가 갖는 의미는 기축 시대의 인도 불교 또는 중세 중국 불교와 비교해서 현재 북미 또는 유럽에서는 갖는 그 의미와는 현저하게 다르다. 그러므로 정신분석 이론과 실천에 불교의 사유를 융합시키고자 하는 것은 우리 시대의 문화적 가치, 갈등, 문제가 이런 융합과정에서 어떻게 나타나고 있는지 알고 있을 때에만 이해가 될 수 있을 것이다.

이 서문에서 나는 정신분석과 불교가 등장한 문화적 맥락과 그 발전과정을 살펴볼 것이다. 그리고 정신분석과 불교가 역사적으로 전개되어 가면서 발생한 내적 갈등들과 이런 갈등들을 어떻게 자신의 이론 속에 반영하고 있는지 살펴볼 것이다. 정신분석과 불교에서 보이는 이런 갈등의 원천 중 하나는 불가지론(또는 무신론)과 신앙(또는 헌신) 사이의 갈등이다. 또 다른 하나는 개인주의 지향과 공동체주의 지향 사이의 갈등이다. 교차 문화적 비교를 통해서 나는 불교와 정신분석 사이의 대화를 시작할 것이고, 대화의 목적은 서로를 보완할 수 있는 다양한 방법을 모색하는 것이다.

정신분석의 문화적 기원들

라이프(1966)가 주장한 바와 같이 정신분석은 공동체를 결합한 전통적인 종교적 가치들과 상징들이 붕괴되어 가던 시대에 발생하였다. 기존의 종교는 두 가지 역할을 담당하고 있었다. 하나는 한 개인을 공동체에 통합시켜주는 것, 또 다른 하나는 인생의 고통을 겪고 있는 한 개인을 치유해주는 공동체적 상징과 의식儀式을 제공해주는 것이었다. 이런 전통적인 치유 체계는 개인의 고통에 의미를 부여해주었고 소외된 개인을 공동체에 재통합시켜주는 기능을 하였다. 이런 치유의 과정은 공동체의 가치에 대한 신앙과 헌신을 요구하였고 이런 헌신을 통해서 구원을 얻었다. 이런 이유 때문에 이런 전통적인 치유 체계를 라이프는 헌신의 치료commitment therapy라고 불렀다. 이런 종류의 치료가 작동하기 위해서는 온전하고 결집된 공동체가 있어야만 한다. 정신분석이 발생하던 초기에는 서구를 지배하고 있었던 종교적 세계관은 이미 생생한 활기를 잃어버려 그 기능을 제대로 수행하지 못하고 있었다. 전통적인 가치관은 지리멸렬한 상태였다. 니체는 이미 신의 죽음을 선언하였고 세속적 세계관은 현대인의 마음을 지배하고 있었다. 라이프는 정신분석을 전통적 치유 체계와는 질적으로 다른 것으로 보았다. 그의 관점에서 정신분석은 헌신의 치료가 아니라 전통적 종교와 사회제도가 요구한 헌신에서 사람들을 자유롭게 하는 접근 방식이었다.

라이프가 지적한 바와 같이 프로이트가 생각한 정신분석의 목표는 사람들이 공동체의 가치에 다시 헌신하도록 돕는 것이 아니라 오히려 공동체와 분리된 한 개인으로서 삶의 어려움을 잘 헤쳐 나갈 수 있도록 배우게 하는 것이었다. 프로이트가 부분적으로 관심을 보인 것은 당시의 문화적 가치체계가 억압적이라는 것, 또는 적어도 자연적인 본능을 극심하고 엄격하게 억압하면서 사회의 명령에 복종하게 됨으로써 심리적인 증상을 야기한다는 점이었다. 그는 밑바닥에 있는 본능적 감정을 인식하는 것, 그리하여 그런 감정을 가혹한 방식이 아닌 성찰을 통해 조정하거나 길들이는 우리의 합리적인 능력의 중요성을 강조하였다. 이런 관점에서 프로이트는 사람들이 본능적 열정이나 이런 본능에 대한 무의식적이고 경직된 방어기제에 무의식적으로 지배당하기보다는 자신의 행동방식을 선택할 수 있는 능력을 발달시킬 수 있다고 믿었다. 그러므로 프로이트가 강조한 것은 비합리적이거나 무의식적 억제가 아니라 합리적인 금욕이었다.

따라서 라이프가 살펴본 바와 같이 분석가는 기성 종교의 관점에서 말하는 사제와는 달리 "현재의 문화에서 말 그대로 생생하게 묻혀있는 개인을 위해서 발언해야 한다. 이미 압제적인 문화적 초자아에서 자유로워지는 것은 현재의 문화적 환경에 내재되어 있다. 분석은 어떤 곳으로 들어갈 때 필요한 신고식이 아니라 신고식의 필요성을 종식시키는 반反신고식이다"(1966, 77). 프로이트는 어떤 형식적인 구원을 찾는 데 아무런 관심을 보이지 않았다. 프로이트의 가치 체계는 여러 중요한 측면에서 과학의 가치와 근대라는 시대와 부합하는 것이었다. 이런 관점에서 보면 지식은 힘이고 자신을 아는 것은 선택의 문제이다. 프로이트의 사고 방식에 의하면 성숙한 개인은 현실주의자이고, 그 현실주의자는 종교의 위안을 필요로 하지 않는다. 종교는 일종의 환상일 뿐이다.

그러나 라이프가 주장한 바와 같이 정신분석 내에서는 항상 지속적인 갈등이 있어왔다. 이것은 전통적인 종교의 의미에서 보면 정신분석은 헌신의 치료가 아니라는 프로이트의 주장과 전통적인 문화적 제도가 주는 치유의 의미와 구원을 바라는 욕구 사이에서 벌어지는 갈등이다. 프로이트의 "의심의 해석학hermeneutic of suspicion"(리쾨르Ricoeur 1970)과는 대조적으로 알프레드 아들러Alfred Adler는 사회적 헌신의 철학을 주장하였다. 융Jung은 인간 내면의 신들을 원형archetypes으로 재배치함으로써 종교에 새로운 생명을 불어넣으려 시도하였다. 라이히Reich는 성적/에너지 신비학의 심리학을 발전시켰다. 최근에는 윌프레드 비온Wilfred Bion(1970), 마이클 아이겐Michael Eigen(1998), 제임스 그로트스타인James Grotstein(2000)과 같은 정신분석가들은 영적인 것을 일종의 정신분석적 신비주의psychoanalytic mysticism라고 여겨질 수 있는 것에 재통합하고자 하는 기법들을 계발하고 있다.

그러나 라이프가 깨닫지 못하고 있는 것은 어떤 측면에서 정신분석 그 자체가 일종의 신앙이거나 헌신의 치료라는 것이다. 점차로 분석가들이 점차 깨닫고 있는 것은 분석 과정이라는 것이 암시와 설득에서 자유로울 수 없다는 점, 그리고 환자를 분석가의 가치관 쪽으로 어느 정도 끌어들이게 되는 것은 불가피하고 바람직하다는 점이다. 어윈 호프만 Irwin Hoffman(1998)은 "분석적 권위"의 역할을 논의하는 과정에서 특히 이런 점을 분명하게 밝히고 있다. 호프만은 다음과 같은 점을 우리에게 상기시켜 주고 있다. 즉 프로이트(1926) 자신이 분석가를 일종의 "세속 목사"로 간주하면서 부모의 권위처럼 친밀하고 사랑스러운 역할을 해야 한다고 생각하였다. 프로이트는 또한 환자 자신의 내적 및 외적 세계에 대한 진실과 잘 조화를 이루도록 환자들을 설득하는 데 이런 권위를 사용해야 한다고 믿었다.

프로이트가 정신분석을 "사후 교육after education"이라고 정의한 것에 바탕을 두고 호프만은 이차 사회화secondary socialization라는 사회학적 개념을 빌려오고 있다. 이런 개념을 빌려온 이유는 정신분석 관계가 인격의 변화 과정에 어떤 영향을 미치는가 하는 그 메커니즘을 설명하기 위한 것이다. 호프만의 주장은 다음과 같다. 즉 마치 어린 아이의 초기 현실 구축이 부모에 의존한 강렬하고 집중적인 인간관계라는 용광로 같은 관계 속에서 형성되는 것처럼 정신분석 과정에서 일어나는 변화는 결국 분석가의 친밀하고 사랑스러운 권위에 의해 작동하는 새로운 사회화 과정에 의존한다는 것이다. 라이프 스스로가 이름 붙인 헌신의 치료라는 것과 정신분석을 통해서 일어나는 변화를 구별하고자 하는 라이프의 주장과는 달리 현대의 많은 정신분석가들이 정신분석은 결국 분석가와 분석가 집단의 가치 체계로 들어가는 일종의 사회화 과정을 겪게 된다고

주장한다(예를 들면, 호프만 1998; 레닉 1966).[1]

정신분석이 헌신의 치료라는 요소를 몇 가지 지니고 있다는 또 다른 반증은 "진정한 분석가"라고 간주되기 위해서는 정신분석이론에 충실해야 한다는 경향이 있다는 점에서 볼 수 있다. 그린버그Greenberg와 미첼Mitchell(1983)이 지적한 바와 같이 오랜 세월 동안 프로이트의 욕동 이론은 진정한 분석가 여부를 가리는 리트머스 시험지가 되었고, 이런 욕동 이론을 거부하는 것은 분석가라는 전문 직업의 영역에서 방출되는 것으로 간주되었다. 그리고 심지어 포스트 모던과 다원적인 것을 강조하는 지적 세계에서도 "책을 집어 던져 버리는 것"의 중요성에 대한 믿음이 일종의 새로운 교리가 되고 있다(호프만 1994; 그린버그 2001).

정신분석과 개인주의 문화

시간이 지남에 따라서 정신분석계의 정서가 변화한 또 다른 중요한 전환점은 자아의 발달과 개인적 의미의 구축에 점차 더 많이 강조점을 두게 되었다는 것이다. 프로이트는 우리의 충동적 본능과 문화 사이에서 발생하는 긴장을 건설적인 방식으로 조화시켜 나가는 학습의 중요성을 강조하였다. 미첼이 주장한 바와 같이 현대의 많은 정신분석가들은 환자가 스스로 자신의 개인적 의미를 구축하도록 도와주는 데 더욱 더 많은 관심을 기울이고 있다. "환자에게 필요한 것은 무의식적이고 유아적 환상의 합리적인 재구축 작업이 아니다. 환자에게 필요한 것은 구체적이고 의미 있으며 가치 있는 체험을 야기하는 자신의 능력을 재활성화 시키고 확장하는 것이다. 프로이트 시대의 정신분석 목표가 환상에 추동되고 갈등에 가득 찬 충동들(일차 과정primary process)을 합리적으로 이해하고 조절하는 것(이차 과정secondary process)이었다고 한다면 현 시대의 정신분석 목표의 강조점은 보다 더 풍부하고 진정성 있는 자아 정체감을 확립하는 것이다"(1993, 24).

이런 정신분석적 감수성의 변화는 프로이트 시대와 이 시대가 보여주는 문화적 풍경의 중요한 변화에 대응하고 있는 것이다. 정신분석은 개인주의가 부각되는 시대에 탄생하였다. 프로이트 당시 빅토리아 문화에서 자아는 위험한 것으로 간주되었고, 그래서 자기 억제 또는 자기 조절에 강조점이 두어졌다(쿠시먼Cushman 1995). 지난 세기 동안 개인주의의 문화는 계속 진전되었고 마침내 개인은 점차로 집단에서 고립되는 양상을 보였다. 이것은 양날의 칼이다. 한편으로 현대 문화에서 개인화된 인간은 집단의 잠재적 억압에서 더 많이 자유로워지고 있다. 그러나 다른 한편으로 개인은 집단이 줄 수 있는 의미와 행복감에서 단절되어 있다.

필립 쿠시먼Philip Cushman(1995)에 따르면 전통적인 신앙과 가치가 갖는 통합적 구조의 해체는 그가 말하는 공허한 자아로 결국 귀착된다고 한다. 이런 공허한 자아는 전통, 집단, 공유의 의미를 내적 공허함, 개인적 확신과 가치의 결여 및 만성적이고 분화되지 않은 정서적 굶주림으로 체험하게 된다.

유사한 의미에서 크리스토퍼 래시Christopher Lasch(1979)는 전통적 가치의 붕괴와 사회 구조의 해체는 자기애적인 문화를 탄생시켰다고 주장하고 있다. 이런 과거의 전통적 가치는 통합된 의미 체계를 부여하였던 것이다. 현대 문화를 살아가는 개인들은 자신이 갖고 있는 고유함과 능력을 과신하는 경향을 보인다는 의미에서 자기애적인 성향을 보인다. 이런 과대하고 부풀려진 개인주의적 자아감은 전통의 붕괴가 초래한 연약함과 고립감에 대처하기 위해 방어적인 시도를 하게 된다. 래쉬가 본 바와 같이 정신분석과 정신치료의 제도화된 구조는 전통의 붕괴가 초래한 문화적 공백을 메우게 된다. 그러나 정신분석과 여러 다른 종류의 정신치료는 이런 병리적 현상을 지속시키거나 악화시킬 위험성도 배제할 수 없다. 자아의 풍부함에만 초점을 맞추게 되어 병리적 개인주의를 형성할 가능성도 있다. 대중적인 인기를 끌고 있는 정신분석가인 위니컷D. W. Winnicott이 강조하는 *진정한 자아*true self, 또한 하인즈 코헛Heinz Kohut이 주장하는 자기애의 정상적인 기능도 현대 문화의 개인주의가 깊이 뿌리내린 경향을 반영하는 것이라고 볼 수 있다.[2]

한때 사람들은 만족이라는 것을 도덕적이거나 선한 생활을 하고 난 후 발생하는 부산물로 간주하였지만 현대 문화에서 추구하는 행복은 그 자체가 하나의 목표가 되어버릴 위험성이 있다. 그리하여 자아를 강화하고 지지하는 자기애적인 목표가 지속적으로 나타나게 된다. 전통적 사회 구조의 붕괴로 인해 야기된 고립감 때문에 사람들은 필사적으로 친밀감을 추구하게 된다. 그러나 친밀감이라는 것은 강렬하게 원한다고 해서 성취될 수 있는 것이 아니다. 진정한 친밀감은 자기애적 방어를 유지하기 위한 경직된 자기와 타자 사이의 경계를 포기할 때만 얻어지는 것이다. 사람들은 자신의 자기애적 방어를 지탱하는 데 골몰하기 때문에 친밀감은 점차로 모호해진다. 또한 전통적 사회구조의 붕괴로 인한 강렬한 고립감 때문에 사람들은 친밀한 관계에 비현실적인 기대를 갖게 되거나 또는 자신에게 비현실적인 요구를 하게 되어서 당연히 친밀감을 형성하지 못하게 된다. 그리하여 사람들은 전통적으로 종교가 주던 친밀한 관계를 얻기 위해서 일종의 영적 초월에 의존하게 된다.

관계 형성 이론의 발달과 포스트 모던의 전환

현대 정신분석의 중요한 발전 중 하나는 관계이론relational perspective의
등장이다(아론Aron 1996; 벤자민Benjamin 1988; 겐트Ghent 1989; 미첼
1988). 이런 등장은 몇몇 관계 이론의 발전과 관련이 있다. 이런 이론들
의 공통점은 개인을 분절된 개체로서 보는 대신 연구의 한 단위로 관계
의 장에 강조점을 둔다는 점이다. 인간 존재는 근본적으로 그 성질상 대
인 관계적이다. 마음은 관계적 형성물로 구성되어 있으며, 자아는 관계
적 맥락에서 구성된 것으로 여겨진다. 관계 이론가들은 자신의 뿌리를
산도르 페렌치Sandor Ferenczi까지 거슬러 올라가지만 내가 생각하기로는
관계적 관점이 주요 흐름으로 정착되고 그 영향력을 넓히고 있는 이유
는 현대 문화에서 볼 수 있는 개인주의의 위기가 강화된 탓으로 보인다.
부분적으로 이것은 과잉된 개인주의 관점을 치유하려는 시도이기도 하
다. 또한 관계적 전망이 대서양의 양쪽에서 탄생한 이론적 관점들을 종
합하고 있지만 미국문화가 그 이론의 탄생과 발전에 특별히 중요한 역
할을 하고 있다. 내 생각으로는 이것은 미국의 강렬한 개인주의와 고립
감이 반영된 것으로 보인다. 관계적 전망은 현대 문화의 과잉된 개인주
의에 대한 하나의 교정으로도 볼 수 있지만, 또한 다른 차원에서 이것은
개인주의의 또 다른 발현으로 보인다. 관계의 장에서 분석관계의 상호
성과 분석가 역시 그 관계의 장에 포함되어 있다는 것을 강조함으로써
이 이론은 전통적 분석의 권위에 도전한다. 이것은 전통에 대한 도전과
사회 제도보다 개인에 비중을 두는 것을 강조하는 서구 민주주의와 궤를
같이한다.

현대 정신분석적 사고의 전환에서 또 하나 중요한 점은 포스트 모던
의 경향이다. 점차로 분석가들은 인간 지식의 구성적 성질과 분석가로

서 우리의 이해가 갖는 내재적인 한계를 강조하고 있다(호프만 1988; 미첼 1993; 스턴Stern 1997). 구성적 인식론에서 현실은 내재적으로 애매하다. 현실은 우리의 해석을 통해서 주어진다고 주장한다. 이런 관점은 분석적 권위의 본질에 심대한 함축성을 갖고 있으며, 치료 관계에서 증가되고 있는 분석가와 환자의 동등한 입장을 강조하는 민주적 경향과 그 맥을 같이한다. 우리가 앞으로 보게 되는 바와 같이 구성적 인식론의 전환과 지식이라는 것은 항상 상황적이라는 인식은 전통적 불교 철학의 발전과도 일치한다.

포스트 모던의 경향과 연관되는 또 다른 관점은 자아를 하나로 보지 않고 여러 개로 본다는 점이다(브롬버그Bromberg 1998; 미첼 1993; 파이저Pizer 1998). 이런 변화는 철학, 인문학적 비평학, 인류학, 사회 심리학, 인지과학, 신경심리학을 포함한 여러 다른 학문에서도 비슷하게 일어났다. 이런 광범위한 변화를 가로지르는 요소들을 분석하는 것은 이 장의 범위를 넘어서지만 자아를 여러 개로 보는 정신분석적 개념과 자아에 대한 불교적 개념의 관련성을 고려할 때 이것이 정신분석적 사고에서 갖는 의미에 대해 잠깐 살펴보는 것은 가치 있는 일이라고 여겨진다.

포스트 모던 사상에서 자아 해체의 바탕을 이루는 중심적 충동은 전통과 권위의 잠재적인 압제에 도전하는 것이다. 자크 데리다Jacques Derrida는 예를 들어 텍스트의 저자를 "살해"하고 저자에게서 절대적인 권위를 박탈한다. 그러고서 텍스트의 최종 의미는 저자의 의도와는 아무런 관련성을 갖지 않는다고 주장한다. 의미를 구성하는 것은 끊임없는 해석의 기획이고, 진실의 개념은 무한한 의미의 끝없는 연출에 의해 대체된다. 미셸 푸코Michel Foucault는 자아의 환상을 자발적인 자유 행위체로 간주하여 분석하고 도전한다. 이렇게 함으로써 사회 내의 권력 관계의 탈중심화된 네트워크는 자아성이라는 것으로 드러나는 주관적 경험의 구성으로 이어진다.

다층적 자아self multiplicity를 주장하는 현대의 정신분석적 유행은 의심할 여지없이 이런 유형의 사고에 영향을 받고 있다. 그러나 다른 영향들도 있다. 예를 들면, 수잔 페어필드Susan fairfield(2001)는 자아성의 이론들이 의심할 여지없이 몇 가지 근본적인 현실을 정확하게 포착하지 못하고 분석가의 내적인 필요성에 의해 산출되고 있다고 주장하고 있다. 그녀는 안정되고 응집되고 단일한 자아가 있다는 안이한 믿음에 매달리고 있는 자아 단성론자들monists(유일한 자아를 믿는 자들)을 비판할 때 비판자들에게서 종종 볼 수 있는 숨겨진 자부심에 주의를 기울이라고 한다. 그녀는 또한 통상적으로 인정된 경계에 도전하고자 하는 욕구와 연관된 잠재적인 공격성도 지적하고 있다. 그리고 그녀는 자아를 다층적으로 보는 것은 자아 파편화의 공포를 극복하고자 하는 의미, 즉 공포에 대항하는 의미일 수 있다고 지적하고 있다. 그녀는 또한 더 나아가서 자신의 문화에 낙관적인 북미 분석가들이 자아 다층성을 긍정적인 관점에서 바라보는 경향이 있다고 간주한다. 북미 분석가들은 다층적이고 모순적인 자아가 단일 자아보다 더 많은 가능성이 있는 것으로 본다. 이와는 대조적으로 자아의 다층성을 강조하는 유럽의 이론가들은 소외의 경험 또는 단일 자아의 결핍과 연관된 상실 경험에 더 강조점을 두는 경향을 보인다.

미첼(2001)은 자아를 다층적으로 보는 이유에 대한 페어필드의 생각에 열렬히 동조하는 동시에 이런 관점이 갖는 임상적 함의에 초점을 맞추고 있다. 그가 중점적으로 다루고 있는 주제는 자아를 다층적으로 보는 관점을 채택하게 되면 순응만을 강조하는 정신 건강의 관점에서 자유로워지는 데 도움이 된다는 것이다. 자크 라캉Jacques Lacan을 떠올리게 하는 그의 이런 주장에서 미첼은 자아 통합을 강조하는 미국의 자아심리학은 합리적 분석과 통합을 중시하고 정서적 강렬함을 병리적으로 여기는 경향을 보인다고 비판하고 있다. 이와는 대조적으로 존재의 여러 상태를 개방적으로 바라보게 되면 삶이 갖는 보다 더 큰 불확실성과 열정을 받아들이게 된다. 어떤 측면에서 다층적 자아의 임상적 함의에 대한 미첼의 이해는 자아의 풍부함과 재활성화에 중점을 둔 그의 초기 이론과 맥을 같이한다. 이런 분위기는 페어필드의 주장, 즉 미국 정신분석가들이 다층적 자아를 가능성의 "보물 창고"로 바라보는 경향과 일치한다.

불교의 기원들

불교는 기원전 5세기경 현재 인도의 북동부에서 유래되었다. 이 시기 인도 문명은 엄청난 발전을 하고 있는 중이었다. 농촌 사회의 농업 경제는 점차 시장 경제와 도시 중심으로 바뀌고 있었으며 문화적으로 다양하고 지적인 새로운 상인계층이 증가하고 있었다. 전통적인 문화가치와 종교적 믿음이 도전을 받았고 개인주의 감각이 높아지고 있었다. 오늘날 개인주의가 양날의 칼인 것처럼 인도에서 증가하고 있었던 개인주의는 근심인 동시에 환영이기도 하였다.

불교가 발전한 농경사회는 정적이고 보수적이었다. 사회는 4종류의 엄격한 계급, 즉 사제, 전사, 농부, 노예로 나뉘어 있었다. 이들 계급은 세습되었고 우주의 전형적인 질서를 반영한다고 여겨졌다. 윤리적 행위는 자신 계급의 적합한 의무와 책임으로 구성되었다. 이 세계관은 구조와 응집력을 제공하지만 사회적 변화나 개인의 양심을 위한 여지는 별로 없었다. 브라만, 즉 사제들은 개별 카스트의 책임과 카스트들 간의 관계가 기록된 베다의 신성한 지식을 독점하였다. 그것은 우주를 통제하기 위해 동물 희생을 포함한 다양한 신성한 의식을 제정하는 브라만의 의무와 책임이었다.

불교가 출현하기 얼마 전부터 우파니샤드 전통을 발전시키기 위해 새로운 종교적 경향이 시작되고 있었다. 이런 경향은 이전의 신성시되었던 외부적이고 마술적인 것에 비해 사물의 내부적 의미의 중요성을 강조하는 베다의 재조명과 관계가 있었다. 이런 종교적 경향은 카스트 제도를 소중히 간직하였다. 우파니샤드 철학의 중심에 있는 *아트만 atman*의 개념은 어떤 면에서는 우리의 영혼 개념과 같다. 아트만은 사람의 본질이고, 이것은 현상적 경험을 초월한다. 따라서 경험된 자아와 대조되는 진정한 자아이다. 이 아트만은 현상의 배후에 있는 유일하고 통합된 본질과 동일하게 개념화된다. 따라서 자아의 개인적 경험과 세계의 모든 현상은 환상이다. 그 배후에는 모든 현상은 하나라는 초월적 실재가 있다. 이런 환상의 장막 뒤를 보지 못하게 되면 사람들은 개인화와 생사라는 고통의 덫에 걸리게 된다. 삶의 고통과 슬픔을 경험하면서도 보편적 본질의 성질을 인식하지 못하는 사람은 생과 사의 끝없는 윤회로 인해 다시 태어나게 된다. 목표는 자아의 환상적인 본질을 인식하고 근본적인 보편적 성질을 진정한 자아인 아트만과 통합하는 것이다. 삶을 고통스럽게 만드는 여러 역사적인 상황들을 고려해보면 이런 관점은 충분히 생각해볼만한 것이다. 부분적으로 이런 관점은 증가된 도시화와 전통적 가치의 붕괴와 연관되어 있다. 도시화의 급격한 진전은 고통의 빈도를 증가시켰다(곰브리치Gombich 1988). 그러나 이런 관점을 발생하게 만든 상황과는 무관하게 감각적이고 세간적인 것을 평가절하하고 초월적인 것을 선호하게 되는 결과도 낳게 되었다.

초월을 달성하기 위한 두 가지 주요한 수행 방식은 명상과 육체의 고행이었다. 명상은 조용히 앉아서 마음을 집중하고 산만한 생각을 고요하게 하는 것이다. 육체의 고행은 엄청난 추위와 더위 등 극한적인 환경에 육체를 던지는 것이다. 이것은 초월을 경험하기 위해 육체의 욕구를 최대한 억제하고 정복하는 것이다.

초기 불교는 이런 세계관에 대한 반응으로 이해될 수 있다. 우선 붓다는 아트만 또는 초월적인 자아 또는 영혼의 존재를 거부하였다. 동시에 그는 자아가 실재하지 않는다고 가르치지도 않았다(붓다는 종종 이런 점에서 오해를 받았다). 붓다가 주장한 것은 자아는 실체가 없다는 것이었다. 자아는 여러 성분으로 순간 순간 구성된다. 즉 기억들, 신체적 감각들, 정서들, 개념들, 성향들(무의식적이고 유전된 조건화 등을 포함해서) 등으로 구성되어 있다. 더구나 붓다는 자아의 구성은 항상 변화하는 원인과 결과에 영향을 받는다고 주장하였다. 붓다의 가르침과 우파니샤드의 아트만은 몇몇 점에서 유사한 점들도 있다. 두 경우 모두 실체적이고 고립된 자아의 경험이 문제의 핵심에 있고, 이 경험을 변화시키는 것이 치료라고 가정하고 있다.

그러나 불교의 관점은 여러 측면에서 더 온건하다. 우선 불교는 개인적 자아를 환영으로 개념화하지 않는다. 환영이라는 것은 자아의 경험을 실체적이거나 변화하지 않는 것으로 받아들인다. 불교의 관점에서는 이 세상의 모든 것들과 마찬가지로 자아는 일시적이고 무상하다. 죽음, 질병, 상실은 삶에서 피할 수 없는 측면들이다. 고통은 욕망하는 것과 고통을 피하고자 집착하는 데서 생기는 결과물이다. 해방은 실재의 무상한 성질을 인정하고 우리의 자아 중심적인 갈망을 내려놓는 것이다. 초월적인 자아는 없다. 물질의 덩어리들과 심리적 또는 정신적 경험과 분리되어 있는 자아는 없다. 이런 관점에서 보면 불교의 관점은 우파니샤드보다 덜 이원적이고 극단적인 금욕주의와는 다르다. 붓다는 영적 수행의 방식으로 극단적인 금욕을 거부하였고 그 대신 중도를 제안하였다. 그것은 극단적인 금욕과 쾌락주의의 중간 길이다. 그러므로 불교의 목표는 초월적인 경험을 하는 것이 아니라 현명한 삶의 방식을 찾는 것이다.

이런 차이는 두 가지 서로 다른 전통들에서 사용되는 명상 기법의 형태에서도 드러난다. 우파니샤드 전통에서 명상은 몰입(선정)을 경험하기 위한 목적으로 특별한 대상에 집중하기 위해서 사용된다. 그 결과 현세적 경험에서 감각들을 철수하고 내적 자극들을 줄이며, 그리하여 평온한 평정의 경험을 겪게 된다. 이로서 성취하고자 하는 초월적 실재와 연관성을 갖게 된다고 한다.

이런 형태의 명상은 때로는 불교 명상의 한 종류로서 집중 명상이라고 불리기도 한다. 그러나 그 자체로 해탈을 위해 충분한 것으로 여겨지지 않는다. 명상의 두 번째 형태는 대부분의 불교 전통에서 중요한 역할을 하는 것으로 자신의 마음을 한 걸음 물러서서 들여다 보는 것이다. 집중 명상은 마음 챙김으로, 자신의 경험을 들여다보는 데 필요한 집중의 기술을 발달시키기 위해 중요한 역할을 한다. 그러나 명상으로 몰입하는 것만이 목표가 아니다. 이 두 번째 명상 형태는 *통찰*insight 또는 *알아차림*mindfulnes 명상이라고 불린다. 이것은 자각의 수준을 높이고 시간이 흐름에 따라서 경험의 전체 과정을 비판적인 태도에서 벗어나 충분히 수용하게 한다. 이런 명상의 목적은 다른 세계의 경험보다도 현재 이 세상에서 온전히 살아가는 것을 배우고자 하는 것이다. 이것은 불교에서 강조하는 것과 일치한다.

알아차림 명상은 자아를 포함한 모든 현상들의 무상한 성질을 잘 파악하게 만들며, 마음의 구성적 기능을 잘 받아들이도록 한다.

초기 불교의 또 다른 중요한 특징은 모든 형이상학적 논의를 거부하는 것이다. 이런 점에서 적어도 초기 불교와 이후 변화된 불교의 몇몇 전통에서 나타나는 사유는 본질적으로 실용적이고 불가지론적이다. 진리는 인간의 고통을 줄이는 데 있다고 보는 점에서 실용적이며, 형이상학적 논의를 거부한다는 점에서는 불가지론적이다. 붓다는 화살에 맞은 사람을 비유하여 이야기한다. 이런 응급 상황에서는 그 화살이 무엇으로 만들어져 있고 어떤 형태를 가지고 있는 등에 대한 물음은 무의미하다. 핵심적인 것은 그 화살을 제거하는 실제적인 방법이다. 이와 마찬가지로 형이상학적 및 우주론적 논쟁은 인간의 고통을 제거하는 일과는 무관하다고 붓다는 주장한다. 더구나 형이상적 견해 또는 신학적 이론에 빠지는 것은 일종의 노예화이다. 이것은 깨달음이나 진정한 실존적 깨우침에 필수적인 개방성을 방해한다.

초기 불교의 이러한 특징들 가운데 중요한 점은 이런 주장이 카스트 제도를 떠받치고 있는 신학적 구조를 파괴한다는 것이다. 사회적 차원에서 초기 불교 사유는 지대한 민주적 힘을 갖고 있다. 이것은 사제 계급의 권위를 전복하고 마술적인 성질을 갖고 있는 의례의 가치를 부정한다. 윤리적 행동은 하나의 카스트 계급의 구성원으로서 자신의 임무를 수행하는 것으로 더 이상 정의되지 않는다. 그리고 제의를 참관하거나 사제 계급에 의존한다고 해서 공덕이 축적되지 않는다. 그 대신 윤리적 행동은 이기심 없이 올바른 행동의 계율에 의해서 성취된다고 정의된다.

어떤 측면에서 초기 불교의 취지는 유럽의 프로테스탄트 개혁과 유사하다. 초기 불교도들은 우파니샤드의 문제점들을 정화하는 데 관심을 두었다. 이와 마찬가지로 루터와 캘빈은 기독교를 정화하기를 원하였다. 그들은 마술적이고 미신적인 요소들을 제거하고 공허한 예배를 없애기를 원하면서 개인과 구원(또는 불교는 이것을 깨달음이라고 부른다)의 체험 사이에 놓인 보다 더 직접적 관계를 수립하고자 하였다. 프로테스탄트 개혁이 민주적인 요소를 포함한 것처럼, 즉 개인과 신 사이의 강력한 중개 역할을 하는 사제들을 거부한 것처럼 불교는 사제 계급의 인가된 신적 역할을 제거하고 자신의 영적인 운명을 스스로 책임지는 것을 강조하였다. 그리고 기독교의 마술적인 요소들을 정화하려는 시도가 바람직한 결과뿐만 아니라 바람직하지 않은 결과를 초래한 것과 마찬가지로 힌두교의 마술적인 요소들을 정화하고자 하는 초기 불교의 시도도 유사한 결과를 초래하였다. 둘 다 모두 영적이고 내적인 의미에 보다 더 강조점을 두었지만 인간의 마음이 갈구하는 마술적이고 신비한 몇몇 부분들은 희생되었다.

불교의 역사적 전개와 내적 긴장

불교는 그 출발점부터 불교의 핵심인 실용적인 것/불가지론적인 것과, 형이상학적 절대주의와 신앙과 인식론적 확실성 사이에서 긴장된 투쟁을 하였다. 이것은 여러 방면에서 프로이트 정신분석의 이성적이고 과학적이고 분석적인 접근, 새로운 치료법에 대한 신앙과 헌신 사이에서 발생한 긴장과 그 궤를 같이한다. 이런 긴장은 불교 철학의 역사를 살펴보면 알 수 있다. 초기 불교 철학과 심리학은 아비달마 경전에 잘 드러나 있다. 이 문헌에서 자아는 몇 가지 구성요소들로 해체될 수 있다고 강조되었다. 이런 요소들이 서로 연기해서 일어나고 사라지므로 근본적으로 자아는 실체가 없다고 보았다. 수행으로서 명상의 과정은 자아의 여러 구성 요소들의 일어남과 사라짐을 경험하는 것이었고, 이런 통찰은 깨달음으로 이어진다고 생각하였다.

후대에 이러한 관점이 구체화되면서 여러 구성 요소들은 근본적이거나 실체적 성질을 갖는 것으로 보는 경향이 생겨났다. 이런 근본적인 구성 성분이 무엇인지를 둘러싸고 여러 가지 대안을 제시하는 철학이 일어나자 부분적으로 이런 경향에 대응하여 중관철학이 발생하였다. 중관철학은 자아의 아비달마적 분석을 해체하고 구성 요소들에 내적 실체가 없다는 것을 보여주기 위해 정교하게 언어적이고 논리적 분석을 하였다. 그들의 주장은 이런 현상들이 존재하지 않는다는 것이 아니라 오히려 내적인 존재 측면에서 공空하다는 것이다. 다른 말로 하면 모든 현상은 연기한다는 것이다. 이런 관점은 수백 년 동안 해석학적 및 구성적인 사유를 예견하였다. 중관철학은 혁명적인 구성주의라기보다 오히려 호프만(1998)이 말하는 변증법적 구성주의에 가깝다. 이것은 인식론적 차원에서 중도의 길로 나아갔다. 즉 소박 실재론과 극단적인 구성주의 사이에 그 위치를 점하고 있다. 중관철학은 공 자체는 단지 개념일 뿐이며 그 자체도 어떤 내적인 실체를 갖지 않는다고 주장한다. 중관철학자들이 말하는 바와 같이 공의 개념은 약의 개념과 비슷하다. 즉 소박한 실재론이라는 질병에 대한 약이다. 그러나 어떤 약이라도 너무 많으면 문제를 일으킨다.

그럼에도 불구하고 후대 중관철학의 비판자들은 이것을 일종의 극단적 구성주의로 해석하고 결국은 허무주의로 흘렀다. 유식학파는 이러한 허무주의로 나아가는 것을 교정하고자 형이상학적이고 초월적인 입장을 견지하였다. 유식학파는 지각과 지각의 대상은 하나의 종자에서 발생한다고 주장하였다. 이 종자는 기층의 의식에 담겨져 있다. 이 기층의 의식은 마치 흐르는 강물과 같다. 이것은 끊임없이 변화하지만 그럼에도 동일하다. 이것은 개인적인 측면도 있고 보편적인 측면도 있다.

그리고 불교에는 여래장 사상의 전통도 있다. 이 전통에서는 모든 중생은 불성을 지니고 있으므로 "깨달음"과 그 깨달은 존재로서의 내적 동일성을 인식할 수 있는 가능성을 지니고 있다. *여여함*suchness이라고 표현되거나 또는 산스크리트어로는 *타타타*tathāta라고 하는 이런 불성은 종종 *공*emptiness과 동일한 것으로 말해지지만 이것은 보다 긍정적인 성질을 갖고 있다. 이것은 시작도 없고 끝도 없으며 모든 곳에 편재하는 성질을 갖는 것으로 언급된다. 불교 내의 어떤 전통에서는 이런 불성의 개념이 보다 구체적으로 언급되면서 초기 불교가 반대하였던 실체론과 경계에 걸쳐 있기도 하다. 그러나 다른 전통에서는 중관의 해체 논리적 특징에 부속되어 있다.

실용주의/불가지론과 신앙/절대주의라는 두 극단 사이의 긴장은 다른 불교 전통에서도 보다 실제적인 차원에서 개념화된다. 초기 불교와 현대 불교의 몇몇 형태에서 붓다는 신적인 인물로 간주되지 않는다. 그는 자신의 노력을 통해서 깨달음을 얻고서 다른 영적 수행자들의 모델로 간주되는 인간이다. 그의 죽음 후에 그는 더 이상 세상에 직접적으로 활동하고 있지 않다고 본다. 붓다는 경배 받아야 할 그런 대상의 사람이 아니다. 시간이 흐르면서 역사적인 붓다를 깨달음의 신체적 체현이라고 보는 전통들이 나타났다. 이런 관점에서는 우주에는 수많은 붓다들이 거주한다고 본다. 과거, 현재, 미래의 붓다들이다. 이런 붓다들은 세상에서 현존하고 중생들이 깨달음을 얻을 수 있도록 도와준다. 여러 불교 전통에서 수행자들은 여러 다른 붓다들에게 기도하고 소원을 빈다. 마치

가톨릭에서 성인들에게 기도하는 것과 같다. 철학의 차원에서 붓다는 더 이상 절대적인 의미에서 존재하지 않는다. 모든 현상들과 마찬가지로 그것들은 내적인 실존에서 공하다. 그럼에도 불구하고 심리적인 차원에서 그들은 사람들에게 가톨릭의 성인들처럼 기능하거나 근대 이전의 신과 여신들처럼 기능한다.

이런 긴장의 또 다른 예는 불교의 여러 전통에서 환생의 믿음이 차지하는 역할에서도 볼 수 있다. 초기 불교는 영원한 자아 또는 아트만의 개념을 거부했음에도 불구하고 환생의 개념을 받아들였다. 우파니샤드 전통과 마찬가지로 초기 불교의 목표는 삼사라samsāra 즉 생사의 고리에서 벗어나는 것이었다. 열반이라고 하는 이러한 해방은 모든 자기중심적 갈망이 없어지는 것으로 개념화된다. 그런데 여전히 수행의 차원에서조차 종종 환생의 다음 생에서 더 좋은 삶을 얻는 것이 목표로 여겨졌다. 내 견해로는 무아라는 공식적인 불교 교리와 환생의 믿음 사이에 존재하는 긴장은 항상 있어 온 것으로 여겨진다. 불교 철학은 여러 방법으로 이런 긴장을 조화시키려 노력하였다. 예를 들면, 삶에서 삶으로 이어지는 것은 실체적인 자아 또는 영혼이 아니라 미묘한 인과적인 관계라고 주장한다. 비유적으로는 한 촛불이 다른 초로 이동하는 것으로 묘사한다. 한 초에서 다른 초로 이동하는 불꽃은 정확하게 같은 것도 아니고 다른 것도 아니다. 그러나 내 생각으로 이런 해결은 그다지 만족스럽지는 않다. 어떤 불교 전통에서는 환생의 교리가 갖는 중요성을 폄하한다. 예를 들면, 선불교에서는 좋은 환생과 나쁜 환생은 모두 마음의 상태라고 주장하기도 한다.

다른 한편 티베트 불교는 환생의 교리에 더 많은 비중을 둔다. 사실 거기에는 죽은 영적 지도자의 환생이라고 간주되는 어린 아이를 선택하는 전통이 있다. 예를 들면, 현재 티베트의 영적 최고 지도자인 달라이 라마는 첫 달라이 라마의 14대 환생으로 간주된다.

불교가 중국에 전해졌을 때 불교는 기존의 문화적 전통과 그 당시 지배적인 도교와 유교의 철학에 영향을 받아서 변형되었다. 중국에서 여러 다른 불교의 형태가 발전되었지만 선불교야말로 가장 특징적인 중국 불교이다. 선은 주로 직접적이고 곧바로 전수되는 특징이 있다. 고대 인도 불교는 추상적인 철학적 사유와 형이상학적 논의를 추앙하는 경향이 있었다. 그리고 세상을 버리는 특징도 있었다. 우리가 본 바와 같이 우파니샤드 전통의 사유에서 삶은 고통이며 추구하는 목표는 끝없는 환생의 굴레에서 벗어나서 해탈을 얻는 것이었다. 고대 중국의 사유는 이보다 더 낙관적이고 인간적이고 지상적인 향기를 품고 있었다. 도교의 관점에서 해탈은 자신을 우주와 자연스럽게 일치시킴으로써 달성된다. 즉 도의 경지에 도달하는 것이다. 이 도는 말로 표현하거나 개념적으로 포착할 수 없는 것이다. 그리고 사실 언어화와 개념화는 이런 조화를 이루는 데 방해가 된다. 그것을 붙잡으려는 시도를 내려놓고 자연스럽고 비이기적인 방식으로 살아가면 도와 조화를 이룰 수 있다. 이렇게 하여 순간에 부합하고 그것을 받아들이게 된다.

처음에 불교는 모든 인간이 자신의 노력을 통해서 깨달음을 얻을 수 있다고 주장하는 전형적인 모델이었지만 이후 인도에서 불교의 깨달음은 점차 보다 더 특별하고 일부 사람에게만 해당되는 다른 세상에 속하는 그 무엇으로 변형되어 소수에게만 가능한 방식으로 나아갔다. 선불교는 깨달음을 말 그대로 지상으로 끌어내렸고 깨달음을 비신화화하면서 신비로움을 벗겨내었다.

선에는 우상파괴적인 요소가 있다. 이것은 고대 도교의 영향을 받은 것이다. 도사들은 관습적인 틀에 박힌 사유에서 해방된 사람이다. 선의 깨달음은 자발성과 자유로 특징지어진다. 이것은 자아의식과 동일화하는 것에서 해방된 것이다. 깨달음이란 반성적인 자아의식의 침범 없이 사건이 즉각적으로 경험되는 상태라고 개념화될 수 있다. 거기에는 경험에 대한 무아적인 개방성이 있을 뿐이다.

티베트 불교는 중국 불교와는 아주 다른 형태를 갖는다. 티베트에서 탄트라 불교라고 불리는 인도의 불교가 수용되어 발전하면서 고유 종교인 본교의 전통과 섞여져 갔다. 본교는 마술적이고 샤머니즘적인 요소를 강하게 갖고 있다. 이것은 결국 불교의 세계관과 인식론에 마술적이고 샤머니즘적인 요소들이 섞이게 되는 흥미로운 결합을 초래하였다. 티베트 불교에서는 스승(구루 또는 라마라고 부른다)의 중요성에 대단한 강조점을 둔다. 스승은 붓다의 현현이고 깨달음의 통로이다. 티베트 불교의 우주론은 남신과 여신의 만신전이다. 이 신들은 정교한 관상을 포함한 명상에서 소환된다. 그러나 이 신들은 본래적으로 공한 존재이고 단지 명상하는 사람의 마음에서 생긴 것으로 간주된다.

티베트 불교에서 기본적인 명상 기법들 중의 하나는 구루 요가라고 부르는 것이다. 구루 요가의 목적은 라마에 대한 신앙과 헌신의 발달을 촉진하는 것이다. 정신분석적 용어로 말하면 티베트 전통은 스승을 향한 이상화된 전이를 함양하고자 하는 것이라고 볼 수 있다. 이런 전이는 제자가 많은 어려움에도 불구하고 영적인 발전의 길을 열심히 걸어가게 해주는 지속적인 영감을 제공하고 지속적인 신앙을 유지하거나 변화(또는 고통에서 해방)가 가능하다고 믿는 것을 도와주는 기능을 한다. 라마 또는 구루는 그런 변화가 가능하다는 것을 알려주는 살아있는 사람이다. 그러므로 그는 제자가 실현하고자 하는 이론의 체현자이다. 또한 특별한 자질을 체현하고 있는 라마와의 관계는 제자가 힘을 얻도록 도와준다.

티베트 전통에서 라마와의 관계는 정신분석처럼 해석되지 않는다. 그러나 처음부터 제자는 라마에 대한 역설적인 태도를 함양하도록 지도받는다. 라마는 한편으로는 최고의 가치와 이상을 체현한 사람으로, 또 한편으로는 인간적인 약점과 결점을 가진 인간으로 간주된다.

티베트 불교에서 구루 요가는 오래된 인도 밧줄 트릭을 연상시킨다. 요기는 공중에 늘어진 밧줄을 타고 올라가서 그를 따르는 자에게 밧줄을 위로 세우고 자신은 사라진다. 제자는 자신의 상상 속에서 명상하는 신성의 세상을 불러일으키도록 가르침을 받는다. 또는 라마에게 특별한 힘을 부여하고 그 힘을 자신이 어떤 태도를 함양하는 데 도움이 되도록 사용한다. 모든 명상 후에 제자는 그 이미지를 무로 돌린다. 그는 밧줄을 당긴다.

구루 요가에는 많은 변형들이 있지만 거기에는 모두 시각화 수행과 기도 또는 주문이 결합되어 있다. 이로 인해서 제자는 라마를 붓다의 체현(그리고 붓다의 자질들을 갖춘 사람)으로 간주하고 그와 깊은 관계를 맺어 결국은 라마의 자질을 내면화하게 된다. 예를 들면, 제자들은 라마를 붓다 또는 불보살의 현현으로서 시각화한다. 그런 붓다와 불보살은 중요한 스승 계보와 여러 다키니들dakinis(마음을 집중하기 위해 시각화된 여성 신성들)에 둘러싸여 있다. 다양한 색채의 빛들이 다키니들과 라마에서 나오는 것을 시각화하는 수행자는 그 빛에 잠겨 자기중심적 갈망을 정화하여 모든 현상은 공하다는 것을 깨닫게 된다.

이런 특별한 수행은 티베트 불교 시각화, 즉 관상 수행의 두 가지 특징을 드러낸다. 첫째, 시각화는 위니컷의 용어를 사용하면 일종의 중간단계 논리 또는 현실로 점철되어 있다. 시각화는 내적으로 명상자에 의해 의도적으로 구성되지만, 또한 그것은 마치 그 자신의 생명을 가진 것으로 다루어진다(당신은 시각화된 라마에게 기도한다). 동시에 당신은 정확하게 미리 처방된 주문을 통해서 시각화도 라마 그 자체도 어떤 본래적인 실체성을 지니는 것이 아니라는 점을 되새긴다.

따라서 명상자는 주관과 객관의 경계가 희미해지는 경계선에 의도적으로 들어가는 기분으로 일종의 이행기 공간으로 들어가고자 한다. 그는 희미한 상태를 유지하고자 한다. 한편으로는 그 경험이 주관적이라는 것을 알고, 또 다른 한편으로 그것이 마치 객관적이고 실재적인 것처럼 다룬다.

둘째로 거기에는 세상의 구성적 이미지가 있다. 거기에는 개인적인 동일성이라는 정상적 경계가 관통 당하게 된다. 시각화에서 라마는 붓다와 동일화되고 라마의 마음은 명상자의 마음과 분리될 수 없다. 이런 동일화는 정상적인 이원론적인 논리를 느슨하게 하고 통상적인 자아와 타자의 구별을 해체한다. 명상자가 온갖 만신들을 불러내는 동안 이것들은 마음의 산물이기도 하고 아니기도 하다는 것을 인식하면서 명상자는 관습적인 현실이 축소되는 풍부하고 광범위한 경험 속으로 들어가게 된다.

불교와 정신분석의 문화

세속화와 억압된 것의 귀환

현대 세계의 세속화 경향은 어떤 측면에서는 심대하게 사람들을 해방시켜주는 역할을 하였다. 또한 공허한 자아 체험을 하는 데도 기여하였다. 그러나 어떤 전통적 문화에서는 세속화가 압제의 한 형태로서, 또는 전통적인 삶의 양식에 대한 공격으로 간주되기도 하였다. 어떤 경우에는 세속화는 다양한 형태의 종교적 흥미로의 복귀 및 억압된 것의 귀환을 다시 불러일으키기도 하였다. 20세기의 중반에 종교가 다시 사회적으로 중요한 힘이 될 것이라고 예상했던 사람은 거의 없었다. 그러나 중동과 전 지구적 차원에서 이슬람 근본주의의 극적인 영향에서 시작하여 북미 정치에서 기독교 우파의 점증하는 영향력에 이르기까지 세속화의 경향이 극적으로 역전되는 것은 점차로 분명하게 보인다. 카렌 암스트롱Karen Armstrong(2000)이 지적한 바와 같이 종교적 근본주의의 부흥은 이전 종교적 신앙의 복귀로 이해해서는 안 되고, 현대성의 영적이고 문화적인 위기에 대한 반응으로 보아야만 한다. 극단적이고 경직된 형태로 새롭게 종교가 부흥하는 것은 파편화된 문화가 다시 생명력을 얻고 또한 공격받은 자아감을 강화하기 위한 불안정하고 방어적인 시도이다.

또 다른 반응은 뉴 에이지 영적 운동의 발흥이다. 이것은 통속 심리학을 동양과 서양의 여러 다양한 영적 주의와 혼합한 형태이다. 이런 방식의 종교적 표현은 의미에 대한 목마름과 순수한 영적 갈망에서 비롯되지만 보다 성숙한 형태의 영성과는 다르다. 성숙된 영성은 자아의 요구와 보다 포괄적인 선함 사이의 균형을 강조한다. 그러나 뉴 에이지 영적 운동은 자기애적 몰입과 개인적 전능함이라는 강력한 요소들을 포함하고 있다.

우리는 불교와 정신분석이 시간이 흐르면서 불가지론 또는 무신론과 신앙과 헌신 사이에서 발생한 긴장을 어떻게 풀어나갔는지를 보았다. 정신분석에서 프로이트를 신격화하고 그의 말을 복음으로 간주하는 경향은 또 다른 형태의 억압된 것의 귀환이라고 간주할 수 있다.

현대 정신분석적 전망에서 볼 때, 불교가 지닌 호소력은 불교가 지닌 불가지론적 분위기와 구성주의적 인식론에 근거함이 포스트모던의 흐름과 공명한다는 점에 있다. 확실히 모든 종교처럼 불교는 여러 형태의 제도화를 가져왔고 불교가 갖고 있던 고유의 불가지론적인 분위기를 상실하기도 하였다. 그러므로 불교를 특별하게 이상화하지 않는 것이 중요하다. 특히 서구 사람들에게는 이런 위험성이 존재한다. 왜냐하면 자신의 영적 전통에서 소외된 서구인들이 부정적인 선입관에 오염되지 않은 외국의 전통에서 영적인 의미를 찾고자 하기 때문이다. 현재의 정신분석적 대화에서 중요한 역할을 하고 있는 포스트 모던에서 강조하고 있는 점은 권위를 비판하는 것이다. 이것은 불교가 갖는 해방의 차원을 차단하고 있는 제도화된 불교에 도전하는 데 도움이 된다. 포스트 모던이 주장하는 권위에 대한 비판은 다른 모든 종교 전통과 마찬가지로 불교가 특권층 사람들만의 흥미에만 부합하는 경향에 대해 여러 다양한 방식으로 시사점을 던져줄 수 있다.

불교와 정신분석의 구성주의

정신분석이라는 입장에서 불교사유가 갖는 매력 중의 하나는 구성주의적 인식론을 갖고 있다는 점이다. 이런 인식론은 불교 철학에서 아주 두드러진 점이다. 불교의 이런 사유는 점차 구성주의적 인식론으로 기울고 있는 현대 정신분석적 사유와 잘 부합한다. 그렇다면 두 전통, 즉 불교와 정신분석의 구성주의적 인식론 배후에 놓여진 충동을 생각해보는 것은 흥미로운 일이다. 정신분석이 구성주의로 변화하게 된 것에 중요한 영향을 미친 것은 철학과 다른 학문들이 일반적으로 구성주의로 전환하게 되었다는 점이다. 그러나 중심적 충동은 치료적 관계의 민주화에 대한 열망이다. 여기에서는 정신분석가가 갖는 지식의 한계를 강조한다. 이것은 치료적 관계의 상호 주관성에 대한 강조와 환자와 분석가의 현실적 상호 구성에 대한 강조와 연관되어 있다. 이런 강조는 서구의 민주적 개인주의와 권위에 대한 우려와 궤를 같이한다. 또한 정신분석에서 구성주의로 기우는 경향은 포스트모던이 갖는 무의미성의 위기라는 맥락에서 구성적인 치유 이야기의 중요성을 점차 강조하는 것과도 일치한다.

불교의 구성주의에서 주된 목표는 혁신적인 개방감을 계발하는 것이다. 그 주된 내용은 개념은 우리를 노예화하고 사물화하는 고통을 유발한다는 것이다. 여기서 강조하는 것은 그럴듯한 담론을 구성하는 것이 아니라 오히려 모든 담론을 극단적으로 해체하는 것이다. 이렇게 불교가 혁신적 개방성을 강조하는 것은, 어떤 의미에서는 정신분석에서 분석가는 개방되어 있어 애매함을 견뎌야 하는 것과도 유사하다(예를 들면, 비온Bion 1970; 스턴Stern 1997; 아이겐 1998).

여기서 두 전통 사이에는 의미 있는 보완성이 있을 수 있다. 구성적 사유를 선호함에도 불구하고 분석가는 여전히 환자를 이해하고 도와주는 데 오류를 범할 수 있다. 환자가 자신을 이해하는 체험이 도움이 될 때도 있다. 특히 우리가 살고 있는 개인주의적 문화에서는 개인적 의미의 구축(불교에서는 이것을 무시하는 경향이 있다)이 아주 중요할 수 있다. 그렇지만 이해의 욕구를 내려놓는 것이 삶의 신비에 직면하여 경외, 수용, 숭배의 체험으로 나아가기도 한다.

다층적 자아와 무아

불교에서는 자아의 실체가 없다는 것을 강조하고 있다. 이것이 우리

시대의 특징인 자기애적이거나 "공허한" 자기인식의 해독제로 작용할 수 있다. 그러나 첫째로 명심해두어야 하는 것은, 자아를 다층적으로 받아들이는 것은 자아 파편화의 공포를 극복하고자 하는 의미, 즉 공포에 대항하는 시도를 반영하는 것일 수 있는 것처럼(페어필드 2001) 자아를 공하다고 받아들이는 불교의 관점이 공허한 자아의 주관적 체험을 마치 정상적인 것을 간주하고자 하는 시도일 수도 있다는 점이다.

이런 점을 직면해서 보면 무아의 불교 개념과 정신분석의 다층적 자아 개념 사이에는 유사성이 있다. 그리고 사실 정신분석에서 자아의 다층성에 대한 관심이 증가하고 있다는 것은 불교의 자아 개념을 받아들이는 분위기를 만드는 데 도움이 되기도 한다. 그러나 중요한 점은 두 전통에서 자아의 구성적 개념이 갖는 서로 다른 방식들을 알아야 한다는 것이다. 앞서 보았듯이 자아다층성에 현대의 정신분석이 매력을 느끼는 것은 적어도 부분적으로는 그동안의 순응적인 자아 단일성 이론에 대한 도전적 욕구에 기인한 것으로 보인다. 불교에서 강조하는 무아의 개념은 실존론적 고립감을 줄여주는데, 이것은 자아와 타인 사이의 경계 및 모든 존재의 상호 의존성에 바탕을 두기 때문이다. 프랜시스 쿡Francis Cook이 강조한 바와 같이 불교 사유에서는 "이 세상의 상호 연기를 넘어서 또는 동떨어진 절대적인 현실은 존재하지 않는다. 개인이 발생하는 자리는 다른 개인들의 아주 광범위한 환경 속에 있다. 즉 부모, 조부모, 문화, 땅, 물, 돌 등 다른 많은 것들이다. 개인은 이 세상에서 한 순간 다른 개인들의 광범위한 환경에 의해 지속적으로 단단하게 조건화된다"(쿡 1989, 24).

어떤 측면에서 이런 관점은 대상관계이론과 일치한다는 점에서 흥미롭다. 대상관계이론에서 자아는 타인의 내면화를 통해서 구성된다. 대상관계이론에서 치료의 목표는 과거의 내적 대상과의 결박에서 스스로를 풀어나감으로써 자아를 해방시키는 것이다. 불교적 관점에서 보면 자유는 타인과 독립된 자아는 없다는 것을 인식하는 데서 온다.[3]

13세기 일본 불교의 위대한 승려인 도겐이 말한 다음과 같은 시가 있다.

> *붓다의 길을 공부하는 것은 자아를 공부하는 것이다.*
> *자아를 공부하는 것은 자아를 잊는 것이다.*
> *자아를 잊는 것은 수많은 사물과 함께 하여 본래성을 찾는 것이다.*

그러므로 자아가 스스로의 경험을 구성하는 방식을 진정으로 우리가 볼 수 있을 때 자아와 타인의 경계는 사라진다. 본래성의 경험이 나타는 때는 진정한 자아를 하나의 개체적 사물로 보는 경험에서 오는 것이 아니라 다른 사람과의 연관된 경험에서 오는 것이다. 이것은 마치 하나의 손가락이 다른 손가락들과 연관되어 있는 것과 같다. 이런 관점과 어느 정도 일치되는 것은 나-너의 관계라는 개념을 만든 부버Buber의 철학이다. 그 철학에서는 한 주체(하나의 객체로서가 아니라)가 타인과 관계하는 것이 상호 연결의 경험과 관련되어 있다는 것을 강조한다. 자아에 대한 불교와 정신분석의 지속적인 대화는 정신분석의 신비적 차원을 회복시키는 데 도움을 줄 수 있다. 이것은 우주와 하나가 되는 느낌을 경험한다는 의미에서 신비적인 것이다. 물론 어떤 종류의 영적인 해결이 정서적 갈등을 회피하기 위한 방어적인 수단으로 사용되거나 공허한 자아를 메우기 위해서 또는 전능한 자기애를 지지하기 위한 것이 될 때는 위험하다. 이런 유혹에 완전히 면제되었다고 확실하게 말할 수 없는 불교 전통은 적어도 이런 위험성들을 방지하기 위한 몇 가지 시도들을 한다. 특히 선의 전통은 "이런 세상적인 것"이나 불교수행의 일상적인 면을 강조하면서 끊임없이 영적 도피주의를 방지하여 수행자들이 영적 자기애의 구멍에서 빠져나오는 데에 초점을 맞추고 있다.

잘 알려진 선의 일화가 있다. 한 제자가 스승에게 묻는다, "어떻게 깨달음을 얻을 수 있습니까?" 스승이 답한다, "밥은 다 먹었나?" 제자가 답한다, "네". 스승은 말한다, "그러면 설거지를 해라". 이 이야기가 보여주듯이 우리가 강조해야 하는 것은 이상화하거나 도피적인 해결방법을 찾는 것이 아니라 일상에 자신을 몰입하는 "일상의 신비"이다. 선의 시인인 방온은 다음과 같이 말한다. "물을 긷고 나무를 한다. 이것이 기적적인 힘이고 대단한 활동이다"[역자주: 원문 龐居士曰 運水搬柴無非妙用是也(방 거사가 말하기를 물을 길어 나르고 땔나무를 바치는 것이 묘용이 아닌 것이 없다고 했다)](왓츠Watts 1957, 133).

그리고 불교에는 우상 파괴주의가 있다. 이것은 정신분석에서 치료자의 자발성과 개인적 반응의 중요성을 강조하는 최근의 발전과 일치한다(예를 들면, 호프만 1998, 링스트롬Ringstrom 2001). 전설적인 선의 스승들은 깨달음을 얻기 위해서 사물을 바라보는 통상적인 방식에서 빠져나와 제자들에게 충격을 주기 위해 통상적이지 않은 기법을 사용하는 스승들의 자발성과 탈관습성이라는 특징을 보여준다. 티베트 불교에서는 "광적인 지혜"의 전통이 있다. 즉 통상적인 기준에서 보면 이상하거나 미친 것 같이 보이는 방식으로 행동하는 기이하지만 아주 존경받는 스승들이 있다. 이것은 일종의 정신병리라기보다는 통상적인 기준을 넘어서는 그들의 탈관습성과 의도 그리고 능력을 보여주는 것이라고 믿어진다. 예를 들면, 티베트에서 가장 인기 있는 영웅 중 한 사람에 드룩파 쿤레이Drukpa Kunley라는 사람이 있다. 그는 음주와 매춘 등의 기이한 행동으로 악명 높은 사람이었으나 동시에 많은 사람들을 깨달음으로 인도하는(아니 그렇게 정교하게 자극하는) 사람이었다.

어떤 종교 또는 사회적 제도와 마찬가지로 불교도 심한 보수적 요소들을 갖고 있으며, 또한 보다 더 보수적인 요소와 혁신적 요소들 사이에서 항상 긴장이 있었다. 그러나 보수적인 면에도 불구하고 불교는 처음부터 전복적인 그 무엇을 가지고 있다. 단어와 개념의 한계를 아주 잘 인식하고 있는 불교 자신은 강을 건너는 뗏목에 불교의 가르침을 비유하곤 하였다. 강을 건넌 다음 그 뗏목을 버리는 것처럼 불교의 가르침은 깨달음으로 나아가는 이동 수단에 불과하다. 가르침에 매달리는 것은 불교의 근본 핵심에 역행하는 것이다. 선 불교에서 "달을 가리키는 손가락과 달을 혼동하지 마라"라고 말한다. 이것은 개념이 갖는 실용적인 측면을 다시 한번 강조하고 있다.

세상을 다시 매력적인 것으로 보기

전근대적인 문화는 세상을 매력적인 장소로 간주하였다. 이 문화에서 내적인 실재와 외적인 실재 그리고 주체와 객체의 구분은 현대 문화보다 그렇게 명확하지는 않았다. 사회학자 모리스 베르만Morris Berman은 이것을 "참여하는 의식"이라고 불렀다. 그가 강조했듯이 "서구사회에서 과학 혁명에 도달하기 이전에 자연을 바라보는 관점은 세상을 매력적인 것으로 보는 것이었다. 바위, 나무, 강, 구름은 모두 좋고 살아있으며, 인간은 이런 환경을 집안같이 편안하게 느꼈다. 간단히 말해 우주는 우리가 속하는 장소이었다. 이렇게 우주의 구성원으로서 우리는 소외된 관찰자로 있는 것이 아니라 이 드라마에 직접 참여하는 참여자였다. 개인적 운명은 이 우주의 운명과 함께 하며 이런 관계는 자신의 삶에 의미를 주었다"(베르만 1981, 16).

이와 대조적으로 근대 의식에서 우주는 기계적인 것으로 인간과 무관한 원리에 의해 움직이고 물질은 살아있지 않은 생명 없는 것이 되었다. 인간은 자연 밖에서 살아간다. 그러므로 현대인의 의식은 근본적으로 소외되어 있다. 자연과의 황홀한 합일은 없고 우주에 대한 소속감도 없다.

어니스트 베커Ernest Becker도 유사한 지적을 하였다. "현대인의 마음이 갖는 특징은 신비, 소박한 믿음, 단순한 희망의 추방이다. 우리는 보이는 것, 명확한 것, 인과론, 논리적인 것에 중점을 둔다. 우리는 꿈과 현실 사이, 사실과 허구 사이, 상징과 물질 사이의 차이를 알고 있다. 그러나 우리는 현대인의 마음이 갖는 이런 특징들이 바로 신경증의 특징이라는 점을 알 수 있다. 신경증의 특징은 자신의 위치를 현실과 대비해서 '알고 있다'고 여기는 것이다. 자신을 흔들 수 있는 것은 아무것도 없다는 것과 자신에게 희망을 주는 것은 아무것도 없다는 것을 의심하지 않는다"(베커 1973, 201).

한스 뢰발트Hans Loewald(1980)와 최근에는 미첼(2000)이 지적한 바와 같이 정신분석은 알게 모르게 세상을 매력적이지 않은 장소로 여기는 문화 가치를 재생산하는 경향을 보인다. 일차적 과정보다 이차적 과정에 비중을 둠으로써 또한 정신적 건강의 원천으로서 쾌락원리보다 현실원리를 강조함으로서 한 편으로 의미의 상실에 기여하였다.

그러나 정신분석 내에서 구성적 인식론을 향한 움직임은 현실과 환상 사이의 관계를 다시 고려하게 되는 문을 열었다. 전통적으로 환상은 현실을 왜곡하는 것으로 간주되었고, 따라서 정신분석 작업은 이러한 성질의 왜곡을 통찰하는 것으로 여겨졌다. 그러나 미첼은 뢰발트 이론의 주석에서 다음과 같이 언급하였다. "환상과 현실을 분리하는 것은 경험을 구성하는 단지 하나의 방법이다. 삶이 의미 있고 생명력을 지니며 탄탄하기 위해서는 환상과 현실은 서로 떨어질 수 없다. 현실과 동떨어진 환상은 기이하고 위협적이다. 환상과 동떨어진 현실은 맥없고 공허하다. 인간 경험의 의미는 현실과 환상 사이의 상호적이고, 변증법적으로 풍부한 긴장에서 발생한다. 살아있음을 느끼기 위해서는 서로를 필요로 한다"(미첼 2000, 29).

우리가 선조들의 모습 그대로 돌아가는 것은 이제 불가능하다. 우리는 현대적 세계관을 거부할 수 있지만 결코 그것에서 완벽하게 도망갈 수 없다. 이것은 우리가 현실을 경험하는 방식에 영향을 미친다. 부정하거나 자신을 속이지 않으며 참여하는 의식의 경험으로서 세계를 다시 매력적인 장소로 볼 수 있을까? 구성적 인식론뿐만 아니라 풍부한 마술적인 수행과 의례를 함께 갖고 있는 티베트 불교의 문화가 몇 가지 시사점을 줄지도 모른다. 이런 수행들이 발전되기 이전의 원래 티베트 문화는 전前 과학적이고 전통적인 문화이었다. 그 안에서 마술과 미신의 현실은 모든 일상 체험의 한 부분으로 존재하였다. 그것은 마치 계몽과 과학 시대 여명기 이전의 서구 문화와 유사하였다.

이런 티베트 불교 문화에서 특징적인 것은 마술적 성질을 가진 수행 기법을 실천하는 것이 아니라 오히려 모든 현상은 내재적으로 본질상 공하다는 것을 깨닫기 위해 의식과 상징을 동시에 사용하는 것이었다. 이와는 대조적으로 현대 서구 문화의 맥락에서 보면 티베트 불교도가 사용하는 명상기법이나 수행은 또 다른 기능을 할 수 있다. 이것은 현대 문화에서 표준이 아닌 매력적인 현실 경험에 참여하는 방법이기도 하고 동시에 우리에게 현실을 구성할 수 있는 자신의 역할을 상기시켜 주고 있다. 수행이 이루어지는 과정을 자세히 살펴보면 현재의 정신분석이 어떻게 변화를 할 수 있는지를 살펴보는 데 어느 정도 도움이 될 것이다.

환원주의 대 비이원론

베커(1973)가 강조한 바와 같이 프로이트의 근본적 통찰 중 하나는 인간 존재가 갖는 피할 수 없는 피조물성에 대한 인식과 연관되어 있다. 항상 우상파괴자, 현실주의자, 환상의 파괴인 프로이트는 우리가 아무리 고귀한 열망을 지니고 그럴듯하게 꾸민다고 해도 결국은 성적 충동과 공격적 충동을 가진 인간이라는 점을 상기시키고 있다. 현대의 많은 정신분석가들은 이런 관점을 환원주의라고 간주하면서 비판적인 태도를 취한다. 그렇지만 우리가 갖는 자기기만과 잘난체 하는 성질을 열성적으로 밝혔다는 점에서 프로이트의 위대함을 인식하는 것은 중요하다. 우리의 기본적인 본능적 충동과 분리된 그 무엇으로 영적인 것을 생각하면 문제는 복잡해진다. 우리는 어쨌든 자신이 피조물이라는 것에서 자유로워질 수 있다고, 또한 성스러운 것과 세속적인 것 사이에 분명한 구별을 할 수 있다고 상상한다. 여기에 영적인 것이 도덕보다는 도덕주의로, 또한 수용보다도 해리와 투사로 가게 될 위험성이 도사리고 있다.

불교도의 입장에서 보면 성스러운 것과 세속적인 것을 분리하려고 하는 시도는 인간 딜레마의 핵심이다. 그러나 영적인 것을 보다 기본적인 충동적 욕망들의 파생물로 보기보다는 불교가 강조하고자 하는 것은 성스러운 것과 세속적인 것이 하나라고 인식하도록 사람들을 도와주는 것이다. 예를 들면, 대승 불교에서는 삼사라(윤회, 즉 조건화되고 깨닫지 못한 존재 또는 생사의 바퀴)가 니르바나(열반, 즉 자기 중심적인 모든 갈망이 멈춘 깨달음의 상태)와 다르지 않다고 강조한다. 다른 말로 하면 성취해야 할 낙원이나 이상적인 상태는 없다. 단지 이 세상, 이 순간만이 있을 뿐이다. 이것을 자신의 경험으로 알아차리는 것이 깨달음이다. 선의 전통은 지상地上적인 것으로 악명이 높다. 예를 들면, 선승 임제는 말한다. "불교에는 애써야 할 것이 없다. 그냥 일상일 뿐이며 특별한 것은 없다. 장을 편하게 하고 소변을 보고 옷을 입고 음식을 먹는다. 피곤하면 가서 누워라"(왓츠 1957, 101).

티베트 불교에서는 성스러운 것과 세속적인 것 사이의 관계의 비이원적 성질을 표현하기 위해서 성적 이미지를 명상 기법으로 사용한다. 최상의 감성과 정신적 성취를 성적인 것과 공격적인 것의 파생물로 주장하는 프로이트의 견해에 옳은 그 무엇도 있지만 또한 완전히 잘못된 점도 있다.

그의 환원주의는 결점, 불완전성, 자기기만을 지닌 인간 본성의 아름다움을 축복하기보다 최상의 업적과 열망이 갖는 가치를 평가절하하는 것으로 끝맺는다. 비이원성에 대한 불교의 강조는 인간의 근원적 욕망에 대한 프로이트의 중요한 통찰에 공감하지만 동시에 그의 환원주의를 수정하는 데 도움이 된다.

삶 안에 정신분석을 놓기

도넬 스턴Donnell Stern은 어윈 호프만의 저서『정신분석과정에서 의식과 자발성』을 칭찬하면서 이 책의 뛰어난 점을 다음과 같이 언급하였다. "이 책의 최고 장점은 삶 가운데 정신분석을 놓았다는 점이다." 스턴이 여기서 언급하고자 하는 것은 실존에 대한 호프만의 관심이다. 그는 유한한 인간이 의미를 창출하고자 지속적으로 투쟁할 수밖에 없는 인간 딜레마의 핵심을 강조하고 있다. 호프만의 책이 뛰어난 이유 중 하나는 주류 정신분석가들이 이런 변증법에 주의를 기울이지 않거나, 적어도 이런 문제를 중심적으로 바라보지 않는 경향을 보이지만 아주 예외적으로 그는(오토 랑크Otto Rank는 아주 예외이지만) 그렇지 않다는 점이다.

물론 전통적으로 이런 실존적인 관심들은 모든 종교의 핵심에 있어왔다. 그리고 이전의 종교적 입장과 거리를 두고자 하는 정신분석가들이 이런 영역에 발을 들이기를 우려하는 것은 이해할만하다. 그렇지만 우리 모두는 어떤 차원에서는 죽음의 영원한 그림자 안에서 삶의 의미(또는 잠재적인 무의미)라는 근본적인 실존적 문제를 다루지 않는다면 이것은 영혼의 문제를 다루지 않는 것과 마찬가지라는 것을 잘 알고 있다.

우리를 둘러싼 상황이 별 문제가 없는 동안, 그리고 자신과 사랑하는 가족들이 건강할 때 우리는 죽음을 부인하는 방패 뒤에 숨어있을 수 있다. 그리고 이때에는 죽음이 즉각적인 관심 사항이라기보다는 추상적으로 보인다. 톨스토이의 『이반 일리치의 죽음』에서 보는 것처럼 병들기 전에 주인공에게 마치 우리 모두와 같이 죽음은 우리와 관계없는 타인의 문제로 보이거나 먼 미래에 언젠가 일어날 일로 여겨진다.

불교는 모든 문제의 핵심에 놓인 죽음, 상실, 고통에 바로 직면한다. 보다 나은 사후의 삶을 약속하거나 신적인 존재의 보호를 약속하지 않는다. 삶을 있는 그대로 받아들이는 길을 제시하면서 고통과 아픔과 함께 가는 것에서 피난처를 구하라고 한다. 이런 과정에는 두 가지 핵심적인 사항이 있다. 첫째는 역설적으로 모든 것의 무상함을 충분히 인식하고 받아들이는 것이 평화를 체험하고 삶을 진정으로 품는 데로 나아가게 된다는 것이다. 흥미롭게도 프로이트 자신은 1차 대전의 그림자 아래에서 집필한 조그만 논문에서 이와 유사한 분위기를 표현하였다. 이 논문에서 프로이트(1915)는 우리 존재의 짧음을 한탄하는 젊은 시인과의 대화를 언급하고 있다. 프로이트는 우리 모두가 가치 있다고 품고 있는 모든 것은 일시적이라는 것을 깨닫는 것은 실망감을 줄 수도 있지만 우리가 소중히 여기는 것을 더 잘 알아볼 수 있다고 말하였다. 우리의 반응을 결정하는 요소는 이런 내재적인 덧없는 무상을 완전히 받아들이고 이와 연관된 슬픔으로 위축되지 않는가의 여부이다.

두 번째 원리는 우리 모두는 인간 공동체의 구성원이고 삶의 고통과 아픔을 공유함으로써 강하게 연결되어 있다는 것을 인식하는 것이다. 이런 공동체 감정을 포착하는 불교의 오래된 일화가 있다. 최근 아이를 잃은 어머니가 붓다를 찾아와서 아이를 다시 살려달라고 애원하였다. 붓다는 이 여인에게 죽음을 겪지 않은 집에서 겨자씨를 얻어오면 아이를 살려주겠다고 말한다. 이 여인은 집에서 집으로 다녔지만 그런 집은 한 집도 없다는 것을 깨달았다. 그녀는 점차로 자신의 슬픔이 다른 사람과 다르지 않다는 것을 알게 되었다. 그녀는 자신의 고통 속에서 평안을 찾을 수 있었다.

프로이트(1927)는 종교가 환상적 구원과 지속적 처벌의 위협을 통해서 본능을 포기하도록 사람들을 위협한다고 생각하였다. 그는 삶이 갖는 재난, 잔인함, 수모를 순수하게 받아들이고 인정하며, 또한 현재 여기 지구에서 더 좋은 삶을 형성하는 데 자신의 에너지를 바치기 위해서 종교가 주는 환상적인 위안을 포기하는 것이 중요하다고 생각하였다. 프로이트가 종교에 대해 반감을 가짐에도 불구하고 자신의 세계관과 불교의 관점이 이런 점에서 역설적인 친화성을 갖는 것은 참으로 흥미롭다. 둘 다 모두 금욕적이고 용기에 충만하고 비타협적인 태도를 견지한다. 때로는 프로이트의 관점이 비관주의와 냉소주의로 흐르는 반면 불교의 관점은 더 긍정적이다. 그러나 이런 긍정주의는 결코 유약하거나 단순한 것이 아니다. 내가 여기에서 자세하게 언급한 바와 같이 변화가 가능하다는 불교의 관점은 미묘하고 역설적인 향기를 뿜는다. 선승 청원靑原 行思은 다음과 같이 말하고 있다. "내가 30년 동안 선을 공부하기 전에 나는 산을 산으로 보고 물을 물로 보았다. 내가 더 깨달음에 접근하였을 때는 산은 산이 아니었고 물은 물이 아니었다. 그러나 이제 나는 바로 그 실체에 다다랐고 편히 쉬고 있다. 이때 다시 산은 산으로 보이고 물은 물로 보인다"(왓츠 1957, 126).

우리가 다른 어떤 것보다 정신분석을 삶의 한 가운데 둔다고 하면 호프만(1989)이 말한 지속적이고 체계적으로 의미와 죽음의 불가피성에 대한 변증법적인 의미에 직면할 필요가 있다. 불교와 정신분석 사이의 대화는 이런 과정을 촉진하는 데 귀중한 역할을 할 것이다.

대화

포스트 모던의 사유 방식은 프로이트 시대에 지배적이던 과학적인 세계관에 도전하였다. 포스트 모던은 합리성과 과학을 상대화시켰고, 타인의 가치를 주변으로 몰아내거나 배제하는 지배적인 담론—종교적 또는 과학적 세계관—의 위험성을 노출시켰다. 그러나 포스트 모던의 과점에서 보면 과학적 세계관에 대한 프로이트의 신념은 그 자체로 하나의 종교이다. 불교와 정신분석 사이의 대화는 해방을 위한 두 개의 세계관 사이의 도전을 의미한다. 여러 측면에서 현대의 정신분석적 치료는 민주적 개인주의라는 서구적 가치관을 의미한다. 한편으로는 모든 인간 경험의 합리적 성질에 대한 점증하는 강조는 서구 문화의 과도한 개인주의에 대한 수정으로 간주될 수 있다. 다른 한편으로는 정신분석 관계의 상호성과 모든 지식의 상대적 성질에 대한 점증하는 강조는 개인의 가치와 권위의 전통적 원천에 대한 도전과 일치한다. 개인적 의미의 구성과 자아의 풍부함과 활성화에 대한 현대의 강조는 이런 가치들과 함께한다. 이런 모델의 해방은 개인적 자유와 관련성을 갖는다.

해방에 대한 불교적 모델은 자아 중심적 갈망에서 자유로워지기를 강조한다. 이런 관점에서 능수능란하면서 한계가 있는 자아의 경험은 인간이 갖는 딜레마의 핵심을 이룬다. 어떤 측면에서 불교의 관점은 정신분석에 반영된 서구 개인주의의 팽배함에 대한 대책으로 간주될 수 있다. 또한 현대 포스트 모던의 감성과 궤를 같이하는 잃어버린 영적 차원을 다시 포착하는 데 도움이 될 수 있다. 다른 측면으로 보면 정신분석은 불교의 어떤 측면에 대해서 대비되는 중요한 시사점을 제공할 수 있다. 민주적 개인주의의 가치는 모든 종교에 있는 종교적 정통이라는 권위적 성향에(불교도 이것을 공유한다) 대한 대책을 제공할 수 있다. 더구나 무의식적 동기에 대한 정신분석적 강조는 방어적인 목적으로 영적인 점을 이용하는 위험성을 줄일 수 있다. 불교와 정신분석 사이의 대화는 서로를 풍부하게 할 잠재적인 가능성을 갖고 있다. 이러한 만남을 통해서 불교는 결국 변형될 것이다. 이것은 마치 불교가 인도를 넘어서 다른 아시아 문화로 전파된 것과 같다. 그리고 정신분석은 결국 변형될 것이다. 이것은 마치 세기말 정신분석의 원천인 비엔나를 넘어간 것과 같다. 새로운 치료적이고 영적인 형태가 이러한 만남을 통해서 결국 산출될 수 있을지 예측하는 것은 불가능하다. 하지만 이 책은 현재 진행 중인 중요한 과정들을 살펴보는 데 기여할 것이다.

주

1 물론 이것은 과도한 단순화이다. 정신분석을 하나의 과정으로서 그리고 그 과정을 통해서 환자와 분석가가 서로의 가치들을 나누는 것으로 개념화하는 것이 아마도 보다 더 정확할 것이다(예를 들면, 미첼 1993; 파이저 1998). 더구나 루이스 아론(1999)이 지적한 바와 같이 분석가 집단의 가치와 분석가 개인의 가치를 구분하는 것은 중요하다. 아론이 제시한 바와 같이 정신분석집단은 환자와 분석가를 이자二者적 관계dyadic relationship를 중재하는 "제삼자"로 개념화할 수 있다. 분석가가 개인과 집단의 가치들이 상호 침투하고 서로 영향을 미치는 방식을 인식하는 것과 그 사이의 긴장을 성찰하는 것이 핵심적이다. 그러나 심지어 이런 한정적인 요소들이 있더라도 정신분석과정이라는 것은 결국 사회적 상호영향을 내포하고 있다는 점을 인식하는 것은 여전히 중요하다.

2 나는 위니컷의 "진정한 자아" 개념에는 지속적으로 변화하는 과정이 포함되어 있다는 것을 잘 알고 있다. 이런 과정은 "진행하는 존재"이지 정적인 것은 아니다. 그럼에도 불구하고 나는 위니컷의 이런 개념이 대중적으로 널리 알려진 이유는 문화적으로 개인의 중요성을 강조하고 있다는 점이 반영된 것이라고 여전히 주장하고 싶다.

3 물론 과거 대상의 결박에서 해방된 존재라는 목표가 무아가 존재한다는 것을 인식하는 목표와 반드시 병립할 수 없는 것은 아니다. 예를 들면, 페어베인은 나쁜 내적 대상들의 애착에서 해방되는 것은 새로운 관계에 개방적이 될 수 있다고 주장하고 있다. 그러나 이런 주장은 불교에서 강조하는 상호 의존성의 체험과는 여전히 다르다.

References

Armstrong, K. 2000. *The Battle for God.* New York: Ballantine Books.

Aron, L. 1996. *A Meeting of Minds: Mutuality in Psychoanalysis.* Hillsdale, N.J.: Analytic Press.

————. 1999. *Clinical Choices and the Relational Matrix.* Psychoanalytic Dialogues 9:1-29.

Batchelor, S. 1997. *Buddhism without Beliefs.* New York: Riverhead Books.

Becker, E. 1973. *The Denial of Death.* New York: Free Press.

Benjamin, J. 1988. *The Bonds of Love: Psychoanalysis, Feminism, and the Problem of Domination.* New York: Pantheon Books.

Berger, P., and Luckmann, T. 1967. *The Social Construction of Reality.* Garden City, N.Y.: Anchor Books.

Berman,M. 1981. *The Reenchantment of the World.* Ithaca, N.Y.: Cornell University Press.

Bion, W. R. 1970. *Attention and Interpretation.* London: Heinemann.

Bromberg, P. M. 1998. *Standing in the Spaces: Essays on Clinical Process, Trauma, and Dissociation.* Hillsdale, N.J.: Analytic Press.

Cook, F. H. 1989. *Sounds of Valley Streams.* Albany: State University of New York Press.

Cushman, P. 1995. *Constructing the Self, Constructing America: A Cultural History of Psychotherapy.* Reading, Mass.: Addison-Wesley.

Eigen, M. 1998. *The Psychoanalytic Mystic.* London: Free Association Books.

Epstein, M. 1995. *Thoughts without a Thinker: Psychotherapy from a Buddhist Perspective.* New York: Basic Books.

————. 1998. *Going to Pieces without Falling Apart: A Buddhist*

Perspective on Wholeness. New York: Broadway Books.

──────. 2001. *Going On Being: Buddhism and the Way of Change.* New York: Broadway Books.

Fairfield, S. 2001. *Analyzing Multiplicity: A Postmodern Perspective on Some Current Psychoanalytic Theories of Subjectivity.* Psychoanalytic Dialogues 11:221-51.

Freud, S. 1915. *On Transience.* In Standard Edition, 14:303-7. London: Hogarth Press, 1957.

──────. 1926. *The Question of Lay Analysis.* In Standard Edition, 20:179-258. London: Hogarth Press, 1959.

──────. 1927. *The Future of an Illusion.* In Standard Edition, 21:3-56. London: Hogarth Press, 1961.

──────. 1930. *Civilization and Its Discontents.* In Standard Edition, 21:64-145. London: Hogarth Press, 1961.

Ghent, E. 1989. *Credo: The Dialectics of One-Person and Two-Person Psychologies.* Contemporary Psychoanalysis 25:169-211.

Gombrich, R. F. 1988. *Theravada Buddhism: A Social History from Ancient Benares to Modern Colombo.* London: Routledge.

Greenberg, J. 2001. *The Analyst's Participation: A New Look.* Journal of the American Psychoanalytic Association 49:359-81.

Greenberg, J., and Mitchell, S. 1983. *Object Relations in Psychoanalytic Theory.* Cambridge, Mass.: Harvard University Press.

Grotstein, J. S. 2000. *Who Is the Dreamer Who Dreams the Dream? A Study of Psychic Processes.* Hillsdale, N.J.: Analytic Press.

Hoffman, I. Z. 1994. *Dialectical Thinking and Therapeutic Action in the Psychoanalytic Process.* Psychoanalytic Quarterly 63:187-218.

──────. 1998. *Ritual and Spontaneity in the Psychoanalytic Process: A Dialectical- Constructivist View.* Hillsdale, N.J.: Analytic Press.

Lasch, C. 1979. *The Culture of Narcissism: American Life in an Age of Diminishing Expectations.* New York: W. W. Norton.

Loewald, H. 1980. *Papers on Psychoanalysis.* New Haven, Conn.: Yale

University Press.

Magid, B. 2002. *Ordinary Mind: Exploring the Common Ground of Zen and Psychotherapy.* Boston: Wisdom Publications.

Mitchell, S. A. 1988. *Relational Concepts in Psychoanalysis: An Integration.* Cambridge, Mass.: Harvard University Press.

—————. 1993. *Hope and Dread in Psychoanalysis.* New York: Basic Books.

—————. 2000. *Relationality: From Attachment to Intersubjectivity.* Hillsdale, N.J.: Analytic Press.

—————. 2001. *The Treatment of Choice: Commentary on Paper by Susan Fairfield.* Psychoanalytic Dialogues 11:283-91.

Molino, A. 1998. *The Couch and the Tree.* New York: North Point Press.

Pizer, S. 1998. *Building Bridges: The Negotiation of Paradox in Psycho-analysis.* Hillsdale, N.J.: Analytic Press.

Reiff, P. 1966. *The Triumph of the Therapeutic: Uses of Faith after Freud.* Chicago: University of Chicago Press.

Renik, O. 1996. *The Perils of Neutrality.* Psychoanalytic Quarterly 65: 495-517.

Ricoeur, P. 1970. *Freud and Philosophy.* New Haven, Conn.: Yale University Press.

Ringstrom, P. A. 2001. *Cultivating the Improvisational in Psychoanalytic Treatment.* Psychoanalytic Dialogues 11:727-54.

Rorty, R. 1982. *Consequences of Pragmatism.* Minneapolis: University of Minnesota Press.

Rubin, J. B. 1996. *Psychotherapy and Buddhism: Toward an Integration.* New York: Plenum Press.

Stern, D. B. 1997. *Unformulated Experience: From Dissociation to Imagination in Psychoanalysis.* Hillsdale, N.J.: Analytic Press.

—————. 2001. *Constructivism, Dialectic, and Mortality.* Psychoanalytic Dialogues 11:451-68.

Suler, J. R. 1993. *Contemporary Psychoanalysis and Eastern Thought.* Albany: N.Y. State University of New York Press.

Watts, A. 1957. *The Way of Zen.* New York: Vintage Books.

————. 1996. *Buddhism: The Religion of No-Religion.* Boston, Mass.: Charles E. Tuttle.

제1장

유아가 되기 그리고 무아가 되기

: 정신분석과 불교에서 자아 이해의 재점검

제1장

유아(有我, somebody)가 되기
그리고 무아(無我, nobody)가 되기:
정신분석과 불교에서 자아 이해의 재점검

잭 엥글러(JACK ENGLER)

"무아가 되기 전에 당신은 유아가 되어야 한다." 나는 거의 20년 전에 이렇게 썼다. 이렇게 쓴 이유는 그 당시 융합될 수 없는 두 개의 관점을 통합하고자 하는 나의 첫 번째 노력을 요약하기 위한 것이었다. 불교의 가르침은 무아를 말하고 있고 새로운 정신분석적 이론인 대상관계 이론과 자아 심리학에서는 자아 발달의 중요성을 언급하고 있었다. 무아가 되려고 노력하기 전에 유아가 되어야 한다는 개념은 원래 서구의 많은 수행자들의 심금을 울린 듯이 보였다. 당시 수행자들은 불교와 같이 새롭게 소개된 해방의 이론들을 자신의 개인적이고 직업적인 삶에 통합하고자 노력하였지만 불행하게도 여기에는 수많은 심적 고통과 혼란이 발생하여서 그 진전은 느렸고, 영적 수행만으로는 일상의 문제를 해결하거나 사랑과 직업에서 방향성을 제시해주기에는 충분하지 않았다. 그러나 아주 최근에는 이런 경구, 즉 무아가 되기 위해서는 유아가 되어야 한다는 주장은 학문적 동료들로부터 개인의 발달론적 심리적 입장에서 상당한 정도의 악명과 비판을 받고 있다(콘필드Kornfield 1993; 술러Suler

1993; 엡스타인Epstein 1995; 루빈Rubin 1997). 나는 학술회의와 워크숍에서, 심지어는 집중 수행 장소에서 아직도 "이런 입장"을 고수하고 있는가 하는 질문을 거의 매번 받고 있다. "이런 입장"은 별로 제구실을 못하는 것이 되어 버렸고, 논쟁을 시작하는 편리한 케케묵은 구실이 되었다. 그래서 나는 이 책의 한 장을 집필해달라는 요청을 받았을 때 이것을 기회로 삼아 오랫동안 마음먹은 대로 이 주제가 야기한 문제와 논쟁을 살펴보고자 한다. 이 논문의 첫 부분에서는 나의 주장에 대한 비판의 주요 핵심들을 수용하면서 "유아"가 되는 것의 중요성을 주장할 것이다. 즉 영성이나 깨달음이라는 이름 아래 핵심적인 발달 과제 또는 인생의 과제를 회피하려고 하지 않고 이런 문제를 해결하고자 하는 것의 중요성을 언급할 것이다. 논문의 두 번째 부분에서는 "무아"가 되는 것의 중요성을 다룰 것이다. 무아의 측면에서 보면 자아의 통합이나 발달은 기껏해야 하나의 휴식처이지 목표가 아니라는 것, 또한 하나의 자아가 형성되거나 자아를 체득하였다는 경험은 잘못된 자아정체감일 뿐 아니라 내가 누구인지에 대한 불안과 갈등에서 생긴 잘못된 표상이라는 것을 인식하는 것이다.

유아가 되는 것

앞의 경구, 즉 무아가 되기 위해서는 유아가 되어야 한다는 나의 주장에서 언급하고자 원했던 첫 번째 핵심은 명상수행을 비롯한 어떤 영적인 수행을 하기 위해서는 어느 정도의 자아 능력이 필요하다는 것이다. 이런 사실은 특히 *위빠사나*vipassana(통찰) 수행과 다른 여러 형태의 마음챙김 명상에서는 진실이다. 이런 명상은 다른 여러 치료와 마찬가지로 순간순간을 관찰하는 것에 그 기반을 두고 있다. 스스로 관찰하는 것은 욕망, 흥분, 쾌락, 만족, 불안, 공포, 모욕, 좌절, 분노, 실망, 자기 의심, 심지어 황홀감 등이다. 이런 종류의 수행은 심리적으로 근본적인 자아 능력, 특히 자아 관찰과 정서의 관용이라는 능력을 강화시켜 준다. 또한 통상적으로 자신과 타인과 갈등을 야기할 수 있는 불안정한 통찰과 경험을 수용하게 해주는 자아의 통합적 능력을 증강시킨다. 영적 수행의 목표로서 흔히 제자들에게 던지는 충고, 즉 "자아를 초월해라"라는 것은 정신분석적으로 지향된 치료자들에게는 별 다른 의미가 없다. 정신분석 가에게 "자아"라는 것은 조절과 통합의 기능을 가진 포괄적인 단어이다. 정신분석적 관점에서 "자아를 초월해라"라고 하는 것은 우리 자신을 인간이 되게끔 해주는 바로 그 기능들, 즉 생각하고, 계획하고, 기억하고, 참여하고, 조직하고, 자아를 성찰하고, 환상과 현실을 구분하고, 충동과 행동을 조절하고, 사랑하는 능력을 포기하라고 하는 것과 같다.

내가 지적하기를 원하는 또 다른 핵심적 주장은 영적 수행을 한다고 해서 우리 모두가 정상적으로 겪어야 하는 발달 과제를 회피할 수 없다는 사실이다. 이런 주장은 전통적 불교문화에서 한 번도 문제가 된 적이 없는 주제이다. 서구인들에게 불교가 매력적으로 보이는 이유 중 하나는 인생 주기, 특히 젊은 성인과 중년의 전환기에 맞이해야 하는 중요한 발달 과제와 자아 정체감의 형성에서 우회하는 방법을 불교가 마치 제공해주는 듯이 보이기 때문이다(레빈슨Levinson 1978). 실체적 자아가 없다는 불교의 가르침("공", "무아")은 서구적 맥락에서 보면 치명적으로 잘못 해석될 여지가 열려 있다. 말하자면 나는 누구인지, 나의 욕망과 열망이 무엇인지, 나의 욕구가 무엇인지, 나의 능력과 의무가 무엇인지, 내가 어떻게 인간관계를 맺어야 하는지, 내가 할 수 있고 해야 하는 일은 무엇인지를 노력할 필요가 없는 것처럼 들린다. 마치 무아의 교리가 이런 과제의 부담에서 벗어나게 해주고, 사전에 미리 포기해버리는 것을 정당화 해주는 듯이 보인다. 다시 설명하자면 자신이(영적으로) 무아가 되면 (심리적으로) 유아가 될 필요가 없다는 것이다.

때로는 개인적인 자아 정체감의 취약함과 장애는 주관적인 자아감의 어려움을 반영하고 있을지도 모른다. 여기서 불교의 무아 교리는 부지불식간에 다른 목적에 기여할 수 있다. 말하자면, 무아의 교리는 실제로 올바르지는 않지만 통합 감각의 상실, 내적 공허감, 이현실감離現實感, 자아 정합감의 부재를 합리화시켜줄 수 있다. 이런 (비불교적) 의미의 "무아"는 많은 수행자들이 실제로 느끼는 감정을 표현해주는 적절한 용어로 보이기도 한다. 존재론적 "공空"이 심리적 공허함과 혼동되고 있다. 주관적인 내적 공허함이 공성空性 shunyata의 체험 또는 내재적 존재의 부재 및 무아의 내적 체험으로 착각되고 있다. 예를 들면, 엡스타인(1989)은 실제로는 병리적인 주관적 "공허함"의 일곱 가지 상태를 기술하고 있다. 이런 일곱 가지 상태는 심리내적으로 과대한 자율성 또는 공생적 합일을 통한 자아의 약화된 상실을 반영하고 있다. 또한 무집착의 교리는 안정적이고 지속적이고 만족스러운 관계를 형성하지 못하는 무능력을 합리화하는 데 이용될 수 있다.

깨달음의 이상 그 자체는 과대한 자아의 한 형태로서 자기애적으로 부착될 수 있다—소위 깨달았다고 하는 모든 변화된 형태의 모태이다! 말하자면 깨달음의 이상은 모든 정신적 번뇌들(낄레사 kilisas)과 족쇄들(삼요자나 samyojana)이 제거된 개인적 완벽함의 절정이고 모든 악한 것이 제거되고 사람들로부터 숭배 받고 향후 어떤 상처이거나 좌절에도 굴복하지 않는 완전한 자기 충족과 개인적 순수함이 순화된 상태를 성취한 것이다. "완벽함"은 무의식적으로 모든 증상에서 자유로워진 것이다. 그래서 완벽함을 성취한 사람의 자아는 다른 누구보다도 우월하고 질투가 아니라 모든 사람의 숭배의 대상이 된다.

또한 영적 수행은 오랫동안 현실 검증의 대상이 되지 않는 스승에 대한 자아대상 전이의 거울화 또는 이상화된 유형mirroring or idealizing type of selfobject transference을 형성할 가능성이 있다. 특히 아시아의 스승들은 특별한 휘광, 지위, 가치를 가진 강력한 존재로서 흔히 여겨지곤 하였다. 그들은 독특한 존재로서 스스로 자신을 특별하다고 느끼면서 실제적인 열등감, 무가치함, 수치심 또는 더 심하게 말하면 핵심적인 결함이나 오류가 있을 수 있다는 느낌을 덮어버린다.

이런 자기애적 취약성은 특별한 인격 장애이거나 인격 장애의 성향을 보이는 경우에만 존재하는 것이 아니라는 것을 내가 처음 목격하였을 때 이런 사실을 명확하게 깨달았다. 자기애적 취약성은 발달적 및 진단적 스펙트럼 전부를 관통해서 존재한다. 또한 자기애적 취약성은 상대적으로 정상적인 기능을 보이는 통합된 자아 구조와 함께 그럴듯하게 병존할 수 있다. 만약 나의 주장이 사실이라면 자기애적 정신역동은 내가 처음 생각했던 것보다 모든 사람의 영적 수행 과정에 더 밀접하게 혼합되어 있다고 보아도 좋을 것이다.

불안, 욕구, 인지, 정서, 성격 구조의 역동에서 벗어난 명상수행이란 있을 수 없다. 정신치료 그 자체와 마찬가지로 영적 수행은 방어적인 역할을 할 수 있다. 이런 점을 고려하면 다음에 언급된 것을 이해하는 것은 필수적이다. 즉 무아의 교리는 발달 과정상 성취해야 할 다음 단계이거나 또는 과거부터 지속적으로 해결되지 않은 발달 심리적 과제를 가진 자신의 자아, 성격, 대인관계를 성찰하는 것과는 아무런 관련이 없다는 점이다.

영적 수행의 변화: 점진적으로 또는 갑자기? 부분적으로 또는 완전하게?

필립 카플로Philip Kapleau 선사는 참선 워크숍의 질의 응답시간에 제자들과 이야기를 주고받는 과정에서 이런 주제를 직접 제기하고 있다(카플로 1979:31).

> 질문: 그러나 깨달음은 불완전과 인격의 결함을 모조리 제거해주는 것은 아닙니까?
> 선사: 아닙니다. 수행은 그것들을 드러나게 합니다! 깨닫기 전에는 자신의 결점을 쉽게 무시하거나 합리화합니다. 그러나 깨달은 다음에는 그것이 더 이상 가능하지 않습니다. 실패가 고통스러운 것은 분명합니다. 그렇지만 동시에 결함과 불완전을 스스로 제거하고자 하는 강한 결심이 생깁니다. 심지어 마음의 눈을 뜬다고 하여도 감정들을 완전히 한꺼번에 깨끗이 순화하지 못합니다. 감정을 순화하기 위해서는 깨달음 이후 지속적인 수행이 필요합니다. 그렇게 되면 우리의 행동은 자신의 이해와 조화를 이룹니다. 이런 중요한 핵심을 잘 이해해야 합니다.

제자들은 선사의 이런 가르침을 듣기 원하지 않는다. 이런 대목에서 *견성見性 kensho*, 즉 깨달은 후 자신의 모든 개인적인 문제와 의문이 해소될 것이라는 간절한 소망을 제자들이 갖고 있다는 점을 당신은 생생하게 느낄 것이다.

깨달음을 지향하는 불교의 여러 종파에서 이런 약속을 종종 하는 듯이 보인다. 앤드류 코헨Andrew Cohen(2000)은 "자아란 무엇인가?"라는 의문을 주제로 한 자신의 잡지에서 나와 인터뷰를 하면서 다음과 같은 질문을 하였다. 즉 깊은 깨달음을 성취하면 자아에 대한 집착과, 이와 연관된 모든 고통들은 물론 사라지고, 이에 따라 상처받을 수 있는 자에서 결코 상처받지 않는 자로 급격히 변화될 것이라는 견해에 동의하는지에 대한 질문이었다. 개인적 자아와 고통이 결국 공하고 실체가 없다는 것을 깨닫게 되면 자신의 감정과 생각을 다루는 방식이 완전히 변화될 수 있지 않겠는가? 이 질문에 대한 나의 대답은 이것은 이상적인 관점이라는 것이었다. 실제로는 그런 식으로 일어나지 않는다.

첫째로 말해두고 싶은 것은 이런 이상적인 일이 일어나는 경우는 수행의 최종 목표에 진정 도달했을 때*뿐*이다. 알아차림 수행을 하는 순간 우리는 평소의 인간관계를 알아차리는 순간으로 가져온다는 것은 사실이다. 이렇게 알아차리는 순간에는 고통스런 것에 반응하지 않는다. 판단하지 않고 검열하지 않고 비난하지 않고 없어질 것이라고 소망하지 않는다. 명료하고 개방적이고 자비스런 마음으로 바라보면서 그 고통을 회피하거나 혐오하지 않는다. 즐거운 것이라고 해서 매력적으로 보고 애착을 불러일으키지 않는다. 고통은 그냥 단순히 고통으로, 즐거움은 단지 그냥 즐거움으로 남으면서 여기에 반응하여 접근-회피 반응을 일으키지 않는다. 이와는 대조적으로 대부분의 정신분석 이론에서는 이런 접근-회피 반응을 인간에게 내재된 것으로 간주하고, 이러한 반응이 다양하고 지속적인 욕망이나 동기를 유발한다고 생각한다(컨버그kernberg 1976; 또한 참조 엥글러 1986; 브라운Brown 1993). "(일어나는 것은) 일어나는 대로 그대로 두어라"고 티베트의 가르침은 말한다. 마음의 자연스러운 명료함과 편안함은 흔들리지 않을 것이다. 그렇지만 다음과 같은 의문도 일어난다. 우리가 경험하는 모든 인간관계도 깨달음의 *모든* 순간처럼 이렇게 완벽하게 될 수 있는가? 깨달음을 강조하는 모든 불교 종파들은 수행의 최종 종착점에 이르면 자기 발생적인 *모든* 고통이 사라질 것이라는 점에서는 일치한다. 그러나 이것은 거대한 하나의 "가정"이다. 나는 이 경지에 도달한 사람을 아무도 알지 못한다. 사실 현실은 훨씬 더 복잡하다.

예를 들면, 대체적인 불교 종파들과 상좌부 불교에서 말하는 바와 같이 스스로 야기한 고통에서 해방되는 것은 단박에 일어나지 않는다는 입장을 견지하는 나는 이런 입장에 더 신뢰를 보내는 편이다. 고전적 주석의 전통뿐만 아니라 현대의 주석 전통들(붓다고사Buddhaghosa 1975; 마하시 사야도Mahasi Sayadaw 1965)도 마치 정신치료에서 볼 수 있는 변화와 같이 해방의 과정은 단계별이거나 순차적으로 일어나는 것이라고 언급하고 있다. 내가 공부한 인도의 불교 수행자들이 밝힌 수행 과정을 보면 이런 관점이 지지된다는 것을 알 수 있다(엥글러 1983a). 이 수행자들 모두는 상좌부 수행에서 말하는 네 가지 선정 중 최소한 초선初禪 이상에 도달한 사람들이다.

상좌부 불교에 의하면 고통을 야기하는 불선한 마음 요소들(*삼요자나*)은 *점진적이고 불가역적으로* "제거"(*니로다niroda*)된다고 한다. 이런 병리적인 마음 요소들은 네 가지 깨달음의 단계들(*네 가지 선정들*) 또는 "길道의 과정들"(*맛가magga*)의 *각 단계마다의 특별하고 흔들리지 않는* 연속적 *과정을 통해서 제거된다*고 한다. 각각의 개별적인 단계에서 일정한 병리적인 요소들은 마음에서 완전히 제거되고, 수행자는 다시는 이전의 단계로 돌아가서 갈등적인 방식으로 병리적 요소를 겪게 되지 않는다. 이것이 상좌부 불교의 가르침에서 말하는 "*깨달음의 순간이 갖는 진정한 의미*이다. 말하자면 이것은 단순한 주관적 체험이 아니다. 그럼에도 서구의 심리학에서는 개인의 주관성에 사로잡혀 주관적인 체험의 관점만을 강조하는 경향이 있다. 그러나 사실상 불선한 마음의 요소들이 제거되면 고통은 점진적으로 종식되고 마음의 자연스러운 기쁨, 편안함, 평정, 얽매이지 않은 자비와 타인에 대한 보살핌으로 이어진다.

초선初禪(소*따빳띠*sotapatti)에서 제거된 마음 요소들 중에는 자아에 대한 믿음도 핵심적으로 포함된다. 이런 자아는 인지심리학의 용어로 "자아에 대한 부적응적인 인지" 또는 "자아에 대한 핵심적 가정"이라고 말한다. 이것은 우리가 누구이고, 그리고 우리가 어떻게 자유로워질 수 있는지에 대한 병리적인 신념이다. 이들 중에서 가장 중요한 것은 자아를 유일하고 분리되고 독립적이고 자아 정체감이 있는 것으로 보는 견해이다. 그러나 수행을 한 다음 이런 자아는 단지 환영일 뿐이고 하나의 구성물이거나 표상으로만 인식된다. 그러나 수행의 통찰이 정신 치료의 통찰보다 더 즉각적으로 행동의 변화를 야기하는 것은 아니다. 수행에서 볼 수 있는 이러한 기본적인 자기 신념의 변화 또는 포기가 평소의 기본적인 마음가짐들—조건화된 동기, 정서, 충동들—을 자동적으로 변화시키는 것은 아니다. 이런 마음가짐은 이전에 수행자가 불선하고 이기적이고 자비스럽지 않게로 행동하게끔 영향을 미쳤던 것이다.

이런 핵심적인 마음 상태는 "족쇄"의 두 번째 종류들을 말해준다. 특히 고전적인 정신분석 이론에서 말하는 두 가지 기본적 동기, 즉 리비도와 공격성이다. 이것을 불교 용어로 말하면 *까마~딴하*kama-tanha, 즉 "감각적 쾌락에 대한 욕망 또는 쾌락 원리에 지배받는 행동 및 *브야빠다* vyapada, 다시 말해 "악의" 또는 타인에 대한 다양한 형태의 공격이다. 이렇게 작동된 마음 상태는 훨씬 더 깊이 조건화 되어 있어서 핵심적인 인지사고보다 변화시키거나 제거하기가 훨씬 어렵다. 따라서 이것들은 이선二禪(*사까다가미*sakadagami)에서 단지 "약화될" 뿐이고—행동 치료의 용어로 말하면 "수정될 뿐"이고—삼선三禪(*아나가미anagami*)에 도달할 때까지 없어지지 않는다. 그러나 정신분석 이론과는 달리 불교에서는 이렇게 작동된 마음상태를 조건화된 행동으로 보는 것이지 본능에 기반을 둔 욕동 내재 성격에 내재된 것으로 보지 않는다.

족쇄의 마지막 그룹은 *마나mana*라는 마음 요소를 중심으로 이루어져 있다. 이것은 "내가 있다"는 것과 자아를 다른 사람과 비교하여 형성된 "자만심"이다. 이것은 모든 자기애적 투쟁의 뿌리이다. 이것은 깨달음의 마지막 단계인 사선四禪(*아라핫따arahatta*)에 이르기 전에는 제거되지 않는다.

이런 수행의 진전 과정이 치료의 변화 과정과 얼마나 유사한지에 주목하자. 인지, 신념, 관점은 잘 변화할 수 있다. 핵심적 동기와 욕동 상태와 정서적 반응의 기반은 치료적 개입에 훨씬 더 저항적이다. 가장 변화하기 어려운 것은 분리된 자아로 존재한다는 핵심적인 자기애의 의미를 갖는 투입이다. 이것은 우리가 가장 정확하게 예상할 수 있는 바이다. 말하자면 가장 먼저 변화하는 것은 인지의 변화이고, 그다음에는 정서의 변화, 마지막으로 자아성이라는 핵심적인 변화가 일어난다는 예상이다.

선불교에서도 작은 견성과 큰 견성을 구별하면서 유사한 지적을 하고 있다. 공의 깨달음은 작거나 클 수 있지만 이 역시 단지 여전히 깨달음을 얼핏 본 것에 불과하다. 나의 스승인 아나가리까 무닌드라Anagarika Munindra는 이것을 "약간의 깨달음"이라고 부르면서 엄지와 검지를 살짝 띄어놓는다. 얼핏 본 것은 그 성질상 완전한 것도 아니고 모든 것을 변화시키지 않는다. 우리는 동서양을 막론하고 수많은 영적 스승들의 잘못된 행동에 대해서 너무나 잘 알고 있다.

스승들의 잘못된 행동은 실제 하나의 중요한 가르침을 주고 있다. 잘못된 행동은 아시아 불교 국가에서도 분명히 일어난다. 그러나 인도와 버마에서 겪은 나의 경험을 보면 문화적 규준과 기대뿐만 아니라 수세기 동안 내려온 사회적 역할의 요구로 인해서 영적인 수행을 위한 심지어 삼요자나의 "제거"를 위해서 종종 스승들 자신이 저지를 수 있는 잘못된 행동에 제약이 가해진다는 것을 알 수 있다. 그러나 서구에서는 이런 문화적 제약이 없다. 서구에 살고 있는 아시아의 스승들은 온전히 자신의 능력에 따라서 스스로 결정해야 하는 상황에 더욱 내몰리게 된다. 특히 돈, 섹스, 권력, 숭배하는 제자들의 이상화된 투사들이 있지만 이런 것들을 피상적인 방식 이외에 적절하게 다루는 방법을 배우지 못한 상태이다. 내가 받는 인상은 그들 스승들—제자들은 말할 것도 없고—이 자신이 하고 있는 것을 보고 놀라는 듯하다. 잘못된 행동 그 자체로 인해서 그 스승들이 본질에 대한 깊은 이해를 하지 못하였다는 것을 의미하지 않는다. 또한 그들이 깨달음을 경험하지 못했다는 것을 의미하는 것도 아니다. 이것이 의미하는 바는 자신과 타인을 힘들게 하는 비적응적인 신념, 동일화, 내면의 갈등, 자기애적인 투입narcissistic investments이 한꺼번에—심지어 당신이 이런 개념을 수용하지 않아도—제거되지 않는다는 것이다. 초선은 여전히 첫 깨달음에 불과하다. 더 많은 작업들이 남아있다.

개인적 작업의 필요성

이제 우리에게 남은 것은 부분적으로 개인적인 작업이고 또한 개인적인 작업일 수밖에 없다. 그러나 이런 개인적인 작업이 카플로 선사의 가르침처럼 영적인 통찰을 삶이나 개인의 성격에 단순히 적용하는 일이라고 생각하지 않는다. 카플로 선사가 초선 이후의 "지속적인 수행"—이것이 단순히 더 많은 수행을 의미하는 것이라고 하면—을 말하는 것은 성격적 결함, 개인적 갈등, 사랑과 일의 고충을 제대로 다루지 않고 여전히 그대로 두고 있는 것을 의미한다. 왜냐하면 삶의 한 영역에 대한 깨달음이 자동적으로 삶의 다른 영역으로 옮겨가는 것이 아니기 때문이다(콘필드 1993). 불교와 다른 종교에서 말하는 영적 깨달음이 서구적 의미의 심리적이고 정서적 깨달음으로 자동적으로 이어지는 것은 아니다. 인격의 수평적 및 수직적 "분열들"(코헛 1977)뿐만 아니라 트라우마와 신체적이고 정신적인 통합성을 위협하는 것에 대한 심대한 방어 욕구로 인해서 우리의 내부에는 여전히 격리되고 배제된 부분들이 있다. 거기에는 과거 상처의 기억과 미래에 예측되는 상처에 대한 불안이 아주 깊게 자리 잡고 있다. 견고한 성격적 방어와 결함들은 여전히 다루지 못한 상태로 내버려져 있다. 이런 이유로 인해서 자아와 실재의 본질에 대한 깊은 성찰은 있지만 동거 동숙하는 제자에게 의존적 관계를 조장하고 무비판적인 숭배를 요구하고 비판이나 반대를 참지 못하고 공동체에서 권위적 체제를 주장하는 스승들을 우리는 볼 수 있다. 아니 더 간단히 말하면 명상하는 수행 장소에서는 강한 모습을 보여주지만 개인적인 대인관계에서는 불안하고 혼란스럽고 미성숙하고 위축된 모습을 보이는 스승들도 있다.

　나는 불교학 연구의 바레Barre 센터에서 여러 불교 종파의 스승들과 함께 회의를 주재한 적이 있었다. 회의의 주제는 자비였다. 거기에 티베트 라마승이 한 명 있었다. 그는 평생 동안 수행을 하였지만 최근 환속한 사람이었다. 내가 보기에는 아주 용기 있게 다음과 같은 사실을 인정하였다. 그는 자신이 승려일 때 전통적인 티베트의 관상 수행에서 "빛으로 이루어진 수천 가지 존재들"을 향해 자비를 보내는 데에는 아무런 문제를 느끼지 않았지만 이제 승려가 아닌 환속한 상태에서 자신의 앞에 놓인 현실적인 인간을 대하는 데에는 어려움을 느낀다고 고백하였다. 잭콘필드(1993, 249-50)는 다음과 같이 쓰고 있다. "평생에 걸친 심오한 주의집중만이 자유롭게 선하게 사랑할 수 있는 힘을 준다. … 영적 수행이 현명하게 작동하여 사랑하면서 일하는 삶과 연결되지 못한다면 우리는 문제를 치유하는 다른 방식(그는 특별히 정신치료를 언급하고 있다)을 모색해야만 한다." 그리고 사실 불교에서는 이런 일이 항상 있어왔다. 사랑과 직업에서 일어난 모든 문제들을 영적 스승에게 맡겨서는 안 된다.

서구 문화는 아시아보다 심리적 자아가 개인적으로 구성되어 있고, 한 개인이 기존의 사회적 및 문화적 기반에 훨씬 덜 통합되어 있기 때문에 서구에서 하는 수행은 아시아의 수행과는 다른 식으로 전개되어야만 한다. 따라서 "유아"라는 주제는 피할 수 없다. 이런 점을 고려하여 서구의 수행이 갖는 몇 가지 특징을 특별히 언급하고자 한다.

첫째로 영적수행 과정에서도 정서적이거나 대인관계의 문제를 예외 없이 항상 기본으로 다룰 필요가 있다는 점이다. 이렇게 하는 이유는 수행 자체가 자신의 마음을 거울에 비추는 것이라서 자연스럽게 개인적 문제를 노출시키기 때문이다. 순간적으로 떠오르는 근심이나 집착은 대단한 힘을 가질 수도 있고 새로운 조명을 받을 수도 있다. 어떤 문제들은 갑자기 의식에 떠오르면서 갈등의 감정이 불현듯이 명료해진다. 또는 억압이라는 기제가 벗겨져서 오랫동안 해리되었거나 억압된 기억, 묻힌 정서, 무의식적인 애도 또는 갈망, 일차적 사고 과정에 있는 강렬한 환상 및 상상적인 소망과 공포가 드러나서 이에 직면하게 된다. 이런 것이 나타나는 이유는 알아차림 명상은 의심할 여지없이 정신 역동적 치료처럼 이런 과정과 유사하게 일정한 정도의 "드러냄"의 기법이기 때문이다. 말하자면 정신적 내용과 정서에 대한 검열의 제거, 판단의 지연, 절제 및 경험을 관찰하라는 강한 충고가 알아차림 명상이다. 이것은 스터바Sterba가 말하는 자아의 "치료적 분열"이다(스터바 1934; 엥글러 1986). 특히 집중수행을 하는 경우에는 억제되고 억압되고 해리된 정신적 내용들을 접하지 않을 수 없다. 결국 명상수행자는 개인적 삶에서 겪었던 깊은 고통, 혼란, 위축에 직면하지 않을 수 없다.

그러나 명상에서 갈등들이 노출된다고 해서 이것만으로 정신역동적인 의미에서 역동적 통찰이 자동적으로 쉽게 오는 것은 아니다. 심리적 통찰을 얻기 위해 어떤 수행자들에게는 얼마간의 시간이 필요하다. 그리고 심리적 통찰은 개인적인 예리함과 과거의 심리적 작업 경험, 스승의 반응 그리고 가장 중요한 것은 수행자가 심리적 작업을 하고자 하는 결심에 달려있다. 전통적인 명상수행에서는 적어도 공식적으로 어떤 정신적 내용물과 정신치료적 작업을 하는 것을 권장하지 않는다. 예를 들면, 선불교 수행에서 대부분 이런 정신적 현상들을 무시한다. 특히 변화된 의식현상을 마경魔境, makyo 또는 망상의 발현으로 간주한다. 제자들은 이것을 주의집중 분산으로 간주하고 모든 힘을 다해서 거기에 사로잡히는 것을 피하라고 지도받는다. 그러나 표면적으로 드러내놓고 심리적 작업을 하든 그렇지 않든 간에 수행을 하게 되면 종종 이런 종류의 정신적 내용에 접하지 않을 수 없다.

메사추세츠에 있는 바레의 통찰 명상 협회에서 행해진 초기 3개월 집중 명상의 전후에 시행된 위빠사나 수행자들의 로샤하 연구에서 댄 브라운Dan Brown과 나는 적어도 수행자의 반 이상이 일차 과정의 사고뿐만 아니라 의미 있는 환상, 백일몽, 회상, 이미지, 과거 기억의 자발적 회상, 정신적 갈등의 우울함, 쉴 새 없이 떠오르는 생각, 기분의 갑작스런 흔들림 등을 포함하는 정서적 불안정성에 지속적으로 지배당하고 있다는 연구 결과를 보게 되었다(브라운과 엥글러 1986). 콘필드(1993)가 시행한 10년 후의 연구 결과도 우리의 연구 결과와 마찬가지로 거의 비슷하였다. 말하자면 동일하게 3개월 동안의 집중 수행 동안 수행자들의 반 이상은 전통적인 형태의 알아차림 수행을 지속하는 데 어려움을 느꼈다. 왜냐하면 그들은 해결되지 않은 애도, 공포, 상처 또한 부모, 형제, 친구, 배우자, 자녀 및 타인과의 해결되지 않은 발달적 과제에 직면하고 있었기 때문이었다. 이것은 수행의 주요 초점이 되었고, 이런 작업은 필요한 일이었다. 알아차림이라는 마음의 영역에서 대상들이 그냥 단순히 일어나고 사라지는 데에로 주의집중을 다시 되돌리는 시도는 대개 성공적이지 못했다. 개인적인 문제와 혼란의 압박이 너무 컸다.

콘필드가 지속적으로 관찰한 것은 심지어 상당한 수준에 도달한 서구의 제자들조차도 강력한 수행과 깊은 통찰에 뒤이어서 삶의 다른 영역에서 고통, 공포, 갈등을 흔히 경험하곤 하였다는 점이다. 또는 서구의 수행자들은 공식적 명상 모임에서는 다소간의 중요한 이해와 정신적 균형에 도달하지만 그들이 집으로 돌아와 일상의 문제를 접하고 부모를 방문하고 사랑에 빠지고 직업을 바꾸는 경우 갑자기 이전의 오래된 신경증적이고 역기능적인 행동 패턴들이 이전만큼이나 강력하게 나타나는 것에 직면하지 않을 수 없다는 것을 알았다. 만약 이런 문제들이 없다는 식으로 말한다면 오히려 수행이 무의식적으로 일상의 문제들을 다루는 것을 회피하는 데 부분적으로 이용될 가능성이 크다는 증거이다. 이런 회피가 현저한 동기로 작동하면 수행 자체는 결국 무미건조하거나 아무런 성과를 얻지 못하고 점차 아무런 보상이 없는 듯이 느껴진다. 이것은 마치 치료자와 환자가 핵심적인 문제들을 무의식적으로 회피하거나 부지불식간에 환자의 거짓 자아 체계를 통해서만 치료자와 환자가 서로의 치료 과정을 지속하는 것과 동일하다(위니컷 1960).

둘째로 주목해야 하는 것은 서구의 알아차림 수행에서 노출되거나 직면한 많은 개인적인 문제들은 단순히 수행을 더 많이 하거나 다른 영적 수행으로 옮겨간다고 해서 치료가 되지 않는 듯 보인다. 영적 수행과 총체적인 해방의 약속에 헌신하고 있는 우리는 이런 사실을 받아들이기 힘들고, 또한 듣고 싶어 하지 않는다. 그러나 어린 시절의 학대, 중독, 사랑과 성의 갈등, 우울, 성격의 문제, 정신과적 질환과 같은 특별한 문제들에 대해 우리는 개별적인 주의를 기울여야 하고, 이런 문제를 해결하기 위해서는 지속적으로 개인적이고 전문적이며 공동체적인 지지가 아마도 필요할 것이다. 사랑과 직업의 문제들, 특히 인간관계의 신뢰와 친밀감을 둘러싼 문제는 사고, 감정, 감각이 흘러가는 순간순간들을 단순히 마음으로 주시하는 것만으로 해결될 수 없다. 정진하는 제자들을 30년간 관찰해본 경험은 이런 주장이 사실이라는 것을 증명해주었다. 콘필드가 지적하였던 바와 같이 많은 수행자들이 수년간 헌신적인 수행을 한 다음 엄청난 혼란과 낙심, 심지어는 환멸을 남기고 아쉬람이나 사원 또는 명상 센터를 떠나는 것을 볼 수 있다. 그러면서도 여전히 그들은 자신을 위축시키고 있는 핵심적인 불안과 갈등에 직면하지 못하고 있다.

전통적인 불교 명상 지침들은 이런 문제에 대해 언급하지 않는다. 체계적인 불교 심리학(아비담마Abhidhamma)에서는 52가지 마음요소를 열거하고 있다. 여기에서 의식의 개별적 상태와 그것이 갖는 업의 가치들을 정의하고 있다. 또한 고통스러운 감정의 범위도 포함되어 있다. 예를 들면, 탐욕, 질투, 증오, 의심, 근심 등이다. 그러나 마음의 상태를 물들일 수 있는 일종의 즐겁지 않은 감정을 제외하고는 슬픔에 대해 아무런 언급이 없다. 또한 우울 감정에 대해서도 아무런 언급이 없을 뿐만 아니라 우리가 이해하는 정신 질환이나 정신과적 이상에 대해서도 아무런 언급이 없다. 성격, 가족, 인간관계에 대해서도 아무런 언급이 없다.

버마의 아주 유명한 학자이자 명상 대가인 마하시 사야도가 1980년 미국을 방문하였을 때 서구의 위빠사나 선생들과 함께 법의 가르침에 대한 모임을 가졌다. 나는 잭 콘필드가 "제자들이 당신에게 심리적 문제들을 들고 올 때 당신은 어떻게 합니까?"라고 용감하게 질문한 것을 기억한다. 다른 사야도의 급조된 자문과 뒤이어 명백하게 약간의 혼란이 이전에 있었기 때문에 콘필드는 이런 질문을 하였다. 마하시는 잭에게 몸을 돌리면서 물었다, "심리적 문제가 무엇입니까?" 마하시 사야도는 미국 방문이 끝날 즈음 서구의 많은 제자들이 아시아에 있는 자신에게는 익숙하지 않은 다양한 종류의 문제들로 고통을 받고 있는 것을 알게되었다. 그는 "고통의 새로운 유형의 고통—심리적 고통"!이라고 말하였다. 지금은 널리 알려진 달라이 라마도 처음 서구 세계를 방문하였을 때 서구 수행자들이 보이는 낮은 자존심과 자기 증오를 접하고는 충격을 받았다고 말하였다.

내가 아시아의 상좌부 불교 수행 센터에서 명상을 할 때 제자들이 스승에게 자신의 "심리적" 문제는 대놓고 드러내지 않는 것이 전형적인 모습이었다. 그렇게 하지 않는 이유는 복합적이다. 제자들과 함께 수행하는 스승들의 모습을 살펴보면, 그들은 제자의 개인적인 문제에 대처할 준비가 되어 있지 않거나 제자들의 개인적 체험 내용에 개입하지 않겠다는 것이 분명해 보인다. 스승들이 강조하는 것은 전적으로 단순하게 일어나고 사라지는 대상을 알아차리고 주목하라는 것이다. 랑군의 마하시 사야도 센터에서 3일간의 수행 중 마지막 날, 나를 지도하는 상급 사야도는 나에게 "위대한 빛을 아직 보지 못했는가?"라는 질문을 하였다. 위대한 빛은 수행의 아주 진전된 단계에서 일어난다. 그가 나에게 분명히 기대한 것이라고는 이 빛을 보기 위해서 내가 며칠을 더 기다려야만 한다는 것뿐이었다.

그러나 이런 현상은 단순히 기법의 차이 그 이상의 문제로 여겨진다. 대개 알아차림 수행은 아시아의 제자들에게는 서구의 제자들처럼 심리적이거나 정신역동적인 의미에서 쉽게 마음의 내용물들을 드러내는 것이 아닌 것처럼 보인다. 아주 뛰어난 인도의 불교 수행자가 나에게 말해 준 자신의 수행 경험을 들으면서 나는 충격을 받았다(엥글러 1983a). 아주 사소한 예외적인 사항을 제외하고, 그들의 자기 보고는 서구의 수행자들에게서 나타나는 검열이 제거된 정신적 내용물이 없다는 점에서 주목할 만한 것이었다. 이것은 알아차림을 어떻게 수행하고 지도할 것인가 하는 문제보다 아시아의 문화에서 형성되는 다른 자아 구조 또는 자아의 체험과 더 연관성이 있는 듯이 보인다(아래 참조 그리고 클라인klein 1995).

영적 수행이 그 자체로 모든 정신적 고통의 만병통치약이 되어야 한다는 소망은 널리 퍼져있고 충분히 이해할만하다. 그러나 불행하게도 이런 소망 때문에 스승과 제자들이 다른 자원들을 활용하지 못하고 있다. 그리고 더 나쁜 것은 제자들이 수행을 하는 동안 어려움에 직면하게 되면 자신들이 충분히 오랫동안 수행을 하지 않았거나 또는 제대로 전심전력을 다해서 수행하지 않은 탓이라고 스승들이나 그들의 초자아가 말하는 경우가 흔히 있다는 점이다. 너무나 자주 들리는 교훈은 수행자의 문제가 발생하면 그 문제의 원인은 제자들의 수행의 질에 있는 것이지 수행이 모든 것을 치유해야만 한다고 하는 잘못된 가정에 있지 않다

는 것이다. 이렇게 해서 불필요한 자기 비난과 죄책감이 유발되고, 제자
들이 스스로 이미 나쁜 상태에 있음을 느끼게 되면서 문제는 더욱 복잡하
게 된다.

이런 수행 접근법에는 두 번째의 심각한 문제가 있다. 모든 사람이 전
부를 희생해서 영적 수행에 헌신하거나, 오직 한마음으로 깊은 경지까
지 나아가기 위해 수행을 몰두하거나 그럴 준비가 되어 있지 않다는 점
이다. 스스로 이렇게 해야 한다고 강요하거나 스승이나 동료 제자들이
이렇게 하도록 고무한다면 심각한 분열, 심리적 부전, 퇴행, 기능 상실이
라는 심각한 위험에 직면한다. 대부분은 간단히 포기하겠지만 아마도
"실패"에 대한 수치와 죄책감이라는 부담을 안게 될 것이다. 어떤 수행
자들은 낙담하여 광범위한 도움을 받을 수 있는 수행과 공동체를 떠나
거나 포기할 것이다.

세 번째로 지적하고 싶은 것은 기본적인 발달 과제들이 무시되거나
대개 해소되지 않으면 서구의 제자들은 어떤 지점을 넘어서는 깊은 명
상수행에 도달하는 데 흔히 어려움을 겪곤 한다는 점이다. 이런 것을 보
여주는 하나의 징후는 주의집중에 문제가 생기는 것이다. 또 다른 것은
낮은 정도의 불평 섞인 짜증과 수행, 스승, 공동체에 대한 불만족이다.
그리고 매일 수행을 하는 것에 대해 어려움을 겪는 것도 나타난다. 토인
비의 격언이 수행의 삶에도 역시 적용된다. 즉 역사를 기억하지 못하는
사람은 그것을 반복하게 되어 있다. 개인적인 갈등의 패턴의 원천이 무
엇이든지 간에 그것을 의식적으로 직면하여 치유하지 않는다면 수행자
와 공동체 내에서 생기는 이런 문제는 계속 반복해서 나타난다. 얼마 전
에 잘 조직된 수행 공동체의 스승이 제자와의 잘못된 성적 행동을 마지
못해 인정하였을 때 공동체의 많은 제자들이 근친상간의 경험을 갖고

있거나 근친상간의 가족들이 있는지를 알고서 놀라지 않을 수 없었다. 시간만이 이런 상처들을 치유하는 것이 아니다. 그것들에 직면하지 않으면 시간은 단지 이것들을 더욱 더 단단하게 만든다.

요약하자면 나는 다음과 같은 콘필드의 주장에 완전하게 동의한다. 즉 건강한 자아감과 자존감, 친밀감, 충만한 헌신으로 세상을 창조적으로 살아가는 방식을 되찾고 계발시켜야 한다는 것은 서구의 영적 수행에서는 분리될 수도 없고 분리되어서도 안 된다는 사실이다.

발달론적 모델의 한계

내가 주장하는 진정한 핵심은 개념적으로 무아가 되기 *전에* 유아가 되어야 한다는 것이다. 이런 관점에서 이런 종류의 문제를 다루는 사람들에게 나는 동의한다. 나는 오랫동안 발달론적 모델은 불교와 임상적 관점을 통합하는 적절한 기본틀이 아니라고 생각해왔다.

발달론적 관점이 주장하는 직선적인 진전과 단계라는 입장에서 보게 되면 자아와 무아의 성취는 발달의 과정에서 서로 다른 차원에 놓이게 되는 결과가 초래된다. 존 술러(1993)가 지적한 바와 같이 이것은 심리적 발달과 영적 발달 사이에 위계질서가 있는 듯이 보인다. 말하자면 먼저 심리적 건강 그 다음에 영적 통찰과 변환이라는 식이다. 이렇게 되면 견성 이전의 고전적 "통찰 단계들(*나나/nanas*)"에 선행하는 명상 경험을 평가 절하하게 된다. 이것은 정신치료의 명시적인 목표와 부합하는 정신적 변화를 고무하는 명상의 가능성을 간과하게 된다. 정신치료의 목표는 자아와 타인의 내면에서 받아들이기 어려운 정신적 내용을 더 잘 수용하게 할 뿐만 아니라 동시에 자신의 자아를 더 정합적이고 유연하고 가변적인 것으로 계발하는 것이다. 또한 공식적인 "통찰 단계들"에 선행하는 무상, 고, 무아의 깊은 통찰을 하는 데 영향을 미치는 알아차림의 능력을 간과하게 된다. 내가 이미 보여주고자 희망했던 바와 같이 나는 이런 이분법적인 관점을 주장하는 것은 아니다. 나의 원래 초점은 집중수행과 깨달음 또는 "그 깨달음의 길"의 순간에 일어나는 변화에 대한 것이었다. 내가 이해하고자 하는 것은 내적·심리적 자아구조에서 필요한 것이 무엇인지에 대한 것이다.

어느 정도 최소화된 구조화는 확실히 필요하다. 말하자면 생각들, 감정들, 몸의 감각을 순간순간 관찰하는 능력과 또한 검열이나 선택하지 않고 점차적으로 경험에 참여하는 능력, 혐오스러운 정서를 견뎌내는 능력, 일차적 사고과정의 정신적 내용들을 인내하는 약간의 능력, 자기비판을 연기하거나 줄이거나 자신의 경험에 대한 순순한 태도를 견지하는 능력, 자신의 행동에 대한 도덕적 판단과 평가의 능력, 애도하는 능력들이다. 나는 한때 무닌드라지에게 깨달음을 이루기 위해서 어느 정도의 나이가 필요한지 물어본 적이 있다. 그는 7세 또는 8세 정도라고 말했다. 말하자면 선한 것과 불선한 것을 구분할 수 있는 정도의 나이라는 의미이다. 다른 말로 하면 초자아 통합이 어느 정도 완성되어야 할 필요가 있다는 것이다.

이런 모든 심리적 능력들은 전체적이고 지속적인 인간의 발달 과정의 어느 선상에 있다. 알아차림 수행을 더 강하게 하면 할수록 이런 능력의 중요성은 더욱 커지고 필요하게 된다. 그러나 이것은 인간의 위계적 발달 질서에서 자아와 무아를 위치지우는 것과는 다른 주제이다.

또한 일직선 및 점진적 모델은 전적으로 어느 한 수준 또는 다른 수준에서만 일정한 기능을 할 수 있다고 간주한다. 예를 들면, 임상에서 대개 우리가 보는 것은 오이디푸스 단계와 오이디푸스 이전 단계의 문제들이 서로 혼합되어 있는 사례들이다. 심지어 심각한 자기애적인 성격 장애에서조차 오이디푸스 문제들은 여전히 주요한 실마리일 수도 있다. 정상적이라고 여겨지는 개인에게서조차 심리적 구성 체계의 전반적인 수준이 신경증적이나 자기애적인 문제의 잔재물들을 볼 수 있다. 마가렛 말러Margaret Mahler(1975)의 초기 개념, 즉 심리적 발달은 점차적으로 더 높은 단계를 향하여 분리와 개별화로 나아간다는 개념—나 또한 그 당시 수용한 전제이다—은 대체적으로 이제 하인즈 코헛의 보다 정교한 개념, 즉 자아대상 연대selfobject ties는 정상적으로 필요하고 또한 평생 동안 유지된다는 개념으로 대체되었다.

우리는 또한 오늘날 발달론적 노선들에서 서로 다른 심리적 기능들이 한 줄로 동시에 나란히 전개되고 발달되는 것이 아니라는 것을 더욱 잘 알고 있다. 한 노선에서는 발달의 지체가 있을 수 있지만 다른 노선에서는 소중한 발달이 이루어지기도 한다(블랑크와 블랑크Blanck and Blanck 1974, 1979). 이런 서로 다른 발달의 노선들 사이에서 일정한 시기에 이루어지는 상호작용과 상호구성은 아주 복잡하다. 수년간의 경험이 나에게 말해주는 것은 기능의 서로 다른 수준과 유형들이 불교 수행에서도 동시에 공존하고 상호작용할 수 있다는 사실이다. 깊은 영적 통찰과 실현은(다행스럽게도!) 어느 정도의 임상적 정신병리와 함께 공존할 수 있다. 나는 전통적인 깨달음을 이룩한 수행자들에 대한 일련의 사례 연구들을 준비하고 있는데 아마도 이 연구는 이런 점을 잘 보여줄 것이다.

그러나 가장 강한 비판은 아직 거의 언급하지 않았다. 나는 다음과 같은 주장을 비판하고자 한다. 발달론적 모델이 함축하고 있는 주장은 영적인 것은 자기 자신만의 발달 노선을 가지고 있거나 하나의 발달론적 노선의 일부라는 것이다. 예를 들면, 무아의 체험은 자아 발달 노선의 정점에 놓여있다는 주장이다. 이것을 추정할만한 근거는 없다. 불교의 가르침은 무아의 상태를 생사가 오고 가는 영역의 바깥에 있는 것으로 간주한다. 태어나지고 않고 죽지도 않는 것은 심리적인 의미에서 "발달론적 노선"을 가질 수 없다.

불교와 정신역동 심리학들 사이에는 일부 보완적인 점들이 있다. 한쪽이 탐구하지 못하는 기능의 영역들을 다른 한 쪽이 탐구하고 있다. 불교는 상대적으로 건강한 자아와 자아의 구조화된 측면을 상정하지만 서구의 임상 현장에서 보이는 자아의 장애와 자기애적 결핍 같은 기능 장애의 유형과 범위를 탐구하고 있지 않다. 정신역동적 심리학은 적절하게 기능하는 것을 심리적 자아성의 획득과 동일시하지만 자아의 실현과 이에 동반되는 심리적 기능과 행복감의 유형과 범위에 대한 개념을 갖고 있지 않다. 그러므로 나는 이런 개념들의 통합을 "전체 통합 스펙트럼" 모델이라고 최초로 부르고자 한다. 그리고 이런 "전체 통합 스펙트럼"이 명확하게 밝히고자 하는 것은 다음과 같다. 즉 깨달음과 무아 체험은 어린 아이가 갖는 즉각성과 합일감oneness의 단계인 지성 이전 및 합리성 이전의 상태로 돌아가자는 것도 아니고, 프로이트(1930)와 초기 분석가들(알렉산더Alexander 1931)이 생각한 일차 자기애의 대양적 상태oceanic state로 퇴행하는 것도 아니다. 그러나 "스펙트럼"이라는 개념은 적용가능하지 않은 발달론적 함의를 여전히 지니고 있다.

발달론적 관점을 취하는 대신 나는 영적 수행의 추구라는 행위는 다른 행위들과 마찬가지로 그 동기가 복합적인 것으로 보는 것이 더 유용하다고 생각한다. 사람들은 정신 치료에서와 마찬가지로 여러 혼합된 동기들, 즉 어떤 것은 의식적이고, 어떤 것은 무의식적이기도 하며, 어떤 것은 적응적이고, 어떤 것은 부적응적인 이유에서 수행을 시작한다. 술러(1993)는 자율적인 자아를 갖거나 그런 자아를 갖지 못하는 것과의 연관된 의미를 둘러싸고 있는 10가지 특별한 정신 역동적 주제들을 제시하고 있다. 여기에서는 부분적으로 동양의 영적 수행이 주는 매력을 강조하고 있다. 이것은 또한 자아의 깨달음보다 심리적 방어를 위해 명상과 유사한 수행을 할 수도 있다는 것을 보여주고 있다. 개별적인 동기는 하나씩 고립되어 작동하기보다는 복합적으로 영향을 미친다. 수행하는 열 가지 동기는 다음과 같다. (1) 자기애적 완벽함을 추구하고 취약하지 않기 위해서 (2) 개별화의 공포를 진정시키기 위해서 (3) 의무와 책임을 피하기 위해서 (4) 친밀과 가까움의 공포를 합리화하기 위해서 (5) 원치 않거나 갈등되는 감정들을 억압하기 위해서 (6) 수동 의존적인 스타일을 채택하여 분노, 자기주장, 경쟁을 피하기 위해서 (7) 무가치, 수치, 죄책감의 감정에 대한 자기 처벌로서 초자아적 욕구를 만족시키기 위해서 (8) 내적 경험에서 도망치기 위해서 (9) 동기와 행동에서 이성, 지성, 성찰을 평가절하하기 위해서 (10) 상실에 직면하여 슬픔과 애도의 필요성을 대체하기 위해서이다.

하나 또는 그 이상의 이러한 동기가 장기간의 수행에 지속적으로 영향을 미치곤 한다. 이런 동기를 명확하게 의식하고 자신의 수행 동기를 직시하기 위해서는 노력과 용기 그리고 의지가 필요하다. 이렇게 하기 위해서 스승이나 치료자의 지도가 종종 필요하기도 한다. 또는 수행이 진전되어 스스로 깨우쳐서 이런 동기를 보게 되면서 환상이 깨지고 실망하거나 또는 오랜 시간 동안 집착했다는 것을 깨닫거나 스승의 배신과 같은 몇몇 힘든 사건들을 겪기도 한다.

무아가 되는 것

이제 나는 정신 역동적 관점과 불교적 관점에서 자신의 다양한 경험이라는 전반적인 주제를 다시 다루고 우리가 자아라고 부르는 심리적 구조의 기원, 역할, 기능에 대한 다른 사유 방식을 제공하고자 한다. 믿기 힘들겠지만 나의 사유는 실제로 지난 20년 동안 지속적으로 진전된 것이다!

심리적 자아와 존재론적 자아의 대비

불교에서 분석하고자 목표로 삼는 "자아"는 어떤 종류의 자아인지를 바로 이해하는 것이 우선 핵심적인 일이다. 이런 점에서 혼란을 겪게 되면 기본적인 범주 오류를 범하게 되고, 따라서 수많은 현대의 불교 주석가들과 마찬가지로 잘못된 주장을 하게 된다. 특히 정신역동적인 관점에서 이루어진 저술의 경우 더욱 그러하다.

불교의 자아비판이 향하고 있는 목적지는 현대 정신분석 이론과 치료가 말하는 심리적으로 분화된 "자아"가 *아니다*. 앤 클라인Anne Klein(1995)이 현대의 여성주의 성찰과 전통적 불교 사유에 대한 그녀의 연구에서 지적한 바와 같이 심리적 자아라는 것은 서구 문명에서 지난 300년 내지 400년 동안 형성된 것이다. 말하자면 서구의 자아라는 것은 자신의 핵심적인 야망, 목표, 계획, 운명을 가진 분화된 자아성을 가진 자율적인 개인을 말한다. 인류학자 클리포드 기어츠Clifford Geertz(1979, 59)는 다음과 같이 말하고 있다.

> 경계 지어지고 독특하고 다소 통합된 동기적 및 인지적 우
> 주로서 또한 자각, 정서, 판단, 행동이 조직화된 개별적 특
> 징을 지닌 전체적인 틀과 구조를 지니면서 사회적 및 자연

적인 배경과는 대조적인 모습을 띠고 있는 바로 그 개인이
라는 서구적 개념은 우리에게는 이제 고질적인 구제 불능의
것이 되어버렸지만 이런 개념은 전체 세계의 문화라는 맥락
에서 보면 오히려 독특한 사상이다.

독립적이고 자율적인 자아성이 갖는 이런 "오히려 독특한" 성질은 붓
다의 시대에는 알려지지 않았다. 심지어 현재에도 이것은 대부분의 비
서구적 문화 또는 특히 아메리카 원주민에게는 "자아"의 통상적이고 일
상적인 체험은 아니다. 이런 문화적 배경에서 불교는 서쪽으로 나아갔
고 주로 중국과 일본으로 전파되어서 자아라는 의미는 "우리라는 의미"
로 집단적으로 사용되었으며, 이것은 서구 체험의 개별적이고 자율적인
"나-자아"와는 현저하게 다른 것이다(카카르Kakar 1970; 술러 1993). 자
아는 관계들의 모체에 내장된 것으로, 또한 그런 관계로서 정의되지만
자아는 인간과 사회의 관계뿐만 아니라 자연의 세계 그리고 궁극적으로
는 전체 우주 속의 관계라는 보다 더 포괄적인 모체에 내장되어 있는 것
으로 본다(롤랜드Roland 1988).

그러나 서구적 의미에서 말하는 심리적 자아가 없다고 해서 불교의
교리와 수행이 기본적인 자아 강도 또는 정상적인 심리적 기능들이 갖
는 의미의 중요성을 평가하지 않는다는 것을 의미하지 않는다. 예를 들
면, 하비 애런슨Harvey Aaronson(1968, 66)이 지적한 바와 같이 "불교 철학
의 전체적 핵심은 원인과 결과의 탐구를 통해서 개별적 행위체의 작동
을 강조하는 것이다." 특히 자신과 타인을 향해 선한 행동과 불선한 행동
의 심리적 결과에 대해서는 이런 점을 더욱 강조한다. 심지어 현대의 정
신분석학적 자아 심리학의 기준—자아성찰과 평가, 비전, 열망과 목표,
효과적으로 마무리하는 능력, 타인에 대한 공감—을 사용하여 "현존하

는 불교 문헌들을 살펴보면 붓다와 그의 제자들은 자아의 서구적인 의미가 아니라고 할지라도 아주 풍부하고 효율적인 심리적 자아들을 가지고 있었다는 것을 알 수 있다"(애런슨 1998, 67). 사실 "불교에서 깨달은 자들의 전형적인 모델을 보면 그들이 세속에서 효과적으로 일할 수 있는 능력을 가지고 있었고 이것은 건강한 심리적 자아를 가지고 있었다는 강한 징후라고 볼 수 있다"(72).

붓다가 비판하는 표적이 된 것은 애런슨이 *존재론적* 자아라고 부른 것이다. 존재론적 자아는 말하자면 우리 체험의 중심에 있는 개별적이고, 실체적이고, 지속적이고, 자기 동일화적인 내재적이고 존재론적인 핵이 있다는 감정 또는 신념이다. "자아"에 해당되는 빨리 불교 용어인 *앗따atta*는 심리적인 의미에서보다 이런 존재론적이거나 형이상학적인 의미에서 사용된 것이다. 철학적 탐구를 통해서이든, 순간순간 마음에서 일어난 것의 명상적 관찰을 통해서이든 불교 분석의 목적은 이런 종류의 자아는 자율적이고 존재론적인 핵심 체험이 어떤 구성성분으로도 발견될 수 없다는 것이다. 주석가들은 마차의 예를 사용하고 있다. 말하자면 "마차"는 하나의 발견 가능한 개체이거나 본질로서 존재하지 않는다. 그것은 부분들의 합이 모여서 이루어진 것에 대한 일종의 명칭일 뿐이지 이런 합체들과 독립적으로 존재하는 "본질"이 아니다. 이것은 우리가 "마차"라고 부르는 합체가 기능을 하지 않는다는 의미는 아니다. 마찬가지로 "발견 가능한 개체 또는 본질로서 자아는 부정되지만, 그러나 심리적인 기능에서 부인되는 것은 아니다"(애런슨 1998, 66). "마차"와 마찬가지로 "자아"는 하나의 이름이거나 명칭일 뿐이고 존재하고 발견될 수 있는 하나의 "물건"이 아니다. 많은 정신분석적 학자들이 그렇게 하였던 것처럼 "자아"의 불교적 분석을 보다 친숙한 자기애의 심리학적 언어로 번역하는 것은 범주들을 혼용하는 것이다. 분석은 심리적인 것이 아니라 존재론적이다.

그러나 나는 불교의 이런 분석이 "정신분석이나 정신치료에서 언급하는 자아의 논의와는 아무런 직접적인 관련이 없다"고 하는 애런슨 (1998, 66)의 견해에 동의하지 않는다. 하나의 차원에서 문제는 실재 reality에 대한 것이다. 말하자면 우리가 "자아"라고 부를 수 있는 개인에게 존재론적인 핵은 있는가? 그 답은 아니다. 그러나 또 다른 차원에서 문제는 표상representation에 대한 것이다. 말하자면 우리는 자신을 스스로에게 어떻게 표상하는가? 이런 자아 표상을 고려해야만 한다. 이것은 우리의 기능과 행복에 심대한 영향을 미친다. 불교적 분석에서 보면 사실상 당신은 스스로에게 자신을 독립적으로 존재한다고 적절하게 표상할 수 없다. 그렇게 하면 자신의 정신적 건강에 심각한 결과를 초래하고, 또한 이런 신념에 따라서 행동한다면 다른 사람에게 해를 끼칠 것이다. 이런 의미에서 현대적 상황의 논쟁은 심리적 *이지만* 심리적 자아에 대한 것은 아니다. 말하자면 그것은 자아가 야기한 고통에 대한 특별한 자아 표상과 그것이 갖는 함축성에 대한 것이다.

적응으로서의 자아?

나는 자아의 개념에 대한 불교의 분석에 동의한다. 그러나 그것에 만족한 적은 없다. 내 생각엔 여전히 해결되지 않은 핵심적인 의문들이 남아있다. 말하자면 불교에서 주장하는 바와 같이 단지 고통만을 낳는다면 우리 자신은 *왜* 이런 식으로만 자신을 표상하게 되는가? 이것은 이치에 맞지 않는다. 우리는 모든 정신적 구조와 행동 패턴은 개별적인 발달상의 과제를 충족하거나 어떤 내적 또는 외적 욕구를 다루기 위해서 단지 적응하기 위한 시도라고 추정하지 않을 수 없다. 우리가 자신을 조직하는 방식과 자신을 드러내고 표상하는 방식은 항상 어떤 과제 내지 문제를 해결하거나 처리하기 위한 최선의 노력을 반영한다. 정신 역동적으로 우리의 의도는 심지어 그것이 의도하지 않은 결과를 종종 낳는다고 하여도 자신에게 더 많은 고통만을 단순히 산출하기 위한 것은 아니다. 가장 부적응적인 신념과 행동이라도, 그것들이 잘못된 것이고 병적인 것이라고 할지라도 어느 정도의 적응적인 의도는 가지고 있는 법이다.

불교 심리학은 이런 주제를 다루지 않는다. 불교 심리학은 개별적 자아의 체험이라고 여겨지는 자아 발생의 동일화 과정에 대해서는 아주 자세히 서술하고 있는 반면 *왜* 이런 식으로 자아가 구성되어 있는지에 대해서는 설명하지 않는다. 단지 불교가 관심을 보이는 것은 이런 잘못된 자아 구성이 어떻게 고통을 유발하는지, 그렇게 집착하는 마음에서 어떻게 벗어날 수 있는지에 대한 것이다. 그러나 불교가 주장하는 바와 같이 자아 구성이 마음의 건강한 기능을 위해서 필요한 것이 아니라면, 또 완전하게 자유롭고 해방된 행동이라는 것이 분리된 자아성에 전혀 의존하는 것이 아니라고 하면(아래에서 나는 논의할 것이다) 이런 자아감은 우리의 정신생활과 일상체험에서 왜 그렇게 생생하고 포괄적인가?

우리는 자아의 개념에 대한 불교의 분석을 수용할 수 있지만 여전히 다른 종류의 행동 심리학적 구조에 대해서도 질문을 하게 된다. 말하자면 그것은 어떤 목적을 달성하는가? 그것은 어떤 상황을 야기하고자 하는가? 그것은 어떤 문제에 해결을 시도하고자 하는가? 다른 말로 하면 우리는 자아를 단순히 망상적 신념으로 바라보지 않고 자아의 발생, 자아의 보편성, 자아의 기능을 설명하고자 하는 하나의 방식으로서 적응이라는 점을 거론할 수 있는가? 이런 의문은 자아의 단단한 위치와 자아의 환상적인 성질을 통해서 생기는 상당한 어려움과 저항, 그리고 불교가 주장하는 바와 같이 이런 자아에 대한 집착이 왜 자아 발생적인 고통의 원천적인 뿌리가 되는지에 대한 의문에 빛을 던져줄지도 모른다.

자아의 네 가지 경험들

이런 질문에 답을 하기 위한 시도로서 나는 자아 경험self experience의 서로 다른 네 가지 근본적인 유형을 살펴보고자 한다. 각각은 자아성의 다른 핵심 체험을 체현하고 있는 듯 보인다. 네 가지 유형 모두가 동등하게 흔한 것은 아니지만 자아를 체험하는 정상적인 방식들이라는 것이 나의 주장이다. 나는 첫 두 가지 유형을 논의하면서 현대 정신분석 이론 중 하나인 스테펜 미첼(1993)의 두 가지 종류의 자아 분석 설명 방식을 따를 것이다. 미첼의 설명에 의하면 자아는 여럿이면서 불연속적이기도 하지만, 또한 자아는 하나이면서 층위적이고 연속적이라는 것이다. 전자인 첫 번째 자아 관점은 대상관계에 초점을 두고 있는 것이고 두 번째 관점은 자아 심리학의 주요 관심사에 해당된다.

• 여럿이고 불연속적인 자아

우리 모두는 서로 다른 상황에서 생각, 감정, 행동이 때로는 조화를 이루지 못하지만 이것을 아주 자연스럽게 경험하고 받아들이는 경우가 있다. 우리는 사람들에 따라서 아주 다르게 대하기도 하고, 또는 동일한 사람이라도 다른 맥락에서 아주 다른 식으로 행동하는 인간관계를 경험하기도 한다. 이렇게 행동하는 이유는 "우리는 여러 사람들과 다른 상호작용을 통해서 그리고 동일한 다른 사람이라도 서로 다른 상호작용을 통해서 소통하는 사람이 되어야 한다고 배우기 때문이다"(미첼 1993, 104).

이렇게 하여 자아는 "불연속적인, 여러 형태로 구성된 다양한 자아가 다양한 사람들과 작용하는" 경험을 하게 된다. 미첼은 해리 스택 설리반 Harry Stack Sullivan(1964)의 말을 인용하고 있는데, 설리반은 다양한 상황에서 아주 다른 개별적인 "나-너me-you" 패턴이 발생한다고 말한다. 이런 개별적인 상황의 패턴에서는 자아의 표상뿐만 아니라 내가 관계하고 있는 다른 사람(들)의 표상도 같이 체현되고 있다. 그리고 개별적인 관계의 형태는 두 가지 방식으로 체험될 수 있다. 하나는 내가 나 자신을 다른 사람과의 관련성이라는 관점에서 자신을 경험하는 경우이다. 미첼은 자상한 엄마에게 돌봄을 받는 의존적인 아이의 예를 들고 있다. 또 다른 경우는 나와 관련된 다른 사람의 이미지를 중심으로 나의 경험과 의미를 조직할 때이다. 의존적인 아이를 돌보고 있는 자상한 엄마의 경우이다. 개별적이고 실제적인 관계에서 복수의 자아 조직들이 있을 수 있다. 물론 우리는 이렇게 많은 관계들을 맺고 있다. 자아 경험의 서로 다른 형태들이 서로 다른 언어 사용에 내장될 수도 있고, 또는 서로 다른 생리적 상태에서 일어나거나 경험될 수 있다. 가장 극단적인 경우는 다중 인격에서 볼 수 있는 서로 다른 대체 자아들에서 일어나는 서로 다른 생리적 반응이다. 그러나 심지어 우리가 겪는 일상적 체험에서도 서로 다른 마음 상태에 따라서 몸의 상태가 서로 달라진다는 것을 우리는 알고 있다. 말하자면 "행복한 자아 상태는 우울한 자아 상태와는 정서적으로 신체적으로 아주 흔히 다르다"(미첼 1993, 105). 이런 상태의 차이에서 볼 수 있는 갈등은 충동들, 조절 기능들, 도덕적 금지들, 현실의 긴장들 사이의 충돌로 경험되는 것이 아니라 "종종 서로 양립할 수 없는 대립적인 자아 조직과 자아와 타인의 관계 사이의 충돌"로 경험된다(104).

"나는 오늘 내 자신이 아니야."라는 말은 우리가 흔히 접하는 단순한 불평이다. 그러나 미첼이 지적한 바와 같이 자아 경험이라는 관점에서 보면 이것은 아주 복잡한 현상이다. 하나의 "나" 이외 여럿이 있을 수 있고, 또한 "나 자신"이 하나 이상 있을 수 있다.

• 통합적이고 연속적인 자아

그런데 이런 "나"가 오늘 내일의 상황에 따라서 다르게 느껴지고 불연속적이고 여전히 이런 모든 차이들이 있음에도 불구하고 우리는 대개 이것을 다소 변하지 않는 "'나 자신'의 버전들"로 인식한다(미첼 1993, 107). 이런 자아감은 상황, 감정, 시간, 변화된 정신적 상태와는 독립적으로 느껴진다. 하나의 주관적 상태와 하나의 경험이 다른 상태로 넘어간다는 연속적인 감각을 낳는 것은 바로 이런 자아감 때문이다. 다시 미첼을 인용해보자. "나는 지속적인 자아감을 '나 자신'으로 표상하고 그것에 일정한 내용을 부여한다. 이런 나 자신이 현재의 경험과 부응하기도 하고 때로는 부응하지 않기도 하고, '나 자신'인지 또는 '나 자신이 아닌지'를 느끼게 해준다. 그러나 내가 나 자신이 아니라고 할지라도 나는 이전의 주관적인 상태와의 연속성을 경험한다." 나의 개별적 경험이 갖는 주관적인 의미는 그 당시 내가 작동하고 있는 내적 대상관계 또는 "나-너" 패턴에 달려있을 것이다. 그러나 개별적 경험을 조직하고 거기에 특별한 주관적 의미를 발견하고/부여하는 "나"는 어제 그리고 내일 다시 마주할 "나"와 동일하게 느낀다. 이것이 내가 나 자신이라고 느끼고 "나" 같이 느끼는 특징적인 주관성을 경험하는 이유이다.

경험의 세 가지 측면들이 이런 자아감을 유일하고 통합적으로 느끼게 하는 데 밀접하게 연관되어 있다. 첫 번째는 정합성이다. 자아 정합성은 세 가지로 구성되어 있다. 즉 나의 체험이 "정합적으로" 이루어지거나 함께 의미 있는 전체를 구성한다는 느낌과 시간, 장소, 의식의 상태를 가로질러 "나"는 동일한 "나"라는 느낌, 그리고 "나"는 안정적이고 지속적인 기준점이어서 나의 모든 산발적인 경험들이 여기로 다시 모이게 된다는 느낌들이 모두 "나의 것"으로 느껴진다. 자아감의 두 번째 측면은 개인적 집행자의 느낌, 코헛(1977)의 용어로는 "주도권의 중심"이라는 감각이다. 세 번째 측면은 개인적 가치 또는 자존감이다. 즉 "나"는 나 자신의 눈으로, 그리고 다른 사람의 눈으로 보아도 가치가 있는 사람이라는 감각이다.

미첼은 이런 자아 경험의 양상 이외 또 다른 측면을 지적하고 있는데, 불교적 관점에서 보면 특히 중요한 측면이다. 이것은 가장 개인적인 자아 경험으로서 "*우리의 내면 깊이 자리 잡고 있는 것*entity"이다. 이것을 드러낼 것인지 감출 것인지 하는 것은 우리의 선택에 달려있다. 즉 "독특하고 특별한 방식으로 나의 개인적 자아가 나의 것으로만 느껴지는 것이다. 우리는 이런 특별한 자아를 보호하는 막들과 그 '핵심'에 접근하는 것을 조절한다. 단지 우리는 이런 특별한 자아의 비밀을 알고 이해할 뿐이다. 특별한 자아는 최종적으로 상황적이고 관계적이지 않고 다른 것과 분리되어 있고 자율적으로 존재하고 살아 움직이는 것처럼 느껴진다(1993, 111). "나의" 경험, 나의 내면적 자아 동일성의 핵심은 "변하지 않으면서 깊이 사적인" 것으로 느껴지고(114) 다른 사람들에게는 알려지지 않는다. 위니컷의 중요 개념인 "진정한 자아true self"라는 개념은 바로 이런 자아 경험의 양상을 말하고 있다.

미첼은 한 걸음 더 나아가서 자아의 분명한 이런 이분법적인 경험들은 실제로 상호배제적인 것이 아니라고 주장한다. 말하자면 우리는 연속적이기도 불연속적이기도 하다. 우리는 자신의 경험이 여럿이기도 하지만 또한 통합적인 형태로 조직화한다. 건강한 정신적 기능은 둘 사이에서 왔다 갔다 하면서 유연하게 움직이는 능력을 필요로 한다.

이런 상호 대화적이고 대인 관계적 관점의 자아에 대해 이론적인 기반을 형성하는 것은 그렇게 어려운 것은 아니다. 미첼은 이런 관점에 확신을 가지고 주장하고 있다. 우리는 대개 자신이 누구인지 스스로를 다른 사람과 비교하거나 다른 사람과의 관계 속에서 정의하고 체험한다. "이것이 나이다"라고 결정하는 과정 속에서 사실은 "이것은 내가 아니다"라고 결정하고 있는 셈이다. 자아와 무아는 동일한 과정에서 생성된다. 위니컷(1958)은 이미 다음과 같은 점을 지적하고 있다. 즉 혼자 있는 능력과 가장 사적이고 내적인 것을 체험하는 능력은 우리가 연결되어 있다는 느낌을 주는 다른 사람과 함께, 그리고 우리에게 자아라는 것을 처음으로 가르쳐주는 사람들의 존재와 함께 하면서도 혼자 있을 수 있는 경험에서 발달한다는 점이다. 다양한 시간과 다양한 상황에서 하나의 자아와 다양한 자아들로 맺어지는 자아와 타인의 이런 상호적 관계는 평생을 통해서 지속된다. 심지어 가장 내밀한 것은 대개는 타인과의 상호작용과 대화를 통해서 도달하고 발견되고 알려진다는 것을 치료자와 내담자는 배운다. 이것은 미리 형성된 것도 아니고 직접적인 내성으로 도달할 수 없다. 이것은 타인과의 대화와 상호작용에서 발견되고 실제로 생성된다. 이것은 두 참여자에게 진실이다. 치료의 상호 주관적 관점(스토로로우Stolorow, 브랜드새프트Brandchaft, 앳우드Atwood 1987)에서 치료자가 내담자를 불러들이는 만큼 내담자는 치료자를 불러들인다. 말하자면 둘 모두는 함께 의미를 발견하고 서로의 상호 작용을 통해서 자아와 타인을 발견하고 서로를 상호 생성한다.

그러나 이런 상호 주관적, 관계적, 대화적 관점은 여전히 불교적 관점에서 보는 근본적인 문제를 제대로 드러내지 못하고 있다. 말하자면 유일하고 통합적인 자아 경험은 우리의 정신 가운데 여전히 특권적인 위치를 차지하고 있다. 아무리 우리가 서로 다른 상황에서 자신을 다르게 체험할 수 있다고 하여도 또한 자아와 타인과 깊은 대화적 상호 이해를 위한 이론적―그리고 임상적인―지지가 아무리 강하다고 하여도 "우리의 내면에 깊이 자리 잡고 있는 것으로서", 다른 사람과 독립되어 있고 분리된 것으로서(그 이외의 삶과 우주조차도 전혀 신경 쓰지 않는) 가장 개인적인 "자아"가 어찌할 수 없는 방식으로 부착되어 있는 것은 부정할 수 없다. 이러하기 때문에 내가 제시하고 싶은 것을 다른 방식으로 주장하고자 한다. 나의 질문은 다음과 같다. 우리가 자신에게 스스로를 표상하는 이런 특별한 방식은 왜 이렇게 강력하고 어떤 질문과 통찰에도 강하게 저항하는가?

자아에 대한 정신분석적 저술에서 여기서 말하는 심리적 범주와 존재론적 범주를 종종 혼동하곤 한다. 자아가 여럿 또는 하나*라고* 말하는 것은 정확하지 않다. 우리는 다수 또는 하나*로서* 자아의 "감각" 또는 "경험"을 가지고 있다. 다른 말로 하면 우리는 표상들에 대해 말하고 있다. 즉 우리는 자신의 자아 경험을 어떻게 구성하고 표상하는가? 다른 용어로 다시 말하면 우리는 왜 자신을 자신에게 하나의, 통합적이고 연속적으로 "우리 내면에 깊이 자리 잡고 있는 개체"로 표상하는가? 미첼 자신이 이런 표상의 환영적 성질을 인정한 것은 흥미롭다. "자아 경험의 영속감은 철저히 환영적이라고 주장할 수 있다"(1993, 110). 그는 심지어 설리반(1964)의 관점, 즉 유일무이한 개인적 정체성은 자기애적 환상―설리반에 의하면 "환상들의 바로 그 어머니"이다―이라는 개념을 받아들이고 있다. 불교적 분석은 정확하게 동일한 결론에 도달한다. 그러나 미첼은 한 걸음 더 나아가 다음과 같이 주장하고 있다. 이런 환영은 적어도 서구 문화에서는 적응적이고 심리적인 이점을 가지고 있다. 왜냐하면 서구 문화에서는 연속과 불변의 감각이 초개인적인 불변의 집단에 의해 더 이상 움직여지거나 유지되지 않기 때문이다.

> 일정하고, 시간에 영향을 받지 않고, 지속적이고, 불변하는 (시간적인 관점에서는 그것은 불연속적이고 지속적으로 변화하고 있다고 할지라도) 자아감 없이 우리는 자신의 목표, 동기들, 충동을 우선적으로 처리할 방법을 갖지 못한다. 그러면 우리는 엉망이 될 것이다. … 그래서 우리는 가장 내면적인 정체감을 갖는 느낌이 필요하고 거기에 따라서 행동을 할 필요가 있다, 심지어 그 정체감의 내용이 시간에 따라서 현저할 정도로 변화한다고 하여도. … 환상으로 시작된 것이라고 할지라도 신념이라는 것이 필요하기 때문에 삶의 실제적 안내자가 되기도 한다(1993, 111).

불교는 환영이 "삶의 실제적 안내자"가 된다는 것에 완전하게 동의한다. 그러나 불교는 이것이 바로 문제라고 본다! 불교는 이것이 "신념의 필요성"인지 또는 환상인지를 묻고 있다. 나는 이것을 보여주고자 한다. 여전히 미첼은 나와 동일한 질문을 던지고 있다. 즉 자아가 환영이고(정신분석적 의미에서) 또는 "공한 것"(불교적인 의미에서)이라고 하면 이런 특별한 자아의 감각이 발생하는 것을 어떻게 설명할 수 있는가?

우선 경험된 자아와 주관성의 또 다른 두 가지 유형에 대해 언급할 필요가 있다.

• 비자아의식 체험(Unselfconscious Experience)

자아라는 감각이 완전히 떨어져 나간다. 이때 우리는 자신의 경험과 분리되어 있는 독립적인 자아로 자신을 인식하지 못하는 그런 순간과 그런 때이다. 우리는 자신이 하고 있는 것과 완전히 하나가 되는 것을 느낀다. 심지어 이런 표현조차 정확하지 않다. 왜냐하면 거기에는 "하나"라고 느낄 수 있는 "나"라는 감각이 없기 때문이다. 이때의 경험은 주체/대상 양식으로 구조화되어 있지도 않고 구성되어 있지도 않다. 자각은 "비이원적"이다. 말하자면 거기에는 단지 활동과 자각만이 있다. 아니 거기에는 활동*과* 자각조차 없다. 아는 사람, 아는 행위, 알려진 것이 하나로 경험된다. 후기 불교 전통의 용어로 언급하자면 거기에는 구별되는 것도 없거나 "다른 것"도 없다. 앞에서 언급한 자아 경험의 두 가지 유형에서 경험은 자아를 통해서 자기 표상들을 둘러싸고 조직화된다. 그러나 여기에서는 자아가 자신을 둘러싼 경험들을 조직하지 않고 종합적 원리로서 기능한다.

이런 체험은 사실 일상적인 것부터 비일상적인 것에 이르기까지 경험 전체 범위를 포괄하지만 명상 체험 및 신비 체험과 전통적으로 연관된 일종의 자아 경험이다. 이것은 정신분석 이론의 맹점이다. 자율적이고 분화된 정체성과 자아감이 정신 발달의 버팀목이라고 보는 관점에서 보면 이런 종류의 체험은 어렵게 얻은 자아 발달의 퇴행된 탈분화이자 정신병리의 한 증상이라고 볼 수밖에 없다. 이것은 정형화된 이론적 관점이 구체적인 자료를 자신의 이론에 맞추어서 파악한다는 것을 보여주는 또 다른 실례이다.

정신분석 이론가들은 이런 주관적 양상을 놀이, 창조성, 예술 등과 같은 문화적 영역의 입장에서 더 긍정적으로 간주하였다. 초기 이론가들

(크리스Kris 1952)은 이런 종류의 자아 경험을 병리적 자아 퇴행으로 보지 않고 건강한 "자아의 퇴행 기능regression in the service of the ego"으로 개념화 하였다. 최근의 이론가들은 이런 경험들을 "이행기transitional" 현상으로 간주하는 경향을 보이고 있다. 그러나 이것은 그 경험의 독특함을 인식 하지 않고 기존의 이론에 여러 다른 종류의 기능을 끼워 맞추고자 하는 디폴트 입장을 견지하는 듯이 보인다. 표준적인 심리 모델에서 이런 자아 조직 양상을 적절하게 설명해줄 수 있는 자연스러운 자리는 없다. 이런 모델은 개별적 인간, 즉 사람에 대한 정신분석적 사유의 핵심을 알려 주지 않는다.

사실 우리는 항상 비이원적 자각을 경험하고 있지만 대개는 그것을 의식하고 있지 못하거나 그것이 별로 중요하지 않다고 무시하는 경향을 보이는데—이것 자체가 흥미로운 반응이다—*자아의 어떤 성찰적 의식 없이 완전한 자각*을 하는 것은 바로 이런 순간이다. 흔하게 볼 수 있는 몇 가지 경우를 살펴보자. 예를 들면, 누가 자신의 이름을 부르는 소리를 들을 때 아무 생각 없이 자동적으로 거기에 반응한다. 우리가 보통 때는 불편하고 불안해하거나, 무엇인가를 의식하고 있다가 갑자기 아무런 불안이나 의식하는 것 없이 어떤 일을 아무 생각 없이 할 때가 있다. 쓰레기를 버리거나 운전하면서 누군가가 끼워들기를 허용한다든지 자녀들이 숙제 도움의 요청에 반응한다든지 할 때가 그런 경우이다. 또한 내담자와의 사이에서 생긴 오해 또는 왜곡을 탐색하거나 해소하고자 하면서 두 사람 모두 침묵 속에 앉아서 마치 그것이 서로가 처음인 것처럼 대하는 경우이다.

비이원성 자각의 이런 "일상적" 순간들뿐만 아니라 우리가 완전히 깨어있고 생생하게 살아있으면서 자신의 행동과 하나가 되는 "절정 경험들"의 순간들도 있다. 경기에 "몰두해 있는" 운동선수는 아주 명징한 상태이지만 아무것도 애쓰지 않는다. 그리고 선의 궁수Zen archer는 마음을 먹거나 의도하지 않고 화살을 있는 그대로 놓는다(헤리겔Herrigel 1971). 또한 어린이가 처음으로 균형을 잡고서 자전거를 타는 경험도 이런 경우이다.

한스 뢰발트(1978, 67)는 정신과 신체를 회복시키고 활기를 되찾고 온전한 정신과 건강의 원천이 되는 "자신을 잃어버리는 상태"에 대해 기술하고 있다. 여기에 속하는 것은 창조적인 예술 작품 행위, 미적인 관상, 사랑과 친밀함이다.

> 우리는 아름다운 장면, 얼굴, 회화를 응시하거나 음악, 시
> 낭송, 아름다운 성악을 들을 때 자신을 잃어버린다. 우리는
> 성적 절정의 정점에서 넋을 잃는다. 우리를 깊이 흔들어놓
> 는 연극이나 영화, 과학적 이론이나 실험 또는 동물의 아름
> 다움, 개인적 만남의 친밀한 가까움에 … 몰입한다.

치료자의 공감어린 경청에서는 생각이나 산만함 없이 완전히 내담자와 조율된다. 피아니스트는 자신이 연주하고 있는 동안 자신의 손가락이나 악보를 생각하지 않고 연주한다(코헛의 예). 이런 것들은 모두 비이원적 자각과 동일한 범주에 속한다. 다른 실례들을 생각하는 것은 어렵지 않다. 사실 이런 경험들이 얼마나 흔하고 또한 우리의 삶에 얼마나 완전히 스며들어 있는지를 알게 되면 놀라운 지경이다. 그러나 이런 종류의 주관적 경험 양상은 정신분석적 이론화 작업에서는 아직 주변부에 머물러 있다. 이것은 우리가 일상생활에서 이런 경험을 평가절하하고 폄하하고 무시하는 경향을 보이는 것과 같다.

초기의 정신분석 이론가들은 이런 경험 상태가 미분화된 고태적인 상

태와는 아주 다르다는 것을 인식하고 있었다. 그러나 초기 이론가들이 생각한 "자아의 주도 아래 이루어지는 퇴행"이라는 개념은 논점을 벗어난 것이다. 이런 경험 상태는 자아가 탈분화한 것이 아니다. 제프리 루빈 (1997)과 다른 이론가들이 주장하는 바와 같이 거기에는 "자아 분화의 일시적인 상실"은 없다. 이런 개념에서는 분화된 자아—자아는 유일하고 연속적으로 경험된다—가 자아 경험의 이상적이거나 바람직한 형태라고 주장된다. 이런 자아는 여기서 "상실"되지 않는다. 이런 경험 상태에서는 단지 다르게 조직될 뿐이다. 자아는 이런 경험과 동떨어져 있는 것이 아니다. 어떤 이론가들은 이런 주관성의 경험 양태를 "자아의 팽창된 감각"으로 기술하는데, 이런 경험 상태에서는 자아의 자각이나 자아 의식이 부재하기 때문에 이런 주장은 역설적으로 여겨진다. 그러나 이 용어는 "나의" 경험과 분리되어 느껴지면서 "나"의 제한되고 분화되고 경계 지어진 상태를 "넘어서는" 순간의 경험을 포착하고 있다.

이런 주관성의 양상은 *비이원적* 자각으로 특징지어지는데 이런 자각에서는 의식은 되지 않지만 바로 그 순간의 현실을 예리하게 자각하면서 그 순간의 현실과 조화를 이룬다. 분별력은 증강하고 지각 기능들은 고양된다. 또한 집중력이 높아지고 참여적이 되지만, 동시에 이완되고 확신에 차 있게 되며 자신의 행위나 그 행위에 대한 결과—불교 심리학에서 말하는 여덟 가지 "세속법*lokadhamma*"인 성공이나 실패, 자랑이나 비난, 획득이나 상실, 행복이나 불행—에 스스로 사로잡히거나 불안에 시달리지 않는다. 우리는 그 순간 완전해지고 철저히 현존한다. 말하자면 살아있고 활기에 차고 변화된다. 거기에는 무시간성, 효율성, 평화의 느낌이 있다. 우리는 더욱 더 창조적이고 유쾌하고 기쁘고 효율적인 느낌을 받으며 실제로 그렇게 된다.

이렇게 되는 이유는 내적 긴장과 갈등이 부재하거나 일시적으로 중단되기 때문이다. 술러(1993, 54)는 정신내적으로 일어나는 것을 다음과 같이 기술하고 있다.

> 이런 [주관성의] 융합된 양상에서는 정신내적 구성 요소들 사이에 경직되거나 거친 경계들이 사라진다. 모든 갈등들은 둘 또는 그 이상의 반대되는 힘들 사이의 긴장을 내포한다. 병리적 자아 표상 또는 대상 표상들은 병리적이다. 왜냐하면 그것들은 다른 자아 또는 대상 표상들과 마찰을 일으키기 때문이다. 그것들 사이의 억압된 장벽들은 통합하거나 화합하지 못한다. [이런 융합된 주관성의] 자발성에서 모든 정신내적 영역들은 [적어도 일시적으로] 물 흐르듯이 자연스럽게 통합된다. … 그렇다고 해서 이런 상태가 정신내적 특징들이 상실되거나 혼란스러운 미분화의 상태로 용해된다는 것을 의미하지는 않는다.

그 결과는 사고, 의지, 행동의 자발성이다. 이런 자발성에는 두 가지 측면이 있다. 첫째는, "내"가 어떤 것을 "한다"는 감각이 거의 없거나 전혀 없다는 점이다. 사고, 감정, 행동이 일어나지만 그것들은 "나" 안에서 또는 "나"에 기원한 것으로 경험되지 않는다. 그것들은 단순히 그 순간의 긴급한 상황에 대한 반응으로서 물 흐르듯이, 쉽게, 자발적으로, 외적인 사고에 방해받지 않고 일어난다. 앨런 왓츠(1957)가 말한 바와 같이 그것을 "하고 있다"는 사고, 감정, 행동에서 분리된 두 번째 자아, 마음, 자각의 감각 없이 단순히 일어난다. 스스로 나의 생각을 "생각하고", 나의 감정을 "느끼고", 나의 행동을 "행동하는" 것으로 경험되지 않는다. 그것들은 강제 없이 또는 의식적인 의도 없이 저절로 단순히 일어난다. 그리고 심지어 생각 없이 또는 성찰 없이 행동을 한다고 하여도 "'사려 깊음'의 계획과 정확성은 유지된다"(술러 1993, 54).

나는 다음과 같은 이야기를 들은 적이 있는데, 이 이야기가 진짜인지는 보장할 수 없다. 그러나 아마도 거기에 있었던 사람들 중 누군가는 나를 언급할 것이고 이것이 사실인지 아닌지 확인할 것이다. 샌프랜시스코 선 센터의 구성원들이 피크닉을 위해서 어느 날 교외로 나갔다. 계획은 조그만 동산에 올라서 정상에서 불 피울 구멍을 파는 것이었다. 그때 스즈키 선사는 말기 암에 걸려 있었고 몸이 아주 많이 아팠다. 그래서 뒤쳐져 있었다. 공동체 사람들이 언덕의 정상에 도달하였을 때 아무도 불 피울 구멍을 파는 삽을 가져오지 않았다는 것을 알게 되었다. 모두가 누가 삽을 가져오는 것을 잊었는지 왜 그랬는지에 대해 불평하고 항의하고 있는 동안 스즈키 선사는 정상에 도달하여 단번에 그 상황을 알아채고는 지체 없이 아무 말도 하지 않고 돌아서서 언덕을 다시 내려가서 삽을 갖고 와서 언덕으로 다시 돌아왔다.

비자아의식 체험에서 매일의 행동은 상황과 순간의 필요성과 일치하는 경향을 보인다. 특별한 재주가 필요하지 않는 한은 무엇을 해야 하고 무엇을 할 수 있는가에 대한 것뿐이다. 거기에 있는 것은 일정한 행동과 상황 요구 사이의 "올바름"과 "적합성"이다. 이런 순간에는 우리는 자동적이고 기계적인 비행사가 아니다. 자발적인 행동이라는 것은 자동적이거나 습관적인 행동이 아니다. 우리가 불안에 떨지 않고 행동하는 경우 우리는 자신이 자발적으로, 목적 지향적으로, 적절하게, 자신의 행동을 완전히 자각하고, 자아-의식적인 생각의 무게 없이 행동하는 것이다. 선 불교에서 말하는 바와 같이 걸을 때는 단지 걷는 것으로, 달릴 때는 단지 달리는 것이 가능해진다. 갈등이나 불안으로 인해서 걷는 것을 달리는 것으로 급히 변화시키지 않을 뿐만 아니라 달리는 것을 걷는 것으로 축소시키지 않는다. 배고플 때 단순하게 먹는 것이 가능해진다. 우리가 하고 있는 것을 감독하거나 지배하려고 하는 고통스런 자아 의식적인 시도가 없고 그럴 필요도 없다. 엘리엇T. S. Eliot의 「공허한 인간The Hollow Men」에서 볼 수 있는 현대적 감성과는 달리 "이상/과 현실/동기/와 행동 사이에 그늘이 드리우지" *않는다.*

코헛(1984)은 자신의 마지막 원고에서 이런 종류의 경험을 자아의 내적 잠재력뿐만 아니라 주관성의 일시적 양상으로 보고 있다. 이런 상태를 우리는 때로는 경험하고 때로는 경험하지 못하지만 보다 더 안정된 하나의 존재 양식으로 간주하고 성공적인 치료 결과로 간주한다. 역설적이게도 그는 여전히 이런 종류의 기능들을 불필요하고 혼돈스러운 구체화된 산물인 "그 자아"의 덕분이라고 간주하였다. 이런 주관적 경험이 갖는 주요 특징이 비자아의식적인 자각이고 행동일 때는 특히 더 그러하다. 그럼에도 불구하고 그는 정신분석치료의 이상적인 결과는 자발적인 자아기능으로 서술하였다. 이런 자발적인 기능들은 불필요한 사고와 성찰의 부담 없이 자신의 내적 디자인과 조화되어서 나타나고 분석과정의 세세함—해석, 통찰. 공감의 실패와 실망, 분노와 보상—들은 억압을 통해서가 아니라 배경으로 가라앉으면서 환자는 더 이상 그런 것들을 필요로 하지 않는다. 이상적인 결과는 자아가 자신이 작업하는 것을 반드시 자각할 필요가 없이 자신의 행동을 자각하는 것이다. 왜냐하면 이런 과정은 물 흐르듯이, 고요하게, 부드럽게 이루어지기 때문이다.

허버트 핑가레트Herbert Fingarette(1963)는 자아 변화의 단계에 대한 심도 깊은 연구를 발표하였지만 그렇게 주목을 받지 못하였다. 그는 이 논문에서 분석의 이상적 결과에 대해 동일한 결론에 도달하였다. 또한 그는 한 단계 더 나아가 이런 개념을 "신비적인" 상태에 적용하였다. 그는 유사한 모순적인 상태에 주목하였는데 이런 상태에서는 신비주의자와 성공적인 피분석가는 비자아의식적으로 행동하고 결정하고 느끼는 것에 대해 말한다. 말하자면 자신의 행동을 충분히 자각하지만 자아의식은 없다. 그는 자아의식을 갈등이나 불안에 물든 의식으로 보았다. 우리를 점검하게 만들고 스스로를 안심시키는 것은 바로 갈등이나 불안이라는 것이다. 그리고 말 그대로 그렇게 함으로써 "자아"는 자신의 경험과 분리된 구조로 존재하게 된다. 갈등이 해소되거나 불안이 부재하면 자각, 목적, 의도는 존재하지만 자아에 대한 의식은 없다. 확신에 찬 사람은 확신에 대한 의식적인 느낌을 갖지 않는다. 노자가 말한 바와 같이 자신이 확신에 차 있다는 것을 "알지" 못한다. 순수하게 자비로운 사람은 자비의 의식적인 감정을 갖지 않는다. 그 또는 그녀는 단순히 자비로울 뿐이고 행동을 자비롭게 한다.

"일상적인" 비자아의식 주관성과 비이원적 자각뿐만 아니라 "비일상적인" 상태들이 있다. 대부분의 정신분석학자들은 이런 현상에 친숙하지 않다. 이것들은 아주 오랜 옛날부터 위대한 전통에서 명상과 영성과 연관된 의식상태들이다. 상좌부 불교에서 이것들은 *선정jhanas* 또는 "몰입absorptions"이라고 부른다(붓다고사 1975; 바지라냐나Vajirañana 1975). 이것들은 알아차림을 통해서가 아니라 집중 명상을 통해서 달성된다. 그리고 지속적인 한 지점 집중을 통해서 집중의 대상과 "하나"가 되는 마음에 기반을 둔다. 이것은 특별히 선호하거나 판단하지 않고 자각에서 떠오르는 어떤 그리고 모든 대상들의 흐름에 관여하는 알아차림과는 대조를 이룬다. 전통적인 가르침은 여덟 단계의 몰입을 적시하고 있는데, 이런 것들은 정신분석적 사고에 통합되기는커녕 인식조차 하지 못하고 있다.

몰입의 단계들이 진전되어 갈 때 마음과 몸은 더 고요해지고, 기능들은 더 통합되며, 더 광범위해지고 평화로워진다. 초기의 선정상태들을 특징짓는 마음의 자질들—환희와 행복감—은 체계적이고 의식적으로 보다 더 정교해진 몰입의 상태로 나아간다. 첫 네 단계들은 특정한 명상 대상들에 하나로 집중된 상태를 통해서 도달된다. 네 번째 선정에 도달된 정제된 집중의 정도에서부터 수행자는 모든 요가와 샤만 전통에 서술된 전통적인 영적 힘을 계발하는 데로 나아갈 수 있다. 그러나 대부분의 불교 종파들은 이것들을 가르치지 않는다. 왜냐하면 이것들이 대단히 유혹적이고, 남용하기 쉽고, 해탈과 아무런 관련을 갖지 못하고, 실제로는 이상화된 자아와 자아 이상화를 팽창시킴으로써 해탈을 방해하기 때문이다. 그다음 네 단계는 "무색계"로 서술된다. 말하자면 의식은 어떤 특정한 명상대상을 모두 내려놓고, 고요하고 순수한 자각의 무한한 차원을 경험하도록 확장된다. 이것들은 서구 심리학에서는 전혀 알려지지도 않고 짐작하지도 못한 것이다.

불교의 관점에서 "일상적인 것"뿐만 아니라 "비일상적인 것"의 이런 모든 형태들에는 세 가지 문제점들이 있다. 첫째로 이런 상태가 아무리 오래 지속된다고 하여도 단기적이고 일시적이다. 의식의 모든 상태들처럼 그것들은 일어나고 사라진다. 말하자면 시간 제한적이고 지속될 수 없다. 둘째로 그것들은 본질적으로 집중된 몰입의 상태들인데 거기에 우리는 비록 일시적이지만 자신의 지각과 행동들과 "하나"가 된다. 그러나 해탈의 지속적인 상태는 아니다. 집중은 불안과 갈등을 유발하는 정신적 요소들의 작동을 제거하는 것이 아니라 상호적으로 억제하는 것으로 보인다. 불교심리학은 "소거"에서 "억압"을 구별하기 위해서 전문적인 용어인 복해탈伏解脫(위캄바나vikhambhana)이라는 단어를 사용한다(붓다고사 1975). 자아 생성적인 고통을 야기하는 기저적인 요인들은 잠재적인 가능성으로 남으면서 집중이 흔들리거나 몰입의 상태가 종결되면 다시 나타난다. 세 번째로 "합일감"의 집중 상태는 주로 몰입에 기반을 둘 때 그 성질상 비도덕적이다. 집중은 선하게도 또는 악하게도 사용될 수 있다. 말하자면 수행자는 선의 깨달은 스승이 되기 위해서 사용할 수 있고 아니면 사무라이가 되기 위해서도 그것을 사용할 수 있다. 집을 부수고 들어가는 데 완전히 몰입된 도둑은 자신의 행동과 "하나"가 된다. 고통에서 벗어난 순수하고 지속적인 해탈은 도덕적인 요소를 내포해야만 한다. 왜냐하면 마음의 "불선한" 상태들(아꾸살라 찟따akusala citta)과 비윤리적 행동들은 결국 정신내적인 갈등과 대인관계의 갈등을 초래한다. 그러나 불교의 관점에서 보면 비자아의식적 주관성과 행동은 그 나름의 가치를 갖는다. 그것이 우리에게 보여주는 것은 분리된 자아 주위를 맴돌면서 조직화되지 않은 존재, 사고, 감정, 행동의 양태가 있다는 것이다. "사고"는 아주 멋있게 일어날 수 있는데, 그것을 생각하는 "자아" 또는 "나" 없이 그렇게 한다. 사실 훨씬 더 효과적으로 불안이나 갈등 없이 일어난다. 감정, 의도, 행동의 경우도 동일하다. 더구나 이런 특별한 자아 표상 없이 경험된 것은 자연스럽고 자발적인 자비와 기쁨이다. 티베트 전통에서 이런 체험은 해탈의 "잠깐 봄"으로 불린다. 이 "잠깐 봄"은 이런 자아를 표상하는 것과 경험을 구성하는 부담에서 자유로워진 상태와 유사한 것이다.

그러나 잠깐 봄은 단지 잠깐 봄에 불과하다. 우리는 비자아의식 주관성의 이런 갈등에서 자유로운 양태에서 기능한다. 그러나 단지 가끔일 뿐이다. 그 다음에는 다른 운전자가 내 차에 끼어들고, 또는 내 딸이 이 논문작업을 하고 있는 동안 자신의 숙제를 봐달라고 도움을 요청하거나 나의 치료자가 공감적이지 않은 행동을 하는 식이다! 나는 나에게서 터져 나오는 행동과 바로 "하나"가 되는 듯이 느껴지지 않는 듯하다. 또는 아마도 다른 식으로 그것과 "하나"가 될지도 모른다! 내가 보여주고자 하는 것은 비이원적 자각은 절대로, 항상, 가능하다는 점이다. 사실 항상 그렇기는 하다. 그러나 일상적인 환경에서 비이원적 자각에서 나오는 행동은 짧고 의식의 일시적인 상태이다. 유일하고 분리되고 지속적인 자아라는 점에서 나의 경험을 다시 구성하는 성향은 그대로 남는다.

• 무아

모든 깨달음의 전통에서 명상수행의 목표는 이런 잠재적인 가능성을 제거하고 그것과 함께 자아 발생적인 고통의 뿌리를 제거하는 것이다.

"자아"의 핵심적인 속성이나 기능들의 어떤 것들도 분리된 자아에 의해 생길 필요가 없다. 이런 표상이 없이도 거기에는 좋은 결집성cohesion, 연속성, 기능체agency가 있을 수 있다. 사실 나의 "자아"에서 이전에 기인하였던 기능들은 심지어 전보다 더 효율적으로 효과적으로 작동한다. 생각은 "생각하는 자"를 필요로 하지 않는다. 행동은 "행동하는 자"를 필요로 하지 않는다. 그러나 이것이 일시적인 변화된 상태가 아니라 삶의 하나의 방식이라는 것을 발견하는 것은 또 다른, 심지어 더욱 더 대단한 일이다.

역사적으로 또한 횡문화적으로 이런 발견에는 두 가지 경로가 있었던 것 같다. 두 경로 모두에서 목표는 자아 구조의 영구적이고 불가역적인 재조직화이고 자아의 바로 그 경험을 변화시키는 것이다. 특별하거나 변화된 의식 상태만을 단순히 유도하는 것이 아니다.

하나의 접근 방법은 *자아의 표상에서 자각 그 자체로 주관성의 위치*

*를 변경하는 것*이다. 말하자면 이것을 생각하고, 이것을 느끼고, 이것을 경험하고, 이런 감각을 가지고, 이렇게 행동하는 것은 바로 *누구*인가 하는 것이다.

일상의 경험에서 이런 "잠깐 봄"을 들여다보자. 내가 잠깐 성찰을 하면서 스스로 물어보자, 나는 무엇을 자각하고 있는가(실제로 나는 자각하고 있는 것을 자각하는 것은 무엇인가)? 아마도 생각이나 감정일 것이다. "나는 이 문장을 쓰고 있다"라는 생각이 있다고 해보자. 이렇게 표상하는 것에는 묵시적인 형이상학이 있다. 즉 자아, "나"가 있다고 상정하고 그것은 경험의 흐름과는 동떨어져서 존재한다고 여긴다. 누가 생각하는가. "나" 그리고 거기 외부에는 다소 "객관적인" 세계가 있다. 워드프로세서, 편집자, 계약, 출판일. 여기에 이 "나", 이 자아는 반드시 반응해야 한다.

이제 내가 자각의 대상에서 주체로 주의를 새롭게 옮긴다고 해보자. 생각하고 있는 것은 바로 *누구*인가? 굳이 말하자면 "나는 있다." 이 "나"는 누구인가? 내가 이 "나"를 발견하기 위해 뒤돌아보면 나는 그것을 발견할 수 없다. 어디에서도 발견할 수 없다. 주관성의 개인적 중심으로서 내가 깊게 매달리고 있었던 나 자신의 감각 때문에 이것은 약간은 신경이 쓰인다. 내가 이 질문을 끈질기게 추구하면 바로 급하게 아주 불안하게 된다! 내가 정상적으로 받아들이는 이런 "나"의 감각은 왜 이렇게 모호한가?

이것은 하나의 속임수가 아니라는 것을 이해하는 것이 중요하다. 이것은 우리가 분리된 자아를 중심으로 경험을 조직할 때 자각과 자아 관찰의 바탕에 있는 인식론적 딜레마를 드러낸다.

프로이트는 스스로를 대상으로 다루는 자아의 놀라운 능력을 지적하였다. "자아는 다른 대상처럼 자신을 다룰 수 있고, 자신을 관찰할 수 있으며, 자신을 비판할 수 있고, 하늘은 스스로와 함께 있는 것을 안다"(스터바에서 인용, 1934, 120). 그러나 프로이트가 주의를 기울이지 않았거나 자신의 정신분석 이론에 포함시키지 않았던 것이 하나 있다. 그것은 자아 스스로를 자각의 주체로서 간주할 수 없다는 것이다. 감각 영역에서든지 아니면 정신내적으로든지 내가 자각할 수 있는 것과 내가 주목하거나 개념화하는 모든 것은 항상 나의 자각의 대상이다. 그 자체가 자각은 아니다. 나는 자각하고 있는 것을 자각할 수 있지만 그러나 이런 일이 일어날 때 내가 하는 것은 경험의 대상으로 이런 성찰적 자각을 취하는 것이다. *내가 할 수 없는 것은 자각하는 행동 속에 자각의 원천을 자각하는 것이다.* 다른 말로 하면 나는 나의 관찰 자체를 직접 관찰할 수 없다. 내가 애를 쓴다고 하면 매번 내가 그것을 관찰하는 것으로 물러선다. 말하자면 나는 "그것"을 붙잡지 못한다. 그리고 나는 단지 무한한 회귀로, 자각의 또 다른 대상으로, 자각의 행위로 돌아갈 뿐이다. 다시 미첼의 언급을 보자. "나"는 결코 나의 "자아"가 *아니다.* 오늘도 그렇고 다른 날도 그렇다. 내가 표상할 수 있는 "자아", 내가 알 수 있거나 포착하는 "자아"는 "나"일 수 없다. 선불교에서 말하는 바와 같이 보는 눈은 스스로를 볼 수 없다. 결국 먼동이 튼다. 그것을 관찰하기 위해서 자각으로부터 "자아"를 분리하는 것은 불가능하다. 왜냐하면 우리가 자각*이기* 때문이다.

이런 의미에서 자각은 단순히 자아의 기능이 아니다. 정신분석적 개념에서 "관찰하는 자아"가 아니다. 아서 데이크만Arthur Deikman(1982)과 술러(1993)가 지적한 바와 같이 정신분석은 관찰자와 관찰된 것이 동일한 질서의 현상으로 간주하는 경향이 있다. 그것은 그렇지 않다. 자각 자체는 결코 객관화 될 수 없고 하나의 대상으로 포착될 수 없고 의식의 내용물과 동일화될 수 없고 "이것" 또는 "저것"으로 표상될 수 없다. 그것은 근본적으로 다른 성질을 갖고 있다. 그것은 성질도 없고, 한계가 없고, 경계도 없이 대상을 반사하는 거울처럼 관찰한 것에 전혀 영향을 받지 않는다. 본질적으로 나는 이름이 붙여지거나 생각되거나 표상되거나 부정될 수 있는 그런 어떤 것이 아니다. 스리 니사르가닷따 마하라즈Sri Nisargadatta Maharaj(1982)가 말하는 바와 같이 "당신이 누구인가라는 것은 정의할 수도 없고 서술될 수 없다." 주관적 자각은 경험을 가능하게 하는 것이지만 그러나 그것 자체는 경험이 아니다. 그것은 항상 존재하지만 쉽게 놓친다. 왜냐하면 물속을 헤엄치는 물고기가 헤엄을 치지만 물을 보지 못하는 것처럼 이것은 모든 경험의 *조건*이기 때문이다. 이것을 완전히 깨닫는 것은 자연적 상태로 비이원적 자각이다. "나" 또는 "나의 것"으로 개별적인 자아의 어떤 표상이나 활동과 동일화하는 것은 불가능하다. 아드바이타 베단타Advaita Vedanta 전통에서 이런 접근의 예들은 "나는 누구인가?"라는 질문을 명상하는 라마나 마하르시Ramana Maharshi의 수행과 "나는 있다"라는 스리 니사르가닷따의 명상이다. 임제종에서 공안은 이런 기능을 수행한다. 조동종의 지관타좌只管打坐("단순히 앉아있음")의 고전적 수행은 동일한 효과를 낸다. 모든 독참獨參 수행에서 선의 스승의 명시적이거나 묵시적인 요구는 "생각하고 행동하는 이 '누구'를 나에게 보여달라!"는 것이다. 티베트 불교의 족첸dzogchen은 제자들을 이미 존재하는 내적인 자각으로 들어가서 이완되어 "자연스러운 위대한 평화 속에서 쉬어라"라고 지도한다(뇨술 켄포Nyoshul Khenpo).

　　이런 수행 접근 방법에서 비이원적 자각은 우리의 자연스런 기능 양식이라는 가정에서 출발한다. 수행은 단순히 그것에 주의를 기울이고,

그 바탕 위에 우리를 내려놓고, 우리의 자연스러운 기능이 자연스럽게 기능할 수 있도록 허용하는 것이다. 그러므로 이런 전통들은 수행의 비선형적 양식 또는 "발견" 양식이다(클라인klein 1995). 말하자면 이런 관점에서 보면 우리는 "이미 깨달은 것"이다. 과제는 우리의 자연스러운 상태를 발견하는 것이다.

두 번째 접근 방법은 자아의 순간순간의 현상과 경험들을 직접 자각하는 것이다. 이것은 불교 마음 챙김 수행의 모든 형태들의 기반이다. 즉 상좌부 불교의 위빠사나(골드쉬타인과 콘필드 1987)와 마하무드라(브라운Brown 1986; 남걀Namgyal 1986), 금강승 불교의 또 다른 위대한 깨달음의 수행들에서 볼 수 있다. 깨달음은 이런 접근 수행의 목표이자 결과로 간주된다. 말하자면 우리가 이미 있는 어떤 것보다 우리가 되어야 할 어떤 것이다. 일단 성취하게 되면 수행자는 무아의 동일한 깨달음으로 가게 된다. 그러므로 이런 접근방법의 모델은 선형적이고 "발달론적"이다(클라인 1995). 이런 목표를 향해서 단계별로 나아가는 것이다.

수행의 발견 모델과 점진 모델은 보기에 모순되게 보일 뿐이다. 둘 다 올바르고 수행자의 관점에 달려 있다. 초기 불교가 그랬던 것 같이 또한 목표-지향적인 서구인들이 자연스럽게 그렇게 했던 것과 같이 당신이 강의 "이쪽 둑"에 자신이 서 있다고 상상하면 그 목표는 "다른 쪽 둑"을 향해 건너가는 것이다. 현재 어느 장소까지는 당신은 그렇지 않다. 만약 당신이 "저쪽 둑"에 이미 서 있다고 상상하면 그 목표는 그것을 깨닫는 것이다. 두 경우 모두 목표는 "자아에 집착하는 것"(*앗따와두빠다나* *attavadupadana*, 집착, 취착)을 끝냄으로써 자아 발생적인 고통을 종식시키는 집중적인 수행이다. 이것들의 형이상학은 보기에는 모순적으로 보이지만 지속적으로 둘 중 어느 하나의 수행을 취하면 된다.

예를 들면, 위빠사나 명상의 기본적인 가르침은 선호 또는 선택 없이 의식의 모든 대상에 주의를 기울이는 것이다. 생각, 감정, 신체 감각 등에서 일어나는 그 순간순간을 자각하는 것이다. 이런 접근 방법은 코헛이 "자아"라는 용어의 명확한 의미를 거부하였을 때 가정한 것과 동일한 기반에서 출발한다. 코헛은 자아의 본질은 알려질 수 없다고 믿었다. "우리는 내성과 공감으로 자아 그 자체로 침투해 들어갈 수 없다. 단지 내성적으로나 또는 공감적으로 지각된 심리적 현상들이 우리에게 열려져 있을 뿐이다"(1977, 310-11). 알아차림 명상은 의식의 *내용물들*—자아와 타인의 일정한 표상들과 그것들의 양태들—에 개입하거나 분석하지 않는다는 점에서 정신분석적 질문과는 다르다. 그 대신 자아의 모든 현상들이 내용과는 상관없이 순간순간 일어나고 사라지고 구성되고 해체되는 *과정*에 직접 주의를 기울임으로써 마음 챙김은 자아와 실재reality의 모든 표상들의 본질은 단지 구성물이고 어떤 실제적이거나 정의定義적인 의미에서 파악할 수 없는 것이라고 통찰하는 데로 이끈다.

최소한의 반응성으로 심리생리적인 사건들의 흐름에 훈련된 순간순간의 주의집중은 심리적 작동의 비자동성을 자극할 것이다(길과 브렌만 Gill and Brenman 1959; 데이크만Deikman 1966). 이 심리적 작동성은 지각적이고 개념적 자극에 의식적 자각을 부여함으로써 그것들을 저장하고 선택하고 조직화하고 해석하는 일을 한다. 이것이 일어나면서 의식적인 자각과 조절 없이 한때 자동적으로 조절되었던 심리적 기능들은 자각에 접근할 수 있게 된다. 나는 이전에 억압되거나 해리된 자아 및 대상 표상들이 기억, 환상, 사고를 통해서 전형적으로 어떻게 접근하는지를 기술하였다. 그러나 더욱 더 중요한 것은 수행 명상자는 지각적 및 표상적 세계의 구축에 기여하는 바로 그 과정과 작동들을 자각하게 될 수 있다. 여기에 접근하는 것은 치료에 요구되는 자아 관찰과는 완전히 다른 어느 정도 훈련된 집중과 평온을 필요로 한다. "근접 집중"의 발판 단계인 그때는 검열이나 반응 없이 장시간 동안 안정되고 완전히 흔들리지 않은 집중을 유지하게 되어서 명상자는 실제로 순간순간 일어나는 *표상적 과 정 그 자체에서 단계들을 재추적하기* 시작한다(브라운 1986; 엥글러 1983b, 1986을 보라). 위빠사나 수행에서 *냐나nana* 또는 "통찰의 단계"는 실제로 정보처리, 패턴 인식, 개념화의 전 연속과정에서 점차로 보다 더 초기 단계를 드러낸다. 이런 과정을 통해서 우리는 매 순간 자아와 표상적 세계를 출현시킨다.

이런 과정에서 유일하고 연속적인 "자아"는 단지 하나의 환상이며 구성이고, 사건들의 보다 더 미세한 차원을 지각하지 못하는 부산물로 발견된다. 이것은 마치 순간노출기의 깜빡거림 합체현상이 "대상"의 환영을 생산하는 것과 같다. 이때 분리되고 비연속적인 이미지들은 너무나 빨리 지나가서 정상적인 지각으로는 구분할 수 없다. 지속적이거나 실체적인 개체, 관찰자, 체험자, 행위자는 이런 순간순간의 사건들 배후에서 분리되어서 발견될 수 없다. 단지 나노 초와 나노 초의 시간이 순간이 흘러가면서 일어나고 사라지는 의식과 그 대상의 개별적인 순간이 있을 뿐이다.

이렇게 "나타나고 사라지는 것"(*우다얏바야udayabbaya*)이 경험의 매 순간 완전하고 전체적이고 반박할 수 없는 확실한 실재로 경험될 때에만 내가 "나"라고 여겨진 모든 것의 급진적인 무상(*아닛짜anicca*)이라는 깊은 이해가 생긴다. 나는 더 이상 지각의 어떤 지속되는 "대상들"을 지각하지 않을 뿐만 아니라 나는 각각 일어나고 사라지는 일련의 개별적이고 불연속적인 사건으로서 생각하고 느끼고 감각하고 지각하는 과정을 남김없이 목격한다. 이런 완전하고 불연속적인 변화에서 코페르니쿠스적 전환이 일어난다. "사물들"은 사라진다. 분명한 것은 단지 밀리 초로 일어나는 사건들뿐이다. 모든 것이 항상 변화하고 있을 뿐만 아니라 변화하는 "사물들"조차도 없다. 지속적이거나 내재적인 자아의 어떤 개념, 견고한 몸, 오래가는 지각적 대상, "관찰하는 자아"와 같은 고정된 관찰의 지점조차도 전혀 성립되지 않는다. 수행자는 어디에도 내재적인 존재가 없다는 것을 이해하게 된다. 그리고 그 또는 그녀는 마음, 몸, 외부 대상들, 내적 표상들의 무아(*아낫따*anatta) 또는 공함(*순야따*shunyata)을 직접 순간순간 경험에서 포착한다.

더구나 이런 경험 수준에서는 행동의 정상적인 정동적 및 동기적 기반들―쾌락원리 기능과 대상 추구 자체―은 엄청난 고통의 원천으로 경험된다. 이런 자각 상태에서 정상적인 반응 경향들의 고통스러운 영향을 관찰하는 것이 특히 분명해진다. 일상경험에서 아무리 "정상적인 것"이라고 할지라도 쾌락과 고통에 대한 어떤 접근/회피 반응―특별한 목적과 대상에 상관없이 매력과 혐오의 가장 간단한 반응들, 원함과 원하지 않음, 선호하는 쾌락과 회피하는 고통, 이것을 원하거나 저것을 원하지 않는 것―은 사건들의 자연스러운 흐름을 막아버리는 아주 엄청나게 고통스럽고 잘못된 노력으로 경험된다. 이제 그런 욕망들은 변화의 과정을 부정하고 저항하는 무익한 시도로 보인다. 이런 경험은 지속시키고, 저런 경험은 피하고 막고 중지시키거나 제거한다. 자아의 개별적이고 연속적인 표상을 모으는 어떤 시도 또는 어떤 자아 표상들을 "나"로 우선 선호하여 동일화하고 "나가 아닌 것"을 타인으로 제외하는 것은 순간순간 구성들의 흐름으로서 자아 표상들을 방해하고 취소하고 변화시키는 것은 마찬가지로 무익하고 고통스러운 시도로 경험된다.

그러나 이런 과정에 대한 통찰은 아직 부족하다. 치료에서 훈습되어야 하는 것처럼 이런 통찰들은 훈습되어야 한다. 또한 명상에서 가장 깊은 훈습은 상실에 직면하는 것이다. 그 중에서 가장 깊은 상실은 "자아"의 상실이다. 자아는 특별하고 유일하고 개별적인 "나", 이런 "내면에 살고 있는 개체"이다. 불교는 실제로 잃어버릴 것이 없다는 식으로 말하는 것을 좋아한다. 그리고 처음부터 존재하지 않았던 것을 잃어버릴 수는 없는 것이다. 수행자는 처음부터 내내 있어왔던 그대로 사물을 발견할 뿐이다. 잃어버린 것은 실재적인 어떤 것이 아닌 잘못된 표상이다. 이것은 존재론적으로는 올바를 수 있지만 그러나 이런 발견이 깨달음의 자유와 해탈에 도달하기 전에는 대개 공포와 비탄으로 경험된다(위빠사나에서 "통찰의 단계들" 중 여섯 번째와 일곱 번째). "자아"의 표상들, 특히 가장 소중히 여기는 표상은 심리적이고 정서적인 실재를 갖는 것이다. 그것들은 중대한 애도 작업 없이 굴복되지 않는다. 특히 이런 가장 소중한 자아 경험은 "표상"으로 결코 느껴지지 않는다. 그것은 마치 실재의 그 무엇같이(신경증적 심리구조이거나 정상적인 구조에서 일어난다) 또는 내가 발견하기를 갈구하는 없어지거나 결핍된 그 무엇같이(정신병적 장애 또는 인격 장애들에서 일어난다) 여겨진다. 그리고 치료에서와 마찬가지로 위빠사나에서 통찰은 결국 애도의 과정을 작동시킨다. 이 경우 수행자는 이것을 허용하고 인내할 수 있어야 한다. 실제로 더 높은 냐나들은 애도의 우주적 단계를 체현한다(엥글러 1986, 1999). "깨달음"은 아주 미세한 상태라고 할지라도 자아와 대상들에 대한 모든 집착이 제거되고 마음의 모든 반응이 소진될 때 일어난다. 그리고 이런 자아 표상과의 동일화가 굴복되고 마음이 각성되어서 개별적인 자아를 공고히 하거나 보호하지 않는 방식으로 나아갈 때 깨달음이 일어난다.

내가 이전에 개괄한 바와 같이 불교 위빠사나 수행에서는 이런 깨달음이 완전히 정착되어 안정적이 되기 전에 네 가지 명확한 깨달음의 단계가 있다. 각각의 개별적인 깨달음의 단계에서 불식된다고 여겨지는 "불선한 마음의 요소들(*아꾸살라 찟따*akusala cittas)"은 개별적인 자아의 감각을 구축하는 데 관여하는 서로 다른 심리적 작동들로서 볼 수 있는데, 이것들은 직면되고 훈습되고 점차로 굴복되어야 한다.

그 결과 나타나는 자아 상태를 자세히 서술하는 것은 아무리 잘해봐야 부분적일 뿐이다. 그것을 "무아"라고 서술하는 것은 한 면만을 포착할 뿐이다. 이것은 일시적으로 일어나는 비자아의식이 아니다. 왜냐하면 자아의식으로 형성되는 불안이 부재하기 때문이다. 이것은 불안과 공포에서 자유를 "잠깐 봄"과 같은 것은 아니다. 우리가 정상적으로 본 바의 "자아"는 뼈 속 가장 깊이까지 단지 하나의 구성일 뿐이고 그것을 "내면속에 존재하는 개체"로서 재구성하는 가능성이 비로소 줄어들고 영원히 소멸된다.

거기에는 몰입(선정)의 상태에서 볼 수 있는 합체 또는 합일감과 같은 경험이 없다. 어떤 경험이라는 것은 일과성이고 일시적이고 공간과 시간에 한정되어 있고 상황과 조건에 의존적이다. 우선 그것은 "경험"이 아니다. 이것은 사물들이 근본적으로 존재하는 방식이다. 우리가 이것을 힌두교식으로 큰 자아(Self, 대문자 S)라고 부르든지 또는 불교식으로 무아라고 부르든 간에 내가 누구인가라는 것은 무시간성으로서 처음도 없고 끝도 없이 발견되고 실현된다. 전통적인 용어로는 "태어나지도 않고", "죽음도 없고", "창조되지도 않고", 원인과 결과에 의존하지도 않는다. 둘째로 이것은 행동과 "함께 하는 존재"의 일시적인 상태이거나 완전한 주의집중과 조율에서 우리가 경험하거나 알거나 사랑하는 것과

"함께하는 존재"가 아니다. 내가 나 자신이라고 발견하는 것은 "주관과 객관, 그리고 그 아무것도 아닌 것, 초월하는 것이다"(니사르가닷따 1982).

자아의 개별적인 감각과의 비동일화에서 자연스러운 평정, 만족, 기쁨, 모든 존재에 대한 자비가 나온다. 또는 올바름, 자유, 행동의 자발성, 즉 상좌부 아비담마가 "*아상까리까 찟따asangkarika citta*"라고 하는 것, 말그대로 "동기 없는 행동"이다. 이 행동은 순간의 필요에 반응하여 자발적으로 일어나고 의도된 결과의 집착에서 자유로운 행동이다. 그리하여 수행자는 그 다음의 순간의 필요성에 반응하여 자유롭게 행동한다.

이런 의식 상태를 묘사하는 개인적인 간단한 경험을 언급하고자 한다. 각각 무아에 접근하는 방식을 보여준다. 첫 번째는 현대 서구 여성의 편지이다. 그녀는 인도 스승의 위빠사나 동료 수행자이다. 캐롤은 전 생애에 걸쳐 상당한 정도의 고통을 감내하였다. 어린 시절의 학대, 고국의 나치 지배, 네덜란드 레지스탕스의 비밀 요원으로서 받은 게슈타포의 고문, 전쟁 후 두 번의 이혼, 이후 지질학자로 일했던 석유회사에서 날아온 부정적인 최종 회신, 반복되는 우울증과의 평생에 걸친 투쟁, 마지막으로 세 번의 자살시도 등이다. 마지막 자살시도로 인해서 결국 인도의 명상센터에 오게 되었다. 이 편지는 인도에서 두 번째 수행이 끝난 다음 쓴 것이다. 그 후 그녀는 영원히 호주로 돌아갔다.

> 때로는 나는 집중적으로 명상을 하고 때로는 나는 전혀 명상을 하지 않습니다. 그러나 당신은 알 것입니다. 나의 전 삶이 하나의 전체적 명상이었다는 것을요. 왜냐하면 나는 온전한 마음 챙김과 자각으로 매일 매분 살고 있습니다. 두 가지 수준의 삶이 있습니다. 외부 수준의 삶은 사람들과 대

화를 나눌 것이고 올바른 시간에 올바른 것을 말할 것입니다[아상까리까 찟따]. 그리고 두 번째 수준의 삶에서는 접근하지 않는, 또한 접근할 수도 없는 정적함과 고요한 주의집중과 평화의 핵이 있습니다. 왜냐하면 어쨌든 삶은 아주 단순하고 복잡하지 않고 그리고 모든 격변은 결국 나 자신이 만든 것이기 때문입니다(콘필드, 왈쉬와 샤피로에서 재인용 1983, 330-31쪽).

두 번째는 깨달음 이후의 경험의 성질을 묻는 제자의 질문에 대한 스리 니사르가닷따 마하라즈Sri Nisargadatta Maharaj의 답변이다.

내가 이 세계와 하나가 되고 그 세계를 넘어선 것을 깨달은 다음에 나는 자신이 모든 욕망과 공포에서 벗어난 것을 발견하였다. 나는 약간의 노력도 하지 않고 기대하지도 않고서도 나 자신은 자유로워졌다. 그리고 내가 자유로워져야만 한다고 추론하지 않는다[즉 스스의 지침에 따라서 수년 간 끊임없는 명상적 자기 질문을 한 다음이다]. 그 이후로 욕망과 공포에서 벗어난 이런 자유는 계속 나에게 머물렀다. 내가 주목한 또 다른 것은 노력을 할 필요가 없다는 점이다. 행동은 지연하거나 머뭇거림 없이 생각대로 되었다. 또한 나는 사고가 자기 충족적인 것이 되었다는 것을 알았다. 사물들은 부드럽고 올바로 제자리로 들어갔다. 주요한 변화는 마음 안에 있었다. 그것은 움직임이 없이 조용해졌고 반응은 재빠르지만 지속적으로 이어지지 않았다. 자발성은 삶의 방식이 되었고, 진정함은 자연스럽게 되었으며, 자연스러움은 진정함이 되었다. 그리고 무엇보다도 무한한 애정과 사랑은 검고 고요하게 모든 방향으로 모든 것을 포용하면서 모든 것을 흥미롭고 아름답고 의미 있고 순조롭게 만들었다.

이 두 가지 모든 방법들은 정신분석이 뚫어갈 수 없는, 코헛이 말한 마지막 암벽을 통과한다. 말하자면 자아의 존재론이다. 명상전통은 자아의 존재론은 분석될 수 없다는 것에 동의할 것이다. 그리고 그것은 공감적인 내성으로 직접 접근할 수 없다. 말하자면 단지 그것의 생산물과 현상들이다. 그러나 그것들은 다른 종류의 질문에 접근함으로써 자아의 존재론을 본다. 자각과 주관성의 성질로 들어가서 자아의 존재론을 본다. 그리고 자아의 "생성물과 현상들"이 갖는 성질로 들어간다. 여기에는 자아의 표상들도 포함된다. 그것들은 순간순간의 구성물들이다.

자아와 무아의 관계

• 변화하는 자아-상태들?

루빈(1967), 술러(1993) 그리고 다른 사람들은 자아 경험의 본질적 유형, 즉 건강한 심리적 기능은 이런 자아와 무아 사이의 왔다 갔다 하거나 또는 둘 사이의 균형을 잡는 것이 필요하다고 주장하면서 자아와 무아에 대한 이론을 제시하고 있다.

예를 들면, 루빈(1997)은 그가 이름 붙인 주관성의 "무아 중심적" 양태는 "자아 중심적" 주관성과 마찬가지로 좋은 기능을 하는 데 필수적이라고 주장하고 있다. 그는 정신분석은 첫 번째를 무시하고 있고, 불교는 두 번째를 회피하고 있다고 나무라고 있다. 그리고 각각의 심리학은 한 쪽을 희생하고 다른 쪽의 모습을 과대평가하고 있다고 주장한다. 그가 말하는 주장의 전반적인 핵심은 받아들이지만 그가 언급하는 "무아 중심적" 경험은 정상적인 자아 경험 범위 내에 있다. 그것은 주로 몰입상태, 비자아의식 상태이지 깨달음 전통에서 말하는 무아는 아니다. 즉 "내재하는 개체"로부터의 해탈은 아니다.

술러(1993)는 무아의 경험이 성장과 창조성의 본질적 측면으로 여겨지는 해체 경험의 또 다른 유형인지 아닌지를 질문하고 있다. 통합-해체-재통합의 과정에서 자아의 표상들은 구성되고 변형되고 탈구성되고 재구성된다. 술러는 초기 정신분석 문헌에서 유사한 암시적인 구절들을 인용한다(크리스Kris 1952; 샤퍼Schfer 1958; 번 두젠Van Dusen 1958; 뢰발트 1960). 예를 들면, 위니컷(1971)은 "망설임의 단계stage of hesitation"에서 환자의 잠김immersion을 서술하고 있다. 그 상태는 아무것도 말하거나 또는 행할 수도 없는 무존재nonbeing와 무사고nonthought의 상태이고, 이것은 새로운 통찰과 이어서 새로운 자아의 구성으로 이어지는 돌파구의 촉매가 된다.

해체와 재통합의 과정이 건강한 심리적 기능에 본질적이라는 것은 논쟁의 여지가 없다. 그러나 술러가 인용하는 이런 예들은 심리적 해체의 경험들인데, 여기서는 자아 표상들이 용해되고 붕괴되고 취소되지만 자아의 풍부하고 확장된 감각을 재구성하는 과정에 있다. 그것들은 개별적인 자아성에서 해방된 것이 아니다. 자아감과의 동일화는 여전히 유일하고 연속적이며 자아 동일적인 것은 확장되고 재활성화되고 풍부해졌지만 그대로 남아있다. 무아의 경험은 자아의 새로운 구성이 아니다.

자아와 무아는 정상적인 과정인 심리적 해체/재통합에서 단순히 자아성의 변화된 과정이 아니고, 정신의 건강한 긴장에 존재하는 주관성의 단순한 대극적인 양상도 아니고, 내가 먼저 제시한 바와 같이 위계질서적으로 또는 점진적인 과정에서 순서 지어진 "단계들"로 생각될 수 있는 것 이상이다.

이것은 포착하기 어려운 개념이지만 자아 경험의 구조를, 또한 우리가 자신을 자신에게 항상 왜 그렇게 표상하는지, 즉 왜 "나"가 그렇게 "나"이어야만 하는지를 더 명확히 이해하는 열쇠라고 생각한다.

무아 개념의 핵심은 실제로 하나의 간단한 생각이다. 즉 모든 것은 자아를 포함해서 서로 연관되어 있다는 것이다. 이것은 "연기(*빠띳차사뭇빠다paticcasamuppada*)"라는 것으로, 모든 불교 학파에서 핵심적인 가르침으로 소중히 다루고 있다. 모든 것은 원인과 조건에 의존해서 일어나고 그 원인과 조건이 변화하면 사라진다. 심리적으로 단순하게 다음의 사실, 즉 나, 너, 우리 모두는 천 가지 복잡한 방식으로 상호 연관되어 있다는 것을 지적하는 한 이것을 인정하는 것은 어렵지 않다. 외롭고 슬픈 상태에서 이런 느낌은 위안과 안심을 준다. 그리고 정말로 점점 대중적이고 강력한 개념이 되고 있다. 문화적으로, 정치적으로, 생태적으로 그렇다. 그러나 그 안에 보다 더 급진적이고 전복적인 깨달음의 씨앗이 있다.

내가 불교심리학과 불교 명상에 대해 개별적으로 더욱 더 파고 들어가면 나는 "그것(사물thing)"이라고 부를 수 있는 어떤 것도 발견할 수 없다는 것을 알게 된다. 말하자면 자신의 독립된 존재를 갖는 개별적인 개체는 없다는 것이다. 나는 단지 일어나는 것과 사라지는 것 사이에 순간의 무한한 분할에서 "존재하는" 순간적인 사건들의 지속적인 흐름만을 볼 뿐이다. 내가 그 자신의 실재를 갖는 대상으로서 지각하는 것은 실제로는 단지 순간적인 양상 또는 양태일 뿐이다. 불교심리학은 *루빠rupa*, "형태form, 色"라는 용어를 사용한다. 이것은 현상이 경계 지음, 하나의 "사물"을 다른 것과 구분하는 가시적 모양을 가리킨다. 왜냐하면 불교는 실체성 또는 독립적인 존재의 어떤 함축도 피하기 때문이다. 이것은 물질을 내재적 실체가 없는 단순히 "얼어있는" 또는 "갇힌" 에너지라고 보는 양자역학적 사고와 유사하다(페리스Ferris 1998). 이것은 모든 사물들을 "공하다"—즉 내재적이거나 실체적인 존재가 텅 비어있다는 것—고 불교가 말하고자 하는 의미이다. 화이트헤드Whitehead(1929)의 의미심장한 용어로 "사물들"은 항상 거기 있는 어떤 조건들의 일시적인 "합생合生, concrescence"으로 나타난다. 이것은 사물이 존재하지 않는다거나 내가 존재하지 않는다는 의미가 아니다. 사물은 존재하고 나도 존재한다. 그러나 의존적으로 존재한다. 즉 하나의 형태로서 하나의 패턴형성으로 말하자면 이 순간에 모든 다른 것과 연관을 가진 총체성 그 이상은 아니다. 이런 관계들과 떨어져 있는 *그것(사물thing)*은 아무것도 없다.

동일한 의미에서 "공함"은 직접 알려질 수 없다. 공함은 단지 내재적 존재의 부재를 통해서만 알려진다(클라인 1995). 그것은 단지 "사물들"을 "형태"로 앎으로써 알려질 뿐이다. 이런 두 가지 통찰은 반야심경의 유명한 공식적인 구절을 통해서 드러난다. 즉 "형태는 바로 공한 것이고 공함은 바로 형태이다色卽是空, 空卽是色."

그러나 "사물들"의 공함을 인정하는 것은 한 측면이고 자아의 공함을 인정하는 것은 또 다른 측면이다. 그리고 순간순간 자아의 공함을 실제로 경험하고, 그것이 반박할 수 없는 진리라는 것을 받아들이고 직면하는 것은 또 다른 측면이다. 이것은 알아차림의 수행자들이 직면하는 상황 그 자체이다. 비록 공식적인 명상수행의 시간이 아니라고 할지라도 나는 고요하게 집중을 할 때, 나는 나 자신의 안 또는 밖에서 어떤 것을 진정으로 소유할 수 없다는 것을 직접 느낄 수 있다. 사물, 타인, 경력들 그리고 심지어는 나의 생각, 감정, 기분, 나의 몸의 기능과 감각들을 소유할 수 없다. 나 자신의 것으로 받아들이고 또한 "나"로 느끼는 이런 모든 사건들은 실제로 그 자체로 일어나고 변하고 사라진다. 그것들은 나의 의식이나 욕망으로 소유할 수도 없고 총괄할 수도 없다(콘필드 1993). 주의집중이 이런 냐냐에서 미세해질 때, 위빠사나 수행이 진전된 단계가 될 때, 나는 의식과 그 "대상들"의 개별적이고 분리된 순간들이 어떻게 동시에 일어나고 사라지고 구성되고 해체되는 순간순간을 *남김없이* 관찰할 수 있다. 이런 과정과 동떨어져 존재하는, 그 배후에 지속되는 또는 다음 순간으로 넘어가는 어떤 "주체" 또는 "자아"도 없고 심지어 관찰하는 자아도 없다.

그러나 "공" 또는 "연기"는 더 이상의 의미를 갖는다. 계속해서 지적으로 질문을 가하여 보면 이런 현재의 순간에 영향을 미치는 조건들의 시간적이거나 공간적 반경을 인위적으로 제한하는 방법이 없다는 것도 분명하다. 캐러비안의 나비 날개의 원인이 되는 조그만 전자는 플로리다 연안을 지나는 열대 폭풍을 멕시코 만의 파괴적인 허리케인으로 변화시키기에 충분한 촉매제가 될 수 있다(라슨Larson 1999). 여기 한 쌍의 광자의 회전 변화가 즉각적으로 수 광년 떨어져 있는 또 다른 광자의 회전을 변화시킨다(페리스 1997). 개별적인 조건적 요인은 다른 것에 영향을 미치고 영향을 받는다.

이런 현재가 말 그대로 홀로그램적으로 관계들의 전체 네트워크에 반영되고 드러나고 체현된다. 하나의 개별적인 순간으로 수렴되고 상호작용하는 전체 합 외에 다른 것은 아니다. 또한 이런 깨달음이 단지 전자나 광자들로서가 아니라 "나"의 진정한 직접적인 체험이 될 때 심대한 다른 영향을 미친다. 이 순간 나의 형태, "나"의 모습─생물학적으로, 신체적으로, 심리적으로 모든 면에서─은 여기 이런 특별한 현상들이고 전체 우주에서 일어나고 있는 모든 것이고 그것과 동떨어진 개별적 존재 또는 그 자신의 실체를 갖는 것이 아니다. 존재적인 핵은 없다. 이 또한 세 번째 냐나, "조건성의 지혜"에서 직접 수행자가 포착한다(마하시 사야도 1965).

이런 의미에서 불교에서 말하기를 자아는 *존재하기도 하고 존재하지 않기도 한다.* "나"라고 하는 독특한 형태는 변화와 변형의 지속적인 흐름에서 그 자신의 순간적인 실재를 갖는다. 그리고 그 실재는 실재한다(대승불교에서는 "상대적인 의미에서 실재한다"고 한다). 나는 한 회의에 참석한 달라이 라마가 말한 것을 기억한다. 어느 한 참석자가 전형적인 불교의 선언인 "물론, 나는 자아가 존재하지 않는다는 것을 압니다"라고 말하면서 질문을 시작하려고 하였다. 달라이 라마는 바로 중간에 끼어들었다. "잠깐만! 당신의 자아는 바로 실재합니다! 당신이 이 실재를 존중하지 않으면 당신은 스스로에게 많은 고통을 초래할 것입니다." 또 다른 반면 내재적으로 존재하는 어떤 "사물(것)"이 존재하지 않는다는 의미에서 자아는 *존재하지 않는다.* 자아와 무아, 형태와 공은 동시에 존재할 뿐만 아니라 같은 것이다. 더욱 더 좋게 표현하면 서로 다르지 않다는 것이다.

그래서 자아성에 대한 나의 경험은 무아의 경험과 상호 침투되어 존재한다. "나"라는 존재의 경험은 결국 이런 "나"는 내가 생각한 식으로 또는 내가 원하는 식으로 존재하지 않는다고 경험된 감각과 함께 울림을 갖는다.

내가 자신을 중대하게 동일화하는 유일한 자아, 개별적이고 지속적인 "내면의 개체"로 받아들이게 되면 이런 자아의 내재적 공함을 하나의 표상이자 순간순간의 구성일 뿐이라는 깨달음은 크게 불편함을 줄 뿐이다.

표상에 대한 정신분석적 이론들은 실제로 다음과 같은 점에서 불교의 관점과 일치한다. 즉 유일하고 개별적이고 지속적인 자아의 표상은 고정된 개체이거나 기억 심상이 아니라 분리되고 비연속적인 이미지들의 시간적 연속이라는 점이다. 각각은 현재의 경험 순간에서 과거와 현재의 새로운 종합이고 새로운 상황과 필요의 일정한 구성물이며 이 구성물은 항상 순간의 구성물이다(샤퍼Schafer 1976; 리주토Rizzuto 1979). 그러나 정신분석 이론적 논리에 따르면 경험적 통찰을 치료적이거나 해방적인 일로 간주하는 것이 어렵게 된다. 이와는 반대로 존재의 기반이 되는 이런 무아감을 자신의 이론에 통합하고자 하는 몇몇 정신분석이론가들은 이것을 "재난"의 상황(비온 1963, 1970)으로 개념화할 수밖에 없었다. 즉 망각의 이름 없는 상태, 의미 없음, 자아가 일어나고 진화하고 그 속으로 용해하는 공포이다. 마이클 아이겐(1993, 1986)은 그것을 단지 "제로 포인트," "무의미의 차원"으로 서술하고 있는데, 이것은 각 개인에게서는 "정신병적 핵심"으로 존재한다.

분리된 자아의 성질과 기능

분리된 자아성이 환영이라면 또한 경험을 조직하는 방식이 현실에 기반을 두지 않아서 결국은 불안과 갈등을 유발하는 것이라면 왜 우리는 이런 식으로 반복해서 그리고 지속적으로 경험을 구성하게 되는 것일까? 이런 근본적인 질문으로 우리는 돌아가게 된다.

경험된 자아가 갖는 연속적인 환영의 성질을 인정하는 정신분석 이론가들은 불교만큼이나 이 주제에 대해 상당한 어려움을 겪고 있다. 정신분석 이론의 논리는 결국 자아의 이런 표상을 필요한 환영으로 간주하게 된다. 왜냐하면 이것은 기능을 통합하는 데 필수적이기 때문이다. 자아에 대한 서구의 문화적 가정들은 자아의 표상에 대해 몇 가지 이론적

합법성을 찾는 것이 필요하다. 또한 정신분석 이론에서 자아 정합성의 불변항을 설명하기 위한 별 다른 방법이 있는 듯이 보이지 않는다.

물론 불교 심리학은 정신분석이론보다 이런 자아 구성의 환영적인 성질에 대해 보다 더 명확하다. 사실 이것이 질문의 분명한 목표물이다. 전문용어인 *삿까야-딧티sakkaya-ditthi*(유신견有身見)는 "자아의 잘못된 표상"의 정확한 등가물이고 임상적 의미에서 "망상"을 지시한다. 말하자면 현실과 부합되지 않은 신념이다. 그러나 불교는 이런 자아감이 어떻게 구성되는지에 대해 자세히 설명하지 않을 뿐만 아니라 그렇게 고통을 발생시킴에도 불구하고 *왜* 그렇게 자아를 구성하는지에 대해 말하지 않는다.

모든 심리적 구조들이 필요에 반응해서 발생하는 것이라면 이것 또한 불교적 관점 안에서도 사실이어야만 한다. 그렇다면 내재적인 공함과 일치하는 의미에서 자아를 적응이라는 관점으로 보는 자아 표상의 발생과 기능, 자아의 편재성, 그리고 명상적 질문과 통찰에 저항하는 자아 표상의 발생과 기능, 또한 그럼에도 불구하고 자아를 필요한 환영으로 간주하지 않는 자아 표상의 발생과 기능이 갖는 이런 특별함을 설명해주고 이해하는 방법이 있는가? 나는 그것이 있다고 믿는다. 그 열쇠는 핑가레트 Fingarette(1958)의 개념, 즉 자아를 소환하는 것은 불안이라는 것이다.

우리는 유일하고 지속적이고 분리된 자아의 정상적인 경험을 정신분석적 의미에서 타협 형성이라고 보면 이런 모든 자아가 갖는 분명히 역설적인 속성과 기능들, 적응적인 목적들, 비적응적인 해결 방식 및 자아가 생성한 의도하지 않았던 고통들을 설명할 수 있다. 말하자면 불안을 묶어두고, 원치 않고 환영하지 않은 지식과 그 지식이 야기하는 혐오감을 방지함으로써 "위험한 상황"에 직면하고자 등장하는 심리적 구조와 그렇지만 감추고자 하려는 바로 그것을 무의식적으로 드러내는 또 다른 심리적 구조, 그리고 해결되는 대신 실제로 영속시키는 미해결된 갈등으로 그 자신의 기원을 배신하는 심리적 구조가 있다.

이런 자아감이 발생하게 되는 그 "위험한 상황"은 모든 것의 가장 근본적인 불안이다. 말하자면 우리가 존재한다고 생각하는 식으로 우리는 존재하지 않는다. 이것은 죽음이나 죽음을 피할 수 없음에 대한 공포가 아니다. 이 둘은 모두 이차적인 불안들이고 분리된 자아와 동일화한 결과로서 일어날 뿐이다. 죽음과 죽을 수밖에 없음은 "나"로서 일어남과 사라짐으로부터 분리된 누군가로서 마음과 몸의 활동과 "내"가 동일화될 때만 공포를 발생한다. 그 뿌리가 되는 공포는 공 *또는 무아*의 공포이다. *무아 또는 공은 경험이 유일하고 분리되고 지속되는 핵심 "자아"의 표상을 둘러싸고 조직될 때만 공허하고 텅 비어 나타날 수 있을 뿐이다.* 그리하여 자아 없음은 자유 대신 끔찍함의 "무의미의 차원"(아이겐 1993) 및 "재난"(비온 1970)으로만 경험될 수 있다. 그리하여 분리된 자아의 환영에서 해방되어 현존 자아를 껴안는 대신 현존 자아의 부정으로서 공함에 떨어진다.

명상수행의 보다 더 높은 단계에서 자아 없음 또는 "공"과 직면하는 것이 그렇게 끔찍한 것은 분리된 자아와 동일화하기 때문이다. 이런 끔찍함은 동일화의 집요함에 직접적으로 비례한다. 이것은 "위대한 의문"(선불교), "영혼의 어두운 밤"(기독교 명상), "경악, 비탄, 혐오의 지식"(상좌부 불교 위빠사나)으로 경험된다. 우리는 연속성과 유일함의 감각 주위로 자신을 조직하고, "내"가 존재하고, 존재할 것이고, 존재의 특권적 위치를 점유하고 있다는 환영을 창조함으로써 이런 불안을 묶어버린다. 이런 "나"를 구성하고 지속적으로 재구성하여 무아의 원치 않는 자각과 자아의 모든 개별적 구성들의 의존적이고 상호 의존적인 성질에 대해

방어한다.

　그러나 자신을 자신에게 이렇게 표상하는 방식은 감추려고 하는 것을 드러내지 않을 수 없다. 이런 "나"가 위협을 당할 때마다 "나"와 "나의 것"에 대한 불안한 주장은 분명히 고통스럽다. "상처받은 순진함"의 상태에서 내가 부당하게 잘못되어 있다는 것과 나의 상처에 보상을 받아야 한다고—나의 순진함과 나에게 신세지고 있다는 불안한 주장에서—그 특별한 나라는 감각은 꽉 찬 비명으로 포착된다.

　이것을 임상적인 자기애와 혼동하지 않는 것이 중요하다. 지속적이고 분리된 자아 주위에 경험을 조직하는 것은 자기애적 상처 회복의 한 형태일 뿐이지 거대한 자율성이나 신비한 융합의 시도와는 아무런 상관이 없다. 이것은 손상되고 평가 절하되고 거울 반응하기를 시도하는 심리적 자아의 필사적인 작업이다. 분리된 자아와 동일화하는 것은 자기애와는 전적으로 다른 유형이고 수준이다. 심지어 이것은 여기서는 올바른 용어가 아닐 수도 있다. 왜냐하면 분리된 자아와의 동일화는 분리되고 지속적이고 유일하고 자아 동일화로 자아를 둘러싸고 구성하는 것으로서 병리적인 경우뿐만 아니라 정상적으로도 모든 경험들을 조직하는 방식이기 때문이다.

　정신분석적인 사고에서는 좀 이상하게 들릴지 모르지만 우리는 완전히 깨어있고 살아있고 자각하고 사랑하고 효율적인 인간이 되기 위해서, 또한 자아의 구조와 정합성을 경험하기 위해서 연속성과 동일함의 환영이 필요하지 않다. 사실 우리가 이런 환영에 집착하고 작동할수록 타협형성이 그렇듯이 이것은 모든 존재의 방식들을 방해하고 위축시킨다. 우리는 경험의 다양한 조직들을 수습하기 위해서 또는 우리의 목표와 동기들의 우선순위를 제대로 정하기 위해 이런 환영을 필요로 하지 않는다. 우리는 공함과 자유를 암시하는 것, 우리가 진정으로 누구인가를 암시하는 것을 회피하기 위해 환영이 필요하고 아니면 적어도 필요하다고 생각한다.

이런 표상을 정신분석가들이 마지못해 "환영"이라고 부르거나 또는 불교 심리학에서 "망상(*모하*/moha)"이라고 부르는 것은 그냥 단순히 알지-못함을 말하는 것이 아니다. 모든 타협형성과 마찬가지로 이것은 역동학적으로 의미가 있고 비난받을만한 무지이다. 말하자면 불안에 기반을 두고 있는, 마음먹고 하는, 의지에 가득 찬 무지이고 내가 알고자 원하지 않기 때문에 알지 못하는 무의식적인 시도이다. 항상 그런 바와 같이 정신적 고통은 의도하지 않은 고통이다. 알고자 하지 않는 시도는 결코 완전히 성공할 수 없다. 말하자면 나는 여전히 자신을 바로 나 자신이라고 여기지 않는다. "나"는 오늘 또는 언젠가도 "나 자신"이지 않다. 이 또한 배후에 있는 동기와 함께 이런 타협 형성으로서 생긴 분리된 자아를 철저히 검토하고 조사해야 한다는 것을 보여준다. 이것은 수행의 길이다.

논평

유아들과 무아들

스테펜 A. 미첼(STEPHEN A. MITCHELL)

잭 엥글러가 나와 함께 하는 몇 가지 동일한 의문들—아주, 아주 어려운 의문들—과 힘겹게 싸우고 있다. 그가 자아와 무아의 종류들을 분류하고 그들간의 상호 관계를 풀어 나가는 것을 읽으면서 그와 함께 하는 것은 명확한 즐거움(나는 그것이 환영적 성질을 가진 즐거움이 아니기를 희망하지만)이다. 그가 말하는 것은 옳다. 나는 그 자신이 풀고자 하는 대단히 농도 짙은 개념적 문제들을 개방적으로 다룰 수 있는 방법이 특히 즐겁다. 결과적으로 내용은 풍부하고 아주 잘 짜여진 복잡함으로 귀착된다. 이 짧은 논평에서 나는 나 자신의 경험들과 일치하는 것들과 그가 분명하게 해명한 몇 가지 논점들을 지적할 것이고 또한 그가 내린 결론에 몇 가지 의구심을 표명하고자 한다.

엥글러가 여기에서 언급하고 있는 주제들은 오랫동안 나에게 흥미로운 것들이었다. 나의 많은 동료들과 마찬가지로 1960년대 중반 대학시절에 관심을 가졌던 것들이다. 나는 앨런 왓츠, D. T. 스즈키 및 다른 사람들의 저작들을 통해서 동양철학과 명상 경험에 매료되었다. 여러 방식에서 몇 가지는 의식적이고 다른 몇 가지는 그렇지 않았지만, 이런 사고방식들에 노출된 것은 나의 전체 삶과 정신분석에 대한 사유와 치료의 접근 방법을 형성하는 데 아주 깊은 영향을 미쳤다. 내가 젊은 시절에 리히 프롬을 읽으면서 나는 정신분석과 선불교의 관계를 탐색하고자 스즈키와 만남을 가졌다. 데이비드 셰크터David Schechter는 멕시코 회의의 참석자였다. 거기에서 스즈키는 아마도 자아감을 가지지 않는 조현병 환자가 깨달음의 무아로 가는 길에서 유리함을 갖는지 하는 질문을 받았다. 셰크터가 언급한 바와 같이 스즈키의 반응은 엥글러의 논쟁적인 입장과 아주 유사하였다. 즉 자아를 버리기 위해서는 자아를 가져야만 한다는 것이다. 이런 입장은 항상 나에게 대단한 의미를 주었다. 나는 명상수행에서 어떤 종류의 자아(기능들)는 유지되고 심지어 계발되어야 하고, 어떤 종류의 자아(표상들)는 초월되어야 하는지를 명확히 정의하는 엥글러의 공들인 논문을 높이 평가한다. 그러나 이 논문에는 나에게 혼란스러움을 주는 내용들도 있다. 나는 아주 유명한 역사가이면서 인기가 있는 사람의 커피 타임 모임에 몇몇 학생들과 함께 초대를 받은 것을 기억한다. 동양사상의 헌신자인 그들 중 한 사람이 "이 모든 것은 공을 직면하는 당신의 능력에 결국 달려있다"는 식으로 말을 하면서 논의를 계속 중단시키고 있었다. 우리는 이 때문에 초대자의 경험에 대해 무엇인가를 배우는 것이 불가능하였다. 나는 강력한 그의 말참견에 무엇인가가 있다는 것을 느꼈지만 동시에 아주 복잡한 심정으로 자신의 삶과 타인의 삶을 경험하고 존중하는 그의 능력에 심각하게 잘못된 것이 있다는 것을 느꼈다. 그리고 육십대의 유명한 구루가 일군의 숭배자들에게 무아의 교리에 대해 그렇게 설득력 있게 말하고자 하는 불편한 현상이 벌어지고 있었다. 이런 경험들로 인해서 나는 항상 의문을 가졌고 괴롭기도 하였다. 그러던 중에 나는 불교의 사유를 만나고자 하는 서구인들에게 흥미롭고 도움이 되는 엥글러의 연구를 발견하였다. 그는 명상수행에 오는 많은 사람들의 동기의 복잡성, 존재론적인 "공함"과 심리적인 공함의 혼란, 명상이 철학적이고 심리적으로 모든 문제들을 해결해줄 것이라는 비현실적 희망들을 지적하고 있었다.

나는 모든 정신적 고통을 제거해 줄 것이라는 영적 수행의 이상적인 모습과 정신분석에서 모든 역전이를 제거해준다고 하는 분석의 중립성, 자제, 익명성의 올바른 분석기법의 사용이라는 정통 정신분석의 이상적 모습 사이에 있는 유사성을 성찰해보는 것이 흥미롭다는 것을 알았다. 여전히 자신이 문제들을 갖고 있다는 것을 알고 있는 명상의 제자들이 엥글러가 언급하는 "불필요한 자기 비난과 죄책감"이라는 문제는 무오류의 기법이라는 정통 정신분석의 고전적 이상으로 인해 여러 세대에 걸쳐 정신분석 수련생들이 느끼는 수치심을 나에게 떠올리게 하였다. 이와 유사하게 스승의 잘못된 행동에 대한 엥글러의 지적은 나의 사고를 아주 자극하였다. 잘못된 행동을 하는 사람은 진정으로 깨닫지 못한 사람이라고 비난하는 것은 누군가 어디에서인가 적어도 깨달은 사람이라고 하면 유혹과 인간이 놓인 조건의 풍파에서 면제된 사람이라는 이상적인 모습을 전제하는 것이다.

무아가 되기 전에 유아가 되어야 한다는 그의 초기 입장을 정교하게 다듬기 위한 그의 노력에서 나는 현대의 정신분석적 사상과 아주 밀접하게 관련해서 명상수행자들이 정신적 수준(정신적 기능과 정신병리의 수준에서)이 동일하지 않다는 점을 더욱 일관해서 지적하고 있는 것을 발견하게 된다. 우리는 불연속적으로 기능한다고 그는 주장하고 있다. 말하자면 아마도 어떤 맥락에서는 깨달음이 있지만 어떤 측면에서는 신경증적인 몸부림에 사로잡혀 있다. 고전적 정신분석에서 언급하는 바와 같이 마음의 상태를 일정한 지점에 위치 지우고 발달선상의 연속성을 밝히는 대신 엥글러는 현대의 정신분석적 공헌들(미첼 1991; 브롬버그 1998; 데이비스 1996; 파이저 1998)과 아주 일치되는 방식으로 마음이 다수이고 변화하는 것으로 우리에게 제시하고 있다. 이와 유사한 방식으로 최근 나는 환자와 치료자 모두에서 정신적 기능의 양상과 심리적 구조에서 고르지 않고 일정하지 않다는 것에 대해 상당히 인상 깊었다. 더 "진전된" 자아의 버전과 심리적 구조의 수준들이 이전의 보다 더 "원초적인" 자아의 버전과 심리적 구조의 수준으로 대치되고 변화된다는 발달 이론과 진단 모형을 가진 전통적인 정신분석의 구조적 접근은 이제 별로 쓸모가 없게 되었다.

여기서 간단히 논의하고 있는 욕망에 대한 불교적 접근 방식의 논의 또한 나에게 특별히 흥미를 끈다. 1960년대에 나를 혼란스럽게 하였던 동양적 사유 버전의 한 형태는 욕망이 고통의 뿌리라는 관점이었다. 그 당시 나의 오독의 일부분이었을지도 모르고, 또한 그렇게 여겨졌던 것은 모든 욕망의 금욕이 권장되었다. 나는 너무 많은 욕망을 가지고 있어서 금욕에 그렇게 흥미를 보이지 않았고 그 많은 욕망들은 고통보다는 더 많은 즐거움을 주었다는 사실이다. 마크 엡스타인은 자신의 책 『생각하는 사람 없는 생각Thought withous a Thinker』에서 인도 불교와는 대조적으로 티베트 불교의 목표는 욕망의 제거가 아니라 시간의 흐름에 따라 욕망을 품에 안으면서 포기하는 것이라고 말하였다. 여기서 엥글러는 이러한 접근 방식을 더욱 세밀하게 분석하고 있다. "감각적 즐거움의 욕망"과 "악의"를 욕망이 아니라 조건화된 행동으로 부르고 있다. 나는 성적인 것(미첼 1998)과 공격성(미첼 1993)을 프로이트가 묘사한 대로 내재적으로 발생하는 본능적인 욕구라기보다는 외적이고 자아 발생적 자극에 대한 반응으로 이해하는 것이 더 유용하다고 주장하였다. 어떤 사람들은 이런 개념들을 포착하는 데 어려움을 겪어 왔다. 그러나 맥락적이고 반응적이며 오고가는 욕망과, 이것과 구분되는 반복적이면서 불안이 드리워진 행동의 중독적이고 자아 강화적인 주기의 산물인 성적이고 공격적인 갈망은 구분되어야 한다. 이런 구분은 불교에 의해 잘 밝혀졌으며 나의 주장과 일치한다. 이런 점은 자신의 식단을 급진적으로 변화시켜 이전에 갈망하던 초콜릿이나 붉은 고기에 아무런 맛도 느끼지 못하는 사람들이 잘 살펴볼 수 있어야 할 것이다.

엥글러의 논문에서 내가 아주 흥미롭게 생각하는 또 다른 측면은 그가 자아 경험의 세 번째 유형으로 부르는 것이다. 이것은 자아의식이 유예되는 일시적인 상태이다. 엥글러가 정신분석 이론은 이런 상태에 전혀 주의를 전혀 기울이지 않고 구조적 이론에 의존하여 자아를 "영속성"과 "항상성" 같은 속성을 갖는 것으로 묘사한다는 지적은 옳다. 그러나 자아는 본질적으로 불안에 대처하는 체계라고 간주한 설리반은 이것을 아주 세밀하게 이론화하지는 않았지만 이런 경험을 지적하고 있다. 설리반은 지적 자극을 환기하는 문장(1950)에서 불안이 없는 상황에서는 아무런 자아 체계도 없을 것이라고 언급하였다. 이런 입장 때문에 설리반은 핵심적이고 독특한 자아의 중요성을 아주 신뢰하였던 많은 이론가들과 여러 마찰을 일으켰다는 것은 흥미롭다. 설리반은 자아의 기능은 불안을 처리하고 조절하는 방식으로 움직인다고 주장하였기 때문에 인간을 단순히 순응하는 존재로, 그리고 적응 지향성의 존재로만 간주한다는 비난을 받았다. 이런 비판이 놓친 것은 엥글러와 마찬가지로 설리반이 자아(엥글러의 개념적인 자아, 설리반의 자아 체계)는 자아를 보호할 필요가 없으면 사라지는 근본적으로 자기애적인 구조라고 주장하고 있다는 점이다. 이런 이론은 경험에서 아주 다른 그 무엇이 나타날 수도 있다는 것을 받아들인다. 불행하게도 설리반은 그런 자아가 없는 상태가 어떤 상태인지를 더 자세히 살펴보지 않았다. 또한 의지에 관한 레슬리 파버Leslie Farber의 이론도 이 문제에 대해 직접적으로 말하고 있다. 파버는 의지will와 의도함willfulness을 구분하고 있다. 후자는 단순하게 조절할 수 없는 경험의 영역을 불가능하게도 전능한 조절을 하고자 하는 자기애적인 노력이다. 또한 파버는 의지를 배경에 두면서 다른 동기와 행동들과 아주 부드럽게 조화를 이루지만 거기에는 자기의식과 자기 보호 없이 행동하는 마음의 상태를 기술하고 있다. 이런 기술은 엥글러가 말하는 일시적인 무아 상태와 행동을 설명하는 것과 유사하다.

이제 나는 엥글러가 이 논문에서 험난한 주제를 풀기 위해서 애를 쓰고 있는 지점으로 다시 돌아가고자 한다. 그는 자아 경험의 네 가지 기본 범주들을 언급하고 있다. 첫 번째 두 가지는 나의 작업에서 가져온 것이다. 즉 다수이고 불연속적인 자아 그리고 통합적이고 연속적인 자아이다. 두 번째 두 가지는 무아의 경험인데 그중 하나는 반사적인 의식의 일시적 상실이고, 또 다른 하나는 무아의 보다 연속적 경험이다.[1] 엥글러는 자아 경험의 첫 두 가지는 모두 환영적이라고 간주하고 있다. 왜냐하면 자아가 하나이고 연속적이든 다수이고 변화하는 것이든 상관없이 어떤 자아감도 근본적으로 환영이라는 것이 분명하기 때문이다. 무아는 일시적이든 또는 연속적이든간에 우리의 "자연적인 상태", "경험의 각 순간의 완전하고 총체적이고 반박할 수 없는 실재", "사물들의 근본적인 방식"이다. 그다음에 엥글러는 나에게 아주 유익한 질문을 제기하고 있는 듯이 보인다. 하나이고 분리된 자아의 감각이 환영적인 것이라면 왜 우리는 그것에 그렇게 지속적으로 사로잡혀 있는가? 그 자아가 우리를 위해서 하는 것은 무엇인가? 그리고 그의 답은 많은 심리적인 현상들과 마찬가지로 하나이고, 분리된 자아의 구축은 타협 형성이며, 그런 타협 형성의 주요한 목적은 특별히 위험한 상황, 이 경우는 "공함"의 공포인 "근원적 공포"에서 우리를 보호해주는 것이다.

나는 자아 경험의 첫 두 가지에 대한 엥글러의 적응적 방식의 접근을 좋아한다. 그들이 하는 기능은 무엇인가? 하나의 자아 이론과 다수의 자아 이론에 대한 논쟁을 관찰하고 참가한 수 년 후 나는 이런 이론적 주장 가운데 어떤 것이 옳고 그른가를 판단하는 것이 무익하다는 결론에 도달하였다. 자아와 마찬가지로 이론이라는 것은 구성된 것이라서 어떤 측면에서는 유용하지만 또 다른 측면에서는 방해가 된다. 자아가 "진정으로" 하나인가 또는 다수인가라고 질문을 던지는 것보다 다음과 같은 질문이 보다 더 유익하다. 즉 자아를 하나로 보는 견해가 초래하는 결과는 무엇인가? 자아를 다수로 보는 견해가 초래하는 결과는 무엇인가? 철학적으로 임상적으로 이런 질문에 대한 많은 대답들이 있다. 하나의 자아를 추종하는 사람들(예를 들면, 1950년대 동안 프로이트 자아 심리학자들이 말하는 종합적 자아)은 어떤 경험 유형을 우리 인간들이 이용할 수 있는 가장 풍부한 것으로 고취하고 있다. 다수의 자아를 추종하는 사람들(예를 들면, 오늘날의 포스트 모던에 영향을 받은 분석가들)은 다른 경험 유형들을 고취하고 있다. 이런 차이들은 임상적 자료들을 다루는 방식에도 반영된다. 하나의 자아를 믿는 사람들은 환자가 의식에서 갈등을 견뎌나가는 동시에 애매함을 받아들이고 세상의 경험을 흑백이 아니라 회색의 음영에서 바라볼 수 있게 환자의 능력을 고무하는 경향을 보인다. 다수의 자아를 믿는 사람들은 연속적이고 통합적인 것에 대한 관심을 보류하고 그 순간에 일어나는 경험의 생생함을 가능한 한 추구하도록 환자를 고무하는 경향을 보인다. 이런 차이는 분석가 자신의 경험, 선호, 가치들을 분명히 반영하고 있다. 그리고 이런 분석가의 경향은 자아가 진정으로 무엇인가 하는 이론적 주장으로 대체로 위장되어 나타난다.

그래서 나는 하나이고 분리된 자아라는 생각이 어디에 유용한가라고 엥글러가 묻고 있는 것은 도움이 된다고 생각한다. 이런 도움이 되는 기능들 중 중요한 하나는 아마도 우리를 공함의 전율에서 보호하는 것이라는 그의 주장은 대단한 호소력을 갖고 있다고 생각된다. 엥글러는 무아의 일시적이거나 안정된 경험이라고 하는 자아 경험의 두 번째 두 가지에 오게 되면 이중적인 기준을 적용한다. 그가 주장하기를 이것들은 구성적인 것이거나 타협 형성이 아니라고 한다. 그것들은 환영이 아니라 실재이다. 어떤 근거에서 그는 그렇게 주장할 수 있는가? 내가 보기에 부분적으로는 이성에 기반을 두고 부분적으로는 어떤 종류의 경험에 기반을 두고 자신의 주장을 우리에게 제공하고 있는 듯이 보인다. 엥글러는 자아와 무아를 상호 교호하는 상태라고 주장하는 저자들(예를 들면, 루빈)과 논쟁을 벌인다. 엥글러는 제시하기를 모든 경험의 구성된 성질을 포착하는 것 그 자체는 구성적인 것이 아니다. "무아의 경험은 자아의 새로운 구성이 아니다." 이 문장으로 엥글러가 의미하고자 하는 것을 나는 어느 정도 알 수 있지만 내가 전적으로 확신하고 있는 것은 아니다. 모든 경험들의 구성된 성질을 포착하는 것은 우리를 일종의 메타 수준으로 밀어 올린다. 그것은 일종의 투명한 자아 의식, 자신의 과정들을 관찰하는 능숙한 의식을 말한다. 그리고 나는 엥글러가 그것을 어떤 다른 오래된 자아 표상으로 간주하지 말라고 우리에게 간청하는 것은 옳다고 생각한다. 그러나 우리가 그것을 있는 그대로의 사물을 어떤 매개도 없이 포착하는 것이라고 진정으로 간주하기를 원하는가? 근본적 실재로 향하는 직접적인 길? 우리는 다른 모든 것을 환영으로 치부하는 기준이 되는 유일한 자연적 상태로 무아를 받아들이기를 진정으로 원하는가?

아마도 그러나 나는 확신이 들지 않는다. 첫째로, 나는 "자연스러운" 어떤 것이라고 하는 주장에 대해서는 아주 의심스럽다("자연"이라는 아주 복잡한 개념의 역사에 대해서는 코테스Coates(1988)를 보라. 그리고 다윈과 프로이트의 자연의 개념이 갖는 미학적, 도덕적, 정치적 함의에 대한 바로 그 사고를 자극하는 명상에 대해서는 필립Philips(2000)을 보라). 둘째로, 현재 인식론의 발전을 고려해보면 "실재"와 "환영"이라는 것에 대해 의견을 밝히는 것은 아주 해로운 일이다. 나는 포스트모던을 주장하는 사람들이 "실재"를 폭로하기 위해서 좀 지나쳤다고 생각한다. 예를 들면, 나는 무대 마술사의 공중 부양은 하나의 환영이라고 어느 정도 확신을 갖고 주장할 수 있다. 그러나 분리되고 하나인 자아의 구성은 훨씬 더 복잡하다. 자아가 환영이라고 해도 공중 부양과 같은 환영이 아닌 것은 확실하다.

셋째로, 아주 풍부하고 흥미로운 엥글러의 명상수행에 대한 서술은 마음의 무아 상태를 어떻게 함양해야 하는지에 어떤 느낌을 전달해준다. 엥글러가 우리에게 보여준 바와 같이 이런 마음 상태는 여러 종류의 자아 강도들이 발달한 것의 산물이고 여러 세기에 걸친 문화적 발전과 세련됨의 협동적 결과이다. 사물이 단순히 자연스럽게 다시 돌아가는데 모든 노력, 경험, 축적된 지혜를 들여야 한다는 것은 다소 이상하게 보인다. 인간 마음과 경험의 모든 다른 이론과 마찬가지로 마음에 대한 이런 관점은 미학적 및 도덕적 기반에서 수행자가 자신이 바라는 사람이 되고자 하는 것을 고무하는 듯이 보인다.

따라서 논리적 기반에서 나는 자아 경험의 두 번째 두 가지를 다른 자아의 상태와 마찬가지로 구성적으로 접근하고, 그리고 나서 그것들이 어떤 기능을 하고 무엇에 유용한지(분명히 아주 많다)를 질문하는 것이 더 일관성 있게 보인다. 그러나 이 논문에는 언급해야만 하는 완전히 다른 차원—엥글러의 주장이 명백하게 의존하고 있는 경험적 기반—이 있다고 생각한다. 나는 다양한 종류의 신비적 경험을 한 몇몇 환자들을 치료한 적이 있다. 이전에는 분석가들이 이런 경험을 정신역동적인 것으로 환원시켜서 이해하고자 하였다. 지금은 많은 분석가들이 이런 태도를 혐오스럽게 보는 듯하다. 그렇지만 분석상황에서 이런 경험을 다루는 것은 아주 복잡하다. 이것은 인간 존재의 본성과 삶이란 무엇인가에 대한 환자의 깊은 확신에 대한 기반이기도 하다. 우리가 느슨하게 "초자연적인 것"이라고 부르는 것과의 이런 만남이 "실재"라고 하면 다른 모든 것은 환영이거나 별로 중요하지 않은 것으로 가치 절하가 되어 버린다. "당신은 이것들이 실재라고 생각하나요?"라는 질문을 분석가가 불가피하게 받지 않을 수 없다.

나는 이런 주제들과 많이 싸워왔다. 예를 들면, 개인적으로 신성한 것과의 만남이 없다면 그것이 실재인지 아닌지 내가 어떻게 알겠는가? 나는 환자의 경험이 "비실재"(주관적인 것이 아닌 존재론적으로)라고 말할 수 없지만, 또한 그것이 "실재"라고 말할 수도 없다. 나는 판단을 할 위치에 있지 않다. 나는 그것이 갖는 가능한 기여 요인과 함의들을 환자들이 탐색할 수 있도록 도와주는 것이 아주 중요하다고 생각한다. 그리고 나는 환자들에게 그들이 한 경험의 몇 가지를 내가 경험한다면 그것은 의심할 여지없이 실재와 환영에 대해서 갖는 나 자신의 견해를 재정립할 것이라고 말한다.

엥글러의 핵심적인 주장, 즉 무아는 자아보다 더 위대한 실재로서 간주되어야 한다는 주장의 배경(또는 오히려 수반되는 것)에는 그가 무아를 함양하기 위해서 보낸 수년간의 세월이 있다. 나는 일시적이지만 다양한 무아의 경험을 하였으나 엥글러가 주장하는 무아의 네 번째 범주는 확실히 나와는 거리가 멀다. 만약 내가 상상하는 엥글러의 그런 경험을 내가 하였다면 나 역시 그런 상태의 근본적인 자연스러움에 강한 인상을 받았을 것이고 궁극적으로 환영인 자아 경험과는 다른 형태로 간주하였을 것이다. 나는 그런 판단을 할 어떤 위치에도 있지 않다고 느끼고 있지만 이런 경험을 의미 있게 풀어내고자 하는 엥글러의 노력은 지극히 사고를 자극하고 환영받을만한 일이라고 말할 수 있다. 이것들은 인간 경험의 보다 깊은 몇 가지 신비들을 조명해주고 있다.

우리는 자아가 "진정으로" 무엇이라고 말할 수 있는가?

잭 엥글러(Jack Engler)

나는 스테펜 미첼이 이 장의 논평을 해주기로 동의한 것에 대해서 기뻤다. 수년에 걸친 이론적이고 임상적 주제들에 대한 그의 사유는 현대 정신분석에 가장 활발하고 가장 원천적인 공헌을 하였다. 특히 『정신분석의 희망과 공포』(미첼 1993)는 내가 자아와 자아 경험의 성질에 대한 어려운 질문들을 다시 생각해 보게 되는 하나의 도약대가 되었다. 나는 미첼이 젊었을 때 동양적 사유와 명상 경험 또는 그가 말하는 바와 같은 사유와 경험이 그에게 영향을 공식적으로 미친 것에 대해서는 알지 못했다. 그는 핵심적인 문제를 지적하였고, 솔직담백하게 자신이 동의하는 것과 동의하지 않는 것을 말하였다.

나는 개념적인 주제들이 대단히 난해하다는 그의 의견을 높이 평가한다. 나는 이보다 더 어려운 문제를 집필한 적이 없다. 때로는 완성하지 못한 것에 절망하기도 하였다. 그래서 내가 그의 논평을 읽고 기뻤던 점은 논문의 결과가 뒤죽박죽이라고 여겨지기보다는 그 결과가 풍부하고 짜임새 있는 복잡함이라고 간주되었다는 점이다. 미첼이 나의 결론, 즉 유일하고 분리되고 연속적인 자아의 표상이 방어적인 목적을 갖는 타협형성의 결과물이라는 것에 유보적이라면 나도 그러하다. 나는 이런 관점을 불교와 정신분석 사이에서 볼 수 있는 몇 가지 틈을 메울 수 있는 하나의 가정으로 제안하고자 한다.

그의 주된 유보 사항에 내가 대답하는 것으로 시작하고 싶다. 자아 경험의 두 번째의 두 가지 유형들, 말하자면 무아의 일시적인 경험과 보다 안정된 경험은 구성이 아니라는 것—모든 경험의 구성된 성질을 포착하는 것은 그 자체로 하나의 구성이 아니라는 것—이라고 주장하는 것이 이중 기준을 적용하는 것이 아닌가 하는 미첼의 의견에 대해 대답을 하고자 한다. 그는 이런 자아 경험의 두 번째의 두 가지 유형을 다른 구성물들과 마찬가지로 구성으로 보는 것이 논리적으로 더 일관성이 있지 않겠느냐고 말한다. 그리고 자아는 "정말로" 무엇인가라고 묻는 대신 자아를 이렇게 또는 저렇게 보는 것이 결과적으로 어떤 결과를 초래하게 되는지를 묻고 있다. 이것은 문제의 핵심으로 들어가는 것이다. 핵심적인 주제는 무아의 경험이 다른 것들처럼 하나의 구성물인가 하는 점이다. 만약 그렇지 않다고 해도 내가 주장하는 것에 어떤 논리적인 불일치가 있다고 나는 생각하지 않는다. 의문은 우리가 이런 주제를 결정할 수 있는가 하는 것이다. 미첼은 우리는 그렇게 할 수 없다는 결론에 도달한다고 말하고 있다.

불교적 관점에서 보면 우리가 그렇게 하는 것은 비판적이다. 우리의 자아 생성적 고통을 완화하고 종결시키는 것은 결국 우리의 일차적인 자아 동일화—우리 스스로가 그렇다고 간주하는 것—에 달려 있다. 미첼이 추천하는 바와 같이 자아의 개별적 관점이 초래하는 결과를 탐구해 보면 어떤 사람은 고통의 종식으로 끝나는 반면 다른 사람은 더 많은 고통만을 낳는다는 것을 우리는 알 수 있다. 그래서 자아에 대한 모든 관점은 동일하지 않다고 여겨진다. 우리의 행복은 어느 것이 어느 것인지를 감별하는 능력에 달려있다. 가장 중요한 차이는 최근의 정신분석 논쟁에서처럼 자아가 하나인지 또는 다수인지가 아니라 경험이 자아를 중심으로 아니면 무아를 중심으로 조직되는지 하는 것이다.

이것은 불교적 관점에서 모든 자아 발생적인 고통의 뿌리는 *자아의 취착(앗따와두빠다나*attavadupadana)이다. 이것은 자아에 집착하거나, 자아를 분리되어 있고 내재적인 존재로 보면서 온갖 불안, 갈등, 이에 따르는 기저적인 소외와 함께 자아를 유일하게 보면서 자아 구성과 동일화하는 것이다. 대단히 어려운 점은 이런 자아 구성이 일상의 경험에서 너무나 당연하게 여겨진다는 것이다. 이것은 인간 사고와 지각의 가장 깊이 뿌리내린 특성에 내장되어 있다. 말하자면 모든 경험 대상이나 지각을 그 나름의 분리되고 구체적인 존재와 동일화하는 분리된 개체 또는 "사물"로 간주하고, 이차적으로 다른 "사물들"과 연관을 갖는 것으로 여기는 경향이다. 제레미 헤이워드Jeremy Hayward(1987)는 이런 양식의 지각과 사고를 "사물-사고thing-thinking"라고 부른다. 그러나 "사물성" 또는 "내재적 존재"는 "사물들"의 특성이 아니라 실제로는 하나의 전가 또는 귀속이다. 화이트헤드(1959)가 "잘못 놓여진 구체성의 오류fallacy of misplaced concreteness"라고 부르는 것이다. 불교학자 앤 클라인이 언급한 바와 같이 "사물들은 그것들이 실제로 그러한 것 이상으로 단단하고 발견할 수 있고 내재적으로 이용 가능하고 냄새 맡고 맛본다"(1995, 139). 불행하게도 사물성은 특히 자아의 관점에서 볼 때 우리가 할 수 있는 가장 강력하고 중심적이고 중대한 정신적 전가물이다. 말하자면 "어떤 특별한 개인적 역사보다도 … *어떤 것*을 독립적으로 존재하는 것으로 경험하려고 하는 강력한 경향은 자신이 고통을 경험하거나 다른 사람에게 고통을 주는 가장 근본적인 경향이다"(130). 자신과 다른 사람에게 이런 "경솔한 내재성의 속성 부여"는 "살아 있는 존재론으로서 현대의 심리적 자아들을 포함해서 자신과 다른 모든 것의 경험의 기반이 되고", 또한 부분적으로는 의식적으로, 부분적으로는 무의식적인 자아 표상을 유일하고 독특하고 분리된 "개체로서 우리 마음속 깊이 자리 잡고 있다."

포스트 모던주의의 훨씬 이전에 불교와 다른 위대한 요가 명상 전통들은 이런 자아 구성의 해체를 위한 방법을 발전시켰다. "실재"에 대한 이론적이거나 철학적인 주제를 결정하는 대신 자신들을 오늘날 말하는 병리적 신념이나 비기능적인 인지들로부터 해방시키려고 하였다. 근본적인 가정은 우리가 이런 구별을 *할 수 있다*는 것이다. 이것은 우리가 다음과 같이 생각하는 것과 동일하다. 즉 환자들은 자아와 타인들에 대한 무의식적인 믿음을 알아차리고, 그 결과들을 조사하고 "실재"와 소망, 환상, 환영을 구별하여 위에서 언급한 것과 비슷하게 식별을 할 수 있다는 것이다. 그리하여 우리는 환자들처럼 이전에 바로 "나"라고 생각하였던 제한적인 애착과 동일화를 포기하는 애도를 치러야만 한다.

여기서 문제는 무엇인가의 비존재를 직접적으로 증명하는 것이 가능하지 않다는 것이다. 말하자면 "당신은 단어 '나'가 지칭하고 말하는 것 같이 당신이 저기 존재하고 있는데 내가 그것은 존재하지 않아!라고 말하는 방식으로 내재적으로 존재하는 것들의 부재를 가리킬 수 없다는 것이다"(헤이워드 1987, 68). 이것은 부모의 고전적인 딜레마이다. 나의 딸이 잠에서 깨어나서 침대 밑에 괴물이 있다고 울먹일 때 나는 존재하지 않는 괴물을 찾아내어 딸에게 보여줄 수 없다. 나는 단지 딸에게 그 괴물을 보여 달라고 말하면서 매번 딸이 생각하는 괴물은 사실상 다른 것이었다는 보여줄 뿐이다. 분리되고 독립적인 존재의 경우도 마찬가지이다. 우리는 단지 그것의 증거라고 생각하는 모든 것을 자세히 들여다보고, 존재하는 "나"가 우리가 보고 있는 것을 설명하는 데 진정으로 필요한지, 보다 더 단순한 설명은 없는지를 살펴볼 뿐이다.

우리가 이런 식으로 일상 경험을 조사할 때 발견하게 되는 것은 영원한 대상이나 자아들이 아니라 지각적 요소들—불교용어로는 "다르마들 dharmas"—이고 이것에서 우리가 "지각하는" 대상과 자아들을 구성한다. 이런 "다르마들"은 자신의 경험을 지속적으로 구성할 때 순간순간 일어나고 사라진다. 그것들 자신은 실제로 존재하는 "사물들"이 아니고 원자나 입자들이 "사물들"인 것의 이상이다. 이것들은 순간순간 우리의 "실재"를 만들어내는 근본적인 지각적-인지적-정동적 *사건들*이다. 이것들 모두는 우리가 직접 경험할 수 있는 것이다. 불교심리학은 이런 사건들을 *스칸다 skandhas*(온蘊), 말 그대로 "덩어리들" 또는 모임이라고 부르는 다섯 가지 범주들로 나눈다. 즉 형태, 감정, 지각, 정신적 형성물(인지와 정서를 포함하여), 의식色受想行識이다. 우리가 경험하는 모든 순간들을 분석해보면 우리는 "실재"의 구성 사건들의 이런 다섯 가지 범주가 끊임없이 변화하는 형태로 이루어져 있다는 것을 발견할 수 있을 것이다. 아무리 반복해서 살펴보아도 경험의 이런 근본적인 구성 중에서 "나" 또는 "사물들"을 발견할 수 없다는 것이 무아와 무상을 깨닫는 한 가지의 길이다.

이것이 불교 학파들에서 말하는 "법 분석dharma analysis"이다. 존재하는 자아의 증거가 될 수 있는 모든 것을 살펴보고 그것을 설명하는 보다 더 단순하고, 보다 더 직접적인 방식을 발견하는 것이다. 목표는 철학적이라기보다는 학습적이다. 목표는 "실재"를 보다 더 잘 기술하는 것이 아니라 다른 "사물"들처럼 자아는 경험의 근본적인 구성 성분 중 어디에서도 발견될 수 없다는 것을 이해하고 확신하는 것—적어도 지적으로도—이다.

인지과학은 최근에 동일한 결론에 도달하였다(헤이워드 1987). 그러나 당신이 거기에 *어떻게* 접근하는가에 따라서 세계는 다르게 보인다. 만약 당신이 마음을 하나의 대상으로 다루면서 지각적 과정을 "객관적으로" 탐구하여 과학적 추론의 결과로 그것을 받아들이면 그것은 당신에게 개인적으로 그렇게 영향을 미치지 않을 것이다. 나는 전자현미경을 처음으로 경험한 호주 친구가 말했던 것을 기억한다. 그녀는 현미경에서 세상의 고체성이 용해되는 것을 바라보는 놀라움을 언급하였다. 그러나 그녀의 자아감은 자신이 본 것으로 인해서 변화되지 않았다고 말하였다. 그녀는 여전히 존재하는 자아와 "사물들"이라는 관점에서 사고하고 느낀다. 그러나 그녀의 과학적 관찰과 추론은 그것들이 환영이라고 말한다.

그 반면 당신은 자신의 직접적인 경험을 분석하여 이것을 깨닫는다면 당신은 이 세계가 "저 밖에 있는"것이 아니라는 것을 이해하게 된다. 당신이 보고 있는 것은 *당신*이다. 이것은 당신이 스스로를 어떻게 받아들이고 당신의 삶을 어떻게 영위할지에 영향을 미친다. "나" 또는 "나 자신"이라는 것은 단순히 하나의 개념이라는 것을 이해하는 것과, "*이런 특별한* '나'를 표현하는 *이런 특별한* 개념이 하나의 단순한 개념"—하나의 표상—이고 이에 상응하는 것은 없다는 것을 깨닫는 것은 전적으로 다른 문제이다"(헤이워드 1987, 69). 이에 상응하는 것이 없다고?!

법 분석은 현재 상좌부와 금강 불교에서 이루어지고 있다. 명상 중 제자들에게 처음에는 일상생활에서 매번 지나가는 순간과 그 순간에 들어오는 것을 관찰하여 그것이 어떤 "법들"인지를 주목하라고 한다. 경험과 의식의 모든 가능한 상태들은 이런 식으로 파악할 수 있다(참조: 냐나띨로까Nyanatiloka 1971). 물론 이것은 상당한 훈련을 필요로 한다. 그러나 제자들의 주의집중이 점차로 더 세밀하게 조정되면 "사물들"과 "자아들"이라는 기존의 익숙한 방식으로 세상을 바라보는 대신 무상과 "사물성"의 부재 또는 "자아성"의 부재라는 관점에서 세상을 바라보기 시작한다. 이상적으로 이런 이해는 점차적으로 단순히 지적이거나 이론적인 것이라기보다는 개인적이고 직접적으로 변화된다.

이런 깨달음이 대개 개념적이고 지적인 이해이거나 확신 또는 단순히 하나의 믿음으로 남아있게 되면 여전히 그것은 하나의 구성물이나 자아에 대한 하나의 이론일 뿐이다. 이 점에서 미첼은 옳다. 무아는 분명히 여러 구성물들 중의 하나로 간주될 수 있다. 심지어 불교에서조차도 이런 것에 대한 용어, 즉 *딧티*ditthi가 있다. 이것은 "관점"이나 신념을 의미한다(나라다Narade 1975). 그러나 하나의 관점이나 신념만으로 무아는 결코 변화의 힘을 갖지 않는다. 그럼에도 불구하고 자아를 보는 관점은 중요하다. 수행의 기반으로서 자아의 "*올바른 견해*"(*삼마-딧티*samma-ditthi)(정견正見)는 이런 질문을 정면에서 다루고 존재하는 자아의 증거를 위해서 당신에게 자신의 경험을 살펴보라고 가르친다. 자아의 "잘못된 견해"(*밋차-딧티*miccha-ditthi)는 거기에 있지 않은 자아 참조를 추론함으로써 질문을 봉쇄한다. 하나는 고통의 종식으로 나아가고, 또 다른 하나는 더 많은 고통으로 나아간다.

무아는 단지 그것이 살아있는 경험이 될 때 내가 언급하고자 하는 변화의 효과를 나타낸다. 이런 의미에서 하나의 "실재"이다. 말하자면 당신이 이것이 "*나*"의 진실이라고 몸소 직접 체험할 때만 가능하다! 미첼이 나의 주장은 경험에 기반을 두고 있다고 말하는 것은 전적으로 옳다.

이것이 수행이 들어가는 장소이다. 대부분의 사람들에게는 내가 무아라고 부르는 안정된 기능을 하는 변화의 힘은 의식의 흐름 안에서 일어나고 사라지는 정신생리적인 경험의 순간들을 스스로 질문하고 관찰하는 오랜 세월의 힘든 과정을 통해서 일정하게 획득되거나(상좌부 모형) 홀연 깨닫게 된다(대승의 모형). 이것은 본질적으로 동일한 법 분석이다. 그리하여 마치 현미경을 확대하여 보듯이 더욱 더 세밀하고 세밀한 관찰의 수준으로 가게 된다. 그렇게 하여 일반적 관찰에서는 명확하게 보이지 않는 더 많은 모습을 보게 된다.

당신이 볼 때 눈에 들어오는 것은 대단히 명확한 것이라고 나는 말하고자 한다. *당신은 개념적이고 지각적인 과정에 있는 실제적인 단계들을 본다. 그런 과정에 의해 우리는 자아와 대상이라는 모습으로 우리의 경험을 이중적으로 체계화하여 그것들에게 "사물성"과 내재적 존재를 귀속시키고, 그렇게 하여 순간순간 "여기 안에는" 자아를 두고 "저기 바깥에는" 세계를 둔다.* 요가 명상 전통은 의심할 여지없이 오랜 세월의 시행착오를 거쳐 올바른 수행 방법을 통해서 우리가 *경험적으로*—일어나는 것을 경험하는 것—*이런 과정에 있는 단계들을 실제로 역추적할 수 있다는 것*을 발견한 것은 대단한 일이다. 위대한 전통들은 진전된 수행의 어떤 지점에 도달하게 되면 요가 명상수행은 개별적이고 인식 가능한 단계들의 순서대로 전개된다—예를 들면, 치료과정의 순서 그 이상으로—고 항상 주장하여 왔다. 이렇게 주장하는 이유는 수행의 이런 고전적인 단계들—예를 들면, 위빠사나에서는 소위 통찰의 단계(ñanas 냐나들)—은 지각적이고 개념적인 과정들의 역순이기 때문이다. 각 "단계"는 실재 구성의 이런 과정에서 보다 초기 수준을 경험하는 것이다.

댄 브라운(1981)은 처음에는 티베트 마하무드라 수행에서, 그리고 나중에는 힌두 라즈 요가Raj Yoga와 상좌부 위빠사나 명상에서 이런 점을 처음으로 주장한 사람이다(브라운, 1986). 헤이워드(1987)는 인지와 지각의 불교적 모델과 현대 인지과학의 실험실적 발견이 수렴된다는 점을 자세하게 언급하였다. 이런 연구 결과의 가장 중요한 점은 "안"과 "밖", "자아"와 "대상", "자아"와 "타인", "자아"와 "육체" 등으로 경험을 이분하는 것은 지각과정 그 자체에서 보면 첫 입력의 패턴화에서 시작하여 마지막 단계에 이르는 지각 과정을 거쳐서 일어난다는 것이다. 이런 과정 속에서 우리는 자신의 지각들을 인식하고 그것들을 의미의 틀 속으로 편입시킨다.

이런 과정을 우리가 전부 관찰할 수 있다는 것은 놀라운 일이다. 일상적으로 우리는 단지 이 과정의 최종 결과물을 인식할 뿐이다. 말하자면 사고들, 개념들, 지각들, 감정들, 감각들이다. 이것들은 우리의 일상적 경험을 구성한다. 과정 그 자체의 단계들은 전 의식적이고 정신적으로는 자각의 바깥에 있다. 왜냐하면 그것들은 초 분할 내에 일어나기 때문이다. 그러나 명상수행으로 확대경의 수준이 올라가게 되면 이런 일상적 경험들을 존재하게 만드는 그런 순간순간의 방식을 관찰할 수 있다. 명상수행을 하면 우리는 모든 것이 일어나는 첫 1/2 초 안으로 들어갈 수 있다. 이것은 마치 우주 속으로 더욱 더 깊고 깊게 들어갈 수 있는 능력이 생기면 정상적인 시각으로 볼 수 없는 것, 즉 우주의 진화 초기 단계의 모습을 볼 수 있게 되는 것과 같다. 이것이 미첼이 의심하는 바의 "투명한 자아 의식"의 "메타 수준"이다. 그것들이 구성되어 있는 단계들을 실제로 체험함으로써 자아와 "실재"의 구성된, 순간적인, 상호의존적인 성질을 직접 보는 것이 가능하다. 개념적 전제들의 보다 깊고 깊은 층들은 자아와 사물들의 내재적 존재의 전가imputation와 지각이라는 전체적인 투사 과정의 직접적인 포착을 통해서 발견되고 드러난다(헤이워드, 1987).

그러나 전적으로 인지적이고 지각적인 모델에서 놓치고 있는 것은 그 과정의 정서적인 측면이다. 위빠사나의 전통적인 "통찰 단계들"은 우리가 치료에서 익숙하게 볼 수 있는 것과 같은 통찰, 훈습, 애도, 수용의 동일한 과정을 실제로 서술하고 있다. 그리고 치료에서와 마찬가지로 변화 과정에서 훈습과 애도는 통찰이 아무리 심오하다고 하여도 통찰보다 더 중요한 것으로 여겨진다. 이런 점은 브라운의 인지 모델에서 추가하고자 하였던 차원이다(엥글러, 1983).

의식이나 자아에 독립적이고 지속적인 존재론적인 핵이 없다는 것과 안정적인 지각 "대상들"이 없다는 것을 발견하게 되면 우리가 하는 경험은 바로 그 기본적인 성질들(팔리어로 칸다khandas 또는 산스크리트어로 스칸다skandhas), 즉 사고들, 감각들, 감정들, 지각들, 표상들로 순간순간 구성되고 해체된다. 이것은 마치 가상의 입자들이 양자 진공에서 거품같이 생기고 다시 즉시 사라지는 것과 같다. 하나의 구성이 사라지고 다음의 것이 새로 생겨나는 틈에 아무런 "나" 또는 "대상"이 있지 않다는 것이다. 이것은 심대한 충격이다. 이것은 거울 나라로 자유 낙하하는 것처럼 경험된다. 거기에서 매터 해터Mad hatter는 앨리스Alice에게 "사물은 그렇게 보이는 것과 다르다!"라고 말한다. 그리하여 자아와 실재에 대한 우리의 정상적인 감각은 뒤집힌다. 한때 닐스 보어Niels Bohr가 미시 세계인 양자역학으로 들어가는 또 다른 문을 말하면서 당신이 그것을 생각하면서 어지럽지 않으면 그것을 이해할 수 없다고 말하였다.

그러나 내재적 존재의 부재를 보는 것과 그것을 받아들이는 것은 다르다. 거기에는 지각 세계의 단단하고 안정적인 "사물성"과 "내면의 한 개체"로서 정상적인 자아감에 대한 상실감이 있다. 치료에서와 마찬가지로 내가 상실한 것이 처음부터 존재하지 않았던 "것"이라는 사실보다 평소에 품고 있었던 신념에 대한 상실이기 때문에 받아들이기가 대단히 어렵다. 다시 한 번 치료에서와 마찬가지로 진정한 도전은 당신이 지금 보고 있는 것을 인정하고 결국은 승복하는 것이다. 여기에는 엄청난 저항이 있다. 회피, 도피, 부정, 도망 등이다. 수용의 다음 단계는 이전의 단계가 충분히 "훈습되고" 충분히 수용된 다음에서야 비로소 나타난다. 여기에는 정서적인 측면이 드러나는데 이것은 이해의 차원을 뛰어넘는 것이다. 다른 말로 하면 다른 변화의 과정과 마찬가지로 통찰은 애도의 작업을 필요로 한다. 개별적인 "통찰의 단계"에서 지각적이고 인지적인 변화는 각 단계들에서 애도 작업이라는 과제를 거치게 된다. 해체와 위축의 과정을 통해 급성 애도 반응에서 시작하여 자아와 세계에 대해 아주 다른 느낌을 갖고 재조직화로 나아간다(보울비 Bowlby 1969, 1973).

미첼은 질문한다. 왜 "사물이 자연스럽게 그렇게 단순하게 있는 곳으로 돌아가는 데 모든 노력, 경험, 축적된 지혜가 필요한가"라고. 왜냐하면 삶의 다른 영역과 마찬가지로 우리는 잘못된 귀속, 비기능적인 신념, 고통스러운 재현, 소망적인 사고, 불만족스러운 애착 등으로 사태를 어렵게 만들었기 때문이다. 우리는 자신이 가진 것을 붙잡으려 하고 친숙하고 안정적으로 느끼는 견고한 입장들에 대한 어떤 도전에도 저항하는데, 특히 원시적인 공포를 활성화시키는 도전에게는 특히 그러하다. 왜 치료에서 자신을 더 명확하게 보는 데 그렇게 많은 노력, 경험, 지혜가 필요한가 생각하는 것과 다르지 않다.

무아를 이렇게 발견하는 것에는 위험성이 있을 수 있다. 그것을 어느 정도 경험, 아니 적어도 잠깐 봄이 있을 때까지는 개념적으로만 있을 수 있다. 그리고 이런 생각은 분리된 자아의 관점에서 온 것이 분명하다. 이런 "자아"에게 무아는 비관적이고 자기 부정적이며 삶에 부정적이고 허무주의적인 생각으로 보인다. 이런 견해는 웨버Weber와 같이 체험적 맥락을 결여한 초기 서구 학자들에게 나타났던 것이고, 프로이트와 알렉산더 및 여러 정신분석 이론가들에게 나타난 것이며, 현대의 몇몇 이론가들에게도 여전히 나타나고 있는 것이다. 심지어 무아에 대한 직접적인 경험이 생길 때까지 요가 및 명상수행자들에게도 나타날 수 있다. 클라인(1995:127)이 지적한 바와 같이 대개 이런 이유 때문에 "자아의 존재 여부에 대한 질문은 불교수행자들이 '자아 없음'의 서구적 논의에서 종종 간과되지만 사실은 아주 생생하게 중요한 맥락인 윤리의 중요성, 알아차림의 힘, 자비의 중대한 의미가 수행자에게 충분히 갖추어지기 전까지는 제기하지 않는다. 공함(무아)은 종교적이고 문화적인 정체감이 안정되어 있는 수행자들에게만 주제가 된다." 그렇지 않으면 자아 없음의 개념은 개인적 책임감과 도덕적 의무를 훼손하게 된다. 내가 지적한 바와 같이 이렇게 되면 수행은 사랑과 일을 둘러싼 정상적인 발달과제들을 회피하는 것을 합리화할 수 있다. 이것은 미첼도 잘 알고 있는 바이다. 최악의 상황은 자아의 장애를 야기하여 정체감을 악화시킬 수 있다.

"실재"와 "환영"의 문제에 대한 미첼의 마지막 언급에 나도 동의하는 바이지만 현재의 인식론 단계를 고려하면 해로운 문제이다. 이 주제에 대한 미첼의 미묘한 성찰때문에 나는 이 문제를 다시 생각해보게끔 자극을 받았다. 이제 나는 약간은 다른 접근법을 취하고자 한다. 연쇄적인 연상을 통해 나의 이전 동료인 댄 브라운의 중요한 논문으로 다시 돌아가게 되었다.

명상의 세 가지 주요한 체계(힌두 라즈 요가, 티베트 마하무드라, 상좌부 위빠사나)에서 볼 수 있는 지각적이고 인지적인 변화에 대한 브라운(1986)의 비교 논문에서 그는 각 단계마다 보고된 지각적 변화는 세 가지 체계에서 모두 구조적으로 비슷하지만—세 가지 모두 지각 과정의 단계들을 추적한다는 점— 이런 변화를 깨닫는 방식은 경험의 연속성과 비연속성이라는 근본적인 문제에 대해 각 체계가 취하는 입장에 달려 있다는 점을 지적하고 있다. 이것은 수행자가 명상하는 동안 관찰의 관점과 개별적 단계의 경험 방식에 영향을 미친다.

　세 가지 체계 모두는 즉각적인 체험에서 자각과 현상의 본질적인 불연속성을 인정하고 정신생리적 사건들은 끊임없는 변화의 과정이라는 점에 동의한다. 그러나 개별 체계의 수행자들은 서로 다르게 변화의 성질을 경험한다. 상키야 철학의 이원론적 관점에서 보면 힌두 라즈 요가에서 경험된 정신적이고 신체적 사건들의 순간순간 우여곡절들은 "동일한 것(*에까땃뜨와ekatattva*, 단일진리單一眞理)"의 지속적인 변화로 간주된다. 불교 수행의 자아 없음과 연기의 관점에서 보면 변화는 "순간적이고(*끄사니까ksanika*)" 그리고 불연속이고 개별적인 사건들의 흐름으로 경험된다. 라즈 요가의 수행자가 경험하는 *연속적인* 방식으로, 그리고 불교 수행자의 *불연속적인* 방식으로 전개되는 사건들, 이것은 어떤 것인가? "실재"는 연속적인가, 불연속적인가? 이것은 마치 양자역학이 우리에게 가르쳐 주는 바와 같이 우리의 "실험"을 어떻게 설계하는가에 달려 있을지도 모른다. 다른 말로 하면 브라운이 말한 바와 같이 이런 역설은 요가 명상수행에 내재하고 있을지도 모른다.

　동일한 역설이 서구 물리학과 사회과학들을 통해서 실처럼 이어진 듯이 보인다. 양자역학의 장이론과 입자이론, 사회과학에서 정신 건강과 질병의 연속적 모델과 불연속적인 모델들을 예로 들 수 있다. 즉 우리가 실험을 어떻게 구성하는가에 따라서 빛은 파동처럼(연속적으로) 또는 입자처럼(불연속적으로) 그 모습을 드러낸다. "진정으로" 빛은 무엇인가? 우리의 마음은 이것 또는 저것이기를 원한다. 어떤 물리학자가 그런 것처럼 "파동입자"라고 부르는 것은 독특한 성질을 가진 통합된 "사물"로 빛을 집어넣는 또 다른 시도로 보인다.

　그래서 이런 문제를 다시 생각하면서 하나의 일정한 명상 체계가 "실재"는 무엇인가라는 점을 드러내지 않을 수도 있다고 여겨진다. 이것은 단지 우리가 출발하는 지각적 편향이나 관찰의 지점에 서서 어떻게 구성하고 있는가를 단지 보여줄 수 있을 뿐이다. 그러나 이런 모든 명상 체계를 통해서 우리는 자아의 구성 그리고 세계의 구성이라는 문제를 다시 생각해볼 수 있다. 흔히 그렇게 주장하는 바와 같이―나 또한 그렇게 할지도 모르지만―실재의 "진정한" 모습을 기술하는 것이 아니다. 우리의 직접적이고 즉각적인 경험에서 자아의 어떤 표상이라도 단지 하나의 구성물이라는 것을 우선 보여주는 것이다. 자신에 대한 불안한 집착을 줄이고 애도와 비탄 작업에서 출발하여 마침내는 "내"가 누구라는 비적응적인 고착에서 벗어나서 삶과 경험이 자연스럽게 흘러가게 해주는 것이 핵심이다. 고요와 경이감으로 자아와 세계의 순간순간의 구성물을 바라보는 것은 구성적 활동 그 자체의 결과이지도 않고 또한 그럴 수도 없다.

질문을 던지는 자: "나"가 있지 않다면 누가 자유로워지는가?
스리 니사르가닷따: 세계는 성가신 일에서 자유롭습니다.
그것으로 충분합니다!

나는 내가 알고 있다고 생각하는 이상으로 나를 생각하도록 자극해준 스테펜 미첼에게 다시 한 번 진심으로 감사의 마음을 전하고자 한다.

1 엠마뉴엘 겐트Emmanuel Ghent(개인적인 대화)는 자아의 환영적인 성질과 무아의 궁극적 실재
   에 대한 엥글러의 견해는 명상수행에서 기인한 것이라고 언급하였다. 그 수행에서는 어떤
   특별한 순간 자아성의 경험이 덧없어져서 어떤 자아성도 환영으로 여겨지게 된다. 어떤
   의미에서 이것은 극단적인 다수성이다. 여기에서 순간순간 의식의 철저한 무상성이 아주
   밀접하게 관찰되어서 사유하는 자는 사라진다. 무아이다. 여기서 언어는 아주 어렵게 된다.
   왜냐하면 그때 수행자는 아주 "중심적이고" "전체"가 된다. 그러면 중심이 되는 그 사람은
   누구인가? 이것은 자아의 한 버전이 아닌가? 그러나 덜 추상적인 수준에서 무아의 감각은
   자기애의 박탈, 방어의 전적인 부재에 더욱 가깝다. 무아라고 하면 거기에는 보호를 필요로
   하는 것 또는 사람은 없다.

References

Aaronson, H. 1998. *Review of Psychotherapy and Buddhism: Toward an Integration*, by Jeffrey Rubin. Journal of Buddhist Ethics 5:63-73.

Alexander, F. 1931. Buddhist Training as an Artificial Catatonia. *Psychoanalytic Review* 18:129-45.

Bion, W. 1963. *Elements of Psychoanalysis*. London: Heinemann.

──────. 1970. *Attention and Interpretation*. London: Tavistock.

Blanck, G., and R. Blanck. 1974. *Ego Psychology: Theory and Practice*. New York: Columbia University Press

──────. 1979. *Ego Psychology II: Psychoanalytic Developmental Psychology*. New York: Columbia University Press, 1979.

Bromberg, P. M. 1998. *Standing in the Spaces: Essays on Clinical Process, Trauma and Dissociation*. Hillsdale, N.J.: The Analytic Press.

Brown, D. 1986. The Stages of Meditation in Cross-Cultural Perspective. In *Transformations of Consciousness*, ed. K. Wilber, J. Engler, and D. Brown. Boston: Shambhala.

──────. 1993. Affective Development, Psychopathology and Adaptation. In *Human Feelings*, ed. S. Ablon, D. Brown, E. Khantzian, and J. Mack. Hillsdale, N.J.: The Analytic Press.

Brown, D., and J. Engler. 1986. The Stages of Mindfulness Meditation: A Validation Study. Parts 1 and 2. In *Transformations of Consciousness*, ed. K. Wilber, J. Engler, and D. Brown. Boston: Shambhala. Reprinted from *Journal of Transpersonal Psychology* 12, no. 2 (1980): 143-92.

Brown, G. 1981. Mahamudra Meditation: Stage and Contemporary Cognitive Psychology. Doctoral Dissertation. University of Chicago.

Buddhaghosa. 1975. The Path of Purification (Visuddhimagga). Trans. Nyanamoli. Kandy: Buddhist Publication Society. Reprint,

Boulder, Colo.: Shambhala, 1976.

Coates, P. 1988. Nature: Western Attitudes since Ancient Times. Berkeley: University of California Press.

Cohen, A. 2000. *What Is Enlightenment?* 17 (spring/summer):94-101.

Davies, J. Davies, J. M. (1996). Linking the "Pre-Analytic" with the Post-Classical: Integration, Dissociation, and the Multiplicity of Unconscious Processes. *Contemporary Psycholanalysis*, 32, 553-556.

Deikman, A. 1966. Deautomatization and the Mystic Experience. *Psychiatry* 29:324-38.

————. 1982. *The Observing Self: Mysticism and Psychotherapy.* Boston: Beacon Hill Press.

Eigen, M. 1986. *The Psychotic Core.* Northvale, N.J.: Jason Aronson.

————. 1993. *The Electrified Tightrope.* Northvale, N.J.: Jason Aronson.

Engler, J. 1983a. Buddhist Satipatthana-vipassana Meditation and an Object Relations Model of Developmental-Therapeutic Change: A Clinical Case Study. Ph.D. diss., University of Chicago.

————. 1983b. Vicissistudes of the Self According to Psychoanalysis and Buddhism: A Spectrum Model of Object Relations Development. *Psychoanalysis and Contemporary* Thought 6:29-72.

————. 1986. Therapeutic Aims in Psychotherapy and Meditation: Developmental Stages in the Representation of Self. In *Transformations of Consciousness*, ed. K. Wilber, J. Engler, and D. Brown. Boston: Shambhala.

————. 1999. Practicing for Awakening. Part 2. *Insight*, spring, 31-35.

Epstein,M. 1989. Forms of Emptiness: Psychodynamic,Meditative and Clinical Perspectives. *Journal of Transpersonal Psychology* 2:61-71.

————. 1995. Thoughts Without a Thinker. New York: Basic Books.

Farber, L. 1996. *The Ways of the Will: Essays Toward a Psychology and Psychopathology of Will.* New York: Basic Books.

Ferris, T. 1997. *The Whole Shebang: A State-of-the-Universe Report.* New

York: Touchstone.

Fingarette, H. 1963. *The Self in Transformation*. New York: Basic Books.

Freud, S. 1930. *Civilization and Its Discontents*. In *Standard Edition*, 21: 55-145. London: Hogarth Press, 1961.

Geertz, C. 1979. From the Native's Point of View: On the Nature of Anthropological Understanding. In *Local Knowledge: Further Essays in Interpretive Anthropology*. New York: Basic Books.

Gill, M. M., and M. Brenman. 1959. *Hypnosis and Related States: Psychoanalytic Studies in Regression*. New York: International Universities Press.

Goldstein, J., and J. Kornfield, 1987. *Seeking the Heart of Wisdom: The Path of Insight Meditation*. Boston: Shambhala.

Harvey, P. 1995. *The Selfless Mind*. Surrey, England: Curzon Press.

Hayward, J. 1987. *Shifting Worlds, Changing Minds: Where the Sciences and Buddhism Meet*. Boston: New Science Library, Shambhala.

Herrigel, E. 1971. *Zen in the Art of Archery*. New York: Vintage Books.

Kakar, S. 1970. *The Inner World: A Psychoanalytic Study of Childhood and Society in India*. Oxford: Oxford University Press.

Kapleau, P. 1979. *Zen Dawn in the West*. New York: Anchor Press/ Doubleday.

Kernberg, O. 1976. *Object Relations Theory and Clinical Psychoanalysis*. New York: Jason Aronson.

Klein, A. 1995. *Meeting the Great Bliss Queen: Buddhists, Feminists and the Art of the Self*. Boston: Beacon Press.

Kohut, H. 1971. *The Analysis of the Self*. New York:

————. 1977. *The Restoration of the Self*. New York: International Universities Press.

————. 1984. *How Does Analysis Cure?* Chicago: University of Chicago Press.

Kornfield, J. 1993. *A Path with Heart*. New York: Bantam.

Kris, E. 1952. *Psychoanalytic Explorations in Art*. New York: International Universities Press.

Larson, E. 1999. *Isaac's Storm: A Man, a Time and the Deadliest Storm in History*. New York: Crown.

Levinson, D., et al. 1978. *The Seasons of a Man's Life*. New York: Knopf.

Loewald, H. 1960. On the Therapeutic Action of Psychoanalysis. *International Journal of Psychoanalysis* 41:16-33.

————. 1978. *Psychoanalysis and the History of the Individual*. New Haven: Yale University Press.

Mahasi Sayadaw. 1965. *Progress of Insight*. Kandy, Sri Lanka: Buddhist Publication Society.

Mahler, M., Pine, F., and Bergmar, A. 1975. *The Psychological Birth of the Human Infant*.

Mitchell, S. 1988. *Relational Concepts in Psychoanalysis: An Integration*. Boston: Harvard University Press.

————. 1992. True Selves, and the Ambiguity of Authenticity. In N. J. Skolnick and S. C.Warshaw (eds.), *Relational Perspectives in Psychoanalysis* (pp.1-20). Hillsdale, N.J.: Analytic Press.

————. 1993. *Hope and Dread in Psychoanalysis*. New York: Basic Books.

Namgyal, T. T. 1986. *Mahamudra: The Quintessence of Mind and Meditation*. Boston: Shambhala.

Narada. 1975. *A Manual of Abhidhamma*. Kandy, Sri Lanka: Buddhist Publication Society.

Nisargadatta Maharaj. 1973. *I Am That*. Durham, N.C.: Acorn Press.

Phillips, A. 2000. *Darwin's Worms: On Life Stories and Death Stories*. New York: Basic Books.

Pizer, S. 1998. *Building Bridges: The Negotiation of Paradox in Psychoanalysis*. Hillsdale, N.J.: Analytic Press.

Rizzuto, A. 1979. *The Birth of the Living God.* Chicago: University of Chicago Press.

Roland, A. 1988. *In Search of Self in India and Japan: Toward a Cross-Cultural Psychology.* Princeton: Princeton University Press.

Rubin, J. 1997. Psychoanalysis Is Self-Centered. In *Soul on the Couch: Spirituality, Religion and Morality in Contemporary Psychoanalysis,* ed. C. Spezzano and G. Spezzano. Hillsdale, N.J.: Analytic Press.

————. 1996. *Psychotherapy and Buddhism: Towards an Integration.* New York: Pelenum.

Schafer, R. 1958. Regression in the Service of the Ego: The Relevance of a Psychoanalytic Concept for Personality Assessment. In *Assessment of Human Motives,* ed. G. Lindzey. New York: Rinehart.

————. 1976. *A New Language for Psychoanalysis.* New York: International Universities Press.

Sterba, R. F. 1934. The Fate of the Ego in Analytic Therapy. *International Journal of Psychoanalysis* 15:117-26.

Stolorow, S., B. Brandchaft, and G. Atwood. 1987. *Psychoanalytic Treatment: An Intersubjective Approach.* Hillsdale, N.J.: Analytic Press.

Suler, J. 1993. *Contemporary Psychoanalysis and Eastern Thought.* Albany: State University of New York Press.

Sullivan, H. S. 1938. The Data of Psychiatry. In *The Fusion of Psychiatry and the Social Sciences.* New York: Norton, 1964.

————. 1950. The Illusion of Personal Individuality. In *the Fusion of Psychiatry and the Social Sciences.* New York: Norton, 1964.

Suzuki, D. T. 1956. *Zen Buddhism: Selected Writings.* New York: Doubleday/Anchor.

Vajirañana, P. 1975. *Buddhist Meditation in Theory and Practice.* Kuala Lumpur: Buddhist Missionary Society.

Van Dusen, W. 1957. Zen Buddhism and Western Psychotherapy.

Psychologia: An International Journal of Psychology in the Orient 1:229-30.

————. 1958. Wu Wei, No-Mind and the Fertile Void in Psychotherapy. Psychologia: An International Journal of Psychology in the Orient 1:253-56.

Walsh, R., and Shapiro, D. (Eds.). 1983. Beyond Health and Normality: Explorations of Exceptional Psychological Well-Being. New York: Van Nostrand.

Watts, A. 1957. The Way of Zen. New York: Vintage Books.

————. 1958. The Spirit of Zen. New York: Grove Press.

Whitehead, A. N. 1929. Process and Reality. New York: The Free Press.

Winnicott, D., 1958. The Capacity to Be Alone. In The Maturational Process and the Facilitating Environment. New York: International Universities Press.

————. 1960. Ego Distortion in Terms of True and False Self. In The Maturational Process and the Facilitating Environment. New York: International Universities Press, 1965.

————. 1971. Playing and Reality. London: Tavistock.

Yalom, I. 1975. Theory and Practice of Group Psychotherapy. New York: Basic Books.

제2장

티베트 불교와
신비적 정신분석

티베트 불교와 신비적 정신분석

마크 핀(MARK FINN)

이 논문은 필립 아라노우(Philip Aranow) 박사를 추모하면서 바친다.
그는 불교와 정신분석 사이의 대화에 많은 공헌을 하였다.

거의 2500년 동안 불교의 역사를 보면 심리적 담론과 영적 담론들은
서로 분리될 수 없다는 것을 알 수 있다. 심리적 담론과 영적 담론들이 분
리되고 이들을 연결하는 수사적인 작업이 필요하게 된 것은 아주 최근
의 일이고 이런 현대의 삶은 고통에 차 있다. 이 논문의 목적은 전통적인
티베트 불교의 이야기가 영적이면서 심리적인 삶이 갖고 있는 이중적인
동시성과 분리 불가능을 어떻게 드러내고 있는가를 보여주는 것이다.
불교는 심리적 성장의 과정이기 때문에 나는 슌류 스즈키Shunryu Suzuki
(1970)의 개념적 언어라고 할 수 있는 "하나도 아니고, 둘도 아닌" 입장이
불교 수행의 중심에 있다고 제시할 것이다. 정신분석적 독자들을 향하
여 나는 거의 천 년 전 불교 스승들이 이야기 형식으로 기본적인 정신분
석적 발견들, 예를 들면 오이디푸스 역동, 이행기 공간, 대상관계들, 전
이 등을 이미 언급하고 있었다는 것을 제시하는 것이 바로 나의 희망이
다. 티베트 불교는 전통적이고 비서구적 종교적 맥락에서 정신분석과
동일한 관계라는 형식 속에서 수행되었다는 것을 보여줄 것이다. 마지

막으로 나는 티베트의 이런 이야기들이 끊임없이 반복되는 주제, 즉 치료에서의 권위와 다양성에 대한 묵시적인 우화인지를 성찰할 것이다.

불교 문헌 자체로 들어가기 전에 우리의 현재 상황에 대한 나 자신의 목적과 의미에 대해 언급해두고자 한다. 아담 필립스(1995)는 정신분석의 중심적 질문은 내가 어떤 이론을 옹호하고자 하는 것이 아니라 내가 어떤 종류의 사람이 되고 싶은지, 그리고 내가 어떤 종류의 세계에 살고 싶은가에 대한 질문이라고 충고한다. 나 자신에 대해 말하자면 나는 책임 있고 윤리적인 정신치료자가 되기를 아주 바란다. 어느 정도 겸손한 말로 보이지만 사실 분명히 그러하다. 나는 한때 달라이 라마가 자신을 "불교 스님, 그 이상도 그 이하도 아니다"라는 말을 들은 적이 있다. 나는 스님이나 구루가 되기를 원하지 않는다. 그러나 나는 신비적이라고 언급되는 그 무엇이 하나의 철학이 아니라 진정한 경험이 되는 그런 세계에 살기를 원한다. 나는 이런 목표를 향하여 나의 일을 하면서 불교와 정신분석 사이의 대화는 진정으로 과학과 종교 사이의 오래되고 긴장한 대화의 한 버전이라는 것을 기억에 떠올렸다.

이런 논의에 깊이 잠겨 있을 때 나는 불교가 여러 다양한 지향점을 갖고 있다는 것을 상기하였다. 불교는 어떤 순간, 어떤 것, 어떤 내용에서도 깨달음의 가능성과 신경증의 가능성을 모두 갖고 있다고 가르친다. 항상 깨달은 것도 없다. 항상 신경증적인 것도 없다. 우리가 말하고 생각하고 느끼는 어떤 것에서도 약간의 광기와 약간의 지혜가 있다. 그런 관점을 마음에 두고 불교와 정신분석 사이의 대화는 세 가지 반복되는 형식을 띠고 있다는 발견적 개념heuristic notion을 고려해보자. 루빈(1996)은 이런 주제에 대해 유려하고 광범위한 의견을 제시하였다. 첫 번째 관점은 대개 프로이트에게 책임을 묻거나, 프로이트를 비난하는 것으로서 영적인 수행들을 퇴행적이고 병리적인 것, 또는 그 두 가지 모두라고 간주하고, 이것을 감상적 향수, 공상적인 겁쟁이, 명백한 정신적 장애라고 본다. 흔히 "환원론자"라고 특징지어지는 정신분석적 버전과 생물학적 버전이 있다. 그러나 우리가 종교적이고 영적 삶에 대한 이런 회의적인 관점을 심각하게 받아들이지 않는다면 이런 대화는 전혀 필요가 없을 것이다. 나는 영성이 방어적인 목적으로 사용되지 않는지 또는 실제적인 정신장애의 현실을 고려하지 않고 임상에서 하루도 보낸 적이 없다. 내가 흥미롭게 발견하고 있는 것은 다음과 같다. 즉 내가 영적 전통에 가까이 가면 갈수록 더욱 분명해지는 것은 영적 전통의 수행과 생각들이 신경증적 목적으로 심리적으로 세련되게 이용될 수 있다는 점이다. 나와 대화를 나눈 티베트의 의사들은 조현병, 양극성 장애, 소아 자폐증에 대한 정신과적 진단의 지식을 가진 듯이 보였다. 미국 선의 스승인 존 다이도 루리John Daido Loori가 종종 직면하는 자기애적 분노에 대해 나에게 말해주었을 때 나는 정신치료자로서 공감과 즐거움을 느꼈다. 그는 열망에 찬 제자들에게 선 수행을 지속하기 전에 정신치료를 받을 필요가 있다고 말하곤 하였다. 어떤 불교 공동체에서는 정신치료가 학생들이 한 학년을 다시 해야 하는 것과 같은 교정의 기회로 간주되는 듯하다.

두 번째 주요한 관점은 자아초월 심리학에서 가장 잘 볼 수 있다. 역설적으로 이 관점은 명상을 과학적으로 연구하여 환원주의적 비난에서 영성과 종교를 구출하였다(윌버Wilber, 엥글러, 브라운 1986). 융은 정신분석 수련생들의 상당한 숫자가 명상 집중 수행으로 가는 모습을 보고 기뻐하였을까? 현재 우리의 문화 운동은 흥미롭다. 왜냐하면 반문화적이었던 후기 사이키델릭 연구자와 학자들이 복음주의적 기독교인과 몰몬

교도들과 함께 하고 있기 때문이다. 그들은 종교가 우리에게 유익하고 퇴행보다는 성숙을 가져다주는 행동적이고 실험적 자료들을 동원하고 있다. 이것은 단순히 아이러니컬한 포스트 모던주의자의 관찰이 아니다. 왜냐하면 불교와 정신분석 사이의 대화는 불교와 유대교와 기독교 사이의 상호대화와 독립되어 있는 것이 아니기 때문이다. 특히 불교가 정신분석자들의 흥미를 끌고 있는 듯이 보인다. 왜냐하면 불교는 영성적인 삶을 허용하고 전통적으로 내려온 신에 대한 믿음의 당혹스러운 의문을 그럴 듯하게 회피할 수 있게 해주기 때문이다. 나는 이런 풍경과 나 자신의 감정을 살펴보면서 랭R. D. Laing(1967)이 묘사하였던 "경험의 정치학"이 갖는 정확함을 높이 평가하였다. 누가 정상에 있는가? 누가 현재 범주화를 할 자격이 있는가? 루빈이 지적한 바와 같이 이런 초월심리학의 관점이 갖는 문제점은 영성 수행뿐만 아니라 일반적으로 아시아적인 것을 이상화하는 경향이 있다는 점이다. 나는 심리 영성적 공동체의 지도자 회의에 참석한 것을 기억한다. 모든 다른 회의들과 마찬가지로 다소 경쟁적인 것이 있었다. 이런 문제에 대한 하나의 해결책으로 제시된 것 중에는 티베트인들은 정신치료를 필요로 하지 않는다는 환상도 있었다. 왜냐하면 티베트인들의 양육 방법은 완벽해서 더 높은 영적 영역에 바로 들어갈 수 있다고 간주하기 때문이었다. 모든 미국인들은 자신들의 비극적이고 비기능적인 가족들의 상태에 대해 슬프지만 현명하게도 고개를 끄덕였다. 이런 확연한 만장일치의 분위기는 그 방에 있던 단 한 사람의 티베트인 게렉 린포체Gelek Rinpoche에 의해 불행하게도 깨졌다. 그는 빙그레 웃으면서 티베트인들은 단지 영적 스승들에게 자신들의 부모에 대해 불평을 하는 것이 나쁜 일이라고 생각해서 말을 하지 않을 뿐이라고 유감스럽게 언급하였다.

나는 더 적절한 표현이 없어서 마지막 그룹을 통합주의자로 부르고자 한다(엡스타인1995, 1998; 핀 1992, 1998; 로젠블럼Rosenblum 1999). 이것은 현재 가장 유행하는 관점이며 불교에 대한 서구의 성숙된 경험적 관점을 반영하고 있다. 서구 치료자들은 자신과 환자들의 삶에서 정신치료적으로 명상이 유용하다는 것을 발견하고 있다. 그리고 정신분석이 때로는 환자와 분석가 모두에게 마치 영적 수행처럼 보인다. 이런 관점에 찬동하는 사람들은 마치 프로이트 추종자들이 명상수행이 갖는 심리적인 최고의 장점을 존중하는 데 실패한 것처럼 초월심리주의자들은 정신분석의 영적 깊이를 무시하였다고 느낀다. 한스 뢰발트(1978)는 프로이트가 시간과 공간을 넘어선 신비한 영원의 장소로 가는 길을 발견하였지만 자신의 성격과 문화적 맥락으로 인해 이것을 거부하였다고 주장한 주요 정신분석가로 종종 인용된다. 뢰발트는 프로이트 시대에 성적인 차원들이 억압된 것처럼 우리 시대에는 인격의 종교적 차원이 억압되고 있다고 결론지었다. 더욱 더 논쟁적이게도 윌프레드 R. 비온(1970)은 정신분석의 심장에 신비함을 불어넣었다. 정신분석과 일반적인 영적 수행, 특히 불교 사이에 중첩되는 부분은 이들이 모두 주의집중을 동원하기 위한 전략이라는 점이다. 모든 영적 수행들은 서로 다른 주의집중의 방법을 사용하고 있고, 모든 정신치료는 서로 다른 다양한 심리적 삶에 주의집중을 기울인다.

내가 대학에 다닐 때 호흡을 세어가면서 선 수행을 하는 여자 친구가 있었다. 조금은 여성적인 분위기에서 영적 수행을 탐색하기를 원하던 그녀는 여성 명상원에서 안거 수행을 하였다. 그녀는 첫 면담에서 자신의 영적 지도자에게 자신은 기도하는 방법은 모르고 단지 호흡에 집중하는 것만으로 수행을 하였다고 말하였다. 그녀를 지도하였던 여성 지도 수행자는 그녀에게 거기에 정말로 무슨 차이가 있는가라고 질문하였다. 영적 수행은 "통속" 정신치료인가? 정신분석은 모종의 치료를 하는 영적 수행인가? 일본의 최초 임상 심리학자인 하야오 카와이Hayao Kawai(1996)는 자신이 18살이던 1945년, 2차 대전이 일본과 세계에 미친 끔찍한 공포를 보았다고 기억하였다. 그는 불교를 포함해서 일본의 종교들이 총력적인 침략 전쟁의 폭력을 지지하였음을 알았다. 그는 일본의 모든 것들, 특히 일본의 종교를 거부하였다. 그는 미국에 와서 심리학자가 되었다. 그러나 정신치료를 하는 수많은 세월을 거치는 동안 다시 자신이 불교로 돌아가고 있다는 것을 발견하였다. 왜냐하면 정신치료의 원리는 주의집중의 동시성과 개방성에 있었기 때문이다. 그는 자신이 단지 모호한 불교신자가 되었다고 겸손하게 결론을 내리고 이런 모호한 불교에 일종의 확신을 갖기를 권하였다. 카와이가 옹호한 이런 모호한 불교는 종교적 열정과 정통성을 경계하는 사람들에게는 호소력을 가지고 있지만 이런 종류의 불교와 정신치료의 합성은 결국 영적 원리가 희석될 수 있다고 염려하는 몇몇 불교 스승들에게는 비판을 받고 있다(메르첼 1994).

요약하자면 나는 명상을 하는 정신분석가로서 면도날 위에서 균형을 잡아야 하는 복잡한 세상을 살아가고 있다. 불교의 가르침은 어떤 도움을 주는가? 대승불교 수행을 하는 많은 장소와 사찰에서 반야심경은 매일 암송되고 있다. 이 경전은 아주 짧다. 대개 한 페이지를 넘기지 않는다. 불교는 아주 장황할 수도 있지만 종종 놀랄 만큼 짧고 간결하다. 반야심경에서 붓다와 그의 제자들은 함께 명상을 하고 있다. 그때 사리뿌뜨라는 관음보살에게 산스크리트어로 *쁘라즈나-빠라미따라prajna-paramita* 고 불리는 초월적인 지식을 어떻게 수행하여야 하는지에 대해 묻고 있다. 그 대답은 내가 이때까지 접했던 것 중 가장 완벽하고 만족스럽게 모든 것을 설명해주는 것이었다. 관음보살은 사리뿌뜨라에게 이렇게 말한다. 색은 공과 다르지 않고 공은 색과 다르지 않다. 청정한 것도 없고 청정하지 않은 것도 없다. 무지도 없고 무지의 끝도 없다. 늙음도 없고 죽음도 없고 늙음과 죽음의 끝도 없다. 고통, 고통의 원인, 고통의 소멸, 해탈의 길도 없다. 지혜, 성취, 성취하지 않음도 없다. 그러므로 마음의 걸림이 없고 두려움이 없다.

"색"은 이중적인 모든 것이다. 즉 시간, 공간, 어릴 때의 나의 느낌들 등이다. 심리적인 모든 것이다. "공"은 개념, 시간, 공간을 넘어선 영원함이다. 그러나 분명히 색은 또한 색이고, 공은 또한 공이다. 그렇지만 색은 공이고 공은 색이다. 우리는 정신이 정신이고, 영혼은 영혼이면서, 영혼이 정신이고, 정신이 영혼인 세상에 살고 있다. 그러나 왜 거기서 멈추는가? 신은 신이고 예수는 예수이다. 예수는 신이고 신은 예수이다. 또다른 것이 있다. 그렇게 영적인 것은 아니지만 종종 피할 수 없는 담론이 성性이다. 남성은 남성이고 여성은 여성이다. 남성은 여성이고 여성은 남성이다. 또는 임상적인 용어로 진정한 관계가 있고 전이도 있다. 그러나 진정한 관계는 전이에서 오고 전이는 진정한 관계에서 온다. 어떤 하나의 진술도 어떤 다른 것보다 우위를 점할 수 없다. 우리를 초월적인 지혜로 이끄는 것은 바로 동시성이다. 이런 모든 것은 아주 신비롭고 이런 모든 것은 아주 실제적이다. 수년 전 스테펜 페퍼Stephen Pepper (1942)는 서구 과학에는 네 가지 "세계의 가정들"이 있다고 말하였다. 즉 형상적 세계관形相的 世界觀, formism, 기계적 세계관機械的世界觀, mechanism, 유기체적 세계관有機体的世界觀, organicism, 문맥적 세계관文脈的世界觀, contextualism이다. 이 네 가지들은 서로 상반되고 상호배제적이다. 유일한 해결은 그가 말한 바와 같이 후기 합리적 절충주의이다. 쁘라즈냐 빠라미타를 말하는 또 다른 방법이 있는가?

반야심경에서 붓다의 관점, 즉 절대적 영적 진실과 상대적인 심리적 진실은 분리되어 있으면서 동시에 같다는 것을 말하고 있다면 우리는 이것이 수행에서 어떻게 작동하는지를 물을 수 있다. 명상은 집단으로 수행할 때조차도 혼자서 하는 활동이기 때문에 명상수행으로 인한 변화 과정은 명상 심리학의 논의에서 "한 사람"의 심리학으로 간주되어 왔다. 그러나 나는 이것이 불교 가르침과 수행의 심각한 오독이라고 믿는다. 심지어 반야심경조차도 하나의 대화이다. 명상수행이 스승과의 관계라는 맥락에서 이루어지는 것이라고 한다면 정신분석과 수행의 평행적 관련성은 더욱 더 분명하게 드러난다. 티베트 불교는 풍부한 전기傳記 문헌과 여러 영적인 존재를 관상하는 명상 기법에서 불교의 관계적 측면을 상세하게 밝히고 있다. 제임스 B. 로빈슨James B. Robinson에 따르면 전기와 역사는 인도 불교보다도 티베트 불교의 현저한 특징이고, 인도 스승들에 대한 티베트의 기술은 가장 정확하다고 언급하였다. 또한 나는 역사와 전기에 대한 티베트의 강조는 선불교와 다른 특징점이라는 것을 부가해서 언급하고자 한다. 로빈슨은 티베트 고승의 전기들은 그가 말한 수직적이고 수평적 차원이라는 개념에서 분석되어야 한다고 권고하고 있다.

신화의 수직적 차원은 고승들의 초월을 "인간화"하는 것이다. 고승들은 깨달음의 존재를 인간 수준에서 접근할 수 있게 해준다. 그들은 헌신이라는 것을 생생하게 해준다. 그들은 여전히 힘들게 노력하고 있는 사람들에게 이해할 만한 방식으로 영적 승리를 거둘 수 있다는 실례를 제공한다. 그들이 수행의 목적을 달성할 수 있었다면 노력하고 열망하는 수행자도 그렇게 될 수 있다는 희망을 준다. 그리고 이야기들의 상징적인 수준들은 이런 변화가 어떻게 일어날 수 있는지를 드러내준다. 이것이 갖는 가치는 역사적인 정확성에 의존하지 않는다는 의미에서 초월적이다.

> 그러나 역사의 수평적 차원이 무시되어서는 안 된다. 영적 성공이라는 이런 수직적 연관성과 일상적인 삶은 이런 이야기들이 주장하는 역사성에 기반을 두고 있다. 고승들은 연속성을 드러내고 있다. 고승들은 과거의 위대한 인물들을 역사에 묶인 우리 자신의 인간성과 결합시키고 있다. 오늘날 그들은 가장 높은 지혜와 최고의 스승인 붓다 자신으로 거슬러 올라가는 깨달은 자들의 연쇄에서 연결고리들이다. 인도 고승들의 통찰과 성공으로 인해서 그들은 다르마의 가치를 보장하고 불교 전수의 순수함을 보존한다. 그들은 우리 자신의 시대와 가깝게 살고 있는 영적 고승들의 법맥을 합법화해준다. 이런 고승들이 현재와 성스러운 과거를 연결시켜 준다는 사실은 그들의 역사적 현존을 아주 중요하게 해준다. 그 외 다른 것은 전통의 파열이다. 그러므로 이 장르는 불교 교리에서뿐만 아니라 우리 모두가 살고 있는 역사의 과정에서 성스러움을 확인함으로써 그 가치를 부여받는다(로빈슨 1996, 1997).

정신분석의 독자들에게는 이런 티베트 전기는 관계들의 이야기라는 점을 강조해야만 한다. 이것은 수세기 이상 거슬러 올라가는 일련의 관계를 연결하는 고리들이다. 한 사람이 다른 한 사람을 도와주고 그 사람이 또 다른 사람을 도와주는 식으로 현재에까지 이르렀다. 정신분석은 정신의 발달 과정을 이야기 형식으로 드러내기 위해서 전통적으로 그리스 신화를 사용하여 왔다(예를 들면, 오이디푸스와 나르시스). 티베트의 이야기들은 관계들을 드러내는데 여기에서 심리적 및 영적 변화를 볼 수 있다. 비록 이런 이야기에 나오는 사람들이 모두 불교도라고 해도 영적 변화에는 다양한 이야기들이 존재하기 때문에 영적 변화에 절대적이고 유일한 길이 있는 것은 아니다. 개별적인 이야기들은 도움이 되는 관계의 또 다른 하나의 모델이다. 그리고 개별적인 이야기는 서로 다른 성공적인 개인의 변화를 보여준다. 함께 언급되는 이야기는 순수한 절충주의의 집합적인 것들이다. 어떤 고승들은 결혼하였고, 어떤 고승들은 독신 승려들이다. 어떤 이들은 존경받고 어떤 이들은 아주 별나다. 불교에서 말하는 무아의 발견과 정통적이고 특이한 창조적 자아는 분리된 목표가 아니다. 티베트의 이야기가 정신분석과 연관성이 있는 듯이 보이는 것은 아마도 개인적인 엉뚱한 인격들과 티베트 이야기의 역사성에 강조점을 두기 때문일 것이다. 최근에 발행된『유대인의 선물들』이라는 제목을 붙인 대중적인 책에서 토마스 카힐Thomas Cahill은 유대교가 다른 종교와 같이 할 수 없는 것은 순환론적인 시간관과 반대되는 직선적인 역사관(과거와 미래와 함께) 및 집단 정체감보다 독특한 개인적인 정체감에 더 비중을 두기 때문이라고 주장하였다. 유대교의 이런 관점은 정신분석의 유대교적 뿌리를 지지하고 있다. 카힐은 불교와 힌두교는 과거와 미래에 대한 감각뿐만 아니라 개인적인 것이라는 감각이 결여된 전통적인 순환론적 종교들이라고 주장하였다. 내가 주장하고 있는 것은 티베트의 이야기들이 역사와 개인의 중요성에 대한 카힐의 기준에 부합한다는 것이다. 티베트 불교는 역사와 개인성을 신비로운 영원성과 분리할 수 없다고 간주하는 수행 관점과 구조를 상세하고 밝히고 있다. 확실히 티베트의 이야기들은 이런 전통을 갖고 있을 뿐만 아니라 이런 이야기들이 중요한 공헌을 하고 있다. 나는 이런 점을 보여주기를 희망한다.

　나는 다른 곳에서 나로빠Naropa와 밀라레빠Milarepa의 이야기를 깊게 조사하였다(핀 1992, 1998). 나는 여기서 불교도가 아닌 독자들을 초기 까규kagyu파의 스승들과 친근하게 만들고 몇 가지 일반적 전제들을 성찰하고자 한다. 카규 법맥은 인도 불교의 띨로빠Tilopa에서 시작된다(시투파Situpa 1998; 갸르첸Gyaltsen 1990). 띨로빠는 신비롭게 역사적 붓다와 연결되어 있다고 여겨지는데 그는 인간적인 스승 없이 깨달음을 성취하였다. 그의 명상 기법은 자신을 고용한 매음굴을 위해 참깨를 갈아서 기름을 만드는 것이었다. 초기의 삶에 대해서 알려진 것은 거의 없지만 그의 수행은 "'그의 가족'의 오만"을 극복하게 해주었다고 한다. 정신분석가들의 흥미를 불러일으키는 내용인데 성격과 가족의 정서적인 분위기가 영적인 도정과 무관하지 않다는 것을 시사하고 있다. 티베트 불교에서 도하dohas라고 불리는 자발적인 깨달음의 노래는 티베트 불교의 신비함을 드러내고 있다. 띨로빠의 노래는 다음과 같다.

> *참기름은 본질,*
> *무지한 자는 참기름이 참깨 속에 있는 것을 알지만*
> *참기름의 원인, 결과, 만드는 방법을 알지 못하므로*
> *본질인 참기름을 뽑아낼 수 없다.*
> *본래부터 함께하는 지혜는*
> *모든 중생의 마음 가운데 있지만*
> *구루께서 보여주지 않으면*
> *깨달을 수 없다.*
> *참기름이 참깨 속에 들어있으나*
> *나타나지 않는 것처럼*
> *참깨를 빻아 껍질을 벗기면*

참기름인 본질을 뽑아낼 수 있다.

(트룽빠Trungpa 1980,128)

티베트 불교의 몇 가지 근본적인 가정들이 이 노래에 포함되어 있다. 앞에서 언급한 바와 같이 절대적인 영적인 것과 상대적인 심리적인 것과의 불가분리성은 이 노래의 바탕을 이루고 있다. 그러나 또한 부가적으로 상대적인 것에서 출발하여 목적을 향하여 노력해서 내적으로 절대적인 것을 풀어나갈 수 있다. 또한 띨로빠는 전통적인 딴뜨라 요기이다. 딴뜨라는 인도에 기원을 둔 영적 태도와 수행의 전통이다. 힌두교와 불교도 인도에서 발달하였다. 티베트 불교는 딴뜨라 수행을 포함하기 때문에 선불교 또는 상좌부 불교와 달리 딴뜨라 불교로 불려 왔다. *딴뜨라 tantra*라는 용어는 정의하기 어렵지만 "실thread" 또는 "연속continuity"으로 번역된다. 이것은 철저하게 근본적으로 경험적인 접근을 취한다. 트룽빠 린포체는 다음과 같이 말한다, 즉 "불멸성이라는 딴뜨라 개념에서 보면 기반, 기본 전제, 특별한 철학은 존재하지 않고 단지 자신의 경험만이 가장 강력하고 역동적이다. 이것은 무엇이나 어떻게를 파악하기 위한 것이 아니라 존재에 대한 질문이다"(트룽빠 1981, 27). 이런 접근은 아무것도 제외하지 않는다. 말하자면 영적인 것에 대한 우리의 개념은 영적인 원原 경험에 절연 완충재로 작용한다. 띨로빠는 사원에서가 아니라 창녀촌에서 일하면서 깨달음을 얻었다. 딴뜨라에서는 아무것도 제외하지 않는다. 딴뜨라에서 무엇인가를 배제하려는 마음의 전체적인 경향은 도전을 받는다.

나는 이전에 처음으로 참여한 티베트 의식에서 제단 위의 음식이 모두 이상하게 보였던 것을 기억한다. 처음에는 이상한 티베트 공물이라고 생각하였지만 미국 정크 음식이 성스럽게 받아들여지고 있다는 것을 나는 알았다. 정크 음식을 바치는 것은 명상수행의 변화적 가능성에 대한 신뢰의 표현이라는 설명이었다. 내가 시사하고 있는 바와 같이 정신분석은 딴뜨라의 측면을 갖고 있다. 혐오감을 주는 것이지만 어떤 것도 배제하지 않는다는 지침은 어떤 제한도 없이 "실"과 "연속"을 확립한다. 초보적인 딴뜨라의 가르침은 한계가 없는 접근의 위험성을 경고한다. "미친 지혜"는 위험하다. 개념적인 참조 기준의 결여는 분별과 도덕을 상실하게 만든다. 이런 위험성은 영적 스승과의 관계를 통해서 완화된다. 스승에 대한 헌신은 자만심을 감소시킨다. 관계는 제자의 격렬한 경험을 "품는다." 그리고 스승은 지도와 해석을 제공한다.

띨로빠의 역설은 자신은 구루 없이 성취를 이룩하였지만 인간 구루를 권고한다는 것이다. 그로부터 시작된 법맥은 오늘날까지 이어지고 있다. 구루에 대한 헌신을 수행의 본질로 간주하는 이런 법맥은 구루 없이 여행을 마친 한 사람의 실례에서 시작한다. 내재적으로 위계적인 구조를 가진 스승이라는 기반의 체계는 어떤 위계질서와도 연결되지 않은 설립자의 체제 전복적인 기반 위에 세워져 있다. 프로이트와 마찬가지로 띨로빠는 평범함과 성적인 것에 가깝게 있었고 조직화된 학문세계의 바깥에서 자신의 발견이 이루어졌다. 우리들 대부분은 스승들과 분석가들로부터 혜택을 받지만 띨로빠와 프로이트는 자기 탐구의 외롭고 자발적인 기반 위에서 형성된 실례를 제공하고 있다.

구루 요가의 티베트 딴뜨라 수행에서는 하나의 붓다를 마음에 떠올리라고 하거나 어떤 경우에는 한 사람의 스승을 붓다로서 마음에서 상상하고 정신적 관상의 정교한 구성 후에 자신은 스스로 마음에 떠올린 것으로 점차로 변화되어 가고 있다는 것을 마음에 그리게 된다. 자신의 본성을 깨닫기 위해 왜 그렇게 열심히 수행을 하지 않으면 안 되는가? 일본 조동종의 창시자인 선승 도겐Dogen(타나하시Tanahashi 1985)은 이런 역설을 안고서 씨름하는 것을 영적 수행의 기반이라고 하였다. 우리가 이미 붓다라면 우리는 왜 수행을 해야 하는가? 한 제자가 선의 스승에게 물었다, "바람의 본성이 태어나지도 않고 죽는 것도 아니라면 당신은 왜 부채를 부칩니까?" 스승은 "너는 바람도 모르고 부채를 부치는 것도 모른다." 띨로빠는 씨는 반드시 갈아져야만 한다고 우리에게 말한다. 띨로빠 후계자들의 이야기는 그렇게 씨를 갈아야 하는 것이 정신분석에서 관찰되는 경험과 연관되어 있다는 것을 시사하고 있다.

띨로빠의 유명한 제자는 인도 왕자이면서 학자인 나로빠이다. 나로빠의 부모들은 나로빠가 왕가를 이어주고 결혼하기를 바랐다. 그는 그렇게 하였다. 그러나 첫날밤을 치르지 않고서 거역하였다. 성적 금욕의 8년 후 나로빠는 대학이라는 배경에서 이루어지는 불교 연구에서 자유로워졌다. 그는 아주 성공적인 학자였고 학문 세계에서 지도자의 위치를 얻었다. 어느 날 밤 그는 노파의 어지러운 환영을 보았다. 노파는 나로빠가 불교 가르침의 언어만을 알 뿐이지 내재적 의미를 모른다고 하였다. 나로빠는 이런 도전을 받아들이고 노파가 말해준 띨로빠를 찾으러 나섰다. 나로빠의 영성에 대한 개념들은 띨로빠를 찾으러 나서는 시도에서 흔들렸다. 그는 죽은 동물과 사람들을 만났고 이것을 피하고자 하였지만 결국 이런 이미지들은 띨로빠의 현현이라는 것을 발견할 뿐이었다. 그는 반사회적인 행동을 하고 불교의 여러 계율을 어기는 사람들을 만났다. 그가 여기에 엮이는 것을 피하고자 할 때마다 항상 띨로빠가 움직이고 있었다. 그가 자신의 선입관에 지배당하지 않으려고 결심할 때마다 그는 항상 실패하였다. 그는 자신 안에 있는 다끼니Dakini를 내면적으로 들여다보라고 권고받았다(티베트의 정신영적인 세계는 친숙한 모습의 붓다들뿐만 아니라 두렵고 괴기스럽고 성적인 상징들로 가득 차 있는데 이것들은 심리적 깨달음을 위한 것이다. 이런 상징들 중 어떤 것들은 인도 딴뜨라에서 온 것이고, 또 다른 것들은 불교 이전의 토착적인 본교에서 온 것들이다. 상징의 만신전은 유럽 대성당의 것처럼 장식되어 있다. 구루 요가의 구루처럼 이런 상징들은 내면적인 것과 외양적인 것으로 이해된다).[1] 띨로빠가 나로빠에게 참여하라고 명령한 다끼니는 분노와 질투의 형태로 나타난 깨달음의 여성적 상징이다. 그의 수행은 깨달음을 성적인 것과 분노와 동일시하는 것이었다. 이것은 쉬운 수행이 아니었고 나로빠는 띨로빠가 더 직접적으로 자신을 끌어주기 전에 자살을 결심하게 된다.

최고의 가르침으로 인해서 나로빠는 아버지에게는 증오감을 느끼고 어머니에게는 그리움을 느끼는 임신의 순간을 상기하였다. 띨로빠는 어떤 수행자들은 이런 원초적인 장면을 보고 너무 놀라서 수행을 더 진전시켜 나갈 수 없다고 나로빠에게 주의를 주었다(인도 불교도들이 오이디푸스 콤플렉스의 중요성을 발견하였다는 것은 솔직히 놀라운 일이다.[2] 물론 그리스인들은 오이디푸스 콤플렉스의 신화와 드라마의 원천이다. 그러나 티베트인들은 심리의 변화 기법에서 오이디푸스 콤플렉스의 이미지에 의미심장한 자리를 내주고 있다). 나로빠에 의한 이런 "훈습"의 결과는 자신의 몸과 성sexuality에 대한 새로운 경험이었다. 그는 젊은 여성과 첫날밤을 치르고 숲에서 살아가는 스승이 되었다. 한때 기존의 많은 수행자들이 그를 나쁘게 평하고 불미스럽게 생각하였지만 현재 나로빠는 위대한 스승으로 여겨지고 있다.

티베트인들은 오이디푸스 콤플렉스와 유연한 관계를 맺고 지낸 온 것처럼 보인다. 오이디푸스 불안의 해소는 나로빠의 여행에서 명백히 중심적인 주제라는 것, 또한『사자의 서Book of the Dead』에서도 유사하고 직접적인 이미지가 담겨져 있는 것을 보면 고전적인 프로이트 이론과 일치된 보편적인 적용의 가능성을 보게 된다. 그러나 오이디푸스 주제들은 나로빠의 후계자들의 전기에서는 언급조차 되고 있지 있다. 나로빠의 후계자들은 후기 프로이트 심리학들과 더 잘 연관시킬 수 있는 정신역동학들과 씨름하고 있다.

나로빠의 가장 유명한 제자이면서 띨로빠 법맥의 첫 티베트인은 마르빠이다(창Tsang 1982). 마르빠는 부유한 농부에게서 태어났다. 그의 부모는 마르빠가 어릴 때부터 성격이 급하고 고집스러운 것을 걱정하였다. 그래서 명상이 마르빠를 순화시켜 줄 것이라는 희망을 품고서 종교를 공부하도록 격려하였다. 그는 또한 언어에 재주를 가진 외골수 학생이었다. 티베트 스승들 밑에서 공부를 하고 난 다음에 인도로 가서 학문의 원천과 더 가까워지기를 원하였다. 그는 부모의 반대를 무릅쓰고 인도의 나로빠를 만났다. 이 이야기에서 흥미로운 장면은 바로 나로빠가 종종 마르빠에게 다른 스승들 밑에서 공부를 하고 오라고 말하는 것이다. 인상적인 한 장면은 나로빠가 마르빠를 꾸꾸리빠(티베트어로 쉬와 상뽀Shiwa Sanpo이다)에게 보낸 것이다. 꾸꾸리빠는 수많은 야생 개들과 함께 독이 스며있는 호수의 중간에 있는 섬에 살고 있었다. 마르빠는 험상궂게 생긴 스승에게 나로빠가 자신을 보내서 가르침을 받고 오라고 했다고 말하였다. 그때 꾸꾸리빠는 나로빠를 사기꾼이라고 평가 절하하였다. 그러고서 꾸꾸리빠는 나로빠를 욕하는 데 화가 나지 않느냐고 마르빠에게 물었다. 마르빠는 화가 난다고 인정하였다. 꾸꾸리빠는 마르빠의 분노가 나르빠가 마르빠의 뿌리 또는 근원적인 구루라는 보여주는 것이라고 지적하였다.

마르빠는 꾸꾸리빠 아래에서 공부를 마친 다음 나로빠에게로 돌아왔다. 나로빠는 마르빠에게 공부를 완수하였는지를 물었다. 마르빠는 예라고 대답하는데 나로빠는 꾸꾸리빠를 이류라고 비난하기 시작하였다. 마르빠는 스승들이 서로 경쟁을 하고 있는 것이 아닌가 하고 생각하였다. 나로빠는 꾸꾸리빠를 비난하고서 마르빠에게 화가 나지 않는지를 물었다. 마르빠는 그렇지 않다고 답하자 나로빠는 이것이 자신이 진정으로 마르빠의 본래 구루라는 것을 말하는 것이라고 선언하였다.

이야기의 대목마다 마르빠의 성격을 강조하는 것은 이 이야기가 수행의 훈습이 갖는 어떤 점을 지적하고 있는 것인가? 나로빠는 마르빠를 잘 가르치고 순화시킬 수 있었지만 나로빠 자신이 가르침의 유일한 원천만은 아니었다. 나로빠는 마로빠와의 관계를 잘 형성하였지만 다른 스승들에게도 가르침을 받게 함으로써 자신이 갖는 좁은 의미의 권위를 전복시켰다. 또한 위계 질서는 확립되는 동시에 도전을 받았다.

마르빠는 여러 차례 인도로 여행을 하였고 거기서 거의 20년을 보냈다. 그는 결과적으로 학문적 승려들이나 숲속의 요기들과는 다른 삶을 살았다. 그는 한 여성과 결혼하였고, 이 여성은 마르빠와의 결혼을 전적으로 자신의 의지로 결정하였다. 가족을 이루었고 풍부한 자산을 운영하였다. 마르빠의 초상화를 보면 머리를 짧게 깎은 거구로 신체적으로 강건한 모습을 보여주고 있다. 나는 그를 그리스인 조르바Zorba the Greek 와 프로스페로Prospero가 결합된 모습으로 상상해본다. 그의 가장 중요한 제자인 밀라레빠와의 관계에 대한 이야기는 가장 유명하며 법맥에서 티베트의 구루과 티베트의 제자 사이에 일어난 첫 번째 이야기이다.

밀라레빠의 전기(랄룽빠Lhallungpa 1982)는 어떤 까규 이야기보다도 그 자세함, 스타일, 광범위함이라는 점에서 세계 종교 문헌의 위대한 작품들 중 하나이다(더 자세한 밀라레빠의 자료는 핀을 참조하라 1992). 밀라레빠의 어릴 적 삶은 아주 힘들었다. 그가 어렸을 때 아버지가 죽었다. 집과 땅은 숙모와 삼촌에게 넘어갔고 그들은 밀라레빠와 그의 어머니, 누이를 노예같이 다루었다. 밀라레빠의 어머니는 보복의 분노에 가득 차서 밀라레빠에게 흑마술을 배워서 삼촌과 숙모를 죽이라고 하였다. 밀라레빠가 망설이고 있을 때 어머니는 만약 이것을 거부하면 자살을 하겠다고 위협하였다. 이런 끔찍한 위협 아래서 밀라레빠는 굴복하였다. 그는 마술을 배웠고 이 마술을 이용하여 숙모와 삼촌의 집을 붕괴시켜 버렸다. 이런 비극 속에서 삼촌과 숙모의 아이들이 모두 죽었지만 삼촌과 숙모는 살아남았다. 밀라레빠는 살인을 저지르고 나서 스스로 절망적인 영적 고뇌에 사로잡혔고 마르빠에게 배움을 받고자 하였다.

마르빠의 전기를 보면 우리는 스승인 마르빠가 경험한 것에 어느 정도는 접근할 수 있다. 마르빠는 밀라레빠의 도착과 밀라레빠가 마르빠의 영적인 후계자로서 갖는 중요성에 대한 꿈을 꾸었다. 그는 또한 밀라레빠에 대한 축복을 뒤로 하고 밀라레빠를 여러 시련에 부딪치게 해야 하는 고통스러운 일을 하지 않을 수 없다는 것을 잘 알고 있었다. 밀라레빠는 여러 사람을 죽인 살인자라는 심각한 문제를 안고 있었다. 밀라레빠를 다루는 마르빠의 방식은 너무나 혹독해서 마르빠의 아내인 다그메마Dagmema는 점점 화가 심하게 나서 마르빠에게 밀라레빠를 다루는 방식을 완화하라고 요구하였다. 마르빠는 거절하였고 밀라레빠는 절망하였다. 매일 이루어지는 지속적인 수행의 일환으로 밀라레빠는 고독한 명상수행을 위해서 산으로 들어갔다. 이 기간 동안 밀라레빠 수행 경험 중 가장 중요한(또는 흔히 종종 인용되는) 사건들이 일어난다. 밀라레빠는 장작을 찾으러 다니다가 지쳐서 쓰러지고 너무나 절망하여 마르빠를 큰 소리로 불렀다. 마르빠는 구름을 타고 나타나서 통명스럽게 물었다,

"무슨 일이 있나? 너는 수행하는 것을 알고 있잖아, 가라!" 이런 거친 방식에 자극을 받아서 밀라레빠는 자신의 동굴로 돌아왔다. 그리고는 악마에 사로잡혔다. 그는 처음에는 아주 놀랐지만 특별한 눈길과 비밀스런 노래와 같은 마법의 기술로서 그들을 쫓아내려고 하였다. 그러나 이것은 작은 악마들에게만 통할 뿐이었다. 그러고서 밀라레빠는 모든 현상은 마음에서 일어나는 것이라는 마르빠의 가르침을 상기하였다.

그리고 그는 악마들에게 앉으라고 말하면서 차, 맥주를 대접하고 대화를 하였다. 그가 신뢰를 갖고 환영을 하면 할수록 악마들은 더 거칠게 날뛰었다. 마침내 그들은 하나의 거대한 악마가 되었고, 밀라레빠는 기쁜 마음으로 악마의 입속으로 미끄러져 들어갔다. 악마는 무지개 속으로 사라져버렸다. 이런 혹독한 경험을 한 후 마침내 밀라레빠는 위대한 스승이 되었다. 또한 티베트 불교의 가장 중요한 시인이 되었다.

정신분석적 용어로 말하자면 밀라레빠는 내면화된 끔찍한 분노의 어머니와 그녀와 끔찍하게 동일화된 자신의 내면에 직면할 수 있게 되었다. 그의 어머니는 자살하겠다고 위협하였고 밀라레빠는 몇 명의 아이들을 죽였다. 건강하지 못한 내적 대상과 자신의 공격성에 더 이상 협박을 받지 않고 인간 사회와 다시 접촉할 수 있게 되었다. 띨로빠와 나로빠의 이야기가 그 내용(오이디푸스와 성의 측면에서)과 형식(띨로빠는 고전적인 분석가의 태도처럼 거리를 두고 중립적이다)의 측면에서 프로이트의 정신분석과 닮아있다고 한다면 마르빠와 밀라레빠의 이야기는 대상관계·대인관계적 모델과 유사하게 보인다. 마르빠는 띨로바보다 "실제 사람"으로 보인다. 그는 조용하게 멀리 떨어져 있지 않고 자신의 제자와 정당한 관계를 유지하는 데 개입한다. 마르빠처럼 까다로운 사람이면서 어려운 환자들에게 흥미를 보인 설리반은 다음과 같이 말한 것으로 알려져 있다. 즉 "신은 부드럽게 우리를 구한다". 이런 이야기들은 부드럽지 않고 위험, 폭발, 오해로 가득 차 있다. 스승들은 때로는 지지적인 태도를 보이지만 때로는 잔인할 정도로 거칠게 다루고 있다. 자아의 공함에 강조를 두는 모든 불교의 가르침을 고려하면 강력하고 독특하고 창조적인 인격들은 이런 가르침에서 나온다. 이후 밀라레빠는 마르빠가 그랬던 것처럼 결혼하도록 권유를 받는다. 그는 이 충고를 거절하면서 "마르빠는 사자이고, 나는 여우이다. 여우가 사자처럼 뛰어오르면 허리가 상할 수 있다"라고 말했다(갸르첸Gyaltsen 1990).

밀라레빠가 마르빠를 떠나기 전에 마르빠는 다음과 같은 주의를 주었다. 밀라레빠 이후의 많은 제자들에게는 보다 온화한 훈련이 필요할 것이라고. 밀라레빠의 법 후계자는 감뽀빠Gampopa이고 그들의 관계는 보다 더 친밀한 접근 방식의 훌륭한 실례가 되었다(스튜어트Stewart 1995). 젊은 사람으로서 감뽀빠는 의사였던 아버지의 뒤를 이었다. 그의 삶은 아내와 아이들이 전염병으로 죽었을 때 심하게 흔들렸다. 자신은 그들을 살릴 수 없었다. 그는 영적인 수행을 추구하기로 결심한 후 명상에서 훌륭하고 대단한 성공을 거두었다. 그는 누더기 옷을 입은 푸른 요기의 꿈을 꾸기 시작하였다(밀라레빠는 쐐기풀 위에서 겨우 살아갈 때 몸이 초록색으로 변한 것으로 알려지고 있다). 감뽀빠가 자신의 꿈들을 동료 승려에게 말하자 동료 승려들은 그를 사원 생활에서 끄집어내려고 하는 광야의 요기들에 대한 꿈이라고 경고하였다. 감뽀빠는 그들의 주의를 무시하고 자신의 초록 요기를 찾아 나섰다. 밀라레빠는 꿈을 통해서 감뽀빠가 오고 있다는 것과 그가 자신의 후계자가 될 것을 알고 있었다. 감뽀빠의 취약점은 자만심이었다. 그는 이미 수행명상에서 훌륭하였다. 밀라레빠는 처음부터 자신의 영적인 아들로 감뽀빠를 감싸 안았다. 이런 점은 이전의 이야기들과는 극히 대조적이다. 밀라레빠는 감뽀빠가 수행할 때 보이는 놀라운 환영에 대해 아주 유연하게 반응함으로써 감뽀빠의 자만심을 서서히 부드럽게 해체하였다. 밀라레빠는 어떤 것이라도 좋은 것도 없고 나쁜 것도 없다고 말하면서 명상 기법에 대해 몇 가지 시사점을 주었다. 어느 날 감뽀빠는 목이 말라서 죽어가는 자신의 어머니의 환영을 보았다고 말했다. 이것은 아마도 아내의 죽음에 대한 마음의 상처와 연관이 있었다. 그러나 불행히도 감뽀빠의 어린 시절에 대한 자세한 자료는 구할 수 없다. 초기 대상과 연관된 감정과 이미지의 통합은 수행 명상의 여행에서 중심적이다. 티베트의 전기를 보면 부모와 부모에 대한 감정으로부터 영적으로 극적인 회피는 없다. 감뽀빠는 자신의 경직성과 자만심을 누그러뜨릴 수 있었고, 그리하여 지도자의 자리를 확보할 수 있었다. 그는 많은 제자들과 함께 위계질서를 가진 공식적인 조직을 세운 법맥의 첫 번째 사람이다. 그는 51,600명의 제자가 있는 수행 단체를 확립하고 관료적인 구조를 정밀하게 세웠다(트룽빠 1980). 티베트의 캄Kham 지역에서 온 세 명의 요기를 제외하고는 모든 승려들은 규칙을 잘 지켰다. 이 요기들은 사실 곤경에 처한 입장이었다. 그들은 규칙에 순응하고 싶었지만 그들은 나로빠가 세운 법맥의 보다 거친 기반에 충성스럽게 남아있었다. 여기에는 술, 노래, 춤과 함께 하는 신성한 잔치도 포함되어 있었다. 이런 활동들은 사원의 질서에 위배되는 것이었다. 그들은 규칙을 따르는 것을 거부하였기 때문에 규율을 강조하는 승려들에 의해 축출되었다. 그러는 동안 감뽀빠는 산에 올라가서 자비로운 영들이 떠나가는 환영을 보았다. 그는 캄에서 온 세 명의 요기들이 다시 돌아와야만 한다는 것을 의미하는 환영이라고 이해하였다. 여기에 감뽀빠가 요기들에게 호소하는 놀라운 가사가 있다, "아들들이여, 멀리

가지 말게나, 돌아와라, 돌아와라." 요기들은 결국 감뽀빠의 목소리를 듣고 자신들의 노래로 응답하였다. "우리는 돌아가고 있다, 우리는 돌아가고 있다." 마침내 그들이 도착하였을 때 모든 사람들은 춤을 추었다. 전설에 의하면 그들의 발자국이 바위에 여전히 새겨져 있는 것을 볼 수 있다고 한다.

정신분석의 미친 요기들은 누구인가? 벼랑 끝에 놓인 불교와 정신분석 사이의 대화를 재활성화 시킬 미친 요기들은 누구인가? 대체 왜 불교와 정신분석 사이의 대화인가? 내가 언급한 이런 모든 이야기들은 단지 비교 인류학적 흥미를 갖는 미숙한 대중적인 정신분석으로 간주될 수도 있다. 분명히 내가 지향하는 것은 감정에 좌우되지 않는 것이다. 나는 다원주의와 개별성을 위한 정신분석의 가능성을 보여주기 위해서 이런 문헌들을 소개하였다. 그러나 그렇다고 해서 그렇게 멀리 간 것은 아니다. 나는 정신분석이 정의하기는 불가능한 신비로운 것을 인정하기를 바란다. 나는 이런 이야기들이 뢰발트가 소망했던 것의 표준이라고 생각한다. 즉 종교적 경험의 억압 없는 프로이트 무의식의 야생성이다. 나는 어떤 사람에게는 신비한 것이 흥미롭지만 반드시 필요한 것은 아니라고 생각한다. 그러나 어떤 사람에게는 그것이 삶의 필수 성분이다. 나는 왜 그런지는 모른다. 최근 한 환자가 토마스 머튼Thomas Merton을 인용해서 나에게 말하였다. 머튼은 다음과 같이 말한다. 즉 물에 빠진 사람이 공기를 필요로 하듯이 우리는 기도를 필요로 한다. 나는 *우리*가 모든 사람을 의미한다고 확신하지 못한다, 그러나 이것을 원하는 사람에게 이런 오래된 이야기들이 약간의 신선한 호흡이 되기를 원한다.

영적 질문으로서의 정신분석

네일 알트만(NEIL ALTMAN)

마크 핀은 프로이트와 정신분석 전통의 다른 분석가들과는 달리 심리적인 담론과 영적인 담론은 서로 상호 배제적인 아니라고 주장한다. 사실 그가 주장하는 바와 같이 불교적 관점에서 이것들은 "서로 분리될 수 없다." 첫째로 그는 티베트 불교도가 되는 것은 심리적 관심을 갖는 것을 배제하는 것이 아니라는 것을 보여준다. 그는 불교 스승들은 제자들의 심리적 건강함을 염두에 두고 그들에게 정신치료를 받을 것을 충고하고, 암묵적으로 "신경증"을 영적인 도정의 방해물로 간주한다는 것을 보여준다. 핀은 마치 티베트 불교도들은 평범한 서구인들과는 달리 심리적 어려움에서 해방된 영적인 인물들이라고 믿고서 티베트 불교도들을 이상화하는 것을 경고한다. 그는 티베트인들이 이런 심리적인 문제에 대해 자유롭게 말할 기회가 있다면 우리가 미국인들에게 듣는 바와 같이 티베트인들도 우리와 동일한 심리적 어려움에 대해서 이야기하는 것을 들을 수 있을 것이라는 게렉 린포체의 말을 인용한다. 쵸감 트룽빠 린포체는 자신의 책 『영적 물질주의 가로지르기Cutting through Spiritual Materialism』에서 서구인들과 마찬가지로 티베트인들도 영적 성취의 이기적인 자부심을 취하고자 하는 유혹을 느낀다고 경고하고 있다. 핀은 탄트라 전통에서 불교도들은 히말라야와 같은 희귀한 장소에서뿐만 아니라 정신분석에서 보다 더 친밀한 주제인 성적인 것과 공격적인 것이 난무하는 세상에서도 영적인 성장을 추구한다는 증거들을 발견하였다. 영적 변화가 어떻게 일어나는지에 대한 티베트의 이야기를 통해서 핀은 스승과 제자와의 관계와 그 관계를 둘러싸고 있는 요소가 핵심적이라는 것을 보여주면서 전이와 역전이라는 정신분석의 개념과 연결을 짓고 영적인 변화가 전적으로 "한 사람"이라는 개념 아래에서 일어난다는 것을 반대하고 있다. 핀은 영적 경험의 개방성에 대한 증거를 뢰벨트와 비온과 같은 정신분석가에서 또한 명상을 부가적인 정신치료의 형태로 받아들이는 현재의 수용적인 태도에서 발견한다. 이와 함께 정신분석이 좀 더 대인관계적인 초점을 맞추고 있는 것처럼 그는 불교와 정신분석 사이에 형성되고 있는 대화가 쌍방향의 통로가 되어서는 안 될 아무런 이유가 없다고 생각한다. 그러나 나는 이 논문의 배경을 이루는 보다 근본적인 문제가 있다고 생각한다. 포스트 모던 사유와 함께 현대의 정신분석은 근대 서구의 사유에 만연되어 있는 이분적인 한계(과학적 대 영적, 합리적 대 비합리적이고 감정적, 주관 대 객관, 과거 대 현재, 자아 대 다른 것, 남성 대 여성)에 직면하고 있다. 현대의 정신분석을 특징짓고 있는 사유–해체적인 것(예를 들면, 디멘Dimen 1991; 골드너Goldner 1991; 해리스Harris 1991)과 변증법적인 것(예를 들면, 벤자민Benjamin 1998; 호프만Hoffman 1998)은 그런 이분법적인 것을 해체하는 불교적인 전통과 대단히 맥을 같이 하고 있다. 여기에서 문제가 되는 것은 이론을 구축해가는 과정 이상의 것이다. 또한 치료에 대한 문제도 있다. 지나치게 경직되고 극단화된 사유의 고리에 놓인 정신분석이 우리 자신과 환자들을 해방시키는 과정에 내재된 치료적 가능성을 처음으로 탐색해가는 과정에서 해방의 가능성이 있는 오래된 불교 전통에 집중하게 되는 것은 당연한 일이다.

나는 우선 몇 가지 이론적 주제에서 시작하고자 한다. 그 다음에 치료적 요소들을 살펴볼 것이다. 핀은 이분법적 사고로 인해서 우리 정신분석가들이 봉착하게 되는 난점들 중 하나를 언급하고 있다. 정선 분석적 관계는 현재 일어나고 있는 실제적인 관계인가 아니면 단순히 과거에 발생하였던 관계의 재현인가? 우리는 이들 두 가지 모두이고 또한 동시라고 결론을 내리지 않을 수 없다! 이것은 두 가지 내포된 이분법, 즉 우리는 현재와 과거를 구분하길 원하고, 환자와 분석가를 구별하기를 원하기 때문에 이런 것이 난점으로 보인다. 여기서 우리는 또 다른 난점을 만난다. 즉 현재와 과거 및 분석가와 환자는 서로 구별되기도 하고 구별되지 않기도 한다는 난점이다. 정신분석가의 경험에서 생각해보면 우리는 자신이 성장한 사유의 논리적 구조인 서구철학의 아리스토텔레스적 기반에서 멀어지게 된다. 어쨌든 프로이트는 우여곡절을 통해서 우리가 동양적 영적 추구를 할 수 있게 해주었는가?

나는 간단한 임상의 한 증례를 제시하고자 한다. C라고 하는 남자 환자이고 30대이다. 그는 이제 분석을 종료하려고 한다. 지금의 면담 회기가 마지막이 될 것인지 아닌지가 매번의 분석 면담마다 불분명하였다. 인내심 없이 나는 환자가 마지막 면담 예정 날짜에 초점을 맞추도록 노력하고 있었고 마치 환자와 내가 정신분석의 종결을 위해 정서적으로 잘 준비가 되어 가고 있는 척 했지만 사실은 이것이 마치 힘의 대결인 것처럼 점차로 느껴졌다. 환자는 20대 후반까지 부모의 집을 떠나지 않았고 늙은 "모성적인" 여성과 함께 산다는 사실이 이런 분석 종결 과정과 연관되어 있는 듯이 보였다. 분석의 종결에서 환자는 "집"을 떠나려고 하지만 문제가 있는 듯이 보였다. 면담이 진행되는 동안 그는 이번 분석 면담이 정말 마지막이라고 결심하면서 바로 다음에 예약된 환자가 있느냐고 물었다. 나는 그 이유를 물었고, 그는 10시 30분에 바로 진료실을 떠나야 하는지를 물었다. 나는 말했다. "왜 그게 문제인가? 당신이 떠날 때 시간이 몇 시이든지 상관없이 우리는 치료의 종결을 맞이할 것이다." 환자는 대답하였다, "당신은 종결에 대해 엄격하게 구는군요!" 그리고서 그는 해석하였다, "내가 여기 하루 종일 머물지는 않을 거예요." 바로 이 때 나에게 떠오른 생각은 환자는 자신의 방식대로 떠나고 싶고, 나는 나의 방식으로 종결을 짓기 위해서 그의 길을 막고 있다는 것이었다.

여기에서 우리가 생각할 수 있는 역설에 대해 살펴보자. 나는 누구인가? 나는 이런 일련의 과정은 여기-지금에서 일어나는 상호 작용인가 아니면 부모의 역할에 대한 나의 과거에 기반을 둔 패턴의 재현인가? 나는 환자와의 작별을 다소 강박적인 방식으로 상황을 장악하는 등 나에게는 아주 친숙한 방식으로 대처하고 있다. 그러나 환자의 눈을 통해서 나 자신을 볼 때 그의 과거의 부모를 또한 재현하는 나 자신을 볼 수 있고, 이로 인해서 그가 집을 떠나는 것을 힘들게 하고 있었다. 나는 외면적으로는 그가 이미 떠난 것으로 치부하고 있음에도 불구하고 그가 떠나는 것을 조절하면서 사실상 나는 그를 붙잡아 놓고 있다. 누군가는 그가 처음부터 자신이 떠날 수 없는 과거의 조절하는 부모로 내가 작용하도록 유도한 것이었다고 말할 수도 있다. 또는 다른 사람들은 마찬가지로 다음과 같이 말할 것이다. 즉 그가 지배적인 부모와 해소되지 않은 작업을 다시 시작하고자 하는 욕구와 부합되는 나의 심리적 부분을 발견한 것이라고 말할 것이다. 우리가 이런 곤경을 뚫고 나오는 길을 발견하여 환자가 치료를 종결하고 떠날 수 있다고 하면 모든 것은 깨끗이 해결된다(물론 임시적이다!). 그리고 나는 이 환자를 만나기 이전부터 오랫동안 존재해 온 현재의 나 자신이기도 하고, 환자의 역사적 과거 부모의 재현이며 치료 과정에서 이 역할을 수행하도록 부여되었다. 이것은 현대의 정신분석가들에게는 아주 친숙한 변증법 또는 역설이다. 우리는 여기서 여러 세대에 걸친 정신분석가들에 의해 발전되어 온 여기-지금과 거기-이전을 동시에 고려하는 전이와 역전이의 프로이트의 개념들과 또한 이런 전이와 역전이는 분리불가능하다는 사실을 만나게 된다. 로이 샤퍼Roy Schafer(1982, 81)는 다음과 같이 말한다, "정신분석에서 발견한 지식을 고려하여 보면 우리는 세 가지의 순환성, 즉 주관과 객관, 관찰과 이론, 과거와 현재에 대한 관습적인 구분에 직면하지만 이런 구분은 더 이상 견지될 수 없다."

역사적으로 분석가는 이런 역설적인 어려움을 겪고 있었다. 이런 어려움들은 과거 또는 현재, 전이 또는 역전이를 강조하는 것에서 반영되어 있다. 그러한 양자 선택적인 사고의 극단은 전이가 과거로부터 빈 화면 분석가로 전적으로 옮겨졌다고 볼 때 나타난다. 이와 반대되는 극단은 정신분석가를 전적으로 개별적인 한 인간으로 현실적으로만 지각하는 것을 전이로 간주하는 것이다. 물론 모든 학파의 현대 정신분석가들은 어느 한 쪽의 극단에 서지 않는다. 그렇지만 자아와 타인, 과거와 현재의 분리 불가능성을 어떻게 설명할 것인가? 머튼 길Merton Gill(1982)은 그의 선구자적인 업적에서 과거에 뿌리를 둔 전이는 분석가의 실제적 행동에서 그럴 듯한 기반을 항상 발견한다고 믿고 있다. 어윈 호프만Irwin Hoffman(1983)은 전이는 역전이의 기대만큼 형성되는 것이라고 주장함으로써 간間주관적인 단계로 더 나아가고 있다. 호프만은 지금 우리가 고려하고 있는 극단들을 변증법적으로 조직화된 것으로 본다. 말하자면 하나의 극단은 또 다른 극단과 연관되어서만 존재한다는 것이다. 변증법적 관점은 개별 극단의 통합을 겸비하고 있다. 즉 자아와 타인, 과거와 현재는 추상적 차원에서는 구별될 수 있지만 다른 수준에서는 서로를 구성하고 있다. 토마스 오그덴Thomas Ogden(1986, 208)은 이것들은 서로를 "창조하고, 알리고, 부정하고, 보존한다"고 쓰고 있다. 한스 뢰벨트의 저서(1980, 1988)에서 자아와 타인, 과거와 현재 등의 구분은 이차 과정 사고에 속한다. 이런 구분들은 일차 과정 사고에서는 부재한다. 그에 따르면 심리적 성숙은 사고와 경험의 양쪽에서 접근함으로써 이루어진다. 다른 한편으로 역설의 사고는 얼른 보기에는 양립할 수 없는 상태, 예를 들면 한편에는 자아가 있고 다른 한편에는 무아가 있는 상태의 동시성과 연관을 가진다. 포스트 모던적이고 해체적인 저서들과 가르침들은 불교와 마찬가지로 때로는 사고 또는 경험의 습관적인 양식의 부정을 통해서 독자 및 추구하는 사람의 마음을 뒤흔들기 위해서 역설과 변증법에 기반을 두고 있다.

반야심경의 도입부에 있는 역설 또는 변증법(변증법의 한 극단은 다른 극단을 구성한다는 것을 상기하라)을 살펴보자. 즉 "형상이 공함이고 공함이 형상이다(색즉시공, 공즉시색)." 나는 어떤 사람이 사전 전제와 논리와 언어의 구속 없이 "처음"부터 시작하려고 마음을 먹을 때까지 이런 언술은 혼란을 초래할 것이라고 생각한다.

전통적 범주에 대한 이런 접근 방식은 성 정체성과 같은 모든 범주들을 넘어서고자 하는 포스트 모던의 사유(데리다Derrida 1978)에서 볼 수 있는 해체 전략과 유사하다. 예를 들면, 주디스 버틀러Judith Butler(1990, 1993)는 성적 정체성gender을 행동의 중첩에서 나오는 환영적인 실체를 넘어서는 실체가 없는 단지 행동적 실재만을 갖는 것으로 보았다. 성적 정체성의 존재 여부는 우리가 마치 존재하는 것으로 믿는 것처럼 우리의 행동에 전적으로 달려 있다. 나는 불교가 개인적 자아에 대해 말하는 것이 이와 동일하다고 생각한다.

변증법적인 사유는 마치 서로 반대되는 양 극단처럼 보이는 것들이 실제로는 보다 더 큰 전체의 부분이라는 것을 보여줌으로써 역설을 "해소하는" 한 가지 방법이다. 엠마누엘 겐트Emmanuel Ghent(1992)는 다른 방향을 취하였는데, 그는 역설을 기저적인 과정과 연관시켰다. 예를 들면, 초기 발달의 욕구에 대해서 겐트는 임상적으로 환자가 아기라고 말하는 동시에 환자는 성숙한 어른이라고 말할 때가 있다는 것을 지적하였다. 임상적으로 어떤 환자(실제로는 어른이지만)가 방어적이고 퇴행적인 목적으로 유아적 욕구를 주장하고 있다고 할 수 있다. 기저적인 과정은 환자가 욕구를 가지고 있지만 그것을 집착, 힘든 행동, "곤궁함"으로 위장하고, 이것은 주변 사람들(치료자 등)을 밀어내고 주변 사람들이 그 욕구에 무감각하게 만든다. 그런 경우 욕구가 있기도 하고 없기도 하다. 그 둘은 욕구함을 가지고 욕구의 거짓스런 자기 위장과 연관되어 있다.

역설의 영역에서 정신분석의 선구자인 위니컷은 역설을 해결하는 것이 아니라 역설과 함께 살아가는 것을 주장하였다. 예를 들면, 이행기 대상인 아이의 "담요"는 세상에서 가장 중요한 대상인가, 아니면 하나의 더럽고 오래된 담요에 불과한가? 분명히 둘 다이다. 주관적 현실에서는 전자이고 객관적 현실에서는 후자이다. 그러나 주관과 객관은 그 자체로 역설적으로 (또는 변증법적으로) 서로 연관되어 있다. 위니컷의 정신분석 전통에서는 역설을 해소하려는 노력은 상황의 복잡함에 폭력을 가하는 것과 같다고 본다. 예를 들면, 환자를 *단지* 아기라고만 보는 분석가, 그리고 환자를 *단지* 어른이라고만 보는 분석가는 환자의 한 차원만을 보게 될 것이다. 변증법으로 말하면 그 양 극단 사이의 긴장을 유지하는 것보다 양 극단의 한 쪽으로 붕괴되는 것이 더 위험하다(벤자민 Benjamin 1998).

그렇다면 정신분석은 변증법적인 지점, 즉 "자아"와 "타인", "남성"과

"여성"이라는 기본적 범주들을 덜 선형적이고, 덜 극단화되고, 보다 복잡한 관점을 받아들이게 되는 변증법적인 지점으로 우리를 데려다 주는가? 또는 정신분석은 개념적인 체계로 가득 찬 전통적인 범주 모두에 방해받지 않고 초월할 수 있는 곳, 즉 해체적인 포스트 모던의 관점으로 우리를 데려다 주는가? 우리는 어떻게 이런 급진적인 변화를 할 수 있는가? 여기가 바로 우리가 불교를 보아야 할 지점이다. 왜냐하면 불교는 교리와 수행의 핵심에 있는 이런 딜레마를 수세기 동안 다루어왔기 때문이다. 예를 들면, 개별적인 자아성의 개념이 사랑, 자비, 타인에 대한 선한 행동의 필요한 전제조건인가? 서구의 자유론적이고 인본적인 전통에서는 개별적인 인간 존재가 실제로 존재하고 가치를 지니고 고통 받는다는 것을 당연하게 여긴다. 이런 고통의 원천은 물질적 결핍, 사회적 부정의, 압제에 있다고 믿는다. 그리고 이런 고통은 제거될 수 있다고 믿는다. 우리가 고통과 개별적 자아의 개념을 제거하게 되면 자비로운 사회적 행동의 존재 이유가 없어지지 않을까―무제한적인 부정의와 압제―를 걱정하게 된다. 보다 개인적인 수준에서는 가족과 친구들, 사랑하는 사람들에 대한 우리의 가장 깊은 사랑스런 애착은 개별적 개인이나 자아의 유일성이라는 감각에 근거를 두고 있다. 많은 사람들에 대한 이런 애착은 삶 자체의 의미의 주요한 원천이다.

이와는 대조적으로 불교에서 이런 애착은 우리 모두의 가장 큰 고통의 원천이라고 지적하고 있다. 그것들은 무상하고 결국은 예상할 수 없이 파괴되고 상실되어 버린다. 불교는 또한 개별적인 자아는 부정의와 압제를 야기하는 탐욕과 증오의 원천이라고 주장한다. 불교도에게는 자비로운 사회적 행동은 자아와 이기적인 집착을 버림으로써 생기는 깨달음과 모든 존재들과의 사랑스런 동일화에서 발생한다.

나는 불교와 정신분석의 목표와 기법에 대해서 몇 가지 생각으로 결론을 맺고자 한다. 첫째, 관계 분석가들(예를 들면, 미첼 1997)은 (내적인) 애착 체계의 변화를 야기하기 위해서 환자와 분석가 사이의 상호 작용 안에서 작업하는 경향을 보인다. 언뜻 보기에 이런 목표는 애착의 버림이라는 불교적 강조와 일치하지 않는 듯이 보인다. 그러나 "집착"이라는 것을 대인 관계 패턴의 "내면화", 즉 초기 관계 패턴을 지속하고자 하는 경직된 기대 및 요구로 정의할 수 있다. 이렇게 정의하게 되면 관계정신분석의 목표는 일차 대상의 집착으로부터 환자를 해방하기 위해 분석 관계를 이용하는 것이다. 정신분석가가 "새로운" 또한 동시에 "오래된" 대상으로 작용하는 역설은 환자의 기존 내적 집착 체계를 뒤흔들게 된다. 이것은 마치 핀이 언급하는 바와 같이 구루들이 자신의 제자들을 뒤흔드는 것과 같다.

핀이 지적한 바와 같이 프로이트가 주장한 고르게 주의를 기울이는 태도는 불교에서 말하는 명상적 상태와 아주 유사하게 보인다. 환자의 자유연상은 자아의 포기와 유사한 "기억과 욕망"의 포기(비온 1988)가 필요하다는 점에서 또한 유사하다. 그러나 이러한 분석적 입장은 분석가의 실제적인 목표와 욕망(예를 들면, 증상의 해소)과 일치하지 않는 듯이 보이고, 또한 환자의 기억의 상기뿐만 아니라 정신역동의 이해를 통해서 통찰을 증진시키고자 하는 분석의 목표와도 일치하지 않는 듯이 보인다. 여기서 역설이나 변증법이 나타나는 듯하다. 말하자면 우리는 환자를 기억해야만 하고 잊어야만 한다. 우리는 모든 욕망을 포기해야만 하고 환자의 보다 나은 삶을 목표로 해야 한다. 그러나 우리가 환자를 먼저 기억하지 않고서는 환자를 잊을 수 없다. 그리고 우리는 먼저 욕망하지 않고서는 욕망을 포기할 수 없다. 놀랄 준비를 하고 환자를 기억하는 것과 예측할 수 없는 사건과 경험의 흐름에서 방어적으로 배제하는 식으로 환자를 기억하는 것 사이에는 큰 차이가 있다. 환자를 기억하는 후자의 형태는 환자의 입장에서 거짓된 자기 순응을 부추기는 방식으로서 환자가 집착하게 되는 하나의 버전이다. 자기 성찰을 하면서 욕망과 목표를 갖는 것과 환자와 우리 자신을 구속하는 고정된 욕망과 목표를 갖는 것 사이에는 큰 차이가 있다.

프로이트는 자유연상과 함께 고르게 주의를 기울이면서 들을 것을 촉구하면서 불교가 던져주는 많은 동일한 역설에 직면하는 길을 우리에게 열어놓았다. 어쨌든 비온과 위니컷(두 사람 모두 식민 시대에 동양에서 영향을 받았다) 사이에 놓인 프로이트 정신분석 비전의 몇 가지 느슨한 실마리들이 형성되면서 이런 실마리는 영적인 추구와 유사해져 가는 정신분석으로 편입되고 있다.

정신분석에서 영적인 수줍음의 지속

마크 핀(MARK FINN)

15년 전 나는 뉴욕 병원의 웨스트체스터 분원Westchester Division에서 박사 후 과정을 밟고 있었다. 그 당시 병원은 정신분석가들이 지도하고 있었다. 나는 열망과 친구들의 격려를 받고서 뛰어난 티베트 불교 승려들을 초청하여 연설을 듣고자 하였다. 그 날이 다가오자 나는 점차 불안해졌다. 내가 세세한 진행절차와 대접의 위계질서에 대해 불안해하면서 걱정은 더 심해졌고 고민도 세부적이 되어갔다. 병원은 아주 위계질서가 강력한 조직이고, 병원에는 내가 두려워하는 권위적인 많은 사람들이 있었다. 티베트 불교의 법맥들도 병원에 못지않게 위계적이었다. 몇몇 스승들이 참석한 자리에서는 서로 다른 위계에 따라서 서로 다른 높이의 방석이 주어졌다. 스승들이 명상 강당에 들어오면 우리는 모두 일어서서 삼배를 하면서 머리를 땅에 댄다. 병원에 초청된 스승 한 분은 전체 법맥에서 가장 중요한 인물 중 한 사람이었다. 달라이 라마처럼 그는 위대한 스승의 현현으로, 말하자면 한 명의 위대한 붓다의 현현으로 간주되는 분이었다. 티베트의 신정神政에서 그는 한 명의 왕자였다.

나는 정신분석 스승에게 적나라하게 나의 종교적 심성에 대해 알려야 하는가? 나는 이국적인 승복을 입은 승려를 따르도록 정신분석 스승들에게 요청해야 하는가? 나는 전체적인 상황을 얼버무려 버려 결국은 구성원들을 모욕하는 셈이 되고 나의 직업적인 삶과 영적인 삶 두 가지에 걸쳐 자살을 하게 되는 셈인가? 그러나 도움은 양쪽에서부터 왔다. 나는 그 당시 분석 중에 있었다. 나의 분석가는 그 병원의 전임 요원이었고, 우리의 분석 작업은 "고전적인" 분석 형식에 맞추어서 아주 엄격하게 행해지고 있었다. 티베트인들의 방문일이 가까워지면서 나의 분석가는 미친 듯이 걱정하는 나의 심리적 연상 작업 중에 잠깐 휴식을 취하며 "물론 너는 내가 병원에 라마승을 초대하는 것은 말도 안 되는 이상한 일이라고 생각한다고 여기고 있지"라고 말하였다. 이것은 말 그대로 정확한 해석이었다. 나는 공포의 뿌리에 놓인 것이 혹시나 미친 짓으로 드러나지 않을까 하는 걱정이라는 것을 인식하였다. "말도 안 되는 이상한"이라는 구절은 나에게 특별히 기억될만한 것이었다. 왜냐하면 그것은 영성에 대한 모든 우리의 언어가 가리키는 것을 넘어선 경험의 측면을 지적하는 것이기 때문이었다. 나의 공포에 이름을 붙이는 것은 나의 신앙을 상기시키는 것이었다. 나는 심리학자인 사촌을 불렀다. 그는 여러 다양한 일반적인 정신건강 모임에 인도 요가 스승들을 초청하곤 하였다. 그의 충고는 많은 정신분석가들의 해석처럼 직접적이고 올바른 것이었다. "망설이지 말고 당신의 스승을 섬기세요." 나는 사원에 전화를 걸었고 지침을 요청하였다. 사원의 요구는 그분의 의자는 그 방에서 확실하게 가장 좋은 것이어야 하고, 그가 방에 들어올 때와 나갈 때 모든 사람은 반드시 일어나야 하며, 가능하다면 크리스탈 컵에 음료가 있으면 좋겠다는 것이었다. 나는 이런 요청을 받아들이겠다고 하였다. 그 분은 몇몇의 수행승과 함께 도착하였고, 수행승들은 내가 사원에서 요청받은 일을 하기 전에 진홍색 비단을 깔았다. 그리고 병원의 유명한 전임 요원들에게 젊은 티베트 승려인 그분이 오면 일어서기를 요청하였다. 대화 내용은 단지 평범하고 지적인 것이었고, 모든 사람은 그 경험을 즐겁고 따뜻하게 받아들였다. 흠을 잡히기는커녕 오히려 나는 감사를 받았다.

그 후 수 년 간 나는 불교와 정신분석에 대한 회의를 조직하고 강의를 하고 논문을 썼다. 나는 "통상적인" 정신치료 및 정신분석 세계에서 호의적이지 않은 반응을 받은 적은 없다. 오늘날 불교는 정신분석 문화에서 작지만 성장하는 분야이다.

나의 논문에 대한 닐 알트만의 논평은 "비-불교" 분석가가 나의 주장에서 동의하지 않는 부분은 거의 없다는 것을 보여주는 또 다른 하나의 실례라고 여겨진다. 그는 반야심경에 대한 나의 논의가 현대 정신분석과 포스트모던 사유의 지적인 발전에 아주 부합하는 것이라고 지적하였다. 나는 그가 역설이 해소되는 것이라기보다 내재하는 것이라고 강조하는 것이 도움이 된다고 생각한다. 나는 그가 스승과 제자 사이의 관계에 대한 이야기에 보다 더 흥미를 가지기를 희망하고 있다. 그는 티베트의 스승들 이야기에서 내가 본 것을 인식하고 있지만 분석 자료로서 그것들이 갖는 나의 열정을 나눌 수 있는 정도는 아닌 것 같다. 나는 이런 이야기들이 정신분석에서 더 많은 관심을 불러일으킬 만하다고 생각한다. 그 이야기들에는 추천받을 많은 내용들이 있다.

아마도 더 중요한 것은 이 이야기들은 이론적인 정의와 용어라는 점에서 불교와 정신분석 사이의 대화를 구출할 것이다. 이것은 신비주의의 놀라운 경험에 기반을 둔 실제적 삶들을 기술하면서 서구 독자들이 인식할 수 있는 가족 문제의 세계로 들어가게 해준다. 신비적 세계는 고대의 예언자들만이 알 수 있는 그런 무엇이 아니다. 그것은 우리 자신의 일상적 삶의 기반이다. 반야심경은 상대적인 심리적 형태와 절대적인 신비적 형태 없음의 분리 불가능성을 선언하고 있다. 이 이야기들은 추상적인 철학이 될 수 있는 것을 심리적 고통의 개인적 투쟁 속에 놓는다. 그것들이 정신분석가인 나에게 특별히 호소하는 것은 이 이야기들에 있는 종교적 삶의 중심에 있다. 그것은 심리적인 것과 영적인 것의 분리 불가능성이다. 나 이외에도 분석가이면서 인류학자인 로버트 폴Robert Paul (1982)이 티베트 이야기에서 오이디푸스 통찰의 중요성을 인식하였다는 것을 알고 있다.

나는 다소 장황하게 나 자신에 대한 이야기를 하면서 닐 알트만의 논평에 답을 하고 있다. 왜냐하면 그의 동의와 지지에도 불구하고 어쨌든 우리는 더 많은 접촉을 할 수 있으면 좋겠다고 느끼기 때문이었다. 나의 논문에서 영적인 문제에서 수줍음이 남아있다는 생각이 퍼뜩 들었다. 이런 수줍음은 우리가 일정 부분 동의하지만 접점은 아니라는 나의 느낌에 기인한다. 나는 그가 불교 심리학은 대체적으로 받아들이지만 그 심리학의 신비적 배경에는 들어오지 못하는 느낌을 받는다. 나는 불교가 정신분석에 받아들여질 수 있는 부분적인 이유는 불교가 영적인 함축성을 갖는 심리적 변화의 경험적 방법이면서 다른 한편 종교라는 전체적인 혼란스러운 내용은 피할 수 있기 때문이라고 믿는다. 불교에 대한 정신분석적 옹호자가 되고자 하는 시도에서 나는 종교적인 수줍음에 대해 죄책감을 느낀다. 나는 닐 알트만이 자신의 논문에서 제일 처음과 제일 끝에서만 *영적인*spiritual이라는 단어를 사용하는 것을 주목한다. 나는 영적인 것을 에둘러가는 데에는 아마도 수줍음과 함께 지혜가 있다고 생각한다. 우리는 종교적 광대함에 아주 가까이서 걷고 있기 때문에 약간의 주의를 기울이는 것이 부적절하다고 여겨지지는 않는다.

위니컷이 이행기 공간이라는 것을 배치함으로써 놀이, 창조성, 종교와 같은 정신적 삶이 갖는 덜 합리적인 측면들을 경멸적으로 여기는 것이 줄어들었다. 위니컷의 언어는 달리 반대하지 않는 한은 좋은 의미에서 암시적이고 불가지론적이다. 반면 비온과 뢰발트는 마음의 신비적이거나 신적인 측면이 있다는 믿음에서 명시적이다. 뢰발트가 일차 과정은 시간을 넘어선 영원성의 신비적 경험에 기원을 두고 있다고 재정의하는 것을 상기하자. 마이클 아이겐(1998)은 비온의 이론에서 핵심적인 신비주의는 종종 정신분석적 논의의 바깥에 두고 있다는 것을 관찰한 점에서 대단한 신뢰를 받을만하다. 아이겐은 시적인 우아함으로 신비적이거나 실재로서 정의된 임상 진료의 함축성을 탐색한다. 아이겐은 불교 수행을 대단히 높게 평가하지만 그는 불교를 이상화하면서 영적으로 빠지는 것을 거부하고 유대교 기도의 열정에 빠져있는 자신을 발견한다. 신은 버려진 것이 아니다. 아이겐은 자신의 환자에서 심리적인 역동성과 영적인 역동성의 복잡한 상호작용을 묘사하는 탁월한 방법을 갖고 있다. 그는 공감적으로 영적 수행의 심리적 혜택을 서술하고 있다. 특히 티베트의 이야기에서 본 바와 같이 끔직한 파괴성을 담아내는 그들의 특별한 능력에서는 더욱 그렇다. 영적인 진리는 해방적이고 위로를 주면서도 동요시키는 가능성을 갖고 있다. 프로이트는 영적인 것을 정신분석에 허용하면 비의적인 세계에 전면적으로 문을 활짝 열어놓는 것이 되지 않을까 하고 염려하였다(그로스쿠르트Grosskurth 1991). 일단 우리가 영적인 것을 인정한다고 하면 얼마나 멀리 초자연적인 것과 함께 갈 수 있는가? 티베트 불교는 현재 많이 모호하기는 하지만 나는 여기서 하나의 양가성을 본다. 한편으로는 달라이 라마에 가장 공적으로 체현된 고무적인 친절함과 명료함이 있다. 다른 한편으로는 초자연적이고 초심리학적인 것이 넘쳐 흐르는 종교적인 문화가 있다. 이것은 "두 사람" 심리학을 넘어선 초개인적이라고 부를 수 있는 세계로 들어가는 "마음"의 관점에 기반을 두고 있다. 역사적으로 이런 주제들을 고려하는 것이 도움이 될 것이다.

정신분석의 관계적 측면에 강조를 두는 현재의 정신분석의 대부분은 산도르 페렌치와 그의 사유를 정신분석의 역사에서 올바른 자리에 두고자 하는 복권의 의미를 반영하는 것으로 볼 수 있다. 이와 유사하게 정신분석의 세계에서 나의 영적인 수줍음이라는 보다 큰 맥락을 고려하면 나는 정신분석의 관계적 측면이라는 대부분의 정신분석 담론에서 융을 지속적으로 배제하고 있었던 것은 아닌지 궁금해 하였다. 최근『정신분석적 대화』에서 현대 융분석가는 스테펜 미첼의 환자에 대한 논의를 중점적으로 다루었다(Vol.10, No.3[2000]). 또한 미첼과 제임스 포사게 James Fosshage는 융 분석가들에 대해 언급하고 있다. 이런 대화의 분위기는 일반적으로 화기애애하고 흥미롭다. "영성"은 때로는 자주 언급되지만 때로는 무시되고 있다. 프로이트와 융의 분열의 중심에 놓여있는 영성과 종교에 대해 논의가 이루어지지 않고 있다. 때로는 종교와 정신분석 사이에 마치 라마승이 병원에 오는 것처럼 아무런 긴장도 없는 듯이 보인다. 또 다른 때에는 영적인 담론의 배제가 당황스럽게 느껴지기도 한다. 현재의 정신분석은 이전에 그랬던 것보다는 병리적이지 않은 용어로 영성을 논의하는 것에는 더 개방적이 되었다는 것이 나의 인상이다. 그러나 이런 점이 일정하지는 않다. 나는 우리가 깊이 종교 보편주의의 분위기를 창출하고 있다고 생각한다. 우리는 영성이 이런 열망을 방해할 것이라고 걱정하는가? 그리고 영성으로 인해서 종교와 함께 권위, 정통, 분열주의라는 문제가 정신분석에 등장하는 것이 촉진되지 않을까 하고 두려워하고 있는가? 이단자라는 문제를 언급하지 않고 정신분석에서 영성을 재합법화하기 위해서 불교의 세련된 무신론을 이용한 적이 있는가? 나의 공식적인 정신분석 훈련이 시작되기 오래 전 대학교 입학 이후에도 내가 융에 대해 거의 읽지 않았다는 것은 놀라운 일이다. 마찬가지로 종교, 영성, 정신분석의 그렇게 많은 회의와 패널에서 융이 거의 언급되지 않는 것도 놀라운 일이다. 나는 현재의 맥락을 이해하기 위해서 융과 프로이트를 재방문할 필요가 있는지 궁금하다.

내가 나이가 들면서 광기에 대해 덜 두려워하고 확실한 위치에 대해 덜 절망적이 되면서 나는 초자연적인 느낌에 대해 더 개방적이 되었다. 임상가들은 아무리 힘들지라도 환자로 인해서 놀라게 되는 것에 대해 개방적이 되어야 한다고 쓰고 있다. 세계의 놀라움에 개방적이 되는 것도 쉬운 일은 아니지만 도움이 된다고 생각한다. 이런 노력으로 인해서 나는 몇몇 친구와 환자들보다 종교에 더 들어가게 되었다. 이런 노력의 일부는 모든 사람들에게 계속 귀를 기울이는 것이다. 티베트인들은 상대적인 것과 절대적인 것의 분리 불가능성에 대해 가르치고 있다는 것을 상기하라. 그들은 상대적인 진리를 볼 수 있고 분류할 수도 있고 측정할 수도 있는 모든 것으로 정의한다. 절대적인 것은 시간과 공간을 넘어서 있다. 아마도 두 가지 실재적인 원리들이 있을 것이다. 하나는 상대적인 진리이고 또 다른 하나는 절대로 해독되지 않고 끔찍하지는 않지만 당혹스러운 절대적인 세계의 것이다. 나의 기억으로, 융은 이런 두 가지가 서로 교차하는 것을 실제로 경험하였지만 "원형"이나 초심리학적 범주라는 전적으로 새로운 틀에 찬동하라고 요구하지는 않았다.

나는 닐 알트만이 나의 논문에 그렇게 많이 동의해준 것에 대해서 감사를 표한다. 불교와 정신분석은 어떤 점에서는 아주 민감하고 현실적인 것으로 보인다. 그러나 그것들은 또한 우리 마음의 야생성과 광활함을 불러일으킨다. 나는 활자로 하는 우리의 대화가 상당한 정도로 이런 공감에 살아있을 수 있기를 바라지만 나 자신의 열망을 표현하는 데는 소심하다.

한때 나는 이 논문의 서두에 언급된 티베트의 라마승에게 스승을 찾으려고 하면 어떻게 해야 하는지에 대해 질문하였다. 그는 내가 스승과의 관계를 시작하는 데 비판적이고 신중하게 관찰하고 주의를 기울여야 한다고 격려해주었다. 그는 계속해서 말하기를, "당신 미국인들은 항상 거기에 단지 유일한 올바른 사람이 있다고 생각한다. 당신이 추구할 때 거기에는 당신의 뒤에 수많은 붓다들이 있고 바로 당신의 주변 시야 너머에서 수많은 붓다들이 자비심을 갖고 당신을 응원하고 있다는 것을 생각하라." 그는 이렇게 내가 여기서 암시하고자 하는 넓은 공간을 가리키고 있다.

정신분석의 용어로 하면 그는 내가 영적인 세계를 정적인 "대상"으로서가 아니라 살아있는 "주체"로 보기를 고무하고 있다. 이것은 우리의 세계를 아는 것에 대한 우리의 권위를 뒤엎는 진정한 변화이다. 때로는 불교와 정신분석의 대화는 라마가 언급한 전체를 보지 못한다. 누구라도 이런 전체가 실재인지 또는 창조적 상상력의 활동인지 질문할 수 있다. 그러나 이런 질문은 요지를 벗어났다고 나는 생각한다. 티베트 불교는 모든 현상의 구성적인 성질에 대한 강한 느낌을 갖고 있기 때문에 이런 구별은 산산이 부서진다. 유명한 일화를 달리 바꾸어 표현해보자. 윌리엄 블레이크William Blake가 다음과 같은 질문을 받았다, 당신이 생각하는 신이 당신의 상상에 불과하다면? 그는 자신의 상상은 신과 분리될 수 없기 때문에 대답은 별로 문제가 안 된다고 대답하였다. 포스트모더니즘의 불확실성은 우리의 전망을 다수로 향하게 할뿐만 아니라 우리가 영적이라고 부르는 전체적이고 말로 표현할 수 없고 살아있는 무한과 경험된 관계로 돌아가라고도 한다.

1 탄트라의 신성들은 위니컷의 이행기 공간이라는 개념과 동일한 영역에 거주한다. 어떤 점
   에서는 심리적으로 안이나 밖에 대해서 어떤 강한 언급도 할 수 없다. 티베트의 이야기에
   대해서는 핀(1992)을 참조하고 종교와 정신분석의 대화에 기여한 위니컷의 상세한 논의에
   대해서는 존스Jones(1991)와 마이스너Meissner(1984)를 보아라.

2 오이디푸스의 이미지는 또한 『티베트 사자의 서』에서도 언급되어 있다. 이 책은 죽음 후의
   심리적 변화 단계에 대한 의식과 안내서이다. 그러나 이 책은 살아 있는 사람들에 대한
   안내서로도 이해된다. 우리는 항상 죽어가고 새로 태어나면서 이행단계의 애매함을 견디고
   있다. 프레맨틀Fremantle과 트룽빠(1975) 그리고 소걀Sogyal(1992)을 참조하라.

References

Benjamin, J. 1998. *The Shadow of the Other*. New York: Routledge.

Bion, W. R. 1970. *The Psychoanalytic* Mystic. Binghamton, N.Y.: ESF Publications.

————. 1988. Attacks on Linking. In *Melanie Klein Today*, ed. E. Bott-Spillius, vol. 1. London: Routledge.

Butler, J. 1990. *Gender Trouble*. New York: Routledge.

————. 1993. *Bodies That Matter*. New York: Routledge.

Cahill, T. 1998. *The Gifts of the Jews*. New York: Nan Talese/Anchor Books.

Derrida, J. 1978. *Of Grammatology*. Trans. G. C. Spivak. Baltimore, Md.: Johns Hopkins University Press.

Dimen, M. 1991. Deconstructing Difference: Gender, Splitting, and Transitional Space. *Psychoanalytic Dialogues* 1:335-52.

Eigen, M. 1998. *The Psychoanalytic Mystic*. London: Free Assocication Books.

Epstein, M. 1995. *Thoughts without a Thinker*. New York: Basic Books.

————. 1998. *Going to Pieces without Falling Apart*. New York: BroadwayBooks.

Finn,M. 1992. Transitional Space and Tibetan Buddhism: The Object Relations of Meditation. In *Object Relations and Religion*, ed. M. Finn and J. Gartner. Westport, Conn.: Praeger.

————. 1998. Tibetan Buddhism and Comparative Psychoanalysis. In *The Couch and the Tree*, ed. A. Molino. New York: North Point Press.

Fremantle, F., and C. Trungpa. 1975. *The Tibetan Book of the Dead*. Boulder, Colo.: Shambhala.

Ghent, E. 1992. Paradox and Process. *Psychoanalytic Dialogues* 2:135-60.

Gill, M. 1982. *Analysis of Transference*. New York: International Universities Press.

Goldner, V. 1991. Toward a Critical Relational Theory of Gender. *Psychoanalytic Dialogues* 1: 249-72.

Grosskurth, P. 1991. *The Secret Ring*. Reading, Mass., Addison-Wesley Publishing.

Guenther, H. G. 1986. *The Life and Teaching of Naropa*. Boston: Shambhala.

Gyaltsen, K. K., trans. 1990. *The Great Kagyu Masters*. Ithaca, N.Y.: Snow Lion.

Harris, A. 1991. Gender as Contradiction. *Psychoanalytic Dialogues* 1: 197-224.

Hoffman, I. Z. 1983. The Patient as Interpreter of the Analyst's Experience. *Contemporary Psychoanalysis* 19:389-422.

————. 1998. *Ritual and Spontaneity in the Psychoanalytic* Process. Hillsdale, N.J.: Analytic Press

Jones, J. 1991. *Contemporary Psychoanalysis and Religion: Transference and Transcendence*. New Haven: Yale University Press.

Jose, I. C., and R. Jackson, eds. 1996. Tibetan Literature, *Studies in Genre. Ithaca*, N.Y.: Snow Lion.

Kawai, H. 1996. *Buddhism and the Art of Psychotherapy*. College Station: Texas A&M University Press.

Laing, R. D. 1967. *The Politics of Experience*. New York: Ballantine Books.

Lhallungpa, L. P. 1982. *The Life of Milarepa*. Boulder, Colo.: Pranja Press.

Loewald, H. 1978. *Psychoanalysis and the Life of the Individual*. New Haven: Yale University Press.

————. 1980. *Papers on Psychoanalysis*. New Haven: Yale University Press.

————. 1988. *Sublimation*. New Haven: Yale University Press.

Meissner, W. 1984. *Psychoanalysis and Religious Experience*. New Haven: Yale

University Press.

Merzel, D. G. 1994. *Beyond Sanity and Madness: The Way of Zen Master Dogen.* Rutland, Vt.: Charles E. Tuttle.

Mitchell, S. A. 1997. *Influence and Autonomy in Psychoanalysis.* Hillsdale, N.J.: Analytic Press.

Nalanda Translation Committee. 1970. *The Sutra of Heart of Transcendent Knowledge.* Private publication.

Ogden, T. 1986. *The Matrix of the Mind.* Northvale, N.J.: Jason Aronson.

Paul, R. A. 1982. *The Tibetan Symbolic World.* Chicago: University of Chicago Press.

Pepper, S. C. 1942. *World Hypotheses.* Berkeley: University of California Press.

Robinson, J. B. 1996. The Lives of Buddhist Saints: Biography, Hagiography and Myth. In *Tibetan literature,* eds. J. J. Cabezon and R. R. Jackson. Ithaca, N.Y.: Snow Lion.

Rosenblum, R. 1999. *Zen and the Heart of Psychotherapy.* Philadelphia: Brunner Mazel.

Rubin, J. 1996. *Psychotherapy and Buddhism.* New York: Plenum.

Schafer, R. 1982. The Relevance of the "Here and Now" Transference Interpretation to the Reconstruction of Early Development. *International Journal of Psychoanalysis* 63:77-82.

Situpa, T. 1988. *Tilopa: Some Glimpses of His Life.* Edinburgh, Scotland: Ozalendara.

Sogyal, R. 1992. *The Tibetan Book of Living and Dying.* San Francisco: Harper.

Stewart, J. M. 1995. *The Life of Gampopa.* Ithaca, N.Y.: Snow Lion.

Suler, J. 1993. *Contemporary Psychoanalysis and Eastern Thought.* Albany: State University of New York Press.

Suzuki, S. 1970. *Zen Mind, Beginners Mind.* New York: Weatherhill.

Tanahashi, K. 1985. *Moon in a Dewdrop: Writings of Zen Master Dogen.*

New York: North Point Press.

Trungpa, C. 1973. *Cutting through Spiritual Materialism*. Boston: Shambhala.

————. 1980. *The Rain of Wisdom*. Boulder, Colo.: Shambhala.

————. 1981. *Journey without Goal: The TantricWisdom of the Buddha*. Boulder, Colo.: Prajna.

Tsang, N. H. 1982. *The Life of Marpa the Translator*. Boulder, Colo.: Prajna.

Wilber, K., J. Engler, and D. Brown, eds. 1986. *Transformations of Consciousness: Conventional and Contemplative Perspectives on Development*. Boston: Shambhala.

제3장

용해 그 자체의 용해

제3장

용해 그 자체의 용해

로버트 랭건(ROBERT LANGAN)

나를 황홀경 속으로 용해시켜라

– 밀턴Milton

당신이 이 논문을 읽기 시작하면서 약간 틈을 내어 주목하게 된다면 당신과 나는 특별한 관계를 갖고 있다는 것을 알 것이다. 어느 정도 당신은 자신－당신의 *자아*, 당신이 현재 경험하는 소용돌이치는 샘은 이래저래 자신이 선택할 수 있는 가능성에 열려 있다－을 유보된 채로 둔다. 당신이 나의 말들을 따르기로 선택하면 나의 존재를 임시로 채택하는 것이다. 당신은 자신의 마음으로 나의 말을 발언하게 허용하고 당신의 발언으로 나의 말들을 마음에 두는 것이다. 우리 사이에 발생하는 것은 누구의 목소리인가? 당신은 당분간 나의 의미와 나의 두서없는 이야기에 참여한다. 당신은 나의 선택과 자신이 주목할 만한 것을 선택하면서 시시닥거리는 자신을 허용한다.

그렇지만 여기에는 틈이 있다. 당신은 이 책에서 눈을 뗄 수 있고, 그러면 나의 말들은 메마른 종이 위에 조용한 잉크가 된다. 나는 용해된다. 이런 말들에 다시 한번 당신의 시선을 두어라, 그러면 나는 갑자기 존재하게 된다. 당신은 우리 사이의 틈을 가로질러 나의 존재를 운반한다.

흥미삼아서 우리의 관계가 정신분석적이라고 해보자. 지금 당장은 누가 누구에게 정신분석가라고 말하지 말자. 흔쾌히 우리의 관계를 정신분석적이라고 이해함으로써 우리가 하는 것은 자아에 초점을 맞추는 것이다. 대개는 다른 사람의 자아보다 자신의 자아에 초점을 맞춘다. 우리는 세계 속에 놓인 존재의 성질에 초점을 맞춘다. 그리고 우리는 자아의 향상을 용납하지 않는다고 가정하거나 아마도 희망할 것이다. 자아는 도움을 필요로 한다. 우리 사이의 틈을 건너갈 때 다른 자아가 되는 것(더 좋게?)이다. 나는 완전히는 아니지만 중요하게도 당신이 만든 나가 된다. 그리고 당신은 나의 것이 된다. 우리의 희망은 타인의 자아에서 시사된 가능성들을 빌림으로써 너무나 제한된 자아로부터 탈출하는 것이다.

틈은 타인을 만든다. 다른 암시들은 우리의 자아를 다시 만든다. 그 틈은 우리 사이에 또한 우리 자신 안에, 오래된 것과 새로운 것 사이에, 과거와 미래의 가능성 사이에 있다. 우리는 자신이 그 사이에서 유예되어 있는 것을 발견하고 현재의 자아는 미래가 과거로, 과거가 미래로 용해된 것이다. 이런 틈을 자각하는 것, 존재의 용해되는 가장 자리는 자아의 의도적 변화를 향한 지속적인 초대이다. 이런 자아의 의도적 변화는 자아를 내려놓고 타인을 내려놓고 그 자체가 되는 변화이다. 이것은 정신분석을 향한 초대이다.

이런 것들은 허세를 부리는 말이다. 내가 분석가이고 당신이 분석을 받는다고 하면 당신은 수년 동안 일주일에 여러 번 와서 나를 만나야만 한다. 또한 돈을 지불해야 한다. 이런 상황은 서로가 부당하게 이용하는 것처럼 보일 수도 있다. 그러나 이것은 단순히 나의 탐욕 때문에 당신을 부당하게 이용하는 것도 아니라 당신의 공포 때문에 나를 부당하게 이용하는 것일지 모른다. 이것은 존재가 갖는 공포에 질려 용해되는 존재의 본질을 우리 모두가 회피하는 것일지 모른다. 부당한 이용은 알려지고 평결은 내려지며 비난은 던져지고 하나의 사례는 종결된다. 이것은 확실함이라는 환영을 제공한다. 우리는 서로 왜 이런 일을 하는가? 우리가 이렇게 해야만 할지도 모른다. 그러고서 옆으로 한 걸음 한 걸음 나아가는 우리의 분석 작업은 어떻게 해야만 하는지를 점검하면서 시작된다. 우리는 "해야만 한다"의 명령을 제거하고자 애쓰고 다른 가능성과 다른 자아들을 얼핏 보면서 더 나아지고자 한다. 그래서 우리는 이런 분석작업을 한다(수년이 걸리는 것을 언급하지 말자). 공포는 사라졌는가? 새롭게 나아지고 유연해질 수 있는 어떤 다른 자아는 얼굴도 없이 용해되는 자신의 모습을 직면하고 자신이 누구이든 간에 죽어가고 있다는 것을 아는 것, 더 정확하게 말하면 생생하게 자신의 눈으로 볼 수 있는가? 멕베스의 말을 직면하자. "우리의 모든 어제들이 바보들에게 먼지 쌓인 죽음의 길을 비춰주는구나." 거기에 용해 그 자체의 용해는 없는가?

1926년 프로이트는 루드비히 빈스방거Ludwig Binswanger의 편지에 대해 절망스럽게도 회신을 하면서 다음과 같이 말하였다. "나에게는 이 아이가 모든 자식들과 손자들의 자리를 대신해 왔네. 그리고 그 후 [그 아이(하니넬레)가] 죽고 난 후 더 이상 다른 손자들을 돌볼 의욕도 없고 심지어 삶에 의욕도 느끼지 못하네. 이것이 나 자신의 삶의 위험[인플루엔자 전염병 감염]에 대한 무관심—용기라고 불려온 것—의 비밀이라네 … 당신은 상실을 극복하기에 충분할 정도로 젊네, 그러나 나는 이제 더 이상 아니야"(빈스방거Binswanger 1957, 78-79).

여기에 반드시가 있다. 즉 우리 모두는 죽는다는 것이다.

널리 알려진 바와 같이 프로이드는 삶의 마지막을 향해 가면서 정신분석의 범위를 신경증적 고통 대신 인류의 공통적 운명인 고통, 즉 죽음에 한정하였다. 인간이 겪는 공통적인 불행의 어떤 것도 죽음보다 확실한 것은 없다. 질병과 노화는 생명의 활력을 잠식한다. 죽음은 모든 희망과 사랑과 가치 있는 목적을 의미 없는 것으로 부식시킨다. 죽음에 직면하여 내세의 종교적 확신에 귀의하는 것은 회피적인 자기 망상으로 보인다. 프로이트는 이렇게 보았다. 그러나 무덤 너머에 아무것도 없다는 프로이트의 금욕적이고 과학적인 확신은 자기 위안적인 거만함으로 보인다. 이것은 하나의 신념을 다른 하나의 신념으로 단순히 대체한 것이다. 프로이트가 절망으로 방향을 선회한 것은 자신의 정신분석이 갖는 해방적이고 자기 극복적인 두 가지의 모습을 무시한 것이라고 생각된다.

프로이트는 자신을 어떤 근본적인 불확실성에 대한 마지막 청구인으로 간주한 듯하다. 결국 그는 자신의 정신분석 기법을 무의식적인 것을 의식적으로 드러내고 이드를 자아ego로 대체하여 합리적인 설명을 제공함으로써 신경증적인 행동의 신비를 풀어나가는 방식으로 디자인하였다. 그렇지만 그 기법은 불확실성의 양가적인 수용과 인정에 매달려 있었고 지금도 여전히 그렇다. 환자는 자신의 마음에 떠오르는 어떤 것이라고 말하기 위해서는 연결되어 있다고 여겨지는 의미 있는 확신을 포기해야만 할 뿐 아니라 의사 또한 자유로이 떠도는 주의집중으로 환자의 말을 들을 수 있기 위해서는 친숙한 기대를 포기해야만 한다(랭건 Langan 1997). 정신분석적 이자二者의 개별 참가자, 즉 환자와 의사는 불확실함에 더 잘 개방적이 되기 위해서는 우리가 아무것도 모르는 마음a know-nothing mind이라고 부르는 것을 받아들여야만 한다. 프로이트는 자신의 정신분석적 병인론을 확실하게 확립하기 위해서 불확실성으로 과감히 뛰어들었고, 단호하게 그 불확실성에서 뒤로 물러섰다. 정신분석적 이론은 바로 그 진리였다.

우리가 프로이트의 발자국을 뒤로 하고 앞으로 더 진전하면 거기에는 무엇이 있는가? 프로이트가 했던 것보다 더 급진적으로 불확실성에 개방적이 된다는 것은 어떤 진리의 궁극적 확실성에 의문을 제기하기 시작하는 것이다. 우리는 자신의 자아를 확립하는 문제에 혼란을 느낀 데카르트와 만난다. 그렇지만 만약 "나"의 안정성을 불확실성에 개방한다면 우리는 데카르트의 대답, 즉 나는 생각하므로 존재한다는 대답으로 데카르트를 만날 수는 없다. 현대의 정신분석 이론가들(예를 들면, 미첼 1993; 랭건 1993; 필립스 1994; 스턴 1997; 호프만 1998; 파이저 1998)은 바로 이것, 즉 자아의 안정성을 불확실성에 개방하면서 자아를 기반 없는 곳에 내려두고 "공간들 사이에 서 있다"(브롬버그 1998). 더 표류하면서 나아가 보자. 공간에 당신 자신을 용해하라. 여기서 확장하여 심지어 더 급진적으로 자아의 고정성을 용해하게 되면 우리는 어떤 의미에서 죽음을 용해하는가? 만약 어떤 고정된 자아가 없다면 죽는 사람은 없는 것인가?

붓다는 기묘하게도 그렇다고 대답한다.

자아의 성질과 고통의 용해에 대한 불교의 가르침들은 현대 정신분석 이론과 아주 밀접한 관련성을 갖는다고 나는 제안한다. 더구나 해답을 주고자 하는 불교와 정신분석 기법들(즉 명상과 분석적 집중)은 유사성을 보여준다. 나에게는 하나가 다른 하나를 이끌어 왔고 지금도 그렇다. 불교와 정신분석 기법은 개방적으로 서로 다른 각도에서 용해되는 자아의 포착하기 어려운 성질과 훈련된 집중 가운데 있는 새로운 것을 알게 해주는 힘을 갖고 있다.

그러나 독자들이여, 독자와 나와의 독특한 관계를 상기하라. 내가 주장하고 있는 생각의 내용에 단순하게 주의를 기울이는 것뿐만 아니라

이 페이지를 우리가 어떻게 떠돌고 있는지에 유념해주길 바란다. 심지어 우리는 바로 지금 어떤 것에는 주의를 기울이지만 다른 어떤 것은 잊고 지나가 버린다. 집중하고자 하는 이런 노력은 명상과 분석적 주의집중에 공통적인 비껴나가는 자각을 훈련시킨다. 우리는 말 속에 있지만 동시에 말에서 분리되어 있다. 말은 휘돌아 나가면서 우리를 되감아 돌아오고 진공 속으로 사라진다. 거기 우리들 사이의 어딘가에서 어떤 말들이 어느 정도의 시간 동안 어떤 대답을 하면서 서로를 용해하면서 비존재의 잊어버린 얼굴에서 우리가 더 충실하게 살아가도록 해준다.

이런 문제에 대해 어떻게 우리가 대답해야 하는가라는 문제가 바로 앞에 놓여 있다. 자유 의지에 대한 프로이트의 이론적 가정—무엇을 해야만 하는 것뿐만 아니라 어떻게 해야 하는지에 약간의 선택권이 있다는 가정—은 불교도 공유하는 바이다. 자유 의지는 삶의 과정에 대한 책임을 요구한다. 우리는 자유 의지를 거부할 수 있지만 자유 의지의 관점에서 보면 그런 거부도 하나의 책임지는 선택이다. 말하자면 우리는 거부라는 희생을 선택한 것이다. 우리는 자신의 선택에 대한 책임을 회피할 수 없다. 그것이 심지어 무의식적인 선택이라도 그렇다. 미하일 바흐친Mikhail Bakhtin(클락과 홀퀴스트Clark and Holquist 1984)은 이것을 삶에 대한 "답변 가능성"이라는 개념으로 부르면서 "존재에 대한 알라바이는 성립할 수" 없기 때문에 피할 수 없다고 하였다. 주어진 역사와 환경에 못지않게 우리의 선택은 자신의 삶뿐만 아니라 주위 사람들의 삶에 좋든 싫든 영향을 미친다. 불교에서도 이와 마찬가지로 원인과 결과의 피할 수 없는 연결—까르마—로 인해서 우리가 현재의 피할 수 없는 고통으로 내몰린다고 말한다. 그러나 이런 고통은 불가피하다. 왜냐하면 지속적으로 생존하면서 우리의 의지로서 행한 것들은 결국 결과를 야기할 수밖에 없기 때문이다. 문제가 되는 것은 하지 말아야 할 것을 하고 해야 할 것을 하지 않은 것이다.

정신분석과 불교는 철학적으로 우리가 이 세상에서 살아가고 있다는 사실과 또한 거기에서 무엇을 하고 있는가라는 의문에서 시작한다. 불교의 교리적 대답은 네 가지의 성스러운 진리에 기반을 두고 있다. 내 생각으로는 이 진리는 정신분석의 틀보다는 더욱 진지하다. 물론 이때 말하는 정신분석의 구조는 나름대로 특정한 색깔을 갖고 있는 정신분석적 틀이기 때문에 정신분석 학파를 대표하는 것은 절대로 아니다. 정신분석의 역사에서 일어난 한 세기의 논쟁으로 인해서 단일한 정신분석을 형성하지 못한 것처럼 불교 역시 2500년 동안 논쟁과 주석 그리고 다양한 학문으로 인해서 단일한 불교를 낳지 못했다. 여기서 말하는 불교는 중요한 제자들의 구전 전통을 통해서 내려온 것으로 (임상 정신분석과 같이) 나의 독특한 이해와 오해가 반영되어 있다.[1] 여기서 제시된 것들은 다양한 이론에 직면하여 내가 시도한 몇 가지 대답들이다. 그것은 나의 것이다.

그리고 당신과 나의 인생에서 "성스러운 진리"는 무엇인가?

첫 번째, 성스러운 진리는 우리 인간의 운명, 즉 고통에 대한 인식이다. 삶이 아무리 행복하다고 해도 질병, 늙음, 죽음은 반드시 찾아오기 마련이다. 질병 가운데에는 수많은 정신 병리도 포함된다. 여기에 정신분석의 존재이유도 있다. 정신 병리를 이해한다는 것은 정신건강을 이해한다는 것도 포함된다. 질병과 함께 산다는 것은 어떻게 사는 것이 잘 사는 것인지에 대한 질문과 불가피한 고통과 함께 잘 사는 것이 무엇인가에 의문을 야기한다. 정신분석에서 강조하는 것은 단순히 정신병리를 줄이는 것이 아니라 어떻게 하면 잘 살아갈 수 있는가 하는 관점으로 이동하는 것이다. 공통적인 불행에 대한 프로이트의 체념은 에리히 프롬 (프롬, 스즈키, 드 마르티노De Martino 1960), 도널드 위니컷(1975)과 같은 이론가들의 초월적 희망에 비교하면 상당히 부족한 느낌을 받는다. 프롬과 위니컷의 손에서 정신분석은 속박에서 해방되는 도구가 되었다. 신경증은 스스로 자신에게 부과한 속박이다. 설사 자기 스스로 왜 매듭을 짓고 있는지 모른다고 하여도 속박은 속박이다. 정신분석은 정신분석적 관계에서 형성되는 통찰, 이해, 새로운 경험—주의집중의 변화와 연관되어 있다—을 통해서 이런 속박에서 벗어나고자 한다. 불교는 더 급진적으로 모든 고통을 스스로 자신에게 부과된 속박으로 이해한다. 그러나 속박의 이런 고통에 적절하게 집중해서 대처하면 초월의 문이 열려 있다고 이해한다.

두 번째, 성스러운 진리에서는 애착이 고통의 뿌리라고 여긴다. 애착의 뿌리들은 소모적이고(탐욕, 갈망, 폭식, 자만심 즉 일상적이면서 필사적인 자기 과대적 사고), 혐오스럽고(증오, 시기, 단순한 분노), 무지하다(자기 점검의 게으름). 도덕적 용어를 정신역동적인 전략으로 아주 정확하게 번역하는 것은 어렵지만 효과적이고 의미가 있다. 예를 들면, 자만심은 자기애를 고취하고, 폭식과 탐욕은 결핍을 가리며, 음욕은 취약한 친밀감에서 수줍어할 것이고, 증오는 자기만족을 줄지도 모른다. 이런 관련성이 특별한 시점에 특별한 사람에게 적용되는지, 어떻게 적용되는지를 점검하는 것이 무지를 축출하는 것이다. 어떤 면에서 정신분석의 통찰적이고 해석적인 측면은 애착을 점검하는 것이다. 과거의 원인을 캐내는 작업은 과거의 사랑과 공포, 또한 이것에 대처하기 위해 채택한 편의적인 지름길이 현재를 살아가는 인생 전략에 어떤 영향을 미치고 있는지를 추적하는 것이다. 해리적인 상태는 스스로 행복하기 위해 고

안된 애착과 에너지 부착cathexes의 집합으로 볼 수 있다. 이런 노력이 실패하면 당사자는 변화를 원한다. 변화는 애착의 새로운 형태이고(또는 "제휴"(랭건 1996b)) 이것은 분석가를 향한 애착에 의해 촉진된다(또는 다른 의미에서 아마도 구루에 대한 애착의 성질). 그러나 정신분석의 핵심적 요지가 애착을 약하게 하는 것인 반면, 불교의 핵심적 요지는 이것을 모두 축출하는 것이다. 애착을 축출한다고 해서 반드시 세상을 포기하라는 의미는 아니고 오히려 애착에 바탕을 둔 방식으로 살지 않는다는 것을 의미한다. 이것이 의미하는 바는 마치 수수께끼와 같다. 늙은 스님은 다음과 같이 말했다. 즉 "나는 깨닫기 전에 먹고 걷고 잠을 잤다. 그리고 깨닫고 난 다음에도 나는 먹고 걷고 잠을 잔다."

세 번째 성스러운 진리는 수수께끼를 담고 있다. 애착을 극복하고 고통도 극복하는 과정이다. 수수께끼는 반사적으로 일어난다. 왜냐하면 애착을 극복하는 것은 겉으로 보기에는 극복에 대한 애착을 요구하기 때문이다. 그리고 이런 "진리"는 애착이 없는 것을 살아갈 존재 이유가 없는 것과 동일화하면 허무하게 보인다. 사랑 자체가 애착이지 않은가? 중요한 모든 것, 모든 희망과 기쁨, 목적과 의미 있는 노력은 애착이지 않은가? 불교의 관점에서 보면 그 대답은 '아니요'다. 또는 그럴 필요가 없기도 하고 또한 예이기도 하고 아니기도 하다(어린 아이를 짜증 나게 하는 대답 방식). 이런 의문은 애착과 탈애착 사이의 이중성이고 양자택일이다. 불교 교리의 역설은 반야심경(후아Hua 1980)에 잘 포착되어 있다. "공 자체는 색이다, 색 자체는 공이다." 애착들은 색에 대한 애착, 사물의 일시적인 겉모습에 대한 애착이다. 어쨌든 색에서 공을 인식하는 것은 애착의 용해가 일어나는 것이다.

이것이 묵직하고 신비한 "어쨌든"이다. 다시 우리는 문제가 되는 "자아"로 잠시 되돌아가보자. 경험의 중심에 있는 것으로 보이는 *나me*에 대한 일차적인 애착을 포기한다는 것은 무엇을 의미하는가?

　그렇다면 애착을 어떻게 극복하는가? 공즉시색, 색즉시공의 역설이 그 자체로 네 번째 성스러운 진리이고, 또한 팔정도가 그 역설의 이해와 고통의 소멸로 나아가는 방법이라는 것을 어떻게 깨달을 수 있는가? 팔정도는 정견正見 · 정사유正思惟 · 정어正語 · 정업正業 · 정명正命 · 정념正念 · 정정진正精進 · 정정正定이다. 당신 앞에 학문적인 두꺼운 주해서와 또 다른 숫자들-삼보三寶, 12 바라밀, 10 족쇄들-을 빽빽하게 열거한다면 당신은 옳다. 그것들은 읽어야 할 것들이다(예를 들면, 와델Waddlel 1895; 다스Das 1997; 서만Thurman 1996을 보라). 그러나 여기서는 그냥 단순히 올*바름right*(정正)에만 주목하자. 우리는 고통-자신의 것이든 다른 사람의 것이든 간에-을 줄이기 위해 올바르게 살아가는 삶의 방식을 선택해야 한다. 그리고 불교에는 수많은 처방과 금지 조항이 있지만 붓다는 신앙이나 복종에 기반을 두지 않고 자신의 직접 경험에 바탕을 두고서 올바른 것이 무엇인가를 결정하라고 주장하였다. 붓다는 안내자이지 신이 아니다. 팔정도는 신앙적인 것이 아니라 실용적인 것이다. 우리 모두는 자신의 경험에서 드러난 결과를 보고 판단해야만 한다. 마찬가지로 우리는 이런 방식으로 정신분석을 평가한다.

　정신분석에는 나름대로의 길이 있다. 나는 내가 이전에 나라고 생각했던 그대로의 나가 아니라는 것을 인식하게 된다. 그렇지만 불교의 실용적인 팔정도는 여기서 더 나아가 논리가 멈춘 역설로 나아간다. 공이 색이고 색이 공이라면 내가 나 자신으로 알고 있는 색은 무엇인가? 내가 이전의 나라고 생각하였던 나가 아니라는 것, 나는 내가 생각하는 내가 결코 아니라는 의미이다. 자아가 무아이고 무아가 자아이다. 나와 당신,

자아와 무아, 자아와 자아 아닌 것 사이에는 틈, 색의 틈이 있다. 동시에 틈은 색이고 거기에는 틈이 없다.

이런 역설적인 관점에서 달라이 라마(갸초와 성엄Gyatso and Shengyen 1999, 4)는 네 가지 성스러운 진리를 재구성하고 있다. 즉 "아무것도 알 수 없지만 고통을 알아라. 제거할 것은 아무것도 없지만 불행의 원인들을 제거해라. 소멸해야 할 것은 아무것도 없지만 소멸을 성실히 추구해라. 수행할 것은 아무것도 없지만 소멸의 방법을 수행해라." 추구할 것은 아무것도 없지만 정신분석을 추구해라? 또는 더 날카롭게 말하면 도와줄 자아가 없다면 정신분석은 누구를 도와줄 수 있는가?

당신은 이런 역설을 받아들일 수 있는 성향을 가지고 있을 수도 있고 그렇지 않을 수도 있다. 붓다(멘디스Mendis 1979; 후아Hua 1996; 냐나뽀니까Nyanaponika 1949)는 논리적 과정을 통해서 환상적 자아를 필요로 하는 과거의 습관적 성향에서 처음으로 제자가 된 다섯 비구가 벗어나도록 하였다. 첫째는 불만족스러운 무상함이라는 명제이다. 즉 일어나는 모든 것은 순간순간 사라질 뿐만 아니라 마지막에도 사라진다. 살아있는 존재는 다섯 가지 덩어리(스칸다skandhas, 온蘊) 또는 모음이 조합되고 상호작용하여 발생한다. 즉 신체적 형식, 감정, 지각, 의지(또는 생각), 의식이다色受想行識(의식은 여섯 번째 감각이지만 다른 다섯 가지 감각보다 우월한 것은 아니다). 개별적인 덩어리는 무상하다. 하나 또는 전부가 살아있는 존재의 지속적 본질을 발생시킬 수 있는 것은 아니다. 이런 사실 때문에 지속적인 자아는 없다.

무아가 의미하는 것은 집착해야 할 것도 없고 방어해야 할 것도 없다는 의미이다. 무아가 의미하는 것은 이기심 없이 행동하는 것이다. 즉 용해될 세계와 세계 내 존재에 망상적으로 집착하지 않기 위해 다른 사람에게 관대하고 친절하게 행동하는 것이다. 모든 것의 용해는 용해될 어떤 것도 남기지 않는 것이다. 또한 용해될 것이 없다는 것은 용해 그 자체의 용해이다. 용해는 아무것도 중요하지 않다는 것을 의미하는 것이 아니다. 그것과는 반대로 모든 것, 모든 행동, 모든 순간이 정말로 중요하다. 모든 과거와 모든 미래 사이의 이런 넘쳐 흐르는 것과 같은 순간이 균형을 잡고 세계의 아름다움, 다른 사람의 소중함, 깊은 행동을 발생시키면서 탐욕과 반감과 무지의 불편함을 정복하고 존재의 충만함에 열려 있을 기회는 존재한다(바쇼를 기억하라, "오래된 연못/한 마리의 개구리가 뛰어든다/풍덩!"). 이런 순간의 균형은 지속적으로 우리의 것을 어떤 식으로든지 버리는 것이다. 무아의 실현은 속박에서 해방되는 것이다.

그러나 논리학자는 반대한다. 즉 해방되어야 할 것이 없다면 해방도 없을 것이다. 그런 논리적인 반대는 맥락을 제한함으로써 타당성을 확보한다. 주어와 목적어의 작동을 제한하는 것이다. 실용주의자인 윌리엄 제임스William James(1904)는 자신의 논문 "'의식'은 존재하는가?"에서 이런 논리를 반박하고 있다. 이 논문은 아인슈타인의 1905년 상대성 이론에서 무시된 심리적인 반론이다. 제임스에 의하면 오류는 주어진 지점이 하나의 선을 따라서 단지 하나일 뿐이라고 너무 쉽게 가정하는 것이다. 이 가정은 주어진 지점이 두 개의 (또는 무한의) 선의 교차점에 있을 수도 있다는 점을 고려하지 못하고 있다. 논쟁의 선들이나 이해의 겹쳐진 틀들을 생각해라. 그렇게 이해가 된다면 어떤 맥락에서는 주관적으로 보일 수 있는 것이 다른 맥락에서는 객관적으로 보일 수도 있다. 경험이 사고와 같은 것인지 또는 사물과 같은 것인지(또는 부가해서 말하면 그것이 자아인지 또는 무아인지)는 다른 사고와 사물의 관계적 맥락에 의해서 결정된다. 맥락은 관계를 통해서 현실을 규정하고, 맥락은 서로 관련되어 이동한다. 제임스는 하나의 개체로서 의식은 존재하지 않는다는 결론까지 나아간다. 사실 사고의 흐름은 의심할 여지없이 존재하지만 본질적으로는 콧구멍을 통한 호흡의 흐름이다. 의식(그리고 암묵적으로 의식의 자리로서 자아)은 *허구적이다. 그러나 구체적인 사고는 완전하게 실재적이다. 구체적인 사고는 사물 그 자체와 동일한 재료[즉, '순수한 경험']로 이루어져 있다*(제임스 1904, 1158). 제임스가 말년에 불교에 관심을 기울였다는 것은 놀랄만한 일이 아니다.

"순수한 경험"[참조: 볼쉬타인Wolstein(1994)의 "즉각적 경험", 또한 엡스타인(1995)]에 더욱 가까워지고자 노력하는 것은 불교와 정신분석에서 공통적이다. 사실상 불교의 명상은 더 순수한 알아차림을 위해 사고를 멈추는(또는 적어도 우회하는) 연습이다. 우리는 사고를 추적하지 않는다. 그냥 호흡이 오고가는 것같이 그것을 관찰한다. 우리는 잊는 것을 기억한다. 생각을 다시 생각하는 것, 즉 자신을 새롭게 이해하려는 정신분석적 노력은 습관적이고 자기반복적인 사고를 미세하게 멈추는 것이 우선 필요하다.

우리는 기억하는 것을 잊어야만 한다. 명상은 기억한 것을 잊는 것, 분석은 잊은 것을 기억하는 것을 말한다(랭건 1999a). 이 두 가지는 마치 중세 기독교의 망각의 구름과 무지의 구름처럼 서로 상호보완적이다(웨이 Way 1986). 둘 다 경험의 흐름에 제한을 가하는 것을 줄이고 몰입에 들어감으로써 자아를 풀어내는 것이다. 경험은 모든 것을 포함한다. 즉 제한과 비제한, 자아와 무아, 기억과 망각, 사고와 비사고, 흐름과 정체이다. 모든 것은 서로를 휘감고 흘러가고 일어나고 사라지고 새로 일어난다. 심지어 정체도 그 나름의 일시적인 흐름이다. 순수한 경험의 분출이라는 개념은 샤퍼(Schfer 1976)가 정신분석의 이론화를 시도하면서 능동적

언어를 제시한다. 또한 나는 미하이 칙센트미하이|Mihaly Csikszenmihalyi (1999, 825)가 "자기 목적적 경험"의 흐름이라고 부른 것은 환자가 다음과 같이 말한 것에 있다고 믿고 있다. "당신은 당신이 거의 존재하지 않는 것처럼 느끼는 그 황홀한 지점에 있다. … [한 명의 작곡가로서] 나는 경외감과 경탄의 상태에서 거기 단지 앉아서 보고 있다. 그리고 음악은 그 자체로 흘러갈 뿐이다." 황홀경(*현 상태를 넘어서서*ex stasis)은 자신의 바깥에 서 있는 것이다. 지금 바로 무엇이 일어나고 있는지에 대한 사고를 우회하는 명상 그리고 그에 대한 언급을 회피하는 정신분석 모두는 자신의 밖에 서기를 요구한다. 둘 다 망설이고 있지만 둘 다 황홀경을 다룬다.

적지 않은 정신분석가들은 날이면 날마다 자신이 하는 일이 황홀경에 손을 대는 것에 회피하고(또는 공포에 질리고) 있을지도 모른다. 설명하기는 힘들지만 이런 분석적 관점은 전혀 훌륭하지도 않고 위험스럽게 복음적이고 불가해할 정도로 진료실의 "자료"와 동떨어져 있다. 전형적인 환자들은 황홀경의 열망으로 정신분석을 받으러 오지 않는다. 만약 그들이 그렇다면? 꼭 그렇게 말하는 것은 아니지만 환자들은 자신을 옭죄었던 삶의 방식에서 벗어나기 위한 열망에서 진료실에 온다.

어떤 사람에게는 훌륭하다고 존경받는 것이 구속이 될 수 있다. 현재는 훼손된 과학이라는 명망을 차지하고 있는 정신분석은 잠재적으로 급진적인 상호교류의 예술로 부상하고 있는 것은 분명하다. 즉 "정신분석이 하나의 훌륭한 예술 형식으로 간주되는 것은 불가능하지만 사실들을 자세히 서술하는 형식, 또는 그 사실을 체계적으로 조사하는 점에서는 훌륭하다. 그 이유는 분명하다. 예술 형식은 고도로 개인적이어야만 하고 이전 작품은 반복할 수 없다. 가치의 결정권자는 … 미학적이어만 하고 그 영향은 … 수용자의 수용능력에 따라 변화해야만 한다. 거기에는 논쟁이 있을 수 없고 단지 환기evocation만이 있다"(멜처와 윌리암스 Meltzer and Williams 1988, xii). 정신분석 상황의 "자료"에서 환기되는 것이 있는가의 존재 여부는 정신분석의 참가자들에게 전적으로 달려 있다. 환자의 삶을 너무 훌륭할 정도로 성실하게 분석 조사하는 것은 반反분석적 재담이 될 수 있다. "조사된 삶은 살만한 가치가 있는 것이 아니다." 또는 그런 조사는 손상된 위엄을 복구하는 새로운 형태의 능력일 수 있다. 우리는 개인적 경험이라는 기반 위에서만 그 가치를 판단할 수 있다.

정신분석을 황홀경과 연결시키는 것이 복음적이 되려고 하면 이것이 어떻게 그리고 왜 일어날 수 있는지는 분석적 질문에 열려 있다. 정의상 이런 질문은 해체적인 옆길을 통해서 암시, 설득, 회피적 순종, 근시적 집중의 가능성을 조사하는 것으로 나아가게 된다. 당신과 나는 지금 무슨 일이 일어나고 있는지에 대해 말하기 위해 애를 쓴다. 당신은 분석가이다. 분석적 이자성二者性의 불균형은 획득된다. 당신의 일은 사실 나에게 불교를 주입하는 것도 아니고, 나에게 명상하라고 충고하는 것도 아니고, 전적으로 나에게 충고만 하는 것이 아니라 나와 함께 나의 경험의 흐름에 대해 궁금해 하고 나의 가치, 역사, 문화, 계급에 궁금해 하며 나자신의 자아에 대해 궁금해 하는 것이다. 당신은 추정한다. 그리고 나는 이런 논의되는 몇 가지 것들이 변화될 수 있는지에 대해 당신을 믿을 수도 있고 믿지 않을 수도 있다. 우리가 희망하는 바대로 당신은 나를 위해서 내가 발견할 기회를 제공하는 것이다. 나의 희망은 우리가 나 자신의 경험에 접근하는 *방법*을 변화시키고자 하는 것이다.

불교 또한 자신의 경험에 접근하는 방법을 변화시킨다는 것은 이론적으로 타당하지만 어떤 특별한 피분석가와 개인적 연관성을 반드시 맺는 것은 아니다. 주어진 현실은 능동적인 주의집중을 통해서 재맥락화가 가능한 의식의 내용일 수 있지만 어떤 피분석가도 이것을 반드시 설명할 필요는 없다. 이것을 간헐적으로 시작하는 것은 어렵다. 왜냐하면 삶의 사고와 사물은 끊임없이 흘러가고 이미 만들어진 배처럼 기왕에 제공된 맥락에 의해 부표하기 때문이다.

그리고 당신과 나는 강둑에 앉아서 간간히 물 위의 흐름에 대해 언급한다. 우리는 단지 분석이라는 것은 면담 시간마다 거기에 앉아서 강둑 자체가 물위의 사고라는 것을 인식하고 이와 마찬가지로 서로의 범위 안에서 당신과 내가 떠다니고 있다는 것을 인식하는 것이다. 이것은 섬세한 사고가 아니라 진정한 경험이다. 사고는 사물이다. 당신은 코를 푼다. 나는 내 몸의 경계를 느낀다. 분석 면담은 끝났는가? 내가 진료실 문을 나올 때 나는 홀로 있는가, 아니면 나는 우리 사이에 있는 신체적 거리의 틈을 넘어서 당신과 함께 가고 있는가?

그 틈을 은유적으로 넘어가는 것이 우리 사이에 놓여 있는 분리를 상정하는 것이다. 상식적으로 주어진 이런 분리는 의문이 없는 것은 아니지만 우리 시대와 문화에서 분명하게 보이고 당연하게 간주된 가정들에서 나온다. 우리의 신체들은 분리되어 있다. 당신은 나의 생각을 읽을 수 없다(나는 당신이 나의 생각들 중 몇몇을 읽고 있기를 바라지만). 우리는 서로 비밀을 간직할 수 있다. 우리는 거짓말을 할 수 있다.

크로스 오버(교차)라는 차원은 우리의 분리성을 감지하기 위해서는 서로를 필요로 한다는 점이다. 우리가 함께 있다는 것은 우리가 서로 떨어져 있다는 것을 허용한다. 내가 거짓말을 하면 나는 누군가에게 거짓말을 하는 것이다. 나의 비밀은 당신에게 전달되고 당신이 의식하지 못하기 때문에 비밀은 이루어진다. 심지어 우리 신체의 분리성도 상호 침투의 신체적 경험에서 상실될 수 있다. 당신은 나에게 나의 자아를 준다. 그리고 나의 자아는 우리가 서로 주고 있다는 상호연결성에서 용해된다. 유명하게도 위니컷은 독자적으로 존재하는 한 명의 어린 아이 같은 것은 없다고 말한다. 단지 엄마-와-함께-하는-아이가 있을 뿐이다. 불교적으로 형성된 관계적 정신분석에서는 자아와 같은 그런 것은 없고 단지 타인-과-함께-하는-자아만 있을 뿐이라고 결론을 내리게 된다. 아니 더 나아가서 동시에 자아도 없고 타인도 없다.

우리는 이렇게 더 나아간 단계에서 일어날 것이라고 예상되는 것을 받아들이기를 망설이고 말 그대로 아무도 앞으로 나아가려고 하지 않는다. 자아의 용해는 끔찍하게 보이지만 신비적 합일의 황홀경은 그 자체로 드러난다. 즉 거기 아무도 없는 곳에는 다른 사람도 없다, 그래서 모든 것이 바로 하나이다. 거기가 여기이다. 장소는 마음의 어딘가의 장소이다(랭건 2000). 시간은 한 순간이다.

이런 생각들을 문학적으로 표현한 것이 호르헤 루이스 보르헤스Jorge Luis Borges의 소설 『알레프The Aleph』에 나타나 있다. 알레프는 학문적 철학의 *지금*그리고 *여기hic stans and nunc stans*이다. 즉 모든 지점을 포함하는 지점, 모든 순간을 내포하는 순간이다. 이야기의 화자는 곧 파괴될 운명에 처한 부에노스 아이레스 집의 어두운 지하 19 계단 근처에 있는 일상적인 장소로 이끌려 간다. 그는 적당한 장소에 누워서 적당한 각도로 눈을 가늘게 뜨고 찡그려본다. 그곳이 바로 거기인데, 그곳은 보는 각도에 따라서 색깔이 변화하는 조그마한 공간이지만 우주를 담고 있고, 다시 역으로 알레프를 담고 있다. 그가 본 것을 서술하여 보자.

중심적인 문제는 해소되지 않는다. 즉 단지 부분적인 것이라고 할지라도 무한한 복합체의 목록 … 나의 눈이 본 것은 동시적이다. 즉 내가 서술하고자 하는 것은 연속적이다, 왜냐하면 말은 연속적이다. … 나는 분명히 [각 지점에서] 우주의 모든 지점에서 분명히 보았다. … 나는 칼레 솔라Calle Soler의 안쪽 파치오inner patio로부터 프레이 벤토스Fray Bentos 타운에 있는 집으로 들어가는 입구에서 내가 30년 전에 보았던 동일한 보도 타일을 보았다. … 나는 쿠에레타로 Querétaro의 일몰을 보았고 그것은 벵갈의 장미색을 반영하고 있는 듯하다. … (149-51)

꿈과 같이 연관되는 것의 도약을 주목하자. 즉 일몰의 장미에서 벵갈의 꽃으로, 특이한 타일이 있는 집에 때때로 들락거리던 화자의 오래된 시간과 장소와 환경에서 바로 지금 그 타일을 주목하는 것까지 ― 또는 지금과 과거의 그때가 서로를 용해하면서 동시에 섞이기 시작하는 이것을 표현하는 더 나은 단어가 부족해서 "지금"이라는 단어를 사용한다. 깊이 생각하지 않고 너무나 당연하게 존재한다고 여겨지는 통상적인 자아는 연속적인 순간들의 선형적인 선택기와 같고, 내가 일어날 때를 기억하고 눕게 될 것을 기대하는 "나"와 같다. 이런 활자화된 페이지의 희미한 스크린 너머 어딘가에 있는 여기에 나를 두고 저기에 당신을 두는 그런 "나"이다. 성찰적으로 상상된 통상적이지 않은 자아는 스스로를 취소하고 연관된 매트릭스에 의해 유예되고, 동시에 연관된 매트릭스를 유예하는 자신을 발견한다. 연관된 매트릭스는 모든 경험의 관계적 연결성에 다름 아니고 거기에서 모든 과거는 현존하고 계속되는 전개 속에서 여기 모든 곳에 있다. 그것은 또한 무경험의 경험을 포괄한다. 즉 나의 꿈 없는 잠, 많이 잊어버린 나의 기억, 아람어로 말할 수 없는 나의 무능력. 그것은 모순과 이중성을 내포한다. 그것은 바로 여기 동시에 있다. 거기에서 "여기"는 의미를 상실한다. 이런 관점에서 적당한 장소에 누워서 적당한 각도로 눈을 가늘게 뜨고 찡그려서 보고 있는 알레프는 자아이다.

"물론 당신이 그것을 보지 않으면 당신의 무능력이 나의 증언을 결코 입증하지 못한다"고 안내자는 말한다. 그는 보르헤스의 화자를 알레프로 끌고 들어간다(1966, 148). 거기에는 논쟁은 없고 단지 환기만이 있을 뿐이다. 나는 자아가 어떻게 무아인지에 대한 신비적인 일에 당신의 안내자가 될 생각은 없다. 어떻게 용해가 용해 그 자체가 될 수 있는가? 나역시 이마를 찌푸리고 뒤로 누워서 내가 확신하면서 나의 머리 속에 있는 것을 긁는다. 불교는 이런 문제에 대해 몇 가지 안내를 제공하지만 그 안내는 복잡한 심리적인 영역을 위한 지도와 같아서 결코 동일한 두 번일 수는 없다. 모든 분석은 독특하다. 그렇지만 이런 관점에서 보면 모든 분석은 자아를 변화시키는 만큼이나 변화시킬 자아가 없다는 수수께끼를 적어도 간접적으로 만나지 않을 수 없다. 이론적으로 보다 더 쉬운 길은 삶의 선형적인 발달의 기반을 이루는 실증주의적 진리를 추정하는 것이다. 환자는 충돌 후 수선을 기다리는 자동차처럼 다루어진다. 보다쉬운 길은 이론적인 막다른 길이다. 이론 자체가 무너진다.

현재의 이론화는 관계적이고 맥락적이고 구성적인 정신분석적 이해로 전환된다. 자아는 유동적이고 다양하다. 내가 제안하는 것은 유동성을 확장하라는 것과 자아는 용해한다는 것이다. 용해를 불교적 변수로 확장해라, 그리고 그 자체를 용해하는 것의 용해를 발견해라. 자아는 어디에도 없다. 또한 자아가 아닌 것도 없다. 무아는 마이너스 1의 제곱근과 같은 그 무엇이다. 이 숫자는 실제 세상의 진정한 문제를 풀기 위해 필요하다고 인정되기 전까지는 5세기 동안 수학에서 받아들여질 수 없었던 것으로서 "상상적인" 것이라고 의문을 제기 당하고 분명한 난센스로 폄하되었다(나힌Nahin 1998). 불교에 의하면 무아의 교리는 바로 이런 문제들을 풀었다. 이런 문제는 바로 우리의 실제 세계 속에 있는 실제적인 고통이다. 이와 마찬가지로 무아의 교리는 정신분석에서 볼 수 있는 치료적 변화에서 일어나는 대인관계의 행동을 분명하게 보여준다.

무아의 주장을 이론적 전경으로 들어오게 하는 것은 상실에 대한 심리적 반응, 그리고 특히 죽음이라는 자아의 궁극적 상실에 대한 심리적 반응이다. 매회 분석 면담의 대화는 죽음을 피할 수 없는 죽음의 심연 위에서 떠다닌다. 어윈 호프만(1998)은 분석적 의미와 피할 수 없는 죽음 사이의 변증법을 분석 상황의 근본적인 점이라는 데에 주의를 기울이고 있다. 삶은 묘지에 직면하여 어떤 의미를 지닐 수 있는가? 회피와 부정과 비난을 하는 것은 그런 의문에 답하는 임시방편식의 전략이다. 심리적으로 성숙된 반응은 호프만이 연구한, 자식의 죽음을 겪어야만 했던 부모들 사이에서 볼 수 있다. 그는 "부모들의 성숙된 태도는 [순간순간의 삶을 향한] 시간 개념의 변화, 다른 사람의 한계에 대한 보다 더 큰 공감적 일치감과 그 한계에 대한 인내, 고통을 감내하는 증강된 탄력성과 능력에 반영되어 있다. 이런 모든 변화의 근저에 있는 것은 상실의 경험과 이와 연관된 피할 수 없는 죽음에 직면하는 것이다."(62) 정신분석(묵시적으로)과 불교(명시적으로)는 *메멘토 모리memento mori(죽음을 기억하라)*에 그 공통점이 놓여 있다고 할 수 있다. 마크 트웨인이 말한 바와 같이 아침에 교수형을 당하게 될 것을 아는 것보다 사람의 마음을 끄는 것은 없다.

그렇게 강력하게 마음을 기울이게 되면 결과적으로 윤리적인 결정을 하게 된다. 이런 윤리적인 것은 자신의 삶의 유일한 궤적에서 드러날 뿐만 아니라 다른 사람과 어떻게 살아가야 하는가 하는 데에서도 나타난다. 우리는 윤리적인 결정을 하는 그 순간에 더 많은 가치를 발견하고 더 잘 고통을 참게 되겠지만 그러나 풍부한 삶의 의미는 다른 사람과 함께, 또한 다른 사람을 통해서 나타난다. 스테펜 베첼러(1983)는 불교의 사유를 하이데거의 실존적 철학에 응용하여 그런 변화를 다음과 같이 간단하게 요약해서 말하고 있다. 즉 다른 사람-과-함께 하는 존재 양식 대신에 다른 사람을-위한-존재 속에서 살아간다. 다른 사람을-위한-존재의 양식으로 살아가는 것은 어떤 사람이 중요하게 여겨지면 그 사람의 중요함을 간파하고 그 사람이 단점과 실수가 있고 일시적인 만남이라도 그 사람을 있는 그대로 탐구하는 것이다. 분석가와 피분석가는 서로를 소중하게 여기며 의미 있는 상호변화를 이룰 수 있고, 그렇게 하여 진료실을 벗어나서 모든 인간세상으로 확장되는 삶을 실현할 수 있다.

최근 나의 환자 한 분이 사망하였다. 그녀의 암이 전이된 다음에 나를 다시 찾아왔다. 모든 것이 다 잘 되어서 평소 자신의 삶을 지속할 수 있을 것으로 여겨졌다. 그러나 생각대로 잘 되지 않았다. 그녀는 잘 걸을 수도 없었다. 그녀의 머리카락은 빠졌다. 그녀는 더 이상 평소의 삶을 지속할 수 없었다. 물론 그녀는 분노하였고 슬퍼하였으며 공포감을 느꼈다. 그러나 그녀가 초점을 맞추게 된 것은 앞으로 어떻게 그녀가 원하는 삶을 살 수 있는가 하는 점이었다. 그녀는 더 이상 평소에 하던 대로의 삶을 살기 원하지 않았다. 그녀는 자신의 예술이 우선시 되는 삶을 살아나갔다. 돈과 남자와 같은 세속적인 일은 두 번째였다. 그녀가 자신의 과거와 현재의 선택들을 재평가하면서 지금은 경멸하고 있는 자기 탐닉적인 공포로 인해서 보다 더 깊은 개인적 헌신을 회피하여 왔다는 것을 느끼기 시작하였다. 그녀는 다른 사람들과 함께 자신의 마음속에 있는 것, 자신이 느끼고 원하는 것을 말하기 시작하였다. 그녀는 그녀 자신을 위해서 거기에 존재하는 남자친구를 원하였다. 여러 가지 중요한 면에서 그 남자는 그 남자였기 때문에 그녀가 원하는 남자가 될 수 없었다. 그녀는 그 남자가 갖는 한계와 멋지고 평범한 다른 점을 받아들일 수 있게 되면서 자신이 원하는 모습의 남자를 포기하였고 모든 것을 받아들였다. 상황은 악화되어 갔다. 치료에서 반복해서 우리가 논의한 것은 그녀의 한계와 실수가 그녀 모두를 말해주지 않는다는 것이었다. 그녀의 외적 상황이 어떠하든지 간에 그녀 자신의 방식으로 용기와 품위를 갖고 여전히 잘 대처하고 있었다.

그녀를 마지막에서 두 번째로 보았을 때 그녀는 병원 침대에 누워서 자신의 팔도 들어 올릴 수 없었다. 나를 포옹하기 원했지만 그렇게 할 수 없어 심란해 하였다(우리는 이전에 악수조차 한 적도 없었다). 그녀는 내가 자신의 이마에 손을 얹어서 바깥 공기의 차가움을 느끼게 해주면 기쁘겠다고 말하였다. 특별히 더 이상 말할 것은 없었다. 말하는 것은 중요하지 않았다. 내가 그녀에게 줄 수 있는 무엇이 있는지를 물었고, 그녀는 딸기와 바닐라 아이스크림이 먹고 싶다고 하였다. 나는 나가서 완벽하게 익은 딸기와 아이스크림을 사왔다. 내가 그녀에게 플라스틱의 끝으로 작은 양을 그녀에게 먹여주었을 때 그녀는 눈을 내리 깔면서 맛보고 삼키고 즐길 수 있는 것을 즐겼다. 우리는 작별 인사를 하였다. 내가 떠날 때 나는 그녀가 괜찮다고—아주 괜찮다고—느꼈고, 놀라운 것은 그녀도 나 또한 괜찮다고 느끼도록 나를 돌보아 주었다는 것을 느꼈다는 점이다. 이것은 그녀가 내가 쓸모있는 사람이라고 느끼게 해주는 그 무엇을 나에게 단순히 준 것만이 아니었다. 이것은 그녀가 능동적으로 자신을 확장하고 그녀가 나를 위해 거기에 있었다는 것이다.

이것은 말로 표현하기 어려운 경험이다. 나는 그녀가 우리 사이에 놓여있는 틈을 용해시켰다고 말할 수 있다. 또는 아마도 그녀의 현존이 충만함에 차 있는 시간 동안(심지어 당신이 이것을 읽는 동안 여기 여전히 있는) 그녀는 우리 사이의 용해를 용해하였다.

그러므로 독자들이여, 나는 독자인 당신이 누구인지를 모른다. 그러나 당신을 위하여 이것을 기록하였다는 것을 기억해라. 이것은 비록 가냘픈 몸짓이지만 당신을 향한 것이고, 또한 나를 위한 당신의 존재라는 이기적인 희망이다. 당신은 나에게 누구인가 아니면 무아인가? 나는 당신과 동일한가? 당신은 나보다 더 많은 단서들을 가지고 있다. 내가 단지 어린이, 그것도 외향적이기보다 내성적인 어린 아이였다는 것이 당신에게는 그러려니 하고 들릴 것이다. 그러나 당신은 이것이 설사 단순히 아주 작은 일일지라도 "이게 너에게 뭐가 중요하지?"라고 나에게 묻게 되고 물어야 한다. 그리고 우리가 즐기고 있는 정신분석적 관계에서 그러한 것처럼 우리는 말의 흐름을 따라서 다음에 올 것이 무엇인지를 정말로 궁금해진다. 우리는 상상 속에서 서로를 붙들고 자아동일 장소 selfsame place에 서서 자아와 중요한 모든 것들, 중요한 모든 사람들을 붙잡고 있다. 늘 그런 것처럼 다시 과거와 현재의 모든 것, 삶에서 우리 모두가 경험하는 수없이 많은 전체가 당신의 눈이 지금 이 페이지를 쭉 훑어갈 때 우리 사이에서 이제 맴돈다. 이제 연못에 뛰어드는 개구리같이, *풍당*plop.

12살 소년이 나무 집에 있는 장면을 상상해보라. 그러나 그것은 집이 아니고 작은 움막이라고 할 수도 없다. 중국 느릅나무의 25피트 위에서 2 × 2의 판자 몇 개를 끈으로 묶고 볼트로 죄어서 만든 것이다 그곳은 큰 가지가 작은 가지로 나뉘는 부분이다. 그곳에는 얼룩진 초록의 둥근 물체의 나무 중심에 있는 텅 빈 공간을 반짝이는 나뭇잎들이 감싸고 있다.

이 소년은 바닥이 필요 없다는 것과 2 × 2의 판자 몇 개에 누울 수 있다는 것을 알았다. 양쪽 어깨뼈와 골반에 딱 맞게 기대어 다리와 팔은 허공에 매달리고 뒤통수는 다리 두께의 거친 껍질에 맞닿아 산들바람에 부드럽게 흔들리는 머리를 기대어 앉을 수 있었다. 나뭇가지는 흔들렸고, 그 흔들리는 나뭇가지와 함께 햇빛이 내리쬐는 숨 쉬는 잎사귀들, 나뭇잎만 한 푸른 하늘 조각들, 이리저리 흩날리는 생각 같은 참새들을 보았다. 그의 몸은 몇 시간 동안이나 흔들리는 나무의 따뜻한 공중에서 안전하게 지냈다. 그가 나무 위에 매달려 있다고 상상해 보라. 상상 속의 나.

금방이라도 무너질 것 같은 다리를 건너는 순례자를 상상해보라. 이 다리는 난간용 핸드스펀 로프와 보행을 위한 좁은 판자로 지탱되고 있다. 비슈누마티Vishnumati 강의 얕은 물결 불과 몇 피트 위에서 흔들리고 있다. 이 넓은 강은 카트만두를 동쪽으로 굽이쳐 서쪽으로 뻗어나가 스와야암부 나쓰Swayambu Nath의 유일한 사원 언덕으로 흘러간다. 그 사원에 있는 금박을 입힌 석가모니 부처의 눈은 모든 것을 한 번에 보는 듯이 사방을 응시하고 있다. 순례자는 멈춘다. 머리 위에는 첫 별이 떠 있다. 높은 산골짜기 가장자리의 들쭉날쭉한 산 위로 떠오르는 반달이 그림자를 드리운다. 태양이 떠난 달 밝은 어둠 속에 어둠의 갱도와 웅덩이가 놓여 있다. 강 상류는 화장용으로 불타는 계단들, 연기가 자욱한 시체들의 숯불을 어둠 속에서 밝히고 있다. 그 강은 재와 반쯤 타버린 뼈를 운반한다. 스와야암부 쪽에서 처음에는 멀고 나중에는 더 가까이서 발작적으로 짖어대고 으르렁거린다. 밤에 만나기에는 위험한 청소부 들개 무리이다. 순례자는 멈추고 듣고 멈춘다.

중국 느릅나무 위에 있는 12살 소년을 상상해보라. 금방이라도 무너질 것 같은 다리를 건너는 순례자를 상상해보라. 그리고 나를 상상해보라. 그리고 당신? 당신을 상상해보는가?

상상하는 랭건: 자아의 초월성

스튜어트 A. 파이저(STUART A. PIZER)

로버트 랭건은 종종 우리에게 바쇼의 철저하게 불교적인 하이쿠를 제시한다.

> 오래된 연못,
> 개구리가 뛰어든다.
> *퐁당!*

"*퐁당!*" 우리는 개구리의 "퐁당"이 잔물결을 만들어내고 연못의 고요한 표면 위에서 연못이 반사하는 모습을 깨고 다시 물결을 만들고 이전의 이미지들(동일함)을 용해하는 것을 경험하지 않을 수 없다. 랭건과 나 자신 사이의 용해를 용해하기 위해서 나는 "퐁당의 마음"을 유지하는 것이 필요하다(골드스타인을 보라 1983). 나는 이것이 랭건이 우리가 그렇게 하도록 초대하고 우리가 그것을 하도록 인도하는 바로 그 이유라고 믿는다. 아마도 정신분석적인 용어로는 퐁당의 마음은 아마도 "사랑의 놀라움"(스턴 1997), 또는 "고르게 유예된 집중"(프로이트 1912)의 한 버전 또는 "기억 또는 욕망"의 포기(비온 1970)라고 말할 수 있을 것이다. 랭건은 용해되는 자아를 강조하고─때로는 심지어 구체화하기 위해서─그리고 무아의 딜레마를 제시하고자 한 것으로 보인다. *퐁당.*

그렇지만 철저하게 불교적인 또 다른 하이쿠를 살펴보자. 이것 역시 바쇼의 것이다(환자가 나에게 말해준 버전이다).

깊은 가을 공기에서
나는 때로는 궁금해한다
나의 이웃이 누구인지를.

    나는 랭건을 읽으면서 (다시 읽고 또다시 읽고) 그가 누구인지 궁금하였다. 정말로 랭건의 변화무쌍한 글쓰기에서 나 자신을 발견하면서 (또는 나 자신을 상실하면서) 나 또한 누구인지 궁금하다. 나의 확실성(나의 전제? 나의 편견?)은 보르헤스와 같은 비선형(아마도 때로는 원형)의 미로에서 용해된다. 나는 방향성을 잃고 동요된다. 나에게는 랭건의 논문에 접근하는 것은 공격적인 도전을 하는 선 스승의 공안에 직면하는 초보자와 같다. 그리고 확실성이나 이해를 붙잡으려는 노력을 괴롭히면서 현기증 나는 도전이 마음의 주위를 맴도는 역설에 급작스럽게 직면하게 한다. 공안처럼 랭건의 논문은 해결될 수 없는 것에 굴복만 하면 "풀어나갈 수 있는 것"처럼 느껴진다. 마치 알레프같이 이것은 모든 방향에서 오는 모든 삶을 담아내는 듯이 보인다. 그리하여 복잡함과 모순을 완벽하게 포괄하고자 하는 마음의 노력을 왜소하게 만든다. 또 다시 우리는 퐁당의 마음을 함양해야 한다.

    역설을 받아들이는 것은 순수한 경험에 잠기는 데 필수적이다. 순수한 경험 또한 역설적이다(파이저 1998). 우리가 랭건이 있다고 생각하는 장소에 그는 없다. 또한 우리가 랭건이 없다고 생각하는 장소 바로 그곳에 그는 있다. 퐁당. 그는 모호하다. 그러나 목적은 있다. 랭건은 독자를 위해서 그가 "다른 사람"으로 존재하는 것처럼 글을 쓴다. 그의 모호함과 은유로 인해서 그는 내가 전지전능해도 도달할 수 없는 장소에 서 있다. 그는 이것을 틈이라고 부를지 모른다. 나는 그것을 가능성의 공간으로 부르고자 한다. 거기서 매체는 메시지이다. 나는 랭건을 묵살할 수도 있고 또는 랭건을 이용할 수도 있다. 나는 그렇게 쉽게 그를 평가하거나 파악할 수 없다. 그러므로 나는 쉽게 동화할 수 없는 것에 적응하기로 굴복하여 "너무 제한된 자아로부터 도피"하는 것이 어느 정도 가능해진다.

여기 랭건이 "다른 사람을-위한-존재"로 살아가는 방식이 있다. 다른 사람은 독자인 나를 위해서이다. 그렇다면 나는 랭건을 위해서 무엇을 할 수 있는가? 내가 할 수 있는 것은 아마도 그의 논문을 활용하여 잘못된 인식으로 점철된 인식 행위를 수정하기 위해 나의 마음을 개방하는 것이다[벤자민Benjamin(2000)이 적절하게 말한 바와 같이 랭건은 어쨌든 일종의 상호주관성의 이론에 희망을 두고 있다]. 랭건은 자아들 사이에 그가 "틈"이라고 부르는 것을 넘어서서 다른 사람을 어떻게 담아내는지를 묻고 있다(우리는 우리의 이웃이 누구인지를 궁금해한다). 그는 또한 우리가 누구인지 상관없이 죽어가고 있다는 사실을 어떻게 감내할 수 있는지를 묻고 있다. 랭건에게 이런 두 가지 질문들은 중심적이고 서로 연관되어 있다. 나는 깊은 존경과 대단한 진지함으로 "다른 사람을-위한-존재"의 포용적인 행동을 통해서 두 가지 질문에 대한 그의 묵시적인 답을 상상 속에서 파악한다.

그래서 랭건은 독자와 자신과 독자 사이의 관계를 상상한다. 그는 그의 자아와 또한 자신을 상상하는 독자로서 나를 초대한다. 이런 "의미의 행동들(브루너Brunner 1990)은 나 자신의 개인적인 의미 범주의 틀을 가진 편안하고 믿을 만한 사고의 범주들을 포기하기("용해되기"?)를 요구한다. 그리하여 내가 랭건과 함께 결합하여 의미의 창조를 위해 떠오르는 가능성을 식별하게 될 것이다(스턴을 보라 1997).

이렇게 결합된 의미창출은 랭건과 그의 죽어가는 환자가 마지막에서 두 번째의 만남에서 감동적으로 성취된다. 랭건은 그녀의 임박한 죽음에 직면하여 지속적인 치료적 면담을 유지하기 위해서 입원한 그녀를 방문한다. 그들은 치료적 대화가 분석의 목적을 달성하거나 인간적인 상호 관계의 향상을 이룰 수 없다는 것을 알고 있다. "치료자들이 상투적으로 사용하는 말"에 집착해서 매달리는 것이 이제는 치료일 수 없다는 것을 진정으로 알고 있다. 랭건은 자신이 그녀에게 줄 수 있는 것이 무엇인지 묻는다. 그녀는 딸기와 바닐라 아이스 크림을 달라고 한다. 랭건은 약간의 아이스크림과 맛있는 딸기를 구해서 숟가락으로 그녀에게 먹여준다. 이런 "아무 치료도 아닌" 창조적 행동에서 이렇게 재치 있는 여성과 헌신적인 치료자는 역설적으로 마지막까지 치료의 핵심을 유지한다. 딸기와 아이스크림, 숟가락으로 먹여주기는 자유연상과 적절한 해석이라는 좋은 양식을 대체한다(그리고 재구성한다). 표준적인 치료적 기법의 경계들은 이 둘 사이에서 용해하고 그들의 용해하는 치료적 여행의 용해는 그 자체로 용해한다. 그 순간 그들은 서로가 함께 서로를 위해서 그들이 존재할 수 있는 그대로 머무른다. 그리하여 의식적인 비非치료에서 서로 겁먹은 시도로 고통 받는 대신에 그들은 이 순간에 지속되는 본질적 치료의 변형된, 또한 변형되어 가는 버전에서 기본적인 상호적 인간 보살핌의 초월적 나눔에서 그들의 상실의 고통이 용해된다. 현재의 이런 경험은 이전의 경험처럼 살아있고 깨어있을 수 없다. 또한 그들이 곧 올 것이라고 알고 있는 그 순간에 눈에 띄게 고정되어서 머물러 있다면, 이런 친밀하고 고요한 시간은 랭건과 그의 환자에게 존재할 수 없다. 단지 지금일 뿐이다. 우리 모두를 함께 품에 안고 있는 것은 바로 지금이고, 또한 지금일 수밖에 없다.

내가 17세쯤이었고 형이 20세 내지 21세였을 때 나와 형 사이에 평온하고 친밀하였던 순간을 기억한다. 그때 나는 머릿속에서만 살아가는 강박적으로 소심한 성격이었다. 나의 형 로니는 피아니스트와 작곡가로서 재능을 타고 났고 재즈 분야에서 경력을 쌓아가려고 하는 자유분방한 스타일의 소유자였다. 어린 시절 로니가 나의 손을 이끌고 음악 감상회에 데려갔을 때 우리 사이에 가장 사랑스러운 교감이 일어났고, 그것은 마치 상호 인정의 순간으로 느껴졌다. 내가 로니의 첫 아파트를 방문하였을 때 그는 라벨의 현악기 4중주곡을 녹음하면서 자신이 마치 음악을 지휘하는 것처럼 흥미로운 자세를 취하며 다 알고 있다는 듯이 나에게 충고를 해주었던 특별한 시간이 있었다. "단지 연주되는 그 순간의 음악만을 들어라. 이전의 음악 또는 그 다음에 올 음악을 생각하지 마라. 모든 음악은 항상 지금 이 순간 듣고 있는 음악에 있다. 현재의 순간에 머물러라. 네가 지금 듣고 있는 그 음악에. 그러면 너는 그 음악 모두를 파악하게 될 것이다."

돌이켜보면 이것은 연주가가 지금 연주하고 있는 악보 이외에는 모든 것을 내려놓고 음악의 총체성, 구조, 연속성을 견지하면서 음악을 연주하는 유일한 방식이라고 생각한다. 집중, 현존, "순수한 집중(골드스타인 1983을 보라)", 랭거가 환자와의 치료적 듀엣에서 감동적으로 이룩한 조화된 분석적 경청의 핵심을 당시 젊은 피아노 연주자였던 로니는 본질적으로 이해하였던 같다.

조셉 골드스타인(1983)은 숲 속에 사는 은자의 오래된 이야기를 해주었다. 은자의 좌식 명상이 큰 호랑이의 으르렁 거리는 소리로 인해서 갑자기 중단되었다. 그 호랑이를 피해 달아난 은자는 절벽에 떨어졌지만 포도나무 줄기를 붙잡고서 겨우 지탱하고 있었다. 위를 쳐다보면 절벽 위에서 자신을 쫓아온 호랑이가 보였고, 아래에는 자신이 떨어지기를 기다리는 또 다른 호랑이가 있다는 것을 알고 있었다. 그때 작은 쥐 두 마리가 나타나 포도 줄기를 갉아먹기 시작하였다. 골드스타인이 질문하기를 "그런 순간 *당신*의 마음에 무엇이 떠오르겠는가?" 은자가 옆을 보니 바위에서 딸기가 자라는 것이 눈에 띄었다. 그리고 그 딸기에 손을 뻗쳐서 그것을 맛보면서, "아 얼마나 맛있는가!"라고 말하였다. 골드스타인은 위에 있는 호랑이와 밑에 있는 호랑이는 우리의 탄생과 죽음을 상징하고, 쥐는 우리의 포도나무 줄기를 계속 갉아먹고 있다고 말한다. 그러면 우리는 현재의 순간을 어떻게 경험해야 하는가? 골드스타인은 "순수한 집중"의 불교 수행 또는 크리쉬나무르티Krishnamurti가 "선택 없는 자각choicelss awareness"이라고 부른 것을 추천한다. 우리의 실존적 곤경에 직면하여 많은 분석가들은 자유연상을 처방할 것이다. 자신의 욕망, 갈등, 좌절, 분노에 집중할 것, 자아 성찰(랭건의 "회피하는 자각?)", 불확실성의 감내, 애도와 금욕, 올바른 개인적 능력의 확보이다. 이런 모든 것들은 공감적이고 호기심에 가득 차고 상호 연관된 관계의 가능 공간을 활성화시킨다. 호프만(1998)이 제시한 바와 같이 삶의 의미와 피할 수 없는 죽음의 문제는 무의식을 의식화시키고 의식을 무의식화 시키는 것을 결합하는 것에 직면할지 모른다. 말하자면 역설적인 자기 자각을 확장하고 불안한 자기 몰두를 감소시키는 것이다.

랭건은 존재와 죽음의 화합이라는 투쟁에서 또 다른 선택지를 우리에게 제공하고 있다. 그는 역설, 모순, 불확실에 대처할 수 있는 우리 자신의 공간을 만들기 바란다(자신의 환자가 부재하지만 지속적으로 현존하는 것처럼). 그러나 역설은 자신의 마음을 이해할 수 없는 우리 모두에게 엄청나게 어렵다. 논의하는 장소에 따라서 적어도 내 생각으로는 랭건 자신은 역설의 영역에서 나와서 요술의 영역으로 들어간다. 다음의 구절을 생각해보자.

프로이트가 했던 것보다 더 급진적으로 불확실성에 개방적이 된다는 것은 어떤 진리의 궁극적 확실성에 의문을 제기하기 시작하는 것이다. 우리는 자신의 자아를 확립하는 문제에 혼란을 느낀 데카르트와 만난다. 그렇지만 만약 "나"의 안정성을 불확실성에 개방한다면 우리는 데카르트의 대답, 즉 나는 생각하므로 존재한다는 대답으로 데카르트를 만날 수는 없다. 현대의 정신분석 이론가들은 바로 이것, 즉 자아의 안정성을 불확실성에 개방하면서 자아를 기반 없는 곳에 내려두고 "공간들 사이에 서 있다." 더 표류하면서 나아가 보자. 공간에 당신 자신을 용해하라. 여기서 확장하여 심지어 더 급진적으로 자아의 고정성을 용해하게 되면 우리는 어떤 의미에서 죽음을 용해하는가? 만약 어떤 고정된 자아가 없다면 죽는 사람은 없는 것인가? 붓다는 기묘하게 그렇다고 대답한다.

나는 논쟁의 이 직선(또는 구불구불한 선)에서 몇 가지 문제를 발견한다. 첫째로 불교의 관점, 즉 마크 엡스타인(1995, 63)의 말에 의하면 자아가 있는가 또는 없는가라는 질문을 단도직입적으로 붓다가 받았을 때, "붓다는 '치료적으로' 침묵을 지켰다"고 한다. 붓다는 그 이후에 그의 제자들에게 "자아에 대한 잘못된 관점을 바로 잡지 않고서는 그 사람의 질문에 대답할 방법이 없다"라고 설명하였다. 엡스타인의 말을 더 자세히 들어보자.

> 만약 붓다가 자아가 있다고 대답을 하게 되면 그는 질문자의 과도함, 즉 지속되고 변화하지 않는 그 무엇인가를 소유하고 있다는 이상화된 개념을 강화하게 되었을 것이다. 만약 붓다가 정직하게 자아가 존재하지 않는다고 대답하게 되면 질문자의 소외감과 무의미함, 개인적인 무(없음)의 실망

스런 믿음을 강화하게 될 것이다. 붓다가 또 다른 제자의 궁
극적으로 자기애적인 질문 "자아의 성질은 무엇인가?"라는
질문을 받게 되었다. 붓다는 자아가 있는 것도 아니고 자아
가 없는 것도 아니라고 답하였다. 그 질문 자체가 오류라는
것을 붓다는 암시하였는데, 왜냐하면 자아가 하나의 사물이
라고 이미 상정한 입장에서 나온 질문이기 때문이었다.(65)

붓다는 분명히 권리 행사와 구체화라는 성향을 좌절시키기 위해서 해
결될 수 없는 패러독스를 보존하는 것을 선택하였다[분석적 중립에 대
한 나의 정의(파이저 1992, 1998)와 비슷한 하나의 유비를 여기에서 찾
을 수 있게 되어 기쁘다. 분석적 중립은 분석가의 의무로서 분석 면담에
서 적절하게 열려 있는 역설적인 가능성의 공간을 유지하는 것이다].

니나 콜타르트Nina Coltart(1992, 1996)는 정신분석과 불교에 대한 그녀
의 개인적이고 설득력있는 논문에서 *무아*anatta["모든 것은 결국 자아가
없다"(1992, 170)]의 도전과 그것이 서구인의 마음을 혼란스럽게 하는 방
식들을 고찰하였다. 그녀는 수년간의 명상을 한 후에 자신이 파악한 무
아를 "영혼의 해방"으로 파악하였다. 그녀는 다음과 같이 부가해서 말한
다. "그것은 우리의 작업에 대한 거대한 우주적 농담을 인정하는 문을 열
어준다. 나는 '자아가 존재하지 않는다는 것을 보기 전에 물론 그 자아는
강하고 미리 전제되어 있다는 것을 알아야만 한다'고 이제 표현할 수 있
다. 내가 다른 곳에 언급한 바와 같이 … 우리들의 작업은 역설로 가득 차
있고 이것은 가장 급진적이고 무엇보다 기쁜 일이다."(170-71) 콜타르트
는 다른 곳에서(1966, 139) 다음과 같이 더 자세히 언급하고 있다.

완벽하게 실행 가능한 역설은 붓다가 도덕적 규율을 포함해

서 여러 종류의 수행을 가르쳤다는 점인데 이런 수행들은 건강하고 치유적인 진정한 자아를 강화하여 신경증적인 거짓 자아들을 깨닫게 하지만 동시에 변화하지 않는 정체성이라는 의미에서 진정한 자아는 없다는 것을 가르치고 있다. 이것은 붓다가 계속해서 싸우고자 하였던 것은 고체적인 영혼 중심의 개념이다. 이 영혼은 자아와 신에게 항상 알려질 수 있는 것이고 이 생 동안 지속할 뿐만 아니라 또한 영원으로 … 또는 다음 환생에까지 … 변화하지 않고 정체성을 간직한 채로 이동하는 것이다. 물론 정신분석에서 우리는 인식할 수 있을 정도로 지속되고, 고통받고, 치료와 행복을 희망하고, 변화를 위해 투쟁하고, 종종 아주 깊이 스스로를 알고, 자아실현의 정도를 경험하는 자아가 마치 있는 것처럼 행동한다. 그리고 불교에서도 우리는 그렇게 한다. 이것이 삶의 깊이와 의미를 주는 것이다.

결국 우리는 다음의 시구에 포함된 문제에 대해 끊임없이 숙고할 수밖에 없다.

불교에서 언젠가 이렇게 말한다.
즉 "이 나가 하나의 나이라는 것을
부정하는 것은 거짓이다.
그리고 그것이 아니라면
"내가 내가 아니라는 것"이라고
말하는 것은 무엇인지를 나는 알고 싶다.

콜타르트의 언급은 랭건의 논쟁에서 철학적 문제를 나에게 안겨주었다. 우리가 데카르트와 함께 할 수 없는 이유는 "나"의 안정성이 불확실하기 때문에서가 아니다. 오히려 그것은 데카르트가 신체와 구별된 불변하고 영원한 영혼을 긍정한 결론에 도달하였기 때문이다. 그러나 마르시아 카벨Marcia Cavell이 지적한 바와 같이 데카르트는 나름대로의 적당한 의견도 가지고 있었다. "내가 생각하는 순간에서 아이러니하게도 내가 존재한다는 것을 의심하면서도 나는 존재하고 존재해야만 한다는 것을 본다. 왜냐하면 '나는 존재하지 않는다'고 말하는 바로 그 행동이 나 자신의 주장을 약화시키기 때문이다. … 의심은 그 자체로 일종의 사고이고 그것은 의심의 주체로서 나 자신의 확실성을 보장하기 때문이다"(카벨 2000, 514).

내 생각으로 랭건은 역설의 인정에 찬동하면서도 그는 형상화 또는 용어들의 구체화를 통해서 역설의 붕괴를 시도하였고, 이런 시도는 해결할 수 없는 것들을 능숙하게 다룰 수 있게 이끌어준다. 그러므로 "공간들 속에 서 있다"는 것은 랭건에게는 허공이나 부재로서 글자 그대로 해석되는 하나의 공간이 된다. 거기에서 텅 빈 자아는 죽지 않는다. 그리고 궁극적으로 용해는 용해된다. 나는 "틈", "허공" 또는 심지어 "공간"과 같은 용어들이 마치 개체처럼 언급되면서 사용하는 랭건의 방식에 의문을 제기한다. 나는 사이를 드러내기(또는 은유적으로 표현하기) 위해서 "과정"이나 "운동"과 같은 동적인 용어를 더 선호하고자 한다. 작가와 독자 사이의 틈은 *잠재적인* 공간일 수 있다. 공간 그 자체는 다리연결이나 상호연결 과정들의 장소일 수 있다. 나는 이것이 랭건이 말하는 주제의 정신과 일치한다고 믿는다. 이것은 정신분석에서 만나는 고립된 도덕적 자아라는 접근을 상호 주관적이고 구성론적인 접근으로 만들어 준다. 랭건은 무아에 대한 불교의 개념과 정신분석적 작업과의 공명에 대한 콜타르트와 엡스타인의 관점에 서서 문제를 보게 해주었다. 특히 병리적인 자기애와 유아론적 자아에 대한 해독제로 작동하여 삶을 자아들 사이에 상호작용적인 공간에 두게 해주었다. 불교를 응용하는 그의 입장은 현대 정신분석적 사유와 미국 초월주의American transcendentalism의 입장과 일치하면서 관계적 연결성을 통한 일종의 위로 또는 화해를 제시하고 있다. 그래서 왜 "텅 빔"인가? 랭건은 쓰고 있다. "언어는 텅 빔 위에서 헛돌고 있고 우리를 헛돌게 하고 있다." 나는 휘트먼의 「풀잎Leaves of Grass」에서 "거룩한 죽음의 속삭임Whispers of Heavenly Death"을 상기한다.

> 조용하고 끈질긴 거미 한 마리,
> 홀로 떨어져 낮은 돌출부에 붙어 있는 것을 보았다.
> 주변 광활한 공간을 탐색하면서,
> 끊임없이 거미줄을 제 몸에서 자아내고 있었다.
> 계속 실을 풀어내며 지치지도 않고 점점 더 빨리 뽑고, 또 뽑고,
> 또 뽑아내고 있었다.
> 그리고 너, 나의 영혼아, 너 또한
> 끝없는 공간의 바다 속에 에워싸여 홀로 서 있으면서
> 그 무한한 공간을 연결하려고
> 끊임없이 숙고하고, 도전하고, 노력하고 있구나.
> 네가 필요로 하는 연결 다리가 만들어지고
> 뻗어나가는 닻이 자릴 잡아
> 네가 던지는 거미줄이 어딘가에 걸쳐질 때까지, 오 나의 영혼아.

이제 나는 공간에서 우리 자신을 용해한다는 랭건의 주장에서 발생하는 정신분석적 문제에 대해 내가 생각하는 바를 언급하고자 한다. 그는 나를 포함해서 현대의 정신분석적 사상가들이 자아를 분명히 근본적으로 해체하고 자아를 "공간들에 세워놓게" 하는 사상의 흐름에 속한다고 주장하고 있다. 이런 공간들에서 랭건은 어떤 "고착된 자아"의 부재를 제시하고, 이에 따라서 "죽는 사람은 없다"라는 식의 짧은 우주적 삼단논법의 도약을 하는 것처럼 보인다. 내가 자아 속에 있는 복잡함, 모순,

역설에 대해 언급하는 경우, 나는 존재와 관계의 역설적인 경험들을 조절하는 인간의 능력 중에서 상대적으로 더 경쟁력 있는 건강함을 강조하고 있다. 나는 어린 시절에 발달하게 되는 인간의 통합적인 기능을 말하고자 한다. 이런 기능은 자아 또는 타인과 함께 하는 자아의 개인적 경험 속에 있는 역설의 인내와 다리 놓기 또는 양다리 걸치기를 가능하게 한다. 이런 관점에서 다층적으로 구성된 자아는 기능적이고 주관적인 자아로 존속한다. 즉 *여럿이 모여 하나가 된다e pluribus unum.* 그리고 내가 필립 브롬버그Philip Bromberg(1993, 1998)를 이해한 바와 같이 그의 아주 적절한 구절인 "공간들 속에 선다"는 우리를 텅 빔이나 진공에 두는 것이 아니라 정신적 구조의 해리적 성격에도 불구하고 어쨌든 연결된 채로 있는 분리된 현실들 사이에 있는 가능성의 공간에 둔다. 내가 자아에 대해 브롬버그의 은유에 서 있는 것처럼 내가 공간들에 서 있는 동안 근거를 잃고 표류하고 유예되어 있고 공간에서 길을 잃는 것이 아니다. 오히려 우리는 역설을 다루는, 심지어 역설과 함께 노는 마음의 능력인 다리 놓기 과정 위에 서 있다. 정신적 현실은 주관적 경험이라는 떨어진 섬들의 다리 놓기로 존재하는데, 이것은 자기 경험의 다양한 구성 성분들인 정동, 기억, 욕망, 함입, 표상, 언어, 은유, 사고, 기분, 환상, 비전들의 섬들로 뻗어져 있는 둑길들의 무한한 격자이다. 그러므로 정신적 현실은 단순한 통합이 아니라 마음의 통합적 과정으로 볼 수 있다. 그리고 다리가 아니라 다리 놓는 과정이다. 또한 마음에 대한 우리의 정신분석적 모델은 질병뿐만 아니라 건강한 상태에서도 해리의 보편적 현존ー또는 복잡하고 비선형적인 구조들ー을 설명할 필요가 있다. 우리는 중심적이지 않고 다양한 차원의 자아를 설명할 모델을 필요로 한다. 그리고 휘트먼이 말한 바와 같이 자아는 다중을 내포한 *분포된* 자아이다. 우리의 창조된 가능성은 자아의 해리된 요소들 사이에 있는 중간적 공간의 보존과 탐색에 있다. 이런 의미에서 일상의 창조성이나 정신분석적 과정의 창조성은 화가나 시인의 창조적 과정과 다르지 않다. 건강과 만족스러움은 자아 속에 있는 역설들에 걸치는 능력에 달려 있다. 창조성은 자아와 물질과 외부세계와의 관계에서뿐만 아니라 자아 내에 있는 역설과의 참신한 협상에 있다. 브롬버그(1993)가 쓴 바와 같이 "건강은 현실들을 잃지 않고 현실들 사이에 있는 공간들에 서는 능력이다. 이것은 내가 말하는 *자기수용*을 의미한다고 생각하고 이것이 창조성의 진정한 모든 의미이다. 말하자면 다수이지만 하나의 자아처럼 여기는 능력이다."

우리 모두가 본질적으로 다중 자아들이라고 내가 주장할 때 여기서 다중 인격 장애를 말하고 있는 것은 아니다. 병리는 다중성을 안아주고 참아내고 중재하는 능력의 상실을 말한다. 이런 다중성에 속하는 것은 해리, 파편화, 내적 가능성의 공간의 권리 주장 등이다. 신경증적 방어와 정신분석의 성격 방어들은 자아 내의 역설의 해소를 강제함으로써 발생하는 가능적인 내적 공간의 권리주장으로 볼 수 있다. 이런 강제는 모순적인 자아 경험들의 부인, 내적 갈등의 은폐로 나타난다. 이와는 대조적으로 창조적 과정은 다중 자아의 역설적 성질과 외적 세계와의 다면적인 관계를 수용하면서 함께 *놀이를 한다*. 창조적 예술가는 경험된 삶의 엄청난 역설을 보고 듣고 이름을 붙인다.

이제 나는 랭건이 그의 논문을 통해서 우리에게 준 선물은 창조적 예술성이라고 선언할 수 있다. 그는 이로서 다중적 관점, 모순, 역설과 놀이를 하고 있다. 그는 훌륭한 솜씨로 우리를 데리고 비선형의 세계 속으로 여행을 떠난다. 독자로서 우리는 랭건의 사고와 이미지 하나하나의 물결치는 순간들에 잠기도록 초청받고 있다. 우리는 이어지는 사유의

(모순적인) 물결에 의해 부침하면서 계속해서 새로운 장소에 착륙하고 그다음 다시 랭건의 다음 물결에 의해 떠오른다. 랭건은 우리의 마음이 새롭게 신선하게 개방되기를 요구한다. 풍당. 그가 이름 붙인 바와 같이 경험되는 삶의 풍부하고 넘쳐나는 역설을 상기한다. 순수한 주의집중과 선택 없는 자각을 통해서 우리의 연못에 개구리가 도약할 수 있도록 개방적으로 허용한다. 이것이 궁극적으로 랭건에게 의미하는 바는 서로가 서로를 소중하게 여기는 것이다.

랭건은 보르헤스의 "알레프"의 화자를 인용한다. 그는 말한다, "나의 눈이 보는 것은 동시적이다. 즉 내가 서술하고자 하는 것은 연속적이다. 왜냐하면 언어는 연속적이기 때문이다." 이런 라캉과 유사한 관점을 랭건은 더 자세히 언급하면서 자신의 불교적 관점의 몇 가지를 언급하고 있다.

> 깊이 생각하지 않고 너무나 당연하게 존재한다고 여겨지는 통상적인 자아는 연속적인 순간들의 선형적인 선택기와 같다. 내가 일어날 때를 기억하고 눕게 될 것을 기대하는 "나", 이런 활자화된 페이지의 희미한 스크린 너머 어딘가에 있는 여기에 나를 두고 저기에 당신을 두는 그런 "나"이다. 성찰적으로 상상된 통상적이지 않은 자아는 스스로를 취소하고 연관된 매트릭스에 의해 유예되고 동시에 연관된 매트릭스를 유예하는 자신을 발견한다. 연관된 매트릭스는 모든 경험의 관계적 연결성에 다름 아니고 모든 과거는 현존하고 여기 모든 곳에서 지속적으로 전개되는 순수한 경험이 끊임없이 분출한다. … 이것은 모순과 이중성을 내포한다. 그것은 바로 여기 동시에 있다. 거기에서 "여기"는 의미를 상실한다. 이런 관점에서 적당한 장소에 누워서 적당한 각도로

눈을 가늘게 뜨고 찡그려서 보고 있는 알레프는 자아이다.

랭건은 이런 관점을 현재의 "관계적, 맥락적, 구성주의적" 정신분석과 연결을 짓는다. 이런 정신분석은 자아를 "흐름으로 그리고 다중적으로" 본다. 랭건이 보는 바와 같이 단항적 자아의 용해와 함께 "용해 자체의 용해"가 성취될 수 있다. "무아가 없다. 그리고 무아가 아닌 것도 없다." 적어도 정신분석에서는 거기에 있는 것은 "치료적 교환의 *상호 대인 관계적* 활동"을 위한 가능성이 있다. "피할 수 없는 죽음의 심연 위에서" 이루어지는 대화에서 랭건은 우리에게 "분석가와 피분석가는 서로가 서로를 소중하게 여길 수 있다"라고 말한다. 이것은 그의 임상적 삽화가 아주 적절하게 보여주고 있다. 그리고 이렇게 두 사람은 듀엣을 이루면서 "살아가는 삶의 모습으로 서로 다른 방식들을 작동시킬 수 있다."

랭건의 선물에 화답하기 위해서 나는 분석과정의 전개에서 랭건의 사유가 체현되었다고 여겨지는 사례를 제시하고자 한다. 여기서 나는 "도날드"의 분석 종결 단계의 몇 가지 장면들을 공유하고자 한다. 그는 수년 전 분열증적 단절과 정서적 소원함의 심한 상태에서 치료를 받으러 왔다. 자신의 삶을 풍부하게 할 수 있는 방법을 배우고자 나의 도움을 요청하였다. 여기서 제시된 것은 내가 이전에 이런 장면들을 도날드의 "살아가는 삶의 모습의 서로 다른 방식"으로 서술한 것이다.

> 도날드는 자신의 초기 치료 목표-정보, 통찰, 설명들-와 또한 분석의 시간들이 경과하면서 우리 둘 사이의 분석 과정에서 서로 논의하면서 자연스럽게 깨닫게 된 관계의 중요성, 정동의 경험, 내적 상태에 집중하는 것의 중요성을 즐기고 있었다. 그는 이제 다른 사람과 함께 있는 자신이 어떤 사람이고 또한 다른 사람이 어떻게 느끼고 있는지를 자신이

알아차리고 있다는 데 대해 놀라고 있었다. 도날드는 나에게 다음과 같은 놀라운 발언을 하였다, "나는 자신의 인생을 고치기 위해서 여기 온다고 생각한다. 내가 생각할 수 있는 유일한 방법은 선형적이고 논리적이고 문제해결 방식이었다. 이제는 나의 마음은 적어도 가끔씩은 다른 방식으로 작동하고 있는 것처럼 보인다. 이제 나의 마음은 봄날의 향기 이상으로 여겨진다." ⋯ 도날드는 면담을 종결하는 그 해 봄에 교외에 있는 협동 정원가 그룹에 참여하였다. 월요일 그는 주말 정원에서 겪은 경험을 나에게 열심히 말해주고자 분석 면담에 왔다. 그는 정원에 난 길을 가로 지르면서 수많은 벌떼를 만나서 물리고 "보라색 꽃들과 함께 있는 목초지처럼 성장하였다." 그가 말하기를, "그래, 쏘인 것은 정말로 아무것도 아닙니다. 정말로 대단한 일은 길 너머 공기 속으로 날아가는 이런 모든 벌들을 불현듯 보고 있다는 것입니다. 그것은 ⋯ 마치 ⋯ 거기에 집중하면서 그리고 이해 너머에 있는 것 같았습니다. 나는 그것을 분명하게 설명할 수 있을지 모르겠습니다. ⋯ 그렇지만 거기서는 쉽게 이해된 것 같습니다. 그러나 내가 거기를 출발할 때 쉽게 이해될 수 없다는 것이 분명해졌습니다. 그리고 ⋯ 그것은 역설입니다! 나는 이제 나 자신을 이해하지 못합니다. 나는 나 자신을 진정으로 이해하지 못한다고 생각합니다. ⋯ 내가 어디서 왔는지, 내가 여기 어떻게 왔는지, 이런 과정은 무엇인지 모릅니다. 공기 속을 날아다니는 모든 그런 벌들처럼. 그것은 거기 있지만 그러나 이해를 넘어서서 있습니다. 그러나 나는 이제 더 이해할 수 있는 것처럼 느낍니다. 마치 벌들로 가득 찬 목초지처럼 ⋯ 때로는 해야 할 것이 지성적으로 이해될 수 없지만, 한 걸음 물러서서 그것의 아름다움을 관찰하고 즐기는 것입니다." 나는 이렇게 말하였다, "도날드, 오늘은 네가 나의 스승이다."

다시 목초지의 별과의 만남이 있은 지 일주일 내에 도널드
는 분석면담에 와서 마치 역치의 신호같이 여겨지는 새로운
개인적 경험의 순간을 나와 열성적으로 공유하고자 하였다.
그는 워크숍에 참여할 예정이었다. 점심시간에 레스토랑으
로 가기 위해 운전을 하며 고속도로를 달리던 중 차의 기름
이 떨어졌다. 그는 가장 가까운 출구 쪽으로 가서 주유소를
발견하였다. 기름통을 들고서 자신의 차 뒤쪽으로 걸어왔을
때 도널드는 자신이 행복하게 "해석될 수 없는 경험"이라고
부른 것을 느꼈다. 갑자기 도널드는 그 기름통 안에서 철렁
거리는 액체의 감각을 자각하는 자신을 발견하고, 그 느낌
과 소리, 길 옆의 보도를 걷고 있는 자신을 생생하게 자각하
였다고 한다. 그것은 마치 자신의 내면 속에 있는 "찰카닥"[퐁
당?]하는 소리와 같았고 자유로운 경험의 즐거움이었다. 그는
"이 순간 또한 나의 워크숍의 일부"라고 생각하고 분노를 느
끼는 대신 살아있음을 느꼈다. 그리고 그는 "나는 엉망이야"
라고 생각했다. 도널드는 이런 이야기를 나에게 하면서 "엉망
인 것은 나쁘지 않아요. 그것은 풍부합니다. 복잡합니다. 강
조점은 내가 있다는 것am에 있습니다. 그 단어 있다는 것-나-
나가 있습니다. 그리고 그때 나는 '좋아'라고 생각하였고, 눈
물이 하염없이 흘러 내렸습니다." 그리고 나도 그러하였다.

(파이저 1998, 204-5)

나는 참느릅나무 높은 곳에 매달려 있는 12살 소년인 랭건을 머리에
그려본다. 나는 어깨와 골반을 접고서 2 × 2의 공간이 그에게는 나무집
의 충분함이 되었는지를 상상해본다. 나는 피할 수 없는 죽음이 주는 심
연의 아찔한 가장자리에서 의미를 부여하고자 하는 것이 우리의 상상,
주의집중, 관계성이라는 그의 견해에 동의한다. 우리 모두는 분석상 비

틀즈의 다음 말, "이런 부러진 날개를 갖고 날아가는 방법을 배워라"에 있다. 랭건의 고상한 진지함에 경의를 표하면서 나 또한 휴 민즈Hughes Meanes의 시를 마지막으로 추가하면서 그의 즐거운 장난기에 경의를 표하고자 한다.

> *내가 의자에 앉아있을 때*
> *나는 바닥이 거기 없다는 것을 알았다.*
> *다리도, 등도 없지만, 그러나 나는 단지*
> *그런 사소한 것들을 무시하고 앉아있었다.*

답변

포화된 용액

로버트 랭건(ROBERT LANGAN)

어제 계단에서
거기 없었던 한 남자를 만났네.
그는 오늘 다시 거기에 없네.
오, 나는 그가 가버리기를 원했나

— 익명으로, (적절하게)

나는 스튜어트 파이저가 나의 논문을 솔직하게 드러내는 하나의 초청장으로 받아들여준 것을 기쁘게 생각한다. 물론 현재 진행되고 있는 게임은 숨바꼭질이다. 파이저가 발견한 몇 가지를 휘발시켜 버리고 새로운 것을 찾는 것이 당연한 나의 의무이다.

그는 나의 "논쟁의 선(또는 구불구불한 선)"에서 여러 개의 문제점을 발견하였다. 그가 파악한 특별한 선은 다음과 같은 나의 초대이다. 즉 "공간 속에서 당신 자신을 용해하라. … 어떤 의미에서는 우리는 죽음을 용해하는가? 고정된 자아가 없다면 죽는 사람도 없는가? 붓다는 재치 있게 '예'라고 말할 것이다."

파이저는 그렇지 않다고 반박하고, 그는 붓다의 진부한 이야기를 말한다. 그것은 자아가 있는가 또는 없는가라는 질문에 대해 단순히 "예", "아니요"라고 대답하지 않고 침묵으로 일관한다는 이야기이다. 우리는 붓다가 답을 하지 않는 답을 하였고, 우리를 다시 역설로 던져버렸다고 말할 수 있다. 약간 놀라고 재미있는 측면은 "아니"와 동등한 "예"에 놓여 있다. 왜냐하면 실재의 비틀거리는 근사近似함에 당황하는 존재의 미묘한 엄청남에 직면해서는 "예"와 "아니요"라는 각각의 단순한 대답은 아무런 관계가 없는(또는 관계있는) 것이기 때문이다. 우리는 다시 새롭게 나와 당신의 환영적 성질을 상기시키는 것으로 되돌아갈 필요가 있다.

어떻게 환영이 필요한가? 나는 "인격의 발달과 *성장*에 중심적인 역설을 인내하고 다리 놓는 것은 내재적인 능력이다"(1998, 90)라는 파이저의 주장에 동의한다. 그리고 나는 "건강은 통합이 아니다. 건강은 실재 사이에 있는 공간의 어떤 것도 잃지 않고 그 공간들 속에서 견디는 능력이고 … 자아가 여럿이면서 하나의 자아같이 느끼는 능력이다"(1998, 186)라는 브롬버그의 말에 동의한다. 엡스타인(1998)의 적절한 구절인 "분열되지 않고 다양하게 분리되는"이라는 불교에 대한 평가를 내가 어떻게 동의하지 않을 수 있는가? 중심적인 역설은 하나와 다수, 연속성과 분절, 다리 놓여진 견딤과 다리 놓여지지 않은 해리 사이의 겨룸이다. 존재론적 역설은 해소된 것이 아니라 지속되는 것이다. 지속되는 것(호흡에서 호흡으로)은 시간을 통해서 일종의 자신의 통합성을 창출하기 위해서 계속된다. 그런 통합은 지속적으로 여기와 지금에서 그리고 한 사람의 나와 한 사람의 당신이 함께 하는 심리적 형태를 띤다. 지속됨은 지속자를 낳는다. 미노아 황소의 춤꾼들처럼 우리는 역설의 딜레마의 바로 그 뿔 사이를 뛰어다닌다. 그러나 아직 거기에는 더 무엇인가가 있다고 나는 단언한다.

함께 있다는 것은 반드시 누구를 위해 존재하는 것을 의미해야만 한다. 내가 생각하기로는 자아의 초월은 존재의 경험을 열어놓는데, 거기에서 우리는 넋을 잃을 정도로 아름다운 우리의 도약과 공중제비의 춤을 춘다. 나의 은유를 명료하게 해보자.

서로 분리된 자아 상태들을 다리 놓는 것으로 그치는 심리적 건강 모델은 다리를 잇는 그 양쪽의 끝이 무엇인지를 충분히 고려하지 못하고 있다. 마치 창조성 또는 공감의 능력처럼 역설을 인내하는 능력이 단순히 심리적 강도라고 간주된다면 마음의 모델은 잘 차려진 심리적 패션 플레이트를 위한 더 많은 벨과 호루라기를 울리는 또 다른 유인물을 단순히 제공하는 데 그칠 뿐이다. 우리는 벌거벗은 미노아 사람이기보다는 번쩍거리는 모리스 춤꾼(영국 전통춤의 하나)으로 끝난다. 역설은 아주 담백하게 알려져야 하는 힘을 상실해버리고 삶의 끊임없는 이중성의 또 다른 혼란스러운 경우가 되어버린다. 그렇지만 역설의 힘은 알 수 있다고 하는 것을 몰아내는 것이다.

파이저는 자아 상태들을 다리 놓는 것과, 그런 다리 놓음이 한 사람(엄마)과 또 다른 사람(아이)의 맥락에서 어떻게 일어나는지에 대한 훌륭한 예를 보여주었다. 엄마를 향해서 아장아장 몇 발자국을 걸으면서 성취감과 기쁨을 맛보는 아이를 상상해보라. 헛디디고 넘어지고 찌푸리고 다시 일어서고 안심하고 두 다리로 다시 걷는다. 그래서

> "걷기 훈련"에서 "넘어지는 것" 그리고 "다시 일어서서" 나아가는 변화는 함께 그 순간을 맞이하게 도와주고 "조각조각 날 것 같은" 순간에서 생각할 수 없을 정도의 불안을 인내심을 갖고 안내해주는 매개자로 작동하는 부모의 자아 보호 범위 안에서 달성된다. 아이는 매일 연속된 반복뿐만 아니라 연속 사이의 변화의 반복 … 다리 놓음의 경험을 겪게 된다. … 우리는 어떻게 하는지 모르는 채로 여기에서 저기에 도달하는 경험을 신뢰하게 된다. 그러므로 상태가 변화하면서 발생하는 정동적 경험을 내면화함으로써 비록 우리가 인지적으로나 정동적으로 긴장을 한다고 하여도 자아감

의 분열 없이 역설에 대해 다리 놓기, 걸치기의 능력을 위한 기반을 형성한다. (파이저 1998, 91)

파이저의 주장, 즉 누군가가 당신을 위해 함께 있으면서 배워가는 그런 다리 놓음을 경험하는 능력은 자아의 발달과 연속성에서 핵심적이라는 것은 분명히 설득력이 있다. 그리고 이어서 정신분석적 치료의 결과가 나온다. 종결 직전에 있던 그의 환자 도날드가 붕붕거리는 벌떼와 가솔린 기름의 철렁거리는 깡통에서 오는 통찰적 순간을 맞이할 때 그런 "해석되지 않는 경험들"은 역설의 특징을 보여주는 것이고, 또한 내가 어디에서인가 "현재의 출현"이라고 부른 것이기도 하다(랭건 1993).

그렇지만 더 다른 무엇은 없는가? 반야심경이 말하는 바와 같이 "공은 색이고 색은 공"이라고 하면, 파이저는 색의 편에 서는 것이 되고(거기서 머무르는 것이 아니라), 나는 공을 주장하고 있다. 그의 형이 충고한 바와 같이 파이저 앞에서 유일한 그 순간에 개별적인 악보의 연주를 그의 형이 잘 전달한 깊은 풍부함으로 파이저는 듣는다. 악보 사이에 침묵으로 더 감동을 받는 작곡자 존 케이지John Cage를 떠올린다. 더 다른 무엇이 없는가? 더 다른 것, 즉 아무것도 없는 것이 있다. 다른 말로 하면 해결되지 않은 역설이 여전히 역설이고, 그것은 개념적으로 다리 놓음을 통해서 붙잡을 수 있는 이름붙일 수 있는 난제이다. 그것은 너무 안전하다. 데카르트가 자신이 의심할 수 없이 의심하고 있다는 것을 추론함으로써 자신의 존재를 스스로에게 확인하였을 때, 그는 다양한 경험의 전개를 생각하는 사람-으로서-자아의 본질적인 것으로 축소시켜 버렸다(라코프와 존슨을 보라 1999, 특히 400-404).

이런 사려 깊은 말들이 한 문장과 다른 문장을 다리 놓을 때 나의 지속적인 "나"는 여러 측면의 자아 상태들을 지속적인 동일성으로 다리 놓으면서 그 동일성은 내 앞에 지나간 것과 올 것의 변화된, 그리고 변화하고 있는 반복으로 드러나고 있다. 아무것도 동일한 것을 말하지 않는다. 모든 것은 변화한다. 그리고 아무것도 아무것 없이 머무를 수 없다. 심지어 다리들과 섬들과 자아-상태들과 유사하게 시간이 흘러가고 시간이 모든 것을 변화시키고 심지어 한순간도 절대로 반복하거나 또는 반복할 수 없다고 할지라도 아무것도 동일하게 머물지 않는다. 공은 색이다.

나에게 그렇게 보이는 것처럼 다리들은 항상 이해할 수 없는 허공을 미묘하게 흔들거리면서 거기 그리고 거기 아닌 곳에서 환영들로 존재한다. 파이저는 내가 허공과 다리들을 구체화한다고 여긴다. 즉 "나는 보다 역동적인 용어들을 선호한다. … 공간 자체는 다리 놓기 또는 상호 연결의 과정들의 장소일 수 있다." 필요하다면 나는 과정보다는 다리 위에 서야만 하지만(그것은 공간을 필요로 하는 것인가?) 그러나 우리는 주격과 타동사 사이의 은유의 끊임없는 반복과 변덕스러운 흐름을 잘 피해왔다. 역설의 힘은 실재를 개방적으로 벗겨내고 모든 것을 조각내는 동시에 그렇지 않기도 하다. 역설을 참고 다리 놓기를 지속하는 능력은 삶을 풍부하게 하고 확장시킬 수 있지만, 그것은 헐떡이는 삶에서 죽음으로 가는 유지할 수 없는 시간을 버티고 있는 어두운 측면으로 (아마도 발달론적으로) 향한다. 다리들, 사유들, 그렇게 다양하고 새로운 자아 상태들 모두 허공 속으로 증발한다.

그런 진공들을 구체화하지 않도록 조심하자. 불교 주석가인 가르마 C. C. 창Garma C. C. Chang(1989)은 다음과 같이 지지하고 있다.

> 이 지점에서 "공함"에 대한 몇 마디의 말이 도움이 될 것이다. 우리가 "저 집이 비어 있다"라고 말할 때 우리는 거기에 아무도 살지 않는다는 것을 의미한다. 그러나 불교의 "공

함"은 부재를 의미하는 것이 아니다. 우리가 "저 전체 지역
이 이제 비어 있다"라고 말할 때, 우리가 의미하는 것은 이
전 그 지역에 많은 집이 있었으나 이제는 아무것도 존재하
지 않는다는 것을 의미한다. 그러나 불교의 "공함"은 소거
를 의미하지 않는다. 공함은 정의하기도 서술하기도 어렵
다. 우리는 공함이 무엇이 아니라는 것에 대해서 많은 것을
말할 수 있어도 그것이 무엇이라는 것에 대해 아주 적게 말
할 수 있을 뿐이다. 공함은 모든 사물의 상대적인, 유동적
인, 정의할 수 없는, 파악할 수 없는 성질을 가리킨다. 철학
적으로 그것은 현상들의 환영적인 또한 꿈과 같은 성질을
표상하고 심리적으로 모든 속박에서 벗어난 총체적인 해방
을 상징한다. (8 n.2)

그리고 이어서

살아있는 존재들의 사고 패턴은 한계가 있거나 유한한 성질
을 띠고 있다. 우리가 공함의 진리(공성Shunyata)를 깨달을
때 사고의 한계적 패턴들은 근본적으로 변화한다. 불교의 용
어를 사용하면 그것들은 법성(법성, 다르마다투Dharmadatu)-
공함의 빛 아래에서 존재가 갖는 서로 다른 모든 측면들의
절대적이고 우주적이고 상호침투적인 성질-으로 "용해한
다."(36 n.14)

철학적으로 우리가 직면하고 있는 것은 우리가 알 수 없다는 것이다.
앎이라는 것은 필요상 지식, 단어들의 물건 위에 건립된 것들로 보인다.
우리는 이중성의 세계-여기와 저기, 앞과 뒤, 당신과 나, 쾌락과 고통,
건강과 질병, 삶과 죽음-속으로 내던져져 있다. 우리가 궁극적으로 필
요로 하고 무서워하는 것은 저 세계의 더 많은 지식도 아니고 이중적인

세계의 역설에 더 잘 능숙하게 적응하는 것은 더더군다나 아니다. 우리가 필요로 하고 무서워하는 것은 바닥이 세상 밖으로 떨어지는 것이다. 우리는 경험의 이중적인 용해와 해소의 용해를 필요로 한다. 우리는 용해 그 자체의 용해를 필요로 한다.

필립 브롬버그는 이런 무모한 관점에 근접하게 되었는데, 이렇게 된 계기는 분석가의 입장에서 환자의 현실을 경험적으로 공유하는 데 실패함으로써 정신분석 치료를 구멍이 나 있는 치료의 왕도라는 이름으로 개념화하였다. 환자의 현실이 가능성이 멸절된 트라우마의 경험일 때 하나의 구멍은 하나의 심연이 될 수 있다. 그리하여 "분석가가 자신의 이론과 논리에도 불구하고 자신의 영혼에 스며드는 그 무엇으로 점차 환자의 경험에 직면하게 될 때까지 잠재적인 재-트라우마의 의인성醫因性 위협은 상승한다. … 심연은 '진정으로 실제로' 그것을 느끼는 환자 자아의 측면에서는 주관적으로 심연이기 때문에 우리가 자신의 환자가 누구인가라는 질문과 함께 환자와 함께 살아간다면 그 심연은 분석가에게도 역시 "진정으로 실제적인" 경험이 되어야만 한다"(브롬버그 2000, 13-14). 그런 심연을 안다는 것은 그것 안에 존재하는 다른 대체물이 있다는 것이 아니다. 왜냐하면 단지 그 안에 존재한다는 것은 재-트라우마보다 새로운 경험의 "안전한 놀라움"을 제공해줄 수 있기 때문이다. 우리가 새로운 것을 발견하기 위해서는 알 수 있는 것만의 것 이상으로 나아가는 위험성을 감수하게 된다.

인격 변화의 경험은 포화된 용액의 화학에서 일어나는 변화과 비슷하다(아니 더 적절하게 과포화된 용액). 용액에 녹아있을 때는 보이지 않는 소금처럼 그 아주 작은 양의 용해가 기대하지 않았던 양을 더 침전시키는 것과 같다. 마찬가지로 경험적으로 우리는 기대하지 않았던 새로운 것을 형성하기 위해서-공함에서-단지 용해의 예상만을 직면한다.

형식은 공함에서 일어난다. 정신분석의 틀에서 한 사람으로서 자신의 경험(혼자이면서 혼자가 아니거나, 특히 당신을 위한 분석가와 함께 있거나)은 알지 못하는 것에 개방될 수 있다. 정신분석적 변화의 이런 개념화는 불교적 틀에서는 형식(색)과 공의 상호작용에 자아 허용적인 개방이 된다. 거기서는 각각은 다른 것의 측면으로 보인다. 공과 색의 역설적인 등가물은 용해될 수 없지만—그것은 역설로 남아있다—어떤 의미에서는 용해될 수 있다. 그것은 어떤 대양적 합일로 용해되지 않는데, 그 이유는 합일은 이중성을 내포하고 하나가 다수를 얽어 넣기 때문이다. 그런 용해는 알지 못함, "사고의 한계적 패턴들"의 근본적 변화, 심연에로의 도약, 돌진하는 황소의 뿔 사이에서 내장을 빼는 공중제비를 요구한다.

우리 모두가 공유하는 트라우마는 한때 우리가 존재하지 않았던 의심 속에 도사리고 있고, 그것은 바로 우리와 동일한 이야기이다. 우리를 궁극적으로 붙잡고 있는 이중성은 삶과 죽음이다. 붓다의 중도는 역사적으로 허무주의의 절망과 영원주의의 영원한 영혼의 완벽함에 대한 열정 사이에서 움직이는 것(드 실바de Silva 1975를 참조할 것)이지만 또한 그것은 *그 사이*로 삶과 죽음의 사이로 경험적으로 들어가는 것이다. 나는 죽음에 대한 불교적 관점을 약간 성찰하면서 결론을 맺고자 한다. 왜냐하면 그것이 파이저(1998)가 언급한 정신분석적 "다리 놓기"의 성질과 브롬버그(1998)가 적절하게 언급한 "공간들에서 서 있는 것"에 대한 흥미로운 빛을 던져줄 수 있다고 믿기 때문이다.

백색 타라White Tara는 말 그대로 "여성 구원자"를 뜻하는데, 그것은 장수를 보장하는 구원적인 힘과 능력을 가지고 있다고 알려진 티베트의 신성이다. "타라는 자비의 보살인 관세음보살이 흘린 눈물에서 생긴 활짝 핀 연꽃에서 태어났다. 관세음보살은 고통 받는 우주를 관찰하고 있다"(로페즈 1997, 548). 문제를 복잡하게 만드는 것은, 타라는 모든 붓다들의 어머니이지만 그녀는 보통 16세의 아름다움(일곱 개의 눈이 아름다움에 대한 당신의 관념을 손상시키지 않는다면)으로 묘사되고 있다는 것이다. 그렇지만 그녀는 또한 녹색과 붉은색, 분노와 차분함을 포함하여 21가지 형상들로도 나타날 수 있다. 가능성의 화려한 우주가 펼쳐진다. 그러나 백색 타라와 함께 하기 위해서는 다음과 같은 전통적인 주문과 함께 해야 그녀가 형상화될 수 있다. 즉 "만약 이른 죽음의 징후를 예견한다면, 내가 화이트 타라의 분명한 시각으로 죽음의 신을 굴복시켜 불멸의 *싯디siddhi*[힘]를 얻을 수 있기를. 이러한 장점을 통해 빠르게 고귀한 타라 상태에 도달함으로써 나는 그 상태에 대한 단 한 번의 예외 없이 모든 지각 있는 존재를 확립할 수 있기를 바란다." 무신론의 종교인 티베트 불교에서 이런 만신전이 어떻게 있을 수 있는가? 그리고 불교가 어떻게 불멸의 약속을 즐길 수 있단 말인가? 신들은 다양한 방식으로 간주될 수 있다. 가장 간단한 이해의 차원에서는 그것들은 인간의 삶에 관여할 수 있는 외적인 영적 개체이다. 이런 관점에서 보면 타라는 천주교의 성모 마리아와 같은 그 무엇이다. 보다 깊은 차원의 이해에서 보면 신들은 명상수행자의 시각적 형상화에 불과한 개체들이고 그것들은 수년간의 수행으로 더 세밀하게 만들어진 형상들이다. 여전히 보다 깊은(또는 더 숭고한?) 차원에서 신들은 명상수행자들이 창조하고 경험한 강력한 존재 방식의 시각적 형상화에 불과하다. 그 신은 그림이 아니라 그 사람의 의식이 점유한 존재론적인 외피이다. 그 신들은 의식과 실재의 깨달음의 이해로 가는 길의 보조자들이다. 그들은 신들로 생각하는 만큼 신이고, 그들은 의식의 치환 현상인 만큼 신이 아니다.

그리고 불멸성의 힘은 무엇인가? 서구에서 잘 알려진 것은 환생의 불교적 관념이다. 즉 모든 사람은 윤회의 바퀴에 묶여 있고 자신의 행동의 업의 결과에 따라서 더 좋은 또는 더 나쁜 상황으로 생을 이어서 환생한다. 그러나 환생은 영원히 지속되는 본질적인 영혼은 아니다. 그 대신 그 과정은 하나의 초에서 다른 하나의 초로 불꽃이 이동하는 것과 같다. 사람은 분명히 죽는다. 죽음은 하나의 파괴자이다.

그러면 불멸성은 윤회의 바퀴를 벗어나는 것이 요구된다. 『티베트 사자의 서』(서만Thurman 1994)에서는 그 방법을 서술하고 있다. 우리가 바르도bardo에 들어갈 때 그 중음의 상태는 죽음의 과정에 들어가고 여전히 신체를 갖고 있는 것으로 느끼며 자신의 모습을 본다. 곤경은 그 자아에 애착을 갖는 것에서 나온다. 온화한 존재들의 행렬이 점점 더 분노에 차게 되면 끔찍한 용해의 공포는 올라간다. 가장 손쉽게 의지할 수 있는 것은 사실 다른 자궁, 다른 환생으로 도망가는 것이다. 아마도 백색 타라의 명료하고 지속되는 비전의 도움으로 보살에게 의지하는 것은 몸은 의식의 현상이고, 공은 색 그 자체라는 것을 깨달아서 무서워할 것이 아무것도 없게 되는 것이다. 공포는 쾌락과 마찬가지로 기본적인 환영이고, 공의 색이며, 공은 결코 공을 해칠 수 없다. 그 안에 깨달음과 자유가 있다.

따라서 불멸성은 영원히 사는 것을 의미하지 않는다. 그것은 삶과 죽음, 심지어는 시간과 공간의 족쇄에서 풀려나는 것을 의미한다. 이것은 삶과 죽음을 부정하는 것이 아니라 삶과 죽음을 서로 달리 아는 것이다.

몸속에 의식이 들어있다는 서구적 관점에서 보면 이런 전체적인 죽음 후의 시나리오는 기이하게 보인다. 그러나 심리적 변화의 성질에 관련된 어떤 강조점을 인식하기 위해서 그것에 전적으로 동의할 필요는 없다. 첫째는 시각화의 힘이다. 둘째는 자신의 실재에 대한 변화된 태도이다. 티베트인들에게는 "치유의 변화는 기본적으로 우리가 놓인 '장소'와 우리가 투사하는 '장소' *사이*에 놓여 있는 광활함에서 일어나고 … 자신을 존재[다른 어떤 존재]로 단순히 *시각화하는 것*은 경험적으로 *존재로서 동일*하고 … 다른 존재 … 우리가 투사하거나 꿈꾸는 존재와 우리의 실제 존재 사이에는 *형이상학적으로* 궁극적인 차이가 없다"(레빈 1981, 262-63, 또한 고빈다Govinda를 보라, 브로펠트Blofeld 1974).

정신분석적 대화(두 존재의 상호 놀이)는 일종의 말로 하는 시각화, 존재론적인 가능성의 시도로 생각할 수 있는 바로 그런 경우가 아닌가? 성공적인 치료는 어떤 가능성들이 실재가 되고 강력한 존재의 상태가 되었을 때 일어난다. 자아 상태들의 "다리 놓기"는 오르가즘적인 아닌 *작은 죽음들*petits morts을 내포한다. 즉 다리의 관점에서 보면 우리는 죽은 사체로 간주되거나 다시 완전히 동일한 방식으로 결코 파악될 수 없다. "공간들 속에서 서 있다는 것"은 자신을 공간으로 인식하며, 즉, 자신을 의식의 놀이로 만들어진 신체(색) 이후가 거듭되어 형성된 텅 빔으로 인식하는 것이다. 이것은 기이하다, 정말로.

주
1 나는 특히 쵸걈 트룽빠 린포체, 캬브제 껠렉 린포체, 로버트 서만, 래리 로젠버그, 알란
   긴즈버그, 마크 엡스타인, 조셉 골드스타인, 스테펜 와일더에게 감사한다.

References

Batchelor, S. 1983. *Alone with Others: An Existential Approach to Buddhism.* New York: Grove Press.

Benjamin, J. 2000. Intersubjective Distinctions: Subjects and Persons, Recognitions and Breakdowns. Commentary on paper by Gerhardt, Sweetnam, and Borton. *Psychoanalytic Dialogues* 10:43-55.

Binswanger, L. 1957. *Sigmund Freud: Reminiscences of a Friendship.* New York: Grune and Stratton.

Bion, W. 1970. *Attention and Interpretation.* London: Tavistock Publications.

Blofeld, J. 1974. *The Tantric Mysticism of Tibet: A Practical Guide.* New York: Causeway Books.

Borges, J. L. 1966. *A Personal Anthology.* New York: Grove Press.

Bromberg, P. 1993. Shadow and Substance: A Relational Perspective on Clinical Process. *Psychoanalytic Psychology* 10:147-68.

————. 1998. *Standing in the Spaces: Essays on Clinical Process, Trauma, and Dissociation.* Hillsdale, N.J.: Analytic Press.

————. 2000. Potholes on the Royal Road: Or Is It an Abyss? *Contemporary Psychoanalysis* 36:5-28.

Bruner, J. 1990. *Acts of Meaning.* Cambridge: Harvard University Press.

Cavell, M. 2000. Self-Reflections. *Psychoanalytic Dialogues* 10:513-29.

Chang, G. C. C., trans. and ed. 1989. *The Hundred Thousand Songs of Milarepa.* Boston: Shambhala.

Clark, K., and M. Holquist. 1984. *Mikhail Bakhtin.* Cambridge: Harvard University Press.

Coltart, N. 1992. *Slouching towards Bethlehem.* New York: Guilford Press.

————. 1996. *The Baby and the Bathwater.* Madison, Conn.: International Universities Press.

Csikszentmihalyi, M. 1999. If We Are So Rich, Why Aren't We Happy? *American Psychologist* 54:821-27.

Das, S. 1997. *Awakening the Buddha Within.* New York: Broadway Books.

de Silva, L. A. 1975. *The Problem of the Self in Buddhism and Christianity.* New York: Harper and Row, 1979.

Epstein, M. 1995. *Thoughts without a Thinker: Psychotherapy from a Buddhist Perspective.* New York: Basic Books.

—————. 1998. *Going to Pieces without Falling Apart: A Buddhist Perspective on Wholeness.* New York: Broadway Books.

Freud, S. 1912. *Recommendations to Physicians Practising Psycho-Analysis.* In Standard Edition, 12:109-20. London: Hogarth Press, 1958.

Fromm, E., D. T. Suzuki, and R. De Martino. 1960. *Zen Buddhism and Psychoanalysis.* New York: Harper and Row.

Goldstein, J. 1983. Bare Attention. Talk delivered at the Insight Meditation Society, Barre, Massachusetts, May 27.

Govinda, A. 1969. *Foundations of Tibetan Mysticism according to the Esoteric Teachings of the Great Mantra OM MANI PADME HUM.* New York: Samuel Weiser.

Gyatso, T., and Sheng-yen. 1999. *Meeting of Minds: A Dialogue on Tibetan and Chinese Buddhism.* New York: Dharma Drum Publications.

Hoffman, I. 1998. *Ritual and Spontaneity in the Psychoanalytic Process: A Dialectical-Constructivist View.* Hillsdale, N.J.: Analytic Press.

Hua, H. 1980. *The Heart of Prajna Paramita Sutra, with Verses without a Stand and Prose Commentary.* Trans. R. B. Epstrin. San Francisco: Buddhist Text Translation Society.

—————. 1996. *The Shurangama Sutra: The Fifty Skandha-Demon States.* Burlingame, Calif.: Buddhist Text Translation Society.

James, W. 1904. Does "Consciousness" Exist? In *William James: Writings 1902-1910,* 1141-58. New York: Library of America, 1987.

Lakoff, G., and M. Johnson. 1999. *Philosophy in the Flesh: The Embodied Mind and Its Challenge to Western Thought*. New York: Basic Books.

Langan, R. P. 1993. The Depth of the Field. *Contemporary Psychoanalysis* 29:628-64.

————. 1997. On Free-Floating Attention. *Psychoanalytic Dialogues* 7:819-39.

————. 1999a. What on Closer Examination Disappears. *American Journal of Psychoanalysis* 59:87-96.

————. 1999b. Coming to Be: Change by Affiliation. *Contemporary Psychoanalysis* 35:67-80.

————. 2000. *Someplace inMind*. International Forumof Psychoanalysis 9:69-75.

Levin, D. M. 1981. Approaches to Psychotherapy: Freud, Jung, and Tibetan Buddhism. In *Metaphors of Consciousness*, ed. R. S. Valle and R. von Eckartsberg, 243-74. New York: Plenum Press, 1989.

Lopez, D. S., ed. 1997. *Religions of Tibet in Practice*. Princeton: Princeton University Press.

Meltzer, D., and M. H. Williams. 1988. *The Apprehension of Beauty: The Role of Aesthetic Conflict in Development, Violence and Art*. Old Ballechin, Strath Tay, Scotland: Clunie Press.

Mendis, K. N. G. 1979. *On the No-Self Characteristic (Anatta-Lakkhana Sutta)*. Kandy, Sri Lanka: Buddhist Publication Society.

Mitchell, S. A. 1993. *Hope and Dread in Psychoanalysis*. New York: Basic Books.

Nahin, P. J. 1998. *An Imaginary Tale: The Story of the Square Root of Minus One*. Princeton: Princeton University Press.

Nyanaponika. 1949. *Abidhamma Studies: Buddhist Explorations of Consciousness and Time*. Reprint, Boston: Wisdom, 1998.

Phillips, A. 1994. *On Flirtation: Psychoanalytic Essays on the Uncommitted Life*. Cambridge: Harvard University Press.

Pizer, S. 1992. The Negotiation of Paradox in the Analytic Process. *Psychoanalytic Dialogues* 2:215-40.

————. 1998. *Building Bridges: The Negotiation of Paradox in Psychoanalysis.* Hillsdale, N.J.: Analytic Press.

Schafer, R. 1976. *A New Language for Psychoanalysis.* New Haven: Yale University Press.

Stern, D. B. 1997. *Unformulated Experience: From Dissociation to Imagination in Psychoanalysis.* Hillsdale, N.J.: Analytic Press.

Thurman, R. A. F. 1996. *Essential Tibetan Buddhism.* New York: Harper-Collins.

————, trans. 1994. *The Tibetan Book of the Dead.* New York: Bantam.

Waddell, L. A. 1895. *Tibetan Buddhism, with Its Mystic Cults, Symbolism and Mythology, and in Its Relation to Indian Buddhism.* Reprint, New York: Dover Publications, 1972.

Way, R., trans. 1986. *The Cloud of Unknowing and the Letter of Private Direction.* Wheat hampstead, Hertfordshire, England: Anthony Clarke Publishers.

Winnicott, D. W. 1975. *Through Pediatrics to Psycho-Analysis.* New York: Basic Books.

Wolstein, B. 1994. The Evolving Newness of Interpersonal Psychoanalysis: From the Vantage Point of Immediate Experience. *Contemporary Psychoanalysis* 30:473-99.

제4장

분석가의 굴복

제4장

분석가의 굴복

사라 L. 웨버(SARA L. WEBER)

잡을 수 없는 것을 잡기 위해서
당신은 허공에서 자신을 소진시킨다.
당신이 잡고 있는 이런 힘겨운 주먹을 열고
이완하자마자
거기에는 무한한 공간이 있다―열려 있고 환영받고 편안한 …
할 것도 없고 또는 하지 않을 것도 없고,
힘들일 것도 없고,
원하는 것도 없고
그리고 놓아야 할 것도 없다.

*— 라마 겐둔 린포체*Venerable Lama Gendun Rinpoche

　어린 시절 몸이 아팠을 때 평정함―깊은 평화의 감각―을 종종 경험하곤 하였다. 감기에 걸려 열이 있을 때 어쨌든 모든 세상의 것들은 휴식을 취했다. 불편하고 토하거나 목이 부어 있어도 나는 여전히 안전하였다. 은총의 상태에 놓여 있었다. 침실은 부드럽고 시원한 햇빛으로 가득 차 있었던 듯하였다. 어머니는 침착하고 사랑스러웠다. 잠자고 있는 천사와 같은 연약한 아이를 위해서 사랑의 감정을 보여주었다. 그녀는 자신의 임무를 안정적으로 느꼈다. 어쨌든 우리 집에서 모든 악마적이고 놀라운 힘들은 안전하게 사라졌다. 나는 자신을 보호할 것도 없었고, 노력해야 할 것도 없었으며, 싸워야 할 것도 없었다. 감기는 자연스럽게 지나갔다. 분명히 감기는 나를 사로잡았고 모든 끔찍한 감각들에 초점을 맞추게 하였다. 다음 순간 어떤 것이 나를 괴롭힐까 하는 두려움에 사로 잡혀 있었다. 하지만 나와 어머니는 이런 불편함을 잘 견뎌나갔다. 나의 존재의 한 가운데, 나의 존재의 핵심에 평정함, 심지어 일종의 은총이 있었다.

어머니는 나를 잘 다독여주었다. 그녀는 체온을 재고 머리에 차가운 수건을 대주며 주스를 먹이고 의사를 불렀다. 그러나 가장 중요한 것은 내가 아파하는 것을 시간이 걸리는 만큼 받아주었다는 점이다. 그녀는 마음을 편하게 먹으면서 내가 얼마나 놀라고 힘들어하는지를 알고 있었고, 동시에 우리 모두가 별 일 없이 잘 될 것이라고 안심시켜 주었다. 그녀는 자신의 감정을 잘 알고 있었고, 자식인 나의 주관적 감정에도 절묘하고도 예민하게 잘 반응해주었다.

그러나 이런 분위기는 내가 다른 것으로 인해 아파했을 때는 달랐다. 나의 다른 아픔은 어머니의 자살 사고에 대한 두려움, 누이의 진단받지 않은 조울증이었다. 이런 것들로 인해서 집안 분위기는 어두웠다. 나쁜 힘에 대한 두려움, 학교에서 집중하지 못하는 나의 능력 부재에 대한 불안과 모욕감, 내가 친구들과 잘 놀지 못하게 하는 비통함이 있었다. 나는 이런 질병들 때문에 음습해진 집에 머물려고 노력하였지만 마음대로 되지 않았다. 나는 평정심을 느끼지 못했다. 무엇이 잘못 되었는지를 배울 능력이 없었고, 어떤 실제적인 친밀함도 느끼지 못하였다. 단지 두려움과 공포에 대한 방어적인 반응들과 깊숙이 들어온 수치스러움과 거절만이 있었다.

보살핌에 대한 추억에서 나는 미켈란젤로의 *마돈나 델라 피에타*

*Madonna della Pieta*의 이미지를 그려본다. 미켈란젤로의 나이 15세일 때 무릎 위에 죽은 그리스도를 안고 있는 성모 마리아 상을 조각하였다. 그의 상상에서 마리아는 놀라울 정도로 부드러운 감촉으로 자신의 생명 없는 아들을 안고 있다. 그녀가 할 수 있는 것은 단지 그를 팔에 안고 있는 것뿐이다. 이런 작은 몸짓으로 충분한가? 그의 생명 없는 몸은 그녀의 무릎에서 떨어질 것 같이 보이지만 그렇지는 않다. 그녀는 힘들이지 않고 바르게 잘 앉아 있다. 단지 그녀의 머리가 죽어가는 아들의 몸 쪽으로 숙여져 있지만 거기에는 깊은 친절함과 은총만이 있고 고뇌와 고통은 없다. 모든 것은 편하게 이완되어 있다. 붕괴된 것이 아니라 자신을 굴복시켜 내어주고 있다. 조각된 돌의 안팎으로 은총이 흘러넘치고 있다. 여기서 분명한 것은 삶과 죽음이 아니라 은총이라고 흔히 가장 잘 알려진 어떤 덧없는 성질일 것이다.

미켈란젤로의 그리스도는 은총에 충만하고 성스러운 아름다움으로 죽음에서조차 빛나고 있다. 아마도 그렇게 훌륭한 누군가의 죽음을 열린 마음으로 바라보는 것은 그렇게 어렵지 않을 것이다. 순교자 그리스도에 대한 보다 더 혼란스러운 관점은 *무덤 속 그리스도의 시신*이라는 제목이 붙여진 아들 한스 홀바인Hans Holbein the Younger에게서 볼 수 있다. 도스토옙스키는 자신의 작품『백치The Idiot』에서 이폴리트Ippolit의 성격을 통해서 그 그림을 다음과 같이 서술하고 있다.

> 그림은 금방 십자가에서 내려진 그리스도를 그리고 있다.
> … 거기에는 어떤 아름다움의 흔적도 없다. 십자가에 달리기 전 참을 수 없는 고뇌를 겪고 상처받고 고문당하고 경비병들에게 얻어맞고 사람들에게 구타당한 다음 십자가에 매달려 자신의 무게 때문에 축 늘어져 마침내는 십자가형의

고통을 6시간 동안 당해서 죽은 한 남자의 신앙심 깊은 표상이 있다. … 죽은 남자의 얼굴에는 여전히 고통의 모습이 남아있고 그것을 느끼고 있는 듯이 보인다. 그림에서 얼굴은 주먹으로 엄청나게 얻어맞아 부어오르고 끔찍하게 부풀어 피가 맺힌 멍으로 덮여있다. … 눈의 열려진 흰자위는 죽었지만 번쩍이는 빛남이 있다. (도스토옙스키 1955, 236)

소설의 또 다른 주인공인 프린스 무스킨Prince Muskin, Prince Lev Niko-layevich Myshkin은 그 그림을 보고 다음과 같이 소리친다. "어떤 사람은 이 그림을 보고서 신앙심을 잃어버릴지도 모른다"(237). 정말로 우리 모두가 갖고 있는 고통, 상처, 우울, 추함, 죽음의 공포의 깊이에 직면하여 어느 누구가 어떻게 살아 있는 채로 살아남을 수 있는지—하물며 충만하게 살아있게 되는 것—를 믿을 수 있겠는가? 그렇지만 만약 고통과 고난, 공포를 견뎌낼 수 없다면 우리가 자신의 삶을 진정으로 살아갈 수 있는가? 이런 종류의 평정이 정신 역동적 경험에서 포착하기 어려운 핵심에 놓여있다고 말할 수는 없는가?

* * *

이 논문에서 나는 마음—또는 존재—의 아주 미묘하지만 단순한 상태를 탐구하고자 한다. 이런 마음은 우리가 고통을 피하거나 고통으로 파괴되지 않고 자신을 더 충만하게 경험할 수 있게 해준다. 이런 마음의 상태는 랭건이 말한 "의도적이지는 않지만 기꺼이 하는 마음"(랭건 1997)이다. 나는 길고 긴 정신분석의 말미에 내가 병든 어린 아이였을 때 의도적이지 않지만 기꺼이 마음의 공간속으로 들어가는 상태를 명상적으로 어떻게 우연히 발견하게 되었는지를 서술할 것이다. 그 상태에서 많은 것이 아주 고통스러웠지만 거기에는 약간의 위대한 평화가 있었다. 환자의 공격은 통렬했지만 어쨌든 나는 상처를 입지 않고 방어적이 되지 않으면서 "나"에 대하여 의심을 하지 않았다. 나는 완전히 품에 안겨서 안전하다고 느끼고 있었지만 우리의 심장은 아팠고 폭풍우는 울부짖었다. 시간, 기억, 욕망은 유보되었다(비온 1970을 보라). 엠마누엘 겐트 Emmanuel Ghent의 용어로 말하자면 나는 "굴복되었고" 환자도 나와 같았다. 거기에는 할 것이 아무것도 없었다. 나는 안아주는 사람도 아니었다. 또한 나는 자신의 어떤 부분을 억제하고 있지도 않았다. 나 자신이 그 공간을 떠다니면서 그냥 그대로 담겨져 있었다.

위니컷은 안아주는 것을 다음과 같이 정의하였다, 즉 "*이것은 아기를 실제로 안아주고 품어주는 것뿐만 아니라 총체적인 환경의 제공이고 함께 살아간다는 개념 이전의 것이며… [그리고 그것은] 존재에 내재하는 경험들의 관리인데… 이것은 어머니의 자각과 공감에 달려 있다*" (1965, 43-44). 아기의 정신·신체적 세계는 "신체 속에 깃든 정신"에 의해 특징적으로 이런 상태에 의존한다(위니컷 1965, 44). 깃들어 있다는 것은 실제적인 존재뿐만 아니라 자기 자신의 "존재"가 개인적으로 지니고 있는 복합적인 감각에 의존한다는 것이다. 위니컷에게 아기는 타인/엄마를 모른다. 그러나 아기에 대한 최근의 진전된 연구(스턴 1985)를 보면 아기는 적어도 태어날 때부터 다른 사람을 자각한다는 것을 보여주고 있는 듯하다. 아마도 배고픔과 같은 어떤 내적 원인에 기인하는 경험과, 보살피는 사람의 정서적 존재와 같은 어떤 외적 상태에서 기인하는 것들이 모두 가장 초기 존재의 수프에 있는 상태일 것이다. 확실히 우리 모두는 극도로 불편할 때 자신의 내면적 기분이 어떤 상태가 되는지를 경험적으로 잘 알고 있다. 그러므로 아무도-심지어 아주 아픈 아기조차도-

불편한 상태에 계속 있기를 원하지 않는다.

정신·신체적 상태, 정신역동, 인지적 구조, 불편함을 참아내는 능력 등 우리 모두에게 내재하는 다차원적 이유로 인해서 다양한 경험을 하게 된다. 타인을 배제하기도 하고, 타인과 아주 긴밀한 관계를 맺게 될 수도 있다. 또한 가슴이 팡팡 뛰는 것을 알아차릴 수도 있고, 엄마, 아빠 또는 사랑하는 사람의 심장이 펄떡이는 것을 느낄 수도 있다. 우리는 한 경험에서 다른 경험으로 부드럽게 옮겨갈 수도 있고, 트라우마를 받아서 꼼짝 못하는 상태가 되어서 하나의 마음 상태로만 살아갈 수밖에 없을지도 모른다. 이런 여러 상황을 생각해보면 현대적 개념의 "안아주기 holding"는 다른 사람의 존재를 고려하는 능력을 배제하지는 않지만 자신의 정신·신체적 자각을 "인정사정없이"(위니컷 1965, 24) 우선시하면서 다른 사람을 백안시하는 것이 특징으로 보인다.

"안아주는" 마음 상태는 모든 삶에서 항상 존재하지만 "함께 살아가는" 마음 상태와 서로 번갈아가면서 나타난다. 함께 살아가기 위해서 우리는 자신을 다른 사람들보다 우선시하거나 다른 "대상관계들"과 적어도 타협하면서 살아간다. 위니컷(1965, 44)은 안아주기에 내재하는 "통합되지 않은 상태들을 재경험하는 능력"은 마음의 건강한 발달에 중요하다고 언급한다. 이런 상태는 엄마-아기 쌍이 형성한 신뢰할만한 보살핌의 존재 여부와 그 기억에 의존한다. 이것은 위니컷(1958, 212)이 말한 진정한 자아(불교적 개념인 무아(타랍 툴구Tarab Tulku 1999, 20) 및 창조성과 비슷한 개념이다)의 재료이다. 사실 다른 사람과의 친밀함은 자신에게 내어주고 굴복하는 능력이 있을 때에만 가능하다.

안아주기 경험의 또 다른 측면은 충돌impingement이다. 위니컷(1965)은 모유 수유를 하는 아기를 서술하고 있다. 그는 관찰자, 아마 심지어 엄마조차도 이 아기가 좋은 수유를 하고 있는지, 즉 "잘 안아지고" 있는지 또는 아기가 이런 수유로 유혹을 받고 충돌을 하고 있는지의 여부를 아는 것은 불가능하다고 말하였다. 누군가의 방식대로 무엇인가를 하지 않으면 안 되는 상호 공통적인 상황 아래에서 한쪽의 제공이 항상 만족스러운 것은 아니다. 우리는 초조해하고 원치 않는 것을 요구하면서, 자신을 조종하는 타인의 현존을 무시하거나 거절하고 완전히 자기만의 식으로 살아갈 수 없다. 우리는 자신이 느끼는 것과는 어느 정도 다르게 행동할 수 있지만 타인에 대한 느낌-설사 그것이 자신의 이익에 부합된다고 하여도-을 강요하게 되면 자신의 진정한 자아와는 멀어지게 된다. 이렇게 되면 개인적인 발달은 거의 일어나지 않고 단순히 심리적인 방어만 구축하게 된다.

프로이트는 분석가가 환자의 방어와 충돌을 최소화하기 위해서, 또 환자의 마음에 떠오르는 것을 다 드러내기 위해서(무의식을 의식화하기 위해서) 환자의 말에 귀를 기울일 때 독특한 종류의 주의집중을 사용할 것을 권유하였다. 정신분석가는 비판적인 기능을 유보하면서 "관찰할 수 있는 모든 것에 고르게 주의집중을 기울이는, 소위 고르게 유예된 주의집중"을 해야 한다고 프로이트는 충고하였다. 또한 "분석가는 자신의 마음 속에 간직하고 있는 것이 무엇이든 거기에 대해서 방해받지 않고 단순히 듣기만 해야 한다"고 말하였다(프로이트 1912, III-12). 그는 환자에게 이와 동일한 마음 상태를 불러일으키기 위해 아무런 검열 없이 "자유 연상"을 하도록 지시하였다. 더구나 그는 환자들이 기대하지 않았거나 심지어 이전에 알지 못하였던 것에 개방적인 태도를 갖게 하기 위해서 삶에 대단한 어떤 변화도 하지 못하도록 하였다.

이런 목표들은 당시의 시대정신에 물든 것이었다. 정신분석이 받아들여지기 위해서는 정신분석이 과학처럼 보여야만 했다. 정신분석가는 하얀 실험복과 같은 심리적 등가물을 입고 환자를 하나의 실험 표본처럼 관찰하는 냉정하고 분리된 동떨어진 관찰자였다. 또한 정신분석가는 자신이 감정과 무관한 심리적 외과 의사이어야만 했다. 관계적 모델을 강조하는 오늘날의 시대정신에서 보면 정신분석가는 보다 더 인간적인 위치로 다시 되돌아왔다. 그리고 정신분석의 목표는 여러 인간적인 상호 관계 중의 하나가 되었다. 그렇다면 "고르게 유예된 주의집중"의 역할과 활용 방식을 어떻게 보아야 하는가? 그리고 나의 논문 주제와 연관해서 우리들 중 누가 실제로 일상적 정신분석 치료에서 진정으로 치우치지 않는 주의집중을 할 수 있는가? 어쨌든 그런 주의집중은 무엇인가?

프로이트의 목표는 알아차림 명상(*위빠사나* 또는 통찰명상이라고도 불리는)과 몇 가지 공통점을 갖는 것으로 보인다. 중립적이고 불편부당한 마음으로 순간순간 변화하는 지각들을 알아차리는 능력을 함양하는 것이다. 불교의 기본 교리는 지각, 사고, 감정, 신체적 경험에 단순하게 열려 있고 중립적이며 부드러운 주의집중하는 것으로 치유된다는 것이다. 여기서 중립적이라는 의미는 자아, 이드, 초자아와 동일한 거리를 둔다거나, 어떤 감정이나 고통에 무관심하거나 거리를 둔다는 의미가 아니다. 그것은 신체적 및 정신적 고통뿐만 아니라 심지어 악한 것까지 포함한 평정심을 유지하면서 깊게 수용하는 마음으로 상태를 있는 그대로 완전히 알아차리면서 보는 것을 말한다.

붓다의 다양한 설법에서 유래한 여러 형태의 알아차림 명상들이 있다. 일반적으로 알아차림 명상의 수행자는 지각을 단순하고 깊게 알아차리면서 호흡을 시작한다. 그리고 모든 것이 무상하고 나의 자아, 타인 및 세상이 서로 분리되어 있지 않다는 것을 깨닫는다(콘필드 1993). 수행을 하는 동안 명상수행자는 몸과 마음에서 일어나는 산만함에 반응하지 않고 조용히 앉아서 어떻게 이런 산만함에 대처해야 하는지를 배운다. 또한 명상수행자는 걸으면서도 먹으면서도 잡일을 하면서도 알아차림을 유지한다.

알아차림 명상의 구조적 형태는 붓다의 아나빠나사띠 경전Anapanasati Sutra에 기반을 두고 있다. 이 경전에서는 호흡이 주의집중의 초점이 되는 16가지 명상 단계로 구성되어 있다(로젠버그 1998). 우선 호흡, 호흡의 성질, 호흡의 신체 양상을 완전히 알아차릴 때까지 천천히 알아차림 명상을 한다. 동시에 신체적 상태, 정신적 상태를 포함한 모든 것의 무상함을 알아차린다.

"선택 없는 자각"(로젠버그 1999)이라고 불리는 또 다른 형태의 명상은 프로이트의 "고르게 유지하는 주의"와 더 유사하게 보인다. 이런 형태의 알아차림 명상에서는 라마 겐둔 린포체Lama Gendun Rinpoche(겐둔 1995)가 말한 바와 같이 "몸과 마음에 순간적으로 떠오르는 모든 것에" 주의를 기울이지만 그것과 동일화하지 않고 집착하지도 않고 어떤 판단도 하지 않는다.

생각, 고통, 감각 등 일어나는 어떤 것과도 동일화하지 않는다는 것은 무엇을 의미하는가? 중도적으로 그것은 당신에게 상처를 준 사람에 대한 자비를 느낀다는 것을 의미한다. 왜냐하면 이런 상처가 고통과 무지에서 생겼다는 자신의 깨달음이 있기 때문이다(이것은 다른 사람이 자신을 해치는 것을 수동적으로 허용한다는 것을 의미하는 것은 아니다). 더 극단적으로 말하면 *나의* 발의 움직임, *나의* 배고픔, *나의* 통증이나 분노, *나의* 권리와 필요성을 전적으로 생각하지 않는 것을 의미한다. 우리는 나뭇잎이 떨어지거나 풀이 자라는 것처럼 자신이 선택해서 존재하고 있는 것이 아니다. 심장이 뛰거나, 분노가 일어나고 사라지고, 성적인 느낌이 일어나고 사라지고, 호흡이 오고가는 것을 알아차린다. 이런 자각으로 인해서 자기애적 상처가 건강한 자기애로 변화되는 그런 차원이 아니다. 붓다는 자기애의 급진적인 종결을 주장하고 있다.

불교적 의미에서 집착은 심리적 태도와 방향성을 살펴보기 어렵게 만든다. 집착에서 벗어나는 것은 혼자 동떨어져 있는 것이 아니다. 예를 들면, *당신* 자녀의 행동이 자녀가 이렇게 해야만 한다는 당신의 판단을 만족시켜 주지 않을 때에도 그 행동을 사랑하고 수용하는 것이다. 당신이 설사 대학 교수라고 하여도 아들이 자동차 기사가 되겠다는 결정에 왈가왈부하지 않고 순수하게 받아들여 주는 것이다. 더 힘든 예를 들어보면, 당신의 자녀가 조울증의 극심한 고통을 겪고 있을 동안에도 자비로운 평정심을 유지하는 것이다. 당신은 진실에 직면하기 힘들어서 자녀가 아무런 문제가 없다는 식으로 자신을 속이지 않을 수 있는가? "부적절하고", "비기능적인" 자녀가 있다는 수치심을 극복하고 행동할 수 있는가? 심지어 집착에서 벗어나 있다는 것은 아들이 하버드 대학에 다니더라도 자부심을 갖지 않는 것을 의미한다. 부끄러움이나 자부심이 없는 삶을 상상해보라. 붓다에게는 삶의 하나하나가 깨달음의 가능성을 제공해주는 대상이다. 우리가 집착하고 있는 모든 것은 무상하다. 그러므로 마음을 산만하게 하는 것은 아무것도 없다.

사고, 감각, 감정에서 더 미세하게 집착을 관찰할 수 있다. 우리는 불쾌한 사고 또는 감각을 멀리하지 않고 즐거운 것이나 만족시키는 것을 더 정교하게 다듬지 않을 수 있다. 집착이 우리의 마음에서 어떻게 작동할 수 있는지에 대한 특별한 예는 치료의 과정에 대한 프로이트의 생각과 붓다의 사유에서 볼 수 있는 주요한 차이에서 아주 잘 드러난다. 말하자면 친구의 공감 부족으로 인한 마음의 고통—이런 고통을 이전에 겪었던 다른 유사한 모욕과 연관시키거나 과거의 정서적 고통과 연결시키는 것—은 집착으로 가득 차 있는 것으로 보인다. 이탈리아의 정신분석가이자 불교 스승인 코라도 펜자Corrado Penza는 이것을 "확산proliferation"이라고 부른다. 펜자(2000)는 이런 "확산"이나 "자유연상"을 통한 관찰을 무엇을 설명하거나 이해하기 위해서 사용하지 않고 이런 관찰을 통해 자유로움을 얻는다. 자신의 생각이 확산되는 것을 알아차릴 때, 그 사람은 주의집중을 호흡과 여기-지금이라는 즉각적인 알아차림으로 되돌아와야 한다는 것을 상기한다. 그렇게 함으로써 "자유 연상"은 자유로운 어떤 것이라는 것을 바로 알아차린다. 이렇게 반복적이고 지겹고 공허한 것을 알아차리게 되면 즐거워진다. 이 지점에서 과거의 손아귀에서 풀려나는 깊은 이완을 맛볼 수 있다.

명상의 최종 지침이면서 모든 알아차림 명상의 핵심인 선택 없는 자각은 그것 또는 자신에 판단을 내리지 않고 지각에 주의집중하는 것이다. 거기에는 판단과 식별 사이에 명확한 차이가 있다. 우리가 어떤 행동이 분노와 무지에서 기인한다는 것을 알 때 그런 행동이 초래하는 결과를 피하기 위해 할 수 있는 것은 해야 하지만 사람을 판단하지 말아야 한다. 우리는 더 풍부한 지식과 받아들임을 방해하는 수많은 판단을 유예한다. 우리 자신과 다른 사람에 대한 지속적인 판단을 관찰과 교환해야 한다. 이런 과정은 일반적으로 자비 명상의 수행을 통해서 이루어진다. 이런 교환은 점진적이고 지속적인 과정이다. 흔히 티셔츠에 쓰인 단순한 *걱정 말고 행복해Don't Worry Be Happy*와는 거리가 멀다. 우리는 하지 말아야 하는 판단뿐만 아니라 해야 하는 많은 판단들을 알아차려야 한다. 판단을 억압하는 것이 아니라 점차적으로 그것을 고통에 대한 자비로

대체하여 고통이 발생하는 것을 줄여야 한다.

집착, 동일화, 판단을 더 잘 알아차리게 되면 경험은 변화한다. 욕구는 뜨겁거나 차갑다고 알아차린다. 강렬하고 얼얼한 감정은 작동하다가 사라진다. 그렇지만 결코 상처를 받지 않는다. 심장에서 일어나는 뜨겁고 고동치고 찌르는 통증은 어떤 인지적인 내용과도 상관없이 기쁨과 만족의 눈물 방출로 이어질 수 있다. 자신의 삶에서 짜증나는 사람에 대해서 "어떻게 하고 싶다"는 욕구는 정상적으로 방어된 근원적인 공포의 감정이 되거나, 자신에게도 그런 동일한 짜증스러운 요소가 있다는 것을 받아들이지 못하고 증오거나, 그 사람을 사랑하거나, 그 사람을 받아들이기를 망설이는 것으로 이어질 수 있다. 또는 "어떻게 하고 싶다"는 욕구와 관련된 단순한 신체 감각으로 이어질 수도 있다. 근본적으로 이런 종류의 알아차림은 모든 지각들은 일어나고 사라진다는 것을 알아차리는 것으로 끝난다.

마크 엡스타인은 다음과 같이 멋지게 요약하였다. "여러 다양한 감정에서 멀어지는 (또는 유혹적인 것에 매달리는) 대신 순수한 주의집중을 하는 수행자는 어떤 반응이라도 *담을 수* 있지만, 판단을 내리지 않는 알아차림이 있기 때문에 그것과 완전히 동일화 되지 않는다." 그리고 "자부심이나 수치심을 갖는 사유와 감정은 점차로 그 힘을 잃어버리고 '단순한' 생각 또는 '단순한' 감정이 된다"(1995, Ⅲ, 124).

프로이트가 제시하고 심지어 붓다가 더 급진적으로 제기한 이런 알아차림은 평범하고 일상적으로 보이지만 사실 지속적으로 유지하기 어렵다. 그래서 알아차림 수행은 하나의 방법을 제시한다. 이런 알아차림 수행을 통해서 우리는 충돌로 경험될 수 있는 더 큰 불편함을 "품을" 수 있게끔 성장할 수 있다. 자아와 타인 사이에 벽을 더 잘 통과할 수 있다. 그러면서도 우리는 자아를 더 잘 알 수 있게 된다.

때로는 조절된 안아주기가 발달에서 핵심적이다. 어떤 경우 환자는 잘 참지를 못할 것이고, 다른 사람의 입장을 모욕적으로 받아들일지도 모른다. 그러나 조절된 안아주기는 그 자체로는 결국 환자가 수치스러워하고 의존심을 보이며, 환자가 자신을 믿지도 알지도 못하고 자신을 신뢰할 수 없게 한다. 이와는 대조적으로 굴복하는 안아주기는 *분석가와 환자*가 동시에 안아주기를 위한 외적인 조절을 포기하게 만든다. 이런 안아주기는 그 한 사람, 자아, 특히 분석가와 환자 모두의 자아를 넘어서 존재한다. 분석가도 환자도 사태가 어디로 갈지 모른다. 분석가는 자유로이 떠도는 주의집중의 상태에 깊이 잠겨 있으면서 심지어 마음속에서는 어떤 것을 말하거나 어떤 것을 하거나 어떤 것을 품지 *말아야 한다.* 비온의 견해에 찬성하면서 "중요한 것은 알 수 없는 것이지만 정신분석가는 반드시 주의집중을 기울여야 한다". 분석가는 "어떤 형태의 선입관에 의해서도 만족하지 않는 잘 훈련된 공간"을 사용하고, "기억이나 욕망에 의해서 흔들리지 않는 신뢰를 보여주며 이런 신념에서 진리가 드러난다"(비온 1970, 69, 41, 32). 정신분석 치료가 단계적으로 발전되어 가면서 처음으로 분석가와 환자는 동시에 자아에 붙들려 있다는 것을 인식하고 이것을 인정한다. 그런 다음 붙들려 있다는 것에 굴복하는 것을 허용한다. 진정으로 품어주는 환경은 신뢰이다. 이런 신뢰를 성취하는 것이 가장 어렵다.

* * *

알아차림의 정신분석적 임상 사례를 살펴보기로 하자. 이 사례에서는 자아와 타인의 조절을 특징으로 하는 안아주기 환경에서 벗어나서 정신과 신체의 광활하고 끊임없이 변화하는 경험에 굴복하는 것을 특징으로 하는 안아주기 환경, 즉 존재의 보다 더 큰 창조적 경험을 허용하는 상태로 진전되는 것을 볼 수 있다.

환자는 아주 지적이고 통찰력 있는 여성이었다. 그녀는 종종 격심한 정신적·신체적 통증을 겪었다. 그녀는 피학적인 자기희생과 고통을 복잡하고 강렬한 차원에서 보여주고 있었다. 그녀의 모습과 표현은 종종 날것 그대로이면서 쓰린 것이었는데, 그것은 마치 찌르는 상처 같은 것이었다. 그녀의 주위 사람들은 동정적이었지만 가학적이었고, 그녀를 이용하는 것을 당연하게 여기고 있었다. 그녀의 직업은 탄압받은 사람들의 권리를 위해 공격적이고 효과적으로 싸우는 것이었다. 그녀는 입법자와 법률가들을 바쁘게 만들었다. 그렇지만 항상 그녀는 실패하였다. 그녀는 때로는 *자신이* 진정으로 원하는 것을 알 능력이 없다고 느껴졌다. 그녀는 자신의 일을 증오하였다. 자신과 함께 일하는 사람들에게서 소외되고 무시당한다고 생각했지만, 그럼에도 불구하고 그들의 고통에 대단한 연민을 느꼈다. 그녀는 그들의 행동을 고치고 개선시키는 데 강박적일 정도이었다.

치료 초기에 그녀는 학대받는 위험한 관계에서 막 벗어난 상태였는데, 이런 관계는 직업에서뿐만 아니라 이성 관계에서도 나타났다. 그녀는 여전히 전 애인이 천 마일이나 떨어진 곳에 살고 있음에도 애인이 자신의 모든 움직임을 조절할 수 있도록 하였다. 그는 하루에도 여러 번 전화를 하였다. 그녀는 자신이 거기 있어야만 하고, 그를 지지해야만 하며, 자신의 전화번호를 변경할 수 없고, 그에게 아니라고 하거나 떠나라고 말할 수 없다고 느꼈다. 그녀는 그렇게 했을 때 그가 자신을 어떻게 해칠 것인지를 생각하면 몸서리가 쳐졌다. 그녀는 *자신이* 진정으로 좋아하는 친구들의 유익한 충고 중 어떤 것도 받아들일 수 없었다. 사실 그녀는 자신이 음식을 먹고 싶은 장소나 보고 싶은 영화가 어떤 것인지도 말할 수 없을 정도로 자신의 진정한 자아에서 멀리 떨어져 있었다. 자신의 모든 내적 감정, 욕망, 분노의 발현은 점검되었다. 그것도 이중으로 점검되었다. 그러고서 이것들은 부정되었고 위축되었으며 수용될 수 없었다. 그녀는 때때로 독선적이었고, 타인에 대한 자신의 입장이 정직하지 못하였다. 그녀는 마더 테레사가 되는 훈련을 받고 있는 듯이 보여지만 사실은 마음 깊이 뼈 속까지 기만적임을 느끼고 있었다.

그러나 그녀를 만난 첫날부터 나는 그녀가 자신의 개인적 진실과 자신이 직면한 기만을 구분할 수 있다는 것에 강한 인상을 받았다. 그녀는 나에게 자신의 정당성을 뒷받침해주는 문학 작품들을 가져왔다. 그녀는 자신의 진정한 목소리를 발견하는 것을 고대하였고, 끊임없이 그것을 성취하려고 하였다. 그러나 동시에 자신의 삶이 자신의 것이 될 수 있다는 것을 믿지 않았다. 그녀가 우연히 자신의 진실한 점을 발견하였을 때 진실한 존재의 징후라고 여겨지는 어떤 것도 파괴하고 부정하고 하찮게 만들 수 있었다. 그녀는 자신을 방해하고 파괴하는 악몽을 꾸었다. 그럼에도 불구하고 자신이 살아가기 위해 스스로를 용기 있게 개선하고자 하였다.

치료 초기에 그녀는 나에게 자신의 두 번째 생일에 찍은 비디오 테이프를 가져왔다. 그녀는 그 비디오에서 촬영된 유일한 사람이었다. 화면에 보이지 않는 부모와 언니의 목소리는 들을 수 있었다. 그녀는 부모가 무엇을 원하는지를 확인하려는 듯이 그들을 바라보고 있었다. 부모는 그녀의 고통에 집중하지 않았다. 그녀는 명목상 그 비디오의 중심인물일 뿐이었고 관심의 초점은 아니었다. 부모의 관심은 좋은 비디오를 만드는 것이었다. 그녀는 실제로는 존재하고 있지 않았다. 그녀가 갈팡질 팡하고 있는 것은 별로 놀라운 일이 아니었다. 그들은 이런저런 말들을 하면서 자기애적 몽롱함에 완전히 젖어 있었다. 언니는 그녀의 고통을 이해하고 그녀에게 장난감을 던져주었지만 그것과 함께 놀 수 없었다. 자신의 삶을 소유하는 것이 왜 그렇게 어려운지를 설명해주는 그녀의 개인사를 나는 잘 알고 있었지만 그 비디오에서 두 살 아이를 놀 수 없게 만드는 그녀 주위에 놓인 세계의 힘에 매우 경악하였다. 그녀는 자신이 주체성을 갖지 *않아야만 하*는 사람들 속으로 들어갈 수밖에 없었다. 비디오를 살펴보면 그녀의 부모가 표면상으로는 그녀에 대한 영화를 만들고 있지만 카메라를 끈 상황에서조차도 사실은 관심의 중심에 있는 것은 그녀의 부모라는 것을 그녀가 강박적으로 느끼고 있는 듯이 보였다.

대학을 다닐 때 마가렛 말러Margaret Mahler가 만든 아기와 어머니의 필름을 몇 개 본 적이 있다. 두 살인 이 아기들은 재접근기(라프로쉬망 rapprochment) 단계에 있었다. 한 필름에서 한 아기만을 제외하고 모든 아기들이 놀이와 엄마 사이를 왔다 갔다 하면서 행복하게 기어 다니거나 아장아장 걷고 있었다. 예외적인 이 아기의 어머니는 신문 뒤에 숨어 다른 어머니들이나 자신의 아기와 아무런 접촉을 하지 않았다. 이 아기는 자신의 엄마 옆에 앉아서—이미 우울해져서—다른 아기들이 노는 것을 동경하면서 보고 있었다. 이 어린 아이는 생존하는 데 실패하지는 않았다. 그녀는 문자 그대로 "계속해서 존재할 것"이다. 나의 환자와 마찬가지로 안아주기 환경의 실패는 삶을 살아갈 만한 가치가 있는 자신의 삶, 자신의 창조성, 자신의 지속적 존재방식을 가질 수 없게 만든다.

말러의 필름에 있는 이 여자 아기와 마찬가지로 나의 환자는 다른 사람이 살아가는 것을 쳐다볼 뿐이고 기껏해야 그들을 부러워하거나 그들에게 지배될 것이다. 그리하여 그녀는 나를 포함해서 그녀의 부모를 표상하는 사람들을 쳐다보면서 살았다. 이런 대단히 힘차고 지적인 여성이 나를 찾아와서 매혹시키고, 그녀가 다음으로 무엇을 해야 하는지를 말해달라고 나에게 주문하고 있다. 나는 유혹 당하곤 하였다. 특히 치료 초기에 그랬다. 나는 그녀를 지지하였고 어떻게 살아가야 하는지를 아는 사람으로 나를 이상화하는 것이 치료에서 진정으로 필요한 것으로 느껴졌다. 그녀는 산도産道를 통해서 내가 그녀를 이끌어주는 꿈을 꾸었다. 그녀는 태어나지 않은 것처럼 느꼈다. 나는 그녀를 이전과 다른 더 건강하게 만들 수 있는 단 한 사람이라고 확신하였다. 나는 그녀의 주체성이 존중받아야만 한다고 확신할 수 있는 강한 충동을 느꼈다. 나는 자신과 나의 주체성을 제외하고 그녀와 그녀 주체성에 강하게 초점을 맞추어서 이런 목표를 완수해야만 한다고 느꼈다.

수 년 동안 우리는 이런 "안아주기"의 안에서 움직였다. 그녀와 함께 있는 다른 방식은 없는 것같이 느꼈다. "가짜 자기"에 의존하는 이런 포괄적인 우리의 작업은 두렵고 모욕적이고 위험한 개인적인 관계와 직업적인 관계에서 그녀가 이탈하는 데 실제로 도움이 되는 듯이 보였다. 심지어 그녀는 자신의 즐거움을 갖도록 격려하는 그 누군가와 결혼하였다. 배우자와 함께 맹렬하게 자신의 입장을 드러낼 수 있었다. 또한 그녀는 자신의 통합성을 잃지 않으면서 다른 사람과 함께 일하는 길을 발견하였다. 이런 일들은 급격하면서도 서서히 일어났다. 그럼에도 불구하고 그녀는 여전히 고통을 겪었으며, 자신의 일을 하면서 특히 가학피학적인 문제에서 자유로움을 느끼지 못했다. 그녀는 수년 전에 집을 떠났다. 그녀 자신의 죽은 존재를 창조하고 있는 것은 바로 *그녀* 자신이었다는 점은 분명해지고 있었다. 그녀는 불행하게도 버림받음과 가학피학증 사이에 미세하게 걸쳐 있었다. 그러나 그녀는 대단한 노력을 기울이면서 세상과 함께 살아가고자 하는 시도를 멈추지 않았다.

치료의 다음 단계에서 그녀는 자신의 욕망을 약간은 알게 되었고, 더 이상 가학적인 타인의 손에서 놀아나지 않았지만 여전히 창조적인 삶을 누릴 수는 없었다. 그녀는 자신의 창조성을 표현할 방법을 알지 못하는 듯하였다. 또한 자신의 대단한 재능을 실현하면 공격받을 것이라는 것에 심한 두려움을 느꼈다. 자신의 생각을 진지하게 받아들이도록 하기 위해 그녀가 말한 것을 단순히 반복하는 나의 모든 코멘트조차도 삶을 어떻게 살아야 하는가에 대한 외부적이고 직접적인 암시 또는 자신의 삶을 제대로 살지 못하는 실패에 대한 비판으로 바꾸어서 받아들였다. 그녀는 이런 생각과 견해를 나에게 돌리곤 하였다. 그리고서 이런 것을 경외하거나 그것대로 살지 못하는 그녀를 내가 나쁘게 판단할까봐 두려워하였다. 지적이고 통찰력 있는 그녀는 미세하고 부드럽게 이런 식으로 바꾸어 생각할 수 있었다. 한동안 이것은 그녀 자신에게 바람직한 통찰로 보였다. 그러나 우리는 점차 만족스럽지 않게 되었다. 나에 대한 그녀의 이상화는 질투가 지배하는 감정으로 바뀌었다. 나는 더 이상 그녀를 구하지 못하였다. 나는 크고 아름다운 집에서 살아가는 누군가가 되었고, 그녀는 집안의 멋진 물건을 가질 수 있는 희망조차 할 수 없는 사람이 되었다. 우리는 진부한 춤에 사로잡혀버렸다. 그녀의 목표와 감각, 즉 그녀의 존재는 모두 나에게 쏠려버렸고, 나는 그녀가 절대로 얻을 수 없다고 믿고 있는 그 무엇인가를 갖고 있는 사람이 되었으며, 그녀는 이런 나를 질투하였다.

나는 점차로 좌절하였다. 어떻게 이 여성이 스스로 자신에게 귀를 기울이고 자신의 존재에 신념을 가지게끔 도울 수 있을까? 동시에 나 자신도 나의 주체성에 자유롭게 접근하는 것을 상실하고 있다는 것을 알아차렸다. 나는 *특히* 나 자신을 위해서 나의 모든 생각이 그녀에 의해서 조절되고, 또한 아주 밀접하게 그녀를 관찰하고 한 마디도 놓치지 않아야 하며, 그녀의 치료에 실패해서는 안 되고, 그녀를 무시해서도 안 된다고 느끼고 있었다. 나는 거절하고 분노하고 자기애적인 엄마이거나 아빠가 되어서는 안 된다. 나는 그녀를 사랑하고 그녀를 존경하며 그녀를 숭배하지만 역설적이고 지속적으로 그녀를 "아픈" 사람으로 간주하는 완전히 자기희생적인 "좋은" 사람이어야만 한다. 나는 독립적인 사고를 가져서는 안 된다. 돌이켜 생각하면 나는 자신이 마치 그녀가 된 것같이 느끼면서 몰래 화를 내고 무력하게 느꼈다는 것을 인식하였다. 우리는 어떤 공격성이나 분리 없이 나를 믿고 그녀가 혼자서 충분히 살아갈 수 있는 방식으로 그녀에게 닥친 어려움을 교정해야만 했다. 나는 통찰력 있는 몇몇 동료들에게 이 사례를 내놓았다. 그중의 한 명은 잭 엥글러 박사이다. 그는 나의 분석 연구소에 와서 알아차림 명상에 대한 자신의 경험을 공유하여 주었다. 엥글러 박사는 심리학자이면서 알아차림 명상의 오랜 수행자이고 매사추세츠 바레에 있는 통찰명상협회의 창설자 중 한 사람이다(그는 또한 이 책의 집필자 중 한 사람이기도 하다). 나의 다른 동료들은 훌륭한 생각을 말해주었다. 그녀를 어디로 이끌어야 하는지, 또한 어떤 것을 그녀에게 물어야 할 것인지에 대한 내용들이었다. 이런 모든 것은 나의 환자를 깊은 차원에서 그녀 자신과 연결시켜서 도움을 주고자 하는 것이었다. 그러나 이런 질문들은 정신분석 이론의 냄새를 피우고 있어서 그녀 자신의 개별적이고 내면적인 접촉에 대한 깊은 회피를 다루지 못하고 있었다. 나는 수년간 이런 덫에 걸려 있었다. 나의 환자는 아무리 미세한 생각이라고 할지라도 세상과 접촉하는 자신의 계획을 세우는 데 일차적으로 자신의 경험을 사용하지 못하게 스스로 막고 있었다. 공식적인 사례 토의자인 엥글러는 조용히 앉아서 거의 말을 하지 않았지만 나는 그의 현존을 느꼈다. 그는 바로 거기 있었다. 이것이 가장 도움이 되는 일로 여겨졌다. 내가 정신분석 그 자체처럼 존재의 근본을 망각하고 이론과 모델에 너무 치중하고 있다는 것을 마치 상기시켜 주는 것처럼 보였다.

나는 도와주려고 *애쓰는 것을 중단하고*, 그녀에게 해왔던 상당한 잘못을 취소하고자 노력하는 것과 그녀의 모든 미묘한 느낌을 따르고자 노력하는 것도 중단하기로 결심하였다. 그 대신 나는 거기 있으면서 더 많이 나 자신에 주의를 기울이고 그 분석 면담에 더 살아 있게 하기로 결심하였다. 그리고 나의 코멘트로 인해서 그녀가 자신의 문제를 그 어떤 것으로 바꾸는 것─우리는 이것을 "교정 부인Ms. Fix-it"이라고 불렀다─이 아니라고 내가 확신하는 경우에만 내가 말하기로 결심하였다. 그렇게 되자 내가 말할 것이 별로 없었다. 사실상 나는 자유로이 떠도는 주의 집중이라는 프로이트의 규칙에 더 많이 따르기 시작하였고, 더 깊이 알아차림 명상의 지침을 따르게 되었다. 나는 마음에 떠오르는 생각을 판단하거나 매달리지 않으면서 그 생각에 집중하게 되었고, 그것에 대해 무엇을 하고자 하는 것에서 멀어지게 되었다.

모든 것이 변화하였다. 엄청난 분노와 모욕감이 튀어 나왔다. 버림받음과 무서운 고독감이 튀어나왔다. 내가 의도적으로 그녀를 공격한다고 그녀는 느꼈다. 가끔씩 하는 나의 언급은 비록 무력하지만 내가 그녀를 보살피고 있다는 사실을 그녀가 이해하고 있다는 것을 말해주고 있었다. 예를 들면, 그녀가 수영을 할 수 없다는 것─은유적으로 그녀가 믿을 수 없다는 것을 말한다─을 언급할 때 증오감에 가득 차서 "죄송하지만 당신은 나를 가르칠 수 없어요"라고 말하였다. 그녀는 나에 대해 분노에 가득 차 있었고, 그녀를 모욕하고 비판하고 무시하고 있다며 나를 질책하고 있었다. 대개 그녀는 겁에 질려 있었다.

나는 그녀와 나 자신이 더욱 가까이 느끼고 있음을 알아차렸다. 어쨌든 나는 이전 방식으로 반응하는 나의 충동들을 포함해서 지금 여기서 일어나고 있는 어떤 것이라도 자유롭게 생각하고 느끼고 있었다. 나는 통상적인 방식으로 언급하고 싶은 나의 욕구가 밀려갔다 밀려오는 것을 바라보았다. 나는 의도적으로 자신을 조절하면서 대답하지 않으려고 시도할 때 근육들, 특히 등과 어깨 근육이 긴장하는 것을 처음으로 느꼈다. 그러고서 나는 우리의 친숙한 패턴으로 내가 반응해주기를 바라는 그녀의 충동과 요구들을 나 자신이 거부할 때 위가 꽉 긴장하는 것을 알아차렸다. 그러나 조금 후 나를 꽉 잡고 있었던 긴장은 지나갔다. 나는 이런 패턴이 느낌을 감지하는 신호라는 것을 알아차렸다. 나는 호흡이 들고 나는 것을 느꼈고 움직임에 대한 나의 욕구에 보조를 맞추고 있었다. 나는 심장이 뛰는 것 그리고 심장과 위의 통증을 알아차렸다. 나는 그녀의 목소리의 톤과 나타났다 사라지는 판단들과 놀라기도 하고 불편해하는 내 몸의 상태를 알아차렸다.

버림받았다는 그녀의 감정은 나를 깊게 움직였지만 이제 더 이상 나를 흔들지는 않았다. 그것은 오고가는 감정이었다. 그녀는 이것으로 나를 비난하였다. 이상하게도 나는 이것에 전혀 상처를 입지도 않았고 아무런 죄책감도 느끼지 않았다. 내가 그녀를 버렸다고 비난받을 때 오히려 지금의 내가 그녀에게 더 도움이 되고 있다고 느끼고서는 약간 놀랐다. 이후 이런 면담이 있고 나서 오랜 다음에 나는 어느 정도는 그녀가 옳았다고 생각하였다. 나는 그녀를 버려두었다. 나는 그녀의 방어적이고 두려워하는 마음에 미세하게 관여하지 않았다. 그러나 그 면담 시간 동안 나는 편안하고 흔들리지 않는 자신을 발견하였다. 나는 통증이나 고통에 아무 판단도 아무런 방어적인 매달림도 느끼지 않았다(불교적인 의미에서는 무집착). 나는 그것에 대해 걱정하지도, "중요한" 어떤 것이라고 말하지도, 그것을 이해하지도, 어떤 것을 떠올리지도 않고 흘러가는 그대로 두었다. 이제 나는 제대로 그녀와 함께 나 자신이 거기 있었다.

그 다음의 면담은 이전 면담과 무엇인가 달랐다는 느낌을 제외하고는 그때 무엇을 했는지 아무것도 기억나지 않았다. 그러나 무엇인가 아주 잘못되었다는 즉각적인 충격을 받기 시작하였다. 나는 내가 해야만 하는 그 무엇인가를 하지 않고 멈추었다는 것에 부끄러움을 느꼈다. 나는 이전의 결심을 상기하면서 안정되고자 하였고, 이런 새로운 감정과 생각에 따르기로 작정하였다. 내가 나의 기대와 싸우고 있는 동안 그녀의 기분은 좋아 보였다.

이후 그녀에게 뒤따라 일어난 것은 기쁨의 시기와 잘 살아가고 있다는 웰빙의 감각이었다. 그녀의 전체 삶에서 처음으로 편두통에서 해방되었다. 놀랍게도 임신에 대단한 어려움을 겪고 난 다음에도 다시 임신을 하게 되었다(그녀의 편두통과 불임은 자가면역질환 증상으로 진단되었다). 그녀는 아주 다르게 보였고, 더 편하고 이완되어 보였다. 그녀는 자신의 삶에 맞추어 잘 흘러가고 있었다.

물론 그녀의 만족스러운 건강함은 그렇게 오래 가지 않았다. 조절, 명령, 규칙이라는 오래된 습관은 다시 돌아왔다. 그녀는 자신이 새로운 삶을 창조할 수 있거나 더 생생하게 살아갈 수 있다는 신념을 가지지 못하고 결국 자신의 불임 주치의에게 돌아갔다. 그 의사는 그녀의 엉덩이에 엄청난 양의 주사를 놓았고, 이것은 심하게 검고 푸른 자국을 남겼다. 그녀는 아이를 잃었다. 심각한 실망과 분노가 따랐다. 그녀는 자신의 감정에 머물지 못하고 다른 사람들이 정의해준 세계에서 살아가는 이전의 경향으로 다시 후퇴해버렸다. 편두통은 돌아왔다. 마찬가지로 부글부글 끓고 있는 깊은 분노와 고통의 감정을 조절하고자 하는 경향도 다시 돌아왔다.

약간의 자유를 맛본 다음 나는 더 많은 자유를 원했다. 시간이 지나면서 나는 "하고자 하는 것을 하지 않음"을 새롭게 마련된 정신적 공간으로 더 자주 들어가고자 하였다. 나는 모든 것을 고치려고 하는 그녀의 방어적인 시도와 충돌하는 것을 멈추었고 모든 가능성, 비록 그것이 바로 "나쁜" 가능성을 포함한다고 해도 모든 가능성을 열어두었다. 내가 그렇게 할 때마다 그녀는 화를 더 내었고, 더 비통해하였으며, 더 잠재적으로 파괴적이 되었다. 그녀는 자신이 내면에 있는 아이들을 살해하고 있고, 아이를 가질 수 없다면 그 아이들에게 생명을 주지 못한다고 확신하였다. 그녀는 자신이 심리적으로 손상을 받아서 창조성을 발견할 희망이 전혀 없다고 나를 확신시키고자 하였다. 나는 낙담과 공포의 파도에 올라타기도 하고, 나의 명상에 머무르며 마음속에 떠오르는 것들을 그대로 허용하였지만, 때로는 나의 실수로 인해서 그녀가 정말로 분석 치료를 그만두지 않을까 하고 두려워하였다. 그리하여 나는 이전의 안전한 방식으로 돌아왔다. 그러나 더 밀접하게 알아차리면서 문제들을 논의하고 있다는 점에서 이전과는 달랐다. 그리고 그녀는 별로 그렇게 매력적이지 않은 부분을 받아들이기도 하고 정말로 생생하게 살아가고자 하는 자신의 소망을 표현하면서 그렇게 되기 위해 더 잘 준비되어 있다고 말하였다. 우리는 어디로 가고 있는지 확신이 들지 않았지만 동시에 기이하게도 거기에서 나는 안전함을 느꼈다. 그녀는 자신이 안전하지 않다고 분명히 주장하였지만 자신의 삶에서 일어나는 자발적인 향상을 계속 나에게 보고하였다.

그녀의 두려움과 분노가 점차로 험악해져 가면서 어둠은 깊어졌다. 아마도 한동안 약간의 미세한 무의식적 대화를 통해서 나는 악취와 부패의 냄새가 나는 것을 점차 알아차리게 되었다(거기에는 아무도 없었다). 나는 그녀와 함께 오히려 기이한 경험을 공유하였다. 그녀는 놀라지 않았다. 그녀는 이때까지 자신의 부패한 자아를 점검하고 있었다. 그 냄새들은 냄새의 원인을 그녀가 말하고 있는 일정 시간 동안 우리와 함께 머물렀다. 이 냄새는 그녀의 아버지가 전체 가족에게 강요하였던 모욕적이고 과시적인 행위와 추잡하고 원초적인 항문과 구강이 갖고 있던 모습이었다. 그녀의 아버지는 자신의 위장이 운동하는 하나하나에 온 가족이 사로잡히게 만들었고, 세세한 모든 것을 가족과 공유하고 욕실의 여기저기에 오염된 종이와 관장 봉투들을 버려두었다. 또한 반복해서 침을 뱉고 거실에 있는 자신의 의자 주위에 가래가 묻은 종이들을 내버려두었다. 자신의 건강에 대한 공포를 강제적으로 두 어린 딸을 포함한 가족 전체의 걱정과 강박으로 만들어버렸다. 적절한 경계를 넘어버린 아버지의 여러 행동을 목격한 그녀의 과거 경험은 성적 학대와 유사한 영향을 미쳤다. 왜냐하면 그녀는 이런 행동 때문에 자신이 더럽혀졌고, 이에 책임이 있다고 느꼈기 때문이다. 그녀는 자신이 수치스러워 하는 많은 것을 표현하였다. 그녀는 자신이 자신에게 최악의 판단을 내리는 사람이라는 것과 이런 잔인한 비판을 나에게 돌리고 있었다는 것이 점차로 드러나면서 이것을 알아차리게 되었다.

놀랍게도 그녀가 비참하게 느끼면 느낄수록 그녀의 편두통은 점차로 줄어들었다. 폭발적인 분노의 중간중간에 그녀는 일기를 작성하였고,

이런 과정을 통해서 자신을 존중하기 시작하였다. 그녀는 책을 쓰기 시작하였고, 자신의 인생에서 처음으로 마음의 상처를 강박적으로 찌르는 행동을 멈추는 정말 놀라운 일이 일어났다. 그녀는 살아있었고 창조적이었고 자신이 원하는 것을 더 많이 할 수 있었다. 여름휴가에서 돌아왔을 때 처음으로 그녀는 두통에서 해방되었고 진정한 창조성의 기쁨을 누리는 시간을 보냈다고 말하였다. 그녀는 자신에 대한 믿음을 갖고서 자신의 감각에 충실하게 머물면서 마음의 어려움을 잘 알아차리고 있었다.

이 환자에서 볼 수 있는 극적인 심리적이고 생리적 변화는 내가 언급한 "안아주기" 방식의 변화에서 온 결과이다. 나는 그녀의 "진정한 자아"를 듣고 그것을 대변하고 그것을 미세하게 "개선하고자" 노력하는 방식의 안아주기에서 전환하여 그녀와 나 자신의 더 깊고 알 수 없는 영역에 굴복하는 것을 주요 특징으로 하는 안아주기로 나아갔다.

평범하게 보이는 두 가지 분석 면담 사례가 보여주는 차이를 살펴보도록 하자.

나의 환자는 분석용 카우치에 딱딱하게 앉아서 자신은 정말 지쳤다고 말한다. 그녀는 주말에 있었던 자신의 여동생과 그 가족의 방문이 얼마나 힘들었는지를 토로하고 있다. 그녀의 몸은 분노, 초조함, 불편함을 전달해주고 있다. 여동생의 극단적인 수동성 그리고 시동생의 질투와 동반된 파괴적인 수동공격적 행동에 대한 불평은 다음과 같은 자기 비난의 표현들로 드러난다. 즉 "나는 너무 실망해서 여동생과 소원해짐을 느낀다. 그러나 이제 그것에 익숙해져야만 한다. 매일 밤마다 엄청난 두통에 시달린다" 또는 "나는 마음 편하게 좋게 일을 잘 처리할 수 없다." 이런 표현들은 나의 마음을 뒤흔들어 가학성을 부추겼다. 왜냐하면 나는 그녀의 피학성이 작동하는 것을 느꼈고, 이런 피학성은 항상 자신의 원초적인 감정을 부인하거나 폄하하고 있었기 때문이었다.

굴복 이전 상태에서 나는 그녀가 이렇게 말하면 이것에 대해 몇 가지 코멘트를 하고자 하였다. 코멘트의 내용은 그녀 자신과의 단절 및 자신의 주체성을 다른 사람들에게 양도하는 것에 대한 것이었다. 이것은 그녀가 *해야만* 하는 다소 지적인 논의 속으로 들어가게 하였다. 그러나 나는 이렇게 코멘트 하는 대신 나의 마음을 뒤흔들고 있는 분노와 참을 수 없음을 알아차리면서 그다음 어떤 일이 일어나는지를 조용히 기다렸다. 침묵이 이어지고 나는 불안을 느꼈다. 그리고 내가 무슨 말을 하여서 그녀를 불편한 감정에서 내가 구해주지 않는 것에 대해 그녀가 분노하고 있다고 생각하였다. 그녀는 긴장되어 더 딱딱하게 앉아 있었고 무릎을 가슴으로 당겼다. 자극하고 있는 감정을 받아들이고 이런 오래된 친구들이 왔다 갔다 하는 것을 살펴보면서 나는 위장과 목이 이완되는 것을 느꼈다. 그녀는 말한다, "나는 보살핌을 받기를 엄청나게 원하고 스스로 챙길 수 없다는 것에 실망감을 느낀다." 나는 죄책감을 느꼈다. 나는 그녀를 돌보아야만 한다. 그녀를 편안하게 해주어야 한다. 그러나 이완되고 있는 것은 나 혼자였다. 나는 그녀가 함께 이완될 수 없는지 궁금해 하였다. 그녀는 거칠게 반응하였다, "나는 이완할 수 없어요. 계속해서, 정말 더럽게 계속해서." 이런 초조감은 내가 말을 하기 원하게 만들었지만 나는 자신을 조절하였다. 펄쩍 뛰어오를 것 같았다. 그러나 나는 이런 행동이 도움이 되지 않을 것이라는 것을 안다. 그래서 나는 조용히 있었다. 호흡으로 나를 달래었다. 그녀는 여전히 굳어 있으면서 무릎을 잡아당기고 있었지만 그녀의 몸은 미세하게 이완되고 있었다. 그녀는 컴퓨터가 한 달 이상 자신의 일을 덜어주지 못하고 있지만 자신은 계속 노력하고 있다고 말한다. 그녀의 삶과 마찬가지로 잘 돌아가도록 애를 쓰지만 잘 돌아가지 않고 있다. "매 순간 나는 지쳐버린다." 그녀는 소중히 여겨지고 돌봄을 받고 싶어 한다. 이런 소망으로 인해 늘 초조하다. 하지만 이런 소망은 다른 사람을 돌보고 보호하고자 하는 자신의 강박으로 인해서 충족되지 않는다고 말한다. 이것이 분석 면담에서 우리가 함께 살아오고 있었던 바로 그것이다. 나는 이런 감정과 동일화되지 않았다. 결국 나만 탈출한 셈이 되었다.

그다음 면담에서 환자는 꿈을 보고하였다. *그녀는 파리에서 멋진 사랑을 하고 있었다. 그녀는 행복하다. 어느 날 저녁 그녀는 코미디 클럽에 간다. 거기에서 한 여성이 혼자서 쇼를 하고 있다. 전화기에서 메시지가 흘러나오고 있고 그녀는 반복해서 전화를 쏘고 있다. 그녀는 고소해 하며 웃고 있다. 곧 한 남자가 그녀를 죽이려고 한다.* 주목을 받고자 하는 자신의 끊임없는 강박적 욕구와 혼란, 정신증, 타인의 불안에 개입하고자 하는 그녀의 강박은 다음과 같은 공포에 기반을 두고 있다. 즉 자신이 원하는 것을 하고, 다른 남자와 사랑을 하고 섹스를 하면 어떤 남자가 그녀를 살해할 것—전화를 쏜다. 즉 그 남자가 그녀에게 접근하는 것을 파괴한다—이다. 이 분석 면담에서 나는 그녀의 강박적 반응에 거리를 두었다. 이로서 그녀를 더 잘 탐색할 수 있게 되었다.

오랫동안 억압되었던 버림받음에 대한 긴 발작이 뒤따랐다. 버림받지 않고 환자는 자신의 이야기를 충분히 하였고, 충분히 보살핌을 받았다. 타인에 대한 그녀의 잘못된 반응이 위험한 것처럼 이것을 의식적으로 개선하기보다는 가만히 지켜보는 새로운 이런 상태로 치료를 전환하게 되면서 그녀는 병리적인 반응을 하지 않는 중심 무대로 옮겨가게 되었다. 타인에게 조그만 해악도 끼치지 않으려고 자신을 가혹하게 다루는 아주 예리한 이 여성은 이제 나에게 아무런 해를 입히지 않고 있다는 것을 알았다. 나를 해치지 않았다는 것을 확신하게 되면서 자신도 분노하고 있지 않는다는 것을 발견하였다. 그녀는 내가 치료자로서 실패하지 않는다는 것에서 자유로워졌다. 이것은 우리 둘 사이에 정말로 새로운 경험이었다. 그녀는 동시에 자신의 레퍼토리에서 사용하는 모든 전략에서 자유롭게 되었고, 또한 나를 나의 위치에 버려두게 되었다. 모든 노력은 공포의 알아차림으로 녹아들어갔다. 이런 공포는 자신의 수치감을 드러내는 공포, 자신의 적개심을 드러내는 공포, 모르는 것에 대한 공포였다. 그리하여 그녀 *자신의* 삶을 살아가는 자신의 공포를 탐색하였다. 나는 그녀의 야만성에 대해 판단하지 않는 척, 상처받지 않는 척, 무서워하지 않는 척하지 않았다. 그렇지만 나는 충분할 정도로 그 자리에 존재하고 있었다. 그녀가 나의 가식과 중립성 아래에서 어두운 공간 속으로 들어가 버렸다면 그녀는 정말로 버려졌을지 모른다. 아마도 이제 그녀는 충분히 자신을 보살피면서 스스로 견뎌나갈 수 있고, 또한 그녀의 세계 안에 있는 타인의 반응에 내몰리지 않았다. 만약 우리가 초창기 치료가 지향하려고 했던 곳으로 가고자 하면서 그녀에게 해를 끼치는 사람들과 함께 살고 있었다면 이런 치료 결과는 일어나지 않았을 것이다. 프로이트와 알아차림은 마음속에 떠오르는 어떤 것에 대해서도 반응하지 않는 것이 얼마나 중요한지를 강조하고 있다. 이것은 심오한 차원에서 분명히 핵심적이다. 병리적 반응은 어떤 것이라도 이런 상황을 트라우마로 작용하게 만든다.

이 사례는 안아주기의 전환이 어떤 것인지를 잘 보여주고 있다고 생각한다.

물론 엄마-아기 관계의 중요한 측면을 기술하는 데 흔히 사용하는 위니컷의 "안아주기 환경"은 분석가와 환자의 이자二者 관계를 보여주는 유용한 비유라고 할 수 있다. 위니컷은 엄마가 아기를 "안아주는" 능동적인 역할을 맡고 "엄마의 보살핌으로 인해 아기는 환경에서 좋은 것과 나쁜 것을 조절하거나 책임지지 못함에도 불구하고 생존하고 발달할 수 있게 된다"고 말한다. 그리고 그렇게 빨리 엄마는 "분리를 허용하는―그렇게 많이 아는―더 이상 '좋은 엄마'가 되는 것―을 알" 필요가 없다 (1965, 37, 51-52). 물론 엄마는 안아주는 환경을 나름대로 만들어주기 위해서는 많은 것을 "해야"만 한다. "안아주기"가 아기와의 소통에서 어떤 정서적 상태와 연관되어 있는지에 대해서는 많은 해석들이 있다. 안아주기의 범위는 정서적인 해체의 가능성이 있는 아기를 신체적으로 돌봐주는 것에서부터 환상적인 배려까지 포함된다. 심지어 고함을 지르거나 많이 아픈 아이를 안아주는 것은 정서적인 열정이 필요할 뿐만 아니라 신체적으로 힘들기 때문에 정서적으로 이런 점을 잘 자각하고 있어야 한다. 하지만 또한 이런 어려움에 정신적으로 사로잡히지 않고 자유로워야 한다. 위니컷이 "존재의 다른 방식은 병리적으로 반응하는 것이고, 이런 반응은 존재하는 것을 중단시키고 멸절시키는 것"(47)이라고 지적하는 것은 이런 점에 대해 말하고 있는 것이다.

어떻게 반응하지 않고 행동할 수 있을까? 얼마나 역설적인가! 좋은 양육과 분석은 다양한 자아 조절을 필요로 한다. 심지어 엄마들, 아빠들, 분석가들은 *존재*와 충돌하지 않고 감각적으로 소통해야만 한다. 살아가는 능력을 얻기 위해서 우리는 언제 그리고 무엇을 *하고 있다는 것*을 알기 위해 *해야 할 필요가 있다*는 압박감 없이 해낼 수 있는 감정 경험—아마도 심지어는 훈련—을 발달시켜야만 한다. 아마 내가 나의 존재와 그녀가 충돌하지 않았을 때 그녀는 나와 충돌하지 않는 경험을 할 수 있었을 것이다.

조이스 슬로쇼워Joyce Slochower는 "안아주기 환경"의 시기가 갖는 중요성에 대해 설득력 있는 주장을 하고 있다. 거기에서 환자는 "*분석적 조율의 환상*"을 경험한다고 한다(1996, 323, 원저자의 이탤릭체). 그녀는 진료실에서 그녀 자신의 주체성이 거의 없거나 아주 없어지는 사례를 기술하고 있다. 환자는 치료자가 자신의 주체성을 점검하기를 원한다. 슬로쇼워가 나에게 말한 바와 같이 그녀는 병든 아기를 돌보는 데 너무 몰입하여서 그 아기가 완전히 잠들 때까지 화장실에 가야 하는 것을 알지 못하는 엄마같이 느껴진다고 하였다. 이런 상황에서 환자의 세계관은 맹렬한 손아귀로 분석가를 붙잡는다. 진료실 바깥에서, 또한 환자가 부재한 상태에서 환자와 연관된 감정을 우리는 알 수 있다. 아기/환자가 엄마/분석가를 필요로 하지 않을 때에만 엄마/분석가의 주체성은 충분한 힘을 얻는다. 슬로쇼워는 분석에서 이런 경험의 자연스러운 작동이 중요하다는 것을 우리에게 일깨워 주고 있다. 그녀는 이런 *환영의 시기*를 "안아주기"로 정의한다. 그러나 분석이 진행되어 환자와 분석가가 서로 작동하는 상호성의 시기로 진입하여 "상호 주관적 대화"가 가능해질 때는 안아주기를 더 이상 하지 않는다. 여기서 환자와 분석가는 서로 또는 개별적으로 안아주기의 필요성을 더 이상 느끼지 못하게 된다.

사실 이런 개념화는 만족스럽지 않다. 환자와 분석가는 죽을 정도로 서로를 안아주는 것까지는 그만두었다고 하지만 정말로 안아주기를 그만두게 된 것인가? 슬로쇼워(1996)는 분석가가 안아주는 태도를 취함으로써 자신의 생각을 생각할 더 많은 공간을 확보할 때가 종종 있다고 지적하고 있다. 아마도 분석가가 자신에게 자유로울 때 보다 덜 방어적이고 덜 두려워 할 것이다. 이럴 때 충돌은 멈추고 안아주기는 가장 명료하고 "진실된" 모습을 갖는다. 바로 그 때만이 "전정한 나"와 "진정한 나-아닌 것"을 인식할 수 있고 창조적인 경험을 할 수 있다(카카르Kakar 1991). 그때만이 "모든 마음, 모든 영혼, 모든 능력으로" 살아있는 것에 증상 없이 접근할 수 있다. 이런 점을 마이클 아이겐(1981, 109)은 유대교의 기도하는 사람을 인용하면서 말하고 있다 .

　나의 환자 중의 한 명은 다음과 같이 말하였다. 어느날 그녀가 자신의 딸이 어떻게 지내고 있는지를 질문 받았을 때, 그녀는 딸과의 여러 갈등에도 불구하고 "아주 완벽해요!"라고 대답하는 자신에게 놀랐다. 사람들은 보살핌을 받기 원하거나 보살핌의 욕구를 느낀다고 하여도 자유에 방어적일 수 있어도 바로 그대로의 자유를 원한다. 우리는 다른 사람들을 제한하고 지배하고 조절하는 듯이 행동하는 것처럼 보이지만 진정으로 우리가 추구하는 것은 안전하게 여겨지는 비판단적이고 비애착적이며 비조절적인 공간이다. 겐트는 이것을 "묻혀진 비밀스러움에도 불구하고 *진정한 자아*의 탄생 또는 아마도 재탄생을 염원하는 중심성"이라고 기술하였다. 우리는 이상화된 타인, 일을 처리하는 올바른 방법, 문제를 해결하기 위한 몇 가지 구체적인 방안들을 놓아버리는 것을 무서워하지만 영혼 안에서 우리가 염원하는 것은 스스로 성장하는 존재임에 대한 신뢰이다.

　구조와 자유 사이의 균형은 중요하지만 표면적으로 이것은 역설적으로 보인다. 정신분석과 명상은 모두 비교적 견고한 구조를 제공한다. 이것들은 보다 깊은 내적 자유를 산출하기 위한 것이다. 그러나 내적 자유는 마음대로 하는 것과는 거리가 멀다. 구조는 세계-내-존재의 트라우마와 그 트라우마로 인해서 발생하는 방어의 구축을 줄이는 데 핵심적인 역할을 한다. 우리가 사용하고 선택하는 구조들은 중요하다. 나의 환자는 아주 어렵고 힘든 아버지의 행동이 자신과 가족의 세계에 미친 부정적인 결과를 줄이기 위해 그녀 가족들 모두가 만든 구조의 덫에 걸려 있었다. 그녀는 위의 형제들이 일찍 죽은 막내였다. 그녀와 엄마는 죽음의 공포와 결과적으로는 삶의 공포에 결박당하였다. 병리적 반응을 필요로 하지 않는 지각과 감각을 알아차리면서 그녀는 두려워하거나 해를 입지 않는 공간을 확보하였다.

안아주기는 결코 사라지지 않는 인간 존재의 한 측면이지만 발달적, 성격적, 상황적, 질적인 변화를 겪는다. 질적인 변화는 조절의 강도, 지지의 폭, 내면화의 깊이라는 차원에 따라 다르다. 안아주기를 유지하기 위한 감각이 구체적이고 세부적일수록 그 당사자는 더 두려워한다. 역으로 "안아주기"가 더 상징적으로 세련될수록 당사자는 보다 깊은 신뢰의 차원으로 들어갈 것이다. 세련된 방식의 안아주기는 어떤 "환상"일 수가 없을 것이다. 우리가 선택해야 하는 것은 죽음과 수많은 공포들에도 불구하고, 또 조정당하는 안아주기의 유혹에도 불구하고 삶과 존재에 굴복하는 것(겐트 1990)이다. 선택은 존재, 삶을 향하는 것, 살아갈 수 있는 신념을 갖는 것이다. 그리하여 어떻게 하면 잘 살 수 있는지를 발견하는 일이다. 선택은 "신뢰의 영역"이라는 품에 안기는 것이다(아이겐 1981).

안아주기의 필요성은 탄생 후 3개월에 끝나지 않는다. 어린 시절을 거치고 성인이 되는 동안 안아주기의 모습은 변하면서 점차 상징적으로 복잡해진다. 이것은 보다 심각한 퇴행에서만 일어나는 것이 아니다. 급성이거나 만성적인 증상이 있는 경우에는 안아주기에 접근하기 더 어려울 것이다. 그러므로 이런 안아주기에 도달하기 위해 분석가는 대단한 노력을 기울여야 한다. 보살피고 안아주는 것은 이행기 공간과 놀이의 본질적인 받침대이다. 놀이 작업은 어떤 강박적인 노력을 필요로 하지 않고 "상호성"의 은유적 놀이터로 생각된다.

타인은 자신을 비추어보는 거울로 작동하기 때문에 자신에 대한 심오한 지식을 갖게 해준다. 이런 과정이 지적일수록 자신과 세상에 미치는 영향을 더 잘 알 수 있다. 자끄 라캉(1949)이 상기시켜 주는 바와 같이 거기에는 항상 자신을 위해 우리가 형성한 어떤 조직화된 의미에서 환영의 요소가 있다. 자신이 누구라는 기존에 형성된 이해는 마치 자신의 사진을 쳐다보는 기이한 경험처럼 약간은 어긋난 반지를 낀 것과 같다. 이런 해리된 경험에 균형을 잡게 해주는 것은 기존 모델을 다소 느긋하게 풀어내고 자신을 흐름에 맡기는 능력이다. 또 다른 가르침은 존재를 과정에 두라고 하고 그 과정의 내면적 진실이 우리의 삶을 이끌게 하라고 말한다. 물처럼 자신이 이런 흐름에 굴복할 때만이 그 과정은 당신을 안아준다. 자신은 어떤 것을 하고 있는지 알지 못한다. 정신분석에서 관계적 모델의 위대한 공헌은 관계의 성질과 그 관계 속에 놓인 분석가를 강조한 것이다. 나는 "안아주는 자"로서 분석가가 충분한 역할을 하기 위해서는 일시적으로 우리에게 부여된 존재에 대한 심오한 신뢰를 한 사람의 인격을 관통하는 느낌으로 품고 있지 않으면 안 된다고 생각한다. 알아차림 명상은 자신을 보다 더 잘 신뢰하는 하나의 길이다.

명상적 반응

네빌 시밍턴(NEVILLE SYMINGTON)

이 논문은 평온한 분위기로 시작한다. 저자는 정신없이 활동하다가 한때 갑자기 병에 걸려서 침대에 누워있다. 그녀를 몰아쳤던 놀라운 폭군은 대열을 이루어 행군하였고, 그녀의 병을 보는 기쁨에 만족하였다. 그러나 이 폭군이 모르는 것은 이 아이가 이것을 유용하게 사용하고 있다는 것이다.

논문의 주제인 이런 평온한 기분은 훌륭한 치료적 도구이다. 사라 웨버가 "'나'에 대해 의심하지 않는 것"이라고 정의했던 바로 그 마음 상태이다. 이 논문을 읽어가면서 알게 되는 것은 자신의 감각에 사로잡히지 않는 마음 상태로 더 세밀하게 진전해간다는 것이다. 그래서 환자가 그녀에게 화를 냈을 때에도 자신의 상처받은 자아를 방어하지 않고 평온하다. 그녀는 이런 마음 상태를 "선택하지 않는 자각" 및 "알아차림"이라고 부른다. 그녀가 이런 마음 상태를 받아들일 때 환자의 삶은 보다 창조적이 되었고 무엇인가 성과를 내었다. 그러나 그녀의 마음이 불안해지면 환자의 상태는 악화되었다.

불안한 마음을 자극하여 영향을 미치는 것은 바로 이런 인격의 정신병적 요소이다. 이런 정신병적 요소를 품어주는 첫 단계는 선택 없는 자각 또는 알아차림을 계발하는 것이다. 분석가가 환자의 정신병적 요소의 압박으로 야기된 불안한 마음 상태에서 내린 해석은 환자를 화나게 할 뿐이다. 따라서 나는 사라 웨버의 기법은 정확하다고 생각한다.

그녀가 추천하고 있는 이런 마음 상태는 환자를 관찰하는 여러 방법 중의 하나이다. 이것은 가장 정확한 과학적 관찰이다. 그녀는 판단에서 물러서야 할 필요성을 강조한다. 저자는 이렇게 말하지는 않지만 나는 "자아-염증me-itis", 즉 "나"에 대한 병리적인 의구심에서 많은 잘못된 판단이 나온다는 것을 생각하게 된다. 관찰을 방해하는 것은 정서적 상처, 불안, 초조이다. 그녀가 정신분석이 과학이라는 옷으로 자신을 감싸고 있는 방식을 폄하할 때 그녀가 비난하고 있는 것은 과학이 아니라 오히려 차가움이다. 그 차가움은 궁극적으로 사랑보다 원시적인 증오에서 태어난 것임에 틀림없다. 관찰은 공감과 함께 짝을 이루어야 한다고 그녀는 강조하고 있다. 선택 없는 자각은 과학적 관찰이다. 그녀가 관찰하는 것은 환자에 대한 태도가 미치는 영향이다.

내가 이 논문에서 보기를 원하고자 했던 유일한 측면은 이런 관찰하는 태도가 마음의 특별한 작동 방식을 어떻게 규명하고 있는가 하는 점이다. 예를 들면, 그녀가 "물론, 그녀의 행복함은 지속되지 않았다"고 자신의 환자에 대해 언급하였을 때 왜 그리고 무엇이 그런 상처받은 마음을 초래하게 되었는지를 듣는 것이 유익하였을 것이다. 이 환자에게는 두 가지 마음 상태가 있는 듯하다. 즉 신뢰 또는 확신과 그것이 부재하는 마음이다. 신뢰에서 신뢰의 부재로 환자를 옮겨가게 한 것은 무엇인가? 의심할 여지없이 인격 내의 어떤 요소에 그 책임이 있었다. 선택 없는 자각이 통찰과 이해와 함께 마음이 움직여가는 과정을 규명하는 방식은 정신분석에서 가장 성과 있는 부분이다.

이것을 달리 다른 방식으로 말해보면 *선택 없는 자각*은 제 역할을 잘하는 엄마의 현존이고, *해석*은 제 역할을 잘하는 아버지이다. 그러므로 아이(환자)가 잘 자라려고 하면 이 둘의 조화로운 소통이 필요하다.

나는 다음과 같은 의문으로 논평을 마치고자 한다. 사라 웨버는 이런 마음 상태를 추천하였지만 어떻게 이런 경지에 도달할 수 있는가? 내가 의미하는 바는 기존에 마련된 수행을 통해 이런 경지에 도달할 수 없다는 것이 아니다. 이것을 원해야만 한다. 나는 이런 경지에 도달하고자 하는 것은 바로 내적 욕망이라고 생각한다. 외적인 수행, 자세, 호흡 등은 홀로 있는 것은 아니다. 마음은 욕망에서 발생한다. 이것은 강제될 수 없다. 욕망은 나름의 시간표를 가지고 있다. 서두른다고 해서 해결되지 않는다.

　나는 이 논문의 핵심적인 강조점은 환자에게 미치는 분석가의 마음 상태라고 생각한다. 정신분석의 소중한 치료 요소는 분석가의 마음이다. 언어는 이런 마음 상태의 메신저이다. 마음에 *알아차림*이 없다고 하면 이것은 환자를 치료하는 것이 아니라 악화시킬 것이다. 이 논문에서 언급하고 있는 환자의 사례는 이런 진실을 아주 분명하게 보여주고 있다.

답변

수영 학습들

사라 L. 웨버(SARA L. WEBER)

나는 섬세하고 부드러운 마음으로 이 논문을 읽어준 시밍턴 박사에게 감사를 표하고 싶다. 그가 나의 삶과 일에 깊이 침투하고 있는 마음 상태를 잘 알고 이해하고 있는 것은 분명하다. 나는 이런 경험을 말로 표현할 수 있는 그의 능력에 경의를 표한다. 그는 나에게 말과 해석의 중요성을 상기시켜 주었다. 이런 말과 해석은 "선택 없는 자각"이라는 용어에 내포된 "마음의 메신저"로서 작용하기 때문에 신뢰와 연관되어 작동하는 마음의 몇 가지 방식을 말로 표현하여 보고자 한다.

신뢰는 마술적인 성질을 갖고 있다. 그러나 당신은 지금 그것을 보기도 하고 보지 않기도 한다. 신뢰는 강하기도 하고 연약하기도 하다. 환자와 나는 더 솔직하고 더 활력 있게 살아가고자 하는 소망을 공유한다. 또한 우리는 이런 소망이 획득될 수 있다는 확신과 신뢰를 공유한다. 하지만 어떻게 획득하였는가? 그녀가 자신의 고통스러운 자아를 치료에 가져왔을 때 믿음와 대단한 에너지와 함께 이런 확신도 가지고 왔다. 그러나 그녀는 자신의 대단한 신뢰를 피학적으로 적절하지 않은 사람들에게 계속 반복해서 보냈다. 그녀보다 더 많은 것을 잃은 사람들에게 신뢰를 굴복시키고 그들의 광기와 가학성에 복종하였다.

시밍턴 박사는 이 환자가 두 가지 마음을 갖고 있다고 기술하였다. 즉 신뢰와 신뢰의 부재이다. 후자는 그가 "인격의 정신병적 요소"라고 명명한 불안과 초조가 특징이다. 나는 그녀가 이런 이항적인 성질—때로는 삶을 충분히 경험하면서 전진해가는 반면, 때로는 멀리 떨어져서 삶이 불안하게 꽉 막혀버린 상태ー을 갖고 있다고 믿는다. 그러나 나는 초조, 수치감, 심지어 인격의 정신병적 요소를 신뢰에서 배제해버리는 것은 불편하게 여겨진다.

그녀는 가장 초조한 순간에도 거기에는 출구가 있다는 신뢰ー또는 희망의 싹ー를 갖고 있었지만 그 길을 발견하는 자신의 능력에 대한 신뢰는 거의 없었다. 그녀가 굴복할 때마다 약간은 변형된 형태로 무정하고 무능한 엄마 또는 유혹적이고 자기도취적인 아버지를 발견하였다. 최근까지 그녀는 자신의 창조적 샘으로 더욱 활기차게 살아가기 시작하였을 때에도 자신이 알고 있는 것, 즉 나의 삶은 창조성으로 풍부하게 흘러 넘치고 있을 것이라는 환상과 나의 잘 사는 삶은 고통에서 해방되어 있을 것이라는 환상의 믿음을 유지하고 있었다. 그녀는 자신의 질병과 혼란스러운 부모에도 불구하고 신뢰의 행동들을 허용할 수 있었다. 이것은 마치 나의 어린 시절 엄마와 함께 아파하는 자유를 허용하는 것과 같았다. 그녀는 해를 가하지 않는 좋은 사람을 걱정하였고, 진료실에서 내가 그녀를 잘못 치료하고 있다고 말하는 것은 신뢰의 행동이었다. "좋은 것" 가운데서 "나쁘게" 존재하는 것은 신뢰의 행동이다.

깊은 신뢰는 초조의 감소와 명확한 통찰력이 있는 "과학적 관찰"을 가능하게 한다고 믿고 싶지만 거기에 대해 확신이 들지 않는다. 한 단계씩 진전한다는 것은 지속되는 심각한 초조함에도 사람은 살아남을 것이라는 점, 또한 사람은 "앎"의 일부라고 할 수 있는 지속적이고 고통스러운 불안을 야기하는 맹목적인 힘에서 살아남을 것이라는 의미라고 생각한다. 아마도 이런 것을 겪어나가는 동안 평안함은 더 깊어질 것이다. 그리고 살아남는 능력에 대한 신뢰가 더 깊어질 때에만 앞으로 나아갈 수 있을 것이다. 아마도 분석 면담을 하는 동안 나는 우리가 함께, 또 서로 독립적으로 살아남을 것이라고 진정으로 내가 믿는다는 것을 그녀는 진정으로 믿지 않는다는 점을 수용하고 굴복하였다. 나의 논문에서 제시된 분석의 첫 수 주 동안 환자는 면담에서 심하게 분노하고 초조해하며 분명히 절망하였지만, 점차로 더 잘 살아가고 있으며 더 생산적이었다고 보고하였다. 몇 개월 후 그녀는 임신을 하였다. 임신 유지에 대한 불안과 이후의 임신 중단은 잘 지내던 일상생활의 종말을 촉진하였다. 면담을 이어가는 동안 고통은 깊어졌고 상실경험에 대한 전투는 지속되었다.

자신에 대한 나의 논문을 읽었을 때 그녀 또한 가장 중요한 주제는 신뢰라는 것을 느꼈다. 그때까지 나는 그녀와의 분석 작업이 그녀 자신의 존재의 신뢰에 대한 안정된 접근이었다고 여겨졌지만 그 이후의 분석 작업은 더 독립적으로 신뢰를 발견하는 그녀의 능력, 간단히 말해서 신뢰의 소유권을 향한 지점으로 결과적으로 도약하였다. 돌이켜보면 그 변화는 아마도 그녀 자신이 스스로 "헤엄치는" 능력에 대한 나의 깊은 신뢰(지적인 믿음이 아니라)에 바탕을 두고 있는 듯 하였다. 나는 그녀를 떠받치는 것을 그만두었다. 나는 그녀가 나와 나의 건강에 투사한 깊은 신뢰를 그녀 자신도 충분히 경험할 수 있다는 신뢰를 가졌다. 이런 건강은 그녀가 스스로 발견할 수 있는 것이었다. 자신의 방식을 발견하고자 노력하는 행동은 그 자체로 신뢰의 행동이었다. 노력하는 행동이 주는 경험은 거대한 불안의 바닥에 있는 깊은 신뢰의 하나일 수도 있다.

자신에 대한 신뢰와 존재에 내재하는 방법을 발견한 바탕 위에 서 있는 사람은 다소간 불안에서 자유롭다. 물론 육체적인 고통, 슬픔, 혼란, 심지어 공포와 불안이 모두 없어지는 것은 아니다. 나는 고통에 대한 불교의 가르침을 떠올린다. 당신이 하나의 화살을 맞았다고 해보자. 당신은 몸을 뚫은 화살의 신체적 감각-깊이, 열, 무감각, 날카로움-을 경험한다. 당신은 피를 볼 것이고 중요한 부위가 관통되었는지 평가할 것이다. 아마도 당신은 심지어 긴급한 도움을 요청할지 모른다. 그러나 그 즉시 생각하기 시작하면서 스스로에게 말할 것이다, "아 이런, 화살에 맞았잖아!" 급격하게 불안해지고 감정은 격렬해지며 취약함을 깊게 자각하고 방어적이 되면서 복수의 환상을 생각할 것이다. 이런 반응 자체는 이차적이고 불필요한 화살이다. 물론 당신은 자신을 어떻게 보살펴야 하는지를 명확하게 생각해야 하지만(그리고 활과 화살을 가진 그 놈을 어떻게 잡을 것인지를 생각할 것이다) 다른 생각들("약간만 오른쪽을 맞았다면 죽었을 것이다" 또는 "나는 그 놈을 죽이고 싶어")을 중지해야만 한다. 적절하고 필요한 반응과 이후 일어나는 공포에 질린 이차적인 사고를 분리하는 것은 소수의 사람만이 할 수 있는 것이다. 화살 관통의 신체적 통증은 그것을 아는 고통과 비교하면 아무것도 아닐 수 있다.

불교 스승들은 알아차림 명상과 함께 자애 명상을 가르치곤 한다. 사람들은 행복, 통증의 자유, 고통의 자유, 마음의 평화를 위해서 기도한다. 고통과 통증의 자유는 신체적 통증, 질병, 고통의 감정 없이 살아간다는 것을 의미하지 않는다. 이것이 의미하는 바는 두 번째의 화살-통증과는 더 멀리 떨어져 있고 덜 명확하다-에서 자유로워지는 것이다. 지속적이고 집중적인 알아차림 명상을 통해서 감정은 질적으로 달라진다. 거기에는 완전한 만개, 명확한 앎, 빠르게 지나감이 있다. 거기에는 보다 넓은 공간의 감각이 있다. 통증 가운데에서도 어떤 사람은 새의 노래 소리를 알아차릴 수 있다.

내가 기술한 환자의 삶은 의미 있는 시기였다. 그녀는 아이를 낳으려고 노력하고 있었다. 그녀는 임신을 하려고 난임 전문 의사에게 갔다. 그녀 자신은 아기를 가질 능력에 대한 신뢰가 없었다. 그녀의 불임ㅡ또는 더욱 특정해서 말하자면 임신을 유지하지 못하는 무능력ㅡ은 신뢰의 심리적 결핍이거나 생물학적인 질병(자가 면역 질환), 또는 아기의 관여 없이 스스로 창조하기를 원하는 욕구 때문인가? 우리는 결코 그 원인을 알지 못할 것이다. 그녀가 심리적 원인과 상관없이 생물학적 질병만 있었다고 하면 서둘러 의사에게 갔던 행동은 무의식적으로 자신을 안다는 것, 즉 신뢰의 행동이라고 말할 수 있다. 만약 자가면역질환이 자기에 대한 포기 내지 깊게 자리 잡은 살해 감정을 표현하는 것이라고 하면 이렇게 내재된 분노를 알게 되는 것은 점차로 신뢰가 회복되는 과정이라고 할 수 있는가? 또는 불임이 여러 명 죽은 자녀와 친척들이 있는 할머니의 트라우마를 처리하는 시도였는가? 그 뿌리가 무엇이든 간에 그녀는 그것과 함께 애석하게도 함께 살아가야만 한다. 그 과정에서 그녀는 자신의 어두운 측면들, 자신의 가족에 대한 두렵고 추한 사실을 탐색해야만 한다. 더군다나 자신을 버린 엄마에 대한 감정은 말할 것도 없다. 이런 모든 것은 유산에 대한 그녀의 슬픔과 아이에 대한 희망의 상실에 그녀가 굴복하는 것을 방해하였다.

선택 없는 자각과 정신분석적 참여는 모두 바로 이런 불편한 마음ㅡ분노, 공포, 신체적 통증ㅡ과 커다란 기쁨, 자유, 아름다움을 위한 공간을 마련해준다. 이것들 모두는 판단을 하지 않는 것이다. 삶의 내재적 통증이나 공포 또는 실망이 일어날 때 그것에서 벗어나고 싶어 하는 것은 공통적이다. "올바르게 살고 있다"는 생각이 삶을 심하게 상처받지 않게 해준다는 믿음은 두 번째 화살의 충격처럼 신뢰를 모색하게 된다. 우리 모두는 통증을 끝내는 데 도움을 주는 사람을 향하여 달려가기를 원한다. 그리고 때로는 도움을 얻을 수도 있다. 그러나 때로는 그렇지 않을 수도 있다. 첫 번째 화살과 두 번째 화살을 구별하는 것을 배우고, 또한 어느 것이 중요한지를 평가하는 여유 공간을 허용하는 것이 중요하다. 고통은 통증에서 무차별적으로 도망가려고 하는 공포에 가득 찬 노력에서 나온다. 고통은 망상에서, 그리고 통증을 마음의 지뢰 부설 지역으로 끌고 들어가는 것에서 나온다. 그곳에서 우리는 통증에서 벗어나고자 하는 거래를 시도한다.

환자와 내가 허용한 선택 없는 자각은 지뢰밭에 주목하도록 해주었다. 그녀의 행복한 상태는 두 가지 이유에서 지속되지 않았다. 하나의 이유는 오래 지속되지 않았다. 거기에는 다루어야 할 그 무엇이 항상 있다. 그것은 너무 뜨겁거나 또는 너무 차가웠다. 당신의 몸은 지쳐있다. 친구 또는 가족은 죽었다. 그리고 두 번째 이유가 있다. 그녀 스스로 자신의 안전한 장소를 발견하지 못하였다. 내가 그녀를 보살펴 주지 않는 것에 대해 분노의 불안 발작을 보였다. 나는 그녀의 어머니와 아버지처럼 실제로 그녀를 보살필 수 없었다. 그녀는 이런 사실을 직면해야만 했다. 진정으로 안전한 유일한 하나의 길이 있다. 그것은 자신을 발견하는 것이다. 그녀가 말한 바와 같이 나는 그녀가 헤엄치는 것을 가르칠 수 없다. 물론 말로서, 그리고 머릿속으로 수영 강습을 받았지만 그녀는 보조 공기 주머니 없이 수영을 할 신뢰의 행동이 필요하였다.

그런데 나는 왜 침묵을 지켰는가? 나는 선택 없는 자각의 상태로 앉아 있으면서 새롭거나 진정으로 도움이 되는 어떤 것을 말하는 데 마음이 열려 있었다. 나는 그녀가 자신의 웅덩이에서 나오는 발판으로 내가 말한 어떤 것을 사용하고자 하는 것을 알아차렸다. 그녀는 자동차의 전조등 앞에 있는 사슴처럼 나로 인해 눈이 어두워지고 있었다. 자신에게 영향력을 발휘하는 사람에게로 향하는 그녀의 습관은 아주 깊이 뿌리내리고 있었다. 이것은 나에게도 마찬가지로 적용되었다. 그녀는 내가 그냥 있는 것만으로는 홀로 견딜 수 없었다. 아마도 나의 침묵이 하나의 해석이기도 하였다. 그녀가 항상 이전에 접하던 혼란스러운 어머니와 아버지가 아니라 보살핌의 진정한 기반으로 나를 인식하기를 침묵으로 조용히 기다리고 있었다. 그녀의 어머니는 치료받지 않은 "정신병적 질병"을 겪고 있었다. 어머니는 환자의 아버지에게만 초점을 맞추고 있었던 것 같았다. 목사인 그녀의 아버지는 고무적인 설교를 하는 사람으로 알려져 있었다. 그녀는 자신의 아버지가 진정으로 어떤 사람인지를 알고 있었기 때문에 그의 설교가 주는 영감으로 유혹을 받고 상처를 입고 있었다. 아마도 내가 나의 "설교"를 멈추었을 때만이 그녀는 나와 그녀 자신을 발견할 수 있었을 것이다. 결국 나는 침묵을 지키는 이유에 대해 말하였다. 나는 아무것도 말하지 않는 것보다 말하는 것이 더 유익하다고 생각하였다. 우리가 그녀의 깊은 수치심의 근원에 대해 논의하기 시작하였을 때 나는 서술적이고 중립적인 용어로 질문을 하였고 말하기 시작하였다. 나는 이렇게 하는 것이 좋다는 것을 경험상 알고 있었다. 어쨌든 그때 발언한 나의 말들은 그녀의 눈을 조금은 적게 멀게 하는 듯이 보였다. 그 말들은 더 이상 수치심을 자극하거나 도망가게 하지 않았다. 그 말들은 그녀의 유산된 아기들과, 부모가 병들어 함께 하지 못한 작은 소녀인 그녀를 위한 것이었다. 이것은 깊은 애도를 위한 새로운 공간을 열어주었다.

아마도 욕망하지 않는 것을 욕망한다는 비온의 역설을 참조했을지도 모르는 시밍턴 박사는 이런 선택 없는 자각의 마음이 어떻게 작동하는지에 대해 물었다. 이런 마음을 성취하고자 욕망한다면 우리는 바로 모순에 빠질 것이다. 나는 이런 역설에 별로 신경을 쓰지 않는다. 우리가 자전거 타는 것을 배우기 위해서는 자전거 타는 것에 자유로워져야 한다. 우리가 욕망하는 것은 "욕망 없이 존재하는 것"이 아니다. 사실 욕망과 그 만족을 포기하는 것은 선택 없는 자각을 얻는 데 장애물이다.

욕망하는 것은 고통의 종식이다. 욕망하는 것의 종식, 소중한 자아 의식의 종식은 받아들이기 어렵지만 하나의 부산물일 수 있다. 더욱이 어떤 가치 있는 마음 상태, 즉 스스로 혼자 견딜 수 있는 것의 가치를 드러낸 다음에 이런 마음을 욕망할 수 있을 뿐이다. 이런 마음 상태는 처음에는 욕망되지 않는다. 그것은 노력하지 않고서 우연히 일어난다. 아마도 그것은 탄생 전이거나 유아기에 존재한다. 아마도 우리가 숲길을 걷을 때, 야구나 발레 댄스를 배울 때, 아마도 육체관계를 하는 동안이거나 예배당, 도서관, 환자의 침대 또는 분석용 의자에 앉아 있을 때 일어난다. 우리가 순간적으로 약간의 위안을 발견할 때 그것을 욕망하기 시작한다. 심지어 평생 동안 추구하기 시작하기도 한다. 그러나 그것이 무엇인지 명확하지 않고, 그것이 어디에 살고 있고 어떻게 그것을 얻어야 하는지 모른다. 때로는 그것을 성취했다고 하는 사람(때로는 카리스마로 잘못 인도되기도 한다)을 찾아 나선다. 분석가로서 우리는 지금의 나처럼 이것이 갖는 힘을 충분히 자각하고 있다. 그 결과 우리는 이것에 대한 욕망에 사로잡히기도 한다. 이것은 애쓰지 않는 자연스러운 존재의 상태에 도달하기 위해 애쓰는 과정이다. 역설적으로 우리는 이런 상태에 도달하기 위해 마음이 급하고 강박적이 되기도 한다. 이런 과정에서 신경증적 자아, 익숙한 습관, 자아 몰입, 잘 알려진 불행, 욕망의 만족이 주는 즐거움을 포기하는 전투를 벌인다. 이런 노력은 성공에 필요하기도 하고 문제의 일부가 되기도 한다. 비온이 지적한 바와 같이, 다행스럽게도 선택 없는 자각에 성공적으로 도달하면 욕망은 급박성과 강박성이 상실된다. 그때 존재의 자연스러운 감정을 성취한다.

네빌 시밍턴이 우리에게 상기시켜 주고 있는 바와 같이, 선택 없는 자각은 서둘러서 얻을 수 있는 것이 아니다. 서두르는 것이 도움이 될 수도 있고 방해가 될 수도 있다. 명상은 내가 거기에 있을 때와 있지 않을 때를 인식하는 데 도움을 준다. 가끔 나의 마음에서 나는 뜻밖의 친숙한 문을 발견하고 슬쩍 그 안으로 들어간다.

References

Bion, W. R. 1970. *Attention and Interpretation.* London: Karnac.

Bromberg, P. 1998. *Standing in the Spaces.* Hillsdale, N.J.: Analytic Press.

Dostoyevsky, F. 1955. *The Idiot.* Trans. David Magarshack. New York: Viking Penguin.

Eigen, M. 1981. The Area of Faith in Winnicott, Lacan and Bion. *International Journal of Psychoanalysis* 62:422-29.

Epstein, M. 1995. Thoughts without a Thinker. New York: Basic Books.

Freud, S. 1912. *Recommendations to Physicians Practising Psychoanalysis.* In Standard Edition, 12:111-12. London: Hogarth Press, 1958.

Gendun Rinpoche. 1995. Free and Easy: A Spontaneous Vajra Song. In *Natural Great Perfection, Dzogchen Teaching and Vajra Songs,* by N. Khenpo, trans. Surya Das. Ithaca, N.Y.: Snow Lion Publications.

Ghent, E. 1990. Masochism, Submission, Surrender: Masochism as a Perversion of Surrender. *Contemporary Psychoanalysis* 26:108-36.

Kakar, S. 1991. *The Analyst and the Mystic: Psychoanalytic Reflections on Religion and Mysticism.* Chicago: University of Chicago Press.

Kornfield, J. 1993. *A Path with Heart.* New York: Bantam Books.

Kristeva, J. 1987. *Black Sun: Depression and Melancholia.* New York: Columbia University Press.

Lacan, J. 1949. The Mirror Stage as Formative of the Function of the I as Revealed in Psychoanalytic Experience. In *Ecrits: A Selection.* New York: Norton, 1977.

Langan, R. 1997. On Free-Floating Attention. *Psychoanalytic Dialogues* 7:819-39

Mahler, M., F. Pine, and A. Bergman, 1975. *The Psychological Birth of the Human Infant.* New York: Basic Books.

Penza, C. 2001. Talk at Insight Meditation Society, Barre, Mass.

Rosenberg, L. 1998. *Breath by Breath*. Boston: Shambala.

————. 1999. *Choiceless Awareness: A Quiet Passion*. Wendell Depot, Mass.: Dharma Seed Tape Library.

Slochower, J. 1996. Holding and the Fate of the Analyst's Subjectivity. *Psychoanalytic Dialogues* 6:323-53.

————. 1996. *Holding and Psychoanalysis*. Hillsdale, N.J.: Analytic Press.

Stern, D. N. 1985. *The Interpersonal World of the Infant*. New York: Basic Books.

Tarab Tulku 1999. *Nearness to Oneself and Openness to the World*. New York: Jewel Heart Transcript.

Winnicott, D. W. 1958. *Through Pediatrics to Psycho-Analysis*, New York: Basic Books.

————. 1965. *The Maturational Process and the Facilitating Environment*. New York: International Universities Press.

제5장

진실의 순간들-순간의 진실들

진실의 순간들-순간의 진실들

조셉 밥로우(JOSEPH BOBROW)

그리고 너희들은 진리를 알게 되리라,
그리고 그 진리는 너희를 자유롭게 하리라

- 요한 8장 32절

광대한 순간이 아니라
앞과 뒤도 없이, 고립되어
그러나 모든 순간에의 평생이다.

- T. S. 엘리어트, "이스트 코커East Coker"

티나 터너Tina Turner는 자신의 유명한 노래에서 다음과 같은 가사를 열창하고 있다, "도대체 사랑이란 게 왜 있는 걸까? 이차적인 감정뿐이라고 하면 사랑은 어떤 의미일까?" 정신적으로 포스트모던이라는 분위기에서 정신분석에서 주장하는 진실의 개념에 대해서도 이와 동일하게 말할 수 있을까? 이런 진실의 개념은 해석되기보다 구성되고 협상된다는 것을 모르는가? 왜 쓰레기 더미에서 늙은 군마를 끄집어 올리는가?

이 논문에서 전개된 개념들은 두 가지 사례의 정신분석 치료에서 나온 것이다. 하나는 내가 마틴Martin이라고 부르는 환자이고, 또 다른 하나는 심각하게 해리된 환자의 사례이다. 또한 여기에는 정신분석적 치료와 선불교를 30년간 통합하려고 노력한 것도 스며있다. 나는 이것이 매일 이루어지는 정신분석 치료의 경험을 들여다보는 렌즈를 제공해줄 수 있기를 희망한다.

〈빌리 엘리엇Billy Elliot〉이라는 영화에서 빌리의 아버지는 엄격하고 매섭고 대하기 어려운 광부이다. 빌리는 자신이 발레에 흥미를 느끼고 있는 것을 아버지에게 감춘다. 아버지가 그런 성격의 소유자임에도 불구하고, 결국 그는 부드러워지고 빌리를 발레 교실에 데리고 가는 것으로 끝을 맺는다. 이런 과정에서 큰 아들과 갈등을 겪기도 한다. 큰 아들은 아버지와 자신을 동일화하면서 집안의 경제적 문제를 같이 고민하였다. 큰 아들은 뭔가 강력한 배신이 있다는 것을 감지하면서 아버지에게 빌리를 발레 교실에 데리고 가지 말라고 애원한다. 아버지는 이렇게 외친다, "그는 단지 어린 아이일 뿐이야!" 그의 말에 반영된 이러한 변화는 우리를 놀라게 한다. 물론 우리는 빌리가 어린 아이라는 것을 안다. 그것은 분명하다. 그러나 아버지와 관객은 처음으로 이 평범한 진실을 깨닫게 된다.

마이클 파슨즈Michael Parsons(1986)는 자신의 논문 「진정으로 갑자기 중요한 것을 발견하다Suddenly Finding It Really Matters」에서 이런 점을 잘 포착하고 있다. 그는 한 여성의 분석 사례를 언급하면서 "환상과 현실을 구분하는 것이 정말로 중요하다는 깨달음에 대해 날카롭게 지적"하고 있다. 이것은 모든 분석가가 알고는 있는 진실이다. 그러나 환자와 함께 분석 작업을 하면서 비로소 처음으로 이 점을 깨닫게 된다. 선불교에서도 볼 수 있는 것처럼 눈에서 비늘이 떨어지듯이 새로운 관점으로 보게 되면, 우리를 놀라게 하는 것은 바로 그런 평범함이다. 영화 속 대화에서도 이것이 포착된다. 빌리와 아버지는 발레 대회에 참가하기 위해 런던으로 가는 버스를 타고 있다. 빌리가 묻는다, "그런데 런던은 어때요?" 아버지는 대답한다. "잘 모르겠어" 빌리가 이어서 말한다. "왜?" 아버지가 말한다. "가 본적이 없어, 거기에는 광산이 없어." 빌리가 말한다, "아빠는 그것만 생각하나요?" "광산"만을 바라보는 과도한 정신적 습관에서 오는 좁은 시야에 사로잡혀서 아버지는 런던에 대해 알지 못할 뿐만 아니라 빌리가 갖는 독특한 인간성을 인식하지 못한다.

이 논문에서 나는 인간의 삶이 갖고 있는 모호하지만 근본적인 차원인 진실과 이러한 진실을 스스로 발견하고자 하는 정신적인 활동을 탐구하고자 한다. 나는 이러한 활동이 자신의 진실을 직접 알고자 하는 내적인 의도라고 믿는다. 진실은 경험을 어떻게 이용하고 어떤 목적으로 활용할 것인지를 결정한다. 우리를 성장시키고 자유롭게 하는 것은 바로 진실이다.

내가 언급하고자 하는 것은 실증적인 진실이거나 기독교적인 진실이 아니다. 대문자 T(Truth)라고 하는 높은 곳에서 받은 진실이 아니라 오히려 소문자 t(truth), 즉 순간의 진실, 그 성질상 순간적으로 정신적 진지함이라는 감각을 지니고 있는 진실이다. 나는 이것을 정의하고자 하지 않을 것이다. 왜냐하면 그렇게 하는 것은 좋은 커피를 다시 끓이는 것과 같기 때문이다. 하지만 나는 이것을 탐구하고 서술하며 아마도 자극할 것이다. 나는 진실은 온전한 경험을 담고 있다고 여긴다. 여기 두 사람이 함께 친밀하게 참여하거나, 한 사람이 "다른 것"—동물, 식물, 광물, 유정有情 또는 무정—과 친밀한 관계를 갖는 것이다. 이런 진실은 팡파르와 호루라기 없이 예상하지 못한 곳에서 온다. 종종 깜짝 놀랍게 동시에 정서적이고 영감적이고 변화무쌍하게 오면서 이미 일어난 내적 변화에 형태를 부여한다. 우리는 이런 경험을 원하지만 동시에 이것과 싸운다. 내가 사용하고 있는 진실이라는 개념은 우리가 최종적으로 도달하고자 하는 고정적인 장소가 아니라 진실을 발견하고자 할 때 창출되는 그 순간순간에 예측 불가능하게 발생하고, 또한 그 성질상 스스로 정당한 것이라고 확신을 주는 것이다. 수단은 목적과 분리되어 있지 않고 실제로 행위를 하는 동안 점차로 발전하여 간다. 사고와 감정, 지식과 행동, 경험과 현존은 서로에게 적대적이지 않고 서로를 배제하지 않는다. 진실은 우리를 움직이는 근본적인 힘이고 인간에게 내재된 핵심 가치이며 주어진 삶의 형식이다. 이런 능력은 순수한 정신분석 과정과 정통적인 참선 수행을 하면서 성장해간다.

이런 진실의 과정에 내재되어 있는 것은 내적이고 무의식적인 "지향" 또는 굴복이다. 그리고 이것은 동시에 베푸는 행위이다. 이것이 의미하는 바는 이제까지 자신을 보호해주던 무의식적이고 협소한, 개념적이고 지각적인 자기 구조의 틀에서 벗어나서 이것과 동일화하지 않고 분리되는 것이다. 분석가와 환자는 서로 연합해서 자유롭게 떠도는 주의집중과 연상, 고통스럽고 즐거운 깨달음의 순간들, 그리고 확대된 시야에 자신을 바치면서 송두리째 내어놓는다. 이것은 해방감을 주고 윤리적 전환과 함께 자유로움을 부여한다.

나는 몇 가지 인식론적 의문을 제기하면서 정신분석의 진실과 연관된 철학적 논쟁을 간단히 요약할 것이다. 혼합적인 방식으로 진실의 경험과 그 경험을 촉진하거나 방해하는 것들, 그리고 정신분석에서 볼 수 있는 진실 추구의 활동을 탐구할 것이다. 또한 무의식적인 상호소통의 성질, 분석가의 현존과 주의집중의 질적인 측면, 정신적 책임의 개념이 포함된 분석과정의 윤리적 차원도 언급할 것이다. 선불교의 교리를 잘 활용하여 정신분석과 선불교가 진실과 자유라는 공통적인 기반을 공유하는 핵심적인 인간의 딜레마, 가치, 가능성에 대해 서로 다르지만 서로를 강화하고 보충할 수 있는 목소리를 어떻게 낼 수 있는지도 살펴볼 것이다.

* * *

마틴은 분석 회기 내내 다음과 같이 분명히 말하고 있다, "이것은 나의 시간입니다. 그리고 내가 원하는 대로 사용할 수 있습니다." 이런 주장은 자유의 발견, 자유의 새로운 기반에 대한 감각일 수 있다. 또는 내가 그와 함께 종종 경험한 바와 같이 이것은 내가 이전에 환자에게 코멘트한 것이 영향을 끼칠 수 있는 모든 정신적 충격의 흔적을 그가 완전히 지우고자 하는 것을 의미할 수도 있다. 여기서 전능함이라는 느낌과 자유의 느낌을 구분하는 것은 중요하다. 질문은 다음과 같다. 즉 경험을 어떤 용도로 사용할 것인가? 이것을 구분하기 위해 우리가 사용하는 능력은 무엇인가? 이것은 수년 전 정신치료자가 아닌 나의 동료가 "파충류의 뇌(뇌과학에서 더 명확하게 언급되는 그 무엇)"를 사용한다는 것과 유사한 일인가?

월프레드 비온은 이것을 직관이라고 불렀다. 도날드 위니컷은 이것을 아기의 욕구를 감지하고 거기에 적응하는 엄마의 능력이라고 서술하였다. 일차적 모성 몰두primary maternal preoccupation를 통해서 이런 능력은 형성된다. 프로이트는 이것을 *zich zu Ubergeben*, 즉 환자가 보이는 무의식의 "흔들림을 포착하기" 위하여 자신을 스스로의 무의식적 활동에 넘겨주거나 굴복하는 것이라고 불렀다. 에릭 레이너Eric Rayner는 이것을 "미학적 판단"이라고 생각하였다. 존 클라우버John Klauber는 "무의식적 판단"이라고 불렀고, 토마스 오그덴Thomas Ogden은 "인간적인 그 무엇에 귀를 기울이는 것"이라고 하였다. 유대어 단어인 *teshuvah*는 "회개"를 뜻하지만, 보다 근본적인 의미는 진실을 향해 돌아서는 것을 말한다. 이와 마찬가지로 불교에서는 위안을 구하는 행동을 "나는 향하여 가고 있다" 또는 "나는 집 안에 있다"라고 번역된다. 부모로서 우리는 이런 본능적인 능력을 아기에게 맞추어서 아기의 울음이 갖는 성질과 의미를 구분하는 데 사용한다.

이런 활동을 생각하는 여러 방법들 중 하나는 환자가 갖는 소통 경험의 정당성에 대한 무의식적이거나 전의식적 지각과 평가라고 나는 믿는다. 결국 *인간적*human이라는 단어는 속임수까지 포함하는 넓은 의미의 활동을 말한다. 길버트와 설리반은 "탈지유가 크림으로 가장한다"라고 썼다. 오그덴이 말하는 "인간적인 그 무엇을 듣는다"는 순수하게 인간적인 그 무엇을 듣는다는 것을 의미한다. 이것은 살아있음의 개념에도 해당된다. 조증躁症의 방어는 활기차게 살아있는 것으로 보일 수 있다. 도둑은 성공적인 범행 이후 살아있음을 느낀다고 한다. 진정 인간적인 것으로 무엇을 느끼는 것은 바로 진실과의 분별적인 공명을 통해서라고 생각한다. 나는 진정한 살아있음은 진실과 함께 동시에 일어난다고 믿는다.

*Trieb*라는 단어는 "본능instinct"으로 번역되었지만 많은 사람들은 독일어 원문을 고려하면 "욕동drive"이 더 적합하다고 생각한다. 요즘은 프로이트의 욕동 이론을 오명으로 쓰고 있지만 Trieb의 프랑스어 번역인 *pulsion*은 또 다른 차원을 드러내 줄 수 있다. *Pulsion*은 "충동impulse"으로 번역될 수 있지만 거기에는 충동의 맥박pulse이 있다. 우리는 분석가로서 여기서 무슨 일이 일어나고 있는가?, 무엇이 상호소통을 "추동하고 driving" 있는가?라고 묻는다. 평범한 언어로 그것은 어디에서 오는가? 에너지의 관점에서 보면 작동하는 정신적 연료는 무엇인가?라고 물을 수

있다. 한 사람의 정신적 배경에서 말하자면 이런 순간과 함께 무엇이 펄떡이고 있는가? 우리의 맥박에 손가락을 대면서 느낄 수 있는 것은 바로 이런 반향, 울림을 통해서이다.

주 증상이 해리 증상인 환자들과의 작업을 통해서 하나의 생각이 추출되었다. 마치 야바위 게임과 같았다. 막혀있는 장벽 같은 종지는 보호를 해주지만 정작 종지 안에 정말 무엇이 들어있는지 알지 못하는 까다로움을 보여준다. 내가 면담에서 당황하거나 길을 잃거나 혼란스러울 때 스스로 내면을 조용히 바라보면서 호흡과 몸에 집중한다. 그러고서 혼란의 한 가운데에서도 계속해서 조용히 환자의 말을 듣는다. 나는 면담 중에 무엇인가가 지속적으로 일어나고 있지만 그것이 갖는 은유적인 의미를 파악하는 데는 수개월이 걸릴 수도 있다는 것을 알게 되었다. 그것은 마치 일종의 지구 위치 시스템을 활성화시키는 것과 같았다. 진료실에서 환자가 말하는 것, 환자가 느끼고 있는 것과 내가 환자에 대해 느끼고 있는 것 사이에 특히 커다란 틈이 있을 때 나는 자신을 일종의 공명 장치라고 상상하고 안과 밖에서 오는 언어적 및 비언어적 자료들을 받아들여서 전체의 소리를 만들었다.[1]

이것은 마치 일종의 덩굴손을 내미는 것과 같다. 이것은 일종의 덩굴손을 내미는 것과 같은데, 은유적으로 정서 탐지기와 유사한 그 무엇이면서 언어들의 역치하에 있는 것을 감지하고 환자에게 반사되어 나오는 것과 어떻게 공명하는지를 알아차리는 것이다. 심금이 울리는 개인적인 악보는 무엇인가? 무엇이 서곡이고 화음인가? 이것은 연못에 자갈돌 하나를 떨어뜨리는 것과 같다. 물결은 퍼져나가고 분석 내내 그 물결은 지속되었다. 이상하게 들릴지 모르지만 나는 은유적으로 표현된 덩굴손이 진실 탐지기처럼 생각되었다. 마음을 뒤죽박죽으로 만드는 방어 체계가 다수인 환자를 분석하는 경우 나는 이런 마음가짐으로 나의 내적인 반응을 인식하고 활용하는 능력을 유지하면서 이를 유용한 방식으로 지속적으로 사용하면서 살아남았다.

분석의 첫 해 내지 둘째 해 동안 마틴은 내가 아무것도 해주지 않고 단지 형식적으로 함께 같이 있어주는 것뿐이라고 자주 불평하였다. 하지만 내가 말을 하기 시작하자마자 나를 중단시켰다. 그에게 이런 점을 환기시키면서 우리가 함께 이것을 들여다보고, 여러 측면에서 내가 해석하고자 노력하였음에도 불구하고 이것을 보는 데는 꽤 시간이 걸렸다. 그러는 동안 나는 지워졌고 절망하였으며 분리되고 단절되었다. 이런 일이 있은 지 수 주 후 어느 한 면담에서 갑자기 어떤 생각이 불현듯 떠올랐다. 그가 나의 말을 끊었을 때 나는 다음과 같이 말했다, "내가 무엇인가를 말하려고 할 때 그것은 창조적이고 사물들과 연결되어 있다. 그러나 그 무엇인가에서 당신이 제외되면 나는 마치 부모가 새로운 아기를 가질 때 다른 형제가 버림을 받는 것과 유사한 느낌을 받는다. 당신이 나의 말을 자를 때 그것은 나를 자르는 것과 같다." 그는 "그래요 … 나는 연결을 끊는 것을 좋아한다"고 반응하였다. 이때는 내가 비온의 논문 「연결에 대한 공격Attacks on Linking」을 읽기 전이지만 이런 현상이 바로 여기 있었다. 그는 연결 끊기에 대해서 계속 말을 하였는데 그것은 마치 "소시지 덩어리가 연결되어 달려있는 것 같았다."

어떤 의미에서 그는 나의 해석에 맞추어서 자신의 연상을 지속하고 있었는데, 이것은 분석 과정이 작동하고 있다는 신호였다. 그러나 함축적으로 말하면 거기에는 조증적인 성질이 있었다. 그는 자신이 들은 것을 충격적으로 받아들이지 못하고 그것 주위를 불안하게 빙빙 돌고 있는 듯이 보였다. 이후 우리는 이것이 그가 사물들을 "해체하는" 하나의 방식이라는 것을 알게 되었다. 이 단어, 즉 *해체*는 그의 꿈에 나왔는데, 꿈에서 그는 건설회사의 책임자였고 자신의 의지대로 프로젝트를 해체하고 있었다. 그는 내가 말한 것이라면 어떤 것이라도 신나게 해체하곤 하였다. 이런 행동에는 다양한 환상적 의미와 이에 동반된 불안이 있고, 친밀한 애착 관계의 형성과 연관되어 있기 때문에 우리는 가능한 한 이런 점을 탐색하였다.

마틴이 이런 생각을 발전시켜가는 것에 익숙해지는 동시에 그가 이것을 왜곡해서 사용하여 학습의 기회를 놓치는 것을 보는 것은 나에게는 일종의 개안開眼이었다. 그가 이렇게 하고 있는 것을 내가 지적하였을 때 그는 잠자코 들었고, 때로는 이것을 인식하고 여기에 동의하고서는 다시 벗어나서 경멸하는 투로 "내가 할 수 있기 때문에 한다"는 식으로 말하였다. 나에게 방의 한 자리를 차지하게 하는 것, 또 그의 정신의 공간에 나의 자리와 목소리를 부여하는 것을 끔찍하게 여긴다는 것이 점차 분명해졌다. 마틴이 소속되기를 원하는 클럽은 자신만이 회원인 그런 클럽이었다. 그의 해체는 만족스럽지 않았고 자신의 "의기양양한 복수심"에 탐닉하기 위해 스스로 발휘한 "자유"는 공허하고 거짓이었다. 그의 행동이 상사들, 사랑하는 사람들, 오랫동안의 친구들과 가족을 소외시킨 데에는 여러 사연들이 있었다. 우리는 함께 아주 천천히 이런 진실을 보게 되었다. 이것은 그가 스스로 엮어온 것이었기 때문에 진실을 보는 과정은 아주 고통스러웠다.

이와 같이 정서적 진실에 접근하고 부딪치는 능력은 정신치료에서 핵심적이라고 생각된다. 정신과의 진단과 상관없이 실제로 이것을 행할 수 있는 의지와 능력은 환자마다 아주 다르다. 어떤 환자는 깊게 축적된 트라우마와 자아 능력의 심한 결핍에도 불구하고 진실에 대한 목마름과 깊이 침잠하고자 하는 의지에 추동된 노련한 배우, 심지어는 순례자같이 보이기도 한다. 아드리엔느 애플가르트Adrienne Applegarth는 이런 자질을 "무언가 촉이 있다"라고 불렀다. 나는 이것을 마치 카드를 다루듯이 순간순간 우리가 함께 만들어가는 것으로 생각한다.

인식론

과학의 시대는 실체 없고 자의적인 주장을 하는 종교적 계시에 대한 부분적인 반응이었다. 실증주의는 어떤 것에 대한 확실성을 의미하였다. 진실은 마법과의 연결을 끊고, 검증되고 증명되고 반복되는 것이었다. 그것은 높은 곳에서 떨어지는 것도 아니고 교황 또는 다른 칙령의 권위에 유래하는 것도 아니다. 프로이트는 실증주의적 견해가 지배적인 시대에서 자신의 획기적인 사상을 발전시켰다.

인간의 정신과 마음에서 객관성을 추구하는 경향은 점차 정신분석과 정의 주관적 요소를 인정하는 경향에 그 자리를 내어주게 되었다. 정신분석은 현재 정체성 위기를 겪고 있다. 정신분석은 하나의 과학, 하나의 자연 종교, 하나의 예술, 하나의 해석학적 시도로서 의미를 산출하는 것, 일종의 시, 두 사람이 함께 하는 명상 등으로 다양하게 기술되고 있다. 무엇이 정신분석이라는 야수의 본질인가? 찰스 스페짜노Charles Spezzano (1993)는 질문한다, "정신분석이 서 있는 기반은 무엇인가?" 빅토리아 해밀턴Victoria Hamilton(1996)이 보여준 바와 같이 이런 질문과 이에 대한 대답은 정신분석 이론을 만든 정신분석가의 전의식적인 신념, 가치, 경험의 덩어리와 무관하게 진공에서 존재하는 것은 아니다. 그러므로 "우리의 진정한 본성은 무엇인가? 우리가 서 있는 근본적인 기반은 무엇인가?"라는 질문과 무관하지 않다.

오웬 레닉Owen Renik은 정신분석이 추구하는 것은 "환원할 수 없는 주 관성"이라고 기술한 반면, 글렌 가바드Glenn Gabbard와 철학자 마르시아 카벨Marcia Cavell은 객관적인 관찰자, 타자라는 사상을 완전히 폐기하고 19세기 과학의 실증주의적 접근과는 다른 방식의 객관성이라는 사상을 재도입하고 있다. 카벨의 주된 사상 중 하나는 공유된 객관적인 실재가 "거기 외부에" 있다는 것이다. 이것은 개인의 주관적인 "실재감"과 동일 하지도 않고, 완벽하거나 확실하지 않다고 할지라도 우리 모두에게 알 려질 수 있는 것이다. 그러므로 개인적이고 사적인 실재의 외부에 있는 어떤 객관적 진실이라는 이런 개념은 우리의 주관성과 내적인 경험을 가능하게 해준다. 후자, 즉 주관성과 내적인 경험은 전자, 즉 객관적인 진실을 필요로 한다. 서로 배제해서 존재할 수 없다. 공유되고 외부에 존 재하면서 공적인 객관적 실재라는 개념은 역설적으로 복잡하면서도 독 특한 내적 세계를 가진 주체가 되게끔 하고, 타인의 사적인 세계와 서로 상호 주관적으로 반응할 수 있게 해준다.

가바드는 *객관성*이라는 단어 안에 하나의 객체가 존재한다는 점을 일 깨워주고 있다. 분석가는 환자의 주관성 외부에 자리를 잡고서 환자에 게 핵심적인 시점을 제공하고, 그 시점에서 환자 자신의 실재와는 다른 느낌들을 전달해준다. "주체"가 된다는 것은 결국 "타인"을 만나는 것이 고, 객체로 살아지는 것이며, 말하자면 이것은 무의식적 과정을 통해서 이루어진다. 루이스 아론Lewis Aron과 셸든 바하Sheldon Bach는 자아의 주 관적 경험과 객관적 경험 사이에 놓인 긴장을 이동시키고 견디는 능력 의 중요성에 대해 말했다.

인식론이 다루는 것은 우리가 아는 것을 어떻게 아는가 하는 것이다.

이런 특권적 주관성에서 최고의 인식자는 정보에 가장 가깝게 있는 사람으로 여기는 경향이 있다. 가바드와 다른 분석가들은 환자의 내적 세계의 외부에 서 있는 것의 가치에 대해 말하고 있다.

비온과 비온의 사상 일부를 창조적으로 발전시킨 제임스 그로트스타인James Grotstein이 주장하는 정신분석의 기반은 "O"이다. 이것은 진실, 궁극적 실재를 언급할 때 그가 사용한 포화되지 않은 신호이다. "O"는 프로이트와 다른 사람들이 말한 무의식, 정신적 실재의 기반과 동일한 것은 아니다. "O"는 정서적 진실, 정신적 진실, 정신분석적 객체에 대해 언급한 것이지만 직접 알려질 수 없고 이해될 수 없다. 그것은 이미 "있었던" 것임에 틀림없다. 그로트스타인이 말한 바와 같이 "O"가 아기와 조화를 이루고 심리적으로 잘 소화하는 타인[부모]과의 신성한 언약을 통해 아기에게 변환되지 않는다면 "O"는 깊은 불안, 이름 없는 두려움, 무질서한 혼란과 동일하게 된다. 이것은 조용히 말없이 작동한다. 우리는 아기와 조화를 이루면서 아기를 꿈꾸는 엄마의 상념적인 몽상에 가까운 깊은 주의력으로 이것을 받아들일 수 있다. 이와 유사하게 기억, 욕망, 이해, "초조하게 추구하는 확실성"을 버림으로써 분석가는 자신의 환자를 꿈꿀 수 있다. 엘리자베스 드 비안체디Elizabeth de Bianchedi(2001)는 최근 다음과 같이 말하였다. 이런 "꿈꾸기"[비온의 꿈 작업 알파는 "마음과 마음의 접촉 … 진정으로 타인이 느끼는 것을 자신의 마음으로 느낄 수 있는 것 … 직관의 활동이다. 이것은 단순히 야간의 수면 활동이 아니라 열정적으로 작동하는 정신적 기능이고, 이것을 통해서 원재료인 지각들을 이미지로 변환시켜 저장한다." 환자에 개방적인 분석가는 환자를 받아들여 환자의 정서적 경험을 새롭게 창조하고 이것을 사용 가능한 방식으로 옮긴다. 이런 활동은 이전에는 설명할 수 없고 표상할 수 없었던 경험을 견뎌내면서 표상할 수 있게 해준다.

비온은 우리가 "O"를 체화하고 있지만 그것을 직접 알 수 없고, 단지 K 또는 지식 링크를 통해서만 그것의 변화 또는 변경을 알 수 있다고 말한다. 이것은 예를 들면, 분석 시간에 "떠오르는" 선별된 분석 자료에서만 나타난다. 이런 근본적이면서 말로 표현할 수 없는 진실은 감각적인 성질이 아니고는 직관을 통해서 조화를 이룰 수 있다. 말하자면 비온은 이것을 비-감각적인 것으로 보았다. 마이너스Minus K는 능동적으로 알지 못하는 것, 아는 능력을 파괴하는 것, 거짓말을 하는 것을 말한다.

크리스토퍼 볼라스Christopher Bollas(1998)는 분석가는 고르게 떠 있는 주의집중을 유지하라는 프로이트의 충고를 순수하게 따르는 치료를 할 때 기대하지 않았던 방식으로 자아에게서 듣게 된다고 말한다. 그런 상태에서 우리는 타인의 무의식과 함께 공명한다. 어떤 측면에서 프로이트는 서구의 뛰어난 지적 전통을 대표하고 있지만, 이런 충고와 자유연상을 발견하였다는 점을 고려해보면 프로이트는 지식의 추구에 근거를 둔 서구의 지적 전통을 전복하고 있다. 그로트스타인은 다음과 같이 말한다. "지적 이해는 너무 높게 평가되었다. 그리고 'O'는 이미 알고 있었거나 존재하고 있었다는 사실을 깨달은 이후 드러나는 것이다"(사적 대담). 이런 사실에 흥미를 느끼는 사람들은 클라인 학파만이 아니다. 칼 메닝거Karl Menninger는 "욕망 없음의 권력"에 대해 말하고 있고, 스테펜 아펠바움(1999)은 환기함에 대한 그의 아름다운 논문에서 "조절되지 않는 무언가가 여기에서 일어나고 있다"고 쓰고 있다.

그러나 오늘날 정신분석의 많은 논쟁들은 여전히 주관과 객관의 분리에 대해 언급하고 있다. 이런 실례의 하나는 정신적 진실과 분석 과정 자체가 구성물인지 또는 발견되는 것인지에 대한 논쟁이다. 변증법적 사고가 도움이 되지만 현대의 가장 우아한 이론조차도 여전히 약간은 이원론적인 것을 유지하고 있는데, 우리는 이것과 유사한 이론을 "왕복 통근commuting" 모델이라고 부른다. 여기서 우리는 아론Aron과 바하Bach가 언급한 바와 같이 경험의 주관적 및 객관적 양태 사이를 왔다 갔다 하면서 흔들리고 있다.

불교

우리의 논의에서 불교는 어떤 기여를 할 수 있는가? 매일의 불교 명상 수행과 알아차림 수행으로 순간적으로 떠오르는 내용이 무엇이든 간에 친밀하게 그 순간의 삶속으로 들어갈 수 있고, 심지어 심각한 긴장과 불안 속에서도 알아차리고 판단을 유보하는 자각을 유지할 수 있다. 우리는 자신의 감정, 사고, 호흡, 신체 감각을 있는 그대로, 또한 이것이 타인과 상호작용하는 것을 있는 그대로 관찰하는 능력을 계발하여 마음과 존재의 즐거운, 즐겁지 않은, "중립적인" 모든 상태를 관찰하게 된다. 우리는 현재의 순간을 있는 그대로 온 마음으로 순수한 주의집중을 함양한다. 마음이 이리저리 흔들릴 때 우리가 어디에 있는지를 알아차리고 원래의 초점으로 돌아간다. 처음에 대체로 집중하는 것은 호흡이다. 우리는 "돌아가고", 또 다시 계속 반복해서 돌아가서 그 순간의 즉각적인 경험에 헌신적으로 참여한다.

불교가 주장하는 *세 가지 바퀴*, 즉 아는 자, 알려진 것, 아는 과정을 살펴보자. 우리는 이것을 당연하게 여기지만 사실 이것은 우리의 지적 전통의 심장부에 놓여 있다. 선 수행에서 이것은 모두 공하다는 것, 즉 단순히 비어있는 것이 아니라 근본적인 실체가 없다는 것을 발견하게 된다. 우리가 주의를 집중하면서 마음과 몸을 편안하게 하면 어떤 특정한 상태를 얻고자 하는 것이 아니라는 점을 알게 된다. 그리고 더 이상 호흡의 알아차림처럼 어떤 목적을 성취하고자 하지 않는다. 우리는 단순히 호흡하고 있다. 자신을 수용적으로 그냥 받아들이게 된다.

주관과 객관이라는 이원성에 기반을 둔 고정된 개념이 떨어져 나가면서 비이원적인 심오한 앎의 능력이 계발된다. 그러면서 우리의 연구 "대상"과 친밀하게 된다. 진실 또는 진정한 본질은 분리된 관점을 유지하는 "거기 외부에 있는" 어떤 것, "위치"가 아니다. 통찰은 이런 세 가지 바퀴가 분리되어 떨어져 나갈 때 생긴다. 우리는 삶을 있는 그대로 접촉하고, 삶은 우리를 통해서 고동친다. "자아를 공부하는 것은 자아를 잊는 것이다. 자아를 잊는 것은 모든 존재를 깨닫는 것이다"라고 13세기의 일본 선불교의 핵심적인 스승인 도겐은 말하였다. 여기에서 말하는 자각의 질적인 면은 애매모호한 혼합물이 아니라 생생하고 분별적인 것이라는 점은 놀라운 일이다.

이것은 평범하지 않은 사고들이다. 말하자면 분리된 관찰자와 대상 없이 관찰하는 것, 행동하는 사람과 행동의 대상이 없는 행동, 아는 자와 아는 대상이 없는 앎이다. 여기에 자신의 주관적 및 객관적인 것 사이에 균형을 잡고 있는 저글러juggler는 없다. 그렇지만 차이들은 붕괴되지 않는다.

선불교에서는 우리 삶의 근본적인 바탕, 진정한 인간성은 잠재력으로 가득 찬 공함의 전개로 간주된다. 많은 존재들이 분명히 이를 드러내고 있다. 즉 새는 노래하고, 아이들은 칭얼대고, 바람은 불고, 위장은 쪼르륵댄다. 기이한 것은 삶과 죽음의 일상적 순간들과 동떨어져 있는 것이 아니라 그 부분이고 일부이다. 꿈속을 헤매는 간접적인 삶에서 우리는 이것을 놓친다. 한때 붓다가 가르침을 펴면서 하나의 꽃을 빙글빙글 돌리자 그의 제자 중 한 사람인 마하까샷빠Mahakasyapa는 웃음을 지었다. 그는 아주 간단하고 명료하며 소중하지만 결코 신비한 것이 아닌 것을 바로 깨달았다. 이 이야기는 종종 선불교에서 스승에서 제자로 이어지는 법의 과정을 언급하는 데 사용되었다. "전수되는" 것은 무엇인가?

불만족과 고통의 사이클을 창출하고 지속하는 것은 체화된 감각적 경험 그 자체는 아니다. 오히려 그것은 마이스터 에크하르트Meister Eckhart가 말한 바의 "다섯 가지 감각의 추구"이다. 감각적 경험을 붙잡으려고 쫓고 애착하고 동일화하고 조작하고 이용하는 것이다. 그런 붙잡음과 갈망 또는 그것과 반대인 혐오를 통해서는 평온을 발견할 수 없고 진실을 만날 수 없다. 그러나 추구하지도 멀리하지도 않으면 부지불식간에 살아있는 생생한 순간이 분출하게 되어 우리가 보고, 듣고, 냄새 맡고, 맛보고, 만지는 것 그 자체가 바로 불가해한 실재이다. 이것은 비온의 공식과는 대조적인데, 비온의 이론에서 요구되는 것은 변환과 비-감각적인 것이다. 우리는 결국 육체를 가진 창조물이다. 이런 직접적인 앎은 열정적인 일이다. 우리는 이전 육체와 정신으로 분리해서 갈가리 찢어놓고 그 일을 지금도 반복하고 있지만 그렇게 하지 않고서도 제대로 잘 해나갈 수 있다.

자아는 절대적이고 영원한 정체성을 갖고 있지 않기 때문에 우리는 동료 존재들과 근본적이고 리비도적인 친화성을 갖는다. 우리는 공하기 때문에 서로 "상호 존재"하게 된다. 바로 있는 그대로 상황, 사람, 내면적 현상은 궁극적인 실재 그 자체이다. 일어서는 것, 앉는 것, 웃는 것, 우는 것들은 우리가 깨닫고 있지 못하는 보물이다. 이것은 추상도 아니고 논쟁하거나 동행하는 신조가 아니라 영원한 인간의 경험이다. 이것은 떨어졌다가(이것은 분리되는 것과 다르다) 동시에 다시 만나는 것이다.

그러므로 캐벌Cavell이 말한 바와 같이, 진실은 하나의 추상적인 개념이 아니라 심오한 경험에서 공유되는 것이다. 비온이 말한 바와 같이, 이것은 감각을 통해서 알 수 없고 접근할 수 없다. 단지 이원적인 앎의 관점에서 말할 수밖에 없다면 주체가 객체를 아는 것이라고 할 수 있다.

마가렛 아든Margaret Arden(1999)은 "포스트 모더니스트들은 불확실성을 하나의 페티시처럼 다루고 있다"고 쓰고 있다. 선불교에서 알 수 없음의 개념은 알파와 오메가가 아니라 오히려 공에 천착하는 것을 의미한다. 선불교의 상대인 정신분석은 분석과정에서 "해체"가 갖는 측면을 이론적으로 과잉평가하게 될 것이다. 우리가 앎을 행하는 것처럼 알 수 없음을 이용할 수 있다. 이것은 성장을 촉진할 수도 있고 성장을 방해할 수도 있다. 오늘날 알 수 없음은 아주 모호하다. 우리는 실제로 행하는 것보다 알 수 없음에 대해 더 많이 말하곤 한다.

예를 들면, 자유연상은 대단한 도약이다. 실제로 자유연상을 할 때 다음에 무엇이 나타날지 정말 알 수 없다. 이것은 전복적으로 일상적 경험과 확실성을 훼손한다. 그러나 우리는 직접적이고 변화를 야기하며 비이원적인 앎을 위해서 우리의 능력을 절연하는 위험을 무릅쓰고 자유연상을 구체화하고 여기에 특권을 부여한다. "백척간두의 꼭대기에서 한 걸음을 내디뎌라," 선의 공안은 우리에게 밀어붙인다. 부디 진정한 말이기를. 진실의 제스처. 해체론자의 현수막을 나열한다고 해서 이것을 할 수 있는 것은 아니다. 이것은 전혀 신비로운 것이 아니다. 핵심은 애매함, 복잡함, 알 수 없음을 인내하면서 우리가 알지 못하였던 자신에 대한 사실을 알아가는 것이다. 우리는 지식의 한계를 포함하여 아주 일상적인 진실을 비이원적으로 친밀하게 깨닫는다. 이런 지식은 두서없는 것이 아니다. 매 순간 생생하게 살아있으면서 단지 천천히 부분적으로 잠정적으로 통합되어 있지만 이것은 대단한 무게, 대단한 "순간"을 가질 수 있다. 주체의-급박한-객체-추구라는 이원적인 개념이 떨어져 나갈 때 환기함, 깊은 공명적 경험이 비로소 표현된다.

선불교에서 우리의 진정한 본성은 생각하거나 이해하는 것으로 가늠될 수 없다. 일상 경험이 매 순간에 체현된다. 단지 우리의 눈에서 척도를 벗어버리고 이원적인 수면에서 깨어나는 것이다. 중국의 당나라 시대에 존경받고 견실한 선사인 방온거사龐蘊居士(사사키Sasaki, 1971)는 다음과 같이 쓰고 있다.

> *날마다 하는 일에 별다른 것 없으니*
> *오직 나 스스로 짝과 조화할 뿐이며*
> *가지가지마다 취하고 버리지 않으니*
> *곳곳에서 벌리거나 떼어 놓지 마십시오.*
> *신통과 묘한 작용이라는 것은*
> *그저 물 긷고 나무하는 일뿐입니다.*

불교에서는 이렇게 기적인 동시에 일상적인 "있는 그대로의 것"을 때로는 "여여함"(*타타타*tathata)이라고 부른다. 타타타는 그대로의 것, 일어나고 사라지는 것과의 친밀성으로 생각될 수 있다. 마리온 밀너Marion Milner가 "순수한 그런 것, 사물의 분리되고 독특한 정체성"을 만났다고 말했을 때 이와 유사한 경험을 언급한 것이었다(1987, 281-82).

우리 인간은 바로 공하고 독특하고 세계와 친밀한 관계를 맺고 있다. 키이츠Keats는 "사고의 모든 지점은 지성계의 중심"이라고 쓰고 있다. 이것은 인드라 망의 불교적 은유를 반향하고 있다. 거기에서 모든 존재는 광활하고 역동적인 그물의 한 지점에서 거울과 같이 서로 모든 다른 지점들을 반사하고 끌어안고 있다. 우리가 어떻게 특별한 지점인 동시에 세계의 중심이 될 수 있단 말인가? 우리는 모르지만 우리는 여기에 있다. 그것은 그렇다. 이것은 주관적인가? 객관적인가? 양쪽 모두인가? 전환기적 이행기 경험인가? 아마도 가장 후자의 것과 가장 가까울 것이며, 어떤 범주로도 충분하게 포착되지 않는다. 비온이 쓴 바와 같이 그것은 "이미 있어왔던 것"임에 틀림없다.

붓다는 신이 아니라 한 남자이다. 그가 살았고 가르친 진실은 신비하거나 추상적인 것이 아니다. 그는 제자들에게 말한다. "나의 말을 곧이곧대로 받아들이지 마라. 그것을 신앙으로 받아들이지 마라. 가서 자신을 살펴보아라." 이런 정신에서 진실의 출현을 용이하게 하는 조건과 정신분석, 우리 삶의 핵심에 있는 윤리적 차원을 살펴보기로 하자.

분석가의 현존

내가 여기서 언급하는 주의를 기울인다는 것은 한 사람의 완전한 현존 또는 한사람의 존재라고 불러도 좋은 그 무엇인가를 필요로 한다. 역설적으로 이러한 주의 기울임은 키이츠가 말한 "부정적 능력"에 달려 있다. 이것은 무의식적 의사소통인데, 투사적 동일화와 동일하지는 않지만 투사적 동일화를 이용한다. 이것은 멜라니 클라인이 잘 묘사한 침범적이고 파괴적이며 조정적인 모습을 닮은 것이 아니라 비온이 서술한 소통적 버전과 유사하다. 그렇지만 내가 믿기로는 이런 소통이 다양한 내용물들이 지나가는 동떨어진 두 개의 "용기들" 사이에서 일어나지 않는다. 두 놀이 공간의 중첩이라는 중간적인 또는 가능적인 공간이라는 위니컷의 개념이 이런 점에서는 더 가깝지만 이런 용어는 잘못 사용하면 추상적이고 "공간적인" 인상만 불러일으킨다.

릴케는 다음과 같이 쓰고 있다, "모든 것에 준비되어 있고 심지어 가장 이해 불가능한 경험이라고 할지라도 어떤 것도 배제하지 않는 사람은 자신의 깊은 존재의 소리를 들을 것이다." 소리를 되돌려 듣는 것−자아, 타인, 삶 자체와 공명하는 것−은 단순히 공감하거나 담아주는 것이 아니다. 이것은 식별하고 헤아리는 성질을 갖고 있어서 더 심오하고 진정으로 알게 해준다. 이것은 자유라는 숨을 쉬게 해준다. 여기에는 두 육체, 두 뇌가 포함된다. 몽상은 공명하는 과정이다. 엄마는 모든 경로를 사용하여 그녀 존재 전체의 매트릭스 안에서 아기의 상태를 알아차린다. 엄마의 직관적 반응은 이런 알아차림과 함께 일어나는 것이지 분리되어 있는 것이 아니다. 살아있고 약동하는 정서적 장이 자리를 잡는다. 인드라 망과 다르지 않게 이런 정서적 상호 관계의 장은 정서적 삶과 창조적 사고에 필수적인 뇌의 신경 연결의 성장을 자극한다. 몸과 마음은 걸림 없이 함께 작동한다.

짤막한 임상의 한 단편: 제레미는 분열되어 있었고 무서움에 떨면서 자신을 괴롭히고 있었지만 이것을 말로 표현할 수 없었다. 그러나 나는 이것을 느낄 수 있었다. 나는 의식적으로 목표를 설정하지 않고 그냥 자신을 깊게 안정시키면서 호흡에 집중하려고 노력하였다. 그러고서 나의 몸에서 전율하는 공포의 느낌에 초점을 맞추었다. 그러자 공포는 천천히 사라지기 시작하였다. 나의 호흡은 더욱 깊어지면서 이완되었다. 나는 제레미를 슬쩍 보았는데 놀랍게도 그도 무엇인가 이상한 것이 일어난 것을 알기나 한 것처럼 나를 쳐다보았다. 그의 얼굴, 표정, 감정이 변화되면서 두려움과 분열은 완화되었다. 어떤 말도 나누지 않았다. 시간이 흐르면서 그는 자신의 경험을 드러낼 말을 찾기 시작하였다.

나는 이런 일들이 드물게 일어나는 것이 아니라는 것을 깨닫기 시작하였다. 나는 마리온 밀너의 에세이 「신체의 집중The Concentration of the Body」(1987)과 그녀의 책 『살아있는 신의 손들The Hands of the Living God』(1969)을 상기하였다. 밀너는 어떤 환자들과 분석 작업을 하면서 명상적인 방식으로 그녀 자신의 신체 감각에 집중하는 실험을 서술하고 있다. 그녀는 때때로 고전적인 해석이 별로 소용이 없다는 것을 피분석가와 함께 발견하였다. 오히려 환자와 접촉을 유지하면서 동시에 자신의 호흡과 생리적 상태에 내적으로 초점을 맞추는 것이 환자들로 하여금 자신의 내적 실재를 가늠하고, 그리하여 결국 이런 내적 실재들을 드러내고 소통하는 상징과 단어를 이용하는 능력을 계발하는 데 도움이 되는 듯이 보였다.

이런 경험은 트릭이 아니다. 이것은 "안아주는 환경"이라는 용어가 갖는 의미를 구체화하는 것이다. 분석 과정에 놓여있는 환자들은 자신들이 분석가의 손에 놓인 영향력 안에 있다는 것을 알게 된다. 그들은 "내가 좋은 손에 놓여 있는 거죠?"라고 물으면서 다양한 불안감을 보인다. 피터 포나기Peter Fonagy와 그의 동료들(1995)은 어린이의 "생각하는" 능력 중 핵심적인 부분을 찾아내었다. 이런 부분은 함께 하는 "타인"의 내적 이미지를 계발하는 것과 연관성을 갖고 있다. 이때 타인은 내적 세계의 그 누군가로 마음속에 그려지는 사람이다. 그러나 발달이 정신적인 것으로만 이루어지는 것은 아니다. 이것은 프로이트가 "나"라는 첫 감정은 신체적 "나"라고 언급하였다는 점을 상기하자. 아기가 태어나서 처음 접촉하는 것은 엄마와의 내면적인 화학적 결합, 소리, 냄새, 나중에 나타나는 것이지만 엄마의 손길이 갖는 성질을 통한 엄마의 무의식이다.

우리는 신체적으로 환자와 접촉하지 않지만 정서적으로는 접촉을 한다. 이렇게 우리는 환자들을 마음뿐만 아니라 신체적으로 관심을 기울이면서 "안는다". *코코로心*, Kokoro는 "마음"을 의미하는 일본 단어이다. 나는 체화된 마음으로 환자를 읽고 알고 "안는다". 우리는 제공하는 것이 아니라 정서적으로 알고 품고 해석한다. 이것은 하나의 움직임이다.

나는 이런 분석 활동이 진실의 발생과 진실이 갖는 변형의 가능성을 높인다고 생각한다. 우리는 원초적 대상, 삶 자체의 근본적 요소들, 즉 지, 수, 화, 풍이 된다. 마음이 큰 바다가 되면 소리, 말, 감정은 깊고 자유로이 울려 퍼진다. 비옥한 땅이 되면 씨는 스스로 알아서 뿌리를 내리고 성장한다. 환자는 이런 분위기를 인식하고 반응하지만 그것을 받아들이거나 이용할 수 없는 일도 흔하다. 우리가 정신분석이라는 상호 주관적인 과정에서 일어나는 내적 경험을 인식하고 상징화시키고 말로 표현할 수 있도록 작업해나가면 침묵 자체도 하나의 촉진제가 될 수 있다.

또 다른 짤막한 임상의 한 단편: 산드라는 인간관계에서 내려놓는 것을 두고 씨름하고 있다. 그 남자를 자신의 손아귀에 넣고 있다고 생각하고는 "그를 풀어주어야" 하겠다고 말한다. 그녀는 슬픔에 차서 술의 유혹을 느낀다. 아주 긴 침묵이 있다. 침묵하는 동안 나는 TV 광고에 대한 몽상을 꾼다. 그 광고에서 10대 소년이 숙제를 하면서 한 여성이 옷을 벗는 TV 장면에 이끌리고 있다. 소년은 주위에 누군가 있는가를 살펴보고 관심을 보인다. "열이 오르고 있어요"라는 음악이 에로틱한 음조를 내고 있다. 그 여성이 속옷을 벗으려고 하는 순간 소년의 어머니가 나타나서 채널을 돌리고서 묻는다, "뭘 하고 있니?", "… 아니 아무것도"라고 말하면서 입장이 곤란해져 허둥거린다.

나는 주의력이 이리저리 휩쓸리는 것을 천천히 깨닫는다. 그리고 산드라가 신경증적인 웃음을 짓는 것을 본다(이상하게 들릴지 모르지만 나는 당시 몽상을 꾸고 있었다는 것을 알지 못하였고 몽상의 성적인 내용을 의식하지도 않았다). 나는 그 웃음에 대해 물었지만 그녀도 알지 못한다고 말했다. 우리는 조심조심 이 점을 의논하였고, 얼마의 시간이 지난 후 나는 성적인 감정이 있었을지도 모른다고 암시하였다. 그녀는 "뭔가 보살핌을 바로 받고 있다는 느낌을 받았다. 만약 그 감정이 성적인 것이었다면 진료실 문 밖이었을 것"이라고 말하였다.

시간이 흐르면서 이것은 나에게 새로운 울림을 주었고, 그 울림은 반복되었다. 이제 나는 정말로 몽상에 다가간다. 이것은 프로이트 *이후* Nachträglichkeit의 개념과 유사하다. 이 개념은 새로운 의미를 소급해서 귀속시키는 것이다. 그리고 나는 내가 이미 알고 있었다고 생각하였던 그 무엇에 다시 각성되었다. 성적인 감정이 거기 있었다면 그녀가 그것을 문밖으로 던져버렸을 것이라고 여겨졌다. 그녀는 웃으면서 현재의 남자친구를 떠나는 것이 자신을 새롭게 흥분시킨다고 말하기 시작하였다. 그 남자친구와는 성적인 관계를 맺지 않았고, 거기에는 조정과 힘의 갈등이 주도적인 분위기인 듯하였다. 그리고 아마도 새로운 사랑을 찾는 것에 대해서 이야기한 것 같았다. 어제 그녀는 성적인 관계를 가졌던 이전의 남자 친구와 함께한 오래된 사진들을 보고 있었다. 그녀는 한때 자신이 그런 식으로 느낄 수 있었다는 것을 보고 놀랐다. 그러고는 나를 보면서 말하였다, "어제 나는 스스로 생각했어요. '나'는 나를 하나 가져야겠다고 … 내일[우리의 현재 분석면담의 날]."

나는 궁금하다. 그녀는 성적인 것을 상기하면서 분열되거나 우울한 감정들을 급하게 방어하고 있는가? 진정한 성적 감정이 전이에서 나오고 있는가? 그렇다면 이것을 어떻게 사용할 것인가? 나는 아직 정확하게 모른다. 그러나 감은 있다. 나는 방어적인 성적화라고 재빨리 해석하길 원치 않는다. 왜냐하면 산드라는 성적으로 죽어 있었고, 우리는 그것에 대해 진정으로 이야기해본 적이 없기 때문이다. 정서와 사고, 담아주기와 통찰은 모두 이런 진실의 전개 속에 담겨져 있다. 이것은 단순히 "육감에서 오는" 문제는 아니다.

산드라는 계속되는 분석 면담에서 성적인 감정과 연관된 수치심과 불쾌감, 그녀의 십대 시절들, 직장에서 겪는 현재의 사건들(거기에서 두 연인이 서로 껴안는 것을 보면서 강한 감정이 올라왔다), 초콜릿에 대한 갈망과 과도한 섭취 등과 같은 내적 욕망 및 갈등과 싸우고 있는 방식에 대해 더 잘 말할 수 있게 되었다. 우리는 명백하게 드러나는 전이의 내용에 대해 말할 수 있게 되었다. 그녀에게는 당혹스럽고 고통스러운 일이었다. 전이의 외부에 놓인 분석 자료들도 같이 논의되었다. 그녀는 늦게 퇴근 후 집에 돌아오면 개가 우울해져 있는 것을 발견한다. 왜냐하면 그녀는 바쁘고 짜증나고 피곤하고 탈진되어서 개와 놀아줄 수 없기 때문이다. 나는 말한다. "누군가 당신과 함께 놀아주고 이야기를 들어주고 관심을 기울여주고 안아주기를 원하는 당신 내면의 부분에 반응하고 있다." 산드라의 눈에서 눈물이 흐르고 그녀의 딱딱한 표현은 놀랄 정도로 부드러워진다. 이것은 강렬한 순간이다. 욕망과 고통은 진료실 안에 살아 있다.

다음 분석 면담에서 산드라는 부모의 벌거벗은 모습을 보았던 기억과 연관되는 꿈에 대해 말하였다. 부모는 벗은 채로 뽐내면서 걸어 다녔지만 산드라는 아무것도 느끼지 못한 척하였고 그것은 정상이었다. 그녀는 얼어붙고 먹먹해졌다. 이어지는 분석 면담에서 10대 때의 갈등들을 다시 들여다보고 여성과의 관계, 특히 엄마와의 관계를 깊게 점검하였다. 과거와 현재는 이런 움직임 속에서 담겨 있었다. 그녀는 자신에게서

"빠진 무엇인가"가 있다는 것을 깊고 통렬하게 깨닫는다. 이로 인해서 그녀는 아주 취약하고 주변 사람에게 수치심을 느끼고 있었다. 나는 공허함을 느끼고 "기본적 결함"을 인식할 수 있었지만 이제는 보다 더 잘 견디고 생각할 수 있게 되었다.

나는 몇 가지 점들을 보여주기 위해 이 예를 들고 있다. 첫째, 침묵은 면담을 빈곤하게 하거나 절망적이게 하는 것이 아니라 무엇인가를 생성하게 하는 것일 수 있다는 점이다. 침묵 속에 살아있는 것을 통해서 산드라는 재빨리 편안함을 느낀다. 이로 인해서 산드라의 면담은 유용하게 전개되어 간다. 침묵 속에서 다양한 감각 채널들과 공명하게 되면 대화의 길이 열리고, 이것은 인격에 파문을 일으키며 인격을 농축시킨다. 여기에는 모든 종류의 사랑과 갈등과 공포가 포함된다. "아무 자리에도 머물지 말고 마음가는 대로 두어라"는 선의 공안이다. 분석가와 피분석가가 함께 비옥한 침묵 속에 머물 수 있을 때 유용하고 적절한 진실이 나온다.

둘째, 심오하게 받아들이는 것, 모든 내적 경험에 대한 포괄적인 태도, 비판단적인 접근은 분석가가 취하는 자유로이 떠도는 주의집중과 불교의 알아차림 명상이 갖는 특징이다. 일상적인 것이라고 간과된 것, 또는 방해된다고 버려진 것을 잘 살펴보고 계발하면 환자의 내적 경험의 미묘한 차원과 전이와 역전이 매트릭스의 복잡한 얽힘으로 들어가는 유익한 길이 된다는 것이 증명된다. 선과 정신분석은 간척사업이다. 거기에서 우리는 일상을 추수한다(밥로우 2000).

셋째, 이 케이스는 분석가의 일상적 분석 작업에서 실제로 이루어지는 것을 보여주고 있다. 임상적 정신분석에는 이미 명상의 요소가 있다. 명상적으로 집중하는 분석가는 자신의 몽상을 이용하기 위해서 구태여 선을 수행할 필요가 없지만 분석의 유용한 진실을 발견하는 데 관심을 기울이고, 이러한 진실을 사용할 수 있는 능력은 분석에서 많은 도움이 된다. 명상수행은 얼른 보기에 접근하기 어려운 마음 상태와 분석 작업을 할 때 볼 수 있는 내재적이고 강력한 불안을 잘 처리하는 데 도움이 된다(아주 일상적인 것은 말할 필요도 없다). 우리는 향상된 분석의 집중력을 갖고 창조적으로 환자를 보살피면서 탐색한다.

윤리들

수용적이고 반응적인 태도로 의식, 전의식, 무의식적 경험에 관심을 기울이고 주의력을 집중하는 것은 진공에 존재하는 동떨어진 기법이 아니다. 나의 생각으로는 거기에 내재하는 것은 진실을 "향하는" 내적인 움직임인 동시에 타인에게 주는 행위이자 받아들이는 행위이다. 이렇게 주의를 기울이고 관심을 쏟는 것은 협소하고 보호적이고 무의식적인 자아 구조를 인식하고 거기서 멀어지고 떨어지는 것이다. 살아남기 위해서 고통스러운 진실을 알고자 하지 않고 회피하는 우리의 "해법"은 다른 문제를 발생시키고 어떤 경우에는 악의적이기도 하다. 우리 자신을 알고자 하는 자유는 윤리적 전환과 함께 동시에 일어난다. 이 마지막 절에서 나는 주의를 기울이는 것과 윤리 사이의 관계를 점검하고자 한다.

트라우마에 반응하여 아기들은 내적 대상을 선택하거나 거부한다. 네빌 시밍턴(1993)은 이것을 "생명 부여자"라고 이름 붙였다. 아기는 대상을 선택하면서 창출하고 함께 창조적인 정서적 삶의 원천을 만들어낸다. 아기는 대상을 거부하면서 무의식적으로 상처받는 상황 또는 사람들의 분열된 측면과 동화되고 마치 자폐적 껍질처럼 자기애적 외피에 자신을 가두어버린다. 위니컷의 거짓 자아의 조숙한 배치(위니컷 1975)

그리고 에스터 빅Esther Bick의 가혹한 이차 피부(빅 1967)는 이것과 동일하지는 않지만 유사한 것들이다. 시밍턴은 후자의 선택을 자기애적 선택이라고 부르면서 이것을 많은 심리적 장애의 핵심이라고 보았다. 그는 오토 컨버그Otto Kernberg가 웅변적으로 잘 서술하고 있는 좋거나 건강한 자기애 및 나쁘거나 파괴적인 자기애라는 개념을 사용하지 않았다. 오히려 자기애적인 옵션은 창조적이고 생기를 불어넣어주고 진실을 확인하는 내적 선택과 대조적으로 작동한다.

생명 부여자를 거부하는 것은 정신적 고통의 파괴적 잠재성에 대한 불안에 뿌리를 두고 있다. 시밍턴은 이런 과정을 서술하면서 좌절을 참아내는 능력이 열쇠라는 비온의 의견에 동조하고 있다. 클라인과 비온이 지향성intentionality을 아기에 귀속시키는 것과 같이 시밍턴은 이런 선택의 무의식적 차원을 강조하고 거기로부터 회피하거나 멀어지는 것에 대해 말하고 있다. 이런 이론이 트라우마의 원인에서 정서적 주변 환경의 역할을 무시하는 것은 아니다. 오히려 아기의 발달 과정에서 아기의 참여에 대해 말하고 있다. 우리가 만지작거리는 카드로 스스로 형성할 수 있는 것은 정신적 책임인데, 이것은 우리가 생각하는 것보다 더 일찍 시작한다. 고통으로부터 멀어지기로 작정할 때 삶으로부터도 멀어질 수 있다. 이것이 반응적이고 생존을 추동할 수 있는 반면, 우리가 발달시킨 보호 구조들은 그들 자신의 논리를 갖고 작동한다. 이것은 발달을 대단히 방해하고 심지어 해악을 줄 수도 있지만 무시할 수 없는 힘들이다.

나는 환자의 반응 빈도와 힘에 깊은 인상을 받았다. 내 실수(비효과적인 제공 또는 부적절한 개입 또는 존재)뿐만 아니라 오히려 좋은 해석이나 포함에 대해서도.

나는 나의 치료 실수, 즉 비효과적 치료 또는 부적절한 개입이나 현존

뿐만 아니라 좋은 해석, 안아주는 현존에 대한 환자의 반응이 보여주는 빈도와 힘에 깊은 인상을 받았다. 예를 들면, 내가 말한 것이나 내가 존재하는 방식이 환자에게 깊은 울림을 주고 감동을 주는 경우이다. 나는 파괴와 질투의 본능 이론에 동의하지 않지만 그것의 존재와 힘을 인식한다. 이것들은 부분적으로 무의식적인 거부를 선택하는 경우 생기는 일종의 부산물이다. 나는 인간의 본성이 선하다고 생각하지 않는다. 오히려 내면적으로 선하기도 하고 악할 수도 있다. 이것은 미리 정해져 있는 것은 아니다.

생명을 주는 타인을 선택하는 것은 나의 내면에 타인이 존재할 공간을 창출하는 것이다. 자기애의 반대는 우리가 수동적으로 체념하고 있는 임의적인 권한을 가진 "실재적 현실"이 아니라 온갖 전율과 고뇌를 가진 창조적 원천 그 자체이다. 나는 이런 생각들이 임상적으로 유용한 것을 알았다. 몇 가지 예를 들어보자.

또 다른 환자 스티브는 뭔가를 숨기고 가장하고 있었다. 나는 스티브에게 어떤 일이 벌어지고 있는가를 탐색하면서 스티브의 심금을 울리는 말을 하였다. 그는 감동하여 눈물을 흘렸다. 그는 자동적으로 그 주제를 변화시키거나 또는 "벗어나 버렸다". 나는 이런 점을 지적하였다. 그는 점차 고통스럽게 자신의 실제적이고 내면적인 반응들 중 일부를 보고할 수 있게 되었다. 나는 그가 자주 사용하는 표현에 주목하였다. "나는 당신에게 그 정도를 해줄 수 없어요"라고 말한다. 그리고 뒤이어서 "나는 당신을 믿을 수 없어요"라고 한다.

우리는 일상적인 언어를 사용하고 듣는다. 쇼의 주최자는 자신이 소개하고 있는 연기자를 위해 청중에게 "박수를 치세요"라고 권유한다. 이것은 "그 연기자를 인정하고 환영합시다"라는 의미이다. 여기에는 변형들이 있다. "굴복하다give in", "포기하다give up"도 있고 물론 "몰두하다give over to"도 있다. "통합"이라는 단어는 전체성과 윤리적 용기를 포함한다. 어떤 것을 깊고 즉각적인 방식으로 알게 된다는 프랑스 표현으로 *prendre conscience*가 있는데, 이것은 말 그대로 양심을 붙잡는 것을 의미한다. 나는 이해한다는 것에는 양심의 작동이 있다고 생각하고 "양심적이 된다는 것"은 정신적 삶의 의무를 언급하는 것이다.

이런 과정에는 포기와 양도가 포함되어 있다. 어떤 의미에서 이것은 대상에 대한 전지전능한 조정을 포기하고 그것에 자율권을 부여하는 것이다. 그리고 대상이 무엇인가를 제공할 것을 갖고 있다는 것, 그 대상이 이룬 상당한 발달적 성취를 인정하는 것이다. 이것은 마치 신선한 빵과 같이 지속적으로 다시 만들어질 수 있다는 것을 받아들이는 것이다. 한때 그로트스타인이 내게 말한 바와 같이 "우리는 [상상 속에서] 대상에게 행한 것이다." 이것은 우리가 대상과의 조응에 그 바탕을 두고 있다는 것을 의미한다. 이렇게 자유롭게 되어야 하는 대상은 내면 세계에서 타인으로 자리를 잡으면서 접착제처럼 붙어 있거나, 부가적으로 혼합되어 있거나, 자동적으로 분리되어 있다. 물론 대상은 누구의 소망을 따르거나 누구의 필요에 반응하지 않고 실망시키거나 떨어져 나갈 수 있다. 진실은 열쇠이고 종종 안전, 신뢰, 치료적 동맹의 전개 속에서 간과되는 영양소이다. 그럼에도 불구하고 이런 "자유로운 느낌"은 여전히 깊은 불안을 낳는다. 의심할 여지없이 주변적 환경이 핵심적인 부분을 담당하지만 환자 역시 핵심적인 역할을 한다.

르네 스피츠Rene Spitz(1963, 174)가 말한 바와 같이 상호성과 대화라고 하는 내재적인 뿌리들은 이런 무의식적 선택에 달려있다. 이렇게 알지 못하는 폭포로 뛰어드는 환자는 지뢰밭을 걸어가는 것이 아니라 삶의 정신적 풍부함을 캐내는 것이고, 틈새의 구멍을 막아버리는 것이 아니라 그 틈새 속에서 노는 것이며, 바닥없는 공간의 균열 속으로 영원히 떨어지는 것이 아니라 창조적으로 "공간을 만들어내는" 능력을 발휘한다. 자유 연상을 하는 자유는 우리의 정신적 원천과 깊게 "연관되어 있는" 자유이다. 또한 그 "연관성"을 깊이 인식하고 거기에서 즐거움을 취하는 그런 자유이다.

칼라Carla는 똑똑하고 매력적이고 협조적인 환자로 내가 진료비를 적게 받는 환자이다. 그녀는 많은 돈을 축적하고 있다. 우리는 거기에 내포된 정신적 역동과 의미의 몇 가지를 탐색한다. 그녀는 나에게서 자신의 엄마에게 경험한 박탈과 무력감을 유도하고 있다. 나는 바로 이것과 씨름하고 있다. 이런 과정에서 문제를 배워나가자 변화가 일어나기 시작하였다. 나는 모든 것을 충분히 이해하지는 못하지만 서로 배려하면서 새로운 방식으로 문제를 제기하고 있다는 것은 인식하고 있다. 내가 이전과 다르게 해석하기 시작했다는 것에 대한 그녀의 반응을 우리가 함께 탐색하면서 분명해진 것은 무엇이 일어나고 있다는 것을 그녀가 인식하게 되었다는 것과 내가 이것을 더 잘 다룰 수 있다는 점이었다. 무의식적 내용들이 나왔다. 그리고 해석적 대화가 이루어졌다. 그녀는 이러한 딜레마를 건설적으로 다루는 데 있어 자신이 하는 [그리고 했던] 것보다 내가 더 잘 다루고 있다고 느꼈다고 말하였다. 또한 이런 능력을 가지고 있을 뿐만 아니라 실제로 이런 능력을 사용하고 있다. 그녀가 나의 이런 능력과 능력을 사용하는 것을 질투하고 있다는 것 또한 분명해졌다. 나는 그녀가 느끼는 것처럼 무력하게 있어야만 하고 그녀보다 더 잘해서는 안 되었다. 그녀는 이런 식으로 나와 그녀의 내면적 타인들이 지불하기pay를 원하였다. 그녀는 "나에게 이것을 줄 수" 없었다. 이것은 자연스럽게 치러야 하는 미지불된 청구서의 지불이 아니라 어쨌든 내가 나의 웰빙과 조화를 이루어서 "해결책"을 찾은 반면 그녀는 당분간 나처럼 그럴 수 없다는 사실이었다. 나의 능력을 비통하게 질투하면서 이 "좋은" 환자는 분석을 망치려고 하고 있었다. 악의가 두드러지게 나타났다.

이후 칼라는 대기실에서 자신의 새 아기와 함께 꿈꾸듯이 앉아 있었다. 앞 환자와의 한 시간 분석 면담이 끝났다. 그녀는 나와 함께 면담한 환자가 누구인가를 살펴보면서 나에게서 발생하는 그 무엇을 "삼투압"을 통해 멀리서 받아들이고 있었다고 고백하였다. 그녀는 이런 일들이 진료실에서, 또한 불행하게도 그녀 자신의 삶속에서 일어나고 있다는 것이 두려웠다. 그녀는 "자신이 거기 없었던 장소에서 나로부터 무엇인가를 가져가기"를 원치 않았다.

또 다른 환자인 마틴Martin은 방해가 되는 전이를 극심하게 보이면서 위와 같은 딜레마에 다르게 반응하고 있었기 때문에 어떤 의미에서는 분석을 진행하기가 훨씬 힘든 경우이다. 그가 중간에 내 말을 끊는 것을 수차례 탐색하고 해석한 다음에 그가 나의 말을 끊고 들어오자마자 나는 자연스럽게 "나의 차례"라고 말하였다. 그는 충격을 받았고 당황하였다. 그러고는 웃었다. 점차로 그는 이렇게 하면서 잘 놀 수 있게 되었고, 때로는 "아니, 나의 차례"라고 언쟁을 벌였다. 나는 웃으면서 계속하였다. 그가 끊거나 방해하였을 때 나는 조용하지만 엄격하게 반복해서 "이제 나의 차례"라고 말하였다. 그러면 그는 대개는 내가 말을 할 수 있도록 허용해주었다. "생명 부여자"를 향하면서 그는 나에게 나의 차례, 나의 자리를 주었다. 막무가내식의 아기인 그는 순서를 지키는 것을 배우고 있었다. 환상의 놀이는 표시자로서 진실을 필요로 한다. 그리고 환상의 놀이는 보다 깊은 진실의 깨달음으로 이어진다. 다시 이것은 환상의 창조적 사용을 자극한다.

　나는 이 문제와 씨름하면서 수개월을 보냈다. 길을 잃고 혼란에 빠지기를 수차례 반복하면서 약간의 분명한 사실을 보았다고 생각하며 더 애를 쓰기도 하였지만 다시 길을 잃기도 하였다. 나의 반응은 자연스러운 것이었고 방어적인 것은 아니었다. 하지만 나는 나 자신과 분석을 잘 유지하고 있었다. 마틴은 나에게 일어나는 이런 변화를 감지하였고, 이것은 그와 우리 사이에서 일어난 내적인 움직임이 틀림없이 반영되었을 것이다. 아마도 진실의 이런 변화를 통해서 우리 자신은 더 자유로워졌을 것이다. 일단 형성된 돌파구에 이어서 자연스럽게 나의 해석과 이것을 새롭게 배우는 쾌활함이 작동하였다.

　또 다른 예를 들어보자. 마틴은 휴지를 뽑아서 안경을 닦고 약간 떨어진 쓰레기통에 휴지를 던진다. 그는 이것을 주기적으로 반복한다. 나는 이런 행동이 갖는 의미를 파악하기 위해 노력하였다. 어떤 것은 우리 주위를 맴돌았지만 어떤 것들은 그렇지 못하였다. 이런 행동은 분석 면담의 흐름을 끊고 산만하게 하였다. 고통스럽거나 고통스러울 가능성이 있는 순간을 회피하면서 마이클 조단이 되는 놀이를 하는 듯이 "점수를 세고" 그의 재능을 감탄하도록 하였다. 분석 초기에 한번은 그가 진료실에 들어올 때 나는 안경을 닦고 있었다. 그가 들어와서는 깨끗이 닦여진 나의 안경에 더 관심을 보이는 것을 알았다. "그를 위해 안경을 포기"하지 않는 것에 대해 그는 나에게 동일한 고통을 당해보라고 말하는 것 같이 보였다.

　이런 행동은 탐색하고 해석함에도 불구하고 계속되었다. "휴지 던짐"이 잘못되는 경우 그는 일어나서 휴지를 주워 다시 휴지통 안에 넣었다. 한번은 분석 면담 동안 바닥에 휴지를 그대로 두고 있다가 진료실을 떠날 때 그것을 주워서 휴지통에 넣었다. 다른 날에도 다시 이런 행동을 하였다. 그러고서 어느 날은 그가 휴지통에 던져서 넣지 못한 경우 그대로 두기도 하였고, 진료실을 나갈 때도 휴지를 그대로 두었다. 나는 상당히 더러워진 느낌을 받았다. 그 후 그가 진료실 문을 열고 나갈 준비를 하면서도 휴지를 그대로 두고 있을 때 나는 이렇게 말하였다, "네가 내 진료실 바닥에 똥을 싸놓고 가는 것은 좋지만 깨끗이 치우지 않은 것은 좋지 않아." 그는 웃으면서 그것을 알아차리고 돌아서서 휴지를 집어서 휴지통에 넣고 떠나면서 고개를 절레절레 흔들었다. 나는 그를 자극하지 않으려고 노력하였다. 우리의 이런 대화는 현재의 상황을 환기시키는 역할을 하였다.

내가 이렇게 반응하는 것에 대해 마틴은 안심하고 있는 듯이 보였다. 그가 절단당한 느낌을 받은 것을 내가 어떻게 다룰 것인가? 똥에 대한 기분 나쁜 느낌을 다루지 않을 수 없는 상황과 그때의 경험을 내가 어떻게 다룰 것인가? 이것은 그가 어릴 때 겪은 다양한 초기 트라우마들과 유사하다. 모든 경우는 아니지만 여러 상황에서 그가 하는 것보다 내가 더 효과적으로 살아남고 자신을 더 잘 살피며 더 잘 헤쳐 나가는 것 때문에 나를 결코 못마땅하게 여기지는 않았다. 이것은 그에게 의미 있는 일이었다. 그리고 이런 능력을 어느 정도 받아들이는 듯이 보였다. 그는 휴지에 대한 나의 언급에 반응하면서 다음과 같이 말하였다, "나는 이것을 당신에게 준다. 당신은 바람맞았어." 항문성에 대한 집중적이고 격렬한 의논을 수개월간 한 다음에 나는 마틴이 "똥을 주는 것"과 이것을 통해서 "주고받는" 것을 배우고 있다고 생각한다.

마지막 예를 들어보자. 폴Paul은 회복중인 중독자이다. 아무도 그를 도울 수 없고 누구와도 친하게 지내지 않는다. 그는 감정을 다른 데 떠넘긴다. 그는 해마다 하나씩 강박적 도벽과 바람피우기 등 중독적인 행동을 한다. 자신은 이런 행동을 할 자격이 있다고 생각한다. 복수심에 불타서 자신은 항상 옳다고 믿으면서 죄책감이나 양심의 가책은 전혀 없다. 그러나 이런 행동 후의 자국들은 아주 격심한 수치심을 안겨준다. 이런 상태에서 그는 타인과 자신의 행동이 미친 영향을 지우기 시작하는 것을 나는 본다. 그는 자신이 얼마나 자기중심적인지를 고통스럽게 보기 시작하고, 처음으로 자신이 다른 사람에게 준 상처들을 헤아리기 시작하면서 눈물을 흘린다. 분석 면담이 진행되는 단계에서 내가 그의 안으로 들어가는 것을 허용하며 진실된 감정과 행동을 경험하고 책임지는 주체가 되게 한다. 이와 반대로 그는 매번 나와 싸우면서 자신이 조정당하고 스스로 지배하지 못한다고 불평하며 자신이 온화해지고 사랑과 그리움을 느끼는 것을 끔찍이 두려워한다. 그는 극도로 조심하면서 자신의 가장 취약한 점이 드러나면 면담을 그만두려고 한다. 어쨌든 이런 불안을 다루면서 지금도 분석은 지속되고 있다.

5년간의 집중적 치료 이후 우리는 분석을 종결하는 데 동의하였다. 긴장을 풀면서 이야기를 이어나가자 폴은 "나는 당신을 그리워할 것입니다"라고 말하였다. 이 말은 정말 놀랄 정도로 진정성이 담긴 것이었다. 나는 유방에서 인간의 친절함이라는 젖이 흘러나오는 것을 느끼며 그를 향한 순수한 따뜻함을 느꼈다. 마지막 분석 면담에서 그가 나에게 『모리와 함께한 화요일』(1997)이라는 책 한 권을 주었을 때 마음이 먹먹하였다. 그 책의 부제는 "노인, 젊은이, 그리고 삶의 가장 위대한 교훈"이다. 그 교훈은 안녕이라고 말하는 것이었다.

그 책은 눈에 보이지 않지만 진실하고 내적인 것을 내어준다는 의미를 체현하고 있는 것이었다. 그는 이 책을 나에게 주기 전에 한 장의 카드를 주었다. 고딕체로 맨 위에 써진 제목은 마치 오래된 신문의 헤드라인과 같이 "때맞추어 웃자"라고 써져 있다. 그 아래 카드의 대부분을 차지하고 있는 것은 시무룩하고 표정이 딱딱한 여자 농부가 하얀 바부시카와 앞치마를 두르고 검은 옷을 입고 소박한 집 대문 앞에 서 있는 그림이었다.

그 순간 나는 술꾼이면서 환자에게 상처를 준 외국 태생의 엄마를 보는 동시에 그녀와 동일화하는 그의 모습을 본다. 나는 크게 웃는다. 이것은 멋진 선물에 대한 놀라운 인정이다. 그는 나의 웃음에 합류하여 길고 진신어린 웃음을 나눈다. 한참 뒤에 그는 "그것은 내가 아닙니다. 이전의 나입니다"라고 말한다. 나는 이것이 반만 진실이라는 것을 안다. 나에게 가장 소중한 것은 그 자신이 받은 것을 인정하고 표현한 것이었다. 그리고 분석 면담 내내 변화의 투쟁을 의식적으로 거부하였지만, 결국은 "나에게 그것을 주고", 또한 자신에게 그것을 주었다는 것이 소중하게 보였다. 이것은 진정한 선물이었다.

정신분석적 과정은 피분석가와 분석가 모두에게 윤리적 "전환점" 또는 변화의 마음을 위한 기회를 제공한다. 시밍턴은 한때 이기적인 것과 자기중심적인 것에는 차이가 있다고 말하였다. 이런 언급은 수년 동안 나에게는 일종의 정신분석적 공안이었다. 나는 그것을 헤아리지 못하였다. 돌이켜보면 나는 "이미 거기 있었어"야만 했다고 여겨진다. 어느 날 갑자기 그것이 나에게 분명해졌다. 있는 그대로 존재한다. 자아를 표현하는 것, 이것이 진정한 자아–성self-ish이다. 아무도 자신의 속성을 자신에게 모두 지속적으로 귀속시키지 못하지만 자신을 표현하면서 살아가고 그것을 타인에게 준다. 이것은 내적 변화를 반영하는 것에 틀림없다. 그리고 나 자신과 타인 사이의 이분법이라고 여겨진 것은 떨어져 나간다. 그렇게 길지 않은 통합이라고 할지라도 이것은 확실히 자유로 나아가는 그런 변화이다.

진실은 우리가 성취하거나 덧대는 그 무엇이 아니다. 우리의 자아 보호적인 망상이 떨어져 나가고 그것을 포기할 때 도착하는 곳은 우리가 처음부터 항상 그것을 알고 있었던 바로 그곳이다.

> *가장 긴 강의 근원에서*
> *숨은 폭포의 목소리*
> *그리고 사과나무 아래의 어린이 소리*
> *알려지지 않은, 찾지 않았기 때문에*
> *그러나 들리고, 반쯤 들리고, 정적 속에서*
> *바다의 두 파도 가운데에서.*
> *이제 빠르게, 여기서, 이제, 항상-*
> *완전한 단순함의 상황*
> *(모든 값을 치러서)*

T. S. 엘리어트(1971)가 쓴 바와 같이 이런 기쁨은 "모든 것"을 묻는다. 그것은 분석가의 희생적이지만 즐거운 관심에 내재하는 선물이다. 그것은 지속적이면서도 참여된 포기이고, 그 원천인 잠재성으로 채워진 공허하지만 비옥한 바탕이다. 그것은 자신의 문제와 환자의 문제를 안고 있는 분석가에게 수정사항을 제공한다. 이것은 강요하지 않은 중립성, 불투명함, 자의식 및 종종 불안감에 의해 야기되는 자기 공개이다.

스테펜 아펠바움Stephen Applebaum이 다음과 같이 썼을 때 나의 생각을 반영한다. 즉 "환기시키는 능력의 핵심은 마음이다. 당신은 거기 있어야 하지만 있으려고 행동할 필요는 없다. 다른 사람의 감정에 자신의 감정을 개입하고 보살피는 것, 누구의 경험 세계에 들어가는 것, 의지와 기술을 가지고 두려운 방어에 직면하는 것, 이 모든 것은 사랑의 행동이다. 이 것은 바로 그대로 환자에게 경험된다"(미발표).

사랑의 행동은 진실의 몸짓과 함께 발생한다. 마틴이 내가 볼 수 있게 도움을 준 바와 같이 진실의 몸짓은 내적 친화성의 공간적 기반으로부터 창조적 포기라는 점에서 자신을 내어주는 상태로 나아가는 데에 통을 내어주는 과정을 관통해나간다. 이런 능력을 체화하는 것은 아마도 가장 심오하고 불가해한 자유이다. 그것은 제라드 맨리 홉킨스Gerad Manley Hopkins가 "사물의 깊은 곳으로 내려가는 가장 소중한 신선함"이라고 부른 것을 향해 문을 열어준다.

"동양은 동양, 서양은 서양 그리고 이 둘은 결코 만나지 못하리" (또는 만날까?)

제임스 S. 그로트스타인(JAMES A. GROTSTEIN)

서론

조셉 밥로우의 감동적인 논문은 현대 정신분석에서 일어나고 있는 주관성과 객관성 논쟁을 사려 깊고 조심스럽게 다시 다루고 있다. 또한 서구의 정신분석과 동양의 불교 수행을 비교함으로써 이 논쟁을 더욱 의미 있게 하고 있다. 그는 정신분석의 존재론적 및 윤리적 차원을 세밀히 살펴보고 이를 탐구하기 위한 도구로서 "진실의 순간들"과 "순간의 진실들"에 초점을 맞추고 있다. 이렇게 함으로써 순수하게 "객관적" 과학에서 현재보다 "주관적"(그리고 "간주관적")이면서 그 방향상 존재론적이지만 여전히 이원론적(주관-객관의 이원론)인 고통을 받고 있는 정신분석 인식론의 역사적 발달을 개관하고 있다. 그리고 그는 이런 여러 관점들 사이의 변증법적 논쟁들을 비판하고, 제3의 선택, 동양의 불교에서 볼 수 있는 합일감, 서양의 변증법과 이원성을 초월하는 듯이 여겨지는 존재의 개념을 선택하고 있다.

그는 바로 그 순간의 경험에 집중하고 있다. 이런 순간의 경험은 특히 불교 사유의 존재론적 렌즈에 잡히지만 서구 정신분석치료에서 실제로 무시되었던 것이다. 저자에 의하면 이것이 정신분석에서 포착된 것이라곤 자아대상 변증법selfobject dialectic의 극점 사이에서이다. 저자의 주장은 서구 정신분석이 한 순간의 경험을 잘 파악하기 위해서 차이의 이원성을 제거해야 한다는 것이다. 저자에 동의하고 그의 주장을 존중하면서 나의 사고를 자극하는 이런 주장을 논의하기 위해 (서구의) 악마의 변호인 역할을 하고자 한다.

무엇이 진실인가?

나는 본디오 빌라도의 질문, "진실은 무엇인가"에서 논의를 시작한다. 저자의 첫 번째 임상사례인 "마틴"을 읽으면서 이런 질문을 하게 되었다. 마틴은 "진실"(분석가가 이해한 진실)을 직면하지 못하였는데, 그 이유는 또 다른 "진실"의 방해를 받고 있었기 때문이다. 후자의 진실은 그의 내면에 있는 절박한 내면적 추론의 진실이다. 마틴은 신뢰하는 분석가가 품고 있는 진실이 자신을 살려줄 것인지에 대해 (진정으로) 망설이고 있다. 물론 결국 마틴은 이 진실을 받아들이게 된다. 다른 말로 하면 환자가 "그 진실을 내가 얼마나 견딜 수 있는지 모르겠다"고 말하는 듯이 보인다.

진실의 양에 대한 질문

여기서 나는 훅Hooke의 법칙의 적용 가능성을 머리에 떠올려본다. 즉 응력應力은 변형률 곱하기 탄성 계수라는 법칙이다. 물리학에서 심리학적으로 번역해보면 이것이 의미하는 바는 어떤 주체 또는 대상이 트라우마(진실)를 견디는 능력은 내재적 유연성에 의존한다는 것이다. *거짓과 마찬가지로 증상들은 진실의 고마운 암호들이다.* 결론: 진실은 복잡하고 역설적이며 아이러니컬하다. 마치 거짓이 명백한 진실과 함께 비밀스럽게 이해하는 암호화된 진실인 것처럼 보인다. 진실과 거짓 모두는 균형 잡히고 안전한 상황 안에서 지속적으로 이리저리 동요하면서 움직여 갈 것이다. 주체가 일정한 정도의 심리적 발달 단계에서 얼마나 진실을 견딜 수 있을 것인가? 진실은 홀로 알고 있지만 종종 진실의 맞수이면서 "충실한 반대자"인 거짓에 아량을 베풀어야만 한다. 우리가 *진실의 불확실성에 결국 직면할 수 있기 위해서 개인적으로 얼마나 정직해야 하는지*에 대한 질문에 동양과 서양은 함께 할 수 있다고 생각한다.

철학적 및 논리적 모순어법으로서 진실(거짓의 방어에서)

우리는 원초적인 정서적 장애를 가진 환자를 만나게 되는데, 이것을 정신분석적 관점에서 보면 바로 이런 두 가지 진실 사이에서 발생하는 갈등으로 괴로워하고 있다는 것을 알 수 있다. 이런 장애에서 볼 수 있는 방어적 진실은 다음 두 가지의 혼합일 수 있다. 한 가지는 환상에서 이루어지는 회복력에 대한 환자의 무의식적 평가이고, 다른 또 하나는 환자가 자신의 존재를 일정한 순간 견딜 수 있는 정도에 대한 현실적인 정확한 평가이다. 이러한 평가는 말로 다 표현될 수 있는 것은 아니다. 내가 지금 언급하고 있는 것의 핵심적 주제는 일종의 추정된 균형점이다. 이 균형점은 진실 그 자체라고 할 수는 없지만 환자의 마음이 견뎌내고 기대하는 그 지점이다. 그러나 진실의 궤적도 있다. 이 궤적에는 진실이 상상의 범위 내에서 야기하고 추동하고 발화하는 모든 가능한 추론들, 분지들, 전조들, 선입견들이 있다. 비온(1965, 1970)은 이런 궤적의 끝을 절대 진실, 궁극적 실재, "O"라고 이름을 붙였다. 하이젠베르크Heisenberg (1930, 1958)의 "불확정성 원리"는 비온의 "절대적 진실"에 도전을 한다.

더구나 무지개의 "진실", 공기 중의 물방울이 무지개를 만들어낸 환상이나 신기루는 사람이 접근하면 사라져 버린다. 이런 사실은 진실에 적용되지 않는가?

비온은 "O"의 "진화"라는 좀 더 신뢰할만한 개념으로 진실의 절대성이라는 자신의 사상을 보완하였다. 즉 "O", "진실"은 항상 진화하고 일시적이며 변화하는 것으로, 명사가 아니라 동사이다. 결론: 소문자 진실 truth만이 아니라 심지어 대문자 진실Truth도 단지 신기루에 지나지 않을까? 정직함은 항상 애매한 진실을 추구하는 결백한(유약한?) 것이 아닌가? 이것을 다른 식으로 표현해보자. 비온(1992)은 인간은 숭배의 종교적인 본능을 갖고 태어나고 이런 갈망을 정당화하기 위해서 신성을 명상하고자 한다는 견해를 피력하였다. 그렇지만 역설적으로 신성에 대한 이러한 갈망은 실제로 결코 충족될 수 없다. 비온은 동일한 맥락에서 종종 마르셀 블랑슈Marcel Blanchot를 다음과 같이 인용하고 있다. "답은 질문에 대한 당황스러움이다." 또한 이런 이론을 정직함과 진실 사이의 관계에 적용할 수 없을까? 절대적 진실은 정직함에 대한 당황스러움은 아니지 않는가? 최근의 논문에서 나는 무의식이라는 말로 표현할 수 없는 주체는 정직함의 관리인이고, 비온의 어휘목록에서 보면 진실을 "알고 know"—기껏해서 그것이 알려질 수 있다면—또는 진실이 "되는 것"이다 (그로트스타인 2000). 그러므로 진실이 아니라 정직함의 성취야말로 우리가 갈망하는 덕목이다.

사실 인간은 예외, 아주 예외적인 경우를 제외하고 절대적인 진실을 거의 견딜 수 없고 진실의 상대적인 농도만을 견딜 수 있다. 결국, 진실을 홀로그래픽일지도 모른다. 즉 전일적이고 얽혀져 있다(입자적이고 또한 변증적이다). 다른 식으로 말하자면 절대적 진실은 반쯤의 진실을 허용하고 더구나 절대적 진실의 은총과 공능에 경의를 표하는 거짓에게 아량을 베푼다. 또 다시 달리 말하면 진실은 자신을 왜곡시키는 모든 시도에 의해 정의된다.

우리는 아기의 발달 단계라는 측면에서 아기는 절대적 진실의 시기상조의 도착, 즉 비온(1965, 1970)이 또한 "베타 요소들"이라고 이름을 붙인 현상(비-정신화된 현상, 이것은 칸트의 물 그 자체와 본체에 대응한다)으로부터 보호받아야만 한다는 것을 알고 있다. 엄마, 아빠, 문화가 떠맡은 임무는 절대적 진실과 평화롭게 될 만큼 충분히 나이가 들고 발달할 때까지 절대적 진실의 신비적 및 공상의 유예 상태로 아기를 유도하는 것이다. 하지만 역설적으로 아기는 부모가 정서적으로 진실하기를 요구한다.

담아주는 용기/담기는 것, 일차적 모성 몰두 그리고 "O"

밥로우가 수차례 인용하는 윌프레드 비온의 공헌은 아마도 말로 표현할 수 없는 무의식의 성질과 몽상에 내포된 신비적 성질을 통합하고자 하는 대단한 노력이라고 여겨진다. 이런 몽상을 통해서 엄마(또는 분석가)는 아기를 염려하고 아기의 상태를 직관하거나 아기와 함께 공명하고 그녀 또는 분석가의 정서적 상태에서 아기(피분석가)가 "된다." 이전에는 분석가가 "객관적" 입장에 서서 피분석가의 이야기를 들었지만, 오늘날 이것은 "좌뇌" 듣기, 즉 직선적이고 교훈적이고 해독하는 것으로 간주된다. 오늘날 더욱 더 많은 분석가들은 두 개의 객관적인 귀보다 더 많이 주관적 또는 간주관적인 "세 번째 귀"로 듣는다. 비온은 투사적 동일화의 소통적 측면을 발견하면서 이런 혁명을 시작하는 데 도움을 주었다. 엄마는 명상과 거의 동일한 몽상 속에서 아기를 이해하기 위해서 그녀의 "꿈 작업 알파"("알파 기능")를 사용할 수 있다.

마찬가지로 비온은 한 걸음 더 나아가서 동양의 지혜를 언급한다. 그는 엄마와 분석가가 몽상을 하기 위해서는 반드시 기억, 욕망, 이해, 선입견 및 대상에 대한 모든 종류의 감각적 애착들을 포기해야만 한다고 주장한다. 그는 단호하게 말한다. "자아를 포기하라"고. 이것은 이기적인 것, 사소한 것, 욕망 그 자체의 주장에 대한 굴복이다. 이것은 확실히 자기애의 박탈을 말한다.

객관적(상징적) 실재의 실현성과 사실성을 포함할 뿐만 아니라 또한 우리가 알지 못하지만 그렇다고 해서 맹목적인 신뢰를 강요하지 않는 절대적 진실, 궁극적 실재("O") 그 자체를 견디고자 하는 분석가와 부모의 의지에 대한 질문은 그들 자신의 "영혼의 어두운 밤"이다. 자신들이 알 수 없지만 그 존재를 자각하고 있다는 신뢰에 정합성을 가져야만 한다. 이런 자각은 아는 것 너머에 있다. 이것은 비온의 어휘 목록에서 "*된다는 것becoming*"이라는 어휘와 사실상 동일하다. 의심할 여지없이 그가 쟁취하고 있는 것은 감성에서 유래한 것과 상징적인 것, 모든 종류의 이미지를 포기한 다음 내적 성질에 민감한 감각 기관을 해방시키는 것이다(프로이트 1900). 나는 비온이 "포기"라는 단어보다 "유예"라는 단어를 사용하기 바란다. 왜냐하면 전자가 더 극단적이기 때문이다. 여기에서 나는 밥로우와 다소 다르다. 유예된 감각 기관(외적 성질에 대한)도 침묵 속에서 작동한다. "이것들은 참고 기다리는 사람에게만 작동한다(밀턴Milton, 「그의 맹목성에 대해서On His Blindness」). 내가 여기서 도달한 핵심은 다음과 같은 것이다. 마음은 부분적으로(변증법적으로), 또한 전체적으로 *홀로그래픽*으로 작동한다는 점이다. 나는 정신분석 활동은 만족되지 않은 감각 기관의 작동에 대한 증언이다. 강제된 불만족에 처

한 이런 감각 기관들을 정신분석적으로 설명하기 위해서 유령(욕망의 내적 대상에 대한 환상들)을 불러낸다.

부제목에서 나는 또한 위니컷(1958)의 "일차적 모성 몰두"를 언급하였다. 아기를 보살피는 엄마들을 관찰하여 보면, 이때 엄마 마음의 "몰두" 상태는 위니컷이 이름붙인 "정상적인 정신병", 비온의 "몽상", 밥로우(분석가의 용어로)의 "명상", 내가 말하는 "트랜스"라고 할 수 있다. 나는 이런 모든 용어들이 서로 일치하는 것이라고 믿는다. 이런 상태들의 특징은 변화된 마음이라는 점이다. 이런 상태에서 엄마는 일상적인 삶의 활동을 일시적으로 포기하고 보다 높고, 보다 깊고, 보다 우주적인 자각의 감추어진 가능태의 상태로 들어가는 것이다. 분석가의 마음도 이와 같다.

비온이 넌지시 암시하였지만 자세히 설명하는 데 실패한 것(그가 늘 하던 버릇이지만)은 엄마의 담아내는 능력은 아기가 갖는 원原-감정들의 번역기 또는 변환기로서 작동할 뿐만 아니라 미숙하거나 참을 수 없는 진실을 방어하기 위해 억압적 또는 유예적인 보호 장치로도 작동한다. 정신분석에서 이런 기능은 해석의 *양*과 *타이밍*으로 알려져 있다. 비온의 어휘 목록에서 이런 기능은 "'L'(love)과 'H'(hate)에서의 변환들"로 알려진 것이다. 이것들은 프로이트(1911)의 쾌락 원리에 해당되는 개념이다. 이것의 임무는 한 개인이 이차 과정(객관적 현실, 진실)을 위한 준비가 될 때까지 현실을 저지하는 것이다. 환상과 신화는 성장하는 한 개인이 "산타클로스는 죽는다는 것" 그리고 결국 진실을 직면하는 것이 준비가 될 때까지 보호의 기능을 하는 담요가 된다. "지금은 어두운 안경을 통해서이지만 그때는 바로 얼굴을 맞대고 볼 것"이라는 성 바울의 말과 같다.

밥로우는 말한다. "붙잡음과 갈망 또는 그것과 반대인 혐오를 통해서는 평온을 발견할 수 없고 우리의 진정한 본성을 만날 수 없다. 그러나 추구하지도 멀리하지도 않으면 부지불식간에 살아있는 생생한 순간이 분출하게 되어 우리가 보고, 듣고, 냄새 맡고, 맛보고, 만지는 것 그 자체가 바로 불가해한 실재이다. 이것은 비온의 공식과는 대조적인데 비온의 이론에서 요구되는 것은 변환과 비-감각적인 것이다." 여기서 나는 엄마가 아기에게 자신의 알파 기능을 어떻게 발휘하는가에 대한 비온의 개념에 대한 저자의 이해에 문제가 있다고 생각한다. 어려움은 비온이 두 가지 과정을 하나로 뭉쳐버리는 데 있는 듯하다. 엄마는 (a) 힘든 아기에 명상적으로 조화를 맞추고 대응하고 균형을 이루면서 아기가 "되는 것이고"("O"의 변환) *그리고* (b) 이런 경험에 의미를 부여하기 위해서 그 경험을 "번역하여서"(변환하여서, 반영하여서) 자신의 아기를 돌보는 것이 실용적 현실이 되게 할 수 있다. 그러므로 엄마는 말하자면 대뇌 반구 양쪽의 기능을 모두 동원해야만 한다고 비온은 제시하고 있다. 여기에서 불교적 기법(내가 감히 명상의 한 기법으로 부를 수 있다면)에 대해 계속 제기하게 되는 질문이 있다. 명상의 결과는 어떻게 수확되는가? 그것들은 무의식적으로 수확되는가, 또는 명상 중에 일어난 것에 대해 "그 안으로 들어가는" 것을 허용하는 어떤 의식적인 성찰이 있는가? 깨달음은 생각하는 것을 불필요하게 하는 무의식적인 기능인가?

"당신 속에 있는 낯선 자"

저자는 다음과 같이 말한다, "나는 진정한 살아있음은 진실과 반드시 함께 일어난다." 내가 이것을 읽으면서 나는 하이데거Heidegger의 개념인

다자인Dasein과 알레테이아aletheia를 생각하지 않을 수 없었다. 다자인은 "바로 여기에 있다"(명령형의 목소리로)를 의미하고, 알레테이아는 "드러남"을 의미한다. 서구의 정신분석과 동양의 불교 사이에 다리를 놓으면서 밥로우 박사는 현명하게도 존재론적인 측면을 환기하고 있다. 프로이트는 이런 정도로 많이 언급을 한 것은 아니지만 정신분석은 명상적 기법이라는 것을 강하게 암시하였다. 그는 명상을 감각 박탈이라는 측면에서 이해하였고 그 속에서 무의식이 표현될 수 있다고 생각하였다. 그러나 프로이트는 과학자로서 인정받고 싶은 열망 때문에 무의식의 존재론적 및 주관적 성질을 놓쳤다.

그 후 정신분석적 사고에서 존재론적인 고려는 현저하게 결여되었지만 드물게 예외는 있었다. 그러나 정신분석 치료의 확실한 목적은 피분석가가 분석가-라는-채널을 통해서 그/그녀 자신과 함께 "살펴봄의 권리"(그리고 "의식儀式")를 허용하는 것이다. 정신분석은 "또 다른 자아 alter ego" 또는 "이차 자아second self"라는 시대정신으로 간주되었고, 그것은 19세기에 소설과 히스테리의 정신과학적 연구라는 양쪽에서 현저한 역할을 하였다(그로트스타인 1999). 18세기 수필가인 에드워드 영Edward Young은 다른 작가들에게 다음과 같이 명령하였다. 즉 "너 자신을 알아라 … 너 마음의 깊이, 넓이, 편향, 방어를 배워라. 그리고 너 속에 있는 낯선 자와 친밀함을 유지하도록 하라"(콕스Cox 1980, 3에서 인용). 브로이어 Breuer와 프로이트(1893-95)가 히스테리 환자를 연구하면서 하나의 변하지 않는 특성으로서 "이중 양심"(실제로는 "이중 의식")을 발견하였다. 이후 프로이트는 두 개의 의식의 축을 수평에서 수직으로 돌렸고 CS(의식) 체계를 UCS(무의식) 체계 위에 두었는데, 후자는 이드와 그 욕동으로 널리 알려졌다. 그리고 두 번째 자아, "다른 자아other ego"("I")는 라캉

Lacan(1977)이 주체로서의 무의식인 "타인the Other"으로 재발견할 때까지 상실되었다. 라캉은 박탈과 욕망을 무의식의 주체(타인)에 할당하였다. 이것은 감각과 욕망이 만족될 수 없을 때 정신분석에서 나타난 자ﾠ이다. 나는 이것이 또한 불교의 주체라고 믿는다. 내가 여기서 진정으로 말하고자 하는 것은 다음과 같다. 프로이트는 자신이 논리 실증주의적이고 결정론자인 과학자가 되고 싶은 열망에서 무의식 자체는 아주 다르고 기이한 것임에도 불구하고 자아를 구성한다는 사실을 무시하였다. 무의식은 알려진 자아를 완성하고 자아와 함께 존재론적으로 상위 자아를 이룬다(그로트스타인 2000).

"해체"는 또 다른 종류의 구성일 수 있다.

나는 마틴에 대한 밥로우 박사의 기술에 감동을 받았다. 마틴은 분석가의 이론을 "해체한" 환자이다. 이렇게 "비밀을 먹는 환자"에 대한 감동적인 기술은 또 다른 대안적 관점의 가능성을 환기시켰고, 이것은 이전에 내가 개관한 것이지만 정신분석에서 드러나는 진실의 역설을 밝혀줄 것이다. 정신분석적 해석에서 보는 바와 같이 진실을 봉쇄하거나 "해체하는" 피분석가는 다른 언어체계로 또 다른 진실을 드러내고 있을지 모른다. 이런 진실은 연기로, 몸짓으로, 또는 감각-운동-이미지의 자세로 나타나기도 한다. 또한 이것은 그가 어릴 때부터 고통을 겪을 수밖에 없고 지금도 반복하는 연속적인 허위에 대한 진실을 *보여주고* 있다. 그러나 분석가가 피분석가의 해체에서 숨겨진 진실을 인내하면서 찾아낼 수 있는지를 보기 위해서 피분석가는 마치 발뺌하는 사람처럼 보인다. 그 또는 그녀는 자신의 부모들 스스로가 진실("O")을 직면할 수 없고, 그래서 자식들에게 "진정한 진실은 마주할 수 없는 것"이라는 잘못된 유산을 물려주는 부모와 동일화되어 왜곡으로 내몰리고 있다.

다른 식으로 말하면 피분석가는 결코 거짓을 말하는 것이 아니다. 왜냐하면 거짓은 진실을 배신한 폭로자이기 때문이다! 진실은 항상 존재한다. 이것이 "거짓말쟁이"를 분석할 수 있는 이유이다. 정신분석은 거짓의 요새 뒤에 놓여있는 피분석가의 진실(들)을 그들이 받아들이는 것에 흥미를 가지고 있다. 거짓은 다시금 치료되어야 하지만, 또 다른 질서의 "진실들"이다.

불교

밥로우는 불교의 관점을 가장 멋지게 설명하고 있다. 여기서 우리는 주체-대상의 변증법이 제거될 때 정신분석적 사고에서 감춰진 진정한 전통을 볼 수 있을 것이다. 불교와 정신분석의 이론은 주체가 과정에 항복하거나 굴복하기를 요구하고, 자존심, 자아, 조절, 지배를 포기하기(또는 유예하기)를 요구한다. 그러나 정신분석은 근본적으로 연속적인 두 가지 과정을 특징으로 한다. 첫 번째는 순수한 *경험* 그 자체의 활동이고, 둘째는 그 경험에 대한 *성찰*이다. 바로 그 이름 "정신분석"과 그 바탕을 이루는 분석기법적 치료는 대부분 후자를 설명하는 노력을 기울이면서 전자를 안정시키는 것이다. 어떤 다른 정신분석가보다 비온은 순수한 경험을 획득하는 것의 중요성("O"의 변형)을 혁신적으로 재차 강조하였다. 일단 "O"의 이런 변형을 성취한 정신분석가가 "O"에서 "K"(지식 Knowledge)로 변형을 하고, 이로서 경험에 대한 성찰을 수행하는 단계들을 또한 재구성하였다.

밥로우는 불교 명상이 이런 순수한 경험의 초월적인 상태를 성취하는 데 더 우수할지도 모른다는 가능성을 열어놓고 있다. 불교에서 대답되지 않고 남은 것은 이런 명상적 경험에 대한 성찰, 여기에서 수확해서 얻는 것은 무엇인가 하는 점이다. 하나의 아이러니한 가능성이 떠오른다. 즉 어떤 사람이 순수한 경험 상태를 성취하면—불교 명상의 최종 단계에서 정의된 대로—그 사람은 진정으로 "정신분석"을 경험할 필요가 있는가? 다른 식으로 말하면 깨달음은 자발적인가, 그리고 심지어 무의식적인가? 그렇다고 순수한 경험 상태의 성취에 뒤이어서 나오는 두 번째 단계, "정신분석"은 불필요한 것인가?

부가적으로 말하면 밥로우를 읽어나가면서 갑자기 처음으로 나는 동양에서 정신분석은 거의 부재하는가라는 의문이 생기기 시작하였다. 정신분석과 정신치료에 비견할만한 불교와 다른 유사한 종교들을 수행하는 문화지정학적 이유가 있는 것이 아닌가? 가난이 주된 이유인가? 자기애를 승화시키고 대상관계를 "향상시키고자" 하는 정신분석적 야망은 동양적 자기 포기와 반대되는 것인가? 불교는 고대 그리스 스토이즘의 재현인가? 스토이즘은 답인가? 우리는 서구의 정신분석적 전통을 따라서 변증법적으로 추리하고 동시에 보다 큰 변증법의 일부로서 하나임-상태-로 들어가는 것은 아닌가? 이것과 다른 수많은 의문들이 이 흥미로운 논문을 읽으면서 내 마음을 스쳐 지나갔다.

* * *

저자는 서구 정신분석적 방법론에 대한 설득력 있는 비평과 그것을 불교와 대조하여 기술하였다. 또한 불교가 정신분석에 많은 기여를 할 수 있다는 점을 명확히 하였다. 불교의 철학적 관점, 인식론, 독특한 존재론과 윤리이다. 내가 제기하는 의문은 다음과 같은 것이다. 서구의 정신분석은 불교에게 가르침을 줄 만한 것이 있는가? 저자는 정신분석의 진실이 갖는 중요성도 탐구하고 있다. 우리에게 목표가 있다면 자신과 타인에게 정직해야 한다는 것이 목표라고 반드시 추가하고 싶다. 진실은 또 다른 별개의 문제이다.

동양과 서양은 이미 만나고 있다
– 무엇이 흔들고 있는가?

조셉 밥로우(JOSEPH BOBROW)

나의 논문에 대한 사려 깊은 논평에 대해 제임스 그로스타인에게 감사한다. 그리고 나의 생각을 명확히 하면서 향후 논의를 풍부하게 하고 정신분석과 불교 사이의 깊은 대화를 추가할 기회를 준 것에 감사한다. 르네 스피츠는 삶은 대화로 시작하고, 심리적 장애는 대화의 탈선이라고 말하였다. 다른 어떤 것보다 풍부한 대화는 정신분석적 과정과 강렬한 참선 수행의 특징이다. 인간의 발달도 마찬가지이다. 비온은 두 사람이 만나서 거기서 무엇이 일어날 때 그 일어난 것을 정서적 폭풍이라고 불렀다.

정신분석과 특히 선불교와 다른 불교 종파들의 명상은 점차 서로 만나고 접촉하게 되었다. "커밍 아웃"하는 것을 불안해하고 비판에 직면하면서도 분석가들은 명상수행을 하거나 조용한 음조로 관심을 보이고 있다. 그 중에서도 그로트스타인은 정신분석의 영적 차원에 대한 창조적인 공헌이 두드러진 선구자이다.

그로스타인은 나의 주장에 동의하지만 논의를 위해서 악마의 변호인 노릇을 하고자 한다고 썼다. 그러나 나는 그의 동의에 확신할 수 없다. 그가 나의 특징으로 말한 것, 즉 "동양적 불교의 합일감을 … 선택한 사람"으로 자신을 간주하지 않는다. 나의 관심은 두 가지 이론, 즉 정신분석과 불교를 서로 보완하고 풍부하게 하는 방법들을 서술하고, 또한 내적으

로 겹치는 것, 특히 진실의 방법론적, 이론적, 근원적 영역을 명확하게
밝히는 것이다. 내가 의도하는 메시지는 "서구 정신분석이 하나임-상태
-로 at-one-ment라는 것을 선호하여 이원성의 차이를 지우는 것"이 아니
다. 차이를 지우는 것은 정신분석의 치료 작업에서와 마찬가지로 불교
명상에서 볼 수 있는 큰 문제라고 생각된다. 차이를 지우는 것에 몰두하
는 것은 선불교에서 말하는 악성 합일감으로 불린다. 정신분석과 선불
교는 합일감과 차이라는 삶의 교차점에서 생기는 문제를 다루고 있지만
어느 순간에 합일감 또는 차이가 납치당하여 다양한 무의식적 동기들
또는 인격의 "부분들"에게 악용당할 수 있다. 정신분석에서와 마찬가지
로 불교적 명상수행에서도 이원적인 이것-저것은 지워지지 않는다. 오
히려 시간이 지남에 따라서 명상수행의 경험은 함께 뭉뚱그려져서 축소
되는 것이 아니라 때로는 떨어져 나가서 사고, 감정, 존재의 새로운 양식
을 위한 공간을 마련한다. 그 후 이런 경험들이 새롭게 돌아올 때 이전에
그랬던 것처럼 더 이상 우리를 손아귀에 넣지 않는다. 오히려 우리는 성
장해 가는 새롭고 대안적인 경험의 기준틀을 갖는다.

　그로트스타인은 "순간의 진실들"이라기보다 "그 순간의 진실들"로
논문 제목을 잘못 읽고 있다. 순간의 진실들은 정신적 중력 또는 강도의
공유된 경험이다. 거기에는 복잡한 삶의 진실들이 즉각적이고 경험적인
무게, 접근 가능함, 충격의 모습을 띠고, 때로는 신호를 주고 체화하고
변화를 향해 나아간다. 마지막으로 그가 "밥로우는 불교의 관점을 가장
멋지게 설명하고 있다"라고 썼을 때 정신분석에 대한 나의 의구심에 암
묵적으로 주의를 기울인 듯하다. 아마도 내가 서구적 사고를 언급하면
서 정신분석을 비판하고 있는 것으로 보였을 것이다. 그로트스타인의
관점에서 정신분석은 일종의 영성, 특히 서구적인 영성이다. 아마 내가

이러한 점을 소홀히 다루고 있는 듯하였을 것이다. 그렇다면 그의 논평에 대한 의문은 다음과 같은 것이 될 것이다. 정신분석, 특히 그로트스타인이 확장하고 있는 비온의 관점에서 보면 정신분석에 결여된 것을 불교가 보충해 주는 것은 무엇인가? 다른 말로 하면 무엇이 새로운 것인가?

나는 현재의 논의를 불필요하게 축소시키고 있는 몇몇 기존의 서구적 사고를 비판하고 *있었다.* 그러나 정신분석을 폄하하는 것이 나의 의도는 아니었다. 오히려 나는 충분히 인간적일 수 있는 다른 세계관(그로트스타인의 것과 아주 유사하지만 미묘하게 다른)을 고려하면서 정신분석이 얼마나 풍부해질 수 있는지, 그리고 정신분석의 어떤 방법론은 불교의 명상적 접근과 분명히 서로 다른 점을 지향하지만—단순하게 말하면 인격의 통합은 인간 본성과 생사를 바로 그 자리에서 깨닫는 것과는 대조적이다—놀랄 정도로 유사하다는 것을 보여주고 싶었다. 정신분석적 사고와 치료는 불교에 중요한 기여를 할 수 있다. 나는 아래에서 몇 가지 이런 점을 논의하고자 한다.

심지어 악마 또는 불교의 대적자 마라를 변호하면서 즐겁게 카우치에 누워 있다고 할지라도 이런 "동의"와 함께 누가 차이들을 필요로 하는가? 나는 분명한 동의에 감추어진 아주 미묘한 것이라고 할지라도 차이에 주의를 기울이고자 하고—그것을 지우거나 대충 보지 않고 건설적으로 탐구할 것이다—수렴과 확산, 즉 차이 속의 유사함과 유사함 속의 차이를 명확히 하고자 한다.

그로트스타인의 논의는 네 가지 영역으로 나뉜다. 첫째, 진실과 거짓 사이의 변증법적 관계, 둘째, 두 가지 단계의 과정으로서 정신분석(선의 "수확"은 무엇인가?), 셋째, 감각적 경험과 연관된 주의와 진실의 성질, 넷째, 정신분석이 불교에게 줄 수 있는 것과 정신분석과 불교가 메타-관점에서 수렴되는 방식이다(그로트스타인이 묻는 바와 같이 우리는 "정신분석 노선을 따라서 변증법적으로 추리할 수 있고, 동시에 보다 더 큰 변증법의 일부로서 하나임-상태-로 들어갈 수 있는가?"). 나는 약간의 우회로를 허용하면서 나의 생각을 구성하기 위해서 이런 세분된 영역을 사용하고자 한다.

"거짓과 마찬가지로 증상은 진실의 은혜로운 암호이다." 여기서 그로트스타인은 역설적인 재구성으로 거짓의 개념을 정반대로 돌리고 창조적으로 진실과 거짓의 상호의존성을 서술하면서 각각이 어떻게 상대방에게 "최선의 반대"일 수 있는가를 말하고 있다. 불교의 전설은 다음과 같이 말하고 있다. 붓다는 선정 상태에서 자신이 던진 질문에 마음을 다하여 몰두하면서 보리 나무 아래 좌선을 하고 있었다, 이 세상에 고통은 왜 있는가? 마라는 붓다의 질문을 흩뜨리기 위해 "붓다"를 유혹하였다. 붓다는 평온하였고 굴하지 않았다. 그러나 여기 또 다른 이야기가 있다.

한때 마라가 붓다를 방문하였다. 마라가 도착하자 붓다의 제자들은 마라가 들어오는 것을 거부하면서 마라가 그들의 구성원이 되는 것을 붓다가 원하지 않는다고, 또한 마라는 승단에 속하지 않는다고 말하였다. 붓다가 이것을 듣고 제자들을 꾸짖고 따뜻하게 마라에게 안으로 들어오라고 하면서 마라를 옛 친구로 맞아들이고 마라의 활동에 대해 질문하였다. "그래 유혹은 어떻게 되어가고 있는가? 그리고 어지럼힘, 망상, 속임수는? 자네 일은 잘 되어가고 있는가?"

그로트스타인은 피분석가가 아직 직면할 수 없는 진실을 신뢰의 관점에서 안아주는 사람으로 분석가를 묘사하면서 안아주기의 개념을 확장하고 있다. 탐욕, 증오, 무지는 간단한 목록이지만 선불교에서 진실을 방해하는 일반 범주들이다. 마찬가지로 사물의 방식, 그 본성에 대한 무지는 "진실"이라고 말할 수 있다. 이 진실은 선의 스승이 제자들과 함께 하면서 후견인 입장에서 간직하는 것이다. 물론 이것은 근본적으로 누구를 위해서 누가 "갖고 있거나" 또는 "담아둘 수" 있는 것은 아니고 단지다른 사람과 *함께 살아가*는 것이다. 그리고 엄마가 아기를 위해서 똥오줌을 치워주는 것처럼 분석가가 피분석가의 자리에 서거나 앉고, 웃고울고 할 수 없는 것같이 선의 스승이 제자들에게 근본적으로 되돌려주거나 제자들을 "깨달을" 수 있게 할 수 있는 것은 아니다.

진실은 알 수 없는 것이고 그로트스타인의 관점에서 절대적인 것이다. 그것은 "초자연적이고" 초인간적이며 그것에 도달하고자 하는 인간의 단순한 노력과 동떨어져 있는 구체화된 "그 무엇"이다. 그는 이것을솔직함에 대한 능력이라고 부른다. 목적에서 과정을 분리하는 것보다는우리 자신에게 솔직해지는 투쟁이 진실의 *활동*, 진실이 작동하는 것으로 여겨진다. 우리는 명상과 정신분석 모두에서 볼 수 있는 능력, 즉 애매함, 불확실성, 알지 못함의 창조성을 견디는 (자아) 능력을 진실의 탐구적 기능과 활동으로 생각할 수 있는가?

이천 년 전에 노자는 "알고 있다고 말하는 자는 모른다"고 썼다. 그리고 부분적으로 그로트스타인의 관점은 최근에 바로 잡고자 하는 분석가들의 인식론적 자만심의 위험성을 잘 설명하는 데 기여하고 있다. 그로트스타인은 한때 나에게 "신은 유일한 무신론자"라고 말한 적이 있다.여기서 신의 *관념*은 자신을 과장하고, 또한 자신을 전능한 신으로 여기지만 결국 땅으로 내려와 충돌하게 되는 인간의 성향에 대한 수정책이다. 그래서 비온의 "O", 궁극적 실재 또는 진실에 대한 그로트스타인의관점은 두 가지 측면을 가지고 있다. 즉 정서적 진실, 이것은 분석과정에서 작동하면서 솔직하고자 하는 노력으로 이어진다. 그리고 절대적 진실, 이것은 직접적으로 알려질 수 없고 단지 소수의 사람들에게만 알려지는 것이다.

그로트스타인이 절대적 진실이라고 말하는 것이 갖는 "불확실성에 직면할 수 있기 위해서 개인적 솔직함으로 탐색한다"는 점에서 동양과 서양의 사상이 함께 할 수 있다고 썼을 때 나는 이에 동의한다. 그러나 정신분석, 선불교, 일상의 삶 자체에서 우리는 불확실성을 잘 참지 못할 뿐만 아니라, 추측되고 말할 수 없는 (때로는 무의식적으로 억압되고 때로는 무의식적이지만 억압된 것이 아닌) 신념, 원리, "과정"에 방해를 받고 있다. 그리고 우리는 직접적으로 어떤 것을 알지 못하게끔 엄청난 양의 에너지를 쏟고 있다. 현재의 정신분석 분위기에서 알 수 없음은 그 자체로 살아가는 것과 수행하는 것 이상으로 과다하게 특권이 부여되고, 심지어 유행되는 식으로 언급되고 있다고 생각한다.

진실과 거짓에 대한 그로트스타인의 재설정은 임상적으로나 경험적으로 올바르게 들린다. 그러나 모든 분석가와 마찬가지로 그로트스타인은 분석가가 아무리 능숙하게 해석을 한다고 하더라도, 또한 분석가가 진실을 아직 견딜 수 없는 환자를 꾸준하게 잘 보살피고 있다고 해도 환자가 분석적 질문 그 자체의 과정을 격렬하게 거부하는 경우 분석을 하는 것이 얼마나 고되고 힘들다는 것을 잘 알고 있을 것이다. 이 지점에서 분석가는 여기에 무지가 있다, 여기에 질투가 있다, 여기에 노골적으로 도움에 대한 거부가 있다는 진실을 분석가 자신이 발견하고 견지하고 수용해야만 한다. 말하자면 분석가는 자신의 한계, 오류, 무력함, 분석과정 그 자체의 한계에 직면해야 한다. 거기에 포기하지 않고 자신을 투입해야 한다.

그로트스타인은 진실을 트라우마와 동일하게 보고 그것을 견뎌나가는 변화의 정도에 대해서 말하고 있다. 트라우마와 삶이 같이 손에 손을 잡고 간다는 사실은 이미 붓다가 2500년 전에 사성제의 첫 번째, 즉 이 세상에는 고통이 있다고 제시한 바 있다. 다르다는 것(성별에 대한 것이든 또 다른 것이든 간에)의 트라우마, 타자로 느껴지는 것, 시간의 지나감, 분리, 독립, 성장과 함께 오는 상실ㅡ늙음, 질병, 죽음(이 세 가지는 붓다의 아버지가 붓다가 보기를 원하지 않았던 것들이다)ㅡ이런 것들은 가해진 고통이라기보다 삶의 불가피한 몇 가지들이다. 마이클 아이겐은 여러 분석가들 중 라캉을 인용하면서 인간은 경험을 견디고 이용하며 즐기는 능력을 타고났다고 믿고 있다. 이런 사실 자체가 트라우마의 주요한 원인은 아니라고 할지라도 하나의 원인이다.

그러나 이것은 타고난 능력과 그 능력을 활용하는 "장치" 사이에서 발생하는 원초적인 불안이거나 회로화된 생물학적 부조화는 아니다. 여기에는 질투, 부정, 거절, 왜곡, 증오 등으로 가득 차 있을 수 있다. 명상의 스승들과 분석가들은 유사하게 자신의 명상과 분석 작업에서 이런 점을 잘 알고 있다. 우리는 단순히 신을 두려워하는 사람들도 아니고 공포를 야기하는 성스러운 차원을 필요로 하지도 않는다. 트라우마에 직면하여 나타나는 갈등에 가득 찬 반응과, 트라우마에서 우리를 보호해주지만 때로는 악의적 방식을 취하는 반응은 불확실성, 알지-못함, 자신의 삶을 조절하고 예견하지 못하는 무능력에 대한 자기 보호적인 것일 뿐만 아니라 우리의 코보다도 더 가까이 놓여 있는 붓다가 삶의 "여여함," "올바름"이라고 불렀던 있는 그대로의 생생한 자유를 두려워하고 있다. 우리는 자유가 솟아오르는 것을 두려워하면서 어떻게 해야 하는지를 말해주는 이론들, "어떤 확실성"에 매달리고 있다. 분석가로서 우리는 즐거움의 공포 또는 성공의 공포로 이런 점을 잘 알고 있다. 하지만 여기서 말하는 공포들은 이런 차원을 잘 포착하지 못한다.

비온의 "O", 그의 정신분석의 기본 바탕은 선불교에서 "본성"이라고 부른 것과 비견된다. "O"는 종종 "놀라운-O"라고 할 정도로 약간의 두려움과 경외감이 특징이다. 그러나 비온이 "삶은 놀라움으로 가득 차 있고 그중 일부는 두려운 것"이라고 썼을 때, 이것은 단지 이야기의 반에 불과하다. 클라인 학파의 사람들과 클라인 이후의 세계관, 그리고 그들이 언급하고 있는 아기의 본성과 삶의 과제와 가능성은 그들의 이론이 인간 본성의 경외감에 가득 찬 측면을 드러내고 있다는 점에서 도움이 된다. 때로는 클라인 학파의 이론들이 태생적인 것[예를 들면, 본래적인 질투]을 특징으로 하고 있지만 나는 이런 이론적 공식들을 소인素因이라기보다는 타고난 능력으로 본다. 이런 이론들은 괴로운 정서, 증오와 질투를 직면하고 이것들을 통합하도록 도와준다. 비온의 관점에서는 아기의 동기는 원치 않는 내용들을 단순히 버리기보다는 소통하는 것이다. 인간 가능성의 지평은 인간 본성에 대한 비온의 전망에서 확대되고 그로트스타인의 손에서 창조적 발전이 이루어지고 있다.

선불교의 근본적 기반은 두려운 것도 아니고 유혹적인 것도 아니다. 그것은 단지 이원적인 개념과 절대적인 성질과 정체감에서 비어있는 것이다. 매일의 생활에서 이런 진실을 *體化하고* 깨닫는 것은 트라우마(망상을 죽이는 칼)일 뿐만 아니라 해방적(삶을 주는 칼)이다. 이것은 놀랍다. 이것은 마치 우리가 무엇인가를 발견하였을 때 이전부터 내내 알고 있었지만 마치 처음 "얻은" 것과 같다. 이것이 일종의(극단적으로 낙천적인 것은 아니라) "O'-케이!"라고 우리는 말할 수 있다. 그래서 그로트스타인이 사용하는 단어인 부모의 "약속"은 아기의 생존을 보장하기 위해 아기를 위한 음식을 먹기 좋게 해주거나 외적이고 내적으로 무서운 힘을 가진 것처럼 보이는 대상을 아기를 위해 길들이는 것이 아니라 그 대신 삶과 죽음의 핵심적 본성이 엄마와 아기가 서로 애착을 느끼면서 함께 춤추는 친밀한 상호 놀이라는 것을 보여주는 것이다. 이런 것이 잘 작동해서 일어나는 기적이란 얼마나 대단한 것인가! 집중적인 참선 수행 동안 하쿠인 젠지白隱禪師가 지은 「좌선의 노래the Song of Zazen」라는 선시를 우리는 읊는다. "노래하는 것과 춤추는 것은 도道의 소리이다." 물론 벗어난 것을 견디는 능력 또한 존재한다. 사물들이 부서질 때 고통이 있다. 그리고 기존의 무서운 힘을 사실로 받아들일 필요는 없다.

고성제를 어떤 특정한 제자들에게 맞추어 말할 때 선의 스승은 말한다, "고통으로는 충분하지 않다." 어떤 분석가도 잘 아는 바와 같이 고통에 걸려들고 이것을 자랑스러운 족쇄를 차고 있는 듯이 여긴다. 이것은 마치 어떤 대가를 치르고라도 정신없이 흥분을 추구하면서 정신적 고통을 거부하는 데 사로잡혀 있는 것과 같다. 여기서 분석가의 기법에 대한 비온의 가르침, 기억, 욕망, 이해를 버리라는 것은 다음과 같이 다시 쓸 수 있다. (지적인) 이해를 위해서 기억과 욕망과 강박적 요구에 낚이는 것(*집착하는 것*)을 주의 깊게 자각하고 있어야 한다.

그로트스타인은 "답은 의문에 대한 당황스러움"이라고 썼다. 아마도 쉬운 요리책은 답할 것이다. 선의 공안 연구에서 스승은 제자가 그 질문ㅡ공안 그 자체ㅡ을 그대로 명상하라고 격려한다. 불필요한 것은 그대로 보내고 다시 의문으로 돌아온다. 그것을 풀거나 답을 발견하는 것이 목표가 아니다. 이런 탐구적 방법은 의문을 촉진하고 지속적으로 의문을 알아차리게 해준다. 공안은 은유적인 이야기이고, 대개는 스승과 제자 사이의 자연스럽고 일상적인 만남에서 형성된 것이다. 이것들은 선불교에서 내려오는 이야기들이다. 문자적 의미는 "문제를 명확히 하는 것",

"진실을 보여주는 하나의 창"이라는 뜻이다. 이것은 일상의 개별적인 것, 지상의 일상이라는 맥락에서 성스러운 것을 만나는 한 가지 방식이다. 수 세기 전에 바수이 젠지拔隊禪師는 제자들에게 "이 소리를 듣는 자는 누구인가?" 또는 "누가 듣는가?"라고 물었다. 오늘날은 이 공안을 애매한 주체의 본성이라는 문제를 다룰 때 제자들이 사용하고 있다. 형식적으로 이 공안은 그로트스타인의 논문집 제목인 「꿈을 꾸는 꿈꾸는 자는 누구인가」라는 질문과 그렇게 다르지 않다.

잘 훈련받고 헌신적이며 집중이 잘 되어 있는 알지-못함은 선불교에서 비이원적인 깨달음으로 이어진다. 이 깨달음은 즐겁게 포기된 것(알지-못함을 통해서)이고 더 많은 앎을 위한 공간을 마련해준다. 애매함, 절망감, 정신적 고통, 불확실함을 인내하는 것은 정신분석과 선불교 수행에서 핵심적인 능력이다. 이것은 마치 삶 그 자체를 살아가는 것과 같다. 때로는 이런 직접적인 체험에 매혹되어서(이런 매혹은 삶을 무미건조하게 만든다) 우리가 아주 특별하고 죽을 운명의 사슬과 화살에 굴복하지 않고, 또는 더 나쁜 것은 우리가 하는 모든 것이 이기적이고 잔인하며 착취적이라고 하여도 그것이 다른 사람의 "깨달음"을 위한 것이라고 착각하기 시작한다.

"거기 밖에서" 단지 소수의 사람만이 깨달을 수 있는 대문자 T의 진실 Truth이라는 관념은 신의 이름을 쓰거나 말하는 것이 허용되지 않는 것과 유사하다. 거기에 신비함이 있다면 그 신비함은 바로 여기에 있다. 우리가 어느 곳에서도 진실을 위치지울 수 없거나 묘사하거나 파악할 수 없다고 하더라도 우리가 보는 것, 듣는 것, 만지는 것, 맛보는 것, 냄새 맡는 것과 같은 감각 통로 그 자체에서 진실은 작동하고 있다. 이에 덧붙여 나는 진실이 무의식적인 정서적 친밀함의 장을 결정하고 있다고 말한다.

어떤 의미에서 이런 깨달음은 오랜 시간의 집중적인 참선 수행 *이후에* 비로소 온다. 그러나 근본적으로 이것은 잃을 수 없는 항상 거기에 있는 그 무엇의 발견이다. 우리는 깨어있고, 잠자고, 사랑하고, 증오하고, 웃고, 울지만 가까이서 볼 때 이것을 경험하는 자를 적시하지 못한다. 그러나 이것은 우리 자신이 직접 깨달을 수 없다거나, 생생하게 "누가 듣고 있는가" 또는 "누가 꿈꾸고 있는가"(의 본질)을 표현할 수 없다는 것을 의미하지 않는다. 단지 양자택일적 사고의 그물에서 포착될 수 없다는 것을 의미할 뿐이다.

정신분석은 여러 방식으로 이해, 진실, 통합성의 탐구에 본질적인 기여를 하였다. 그리하여 우리가 지배당하는 불안의 종류와 수준 그리고 종종 문제에 적응하는 것이 원래의 문제보다 해결을 더 어렵게 만드는 모습을 자세히 서술하였다. 이런 영역들은 불교 수행자들이 흔히 간과한 것들이다. 그들은 세상과 고통을 바로 뛰어넘고 초월하여 영원한 평화의 상태로 들어가고자 열망하는 사람들이다. "정서 조절", "정서 관리", "담아주기", "안아주기", "자아성찰적 기능", "정신화mentalizing" 등 무엇이라고 부르든지 이런 영역은 불교가 정신분석에게 가르쳐주는 그 무엇일 뿐만 아니라 불교가 정신분석에게서 배워야만 하는 그 무엇이기도 하다. 틱낫한과의 대담에서 그의 앞에 놓인 40여 가지의 질문들 중에서 90% 이상이 정서적 상태를 어떻게 다룰 것인가에 대한 것과 관련이 있었다. 많은 사람들은 명상의 스승들에게 정서적인 어려움을 호소한다. 또한 그들은 치료자와 분석가에게 자신의 존재론적 및 영적 문제들을 갖고 온다. 나는 누구인가? 나에게 삶과 죽음의 의미는 무엇인가? 나는 무엇을 위해서 여기에 있는가? (키에르케고르와 위니컷의 사상에서 보면 "두려움"은 이미 일어났다!) 그러므로 분석가와 명상 스승들이 서로의 세계관, 철학, 수행, 치료에 노출되는 것은 아주 유용하다.

알아차림 수행을 강조하는 상좌부 불교는 수행자의 정서를 다루는 데 도움을 줄 수 있는 반면, 특히 통찰 지향적인 선 수행을 하는 선불교는 최근까지도 정서의 세계를 간과하는 경향을 보이고 있다. 일반적인 명상의 스승들은 무의식적인 정서의 영역에 대해서 아는 것이 별로 없다. 그리고 그들이 전이에 대해서 말할 수 있지만 그 전이가 갖는 편재성과 작동을 잘 파악하고 있는 듯이 보이지는 않는다. 나는 무의식적 동기, 갈등, 과정, 정서적 경험의 이해 없이 주의집중과 자각에 대해서 포괄적으로 말할 수 있다고 생각하지 않는다.

그러나 고통과 마찬가지로 불안만으로 충분하지 않다. 하트만Hartman의 갈등 없는 영역, 위니컷의 살아있음, 아이겐의 엑스타시와 같은 정신분석적 이론들이 정신분석의 전부가 아닌 것처럼 이것이 불교의 전부는 아니다. 인간 본성의 관점에서 2500년의 불교 역사는 인간의 삶이 어떤 것일 수 있는지에 대해 다양하고 폭넓은 모습을 보이고 있다. 통증, 고통, 불안은 영원히 사라지지 않지만("흐름에 들어감", "열반", "고통의 종식"과 같이 최고의 성취 단계에서 고통의 영원한 소멸이 일어난다고 하는 불교의 고전적인 가르침이 있음에도 불구하고) 불교와 정신분석은 똑같이 자유와, 적어도 고통이 완전히 없어지지 않아도 고통의 감소에 관심을 보여 왔다. 붓다의 사주처四住處 중 하나이면서 수행을 통해 성취된 깨달은 삶의 특질 중 하나인 평정은 그로트스타인이 "초월적 위치"의 열매로 간주한 평온함과 다르지 않다. 식물적 죽음, 안주, 패퇴가 아닌 진정한 만족은 달성하기 어려운 열매이다. 이런 열매가 정신분석의 초기보다 정신분석의 종착점에 더 많이 있다고 할 수도 없다. 단순하고 일상적인 삶에 만족하는 것은 성취이고 예술이다. 책을 읽는 것, 대화를 하는 것, 산보를 하는 것, 밥을 먹는 것, 낮잠을 자는 것, 이것들이 모두 신비한 행동은 아니지만 성스러움의 냄새 없이 성스러움의 열매로서 이것을 즐기는 것은 또 다른 것이다. 이것은 위대한 신비가, 또는 환생한 구루들뿐만 아니라 모든 사람이 즐길 수 있는 것이다. 그리하여 자유는 일상 속에서 접촉하고 인내하고 기쁨을 발견하는 해방이다. 그리고 이것이 갖는 기이한 성질을 포착하는 것이다.

이런 자유는 전제조건이고 동시에 목표이다. 그렇다면 정신분석 기법으로서 감각에 의도적으로 눈을 가리는 것(그로트스타인의 흥미로운 구절인 "어둠의 빛을 던져라"로 표현된), 그리고 감각적 지식을 근본적으로 애매한 것이고 또한 착각으로 보는 것인가? 여기에는 그 나름의 논리가 있다. 즉 근본적 기반, 프로이트의 무의식, 비온의 "O"가 비물질적이고 비-감각적이라면 우리는 감각을 가려야 한다. 그러나 분석의 대상을 전적으로 물질적인 것도 아니고 비물질적인 것도 아닌, 그래서 모든 이원론적인 것에서 벗어나 그 두 영역을 관통하는 것이라고 한다면 분석 기법은 그렇게 눈을 가려야 할 필요는 없다.

욕망과 감각의 부정은 이전에도 어느 정도 오늘날에도 힌두교의 수행을 포함하여 여러 종교의 일부를 이루고 있다. 비온이 인도에서 성장할 때 접했던 브라만의 전통에서 감각적 욕망은 망상의 원천이고, 대문자 자아Self, 즉 모든 장소를 관통하는 초-인간적 실체인 대문자 자아의 깨달음을 얻기 위해서 감각적 욕망은 초월되어야만 한다고 흔히 가르치고 있다. 붓다의 가르침은 이런 개념과는 날카롭게 대립된다. 힌두교의 대문자 자아는 더 높고 구체화된 것으로 인간적 열정과 욕망을 초월한(우리 자신을 벗어난) 최종적으로 우리가 녹아들어갈 그 무엇인 대문자 자아이다. 붓다는 그렇게 동떨어져 있거나 초월을 통해서 접촉하게 되는 그런 자아는 없다고 가르쳤다. 욕망과 감각과 싸우는 것은 소용없고 비생산적으로 보았다. 그는 이런 점을 깨닫고서 거의 죽음에 이를 정도의 금욕 수행에서 전설적인 방향전환을 한 후 한 소녀에게서 우유와 쌀을 받아먹었다. 우리를 해탈로 이끄는 것은 다른 것이 아니라 망상적인 작은 "나"를 구성하고 보호하고 방어하는 모습을 드러내는 의식의 활동과 구조를 예리하고 헌신적이며 명상적으로 매 순간 자각하는 것—그 활동을 관찰하는 것—이다. 선불교에서 "그것"은 자아도 아니고 무아도 아니며 이원적인 것도 아니고 비이원적인 것도 아니다. "그것"은 비어있고 채워져 있다. 고통 받는 마음과 영혼의 고질적이고 무의식적인 습관에서 벗어나 해방에 이르는 길은 금욕 수행을 하는 것보다 훨씬 더 힘들다. 나는 수년 전 하와이에서 인도의 위대한 현자 마이어 바바Meyer Baba를 만났는데 그는 항상 웃음을 짓고 있었다. 그는 자신의 구루가 그러하였던 것처럼 말하는 것을 포기하였지만 결코 "말하는 것"을 멈추지 않았다. 그는 자신의 목에 매달고 있는 칠판에 계속해서 무엇인가를 쓰고 있었다.

선불교는 물론 단계적인 수행이다. 순간순간의 주의집중, 초점을 모으는 동시에 넓게 방향을 잡고서 우리가 추구하고 집착하고 회피하는 모든 상태를 만드는 데 상호 연관되는 마음, 감정, 몸의 감각의 모습을 드러내는 것이다. 이런 습관화된 모습들이 드러나면서 자동적이고 습관적인 양식들은 제거된다. 우리는 방석에 앉아서 나름대로의 수행에 몰두한다. 호흡을 세고 호흡을 따라가기, 공안 연구, 단순히 앉아 있기, 순수한 자각 그리고 일상의 활동에 대한 알아차림 수행을 한다. 우리는 이해하고자 하는 의도를 성찰하고 감각적 인상과 충동에 단순히 휩쓸리지 않는다. 그러나 우리는 감각적 인상과 충동을 통째로 막을 수는 없다. 그리고 내면에서 자동적으로 기계처럼 움직이는 움직임을 세세히 관찰하면서 어떤 것도 배제되지 않는다. 까마귀의 울음소리는 방해물이 아니다. 울음소리는 우리가 혼란스럽거나 자신의 생각에 몰두되고 사로잡혀 있다는 것을 상기시켜주고 또 다시 주의집중의 수행으로 돌아가라고 한다. 더 깊이 살펴보면 까악 까악 까악 울음소리는 그 자체가 진실을 드러낸다.

프로이트는 무의식적 경험이 정신적인 것이라서 물질 영역과는 동떨어진 것이라고 생각하였다. 그러나 아기 연구자들의 연구 결과를 보면 특히 걸음과 같은 외적 행동에서 내적인 환상이 드러난다는 연구 관찰에 자신의 사고를 형성한 앤 알바레즈Ann Alvarez는 내적인 것과 외적인 것을 분명하게 분리한 상호배제적인 개념에 바탕을 둔 이런 이론에 의문을 표하면서 자신의 논의를 펼쳐나가기 시작한다.

선불교에서 절대적인 것을 말하고 있지만 영원한 것, 고착된 실체, 아이덴티티는 공한 것으로 여겨진다. 논의의 목적을 위해서 절대적, 본질적, 진정한 성질이라고 언급된다. 그러나 그것은 황량하고 메마른 것이 아니라 창조적 샘의 원천이고 가능성과 에너지로 가득 차 있다. 이와는 대조적으로 인간 본성의 현상적 측면이 있다. 이것은 오고 가고, 태어나고 죽고, 높이, 무게, 형태, 색, 질감, 성, 윤리라고 하는 것이다. 이런 모든 것은 삶과 세계 그 자체의 개별성들이다. 그러나 선불교에서 점진적인 수행 과정이 있지만(그로트스타인이 묘사한 분석과정에서 진실을 견뎌내는 능력의 과정과 별반 다르지 않는 점진적인 심화 과정이다) 수행이 우리가 알지 못하는 진실의 불확실성을 단순히 더 잘 견디게 해주는 것은 아니다. 진실을 향한 모든 단계는 진실 그 자체이다. 도착은 행하는 곳에 있다. 이것은 야마다 고운山田耕雲 선사의 말, 즉 삶의 모든 순간은 분수分數로 표현된다. 은유적으로 분모는 공한 영원이고, 분자는 현상이다. 우리는 다른 쪽 없이 한 쪽을 가질 수 없고, 공간적으로나 시간적으로나 어떤 다른 방식으로 다른 쪽에서 한 쪽을 떼어낼 수 없다. 개별적인 한 쪽은 다른 쪽을 필요로 한다. 모든 순간은 그 자체로 존재한다. 사물이 있는 그 자체로 모든 내적 상태를 깨닫는 것이다. 모든 개별성에 있는 선하고 악하고 추한 현상적 세계 그 자체가 절대적인 것, 이것을 수행하는 것이다. 그러나 그 어디서인가 또는 그 무엇을 성취하거나 얻는 것도 아니고 자신이 아닌 다른 그 무엇이 되는 것이 아니다.

나는 이것이 그로트스타인이 말하는 진실의 개념과 선불교의 진실의 개념과의 중요한 차이라고 생각한다. 어떤 현상이라도 선불교 수행에서 직접적인 깨달음을 자극할 수 있고 오히려 더 일상적인 것일수록 더 낫다. 어떤 소리, 냄새, 맛, 접촉, 보는 것도 그럴 것이다. 힌두교와 다른 종교에서, 그리고 부분적으로 비온의 사상에서도 대개는 진실을 보는 것을 방해한다고 여겨지는 바로 그 길 그 자체가 깨달음의 바퀴이고 체화이다. 고통스러운 단계 단계에서 포기해야 하는 것은 감각들이나 이해의 열망이 아니라 "다섯 감각을 *通해서* 달려 들어가고자 하는" 경향(마이스터 에크하르트)이다. 이것은 감각기관을 거쳐 불가해한 대상을 자아가 과장된 모습으로 붙잡고자 하는 시도이다.

혐오와는 대극적으로 보이는 이런 열광적이고 강박적인 행동과 작용은 지속적인 알아차림의 수행으로 점차로 안정을 되찾고, 이런 행동과 작용 위에 설립된 전체적인 자아 구조는 그 자체로 뒤로 물러선다. 이렇게 안정된 상태에서 하나임-상태-로를 경험하게 되고, 이때는 모든 것이 공하고 우리는 평화롭다. 어떤 영적인 길은 여기서 멈추게 되지만 선불교의 경우는 그렇지 않다. 공안의 한 문장은 이 길을 가리키고 있다. "천 길 낭떠러지에서 한 걸음 더 나아가라." 공의 합일감에서 멈추지 않는다. "그것"의 크기, 냄새, 맛, 접촉은 무엇인가? 우리는 그것을 완수해야만 한다. 결국 "그것"에 대한 모든 관념들이 붕괴되면서 전환점이 온다. 그리고 어떤 구별도 없는 공한 일체감에 머무르게 된다. 있는 그대로 개별적인 모든 존재의 말할 수 없음과 소중함이 생생하게 자각된다(차이들을 없애지 않는 공간감이 특징이다). 이런 경험 역시 자신을 위해서만 그대로 둘 수 없다. 붓다는 수 십 년 동안 가르침을 펴기 위해서 인도의 길을 걸어 다녔다. 열 장의 심우도尋牛圖, 즉 선불교 수행 과정의 은유적인 그림에서 깨달은 자는 시장에서 일반 대중과 섞이면서 그가 만나는 모든 사람들과 자유롭게 자신을 나눈다.

그리하여 알 수 없는 것은 처음부터 항상 직접적이고 단순하게 깨달을 수 있고, 때로는 아주 유머러스하게 전달된다. 공안은 마음이 꼬인 사람들을 좌절시키고자 하는 것이 아니라 익살스러운 것이다. 늙은 스승 염관鹽官이 제자들에게 코뿔소의 부채를 가져오라고 말하자 제자들은 그것이 부러졌다고 대답하였다. 그러자 양관은 말한다. "이미 나에게 코뿔소를 가져왔다." 어린 아이들은 이것을 할 수 있지만 아주 똑똑한 어른은 어려움을 겪는다. 그 코뿔소는 어디에 있는가? 시인 월리스 스티븐스 Wallace Stevens는 우리가 대개 대극이라고 여기는 것들, 말하자면 자신과 타인, 특수와 보편, 말할 수 없는 것과 감각적으로 인간적인 것, 안과 밖이 서로 친밀하게 상호침투하면서 결실을 낳는다고 말하였다.

> 나는 나 자신에게서 나올 수밖에 없는
> 내가 걷고 내가 보고 또는
> 듣고 또는 느끼는 것의 세계이다.
> 그리고 거기에서 나는 나 자신이 더 진실이고
> 더 이상하다는 것을 발견한다.

이런 길을 걸어가는 데 *견성* 또는 선의 깨달음은 필요하지 않다. 선 수행에서만 깨달음이 일어나는 것은 아니다. 나는 즉각적이고 살아있는 모습으로 진실을 향하고 직접적인 경험이 정서적이고, 정신적이고, 신체적이고, 의식적이고, 무의식적으로 접촉할 때마다 우리는 깨어있다고 생각한다. 이런 "전환"은 인격의 가장 깊은 차원에서 일어난다. 이 경우 의도가 도움은 되지만 단순히 의도적인 행동의 결과는 아니다.

여기에 개인적 정체감과 무아, 앎과 알지-못함, 진실과 환상의 상호작용에 즐겁고 의식적이지 않게 빛을 던져주는 선의 스승의 이야기가 있다. 로버트 아잇킨 선사의 스승이자 나의 스승인 야마다 고운 선사가 1971년에서 1984년에 걸쳐서 선불교 집중수행을 지도하기 위해 미국으로 왔다. 마우이 선방Maui Zendo에서 이루어진 마지막 방문이었고, 이후 그는 카마쿠라로 돌아갈 예정이었다. 제자들이 저녁 좌선을 하고 난 다음에 차를 마시고 좌담회를 하기 위해 모였다. 한 시간 이상 질문에 답을 하고 난 다음 야마다 선사는 다음과 같이 말하였다.

> 나는 이제 나의 마지막 말을 할 예정이다. 이 "마지막 말"은 너희들도 알다시피 그것은 공안이다. 나는 먼저 하! 라고 마지막 말을 할 것이고 조Joe는 저기 있는 저 그림[젊은 야마다 선사가 꽃을 들고 있는 그림이다]을 가리킨다. 조는 나에게 저 사람을 아느냐고 묻는다. 나는 그에게 물었다, "너는 그 사람을 아는가?" 조는 대답한다, "나는 그 사람을 모릅니다." 나 또한 전혀 그 사람을 모른다고 말하였다. 나는 오늘 저녁에 내가 말한 것이 속임수의 말인지, 내가 당신들 모두를 기만하고 있는지 (웃음) 두렵다. 그리고 나는 나 자신 또한 속이고 있는 것을 말해야만 한다!(더 큰 웃음) 그러나 당신들은 안다(그 자신의 머리를 가리키면서). 내가 그를 좋아

한다는 것을(더욱 더 크게 웃는다). 그리고 우리는 그를 필요로 하고 우리는 그 없이는 아무것도 할 수 없다. 이아오 계곡Iao Valley에서 오늘 오후 나는 윌리엄 머윈William Merwin (시인이자 마우이 선방의 일원이다)이 나에게 준 시를 읽고 있었다. 이것!-내가 말하고 있는 것인가? 아니면 이것은 윌리엄의 시인가? 나는 모른다. 그것은 꿈과 같다. 그것이 전부이다. 사요나라. 자러 갈 시간이다.

선불교의 목적은 개인을 지우는 것이 아니다. 자아는 결코 지울 수도 없고 지워서도 안 된다. 인간이든 아니든 개별적인 존재는 독특하고 소중하다. 그렇지만 우리는 진정으로 누구인가? 아이들에게 노래를 불러 주는 것처럼 그것은 단지 꿈이다. "저어라, 저어라, 너의 배를 저어라. …" 선사가 말하는 꿈은 금강경에 잘 묘사되어 있다, "일체의 것은 변화하기 마련이고 그것은 꿈과 같고, 허깨비와 같고, 물거품과 같고, 그림자와 같고, 이슬과 같고, 번개와 같다." 대중가요에서 다음과 같은 구절이 있다, "삶의 비밀은 시간의 흐름을 즐기는 것이다." 행하는 것보다 말하는 것이 더 쉽다. 그리고 위험은 많다. 그러나 우리가 할 수 있다면 꿈과 같은 삶의 일부를 "즐겁게, 즐겁게" 지낼 수 있다.

이런 꿈은 우리가 누구이고 삶과 죽음이 어떤 의미를 갖고 있는지에 대한 이해와 연관되어 있다. 이것은 프로이트의 꿈과 동일하지 않다. 프로이트의 꿈은 억압에서 발생한다. 어떤 분석가들은 보고된 꿈과 직접적으로 연관된 피분석가의 첫 번째 연상을 듣고, 또 다른 분석가들은 하나의 꿈 그 자체로 전체의 분석을 본다. 면담도 꿈이고 삶도 꿈이다. 면담의 꿈에서 삶의 꿈으로 나아간다. 무상하고 영원하고 절대적인 아이덴티티에서 공하고, 영적이고, 자발적이고, 추상적이기보다 "현시적이고", 화해 불가능한 인간의 모순에서 벗어난 창조적이고 해방적인 삶이고, 초인간적인 호문쿨루스homunculus에 의지하지 않는 것, 이것은 진실의 광활하고 상호연관적인 기반을 가진 친밀함에서 나온다. 우리는 이것을 선불교의 꿈이라고 부른다.

누가 꿈꾸는 자인가? 절대적인 것은 알 수 없는 것이다. 그 이유는 인간적 이해가 불가능한 존재, 말하자면 신과 같은 존재에게만 알려지는 비밀이라서가 아니다. 진실은 알 수가 없는데 그 이유는 알 수 있는 (절대적인) 아무것도 없고 그것을 아는 견고한 누군가도 없다. 첫 원인도 없고 근본적으로 알려진 기본적인 입자도 없다. 그것은 단지 비온의 적절한 표현을 빌려 다시 말하자면 단지 "거기 있었던" 것이다. 그러나 이것은 살아 "있었던 것"이고, 이것은 평범한 사람들의 손이 미치지 않는 곳에 있는 것도 아니고 은총을 받은 소수를 위해 마련된 것도 아니다. 역설적으로 이런 광활한 텅 빔은 동료들과 함께 연대감을 깨달을 수 있는 도약대이다. 무실체성과 상호의존성에도 불구하고 (*때문이라고도* 말할 수 있다) 우리는 깨어있고 애들을 학교에 데려다주고 타인의 행동과 감정에 영향을 받으며 나무가 뿜은 산소를 호흡하고, 웃고, 울고, 다중 중심적인, 상호의존적인 세계에서 독특하고 풍부하게 복잡한 접점에서 살고 있다.

자신의 경험을 통해서 이것을 직접 알고 그것을 내면화시키고 살아가면 우리는 개방적이고 자유로운 마음을 함양하고 연결성을 느끼고 우리 자신과 모든 것들, 동물. 식물, 광물, 유기적 및 비유기적인, 살아있는 것과 살아있지 않은 것 모두에 대한 자비를 계발하는 데 도움이 된다. 이런 과정은 대개 "의미 있는" 타인과 함께 일어난다. 서로 주고받음을 통해서 형성되는 강렬하고 친밀한 관계는 목적에 대한 수단이 되고 형식과 활동이라는 면에서 그 자체가 가르침의 내용을 *체화하게* 된다.

그로트스타인은 묻는다, 선불교의 수확물은 무엇이냐고? 노래하고 춤추는 것, 앉는 것과 일어서는 것, 웃는 것과 우는 것, 달리 집착을 할 것도 없고 달리 안 할 것도 없다. 인간 안에 성스러운 것이 있고 일상적으로 인간적인 것이 성스러운 것이다. 이것은 성스러움을 맛본 소수의 위대한 신비가들, 영적인 엘리트들만이 아니라 인간 존재로서의 태어날 때의 권리이다. 붓다는 수행에 대해서 이렇게 말하였다. 수행에 관심이 있으면 나의 말을 취하지 말고 자신을 위해서 수행하면서 무슨 일이 일어나는지를 보라고 하였다. 가르침은 실제적이다. 스승인 신이 아니라 인간이다. 분석가가 무엇인가라는 질문, 이것이 갖는 함축적인 의미는 무엇인가? 여기서 또한 두 가지 흐름의 "만남"이 이미 이루어지고 있다. 분석적 관계가 대칭적이지 않지만 분석가들은 선의 스승들과 마찬가지로 환자와 제자들과 질적인 차이가 있다기보다는 유사하다고 생각한다. 우리는 다른 존재의 질서를 가진 사람이 아니다. 우리의 해석은 높은 곳에서 내려온 신의 말도 아니고 해석으로 인해 순식간에 환자를 낫게 할 수 있는 것도 아니다. 나는 나의 스승이 제단 위에 모셔져 있는 달마 대사에 대해 말하는 것을 얼마나 좋아하였는지를 기억한다. 달마는 유명한 선의 전설로서 인도에서 중국으로 선불교를 가져온 사람이다. "또 한 명의 과거의 붓다"로 알려져 있어서 확실히 존경받지만 마치 오래된 삼촌처럼 여겨진다. 그는 인간의 영역과 동떨어진 우상처럼 숭배 받지 않는다. 분석가들은 도움을 주는 선배와 같은 사람이다. 그들은 자신의 개인적 투쟁과 노력, 공부와 연구를 통해서 분석 과정의 유용성에 대한 심오한 확신을 갖고 환자들과 함께, 그리고 환자에게서 배운다. 또한 자신의 내재적인 한계를 인식하면서 살아있는 내적인 지식을 공유하고 그것을 살아갈 수 있게 하는 사람이다.

급진적이고 헌신적인 포기로 이루어진 것이긴 하지만 선의 수확은 아주 상향적이다. 이것은 비-목표-지향적인 몰입에서 생성된다. 그것은 조용히 부응하고 예상 밖이다. 그리고 타인들이 깨달은 사람들에 대해 말하는 것에서 선의 수확을 알 수 있다. 어떤 성격 특질이 나타난다. 네 가지 "성스러운 거주처", 말하자면 자비희사慈悲喜捨이다. 이것들은 선의 목표가 아니지만 올바른 수행을 통해서 계발된다. 선 그 자체의 활동은 불만족스럽고 지겹고 습관적이며 목표도 없는 듯으로 보인다. 앉아있고, 서 있고, 웃고, 울고, 당황하고, 친구에게 말하고, 음식을 만들고, 설거지를 하고, 태어나고 죽는 것이다. 그러나 선의 수확은 관계의 변화, 축의 전환이라는 모습으로 예상치 못하게 이루어진다.

이것은 아기의 애착 패러다임에 대한 현대의 경험적 연구 결과와 일치한다. 안전하고 편안함을 낳는 것은 경험 자체(예를 들면, 고통이나 즐거움)의 양이 아니라 접촉하는 형식, 함께 일하고 보람되게 성찰하고 표상하는 능력, 이런 것이 의미 있게 이루어지는 것이다. 그로트스타인이 한때 말한 바와 같이 사고는 소화되지 않은 혼돈스런 형태를 성스럽게 다스리는 것이다. 우리는 정신분석과 선의 수행이 일종의 명상적 또는 분석적 근육을 계발하는 데 도움을 준다고 말할 수 있다. 확신은 일정한 형태로 존재하는 사물들을 만나고 이해하고 받아들이는 능력 속에서 성장한다. 그리하여 지금 즐겁고, 지금 슬프고, 지금 놀랍고, 지금 뒤섞이고, 지금 획득하고, 지금 잃는다. 우리의 관점은 변화하고 덜 투쟁적이 된다. 고통은 사라지지 않는다. 왜냐하면 초월하는 것은 초인간적이 되는 것을 의미하지 않는다. 상실은 삶의 일부이다. 그러나 고난은 감소하며, 덜 꼼지락거리고, 더 잘 헤쳐 나가면서 접촉하는 길을 발견하여 견딜 수 있고 의미 있게 할 수 있다. 말하자면 이것이 의미하는 바는 그것들을 있는 그대로 두고 그리하여 마침내는 결국 지나가게 만든다는 것이다. 혼란스럽고 슬프고 고통스럽고 트라우마이고 불만족인 삼사라(윤회)는 결국 열반 그 자체로 변화하는데, 이것은 마술이나 낙천주의자들의 환희가 아니라 경험 그 자체와 경험하는 자의 본성 속으로 천착하는 변화이다. 사성제 중 세 번째인 고통의 소멸은 고통이 없어지는 것이 아니라 과잉의 반응으로 연료를 태우는 고통에서 일상적인 고통으로 변화하는 것이다. 이것은 프로이트의 생각, 즉 분석은 신경증적인 슬픔을 일상적인 불행으로 되돌린다는 것과 비슷하다. 그러나 이것은 프로이트의 이론이 들려주는 것만큼 음울한 것은 아니다. 거기에는 기쁨, 지식, 수용, 평온함, 역설적으로 사물이 있는 그대로와 조화를 이루는 삶의 안전성이 있다. 거기에는 수동적이거나 굴복적인 것이 아니라 사물이 전개되어 가는 모습에 대한 깊은 만족이 있다. 블레이크는 이렇게 표현하였다. "기쁨을 스스로에게 묶어 매는 사람은/날개 달린 삶을 파괴하여/날아가는 그 기쁨에 키스하는 사람은/영원의 새벽 속에 살리라."

정신분석과 선불교의 상호 기여는 이미 진행 중이다. 최근 미국 정신분석학회가 후원한 획기적인 회의 모임의 제목은 "해석을 넘어서"(또한 "해석 이전"이라고 이름을 붙일 수도 있을 것이다)이다. 이것은 좋은 치료적 동맹이 환자가 해석을 수용하고 사용하고 성장하는 데 도움을 주는 것을 넘어서는 지점을 언급하고 있다. 분석가가 하는 것은 무엇인가? 기기에는 분석가와 비슷하게 선의 스승의 현존과 이것이 조성하는 친밀한 교환에 대한 애매하지만 구체적인 그 무엇이 있다. 이것은 분석가와 선의 스승뿐만 아니라 환자와 제자(의 능력)의 성장을 촉진시킨다. 비온과 그로트스타인이 꿈 작업 알파라고 부르는 것에 대한 능력ー타인의 경험을 받아들여서 창조적으로 변형시키고 이에 따라 반응적으로 상호 침투적이고 성과 있는 교환으로 서로 공유하는 것—은 이런 치료적 현존이 갖는 하나의 버전이다. 정신분석과 선불교의 만남의 또 하나의 실례는 과거의 정신분석이 가진 "저기 그리고 그때"의 관점에서 현대의 정신분석이 갖는 "여기 그리고 지금"의 관점을 받아들이고 있는 점이다. 선불교에서 일상 세계의 관계적 삶—몸으로, 타인과 함께, 뒤섞이고, 무의식적 감정으로 살아가는 것—에 대한 수행과 통찰은 점차 의미심장하게 받아들여지고 있다. 명상의 스승들은 전이와 역전이의 활동과 이것이 갖는 함축성과 매일 힘들게 씨름하고 있다.

자신의 마음을 발견하기 위해서는 또 다른 마음이 필요하다. 이것은 마치 자신의 삶의 진실을 발견하기 위해서는 또 다른 삶의 진실이 필요한 것과 같다. 이것은 단순한 조작적 진술이 아니다. 당신이 이 일을 하면 이 일은 발생한다. 발견은 함께하는 그 안에 있다. 타인과의 관계는 단순히 방편적이거나 개별적 변수가 아니다. 선의 스승과 제자의 대화는 단순히 그냥 "깨달음"이 아니다. 그들 사이의 주고받음, 활동하는 자유의 힘, 강도, 친밀함, 정서적 교환은 유레카 경험의 단순한 배경 또는 도약대가 아니다. 그것은 존재 사이의 *體化*이기도 하다. 여기에서 저기로 가는 것은 함께 하는 것 그 안에 있다. 방법은 단지 논의의 목적으로 사용될 때만 목표와 떨어질 수 있다.

한 제자가 운문雲門에게 묻는다, "나에게 가장 시급한 일이 무엇입니까?" 스승은 대답한다, "모르는 것을 두려워하는 것은 바로 너이다!" 제자는 말한다, "이것은 나를 가장 압박하는 근심거리이지만 나는 어떻게도 발견할 수 없습니다. 부디 나에게 길을 알려주시기 바랍니다." 운문은 답한다, "네가 그 걱정하는 바로 그 곳에 길이 있다"(App 1994). 여기서 운문은 어딘가에 하나의 방법을 단순히 제시하고 있는 것이 아니다. 선불교에서는 스승이 자신의 간과 내장을 보여주었다고 말한다. 말하자면 스승이 제자의 질문과 그 질문에 내포된 애매한 가정에 조화를 이루어 스승 자신을 자유롭게 내어주었다는 의미이다.

서구와 아시아 불교 명상 지도자 250명이 달라이 라마와 북 캘리포니아 모임에서 함께 나눈 논의를 보면 정신분석의 핵심적 사상이 현대 문화의 불교 수행 발전에 기여한 모습과 정신분석과 불교의 상호 수용이 단독으로 행하는 수행보다 인간의 심리적 및 영적 발달에 대해 보다 더 통합적인 관점을 가지게 된다는 것을 알 수 있다. 그 모임의 주관자는 곧 떠나야 할 달라이 라마에게 다소 불안해하면서도 조금은 긴 질문을 하였다. 그것은 어떤 사람에게는 다소 애원하고 짜증스러운 모습으로 보이기도 했지만 거기에 참석한 서구의 스승에게는 "암시, 마지막 말과 은총"을 달라이 라마에게 간청하고 있는 것으로 보였다. 그 당시 서구의 수행 제자들은 스캔들로 인해 어려움에 봉착하고 있었다. 달라이 라마는 질문을 받고 몸을 좌우로 흔들면서 깊게 숨을 쉬고 잠시 기다렸다가 말을 하였다. "불확실하거나 힘들 때 나는 내면을 바라보고 나의 의도를 점검합니다. 동기는 핵심입니다. 내가 고통을 주는 정서에 떠밀리면 나 자신에게 공을 들입니다. 만약 내가 선한 정서에 마음이 가면 조심스럽게 내면을 관찰한 후 그것이 명확하다면 나는 누가 [나에 대해서] 무엇을 생각하더라도 신경을 쓰지 않습니다."

얼마나 신선한 공기인가? 어떤 의미에서 이것은 분리 불안에 대한 명백한 해석이었다. 나는 회의 지도자들이 이것을 느꼈지만 알지는 못하였다고 생각한다. 달라이 라마에게 질문한 사람의 정서적 음조에도 불구하고 정서적으로 전해진 것은 분리불안으로 여겨졌다. 우리의 목적에 집중해서 말하자면 그것은 동기가 그 중심에 있다는 것, 우리 분석가들이 친숙하게 알고 있는 그 무엇을 말한 것이다.

무엇이 우리를 추동하는가? 어떤 연료에 의해서 우리는 힘을 얻게 되는가? 프랑스 단어 *pulsion*, 즉 우리의 "욕동"은 그 안에 맥박을 가지고 있다. 어떤 정서적 연료가 행동을 활성화시켜 정신적 정맥들을 따라가면서 맥박을 치는가? 그리고 의식적인 명상적 수행뿐만 아니라 경험의 무의식적 차원에 접근하지 않고 어떻게 이것을 직접 알게 되고 그 진실을 알 수 있는가? 극심한 불안이나 강박적 상태로 명상수행하면서 알아차리게 되면 분석가가 미세한 몸-마음-감정 상태와 그 빠른 흐름을 의식적으로 파악하는 것보다 더 많은 것을 알 수 있다. 물론 이것은 자유 연상을 하는 능력에 그 바탕을 두고 있다. 그러나 약간의 예외를 제외하고는 불교의 명상가와 스승들은 모두 무의식의 동기가 갖는 힘과 무의식적 삶과 친밀해지고 유용한 관계의 필요성을 아직 확신하지 못하고 있다. 그들은 의식적이고 명상적인 마음의 힘들에 아직은 더 비중을 두고 과대평가하는 경향을 보인다.

통합은 차별성을 내포한다. 함께 하지만 뒤섞는 것은 아니다. 정신분석은 인간의 명상적 능력을 내적으로 사용하고, 선 수행은 인간의 관계 욕구와 능력을 활용한다. 정신분석과 선불교의 모임에서 일어나는 폭풍은 무엇인가? 그것은 인간이 갖는 선함, 악함, 추함에도 우리 모두가 인간이라는 보다 미묘하고, 균형 잡히고, 포괄적이고, 종합적인 관점과, 고통과 고난 가운데에서도 우리를 놀라게 하고 창조적으로 성장하게 하는 인간의 가능성이다.

1   콘세타 알파노Concetta Alfano(1977)는 하나의 반향적 공간이라는 유사한 생각을 독립적으로
    전개하였다.

References

Albom, M. 1997. *Tuesdays withMorrie: An OldMan, a YoungMan, and Life's Greatest Lesson.* New York: Doubleday.

Alfano, C. 1997. *Echo and Space: Dreaming and Alternation States of Consciousness in the Anyalytic Hour.* Unpublished doctoral dissertation, Southern California Psychoanalytic Institute, Beverly Hills, California.

App, V. 1994. Trans, ed. Master Yunmen: *From the Record of the Chan Teacher "Gate of the Clouds."* New York: Koansha Int'l.

Applebaum, S. 1999. Speaking with the Second Voice: Evocativeness. Unpublished.

Arden, M. 1999. The Peacock's Tail and the Emperor's New Clothes. Unpublished. Bianchedi, E. de. Case discussion at the Psychoanalytic Institute of Northern California, San Francisco, February.

Bick, E. 1967. The Experience of the Skin in Early Object Relations. In *Collected Papers of Martha Harris and Esther Bick.* Pertshire, England: Clunie Press, 1987.

Bion W. R. 1965. *Transformations.* London: William Heinemann.

———. 1970. *Attention and Interpretation.* London: Tavistock Publications.

———. 1992. *Cogitations.* London: Karnac Books.

Bobrow, J. 2000. Reverie in Psychoanalysis and Zen: Harvesting the Ordinary. *Journal of Transpersonal Psychology,* January, 32: 165-75.

Bohm, D. 1980. *Wholeness and the Implicate Order.* London: Routledge and Kegan Paul.

Bollas, C. 1998. Lecture on differences between classical and Kleinian technique. Herrick Hospital, Berkeley, Calif., December.

Breuer, J., and S. Freud. 1893-95. *Studies on Hysteria.* In Standard

Edition, 2:1-309. London: Hogarth Press, 1953-74.

Cox, S. D. 1980. *The Stranger within Thee: Concepts of the Self in Late-Eighteenth-Century Literature*. Pittsburgh: University of Pittsburgh Press.

Derrida, J. 1967. *Writing and Difference*. Trans. A. Bass. London: Routledge and Kegan Paul.

Eliot, T. S. 1971. *Four Quartets*. London: Harcourt Brace Jovanovich.

Fonagy, P. 1995. Paper presented at the Los Angeles Institute and Society for Psychoanalytic Studies and the Psychoanalytic Center of California, May 20.

Freud, S. 1900. *The Interpretation of Dreams*. Standard Edition, 4. London: Hogarth Press, 1953.

————. 1911. *Formulations of the Two Principles of Mental Functioning*. In Standard Edition, 12:213-26. London: Hogarth Press, 1958.

Grotstein, J. 1995a. Orphans of the "Real": I. SomeModern and Post-Modern Perspectives on the Neurobiological and Psychosocial Dimensions of Psychosis and Primitive Mental Disorders. *Bulletin of the Menninger Clinic* 59: 287-311.

————. 1995b. Orphans of the "Real": II. the Future of Object Relations Theory in the Treatment of Psychoses and Other Primitive Mental Disorders. *Bulletin of the Menninger Clinic* 59:312-32.

————. 1996. Bion's Transformation in "O", Lacan's "Thing-in-Itself", and Kant's "Real": Towards the Concept of the Transcendent Position. *The Journal of Melanie Klein and Object Relations*, 14:109-42.

————. 1999. The Alter Ego and Déjà Vu Phenomena: Notes and Reflections. In *The Plural Self: Multiplicity in Everyday Life*, eds. John Rowan and Mick Cooper, 28-50. London: Sage Publications.

————. 2000. *Who Is the Dreamer Who Dreams the Dream? A Study of Psychic Presences*. Hillsdale, N.J.: Analytic Press.

Hamilton, V. 1996. *The Analyst's Preconscious*. Hillsdale N.J.: Analytic Press.

Heidegger, M. 1962. *Being and Time*. Trans. John Macquarrie and Edward Robinson. San Francisco: Harper San Francisco.

Heisenberg, W. 1930. *The Physical Principles of the Quantum Theory*. Chicago: University of Chicago Press.

————. 1958. *Physics and Philosophy*. New York: Harper and Brothers.

Lacan, J. 1977. *Écrits: 1949-1960*. Trans. A. Sheridan. New York: W.W . Norton.

Milner, M. 1969. *The Hands of the Living God*. London: Hogarth.

————. 1987. The Concentration of the Body. In *The Suppressed Madness of Sane Men*. London: Routledge.

Ogden, T. 1994. *Subjects of Analysis*. New York: Jason Aronson.

Parsons, M. 1986. Suddenly Finding it Really Matters. *International Journal of Psychoanalysis*. 67:275-88.

Sasaki, R. F., trans. 1971. *The Recorded Sayings of Layman P'ang*. New York: Weatherhill.

Spezzano, C. 1993. A Relational Model of Inquiry and Truth: The Place of Analysis in Human Conversation. *Psychoanalytic Dialogues* 3:177-208.

Spitz, R. 1963. *Dialogues from Infancy*. Ed. R. N. Emde. New York: International Universities Press, 1983.

Symington, N. 1993. *Narcissism: A New Theory*. London: Karnac.

Winnicott, D. W. 1958. Primary Maternal Preoccupation. In *Collected Papers: Through Pediatrics to Psycho-Analysis*, 300-305. New York: Basic Books.

————. 1975. Metapsychological and Clinical Aspects of Regression within the Psychoanalytic Set-Up. In *From Pediatrics to Psychoanalysis*. New York: Basic Books.

제6장

일상의 마음

제6장

일상의 마음

배리 마기드(BARRY MAGID)

나는 지난 25년간 정신분석 치료를 하면서 불교를 수행하여 왔다. 처음에는 두 가지, 즉 치료와 수행을 병행하였다. 그러나 시간이 흐르면서 둘은 서로 수렴하였고, 나는 이것들을 순간순간 자각의 구조화된 이론으로 보기 시작하였다. 그리고 이론 내부의 성격 변화의 기전을 설명하기 위한 공통적인 개념의 틀을 생각하기 시작하였다. 동시에 나는 정신분석 치료자와 불교의 스승이라는 흔치 않은 전문적 위치에 있는 내 자신을 발견하였다. 또한 나와 함께 분석 작업을 하는 환자도 동시에 선의 수행자라는 두 가지 역할을 같이 하고 있다고 인식하곤 하였다. 언뜻 보기에 이렇게 서로 다른 분야인 치료와 수행을 수렴하는 것이 나에게는 더 큰 사회적 현상의 일부분으로 여겨졌다. 이전에는 순수하게 종교적이거나 영적인 것으로 간주되었던 수행은 점차로 대중의 눈에는 유사 치료적인 측면을 띠기 시작하였고, 많은 사람들은 정신분석 치료를 받기를 원하는 동일한 이유로 수행에 입문하기도 하였다. 정신치료가 경제적인 요인으로 인해 특정한 진단과 증상에 초점을 맞춘 치료 계획과 정신약물학적 해결이라는 의학적 모델의 방향으로 점점 변화되어 가고 있을 때 모든 종류의 영적 수행들은 현대적 삶에 아이덴티티, 삶의 질,

가치의 역할—한때 정신분석이 강력하게 제공해주었다고 여겨지는 의문들—을 제공하게 되었다. 내가 경험한 바에 의하면 점점 더 많은 환자들이 이전의 다양한 정신 치료의 경험뿐만 아니라 요가, 명상, 무술, 뉴에이지 혼합물 등 하나 혹은 그 이상에 관심을 갖거나 경험을 해본 적이 있는 듯이 보인다. 이와 동일한 현상들은 나의 학생들, 수퍼 바이저들, 동료들에게서도 볼 수 있다. 정신분석 치료를 받으면서 개인적인 영적 수행을 함께 하는 것이 어떤 유익함이 있는지에 대해 많은 논쟁들이 있지만 현재로서는 수행이 정신치료의 어떤 측면과 관련성이 있는지는 아주 모호한 상태에 머물러 있다.

어림잡아서 40~45년 전 선불교와 정신분석이 수렴되는 모습을 보여준 적이 있다. 당시 『선 불교와 정신분석』이라는 저서를 통해서 기념비적인 출발을 하였다. 이 책은 에리히 프롬, D. T. 스즈키, 리차드 드 마르티노(1960)가 편집한 논문집으로, 멕시코 자율 국립대학 의학부의 정신분석학부가 1957년 지원해서 멕시코 쿠에르나바카Cuernavaca에서 열린 회의에서 나온 결과물이었다. 이 회의에는 50명의 정신과 의사와 심리학자들이 참석하였는데, 대부분 정신분석가들이었다. 이것은 정신분석 공동체 *내부에서* 발생한 일종의 수렴점이었고, 프롬과 카렌 호나이와 같은 아주 뛰어나고 혁신적인 사상가들을 포함한 몇몇 정신분석가들이 추진하여 형성된 것이었다. 혁신적인 정신분석가들은 고전적인 프로이트의 초심리학에 대한 대안을 마련하고자 노력하고 있었다. 그들은 표준적인 모델과는 전혀 다른 이론을 바탕으로 인격을 혁신적으로 변화시키는 설득력 있는 방법을 선불교에서 찾았다. 프롬에게 핵심적인 과제는 질병의 심리학을 떠나서 새로운 행복의 심리학, 즉 그가 "인본주의적" 정신분석이라고 부르는 것으로 옮겨가는 것이었다. 프롬(1960, 86)은 다음과 같이 썼다, 즉 "우리가 프로이트의 체계 안에 머물러 있으면 인간의 행복은 성적인 능력의 완전한 충족이나 숨겨진 오이디푸스의 자각이라고 보는 리비도 이론으로 정의되어야 하는데, 이런 정의는 내가 보기에는 인간 존재의 진정한 문제와 총체적인 인간이라는 행복의 성취라는 점과는 동떨어져 있을 뿐이다. 행복의 문제에 잠정적이나마 해답을 주고자 하는 어떤 이론적 시도도 반드시 프로이트의 기준틀을 뛰어넘어서 다소 불완전할지 모르지만 인간 존재의 기본 개념에 대한 논의로 나아가야 한다. 이것이 인본주의적 정신분석의 바탕이다."

선불교는 당시 그 세대의 정신분석가들에게 프로이트의 패러다임에서는 설명할 수 없었던 통찰과 인간의 잠재 가능성에 대한 가치 있는 새로운 자료들을 제공해주었고, 또한 진보적 정신분석가 학파 내에서 체계 형성과 패러다임 변화를 위한 중요한 추동력을 마련해주었다. 오늘날 정신분석 분야는 이전과는 아주 다른 모습을 하고 있다. 프로이트의 헤게모니는 전복되었고 다원화는 오늘날의 질서가 되었다. 자아 심리학, 상호 주관적 심리학, 관계 심리학이 번성하고 있는 것을 보면 에리히 프롬의 전투는 부분적으로 승리하였다. 그러나 대부분의 이론가들이 이런 승리는 불교 심리학을 받아들이고자 하는 추동력이 이제는 적어졌다는 것을 의미한다고 여긴다. 서구 심리학은 "지금 잘하고 있어, 고마워"라고 말한다. 그러므로 현재의 추동력은 프롬의 시대처럼 정신분석 분야의 이론적 긴장에서 온 것이 아니라 아마 분석가들 자신의 긴장에서 나오는 것으로 보인다. 명상은 여러 종류의 정신분석처럼 현대 생활의 압박감과 스트레스, 전문가로서 살아가는 현실을 다루는 방법을 제공해주고 있다. 동시에 정신분석은 우리 삶의 의미를 추구하는 하나의 형태인 동양의 명상수행과 점점 더 경쟁하는 현실에 직면하고 있다. 현대 정신분석가 한 명의 이름도 알지 못하는 수많은 대중이 이제는 달라이 라마와 그의 가르침에 점점 더 익숙해지고 있다.

나의 스승과 수퍼바이저들은 카렌 호나이와 그 동료들에게서 정신분석 수련을 받았기 때문에 나는 처음부터 인본주의 정신분석과 실존주의 학파에 노출되었다. 이것이 내가 선 불교 수행에 지속적인 관심을 갖게 된 통로가 되었다. 정신분석 수련의 초기 수년 동안 나는 분석가에게 일주일에 세 번 분석을 받았고, 동시에 선방에도 일주일에 세 번씩 다녔다. 선 수행을 한 지 20년이 되는 1996년 현재의 스승인 샬롯 조코 벡Charlotte Joko Beck은 내가 공식적으로 선을 지도할 수 있도록 인가를 해주었다. 그후 나는 정신분석 사무실 옆 공간에 '오디너리 마인드 젠도Ordinary Mind Zendo'를 열었다. 그 후 현재와 이전의 수많은 피분석가들은 다른 몇몇 사람들과 합류하여 주간 명상과 하루 온종일 집중 수행을 정기적으로 하고 있다. 나는 선 수행을 하면 어떤 일이 일어나는지를 설명할 것이다. 이것은 자아 심리학과 상호주관성이라는 정신분석적 관점에서 형성된 것이다. 나는 합일감, 공함, 무아, 깨달음이라는 선불교의 핵심적인 개념들을 설명할 것이고, 또한 내가 어떻게 이런 개념들을 믿게 되었는지, 이런 경험들이 정신분석적으로 어떻게 이해될 수 있는지ㅡ또는 될 수 없는지ㅡ를 탐색할 것이다. 마지막으로 얼른 보기에는 서로 다른 이론들이 자아와 수행이라는 공통된 그림에서 어떻게 수렴되는지를 보여주고자 한다.

하향식과 상향식

우선 실제로 선불교를 수행할 때 어떤 일이 일어나는지 조금 언급을 해보자. 정신분석과 마찬가지로 불교에도 여러 종파가 있고 그중 하나가 선불교라고 불린다. 선불교 내에서도 여러 전통들이 있는데, 동남아, 중국, 한국, 일본 중 어디에 그 기원을 두고 있는지에 따라서 달라진다. 나의 수행 경험은 일본 선불교의 여러 종파와 함께 한다. 그러나 일반적으로 수행들은 대체적으로 두 가지 기본 유형으로 나뉘는데, 나는 이것을 상향식 또는 하향식으로 부르고자 한다.

내가 하향식이라고 부르는 수행은 집중 수행으로, 예를 들면 무無 공안을 들고 참선하는 것이다. 이것은 임제종에서 전통적으로 수행을 처음 시작할 때 주는 공안이다. 중국의 선사 조주와 한 제자의 유명한 만남에 기원을 두고 있다. 제자가 조주에게 묻는다, "개에 불성이 있습니까?" 조주는 대답한다. "없다." "무"는 문자 그대로 "아니다"를 의미한다. 그럼에도 불구하고 모든 중생은 불성을 가지고 있다는 것이 역사적인 붓다의 원래 가르침이 갖는 가장 기본적인 이론들 중 하나였다. 수많은 세대의 선불교 제자들은 조주의 무 공안이 의미하는 바가 무엇인지를 자신의 스승에게 제시하려고 노력하였다. 이런 첫 번째 공안을 들고 호흡을 지속하면서 단지 한자 무無를 고요히 반복하는 것에 모든 주의집중을 기울인다. 모든 것은 이 한 소리 무가 된다. 나는 무를 들이쉬고 내뱉는다. 그리고 무가 나를 들이쉬고 내뱉는다. 안과 밖이 사라지고, 자아와 세계의 경계가 사라지며, 단지 *이것*만이 있다. 우리가 단지 *이것*만일 때 분리는 없다. 즉 분리된 자아도 없고 경험되는 분리된 대상도 없다. 아무도 불성을 *가지고 있지도* 않고, 아무도 불성을 *가지고 있지 않은 것도* 아니다.

나는 이것을 하향식 수행이라고 부르는데 그 이유는 이런 수행은 "합일감"이라고 불리는 일종의 절정 경험을 유도하기 때문이다. 전통적인 선불교의 용어에 의하면 이것은 "절대"를 대면하는 것이며 이원성과 분화라는 일상적이고 "상대적인" 세계에 대극된다. 이런 수행 경험을 하게 되면 다시 되돌아가야 하는 자아는 조금씩 변화되어 자아의 경계가 경직되거나 방어적이 되지 않는다. 이런 수행 방식이 갖는 문제는 다음과 같다. 분리되지 않음 또는 합일감의 경험을 어떻게 일상으로 가져올 것인가? 이렇게 초기의 깨달음을 얻은 제자는 전통적인 선의 스승으로부터 "백척간두의 꼭대기에서 어떻게 한 발자국 더 나아갈 수 있는지"를 보여 달라는 도전을 받게 된다. 위험한 점은 지상의 실제적 일을 하는 것보다 꼭대기에서 경험한 관점을 더 선호하게 된다는 것이다. 왜냐하면 아무리 그 순간이 심오하다고 하여도 그것은 끝나기 마련이다. 그 순간이 제공한 관점과 일치해서 살아가야 하는 일상의 삶을 어떻게 변화시켜야만 하는가라는 실제적 문제에 우리는 봉착하게 된다. 절정 경험의 "높음"에 미묘하게 중독되어서는 안 된다.

상향식 수행은 다른 방향에서 시작된다. 이 수행은 때로는 "그냥 앉아 있기(지관타좌只管打坐)"라고 불리고 조동종이라는 종파의 특징적인 수행법이다. 여기서의 전제는 좌선zazen, 坐禪은 이미 깨달음이라는 길의 완벽한 표현이라는 것이다. 우리는 붓다가 되기 위해 앉는 것이 아니라 이미 붓다이기 때문에 앉는다. 사실 우리는 대부분의 시간을 붓다처럼 느끼지는 않는다─아니 오히려 우리는 *이것*이 붓다같이 느껴지는 것이라고 믿을 수 없다. 그래서 "그냥 앉아있기"의 수행은 즉각적으로 이런 저항감에 부딪친다. 합일감의 경험을 유도하려는 시도보다 저항 그 자체에 머무르면서 수행한다. 우리 삶이 갖는 저항의 두 가지 기본적 특징은 공포와 분노이다. 이런 감정으로 인해 우리는 수용하기를 원치 않거나 직면하기를 원치 않는 것을 비껴 놓고 거기에서 자아는 마음대로 되지 않거나 자신이 원하는 대로 대접받지 못하고 있다고 느낀다. 선불교와 정신분석이 서로 딱 들어맞는 지점이 바로 이런 단계이다. 내가 아는 한

"합일감"을 경험하는 하향식 집중 수행과 동등한 정신분석은 없다. 그러나 저항과 정서 및 신체적 긴장에 주의집중을 기울이는 좌선의 상향식 수행은 모든 분석가와 피분석가에 익숙한 질문, 즉 나는 무엇을 피하고 있는가? 나는 다른 사람들에게서 무엇을 기대하고 있는가? 나는 어디에서 그런 기대를 하는가? 등으로 이어진다.

이 수행에서 제자는 호흡이 들어가고 나가는 감각에 단순히 초점을 맞추어 앉는 것에서 시작한다. 생각이 왔다 갔다 하는데 그것에 "생각"이라고 이름 붙이고 다시 호흡으로 주의집중을 돌린다(생각에 이름을 붙이는 한 가지 좋은 기법은 단순하게 스스로에게 고요히 말하는 것이다. 즉 "이런저런 … 생각"이라고 자신에게 반복한다. 이것이 너무 장황하면 생각의 반복적 패턴에 대해 "걱정"과 같은 단순한 이름을 사용할 수 있다). 점차로 우리는 생각 뒤에 있는 침묵으로 편안하게 들어가는 것을 배운다. 그런 침묵 속에서 우리는 앉아있음의 신체성을 단순히 경험한다. 앉아 있으면서 몸에서 일어나는 공포와 분노의 신체적 표현과 조화를 이룬다. 이것들은 어딘가 또는 다른 곳에서 신체적 긴장의 형태로 항상 존재할 것이다. 이것들은 생리적 신중함의 생리적 상관물이다. 앉아 있을 때 신체의 분리 경험의 경계에, 즉 우리가 넘기를 원치 않는 선을 표시하는 신체적 통증이나 긴장에 집중의 초점을 옮긴다. 그리고 바로 그 선에 바로 그 긴장의 중앙이 우리가 앉아 있는 장소이다. 자아가 습관적으로 삶에서 규정하고자 노력하는 어떤 경계라고 할지라도 그것은 지금 여기 선방에서 바로 규정된다. 즉 자신과 타인의 판단의 경계들, 수행에서 잘 되거나 안 된다고 생각하는 방식의 경계들, 다른 제자들 또는 스승에 대한 기대의 경계들, 공포 또는 분노라는 이러한 경계들 중 하나가 밝혀질 때마다 그것들은 우리가 앉아있는 방석에 내려진다. 합일감은 "바로 이 순간에 있는 것"의 모든 포괄성으로 경험된다. 수 년 간의 성숙한 수행 후 두 방향, 즉 상향식과 하향식의 구별은 용해된다. 결국 두 가지 모두는 단순히 현존하고 매순간 그 자체로 반응하는 것이다. 이것은 생각과 정서적 저항들이 지나가는 바로 그 순간을 자각하는 것이다.

선의 수행은 정서적으로나 신체적으로 힘들다. 선의 수행은 일종의 이완기법 또는 단순히 마음의 편안함을 목표로 하는 명상과 혼동되어서는 안 된다. 그러나 과거에 너무나도 자주 수행의 신체적 어려움이 강조되었다. 말하자면 오랜 시간의 앉아있기, 심한 육체적 통증, 그뿐만 아니라 사원에서 매일 겪는 금욕과 절제의 시간이다. 제자들은 참선이 마치 엄격함과 인내를 함양하는 난관을 마스터하는 것이라고 종종 생각하였다. 이런 접근은 인생의 고통이나 도전에 대한 노골적인 엘리트주의와 자만심으로 이어질 수 있다. 분명히 이것은 의미 있는 성취도 아니고 정신분석보다 오히려 해병대와 더 공통점을 가지고 있다.

나는 일본의 임제종 선사가 제자들에게 엄마 호랑이와 새끼에 대한 이야기를 하고 있던 장면을 생생하게 기억하고 있다. 그가 말하기를 엄마 호랑이는 태어난 지 몇 주밖에 안 되는 새끼들을 가파른 절벽에 던져버린다, 단지 새끼 자신만의 힘으로 그 절벽을 다시 기어서 올라올 수 있을 정도로 강한 놈들만을 키울 것이다. 나머지는 절벽 밑에서 죽게 내버려둔다. "너는 어떤 새끼들인가?"라고 그는 묻는다. 나 자신은 사무라이가 아니기 때문에 거기에 대한 답을 분명히 알고 있다.

정신분석적 선불교에 대한 나의 버전은 절벽 아래에서 버려진 새끼들을 보살피고 개별적인 필요성을 충족시켜 주는 것이다. 저 일본의 스승은 의심할 여지없이 가치 있고 활기에 찬 정통적인 선을 가르치고 있음에 틀림없다. 그는 엘리트주의를 아무 거리낌 없이 말하고 낙오된 제자를 드러내놓고 경멸하고 있다. 역설적인 점은 바로 그 스승이 여성 제자와의 성적 스캔들에 휘말렸다는 것이다. 슬프게도 그의 가르침의 내용에는 자신의 개인적 약점을 인정하고 훈습해가는 통로는 없었던 듯이 보인다.

불행하게도 이런 스승의 예가 하나만은 아니다. 다양한 영적 가르침은 많은 스승들의 성적 전이와 역전이 반응을 제대로 다루지 못하고 있다. 이런 점을 불교 이론이 제대로 다루고 있지 못하고 있기 때문에 정신분석적 수련이 불교 공동체의 명상수행에 기여할 수 있다고 인정되는 주요한 원천 중 하나가 되고 있다.

샬롯 조코 벡이 설립한 '오디너리 마인드 스쿨Ordinary Mind School'에서 특별히 새로운 미국 선의 특징으로 삼고 있는 것이 바로 정서적 어려움을 분명히 인정하고 훈습하면서 나아가는 점이다. 이런 수행 스타일이 나온 배경은 여기 미국 불교의 일본 및 미국 스승들의 첫 세대가 선 수행 훈련을 마쳤음에도 불구하고 자신들의 정서적 갈등, 전이 반응, 약물 사용, 성적 행동을 충분히 다루는 데 실패한 경험에서 나온 것이다. 잔월렘 반 드 웨터링Janwillem van de Wetering (1999)의 회고록 『선 이후After zen』는 임제종 수행과 공안 연구의 내부적 경험을 다루고 있다. 이 책에서 그는 아주 코믹하게 "깨달은" 스승들, 헌신적인 스님들과 평범한 제자들의 삶을 괴롭히는(그리고 때로는 망치는) 많은 정서적 어려움에 대해 이야기하고 있다. 명상수행에 강하게 공감하는 분석가인 제프리 루빈(1996)과 마이클 아이겐(1998)은 명상수행이 핵심적 갈등과 정서적 결핍을 충분히 다루는 데 실패하였을 뿐만 아니라 실제로 기존의 방어적 패턴들을 강화한 기록들을 남기고 있다. 아주 흔하게 선의 스승과 제자들은 자신의 고통을 지배하였지만 충동에 굴복하였고, 모든 존재들과의 합일감을 경험하였지만 가족과 갈등을 갖고 있었으며, 자아의 공함을 발견하였지만 권위를 지속적으로 남용하였고, 방석 위에서는 평화를 발견하였지만 자신의 삶에서는 발견하지 못하였다. 전이를 이해하고 공감이 갖는 역할을 인정하여 전통적인 스승과 제자의 관계에 변화를 일으키고자 하는 것이 나의 희망이다. 물론 온갖 종교적 신념을 지닌 좋은 스승들은 제자들이 갖는 전이적 욕구와 반응을 직감적으로 느끼면서 지도한다. 그러나 그들은 강한 전이적 이상화, 사랑의 전이, 강박적이거나 갈등적 반응 및 그런 전이적 혼란과 함께 할 수 있는 실망, 분노, 철수를 이해하고 다루는 능력에서 많은 차이가 난다. 이와 마찬가지로 아주 헌신적인 제자가 복종이라는 역할에 수년 동안 매달리거나, 스승에게 병적으로 의존하거나, 그렇지 않으면 병리적 적응의 어떤 형태에 굴복하거나 피학적으로 이상화된 자아 대상과의 연결을 유지하기 위한 한 수단으로서 매우 고통스러운 수행을 참는 현상을 스승들은 과소평가하는 경향을 보인다. 심지어 성적인 감정으로 역전이를 느끼지 않는다고 하더라도 이상화에 대처하는 것은 스승이 가질 수 있는 잠재적인 자아도취에 대한 지속적인 도전이다. 공감이라는 것은 스승이 여러 제자들의 서로 다른 정서적 욕구, 약점, 강점을 이해하고 존중하여 "하나에 모든 것을 끼워 맞추는" 이론을 강요하지 않는 것이다.

합일감

나는 "합일감"이라는 경험에 대해 이미 말하였지만 이것이 정말로 무엇을 의미하는지 좀 더 언급하고자 한다. 프로이트가 "무한함과 우주와의 결합"의 경험을 "대양적 감정"으로 언급한 이래(1930, 68) 수많은 정신분석적 잉크가 이런 질문에 흩뿌려졌다. 결국 이런 시도들은 합일감이라는 경험을 기존의 어떤 정신분석적 틀에 끼워 맞추고자 하는 것이었다. 종종 "합일감"을 일종의 억압된 상태, 자아와 타인으로 분화되는 과정의 원초적 상실로 보는 결론에 이르게 되었다. 예를 들면, 샤피M. Shaffii는 다음과 같이 쓰고 있다, "명상을 통해서 … 깊지만 일시적이고 조절된 퇴행이 일어난다. 이런 깊은 경험은 어머니-아이 관계의 신체적-공생적 단계로 … 개인적으로 퇴행하는 데 도움을 준다"(1973, 442). 그리고 『합일감을 찾아서The Search for Oneness』(실버만Silverman, 라흐만 Lachman, 밀리히Milich 1982)의 저자들은 이런 경험이 갖는 심리적 유익함을 강조하고 있음에도 불구하고 단지 퇴행이라는 용어를 통해서만 이해될 수 있다고 말하고 있다. 이러한 퇴행 상태가 어린 아이의 발달 단계로 실제로 돌아가는 것으로 개념화되는지, 아니면 시간적이 아니라 기능적인 개념으로 우리가 퇴행을 생각해야 되는지 하는 것은 이 저자들에게는 여전히 열려진 의문으로 남는다. 그러나 우리가 다른 맥락에서 합일감의 존재와 그것이 갖는 적응적이거나 방어적 기능을 당연하게 받아들인다고 하여도 이것이 불교 수행에서 말하는 합일감의 경험이나 주객의 분리가 없는 상태와는 어떤 연관성을 갖는가? 이것들은 동일한가? 비슷한가? 또는 근본적으로 다른 두 상태를 은유적으로 뭉뚱그려서 말하고 있는 것인가?

대부분의 저자들은 합일감이라는 경험이 갖는 유일하고 강렬한 순간에 초점을 맞추고 있지만 선의 진정한 목적은 이런 순간적인 "합일감" 자체의 경험을 유도하는 데 단순히 일차적으로 관심을 갖는 것이 아니라 존재의 이원적 전망을 포기하고 장기적으로 성격과 의도에 변화를 초래하는 것이라는 점을 상기해야만 한다.

우리가 하향식 접근을 취하면서 개인적 경험의 순간에 집중하게 되면 종교적 경험과 퇴행적 상태를 쉽게 뒤섞어 버리게 된다. 그러나 수행의 진정한 목표는 방석에 앉아 있는 동안만 경험하게 되는 어떤 특별하거나 강렬한 무엇을 성취하는 것이 아니라 우리 삶의 일상을 합일감의 전망 아래에서 *활발하게 기능하는 것*이다. 우리가 이런 활발한 삶의 기능이라는 전망에서 합일감이라는 경험을 바라볼 때 비로소 이 둘의 차이가 명확하게 떠오를 것이라고 생각한다.

두 명상가의 이야기

명상수행을 하는 두 젊은 분석가를 상상해보자. 분석가 A는 지금도 수년 동안 지역 선방에서 앉아있다. 어느 날 그는 자신의 호흡을 세고 있으면서 점차 숨을 쉬고 있다는 것을 더 이상 느끼기를 못하기 시작한다. 그러나 여전히 수동적으로 숨은 쉬고 있다. 그런데 갑자기 자신과 모든 사람, 모든 장소가 몸의 일부라는 느낌을 받는다. 세계는 살아있고 통합된 전체이고 그 자체로 완벽하다. 명상의 하루를 마치고 집에 갈 때 자신이 위대하고 신비한 경험, 즉 자신이 평소 좌선으로 성취하기를 항상 희망하였던 그런 종류의 상태를 성취하였다고 확신한다. 그는 일종의 우월감, 심지어 그런 경험을 하지 못한 동료 명상가들과 분석가들에게 연민(그는 이것을 "자비"라고 부른다)을 느낀다. 새로운 통찰로 인해서 환자에 대한 자신의 해석이 이전의 어떤 것보다 올바르다고 더욱 확신하다. 또한 환자들이 자신과 함께 있는 것만으로도 자신이 새로 발견한 개방감과 완벽함을 약간은 미묘한 방식으로 느낄 수 있을 것이라고 믿기 시작한다. 자신은 본질적으로 선하다고 확신하면서 점차로 자신이 하는 어떤 것이라도 부정적인 영향을 미칠 수도 없다고 생각한다. 또한 환자들은 자신들의 고질적인 이원론으로 인해서 성숙하는 데 실패하고 있다고 비난한다.

　분석가 B는 수년 동안 명상을 하고 있지만 분석가 A가 말하고 있는 것과 같은 극적인 경험을 하지 못하였다. 합일감이 주는 어떤 은총의 감각을 경험하지는 못하였지만 선 수행은 자신의 불안과 분노를 더 잘 자각할 수 있게 해주었다. 그는 선방에서 모든 것을 완벽하게 하려고 애쓰고 있었지만 자신의 한계를 알고서 절망하는 자신의 모습을 잘 보고 있었다. 그는 너무 경직되게 앉을 때 얼마나 긴장되는지를 알아채고는 모범적인 제자가 되어 스승에게 인상적이게 보이려고 노력하였다. 점차로 그는 선방의 모든 사람들이 동일한 문제와 고통으로 싸우고 있다는 것을 깨닫게 되었다. 자신이 특별하다고 생각하는 대신 모임의 일원이라는 사실을 더 잘 느끼기 시작하면서 주위에서 일어나는 모든 것을 지지하고, 또한 그것에서 지지를 받았다. 그는 자신이 환자들을 두 종류, 즉 분석 가능한 환자와 불가능하지는 않지만 어려운 경계성 환자로 나누는 경향을 보이고 있었다. 그러나 이제는 인간의 고통이라는 더 넓은 범주에 공감하고 자신의 진료실 문을 열고 들어오는 누구라도 그냥 단순히 동료의 한 사람으로 보게끔 되었다. 자신과 환자 사이에 놓인 차이가 더 이상 그렇게 깊거나 의미 있게 보이지 않았다. 이것은 환자들의 어려움을 망각해서가 아니라 오히려 그 반대였다. 그는 환자에게 경멸적인 라벨을 붙이거나 판단하지 않았다. 자신과 환자에게 일어나는 모든 것과 함께하고자 하였고, 그럴 준비가 되어 있었다.

　어쨌든 당신이 분석가 A의 합일감을 "퇴행적"이라고 부르든 아니든 간에 이것은 문제가 되지 않는다. 중요한 것은 그가 이런 경험을 이전의 자아 중심적 관점－자신을 특별한 사람으로 확인시킨 "특별한" 경험－

으로 받아들였다는 점이다. 역설적으로 "합일감"이라는 깨달음은 자신이 주위의 모든 사람들과 다르다는 느낌과 이에 따라서 분리되어 있다는 느낌을 증가시켰다. 이런 "합일감"은 이것이 어떤 종류이든 간에 삶에서 분리되거나 이원론적 사고를 감소시키는 *기능을 하는 것*이 아니다. 다른 한편 분석가 B는 자신이 습관적으로 형성해온 자신과 다른 사람들 사이의 장벽을 점차로 알아차리고 수행 결과 이런 장벽이 극적이지는 않지만 점차로 서서히 줄어들기 시작하였다. 결과적으로 그는 "신비" 경험을 하지 않았고, 표면적으로 그의 삶은 명상을 하지 않는 자신의 동료와 별반 다르게 보이지 않았다. 그러나 그는 자아 중심적이고 이원적인 전망에서 점점 멀어지게끔 *기능하고* 있었다.

합일감이라는 경험에서 진정 *지속적으로* 기능한다는 것은 무엇과 같은가? 비이원적 전망이 갖는 하나의 특징은 *더 이상 어떤 문제를 가지고 있지 않다*는 것이다. 즉 우리는 자신의 삶을 좋은 부분과 좋지 않은 문제로 나누지 않는다. 거기에는 단지 순간에서 순간으로 이어지는 삶이 있을 뿐이다. 문제가 우리의 삶*으로부터* 사라지는 것이 아니라 우리의 삶 *속으로* 사라진다. 이런 사라짐을 위해서 특별하거나 신비한 어떤 것이 있을 필요가 없다. 이렇게 비이원적인 방식으로 합일감을 생각하게 되면 어떤 퇴행적 비유에 의존할 필요도 없고, 또는 어떤 상태로 돌아가야 할 그런 것도 아니라는 것이 분명해진다. 분석가 A가 경험한 합일감이 만약 수행의 다른 맥락에서 일어났다고 하면 아마도 무엇을 성취했다고 확인 받기보다 자신의 자아 중심성이 문제가 되었을지도 모른다. 어떤 순간적 경험을 어떻게 분류하는가 하는 것이 핵심이 아니다. 중요한 것은 그것이 삶에서 어떻게 기능하는가 하는 것이다.

상호 주관적 관점

종교적 경험을 아기의 미분화되고 공생적이거나 합일된 상태로 비유하는 정신분석 이론들은 내 생각으로는 아마도 아기의 주관적 경험을 잘못 표상할 뿐만 아니라 더 중요하게는 발달 스펙트럼을 잘못 보고 있다. 어른의 마음은 바로 아기의 마음과 마찬가지로 주위의 맥락에 의해 상호 주관적으로 내장되어 있고 상호 결정되어 있다. 위니컷의 중간 영역, 즉 "자아와 타인은 하나도 아니고 둘도 아니며 상호침투적인 영역으로 서로 함께 이루어진 것"이라는 아이겐(1981)의 언급은 사실상 우리 모두 어른으로서 거주하는 상호주관적인 현실을 말하고 있다. 그리하여 로버트 스토로로우는 상호주관성을 한-사람도 아니고 두-사람도 아니라 "아무-사람도 아닌 심리학no-person psychology"으로 기술하였다. 이런 현실을 비이원적으로 살아가는 것은 퇴행이 아니라 발달의 진정한 성숙을 의미한다. 아마도 결국 정신분석이 "합일감"을 진정한 성숙으로 간주하게 되는 시기는 합일감을, 사물이 한때 그렇게 *있었던* 상태로 순간적으로 돌아가는 것을 의미하는 것이 아니라 사물이 지금 *있는* 그대로의 상태를 보는 것을 의미한다고 인식할 때라고 생각한다. 이원론, 이것은 근본적으로 자아를 잠재적인 고통의 세계와 분리하려는 방어적이고 환상적인 시도이다. 이런 이원론은 발달의 실패를 의미한다.

공함

비슷한 혼란이 "공"의 개념을 둘러싸고 일어난다. 때로는 이 단어는 "순수한" 자각, 순간적으로 사고가 텅 빈 깨어있는 마음의 상태를 서술하는 데 사용되고 있다. 제임스 오스틴(1998)은 자각과 몰입의 전반적 범

위를 명상가의 주관적 경험의 현상학이라는 관점에서 또한 여러 다양한 신경학적 기전의 가설을 통해서 자세한 설명을 하였다. 마음은 처음에 고요하게 되면서 점차로 시간과 공간의 통상적 자각뿐만 아니라 외적 및 내적 감각 자극이 텅 비워진다. 이런 "텅 빔"의 특별한 상태, 집중된 상태를 불교 문헌에서는 사마디samadhi라고 부른다. 이런 의식 상태를 둘러싸고 선불교와 정신치료 사이에는 커다란 *단절*이 놓여 있다. 불교의 스승들은 지속적 통찰을 위해 이런 의식 상태에 얼마나 비중을 두는지에 대해 다양한 견해를 보이고 있다. 일본의 임제종에서는 이것을 견성 또는 사토리さとり, satori라고 불리는 갑작스런 깨달음의 돌파구에 필요한 전제조건으로 보고 있다.

그러나 "공"에는 또 다른 의미가 있다. 전통적으로 공은 무상을 말하는 또 다른 방식이다. 붓다에 의하면 모든 *다르마들*(사물 또는 경험의 순간들)은 어떤 고정된 또는 본질적인 성질에서 *공하다*. 어떤 개별적이고 본질적인 성질의 부재는 합일감의 또 다른 결과라고도 볼 수 있다. 모든 다르마들은 끊임없이 변화하고 상호결정적이고 상호의존적인 전체이다. 자아가 공하다고 말하는 것은 모든 경험은 일시적인 성질을 갖고 있다고 말하는 것이다. 모든 사물들이 지나가는 것을 보고 있는 사람의 배경에 설정된 어떤 영원한 *경험자* 또는 관찰자를 상정하지 않는다.

불성

공함이라는 것은 무상을 표현하는 것인데, 공함은 순수한 "존재"를 경험하는 것 이상의 상태이고, 이러한 공함의 "느낌"에 상응하는 심리적 상태는 없다.

내가 사과는 둥글고 붉다고 말할 때 몇 개의 속성을 열거하고 있는가?

사과는 그것이 붉음과 둥글다는 것을 소유하는 동일한 방식으로 세 번째 속성인 *존재*를 소유하는가? 사과가 둥글다는 것과 붉음, 바로 그것들을 가질 수 있지만 존재는? 사과의 물리적 속성들, 색, 모양, 질감(아주 미세하여도 모든 것이 끊임없이 변화하고 있는)과 함께 어떤 내적인 존재 또는 사과임을 상정하는 것은 일종의 고정된 불변의 본질을 상정하는 것이다. 붓다의 가르침은 이런 본질을 부인한다. 이와 마찬가지로 자아의 공함은 순간순간 경험의 간극들 위에, 뒤에, 사이에 어떤 식으로든지 있는 부가적인 속성이 아니다. 그것은 모든 순간순간의 경험이 존재한다는 것을 말하는 일종의 방식일 뿐이다. 잭 엥글러(1984)는 불교에서 말하는 "공함"과 자기애적 환자와 경계성 환자의 특징인 "공허한" 우울감의 병리적 상태를 동일시한 결과 발생하는 혼란을 정확하고 분명하게 지적하고 있다. 불교에서 말하는 "공함"을 자각하는 것은 삶의 흐름과 일시성에 저항하지 않고 단순히 받아들이는 것이다. 실제로 우리 스스로는 사물들이 오고가는 것에 저항하는 모습을 본다. 이런 저항의 마디들이 불교에서 말하는 애착이다. 애착에서 벗어나는 것은 무상함을 받아들이는 것이다. 공함을 이해하고 수행하는 이런 방식—사마디와 연관된 공함과 달리—은 선불교의 수행과 정신치료의 *연속성*에 기여한다. 변화에 대한 저항과 신체, 관계, 이해의 무상이나 한계를 직면하고, 수용하며, 애도하는 것의 거부를 분석하는 것은 선방에서 말 그대로 우리가 앉아있는 것의 일부라고 할 수 있다. 여기에서 우리는 정신분석에서 사용하는 자유 연상이라는 치료 기법을 비교할 수 있다. 전통적으로 피분석가는 자신의 생각이 오고 가는 것을 단순하게 허용하고 편집이나 검열 없이 분석가에게 그것들을 말하라고 요청받는다. 단순하게 보이는 이런 기본적 규칙에 대한 저항이 물론 재빨리 형성된다. 그리고 이런 저항의 마디들이 이후 전개되는 피분석가에게 던지는 질문의 초점이 된다. 선불교 수행은 자신의 생각을 단순히 허용하는 것이 아니라 삶 그 자체가 오고 가는 것을 허용하는 것이라고 말할 수 있다.

석가모니가 발견하고 우리 모두가 소유하고 있는(우리가 그것을 깨닫든지 그렇지 않든지 간에) "불성"은 어떤 내적이고 불변인 "영적" 본질이 아니라—심지어 깨달음을 위한 내적인 가능성도 아니다—그 자체로 무상한 것이다. 자신의 무상함에 저항하지 않는 삶이나 자아는 무엇과 같은가? 조코 벡이 말한 바와 같이 경험의 공함을 전면적으로 수용한다는 것은 "사실 무상은 완벽함의 또 다른 이름이라는 것"을 깨닫는 것이다(1989, 110). 여기에 추가하여 말하고자 하는 것은 완벽함은 삶 그 자체를 있는 그대로 완전히 받아들이거나 분리되지 않는 것의 또 다른 이름일 뿐이라는 점이다.

깨달음

통찰의 이런 순간, 합일감, 공함의 경험은 *깨달은* 사람의 성격 구조와 어떤 연관성을 갖는가? 이런 깨달은 사람은 완전히 무아이고 우리가 한 명의 붓다라고 부를 수 있다. 이런 경험들은 정신분석이나 다른 학문에서 볼 수 있는 통찰과 같이 우리에게 존재의 새로운 방식을 얼핏 엿보게 해준다. 이런 새로운 존재 방식은 일상적으로 우리가 행하는 구분이나 분리와는 아무런 상관이 없다. 이런 순간의 경험은 내용과 상관없이 그것 자체로 완벽하다. 합일감의 경험은 우리 자신을 통상적으로 정의하는 자아 중심적 경험 대신 무아의 순간적 경험을 하는 것이라고 말할 수 있다. 전통적인 공안에서 우리는 때때로 "이것으로 나는 깨달았다"라는 말로 끝나는 이야기를 듣는다. 그리고 "그 후 그는 행복하게 살았다"라는 말을 듣고 싶은 유혹을 받는다. 그러나 어떤 특별한 순간이 완벽하다고 느끼는 것과 어떤 가능성에 대해 말하는 것은 별개의 문제이다. 다음은 조코 벡 (1989, 115)이 깨달음을 기술하는 바로 그것이다.

> *당신이 하루 더 살 수 있다는 … 그 말을 내가 듣는다 해도 나는 그것으로 괜찮은가?*
>
> *내가 심한 사고를 당해 다리와 팔을 절단해야 한다고 해도 그것으로 괜찮은가?*
>
> *내가 누구에게서 친절하거나 우정 어린 격려를 더 이상 받지 못한다고 해도 그것으로 괜찮은가?*
>
> *내가 최악의 상황에서 완전히 웃음거리가 된다고 해도 그것으로 괜찮은가?*

그녀의 목록은 계속된다. 그러나 여기서 "괜찮다"는 것은 무엇을 의미하는가? 그녀는 다음과 같이 말한다. "나는 고함을 지르거나 항의하거나 증오하지 않는다는 것이 아니다. … 이것들에 대해 괜찮다고 하는 것이 그것을 행복해한다는 의미가 아니다. … 깨달은 상태는 무엇 *인가?* 나 자신과 내가 놓인 삶의 환경 사이에 더 이상 어떤 분리가 없을 때 그것이 무엇이라고 하더라도 그것은 단지 그것이다"(115-16).

이런 분리의 부재가 그것과 관련된 어떤 특별한 정서 상태를 갖고 있지 않다는 점을 주목하라. 괜찮다고 하는 것이 문제가 되는 경험에 부가되는 어떤 감정이나 긍정을 말하는 것이 아니다. 그녀는 그것을 증오할 수 있다고 말한다. 여기 합일감이라는 은총에 가득 찬 불꽃이 있는 것이 아니다. 순간적인 명상 경험이라는 미분화된 완벽함을 어떤 퇴행적인 합일감의 모델이라고 설명할지도 모른다. 그러나 벡의 목록과 같은 경험의 한계 내에서 참여적 수용과 기능을 발휘한 그의 전체 삶을 그런 방식으로 설명할 수 없다. 어떤 퇴행적 합일감의 순간도 차별이나 판단 또는 비교 없이 달콤함과 빛의 따뜻한 불꽃 안에서 삶의 전 과정을 계속해서 적실 수 없다. 깨달은 삶에서 실현된 "합일감"은 그것이 아무리 강렬하거나 의미가 깊다고 하여도 한순간으로 그치는 것이 아니라 오히려 지속적이고 참여적이며 전면적인 기능을 갖는다. 이러한 기능은 그것이 작동하는 조직화되는 원리들의 정합적 구조를 전제로 한다.

어떤 통찰이 아무리 깊다고 하여도 진정한 성격의 변화가 있기 위해서는 장기간의 훈습을 필요로 한다. 그렇지 않으면 강렬한 경험은 단지 하나의 경험*으로* 빠르게 드러난 것, 또한 그것이 그냥 특별하다고 평가받고서 일상생활과는 *불연속성*을 갖게 된다. 내가 수행을 시작할 때 선 수행의 신화는 깨달음이 모든 신경증을 자동적으로 해소해준다는 것과 깨달은 사람은 과거의 모든 조건화된 것들을 정화한 사람이라는 것이었다. 경험의 강렬함 그 자체에 미혹되는 것은 특별히 선병이 점진적으로 나타나는 것일 수 있다. 그런 사람들은 통찰을 자신의 전체 인생을 밝히는 빛으로 사용하지 않고 조절할 수 없을 정도로 완전히 그 빛에 빠져버린 선의 나방이 된다. 선 수행을 비유하는 또 다른 유용한 예는 선 수행을 안개 낀 날에 먼 길을 걸어가는 일로 보는 것이다. 처음 출발할 때 우리는 미세하게 젖은 안개를 거의 눈치 채지 못한다. 그러나 시간이 흐른 다음 결국 완전히 젖은 채로 목표 지점에 도달한다. 오랜 스승이 한때 말한 바와 같이 "자신의 깨달음을 인식할 것이라고 생각하지 마라." 그는 우리가 이해하기 바라는 것은, 어떤 경험을 인식한다는 것은 그 경험이 이미 구체화되어서 정의되고 소유되며 심지어 자랑스럽게 여기는 분리된 어떤 무엇이 되었다는 것이다.

선불교의 몇몇 종파에서는 훈습 과정이 공안 연구라는 수단으로 정형화되어 있다. 공안이라는 단어는 원래 공적 서류를 의미하는 것이었다. 이런 공안은 선불교의 임상적 사례 연구와 동등하다고 말할 수 있다. 하나의 공안은 대개 늙은 스승과 한 명의 제자 사이에서 일어나는 극적인 만남이라는 맥락에서 단순한 이야기, 대화, 수수께끼의 형식으로 심리적이거나 철학적 난문제를 해결하고자 하는 시도이다. 이런 만남들은 오늘날의 제자들에 의해서 마치 재현되듯이 연구되거나 논의되지 않는다. 공안은 한 제자가 자신의 방식으로 새롭게 문제를 제기하고 풀어나가는 핵심적인 의문이다. 내가 위에서 언급한 바와 같이 조주의 "무" 공안은 합일감의 경험을 유도하여 더 깊은 수행 정진을 위한 기본이 되었다. 이것 이외에도 전통적으로 전개되는 수많은 공안을 통해서 훈습되었다. 상향식 수행인 조코 스타일의 특성은 우리가 갖는 조건화의 훈습에 정확하게 초점을 맞추고 있다는 점이다. 말하자면 우리의 핵심적인 신념이나 조직화된 원리들이 소위 깨달음의 경험 이후 즉시 제자리로 튀어 오르고 그 중요한 의미를 부정하며 너무나 자주 경험 그 자체를 기존의 정신적 습관으로 위협적으로 되돌아가게 만든다는 것이다.

진정한 자아 또는 무아?

모든 공안들은 근본적으로 비이원적이고 반反본질적이고 반反초월적인 전망을 하고 있다. 이런 상태를 반드시 경험하기 위해서는 내부에서 움직이고 있는 것이 무엇인지를 공안은 우리에게 보여주고 있다. 우리는 "무"에서 작동하는 비이원성을 보았다. 반본질적 전망은 "바로 이 순간, 선한 것도 악한 것도 생각하지 마라, 너의 부모가 태어나기 전에 너의 본래 얼굴을 나에게 보여라(*무문관*, 23칙)"와 같은 공안에서 잘 드러나 있다. 공안은 본질적이거나 진정한 자아라는 모호한 전제와 *합류하여* 제자가 깊이 침잠하여 진정으로 우리가 누구인가에 대한 모든 선입견을 파헤쳐 들어가는 식으로 구성되어 있다. 이원성을 넘어서 "선 또는 악을 생각하는 것"을 넘어서 거기에 본질적인 진정한 자아가 있는가? 붓다는 자아는 "공하다", 즉 *어떤* 고정된 또는 본질적 성질을 가진 것은 없다고 가르쳤다. 거기 있는 모든 것은 공안 자체의 개방적인 단어들이 말해주고 있는 모든 것이 거기에 있다. 즉 이 순간에 존재하는 것이 우리의 진정한 자아*이다*. 우리의 본래 얼굴은 이 순간의 얼굴 이외에는 없다. 순수하거나 완벽한 내적인 본질을 추구하는 것은 이 순간의 완벽함에 눈을 멀게 할 뿐이다. 아이겐(1998, 34)은 도날드 위니컷, 마리온 밀너, 윌프레드 비온이 "선의 공안 '네가 태어나기 전에 너의 본래 얼굴은 무엇인가?' 라는 것을 좋아했을 것"이라고 생각하였다. 왜냐하면 그들 모두는" 본래의, 벌거벗은 자아가 경험의 주체라는 확신을 공유하기 때문이다. 내면화 과정은 완전하게 발달된 자아를 위해 필요하지만 본래적인 그 무엇은 이런 과정을 통해서 빛을 발한다." 아이겐은 여기 이 순간에 혁신적인 개방을 축하하는 사람이지만 내가 염려하는 것은 그와 그의 멘토들이 그들이 생각하기에 이 순간의 *배후에서* 이 순간을 *통해서* 빛나는 진정한 공상적인 자아를 찾고 있을지 모른다는 것이다. 토마스 머튼 Thomas Merton은 인생의 마지막에 이전에 "진정한 자아"에 대해 쓴 것을 돌이켜 보면서 이런 점에 더 가까이 오게 되었다. 그는 자신의 일기에 다음과 같이 쓰고 있다.

시간은 아마도 내가 "진정한 자아" 등에 대해 말한 것으로 다시 되돌아가게 되었다. 그리고 결국은 그 이외에 숨겨진 신비로운 "전정한 자아" 또는 자아의 "뒤에 숨어 있는" 것은 없다. 그러나 생각하는 모든 것은 거기 있는 것을 관찰하거나 객관화하거나 왜곡하는 것이다. "진정한 자아"는 객체가 아니지만 나는 때로는 현실 앞으로 한 걸음 뛰어올라 기민함, 충실함, 재빠름의 능력에 대한 보상으로 어디에서인가 그것을 알 수 있는 가능성을 약속하는 듯 하면서 그것을 배신하였다. (머튼 1997, 95)

당신이 진정으로 누구인가라는 것이 이런 순간에 불과하다고 알아채는 것이 실망스럽게도 평범하거나 간단하게 들리지만 깨달음의 순간이 평범하지 않은 경우도 있다. 신경학자이자 선 수행자인 제임스 오스틴 James Austin(1998)이 이런 경우인데 그는 자신의 "본래 얼굴"을 알아차린 것은 런던의 지하철 플랫폼에 서 있을 때였다. 다음과 같이 쓰고 있다.

오전 9시 런던 지하철의 플랫폼에서 예상하지 못한 일이 일어났다. … 나는 평화롭고 아늑한 일요일 아침 수행하러 가는 길이었다. 약간은 멍한 상태에서 첫 기차를 이용할 수 있었다. 나는 이전에 한 번도 있은 적이 없는 역에 있었다. 거기서 나는 현실이 약간은 늦게 흘러가는 것 같다. … 텅빈 플랫폼은 조용하다. … 나는 돌아서서 남쪽으로 멀리 사라지는 기차의 흐름을 본다. … 어둑어둑한 지하철 내부, 약간은 우충충한 중간의 빌딩들. 그 위 너머에 조금 탁 트인 하늘이 눈에 들어왔다. 나는 게으르게 이런 일상적인 풍경을 훑어보고 흐린 시선으로 마음에는 아무 생각이 없다.

바로 그 순간 전체 장면은 세 가지 성질을 띠었다. 절대적인 실재, 내적 정당성, 궁극적 완벽함이다. (오스틴 1998, 537)

무슨 일이 일어났는가? 한 순간, 거기에는 단지 이런 장면만이 있을 뿐이고 오스틴이 보고한 바와 같이 "보고 있는 사람이 없다." 그가 말하기를 그것과 함께 이 순간이 그 자체로 완벽하다는 것, 그리고 거기에는 할 것도 두려워할 것도 아무것도 없다는 느낌이 왔다. 그 이후에서야 비로소 그는 이런 경험이 그 자체로 자신의 본래 얼굴에 대한 공안의 답이라는 것을 감지하였다. 선 또는 악의 생각을 넘어서서 모든 본질적인 "자아"는 떨어져 나가고 단지 열차 역에서 단지 이런 한 순간만이 있다.

비이원론(또는 합일감)과 비-본질주의(또는 공함)의 실제적이고 살아 있는 깨달음은 조지 앳우드와 로버트 스토로로우(1992)가 "고립된 마음의 신화"라고 부른 것에 대한 아주 실제적인 대안이다. 그들은 이런 신화의 결과인 삶의 본질적 내속으로부터 소외의 세 가지 주요 영역을 개관하였다. 첫째로 "동물적 존재와 죽음의 불가피성의 강제로부터 내적인 자유의 영역이 존재한다"(8)는 환상이 포함되어 있는 *자연으로부터의 소외*, 둘째로 각 개인은 "단지 자신만의 의식을 알 수 있고, 따라서 개인이 어떤 경험을 할 때 타인과의 관계가 갖는 구성적인 역할을 무시하고 … 타인에게 속한 경험에 직접 접근하는 것에 영원히 가로막혀 [있다]"는 환상이 포함되어 있는 *사회적 삶으로부터의 소외*(9), 셋째로 "여러 다양한 차원의 주관성의 물화"를 포함한 *주관성으로부터의 소외*이다. "이런 물화는 물질적 현실의 평면에서 사물에 부여된 하나 또는 다른 속성들을 경험에 부여하는 것인데, 예를 들면 공간적 국재화, 연장延長, 영구적인 본체 및 이와 유사한 것 … 마음의 이미지와 항상 연관되는 것은 외적인 실재이거나 세계이고 그 위에 마음의 개체가 하는 역할은 살피는 것이라고 상정된다"(11).

이런 이원론－서구의 철학뿐만 아니라 스토로로우와 앳우드가 설명한 모든 방식으로 정신분석적 경험과 문헌을 관통하고 있다—은 선의 수행에 의해 직접적으로 도전을 받고 있다. 점차적으로 또는 오스틴이 서술한 바와 같이 격렬한 깨달음의 순간이든지 간에 선은 자아의 본질적 내재성이라는 통상적인 데카르트적 전제뿐만 아니라 "진정한" "내적인" "본질적인" 자아 또는 성질—이 모든 것은 내가 이미 언급한 바 있다(마기드 1999)—은 고립된 마음이라는 신화의 측면들과 얽혀져 있다는 것을 직접적으로 직면하고 있다. 위니컷(1965)의 "가짜" 자아에 대한 선의 대안은 내적인 "진정한" 자아의 발견에 있는 것이 아니다. 그것은 코헛의 핵을 이루는 자아에 대응하는 것도 아닌데, 이것을 어네스트 울프 Ernest Wolf(1998, 51)는 다음과 같이 쓰고 있다. "개인적 자아가 유일하고 독특한 정합적인 구조로서 처음 나타날 때 거기 놓여있는 극점들과 긴장의 전체 모양이 이런 핵을 이루는 자아의 핵심이다. 이런 독특한 핵심적 모습은 자아에게 유일하고 특별한 방향을 부여한다. 이런 방향이 살아가는 동안 자아를 위한 *인생 계획*이라고 부를 수 있다."

이런 공식에 따르면 충족은 자아의 인생 계획과 "조화"를 이루는 것인 반면 내적인 청사진을 드러내거나 실현하는 데 실패하면 영원히 충족되지 못한 느낌을 갖게 된다.

이것과는 대조적으로 조코 벡은 다음과 같이 말한다, "진정한 자아는 전혀 없다. 그것은 무엇의 부재이다. 무엇에 대한 부재인가?"(1989, 101) 우리가 대답할 수 있는 것은 그것은 "거짓 자아"뿐만 아니라 우리의 삶속에서 발견하기를 추구하는 "진정한 자아" 또는 "인생 계획"이란 어떤 개념의 부재이다. 선의 진정한 자아는 *무아*이다. 그것은 인생 그 자체의 단순한 비-자아-중심적인 반응이다. 정신분석가로서 우리는 자아-중심적이라는 이런 불교적 개념을 어떻게 이해해야만 하는가? 나는 이런 간단한 정의를 제공하고자 한다. 즉 *자아-중심성은 고립된 마음이 갖는 관점이다.* 즉 이것은 자신의 자아가 본질적으로 사적이고 내면적이며 자율적이고 분리되어 있다고 믿는 관점이다.

초월은 없다

자아 중심적 또는 "고립된 마음"의 부재 아래 우리 삶의 본질적인 내속을 드러내는 것은 바로 순간순간 기능하는 것일 뿐이다. 이런 "진정한" 자아는 안에 있는 것도 아니고 밖에 있는 것도 아니다. 그리고 내적인 계획도 아니고 보다 큰 또는 초월적 존재와 결합하는 것도 아니다. 바로 이 순간을 "넘어서는" 것은 아무것도 없다. 이런 깨달음은 내가 이전에 언급한 바와 같이 선의 "반초월적" 측면을 드러내어 주고 있다. 이원론과 본질주의에 끝을 내는 것은 우리를 "더 높은" 영역으로 내던지는 것이 아니다. 마치 이런 영역이 오스틴이 서술한 것과 같은 견성 경험이 보여주는 첫 인상처럼 보일 수도 있을 것이다. 결국 선은 보다 높은 영역이라는 어떤 개념에 종지부를 찍고자 한다. *깨달음은 깨달음의 어떤 개념을 철저하게 포기하는 데서 이루어진다.* 미국인들의 귀에 이런 정의가 갖는 혁신적인 힘을 전달하기 위해서 나는 때로는 선과 정신분석의 공통적인 목표는 *행복의 추구라는 것에 종지부를 찍는 것*이라고 종종 말하였다. 정신분석가로서 우리는 깨달음의 환상에 대한 많은 변종들, 예를 들면 면제 또는 이욕, 불멸 또는 독특함, 완벽한 평온 또는 정서로부터의 자유들을 볼 수 있다. 이런 모든 것들은 고립된 마음이 그 고립성 속에서 스스로 완벽해지는 것을 상상하고 있다. 그러나 스토로로우와 앳우드가 우리에게 상기시켜 주는 바와 같이 고립된 마음은 신화이고 우리가 알아차리고 있든 아니든 간에 마음의 진정한 성질은 상호 주관적이거나 상호 연결되어 있다. 서로 연결되어 있고 서로 부분을 이루고 있는 것이 실제 혼란스러운 바로 그 세계이다. 고립의 꿈에서 깨어나서 함께 살아가는 하나의 실제적인 세계로 돌아와서 우리는 웃고 울고 한다. 행복은 추구하거나 외부에서 무엇인가를 얻음으로써 성취되는 그 무엇이 더 이상 아니다. 행복은 *우리 자신이 되는 것*의 자연스러운 부산물이다.

〈뉴요커New Yorker〉라는 잡지의 삽화 중 내가 좋아하는 하나는 두 명의 젊은 제자와 골프를 치는 구루에 대한 내용이다. 그가 골프공을 힘차게 휘두를 때 한 명의 젊은 제자가 다른 제자에게 속삭이듯이 말한다, "그가 그렇게 깨달았다고 하면 왜 그는 슬라이스(공이 휘는 것)을 제대로 처리하지 못할까?" 이것은 멋진 공안이다. 이것은 무문관無門關의 전통적인 칙則에서 제기하는 딜레마이다. 거기에서 늙은 스승은 깨달은 사람은 영원히 모든 과거의 업에서 해방된다고 주장하는 실수를 저지른 다음에 오백 번의 전생 동안 여우로 새로 태어나는 벌을 받는다고 기록되어 있다. 그러나 우리가 그것을 이원적인 입장에서 문제라고 딱지를 붙이지 않는다고 할지라도 골프공은 오른쪽으로 조절할 수 없게 여전히 휘어져 갈 수 있다. 오랫동안 조건화된 것은 여전히 훈습되어야만 하고 삶은 이원적으로 바라보지 않는다고 하여도 여전히 어려움을 내포하고 있다. 분석가가 되는 것과 마찬가지로 구루가 되는 것은 좌절이나 자기애적 상처에 직면하여 자각과 조절을 공평하게 동시에 필요로 하고 있는 것이 분명하다. 그리고 삽화에 있는 젊은 제자들이 구루가 잘못된 샷 다음에 호수에 그의 골프채를 화가 나서 집어던지지 않고, 제자들의 속삭임으로 인해서 드라이브를 망쳤다고 소리 지르지 않으며, 또한 자신의 좋지 않은 성적 때문에 남은 하루를 흥분한 상태로 있지 않기를 기대할 권리가 있다. 좌절하거나 또는 자기애적으로 상처받는 경향은 방어해야 할 아무런 본질적인 자아가 없다는 것을 드러내는 수행으로 인해서 극적으로 줄어들 수 있다. 그러나 우리가 자신의 수행이 우리 삶의 여러 주변적인 일들에 완전히 방어될 수 있는 초월적인 상태로 인도할 것이라고 상상한다면 우리는 합일감의 경험에서 유래된 순간적인 완벽함이라는 덫에 걸려들게 된다. 우리는 항상 몸을 갖고 있고, 죽을 것이고, 옳고 그르고, 좋고 나쁘고, 삶과 죽음의 세계에 살고 있다. 그곳에서 우리는 살고 기능하고 있는 셈이다. 말하자면 진료실에서 아픈 환자들을 돌보고 자신의 고통을 완화시키기 위해 노력하는 학생들과 함께 일하고 있는 곳이다. 이원적이고 본질적인 관점이 없어졌다고 해서 우리가 이 세계의 바깥으로 나가는 것은 아니다. 단지 우리는 이 세계 안에서 더 자유롭게 움직이고 기능하게 된다. 자아의 성질에 대해 덜 방어적이고 덜 망상에 젖어 있기 때문에 자유롭다.

잃는 것과 얻는 것

선의 진정한 자아는 무엇이 있는 것보다 없는 것인 것처럼 깨달음은 수행에서 얻는 것이라고 말할 수 있는 그 무엇이 아니다. 코도 사와키 Kodo Sawaki, 沢木興道 선사는 말한다, "얻는 것은 망상이다. 또한 잃는 것은 깨달음이다." 정신분석에서 통찰을 얻는 것에 대해 말하는 경향이 있지만 상실에 대해 선의 방식은 치료 과정에서 방어 또는 저항이 제거될 때 말하는 방식과 아마도 유사하다. 환자가 자신의 삶을 아무도 돌보아주지 않는다고 오해하고 좌절하고 분노하면서 살아가다가 어느 때 분석가를 만나서 다른 인간이 진정으로 자신을 이해하는 것을 깨닫고는 대단히 안심하는 순간에 불신과 절망 및 분노의 인생 시간이 떨어져 나간다. 불교적 용어로 말하면 그 환자가 가진 "자아"의 일부가 떨어져 나가는 것이다. 그 떨어져 나간 일부는 환자의 "자아"와 타인이라는 개별적인 표상을 둘러싸고 조직화된 것이고 이해받는 것이 불가능하다고 생각된 것이다. 남는 것은 별로 특별한 것도 아니고 단순히 그 자신 또는 세계와 더이상 불협화음을 일으키지 않는 자아이다. 도겐(1983)의 표현인 "몸과 마음이 떨어져 나간다"는 것은 몸과 마음의 *모든 분리된* 경험이 떨어져 나간다는 것을 의미하고 있다. 분리되지 않은 상태는 흔히 말하는 "무아"이다. 이런 무아는 통상적인 정신분석적 의미에서 구조 또는 경계가 없는 것이 아니다. 오히려 그것은 흘러가고, 자발적이고, 의미 있게 삶에 참여하는 것이다. 전통적인 코헛의 정신분석적 용어로 말하면 *무아의 모든 경험은 성숙된 자아대상 경험*selfobject experience이라고 말할 수 있다. 즉 어떤 그리고 모든 순간순간의 경험에 참여하는 것이고, 이것은 자아의 가치와 이상의 연습을 위한 지속적인 기회를 제공한다. 전통적인 불교 용어로 말하면 그것의 지혜와 연민이다. 무아 경험의 특징은 바로 이렇게 *기능하는 것*이다. 이것은 경계에 대한 어떤 신비적이고 대양적인 용해가 아니다.

항상성

나는 기능하는 것의 중요성을 강조하였다. 왜냐하면 그것이 자아의 공함과 무아의 의미에 대해서 또 다른 딜레마와 잘못된 개념에 중심적이기 때문이다. 불교는 다른 모든 것과 함께 자아는 공하고 변화하고 무상한 것이라고 가르친다. 그러면 우리는 어떻게 항상성을 해명하는가?

요즘 나는 일 년에 한 번이나 두 번 정도 샌 디에고에 있는 조코를 방문하곤 한다. 나는 모든 것이 변화한다는 것을 알고 있음에도 불구하고 그녀가 항상 동일하게 있어줄 것이라고 기대하는 그 무엇이 있다고 생각한다. 예를 들면, 나는 그녀가 선을 포기하고 모든 에너지를 주식 시장에 투여하고 있다고 말할 것이라고 기대하지 않는다! 조코라는 영원한 "자아"가 존재하지 않는다면 나는 무엇을 의지해야 하는가?

스테펜 미첼(1991)은 정신분석이론들은 "자아" 경험에 대한 두 가지 근본적인 서로 다른 관점을 둘러싸고 구성되어 있다고 지적하였다. 그 하나는 자아가 "관계적이고, 다양하고, 불연속적이라는 것"(126), 또 다른 하나는 자아가 통합적이고 분리되고 연속적이라는 것이다. 자아의 무상함에 대한 불교적 개념은 자아에 대한 미첼의 관점, 즉 자아는 다양하고 불연속적이라서 일시적인 "자아들"의 연속이라는 관점과 일치하는가? 어떤 관점에서 보면 예라고 대답할 수 있지만 미첼의 다중 자아들은 본질적으로 고립된 마음의 연속이고 개별적 마음들은 서로 다른 "관계적 양상"을 지니고 있다(128). 내적인 것이 없고 상호 연관되어 있어 무상하지만 개별적 현상은 지각, 동기, 기능에서 자아 중심적일 수 있다. 근본적인 내속의 결핍이나 상호연관성은 미첼의 틀에서뿐만 아니라 불교에서도 문제를 야기한다. 이것은 끊임없이 변화하는 관계적 양상에서 정합적이고 지속되는 어떤 일정한 지속적인 윤리적 가치가 존재할 수 있는가에 대한 문제이다.

선불교는 항상성의 경험, 특히 핵심적인 윤리적 가치의 항상성과 자아의 무상함을 어떻게 조화시키고 있는가? 이런 질문에 대답하기 위해서 우리는 서로 다른 차원의 "자아" 경험에 대해 더 자세히 살펴볼 필요가 있다.

선불교는 개인적인 자아 중심적 관점에서 분리된 지각, 이해, 반응의 지속적이고 "무의식적" 차원을 상정한다. 이것은 인간으로 존재하기 위한 우리의 일부이다. 선의 스승인 반계盤珪永琢(1622-93)는 이런 내적 자질을 미생Unborn, 未生이라고 불렀다. 미생은 창조되거나 알아낼 수 있는 그 무엇이 아니다. 그것은 자동적으로 자연스럽게 이미 있는 그 무엇이다. 단지 우리의 자아 중심적 관점으로 인해 이것의 연속적이고 자연스러운 기능을 모를 뿐이다. 이것은 지각적이고 개념적으로 서로 다른 많은 차원에서 우리가 익숙해진 바탕 위에서 작동한다. 그러나 무의식의 정신분석적 버전과는 달리 미생은 우리 "안에" 있는 것이 아니다. 만약 어떤 것이 있다고 한다면 우리는 그 미생의 한 측면이라고 할 수 있다. 예를 들면, 반계는 제자들에게 미생의 작동은 다음과 같은 사실에서 볼 수 있다고 말하였다.

> 여기 있는 당신들 모두가 나를 향해 있는 동안 나의 법담을 들으려고 하면서 의문을 품을 것이다, "반계는 무엇을 말하려고 하는 것인가?" 당신은 등 뒤에서 까마귀의 울음소리와 제비의 재잘됨을 듣거나 듣지 않으려고 애를 쓰지도 쓰지 않을 수도 있다. 그렇다고 하여도 일단 재잘되고 울게 되면 당신은 까마귀의 까악까악과 제비의 추추 하는 소리를 인식하고 구분할 것이다. 그것은 까마귀와 제비만 해당되는 것이 아니다. 여기 있는 모든 것을 당신이 미생으로 그것을 지각할 때 자동적으로 구분될 것이다. 그리고 당신은 백 가지 또는 천 가지 속에서 단지 하나의 생각이라도 간과하지 못할 것이다. … 당신은 스스로가 하나의 생각도 생산하지 않고서도 이처럼 보고 듣고 하는 모든 것을 구분하고 있다. 이렇게 놀랍고 빛나는 역동적인 기능이 태어나지 않은 미생의

붓다 마음이다. (하스켈Haskel 1984, 75)

그러나 미생은 지각의 차원에서만 작용하는 것은 아니다. 지혜와 연민은 시각과 청각처럼 자발적으로 기능할 수 있는 인간의 내적인 속성이다. 그러나 이것들은 자아 중심적 사고와 망상의 덮개에 의해 특히 간섭받고 훼손되기 쉽다. 반계에 의하면

> 모든 망상들은 예외 없이 자아 중심성의 결과로 생긴 것이다. 우리가 자아 중심성에서 자유로워질 때 망상들은 더 이상 생기지 않는다. 예를 들면, 당신의 이웃들이 싸움을 하고 있다고 해보자, 당신이 개인적으로 관여하고 있지 않다면 당신은 무슨 일이 일어나고 있는지를 올바로 들을 것이고 화가 나지 않는다. 당신은 화가 나지 않을 뿐만 아니라 평온하게 그 싸움의 올바름과 잘못됨을 말할 수 있을 것이다. 누가 옳고 누가 잘못된 것인지 들어보면 분명히 알 것이다. 그러나 당신이 개인적으로 관여된 무엇이 있다고 해보자, 그리고 당신이 다른 사람이 말하는 것이나 행동하는 것과 연관되어 있다고 하면 그것에 애착을 갖고 붓다 마음의 아주 빛나는 기능은 흐려질 것이다. 이전에는 당신이 올바름에서 잘못된 것을 명확하게 말할 수 있었지만 이제는 자기중심성에 이끌려서 옳다고 생각하는 것만이 옳다고 주장할 것이다. (하스켈 1984, 24)

정신분석가로서 우리는 반계의 주장, 즉 잘못된 것에서 올바른 것을 자발적으로 말할 수 있는 것을 어떻게 활용해야만 하는가? 우선 나는 반계의 설법은 "전前성찰적인 무의식"과 "역동적인 무의식" 사이의 차이 (스토로로우와 앳우드 1992, 33)를 명확하게 보여주고 있다고 말하고자

한다. 반계의 예에서 침투적인 자아 중심성에 가장 밀접하게 해당되는 것은 바로 역동적인 무의식, "기대와 공포"(34)의 저장소이다. 경험의 "자동적인" 조직자는 바로 전 성찰적 무의식이다. 의심할 여지없이 반계는 자신이 "자동적이고" 또는 "자연스러운" 것이라고 간주하는 것에 대해 보다 더 조심할 필요가 있다. 또한 이것은 수행자들과 스승들이 견성한 후 새로운 상황에 대한 자신들의 반응은 최종적으로 자아중심성이 제거되어서 이제는 자발적이고 자연스럽고 자비스럽다고 생각할 위험스러운 함정이 되었다. 그레고리 베이트슨Gregory Bateson(1987)이 경고한 바와 같이 인식론적 체계에 의해 사로잡히게 되는 가장 확실한 방법은 당신이 현실을 "직접" 지각하지 못한다고 생각하는 것이다. 분석가로서 우리는 무의식적인 역동적 조직화 원리들에 대해 이와 동일하게 주의를 기울여야 할 것이다.

그러나 비-중심적 자아가 그곳에서 기능하기 위해서는 가치들, 이상화들, 다른 조직화 원리들의 *어떤* 기저적 층이 그곳에 있을 필요가 있다고 내가 말한 것을 반계가 보여주고 있다고 생각한다. 옳고 그른 것이라는 자동적인 판단의 기반을 이루는 이런 조직화 원리는 단순히 그의 "자아" 개념의 일부는 아니다. 이것은 보고 듣고 하는 것처럼 자동적으로 작동하기 때문에 반계와 이들 기능 사이에는 아무런 분리가 없다. 반계 자신의 용어에 의하면 자아 중심적 관심의 기반을 이루는 *개인적* 가치의 영원한 핵이 있는 것 같지 않다. 오히려 그는 자아 중심적인 것이 떨어져 나갈 때 유동적이고 자연스러운 반응을 위한 *보편적인 능력*을 머리에 그리고 있다. 그리고 자아 중심성이 떨어져 나가고 남는 것은 최소한 직접적이고 중개되지 않은 경험의 주관적 *느낌*이다. 인식론적으로 세련된 관찰자가 무엇을 말한다고 하여도 이와는 반대이다. 뇌의 정보 조직과 처리에 전문가인 신경학자 오스틴은 "궁극적 실재를 지각되는 느낌은 견성 경험의 *원천 자료*[이탤릭체는 오스틴의 것이다]를 포함한다"고 스스로 확신하고 있다. 그는 반계와 다르지 않게 이것이 "내적인 신경생리학적 능력을 드러내고 있다"고 결론짓고 있다(오스틴 1998, 600). 아마도 이것은 분리된 실재와의 재연결을 시도하면서 인식론적 여과 장치에 대해 염려하는 것은 세계와의 분리에 몰두하는 고립된 마음뿐일 것이다. 선방에서 제자들은 목탁, 판板의 리드미컬한 소리를 듣고 아침의 첫 좌선을 시작한다. 이 판에는 "물고기같이, 바보같이" 되라고 촉구하는 경구가 적혀 있다. "물"이라는 단어를 한 번도 생각하지 말고 단순히 사물로 헤엄쳐 들어가라.

　반계는 물고기처럼 그의 세계에서 완전히 집처럼 편안하게 있다. 누군가 반계의 선에서 자아와 세계가 완벽하게 "맞아 떨어진다"고 말할 수 있을 것이다. 이런 경우 "맞아 떨어진다"는 것은 삶속에 자연스럽게 내포되어 있어 자아와 세계의 극복되어야 할 분리를 의미하는 것이 아니다. 반계의 이런 관점을 비온의 내적 결핍 개념에 대한 아이겐의 설명과 비교해보자. "[비온]은 우리의 경험 처리 능력은 우리가 처리해야만 하는 경험에 맞먹을 정도가 아니라는 점을 직시해야만 한다고 주장한다. … 우리의 능력 결핍은 경험 처리 과정이 시작되자마자 시작된다, 이것은 결핍의 일차적인 과정이다. 우리는 경험의 충격들을 감당할 수 없다. … 우리의 능력 장치는 스스로 다룰 수 없는 상태를 만들어낸다. … 우리가 다루는 처리 과정의 수준이 무엇이든지 간에 우리 자신이 거기에 잘 맞출 수 있는지, 또는 우리 자신이 제대로 할 수 있을지 의문스럽다"(아이겐 1998, 99-100). 그러나 현대의 시인이면서 선의 스승인 필립 왈렌 Philip Whalen은 다음과 같이 재담을 한다. "인간의 운명은 영원히 하루가 늦고 1달러가 부족한 것이라고 많은 사람들이 당신에게 말할 것이다. 당신은 그것을 믿지 마라"(1972, 19).

옛 공안은 묻는다, "거대한 힘을 가진 사람이 왜 다리를 들어 올리지 못하는가?"(아잇켄Aitken 1991, 132). 여기서 무아의 수수께끼가 몸과 마음의 이원성이라는 용어로 드러나고 있다. 그러나 하나의 사물이 다른 하나에 작용하기 위해서는 그것들은 우선 두 개의 분리된 사물로 있어야만 한다. 거대한 힘을 가진 사람―그리고 공안은 위대한 영적인 힘과 깨달음을 가진 사람을 의미한다―은 분리를 알지 못하고 자신의 몸 또는 자신의 힘*으로* 또는 그것을 *갖고* 아무것도 하지 않는다. 그는 단순히 움직이고 기능한다. 가장 넓은 의미에서 힘은 자기 의식적이지 않고 자아 중심적이지 않는 능력들의 합을 상징한다. 오늘날 우리는 이것들을 내적 재능들의 분리된 범주들, 획득된 기술들, 전의식적 가치와 이상들, 조직화하는 무의식적 원리들로 나누고자 하는 유혹을 받는다. 서예, 도자기, 무술과 같은 그런 전통적인 분야에서 자발적이거나 자연적인 작용으로 드러나는 많은 것들은 격렬한 훈련과 수련의 결과이다. 이런 훈련과 수련은 그 활동을 단지 이차적인 성질로 만드는 것이 아니라 모든 의도와 목적을 가지고 자연스럽게 만든다. 수수께끼로 다시 단순히 돌아가면 이 공안은 이해하기 쉽다. 그리고 자아 의식적이지 않은 비소외적인 삶을 살기 위한 도전으로서 이것은 우리가 영원히 해나가야 할 작업이다.

그러므로 조코의 항상성의 문제에 대한 대답은 무엇인가의 지속적인 부재와 무엇인가의 지속적인 현존에 놓여 있다. 지속적으로 부재한 것은 침투적인 자아 중심성이다. 지속적으로 현존하는 것은 "자발적인" 반응성과 기능성이다. 이것은 그녀의 "자아"의 부분을 이루지만 그것을

"소유하지" 않고 그것을 자신의 일부*로서* 경험하지 않는다. 아잇켄 선사는 다음과 같은 가장 간단한 용어로 그것을 마무리 하고 있다. "자아는 여전히 존재한다. 그러나 그것은 자아 몰두적인 것이 아니다. 그것은 설거지를 하고 치우는 것이다"(1996, 49).

구조적 변화

참선 수행은 스토로로우과 앳우드(1992)가 정의한 전前 성찰적이고 역동적인 무의식 모두의 급진적인 변화를 목표로 한다. 하인즈 코헛(1977)의 자기 심리학의 용어로 말하면 보상적 구조는 새로운 비-자아 중심적인 가치와 이상에 기반을 두고 형성되고, 또한 "자발적인" 연민 반응에 기반을 둔다. 자아 심리학적 용어로 마이스너W. W. Meissner는 근본적으로 자아 이상의 재구조화의 과정으로서 "가치 변경"이라고 언급하였다(1992, 398). 그러나 우리는 그것을 자아 구조의 급진적 변화로 개념화한다. 마이스너가 단순히 이전 구조의 붕괴 또는 용해에 초점을 맞추기보다는 이런 과정이 갖는 "건설적이고 종합적인"(395) 측면을 강조한 점에서는 옳았다고 생각한다. 마이스너가 언급한 로욜라의 이그나시우스Ignatius of Loyola가 이룩한 정신적 변화는 로욜라가 가진 이전의 아이덴티티라는 잿더미에서 일어나서 새롭게 힘을 얻고 활성화된 참여자적 자아 감각을 강조하였다.

발달론적으로 과거의 패턴을 점차로 성장하거나 다음 단계로 넘어가야 하는 그 무엇으로 보는 경향을 지닌 정신분석과는 달리 참선은 자기 경험의 이전 패턴을 바로 직면하고 도전하는 것을 자신의 역할로 간주한다. 참선 수행에 내재하는 어려움, 오랜 시간 동안 좌선에서 나오는 정서적 및 신체적 어려움, 공안에 싸여있는 비이원적이고 비본질적인 관점의 외견상 이해 불가능한 것에 급진적으로 도전하는 개념적인 어려움들, 이 모든 것이 결합하고 조직화되어서 기존의 지배적인 경험 양식을 약화시킨다. 이런 의미에서 공안에 대답할 수 *없는* 경험은 결국 공안을 "통과하는" 것만큼이나 중요할 수 있다. "안다고 하는 것"의 모든 통상적인 것과 함께 자아 이미지와 자아 중요성은 공안의 표면적인 해결 불가능에 직면하여 위협을 받거나 약화된다. 수년 전에 (아마도 출처가 불분명한) 회자되는 하나의 이야기가 있다. 선사의 공안에 수차례 거부를 당한 한 제자가 화가 나서 그 선사에게 덤벼서 목을 조르려고 하였다는 것이다! 제자는 누구인가? 유명한 정신분석가!

전통적으로 참선은 이런 수행의 불안정하고 혼란스러운 단계를 "위대한 의문"이라고 부르면서, 특히 첫 번째 공안 "무"를 해소하기 위해서 오랫동안 시간이 걸리는 것과 연관을 지었다. 위대한 의문은 단지 위대한 죽음, 이전의 자아 체계의 붕괴, 그 붕괴는 새로운 비-자아-중심적인 지각 양식의 출현을 허용한다. 서구 자아 심리학은 철저하게 발달론적 지향성을 갖는다. 그러나 정신분석 과정에서 나타나는 변화는 대개 성장과 발달이라는 비유를 사용하지만 죽어가는 것으로 명확하게 말하지 않는다. 그러나 꿈의 이미지는 불교식 화법을 은유적으로 이해할 수 있게 해준다.

나는 친숙한 거리를 걸어가다가 갑자기 도랑에서 나 자신의 죽은 시체를 만난다. 놀란 나는 허리를 굽혀 자세하게 사체를 검사하였다. 그것은 나 자신으로 판명되었고 정말로 나의 죽은 몸이었다. 내가 그렇게 하고 있는 동안에 검은 옷을 입은 모습이 나타나서 나에게 이름을 물었다. 나는 대답하였다. "배리 마기드." 사체를 가리키면서 그 검은 옷은 다시 나의 이름을 물었다. 그리고 나는 다시 "배리 마기드"라고 대답하였다. 세 번째로 그 검은 옷은 죽은 몸을 가리키면서 다시 나의 이름을 물었다. 이번에는 나는 단지 "모르겠어요"라고 대답할 수밖에 없었다. 그 검은 옷은 이제 "당신은 스스로 원하는 것을 얻을 수 있다"라고 말하였다. 나는 망연자실하여 무엇을 묻는지도 몰랐다. 그때 비로소 그가 소다수 캔을 들고 있는 것을 알았다. 나는 그 캔을 가리키면서 한 모금 마실 수 있는지 물었다. 그는 나에게 그것을 주었다. 그리고 나는 걸어갔고 거리의 불빛으로 눈이 부셨다.

이 꿈을 읽은 한 동료가 자신의 꿈과 비슷하다고 바로 상기시켜 주었다. 그의 이야기는 다음과 같다. "나의 위대한 개인적 변화의 순간에 일어난 꿈이었다. … 나의 죽은 몸과 함께 차를 몰고 있었다. 그러면서 죽은 몸을 떠나기 편리한 장소를 찾고 있었다. 그것은 전적으로 타인들을 보살피고 내가 또한 존재하고 의존하였다는 것을 깨달은 삶을 마지막으로 내려놓는 것과 관련이 있었다"(무명의 개인적 대화).

심지어 전후 맥락을 무시하고서도 우리는 각각의 꿈들이 오래전에 형성된 구조화된 원리들의 급작스러운 용해, 이전 아이덴티티의 "죽음", 새롭고 보다 개방적 자아감과 가능성의 발현을 드러내고 있다고 생각한다. 아잇켄의 말대로 깨달음이라는 위대한 죽음은 "추상적인 삶의 죽음과 동시에 있는 그대로의 친숙한 삶의 탄생"이다(1990, 134).

의도적으로 제자의 수행과정에 어려움을 설정하는 것은 항상 참선 수행의 중심적인 부분이었다. 이것은 얼른 보기에는 "적절한 좌절"(코헛 1971)에서 "적절한 반응"(바칼Bacal 1985)으로 전환된 최근의 정신분석적 경향과는 반대되는 듯이 보인다. 아마도 참선의 이런 예는 적절한 반응이 때로는 이전 패턴을 흔들어대는 어려운 형태를 띨 수도 있다는 점을 분석가에게 상기시키고 있다.

보다 큰 그릇

과거의 주관성 구조를 흔들어 놓는 것이 붕괴라기보다 돌파구가 되기 위해서 제자는 감정 조절이라는 기본적 기술을 잘 처리하도록 훈련이 되어야만 한다. 선불교는 전통적으로 개인적 훈련과 노력의 부산물로서 이것을 당연하게 여겼고, 일정한 정도의 기본적 성숙을 제자들의 일부로 받아들였다. 정신분석적 관점에서 보면 명상을 통해서 감정 조절이 이루어지는 간間주관적 맥락에 대해 좀 더 많은 것을 말하기 시작할 수 있다.

명상수행에서 결과적으로 발생하는 많은 변화들은 소위 말하는 깨달음의 극적인 경험에서 오는 것이 아니라 앉아있다는 것 자체의 느리면서도 구조를 형성하는 측면에서 온다. 정신분석과 마찬가지로 명상수행은 전이 열망과 기대의 대상이 되고자 하는 인물과 오랜 기간 동안 관계를 창출한다. 정신분석과 마찬가지로 명상수행은 강한 환상과 영향을 낳으면서 지속적으로 훈습하여가는 일종의 틀을 창출한다. 정신분석과 마찬가지로 명상수행은 평상시에 견디기에는 너무 고통스럽거나 참기 어려운 생각과 느낌과 함께 있으면서 인내하고 탐색하게끔 우리를 훈련시킨다. 이것이 내가 수행의 "구조-형성"이라는 표현을 통해서 의미하고자 하는 것이다. "구조"라는 표현을 통해서 단순히 의미하고자 하는 바는 정서적 경험을 견디고 의미 있게 조직화하는 능력을 의미한다. 이런 능력이 없으면 경험을 혼란스럽게 받아들이고 어떤 감정에 직면해서 참을 수 없는 불안에 빠져서 무서운 생각이나 감정의 무의식적 억압 또는 의식적인 회피 행동으로 이어진다. 능력이 충분하지 못하다는 또 다른 표현은 내적인 정서적 공허함이나 정서의 주관적 죽음이고, 이것은 무력한 우울 또는 자기 자극의 강박적, 중독적 시도로 이어질 수 있다. 명상은 이런 상태와 함께 또한 이런 상태를 통해서 말 그대로 앉아 있으면서 점차적으로 감정을 인내하고 조절하며 조직화하는 능력을 형성하도록 가르친다. 이것이 의미하는 바는 마음이 불안해도 꾸준히 앉아서 가려운 곳을 긁지 않고 콧물을 닦지 않고 잠들지 않고 다리가 아파도 움직이지 않는 것이다. 초보자들은 이런 간단한 규칙을 따라야 한다는 생각에 종종 불안 발작에 가까운 느낌을 가질지도 모른다. 그들은 힘들지만 깨달음의 실마리가 될 이런 현상에 적절하게 반응할 수 없다고 느껴질 때 거기에 사로잡히거나 미쳐버리지 않을까 하는 두려움을 느낄지도 모른다.

오랜 시간의 명상으로 인해 신체는 고통을 느낄 것이다. 명상은 지루할 수 있다. 오랜 시간 동안 앉아 있으면 마음은 흔들린다. 그러나 점차 특징적 방식으로 일정한 패턴으로 흔들리고 있다는 것을 알게 된다. 무엇이 일어나더라도 우리가 무엇을 느끼더라도 그것과 함께 앉아있고 그것을 관찰하고 그것을 경험하는 것을 배운다. 조코 벡은 수행의 이런 구조 형성을 "보다 큰 그릇"을 만드는 것이라고 불렀다(1989, 50). 스승으로서 조코 벡은 제자들에게서 정서적인 정직함 이외에는 아무것도 요구하지 않았다. 계속해서 그녀가 강조하는 것은 수행은 무엇인가가 되는 것이거나 어떤 특별한 상태를 얻는 것이 아니라 오히려 이 순간 신체적·정서적으로 현실에 깊이 안착하는 것이라고 하였다. 그녀는 개별 순간이 갖는 정서적이거나 정동적 색채에 주의를 기울일 것을 요청하였다. 그녀는 "당신의 신체 속에 그런 감정이 어디에 있는가? 당신이 스스로 이런 순간을 완전히 느낄 때 당신의 목구멍, 당신의 목, 당신의 배에 긴장 또는 긴박감이 있는가? 신체적 긴장으로 나타나는 그것에 대해 저항하는 것을 느껴라"고 말하였다. 그녀와 함께 수행하는 것은 저항과 함께 앉아 있는 것, 신체적 긴장의 형태로 저항을 확인하는 것, 순간순간 그러한 긴장의 정서적 역사를 정확히 헤아리는 것을 배운다는 의미이다.

우리가 앉아 있을 때 차분해지거나 평화로워지거나 마음을 고요히 하려고 애쓰지 않는다. 오히려 어떤 감정이 일어나더라도 그것과 함께 그 속에 머무르면서 수행한다. 그러나 매일 규칙적인 시간 동안 고요히 앉아있는 것은 결국 꾸준하고 중심적인 효과를 낳는다. 호흡을 따라가고 생각에 이름을 붙이는 것은 처음으로 안정적이고 내적인 "관찰자"를 형성하게 된다. 이로 인해 갈등적 감정에 흔들리지 않고 연상의 흐름이나 잡생각에 휩쓸리지 않는다. 수행자는 점차로 반복적이거나 강박적인 생각의 흐름을 중단하고 그런 생각에 흔히 동반되는 불안이나 신체적 긴장과 함께 "말없이" 앉아 있을 수 있게 된다. 이런 지점에서 관찰자는 단지 앉아있는 것의 경험 속으로 녹아들어간다. 이것이 이전에 참기 어렵고 숨겨져 있던 감정을 점차 참아내는 능력이고, 이것이 선 수행의 구조-형성 차원을 이루는 바로 그것이다. 정신분석과 마찬가지로 선 수행은 *조직화되는 정서적 경험의 일정한 패턴을 드러내고 견디며 훈습하는 구조화된 관계적 맥락*이다. 여기에는 이전에 억압되었거나 해리된 감정도 포함된다. 신체적으로 힘든 긴 시간 동안 앉아 있다는 것, 이상화된 스승과의 관계, 변화에 대한 제자의 기대는 반복적인 자아대상 전이 패턴의 강력한 유발자이다. 더구나 수행 단체라는 맥락은 강하고 밀접한 전이 경험을 유발한다. 이것은 한 개인 자신이 헤쳐 나가고 있는 것이 심지어 아무리 극심한 것이라고 할지라도 그 어려움을 공유하고 이해하고 견딜 수 있다는 것을 느끼도록 도와준다. 이런 모든 것으로 인해서 자아와 세계의 감각을 조직화하는 이원적 패턴이 드러난다. 그리고 이전에는 견디기 어려웠던 신체적이고 정서적 고통, 불확실성, 방황을 담아내고 함께 하는 능력이 커지게 된다.

　정신분석과 달리 선 불교에서는 정서의 그릇으로 작용하는 사람에게 이해받는 느낌이 *일차적인* 것은 아니다. 오히려 정서적 인내와 조절의 개별적 능력은 앉아 있는 자체의 경험과 수행단체의 권능 있는 자아-대상이라는 맥락 그리고 스승과 제자의 관계에 의해 강화된다. 이것은 "감정 통합적이고 담아내고 조절하는 상호주관적인 맥락"(스토로로우와 앳우드 1992, 54)을 제공한다. 이것은 과거의 해리성 트라우마 정서를 안전하게 재경험하고 훈습하게 해준다. 단순히 추상적이고 철학적인 관점과 달리 이원론은 해리된 정서적 경험의 특징이다. 영적인 수행이 이전에 해리된 경험에 개입하여 훈습하지 않고서는 이원적 관점을 진정으로 제거할 수 없다. 그렇지 않으면 "합일감"의 순간적 경험은 단지 이전 트라우마의 범위를 넘어서서 초월적 상태를 획득하였다는 거짓 약속으로 해리된 트라우마 감정을 더욱 더 분열시키고 격리시키는 작용만을 하게 된다.

　자아 심리학과 상호주관성의 관점에서 보면 정신분석은 (1) "결핍된 발달적 경험들을 제공함—코헛이 자아대상 전이로서 원래 의미하고자 했던 것이다—으로서" 그리고 (2) "전이의 반복적 … 현상인 변함없는 조직화 원리들을 좌절시키는 분석가의 반응을" 제공함으로써 치료 효과를 발휘한다(앳우드와 스토로로우 1997, 521-22). 내가 지적하려고 애쓴 바와 같이 선의 수행은 암암리에 자신의 역할을 거의 명료하게 인식하지 않거나 인식한다고 하여도 아주 적게 인식하면서 강력한 자아대상 경험들을 제공한다. 과거에는 단순히 이런 것이 사원 생활에서 기대하고자 하는 배경의 일부이기도 하였다. 정신분석학적으로 정향된 현대의 선 수행에서는 스승과 제자 관계의 자아대상 차원—붕괴와 회복—은 보다 더 직접 형성될 수 있다.

반복적인 전이가 드러난다는 변하지 않는 조직화 원리는 불교에서 "자아" 또는 "자기"라고 부르는 것의 커다란 일부이다. 이 용어들은 불교 문헌의 번역에서 수 십 년 동안 서로 번갈아가면서 사용되었다. 불교의 자아 개념이 프로이트식 사용의 자아 개념과 일치하지 않는다는 것이 이제 와서는 분명해졌다. 자아를 용해하고자 하는 불교의 목표는 배변 훈련의 상실을 열망하는 것을 의미하지 않는다. 그러나 "자아"의 불교식 버전은 개인적 지배의 주관적인 감각과 연관성을 가진 요소들, 그뿐만 아니라 결함 또는 결핍의 감각을 둘러싸고 조직화된 패턴들을 포함하고 있다. 비록 장기간에 걸친 자아 중심성은 고통의 뿌리임에도 불구하고 이것은 강력한 단기적 호소력을 갖는다! 자아 중심성의 손아귀에 직접 도전하는 것은 그것이 지배하는 불안과 의심에 직면하는 것이다.

우리의 본래 면목이 보여주는 사례와 같이 가장 본질적으로 우리라고 생각하는 것이 철학적이고 심리적으로 깊은 뿌리를 가진 문제이다. 자아의 공함을 순간적으로 깨닫는 것이 중요한 사항 중 하나이고, 또 다른 중요한 것은 무의식적 조직화하는 원리와 자아 표상을 평생을 통해서 훈습해가는 것이다. 제자들은 자신이 특별하고 자격 있고 의존적이며 피해자 의식이 몸에 밴 감각에 바탕을 둔 성격적 위치로 비반성적으로 되돌아가려고 하는 것에 순간적인 통찰력을 갖고 있다. 정신분석으로 지향된 명상수행은 순간적 성취에 초점을 맞추지 않고, 그 대신 순간의 깨달음이 일상 경험의 무의식적 조직화에 대항할 수 있게 하는 방법을 강조한다. 그리하여 오래된 패턴들이 정교하게 자신을 재형성하고자 하는 방식을 반복적으로 정신분석적 명상수행은 지적해준다.

제자와 스승의 관계

제자와 선의 스승의 관계는 어떠한가? 환자와 정신분석가의 관계와 정말로 어느 정도 비슷한가? 정신분석적 관계는 단지 순수한 상호성과 관계성을 제공하는 반면, 선의 스승과 제자의 관계는 내적으로 위계와 권위로 규정되는가?

자신에게 가해진 현실적으로 끔찍한 경험을 한 사람들 대부분은 어떤 권위에 복종하는 트라우마의 재경험을 두려워할 것이다. 상처를 다시 겪을 가능성은 종교적 수행에서와 마찬가지로 분석에서도 아주 실제적이다. 상호주관적 스탠스가 의도하지 않게 과거 패턴의 병리적 적응을 불러일으킬 위험성을 더 잘 알아차리고, 또한 이에 대한 분석가의 영향을 세심하게 더 잘 살필 것이다. 상처를 주지 않는 정당한 방식의 권위와 전문지식을 새롭게 경험하는 것만이 이전의 오용에서 상처를 받은 사람들에게 권위, 이론, 위계질서와 교훈의 관계를 회복할 것이다. 인위적으로 형성된 부자연스러운 상호간의 관계는 결과적으로 분석적 관계 또는 제자와 스승의 관계에 내재적으로 존재하는 권위와 힘의 잠재적인 차이를 부정하게 되어 묵시적으로 권위 또는 위계를 신뢰할 수 없다고 보는 환자나 제자의 관점을 강화하게 되고 이로 인해 분석가/스승은 권위와 힘을 행사하는 것에 불편함을 느낀다. 이상적으로 선의 스승은 개별적으로 제자가 갖는 나름의 욕구와 방어에 대처하는 기술적인 수단의 권위, 비자아 중심적 권위를 발휘하게 된다. 이것은 무엇과 같은가? 이 질문에 대한 한 가지 대답은 없다. 왜냐하면 분석가와 분석 학파들이 다양한 것과 마찬가지로 하나의 스타일로 모든 스승들의 방식을 특정할 수 없다. 선 스승의 대중적인 특징의 하나―D.T. 스즈키가 처음에 강조하였고, 또는 지나치게 강조한 것처럼(1960)―는 스승을 역설의 달인으로 보는 것이다. 스승은 공안을 사용하여 개념적 난관에 봉착한 제자를 완전히 새롭고, 비개념적인, 비이원적인 존재 방식으로 나아가도록 추동한다. 그런 접근은 일부 임제종 스승의 특징이라고 말할 수 있다. 이들에게 극단적인 금욕과 엄격함은 올바른 통찰의 보증이다. 아마도 우리는 이것이 전이 신경증의 보증으로서 순수한 분석적 중립성과 부재감에 대한 고전적인 프로이트 학파의 주장과 유사성을 느낄 수 있다. 가장 엄격한 스승들 중에는 "할머니같이"라고 불리는 스승들이 있다. 이렇게 부르는 이유는 그들은 자비심을 갖고 제자에게 도에 이르는 가장 직접적인 경험을 제공해주기 때문이다. 이것은 마치 리치(열대성 과일의 일종)의 껍질을 까서 삼킬 수 있도록 미리 준비해두는 것과 같다(아잇켄 1990). 그런 할머니 같은 스승인 노조魯祖寶雲는 제자들에게 등을 기대고서 조용히 벽을 향하여 모든 제자들의 질문에 대답하였다고 한다(클리어리 1990). 현대 미국의 선승인 존 다이도 루리John Daido Loori는 일본 스승과 여러 해를 보냈지만 결국 스승의 인가를 받지 못하였다고 말했다. "내가 스승에게 얻는 대부분은 불평하는 소리이거나 '더 깊게' 또는 '아직 충분치 않아'라는 것이었다"(1994, 23).

그러나 이런 가르침과 대조적으로 다음과 같은 슌류 스즈키 스타일의 가르침도 있다. 선을 배우기 위해 일본으로 가려는 새로운 제자가 선방에 오게 되면 다음과 같은 과정이 전개된다.

> 그는 선과 깨달음에 대해 몇 권의 책을 읽었고 이제 진정한 것을 만나기를 원한다. … 스즈키는 그에게 말한다. … 우선 미국에서 선 수행의 몇 가지 경험을 하는 것이 좋을 것이다.

그는 제단에서 방석을 갖고 와서 통로에 그것을 놓고 [그에게] 앉는 방법을 보여준다. 그는 제자의 자세를 고쳐주고 등을 밀고 어깨를 뒤로 당기면서 턱을 안으로 넣어준다. 스승은 무릎을 편안하게 아래로 밀어주고 오른 손바닥 위에 왼손을 올리고서 두 엄지 손가락 사이에 한 장의 종이를 넣을 정도로 맞닿게 하는 방법을 보여준다. 스승은 그에게 눈을 반쯤 뜨라고 하고 자신의 들숨 날숨에 주의집중을 두라고 한다. 스승은 그에게 다음에는 편안한 바지를 입고 와서 더 편히 가부좌를 틀라고 한다. … 이것은 [새로 온 제자가] 기대한 것이 전혀 아니다. 선에 대한 책들은 스님들 사이에 극적인 말의 교환으로 가득 차 있다. 그러나 여기에는 새로운 제자가 다시 선방으로 돌아오게 하는 무엇인가가 이 스승에게는 있다. 이런 매력 아래에서 [그 제자는] 권위와 겸손을 감지하였다. (채드윅 1999, 171-72)

이것은 역설이나 도전을 통한 가르침이 아니라 바로 아주 단순함으로 이루어진 가르침이다. 우리가 역설을 경험하면 모든 질문에 대한 답이 그렇게 간단하다는 것을 믿을 수 없다. 기이한 것을 기대하였다면 우리는 그 평범함에 놀란다. 그냥 앉아라. 앉아 있는 것 그 자체가 바로 대답이다. 우리는 선이라는 것이 기이한 무엇이라고 확신하였지만 그것이 그렇게 평범한 것으로 드러나면 놀란다. 그냥 앉아라. 그리고 누가 그런 간단한 명령에 복종할 수 있는가?

여기 나의 스승인 샬롯 조코 벡이 스승의 권위에 대해 기록한 것이 있다. 즉 "붓다의 마지막 설법은 다음과 같다. '자신의 등불이 되어라.' 그는 '이 스승 또는 저 스승, 이 센터 또는 저 센터에 가라고' 말하지 않았다. 붓다는 '보라, 그리고 자신의 등불이 되어라. … 한 명의 스승이 있을 뿐이다. 스승은 무엇인가? 삶 그 자체이다. … 이제 삶은 혹독하면서도 영원히 친절한 스승이 되는 일이 벌어진다. 당신이 신뢰하고자 하는 유일한 권위는 바로 이것이다. 그리고 이 스승, 이 권위는 모든 곳에 있다"(1989, 15-16).

우리는 선의 스승이 우리에게 *말하고 있는* 것, "자신의 등불이 되어라"는 것에 내재된 역설에 어떻게 친숙하게 될 수 있는가? 그런 경고는 "자발적이 되어라"와 같은 것처럼 쓸모없는 것인가? 여기서 풀어야만 하는 긴장은 실제로 내가 따르고자 하는 스승이 모든 대답을 갖고 있는 그 누군가라는 것, 또는 내가 나 자신의 권위가 되어야만 하는 것, 말하자면 내가 무엇을 해야 하는가를 나에게 말해줄 누구도 필요로 하지 않는 것 사이에서 어느 것을 믿어야 하는지에 있다! 역설적으로 우리는 수행의 구조와 이런 잘못된 양분론을 정확하게 뚫고 나갈 스승의 지속적인 현존을 필요로 한다. 그리고 이것이 붕괴될 때 삶은 우리의 스승이 된다. 붓다의 경고 "너 자신의 등불이 되어라"는 당신이 자신의 자아 경험의 빛 아래에 몰두하라는 의미가 아니다(특히 당신의 깨달음의 경험). 그가 의미한 것은 우리가 주위의 모든 삶을 비추는 데 깨달음을 사용해야 한다는 것이다. 우리의 삶을 보고 반응하는 것은 진정한 수행의 모든 것이다. 한때 내가 조코를 방문하고 나올 때 갑자기 그녀가 나이가 들었다는 것을 알아차리면서 함께하는 이 시간이 마지막일 수 있겠다는 생각이 퍼뜩 머리에 떠올랐다. 내가 눈물을 흘리면서 "다시는 당신을 보지 못할지도 몰라요"라고 말하자 그녀는 "내가 당신을 다시 보지 못해도 크게 신경을 쓰지 않아요. 당신이 어떻게 수행하는가를 아는 것이 정말로 중요한 것입니다"라고 대답하였다. 이 말에 놀라서 나는 멈칫 했지만 오랜 세월이 흐르면서 그것이 더 진정이라는 것이 증명되었다. 나의 아내 데보라가 비행기 사고로 죽었을 때 조코에게 전화를 걸어서 이런 끔찍한 상실의 고통을 뚫고 나가는 힘을 준 것에 감사하였다. 누군가가 나에게 조코가 무엇을 말했는지에 대해 물으면 나는 나 자신에 대해 말하기 시작한다. 왜냐하면 나의 수행과 그녀의 수행 사이에는 아무런 경계선이 없기 때문이다. 그것이 진정한 친밀함이고 삶 자체는 결코 떠나지 않는 진정한 스승이다.

공감

나는 주로 선의 내용들이 정신분석의 관점에서 어떻게 이해될 수 있는지에 대해서 언급하였다. 이제 나 자신의 정신분석 치료에서 선 수행이 미친 영향에 대해 몇 마디 언급하면서 결론을 맺어야겠다. 선의 정신분석가라는 것이 무엇을 의미하는가? 정신분석에 대한 나의 입장은 선의 수행을 통해서 근본적으로 변화되었는가?

사실 나는 자아 심리학이라는 정신분석적 이론 배경에서 분석 치료를 한다. 이런 입장에서 공감이라는 기본적인 정신분석적 스탠스는 선에서 직접적으로 받을 것은 없다. 정의상 공감은 비-자아 중심적인 스탠스이다. 야마다 코운山田耕雲 선사가 말한 바와 같이 "선 수행은 무엇과 결합하는 행위에서 자아를 잊는 것이다"(아잇켄 1996, 81에서 인용). "*누군가와 결합하는 것*"을 대체하라. 그러면 당신은 선과 공감의 예술을 가질 것이다. 반드시 자신의 세계관을 보류하고(할 수 있는 한은) 환자의 눈을 통해서 삶을 보도록 노력하고 타인의 주관성에 자신을 몰입해야 한다. *이해받았다*는 환자의 주관적 경험은 공감의 필요 충분조건이다. 이해받지 못했다는 것은 자아 중심성이 침투했다는 명백하고 충분한 징후이다. 나 자신의 선 수행의 결과로서 타인의 정서적 경험과 함께 앉아서 머무는 능력이 더 크게 향상되었다고 믿는다. 그러나 선으로 인해서 기본적인 정신분석적 스탠스가 의식적으로 변화된 것은 없다. 나에게 공감은 분석가의 마음 상태, 심지어 "알지 못한다는 것"에 전념하는 자세를 강조하는 마음 상태라고 할지라도 이것에 초점을 맞추는 것보다 공감이 훨씬 더 신뢰할 만하고 덜 자아 중심적인 접근으로 여겨진다. O의 알 수 없는 진공에 굳건히 서서 자신의 눈길을 보내는 비온의 분석적인 신비로움(아이겐 1998)은 이해받고자 하는 환자의 단순한 소망보다 분석가 자신의 마음이 갖는 순수함에 비중을 더 두게 될 위험성이 있다. 중국의 옛 선사 남천南泉普願의 말을 다시 떠올리면서 비온에게 말하고자 한다. "알 수 없는 실재를 잊어라, 당신의 일상적인 마음이 길이다." 이런 일상적인 마음이 무엇인가? 망상과 깨달음이라는 고립된 이원적 환상에 사로잡히지 않는 마음, 자신의 상태를 잊어버린 마음이다.

형태와 형태 없음

선은 앉아서 주의집중을 하는 행동이다. 그러나 다른 한편으로 선은 배후에 이천 년 이상의 이국적 전통, 종교적이고 사원이라는 맥락에서 수 세기 동안 축적된 수행의 정교한 의식이라는 수수께끼 같고 비의적인 문헌의 한 흐름이기도 하다. 미국 선은 일본 사원의 불교의 이식된 형태를 띠고 있거나 또는 남부 캘리포니아의 전형적인 모습과 구분할 수 없는 평범한 주택의 모습을 취하고 있다. 내가 설립한 '오디너리 마인드 젠도Ordinary Mind Zendo'는 뉴욕에 있는 고층 아파트 빌딩의 빈 사무실에서 시작하였다. 사무실의 한 방에서 나는 환자들을 진료하였고, 그 옆 사무실이 선방이었다. 점차로 일주일에 한 번, 두 번 또는 세 번 치료를 받으러 오는 많은 환자들이 일주에 한 번 또는 그 이상의 명상수행을 하였다(이와 함께 종종 집에서 매일 좌식 명상을 하기도 한다). 대개 카우치에서 방석으로 이동하고 다시 카우치로 되돌아오는 것은 아주 부드럽게 진행되었다. 두 장소에서 일어나는 치료와 수행은 사실상 하나라고 성찰하였다. 치료에서 공감의 바퀴를 굴리든 또는 단순히 앉아있는 것이든 삶을 있는 그대로—있는 그대로의 삶을 피하면서 평생 쌓아온 분열된 정서 모두를 포함하여—깨닫고자 하는 목표는 변함이 없다.

전통적 선 수행 형식—전통적 정신분석의 카우치처럼—이 어떤 사람에게는 다소 권위적이고 임의적이며 인위적인 것으로 보일 수도 있다. 그러나 해방의 변화가 일어나기 위해서는 바로 이런 형식, 규율, 관계를 능숙하게 사용해야만 한다. 이것은 선에 해당되는 뿐만 아니라 정신분석에도 진정으로 해당된다. 우리가 주의를 집중하고 유지하기 위해서는 선방이라는 형식 또는 정해진 분석 회기라는 형식을 필요로 한다. 형식을 자유롭고 비-자아 중심적으로 사용하는 것은 바로 진정으로 *형식-없음*이다. 선에서 분리 또는 자아중심성에서 벗어난 자유로운 기능을 지칭하기 위해서 *그냥 하는 것, 아무것도 하지 않는 것, 안 하는 것*이라는 용어들을 서로 아무런 구애 없이 번갈아 사용하는 것을 듣곤 한다. 그냥 앉아라. 입술을 사용하지 말고 말해라. "알지 못하는 것"이라고 해서 반드시 놀라운 경이감을 가질 필요는 없다. "알지 못하는 것"은 비-자아 중심적이고 자발적이고 *전문가적인* 반응에서 볼 수도 있다. 그것이 결정타를 피하는 검객이든 또는 지혈을 시도하는 의사의 모습이든 상관없다.

비트겐슈타인의 언어 철학(1953)처럼 결국 선은 있는 그대로 모든 것을 그냥 둔다. 그러나 정신분석가와 고객인 피분석가는 이 일을 얼마나 힘들게 해야 하는가! 힘든 작업 없이 삶을 홀로 *있는 그대로 살아갈* 수 없다. 고통의 딜레마에 직면하게 되면 우리는 의식적이거나 무의식적으로 해독제를 바라거나 아니면 도망치려고 한다. 고통을 피하고자 하면서 내면적 삶을 외부로 돌리고 "일상적인 마음"을 "고립된 마음"으로 뒤틀어 버려서 외부의 고통이 있을 때 내면적인 "나"를 멀리하고 조정하고 해리시킨다. 우리는 모든 고통을 완화하고 완벽한 행복을 보장해주는 깨달음이나 특별한 의식 상태를 찾아다닌다. 아니 그런 것이 있다고 듣는다. 우리가 시도하는 것이 고통에서 도망가는 것이든 행복을 추구하는 것이든 상관없이 결과는 동일하다. 즉 도망가는 삶과 이 순간 살아가는 삶은 동일하다. 이 순간이야말로 바로 거기에서 유일한 답이고, 유일한 자아이며, 유일한 스승이고, 유일한 실재이다. 모든 것은 평범한 일상에 숨어 있다.

선 수행은 정신분석의 역동적 통찰과 함께 결합될 때, 특히 이런 역설, 즉 있는 그대로 모든 것을 받아들이는 진정한 변화라고 할 수 있는 자유를 약속하는 규율, 진정한 상호 의존을 촉진하는 위계적 질서, 형태 없음을 주는 형태, 이것을 우리에게 준다.

정신분석과 불교:
일상의 마음을 향한 두 개의 특이한 길

필립 A. 링스트롬(PHILIP A. RINGSTROM)

선불교를 비신화화하는 것은 벅찬 과제이지만 이 작업이 전적으로 가능하다면 배리 마기드 박사보다 더 나은 성과를 낼 수 있는 사람은 없을 것이다. 그의 논문은 선불교를 나름대로 하나의 심리학으로서, 즉 원리, 개념, 가치의 체계로 구성된 심리학으로 간주될 수 있다는 것을 분명하게 보여주고 있다. 그러나 이 심리학은 주먹에서 빠져나가는 모래알 같은 것이다.

이것은 선이 역설의 체계이기 때문이다. 그래서 선을 정신분석과 비교해보면 선은 정신분석적 사고의 어두운 그림자 안에서 상실된 세밀한 것을 비춰준다. 마기드의 논문은 두 사고 체계가 갖는 규정하기 어려운 성질들을 병치하면서 개별적인 사고 체계가 종종 허구적이지만 경험적으로 너무나도 사실적이고 자아 중심적인 이야기를 강화하는 개념을 사용하는 인간의 욕구를 어떻게 처리하고 있는지를 보여준다. 마기드는 선불교와 정신분석이 잘 맞아 떨어지는 여러 다양한 모습을 지적하고 있지만 다른 한편으로는 서로가 상호보완적일 필요가 있다는 점도 언급하고 있는데, 그 이유는 서로가 갖는 과잉의 가능성에 서로가 해독제의 역할도 할 수 있기 때문이다. 마기드의 논문에 대한 나의 논평은 비판이라기보다 일련의 언급과 질문들이다.

선불교가 정신분석과 딱 맞아떨어지는 중심적인 부분은 우리 자신과 우리가 연결되고 관계 맺고 있는 그 외의 모든 것 사이에 놓인 인위적 차이 또는 경계들을 두 체계 모두가 탐구한다는 점이다. 바로 이런 차이들로 인해서 우리는 고립, 소외, 아노미를 경험하면서 스스로 고통을 받고 있다. 그러나 선불교와 정신분석은 이런 사실에 서로 다르게 접근한다. 선불교에서는 제자에게 "단지 앉아라"고 가르치면서 자신의 사고나 느낌이 공포 또는 분노에 물들어 있는지를 모든 순간 알아차리라고 한다. 지금 여기서 일어나고 있는 것, 자신과 타인에 대한 판단, 나에 대한 타인의 판단, 내가 가지고 있지 않은 것에 대해 떠오르는 모든 것을 알아차린다.

정신분석은 선불교와 아주 비슷한 무엇을 하고 있지만 분석가와 피분석가의 만남을 통해서 이루어진다. 여기에는 "자유" 연상의 과정이 있고 종종 전이 현상의 점검을 격려한다. 이런 방식을 통해서 환자는 선 수행자처럼 자신의 공포, 분노, 편견을 발견하게 된다. 두 체계에서 편견은 자신의 세계관을 형태 짓고 조직화하는 원리가 있다는 증거이다. 이런 원리는 어떤 의미에서는 착각이긴 하지만 사실 일상 경험을 조직화하는 본질적 기능을 수행한다.

내가 알기로는 정신분석 문헌에서 놓치고 있는 것은 두 가지 광범위한 조직화 원리의 차이이다. 즉 *변화하고, 발달하며, 적응적인 조직화 원리와 전성찰적이고 불변적인 조직화 원리*(스토로로우, 브랜드새프트와 앳우드 1987)이다. *적응적인 조직화 원리*는 유동적인 경험들이 의존하는 구조이다. 왜냐하면 이것은 폭주하는 정보를 조직할 수 있게 해준다. 이것이 없으면 어떤 인간이라도 혼란스러울 수밖에 없다. 그러나 이것이 지속적으로 기능하지만 여전히 적응과 변화에 열려 있다. 즉 재구조화라는 적응을 할 수 있고, 심지어 예측 불가능한 "요소들"이 자발적으로 움직이는 맥락에서도 재빠르게 전환할 수 있다. 이와는 대조적으로 *불변하는 조직화 원리*는 경직된 구조이기 때문에 주위와의 유동적인 개입을 방해한다. 이것은 선불교와 정신분석의 공통 목표, 즉 진정으로 있는 그대로의 사물을 포용하고 받아들이는 것에 저항한다. 이것은 프로이트가 자신의 자극적인 선언, 즉 정신분석 치료의 목표는 "신경증적 고통을 평범한 불행으로 전환시켜주는 것"에 해당한다고 생각한다. 물론 이런 해석은 프로이트의 선언에 대한 다양한 해석 중 하나이다. 나는 프로이트가 론나 카타즈닉Ronna Kataznick 1999이 구분한 "불가피한 고통"과 "선택 가능한 고통"을 프로이트가 잘 포착하였다고 생각한다. "불가피한 고통"은 삶의 피할 수 없는 상실들, 예를 들면 죽음과 노화에 관련된 것들이다. "선택 가능한 고통"은 이런 불가피함을 수용하지 않는 데서 유발되는 고통뿐만 아니라 이런 불가피함을 피하고자 하는 신경증적 매커니즘의 모든 것에서 발생된다.

선에 대한 마기드의 "상향식" 관점에 의하면 깨달음은 초월이 아니라 삶의 진정한 경험에서 분리되는 자기 몰입적 사고 또는 감정에 휘말리지 않는 것이다. 가장 악성적인 습관은 우리 눈에 잘 보이지 않는다. 이런 습관은 매 순간 우리를 자동적으로 편협하게 만드는 전성찰적이고 불변하는 조직화 원리로 내장되어 있기 때문에 더 자발적이고 자유롭고 창조적인 자아로 나아가는 것을 허용하지 않는다.[1] 이것은 현실에 대한 자발적 참여, 즉 주위와 상호보완적 관계 형성을 허용하는 변화하고 발달적인 조직화 원리와는 대조를 이룬다. 이렇게 밀접한 상호연관 관계를 맺는, 예를 들면 새로운 연인의 관계, 새로 태어난 아기와 처음으로 만나는 부모, 야생 동물과의 우연한 만남에서 인간과 동물의 상호 호기심이 공포를 이기는 장면 등이다.

이런 자발적 순간은 진정한 자아와 가장 가까이 접하는 것이고, 또한 내면적인 자아 발달이 충족된 상태로서 불변하는 무의식적 조직화의 좁은 틀에 얽매이지 않는 자아 상태이다. 진정한 자아의 순간은 정말로 자아 의식이 상실된 상태이다. 말하자면 자아 중심성의 감시자로 있는 것이다. 이것은 마기드가 "자아와 세계의 분리가 없는 삶의 상호 내속성"으로 서술한 것이다.

분명히 선불교와 정신분석의 공통된 목표는 *전성찰적이고 불변하는 조직화 원리*에 집착하거나 고착되는 것을 극적으로 줄이는 것이다. 이런 원리는 시간을 멈추어 아무것도 없는 영원한 장소라는 환상을 도입하고 상실을 인정하지 않고 어떤 경우에는 공허함을 메우기 위해서 중독적·강박적인 행동과 같은 의식화된 대체물을 도입하는 기제로서 주로 작동한다. 이런 점에서 선 스승의 경고, 즉 "얻음은 망상이고 상실은 깨달음"이라는 것을 마기드가 언급한 것은 특별히 적절하게 보인다. 그러나 이런 영역에서 현대의 정신분석은 독특한 장점을 가질 수 있다. 이제 정신분석은 자신이 만능으로 할 수 있다고 생각하는 것을 조장하는 발달상의 트라우마에 대한 이해를 향상시키고 있다. 선불교가 정신분석과 같은 사고 체계를 갖지 못한다는 것은 선불교의 부채로 남을지도 모른다.

현대의 정신분석에서는 아이의 유동적인 자아 발달은 부모의 애착 체계의 부산물로 생각하고 있다. 부모의 애착은 아이의 욕구를 인정하고 거기에 부응하는 것이다. 유동적인 자아는 "그 자체"를 잃고(즉 자아 의식의 상실) 어떤 상황에 충분히 자발적으로 들어가도록 조직화되어 있는 자아이다. 여기에서는 부모 자신이 주관성을 상실하는 두려움 없이 아이의 발달이 주체적으로 조직화와 재조직화를 반복하는 과정을 인식하고 반응하게 된다.

선불교에서는 이런 심리적 발달의 지식과 존중 없이 "하나의 원칙을 모두에게 적용하는" 우를 범하는 선의 스승들이 있다. 이런 스승은 제자가 갖는 "복종의 악성적인 역할"을 무의식적으로 과소평가하는 경향이 있다고 마기드는 조심스럽게 지적하고 있다. 제자들은 "이상화된 자아 대상과의 연결을 유지하기 위한 방법으로 스승에게 병적으로 의존하거나 그렇지 않으면 일종의 병적 순응에 굴복하고 피학적으로 고통스러운 훈련을 참고 견딘다." 마기드는 현대의 정신분석에서 이에 대한 해독제를 발견한다. 내 생각으로 마기드는 공감이 이전에 선에서 광범위하게 저평가되었지만 선의 문제를 해결하는 해독제가 될 수 있다고 제안하고 있다. 그는 다음과 같이 쓰고 있다.

> 환자가 자신의 삶을 아무도 돌보아주지 않는다고 오해하고 좌절하고 분노하면서 살아가다가 어느 때 분석가를 만나서 다른 인간이 진정으로 자신을 이해하는 것을 깨닫고는 대단히 안심하는 순간에 불신과 절망 및 분노의 인생 시간이 떨어져 나간다. 불교적 용어로 말하면 그 환자 "자아"의 일부가 떨어져 나가는 것이다. 그 떨어져 나간 일부는 환자의 "자아"와 타인이라는 개별적인 표상을 둘러싸고 조직화된 것이고 이해받는 것이 불가능하다고 생각된 것이다.

정신분석학적 용어로 말하면 그녀가 자신이 결코 이해받을 수 없다고 하는 불변의 조직화된 원리라는 몇 가지 끈질긴 손아귀에서 벗어났다고 말할 수 있다

공감이 중요하기는 하지만 나는 여전히 무의식적 조직화 원리(정신분석의 근본적 규범)에 대한 통찰이 중요하다고 생각한다. 즉 유동적으로 변화하는 "구조"와 불변의 구조를 구분하는 것이다. 정말로 정신병리

를 맥락에 연관시켜 고려하는 한 가지 방법은 불변하는 조직화 원리의 기능이 인간 존재라는 정상적인 혼란 위에서 반복적이고 고압적인 질서를 강요하는 것이라는 점을 인식하는 것이다. 불변하는 조직화 원리는 매번 "흐름과 함께 가는" 구어체의 경험을 "불안하게" 막아서고 있다.

현대 정신분석의 새로운 질문은 다음과 같다. 즉 통찰만으로 무의식적 불변의 구조에 변화가 일어나는가? 전통적 정신분석이 통찰을 선호하는 반면 현대 정신분석은 선에 대한 마기드의 관점이 제시하는 바와 같이 "미세한 동요"에 더 개방적인 듯하고 이런 관점에서 오래된 자아 경험의 패턴에 직면하고 도전하고 있다. 스토로로우(1997), 가브리엘 트롭 Gabriel Trop, 멜라니 버크Melanie Burke, 제프리 트롭Jeffrey Trop은 상호주관성에 대한 그들의 관점에서 *비선형적인 역동적 체계 이론*nonlinear dynamic systems(텔린과 스미스Thelin and Smith 1994)을 끌어들여 이런 문제와 씨름하고 있는 듯이 보인다. 정신분석 치료에서 임기응변적인 현장성을 향상시키기 위해서 어떤 경우에는 불변하는 조직화 원리가 치료자에게 사전에 계획된 것이 아닌 순수하게 자발적 행동을 낳을 수 있을지도 모른다고 나는 주장하였다(링스트롬 1999).

마기드는 선불교의 "직면하는" 스타일을 과거의 패턴을 유익하게 붕괴시키고 "새로운 구조"(또는 최소한의 가능성)를 위해 아무것도 남기지 않고 그 공간의 방을 깨끗이 청소하는 것으로 보고 있다. "새로움"은 그 자체로 "다른 무엇"이 아니라 자발적인 순간, 자발적인 몸짓을 위한 "공함" 또는 편견이 없이 준비되어 있는 상태이다(위니컷 1971). 나는 "공함"이라는 용어는 너무 과도하다고 보고, 그 대신 새롭고 변화되고 상호반응하는 조직화 원리라는 용어가 인간 상황을 더 정확하게 현상적으로 묘사하는 것이라고 생각한다. 내 생각으로 마기드는 "미생"이라는 암시적 표현으로 이런 점을 제시하고 있고, 이런 미생은 "창조되어야만 하거나 드러나는 것"이 아니라 "자발적이고 자연스럽게 이미 거기에 있었던 것"과 연관된 자질이다.

과거에 형성된 자아 체계의 필요성과 가치를 인정하는 정신분석적 사고는 선의 과도한 가능성에 대한 해독제가 될 수 있다. 이와는 대조적으로 선불교는 그 체계의 붕괴를 망각으로 가도록 부지런히 추구하고 있는데, 마기드는 이것을 위대한 죽음으로 위대한 의문을 해소하는 것이라고 부르고 있다. 현대의 정신분석은 과거 자아 체계의 급작스러운 붕괴는 개인의 발달사에서 일어난 트라우마를 반복하는 것으로 보고 있다. 이것은 어린 아이의 싹트는 자아 경험을 말살하는 부모로 인해서 형성된 압박적인 신념 체계의 경험을 다시 도입할 수 있다. 선의 초보자와 분석 환자는 어린 아이와 비슷한 위치에 놓여 있다. 이런 상황에서 경직된 불변의 조직화 원리의 재활성화는 실제적이거나 상상적인 위협에서 어린 아이의 자아 체계를 보호하기 위한 필수적인 것이 된다.

선과 현대 정신분석은 오래되고 고착적이고 경직화된 존재 방식에서 해방을 이끌어낸다는 점에서 서로를 보완하고 있다. 역설적으로 선의 접근 방식은 현대 정신분석보다도 고전적 정신분석에 더 가까운 듯이 보인다. 이것은 긍정적인 위로를 위해 평생 활용 가능한 치료자 또는 스승을 선호하고 고통과 슬픔의 순간들을 이해하는 이데올로기를 촉진하기보다는 일시적인 애착을 제자들에게 정서적 인내의 길로 가르치는 하나의 수단으로만 강조하는 경향을 보인다. 선은 고전적 정신분석처럼 분리·독립과 자율성의 가치를 공유하는 듯이 보이고, 그리하여 수행을 통해서 "홀로 가는 것"을 주장하고 있다.

이런 철학적 가치가 코헛을 비롯한 수많은 현대 정신분석가에 의해 상당히 도전을 받고 있다는 것은 지적할 만하다. 코헛은 타인을 향한 자아대상 반응성에 대한 욕구를 없애지 말아야 한다고 말한다. 또한 다른 분석가들(비베와 라흐만Beebe and Lachmann 1992, 벤자민Benjamin 1988, 스턴 1985)은 우리가 상호 감성과 주관-대-주관의 관계에 대한 보편적이고 평생 지속하는 욕구를 모두 공유하고 있다고 주장한다.

마기드는 자신의 정신분석적 정체성이 자아심리학뿐만 아니라 스토로로우와 앳우드의 상호주관적 관점에 가장 편안하게 느낀다고 명확히 밝히고 있지만, 다른 측면에서 그는 고전적 정신분석에 볼 수 있는 자율성과 "혼자서 가라"는 가치에 더 치중하고 있는 듯이 보인다. 이것은 선의 스승 샬롯 조코 벡의 가르침에 부응한다. 이것을 지지하는 일화가 마기드의 보고, 즉 조코 벡의 향후 세월과 다시는 보지 못할지도 모른다는 눈물어리고 놀라는 한탄에 대한 벡의 질책, 또 "내가 너를 다시 보지 못할 것에 대해 나는 신경 쓰지 않는다. 너는 어떻게 수행하는가를 아는 것이 중요하다"는 언급에서 볼 수 있다. "혼자서 가라"는 것이 갖는 가치는 제23차 자아 심리학 연례 컨퍼런스에서 발표된 로버트 스토로로우의 트라우마 논문(스토로로우 1999, 링스트롬 1999)에 대한 토론에서 마기드가 강조한 것이었다. 마기드는 스토로로우 아내의 죽음과 자신의 아내의 죽음을 비교하면서 트라우마로 인한 개별적인 상실감은 타인의 반응에 대한 기대라는 점에서 상당히 다르다고 주장하였다. 스토로로우는 자신의 트라우마는 그가 끔찍한 사건을 다루는 데 정상적으로 의존했던 바로 그 사람, 그의 아내인 다프네 소카리데스 스토로로우의 상실로 인해서 더욱 악화되었다고 말하였다. 이와는 대조적으로 마기드는 자신은 누구도 자신의 경험을 이해할 것을 기대하지 않고 자신의 힘으로 헤쳐나가야만 한다고 말하였다. 이것은 조코가 가르쳐준 자산, 즉 조코 또는 다른 사람을 통해서가 아니라 "이런 끔찍한 상실의 아픔 그것을 통해서 헤쳐나가라"는 것이었다.

마기드는 애착 모델에 덜 의존하면서 분석가로서 자신의 역할을 쉽게 잊고 선 수행과 유사한 *탈중심화*를 받아들일 수 있는 것일까? 즉 그는 환자와 더욱 공감하기 위해서 자아심리학자들이 제시한 어떤 처방을 임상적으로 활용하고 있는가? 설사 그렇다고 하여도 스토로로우가 강하게 밀어붙이는 주장을 명심하는 것이 중요하다. 즉 인간은 자신의 조직화 원리들을 어느 정도 활용하지 않고서 타인을 이해하는 것은 가능하지 않다. 정신분석은 분석가와 환자의 조직화 원리 사이에 있는 거대한 상호주관적인 *결합*이라는 스킬라Scylla와 거대한 상호주관적인 *분열*이라는 카리브디스Charybdis(스토로로우와 앳우드 1992)를 항해하지 않을 수 없다.

결국 마기드의 논문은 선과 정신분석이 멋지게 서로 보완적인 체계로 작동하는 것을 포착하고 있다. 서로가 개별적인 과잉 가능성에 균형을 잡아주고 있다. 때때로 정신분석은 자아를 너무 진지하게 다루면서 영원한 자아의 환상에 기여하는 개념의 구체화에 좌초되어 있는 반면 선불교는 경계, 이원론, 본질주의를 용해하기 위해 합일감의 경험을 과도하게 부지런히 추구하는 것으로 보인다. 자아의 통합성이 이해되기보다는 망각되는 편이 더 낫다고 보는 폐쇄적 자아의 작동으로 자아가 솜씨 좋게 삭제되어 버리면 선불교의 질문은 과잉이 된다. 선불교와 정신분석은 개인적 변화를 누군가가 다른 사람이 되는 것이 아니라 우리가 있는 그대로의 모습을 보는 것이라고 간주한다. 마기드의 논문은 이러한 두 가지 보완적인 체계의 다리를 놓는 데 아주 성공적이다.

답변

길은 역시 평범하다

배리 마기드(BARRY MAGID)

필립 링스트롬이 우아하게 말한 바와 같이 선불교와 정신분석이 순수하게 대화를 하기 위해서는 "선불교는 나름대로의 심리학"이라는 것과 선불교와 정신분석 각각은 "우리 자신과 우리 자신을 제외한 모든 것들이 서로 연결되어 있고 관계되어 있지만 종종 인위적으로 구분하거나 경계가 설정되어 있다는 사실을 탐구"하는 것을 인정하고 난 후 비로소 가장 잘 해나가기 시작될 수 있다. 오랜 시간 동안 많은 분석가들은 인간에 대한 여러 동일한 문제들에 대해 선의 스승들도 이런 문제에 대해 동일한 답을 제시하지는 않았지만, 나름대로 포괄적으로 기술하고 해결하고자 한 사실에 동의하는 것을 어려워하였다. 일단 두 체계의 개념과 목표가 전적으로 소통할 수 없는 것이 아니라는 것을 인정하게 되자 비로소 두 체계 모두를 풍부하게 할 가능성이 있는 생각과 경험을 교환하기 시작하게 되었다. 두 체계가 강력하게 융화될 수 없을 정도로 불일치하는 영역들도 항상 있지만—고전적 정신분석과 상호주관적 정신분석 사이에도 일치할 수 없는 것이 있는 것과 마찬가지로—이제 동일한 언어로 말하기 시작하게 될 것이다.

정신분석과 불교 사이에 놓인 언어와 연관된 끈질긴 하나의 개념적 문제는 항상 "자아"의 의미를 둘러싸고 제기된 것이었고, 또한 불교의 주장, 즉 자아는 "공하고", "떨어져 나갈" 수 있다는 것을 정신분석학적 용어로 어떻게 이해될 수 있는가 하는 것이었다. 필 링스트롬은 이러한 난관에 익숙해지기 위한 노력으로 자아가 갖는 조직화의 두 가지 측면을 훌륭하게 구별하였다. 즉 *변화하고 발달하며 적응하는 조직화 원리*와 *전성찰적이고 불변하는 조직화 원리*이다. 내가 믿기로는 이런 구분은 "자아"를 종식시켜야 한다는 선불교의 주장에 대한 통상적인 정신분석적 혼란을 해소하는 데 적어도 도움이 될 것이라고 여겨진다. 링스트롬이 말하는 바와 같이 선불교에서 떨어져 나가야 하는 "자아"라고 부르는 것의 한 측면이면서, 또한 정신분석에서 한 개인이 개체성 없는 것으로 용해되지 않으면서도 "떨어져 나갈" 수 있다고 여기지는 것은 "자신이 놓인 환경과의 유동적인 참여를 방해하는 경직된 구조"의 바로 그것이다. "무아"에 대한 링스트롬의 이해는 그가 부르는 "현실에 대한 자발적인 참여"라고 부르는 것에서 빛을 발한다. 그는 선불교와 정신분석을 "즉흥적인 현장성을 촉진하는" 양식으로 보고 있다. 공안 "남천참묘南泉斬猫"는 링스트롬이 특히 가치를 부여하는 현장의 자발성을 가장 극적으로 보여주는 것이라고 여겨진다. 공안에서 남천은 고양이에 대해 논쟁하는 두 그룹의 승려를 만난다. 남천은 고양이를 잡고서 그들에게 [선의] "말을 하라고" 도전한다. 아무도 대답을 하지 못하자 그는 고양이를 죽인다. 이후 그는 제자 조주에게 그 이야기를 들려준다. 조주는 즉각 자신의 신발을 벗어서 머리 위에 올리고서 방을 떠난다. 남천은 조주의 뒤를 보면서 "네가 있었더라면 나는 고양이를 죽이지 않았을 것이다"라고 말한다(야마다山田 1979, 76). 이것이 바로 링스트롬이 찬탄할만한 일종의 즉흥 연극이다. 그러나 조주는 수년 후 사원의 주지가 되어서 얼른 보기에는 단순하게 보이는 다음과 같은 대화를 나누게 된다. "어떤 승려가 조주에게 열성을 다해서 '부디 스승님, 나에게 가르침을 주십시요'라고 말하자 조주는 '쌀죽을 먹었느냐?'라고 물었다. 그 승려가 '예, 먹었습니다'

라고 대답하자 조주는 '그러면 가서 발우를 씻어라'라고 말하였다"(45).

유동적이고 의미 있는 만남에 대한 링스트롬 자신의 예는 "사랑하는 연인 사이의 자발적 참여, 금방 태어난 신생아와 부모와의 첫 만남, 야생 동물과의 우연한 만남"이다. 그러나 이런 짧은 목록이라도 그의 분명한 가정, 즉 경직성에 대한 유일하고 진실한 대안은 평범한 사건들에서 발견되는 것이 아니라 강도, 흥분, 새로움이라는 특별한 순간에서 발견될 수 있다는 것을 보여주고 있다. 그러나 이런 자발적이고 즉흥적이며 극적인 만남들의 특권은 무아가 갖는 또 다른 측면들, 아마도 심지어 더 중요한 측면들을 무시하고 있다. 즉 특별히 새롭고 극적이고 기이한 것이 없는 일상적인 마음들이다. 이것이 선의 일상적인 활동이다. 나무를 다듬고, 물을 기르고, 지하철을 타는 것이다. 이런 활동의 "선"은 어떤 특별하고 과잉 집중적이고 창조적인 방식으로 행할 수 있는 것에서 발견되지 않는다. 오히려 우리는 바로 그것을 한다. 그리고 그것을 바로 한다는 것은 그것을 하는 우리 자신의 개별적인 새로움이나 흥분 또는 특별함에 중독되어 있는 것이 아니다. "자아" 없이 행하는 것은 *그 순간의 내용과 상관없이* 바로 그 순간에 완전하고 비분리적으로 기능하는 것이다. 선은 일상생활의 평범하고 반복적이며 단순한 행동과의 관계를 재점검하기를 요구한다. 이런 일상적인 것은 어떤 새로운 "능숙한 지배력" 또는 "발달적 진전"이 있을 필요 없이 매일 우리가 하는 것들이다. 일상적인 것이 강박적이고 경직되며 지루한 것이라는 가정에서 우리는 구원될 수 있을까?

일상적 삶의 간단한 과제와 지각에서 기쁨을 경험하는 무의식적인 정신 기능은 "경직화된" 불변하는 무의식도 아니고, 링스트롬이 말하는 즉흥적이고 "변화하고 발달적이고 적응적인" 원리도 아니다. 그것은 "그

룻을 닦고 치우는" 자아이며(아잇켄 1996, 49), 그 자아는 순간에 참여하고 그 순간을 잊어버리는 자아이다. 아무것도 특별한 것은 없다. 특히 아무것도 그것에 창조적인 것은 없다. 단지 거기에 살아있을 뿐이다.

당신은 지하철에서 선의 스승을 알아챌 수 있어야만 한다고 생각하는가? 아이도 선사Eido Roshi는 자신의 스승 소엔 나카가와Soen Nakagawa에 대한 이야기를 들려주었다. 나카가와는 젊은 승려로서 자신의 스승 겜포 선사Gempo Roshi와 함께 기차 여행을 하고 있었다. 늙은 스승 겜포는 붐비는 차 안에서 눈에 띄지 않게 구석으로 들어간 반면 소엔은 완전한 연꽃의 자세로 앉아서 여행하는 동안 내내 명상을 하였다. 그 후 겜포는 젊은 승려를 혼내면서 다음과 같이 말하였다. "좌선은 퍼포먼스가 아니야! 그런 상황에서라면 … 너는 반드시 다른 사람을 생각했어야지. 그리고 너 자신을 할 수 있는 한 작게 만들어야지. *그것이* 좌선이야" (나카가와 1996, 16).

나는 링스트롬이 선 수행을 "홀로 가는 것"이라고 주장하는 것에 대해 다소 놀랐다. 사실 나는 영화〈완다라는 이름의 물고기A Fish Called Wanda〉가 바로 생각이 났다. 그 영화에서 제이미 리 커티스의 캐릭터는 그녀의 썩-똑똑하지-않은 모습에 직면하지만("나를 멍청이라고 부르지마!) 철학적으로 난체하는 남자 형제―케빈 클라인이 역할을 하고 있다―는 "불교의 중심 메시지는 각자 일은 각자가 알아서 하라는 것이 아니다!"라고 지적하고 있다("그리고 런던 지하철은 정치운동이 아니다!"). 자아와 세계 또한 자아와 타인 사이에 놓인 분리의 장벽을 없애는 수행―정말 이런 장벽이 하나의 망상이라는 것을 바로 지각하는 수행―을 "홀로 가는 것"으로 주장할 수 있는가? 그러나 이것은 내가 이전에 관계론적 정신분석가에게서 들은 비난이다. 이들은 명상은 근본적으로 홀로 하는 활동인 반면 정신분석(적어도 두 사람의 심리학이라는 점에서)은 관계와 주관성의 상호 작동으로 본다. 내가 믿기로는 선이나 다른 명상수행을 이렇게 보는 것은 고립된 마음의 관점에서 파악하는 것이다. 이런 이원론적 관점에서 우리는 결국 모두 혼자이고, 타인과 정서적 연결을 하기 위해서는 존재론적 공허함을 가로질러 넘어가도록 애를 써야 한다. 그러나 고립적인 마음의 관점을 없애는 것이 처음부터 존재하는 상호연결성을 바로 경험할 수 있다는 것을 의미한다. 고립된 개인에게는 넘어가야 하거나 확립해야 할 것이 없다. 우리가 지각하든 아니든 간에 상관없이 거기에는 이미 항상 그것이 있다. 그러나 내가 "자율성"을 주장한다고 링스트롬이 간주하는 두 가지 경우를 살펴보도록 하자.

첫 번째 경우로 링스트롬은 로버트 스토로로우가 아내의 죽음이라는 정서적 트라우마를 받은 것을 언급한 논문(이 논문은 스토로로우 1999로 출판된다)에 대한 나의 현장 토론(그리고 아마도 불편하게 형식화한)을 인용하고 있다. 토론에서 문제가 된 것은 트라우마의 성질에 대한 것이었다. 스토로로우는 자신의 트라우마가 끔찍한 사건들을 같이 헤쳐나가 줄 바로 그 사람의 상실로 더 심각하게 되었다고 말하였다. 내가 예상하지 못하게도 그가 대응한 방식이 트라우마 자체의 보편적 성질이라고 말하는 듯이 들렸다. 나는 "예상하지 못하게도"라는 표현을 사용하는 이유는 상호 주관적 접근방법은 삶의 다른 사건들과 마찬가지로 트라우마의 반응이 갖는 매우 다양하고 맥락적인 성질을 강조하는 것으로 알고 있기 때문이다. 그러므로 나의 언급은 무엇보다도 동일한 상실의 트라우마에 질적으로 서로 다른 반응이 있다는 것을 드러내고자 한 것이었다. 그 당시 아무도 나 자신의 상실을 어떻게 극복하고 있는지, 그것을 내가 어떻게 다루어야만 하는지 몰랐다. 상실에 대한 나의 즉각적인 반응은 선의 관점에서 내가 어떻게 그것을 다루어야만 하는지에 대한 나의 개념이 아니라 트라우마가 나에게 미친 *영향*을 기술하는 것이었다. 이제 스토로로우의 언급이 출판된 것을 읽어볼 기회가 생긴 다음 나의 반응은 다소 다르다. 나는 특별히 다음의 문장에 감명을 받았다. "트라우마를 받은 사람과 정상적인 사람은 다른 세계에 살고 있을 뿐만 아니라 이런 모순적인 세계들은 본질적으로 철저하게 비교할 수 없는 것으로 느껴진다"(스토로로우 1999). 사적인 세계에 살고 있다는 감각, 다른 사람들과 "본질적으로 비교할 수 없다는" 것은 고립된 마음이 갖는 관점을 완벽하게 서술한 것으로 보인다. 이것은 스토로로우와 앳우드가 기술한 것으로서 부분적으로 "개인은 단지 자신의 의식만을 알뿐이고, 다른 사람에게 속한 경험에 직접 접근하는 것은 영원히 막혀 있다"(1992, 9)는 신념으로 들린다. 이제 나는 스토로로우와 나 자신 모두가 사랑하는 사람의 갑작스런 죽음이라는 트라우마로 인해서 자신들의 일시적인 재경험이 고립된 마음의 상태에서 촉발되었다. 그러나 그런 고립된 마음의 즉각적이고 주관적 경험은 개별적 역사와 서로 다른 상호주관적 환경으로 상호 결정된 서로 다른 질적인 성질을 띠고 있다. 아마도 DSM-IV의 다음 판에서는 "외상후 고립 마음 증후군post-traumatic isolated mind syndrome"이라는 공간을 찾아야 할 것이다!

마찬가지로 내가 조코를 다시 보지 못할지도 모른다는 두려움으로 눈물을 흘린 것은 고립된 마음의 관점으로 순간 되돌아간 것으로 이해될 수도 있다. 이것은 그녀의 죽음이라는 환상으로 촉발되었다. 그녀의 반응은 내가 그것을 홀로 견뎌나갈 용기가 있다고 말하는 것이 아니라 오히려 수행에서 *홀로 있는 그런 것은 없다는 것*을 상기시켜주고 있다. 자아심리학적 용어로 말하면 이런 대화는 자아대상 유대관계의 붕괴와 해석을 통한 수정이라는 용어로 이해될 수 있다. 곧 다가올 신체적 분리로 혼란스러웠지만 본질적으로 연결되어 있다는 느낌은 그녀의 말로 인해서 복구되었다. 링스트롬은 현대의 정신분석가인 코헛과 베아트리체 베비Beatrice Beebe와 프랭크 라흐만Frank Lachmann을 인용하면서 우리는 완벽하게 분리된 자율성을 성취할 수 있다고 상상할 수 없고, 오히려 "상호 정서성과 주관-대-주관의 관계성을 평생 필요"로 한다고 하였다. 확실히 선은 이런 정신분석가들의 반초월적 관점과 의견일치를 본다. 그러나 정신분석이 정서적 연결성이나 애착을 너무 좁게 해석하여 전문적인 "주관-대-주관의 관계성"이라는 아주 비싼 버전에 평생 의존하는 것을 고무할 위험성 또한 존재한다.

자아 심리학의 틀 안에서 발달적 성숙의 한 표식은 *특수성*의 자아대상 경험에서 *비특수성*의 자아대상 경험으로 나아가는 것이다. 달리 말하자면 특별하고 종종 이상화된 타인과의 아주 특수하고 거의 완벽하게 정서적으로 조응된 공감적 반응이 트라우마 후의 파편화에 직면하여 자아의 정합성을 회복시켜 줄 수 있다는 믿음에서 자신의 안정적으로 내면화된 가치, 이상, 이상화된 멘토와의 동일화가 심지어 강력한 트라우마 상황에서도 의미 있게 조직화되고 정서적으로 조절되는 것의 기반을 이루는 보다 더 성숙한 상태로 나아가는 것이다. 평생 수행이라는 맥락과 모든 존재의 내적 연결성에 대한 확실한 자각에 기반을 두고 있는 한 "홀로 간다"는 것을 느낄 수 없다. 수행에서 우리는 "있는 그대로 매 순간의 삶이 유일한 스승일 뿐"이라고 노래 부른다. 진정 이런 스승에게 순간순간을 듣는 경지에 도달하면 참으로 항상 자신의 편이 되는 스승을 갖게 된다.

결국 선에서 "홀로" 앉아있다고 말하는 것은 말이 안 된다. 앉아 있는 것 그 자체가 붓다로서 우리의 정체성을 드러내고 표현한다. 우리 모두 함께 시간과 공간을 통해서 편재하는 불성에 참가하면서 합일감, 공함, 무상이라는 공통 유산을 함께 한다. 일본의 선사 무문無門慧開은 "무"의 공안에 대한 수행 경험에 대해 13세기에 다음과 같이 썼다. "장벽을 넘어 간 사람들은 조주를 바로 얼굴을 대하듯이 볼 뿐만 아니라 선 스승들의 전체 계보와 함께 손에 손을 맞잡고 걸어가고 그들과 눈썹을 맞댈 것이다. 당신은 그들이 보는 것과 똑같은 것을 당신의 눈의 통해서 볼 것이다. 그들과 같은 것을 당신의 귀로 들을 것이다"(야마다 1977, 13).

아마도 현대의 어떤 정신분석가는 자신의 전문직업적 환경에서 아주 안락하게 지내고 있지만 코헛에 대해 동일한 것을 말할 것이다. 코헛은 존경받는 스승이고 그의 세계관은 어떤 정신분석가의 직업적 존재의 일부 핵심이 될 정도로 철저하게 동화되고 그의 관점은 어떤 정신분석가가 행하는 매일의 치료 행위에 현존할 것이다. 정신분석가들은 누구라도 홀로 치료를 할 필요가 없다.

우리는 상호 연결되어 있다는 것을 배울 필요가 있다. 이런 상호 연결은 친밀한 일대일 관계에서 시작하여 모든 존재의 근본적 연결성을 폭넓게 자각하는 데에까지 도달하는 스펙트럼을 갖는다. 정신분석가와 불교도는 이런 스펙트럼의 양극단을 이해하는 전문가들이다. 아마도 서로가 그 동안 무시하여 왔던 양 극단과 인간의 관계성과 존재가 갖는 전 스펙트럼을 새롭게 평가할 시간이 다가오고 있다.

1 물론 변화하는 발달적 조직화 원리들은 또한 전성찰적으로 작동하면서 매 순간 조직화의 몇 가지 사전 전제를 이룬다. 그러나 이것들은 순간적으로 영향을 받고, 또한 새로운 자료에 적응하고 변화되는 개방성이라는 점에서는 극적으로 다르다. 비유적으로 말하면 변화하는 조직화 원리들은 한 명의 화가가 시간의 흐름에 따라서 스스로 만들어내는 일종의 예술적 지침서와 같다. 화가는 "이 지침서를 던져 버리는 것"에 자유롭다. 왜냐하면 그림을 그리는 데 구성, 가치, 색조, 온도가 어떤 영향을 미치는지 자동적으로 잘 "알기" 때문이다. 화가는 이제 의식하지 않고 이런 기법을 활용하여 그림을 그릴 수 있으므로 "규칙을 어기는 것"까지 포함하여 자신의 창조적 능력에 더 완전하게 참여한다.

References

Aitken, R. 1990. *The Gateless Barrier.* San Francisco: North Point.

————. 1996. *Original Dwelling Place.* Washington, D.C.: Counterpoint.

Atwood, G., and R. Stolorow. 1997. Defects in the Self: Liberating Concept or Imprisoning Metaphor? *Psychoanalytic Dialogues* 7:517-22.

Austin, J. 1998. *Zen and the Brain.* Cambridge: MIT Press.

Bacal, H. 1985. Optimal Responsiveness and theTherapeutic Process. In *Progress in Self Psychology,* vol. 1, ed. A. Goldberg, 202-27.Hillsdale,N.J.: Analytic Press.

Bateson, G., and M. C. Bateson. 1987. *Angels Fear.* New York: Macmillan.

Beck, C. J. 1989. *Everyday Zen.* San Francisco: Harper.

Beebe, B., J. Jaffe, and Lachmann, F. 1992. A Dyadic Systems View of Communication. In *Relational Perspectives in Psychoanalysis,* ed. N. Skolnick and S. Warshaw, 61-81. Hillsdale, N.J.: Analytic Press

Benjamin, J. 1988. *The Bonds of Love.* New York: Pantheon Books.

————. 1995. *Like Subjects, Love Objects: Essays on Recognition and Sexual Difference.* New Haven: Yale University Press.

Chadwick, D. 1999. *Crooked Cucumber: The Life and Teaching of Shunryu Suzuki.* New York: Broadway Books.

Cleary, T. 1990. *The Book of Serenity.* Hudson, N.Y.: Lindisfarne Press.

Dogen. 1983. *Shobogenzo.* Trans. K. Nishiyama and M. Cross. Tokyo: Nakayama Shobo.

Eigen, M. 1981. The Area of Faith in Winnicott, Lacan, and Bion. *International Journal of Psychoanalysis* 62:413-33.

————. 1998. *The Psychoanalytic Mystic.* London: Free Association Books.

Engler, J. 1984. Therapeutic Aims in Psychotherapy and Meditation: Developmental Stages in the Representation of the Self. *Journal of Transpersonal Psychology* 16:25-61.

Freud, S. 1930. *Civilization and Its Discontents*. In Standard Edition, 21:64-145. London: Hogarth Press, 1961.

Fromm, E., D. T. Suzuki, and R. de Martino. 1960. *Zen Buddhism and Psychoanalysis*. London: George Allen and Unwin.

Haskel, P. 1984. *Bankei Zen*. New York: Grove Press.

Kohut, H. 1971. *The Analysis of the Self*. Madison, Conn.: International Universities Press.

─────. 1977. *The Restoration of the Self*. Madison, Conn.: International Universities Press.

Loori, J. D. 1994. *Two Arrows Meeting in Mid-Air*. Rutland, Vt.: Charles E. Tuttle.

Magid, B. 1999. Surface, Depth and the Isolated Mind. In *Progress in Self Psychology*, ed. A. Goldberg, 15:107-19. Hillsdale, N.J.: Analytic Press.

Meissner, W. W. 1992. *Ignatius of Loyola*. New Haven: Yale University Press.

Merton, T. 1997. *Dancing in the Water of Life*. New York. HarperCollins.

Mitchell, S. 1991. Contemporary Perspectives on Self: Toward an Integration. *Psychoanalytic Dialogues* 1:121-47

Nakagawa, Soen. 1996. *Endless Vow*. Introduction by Eido Shimano. Boston: Shambhala.

Ringstrom, P. 1999. Discussion of "The Phenomenology of Trauma and the Absolutisms of Everyday Life: A Personal Journey," by R. Stolorow. Read at 23d Annual Conference on the Psychology of the Self. Toronto, Ontario. November.

─────. 2001. Cultivating the Improvisational in Psychoanalytic Treatment. *Psychoanalytic Dialogues*. 11:727-54.

Rubin, J. 1996. *Psychotherapy and Buddhism: Toward an Integration*.

New York. Plenum Press.

Shafii, M. 1973. Silence in the Service of the Ego: Psychoanalytic Study of Meditation. *International Journal of Psychoanalysis* 54:431-43.

Silverman, S., F. Lachmann, and R. Milich. 1982. *The Search for Oneness.* New York: International Universities Press.

Stern, D. 1985. *The Interpersonal World of the Infant.* New York: Basic Books.

Stolorow, R. 1997. Dynamic, Dyadic Intersubjective Systems: An Evolving Paradigm for Psychoanalysis. *Psychoanalytic Psychology* 14:337-46.

————. 1999. The Phenomenology of Trauma and the Absolutisms of Everyday Life: A Personal Journey. *Psychoanalytic Psychology* 14:337-46.

Stolorow, R., and G. Atwood. 1992. *Contexts of Being: The Intersubjective Foundation of Psychological Life.* Hillsdale, N.J.: Analytic Press.

————. 1994. *The Intersubjective Perspective.* Northvale, N.J.: Aronson.

Stolorow, R., B. Brandchaft, and G. Atwood. 1987. *Psychoanalytic Treatment: An Intersubjective Approach.* Hillsdale, N.J.: Ana- lytic Press.

Thelin, E., and L. Smith. 1994. *A Dynamic Systems Approach to the Development of Cognition and Action.* Cambridge: MIT Press.

Trop, G., M. Burke, and J. Trop. 1999. Contextualism in the Human Sciences, 4:202-23.

Uchiyama, K. 1983. *Refining Your Life.* Tokyo: Weatherhill.

Van de Wetering, J. 1999. *Afterzen.* New York: St. Martin's Press.

Whalen, P. 1972. *Imaginary Speeches for a Brazen Head.* Los Angeles: Black Sparrow Press.

Winnicott, D. W. 1965. *The Maturational Processes and the Facilitating Environment.* New York: International Universities Press.

———. 1971. *Playing and Reality*. New York: Basic Books.

Wittgenstein, L. 1953. *Philosophical Investigations*. London: Basil Black-well.

Wolf, E. 1988. *Treating the Self*. New York: Guilford Press.

Yamada, Koun. 1979. *The Gateless Gate*. Los Angeles: Center Publications.

제7장

불교와 정신분석에서
전이와 변화

불교와 정신분석에서 전이와 변화

폴리 영-아이젠드라스(POLLY YOUNG-EISENDRATH)

불교와 정신분석 모두 고통을 줄이고 자비를 베푸는 것을 목표로 하고 있다. 내가 말하는 고통은 특히 불교의 개념인 둣카dukkha를 의미한다. 이 둣카는 영어로 전형적으로 "suffering"으로 번역하고 있다. 둣카는 중심에서 벗어난 것, 또는 균형을 잃은 상태를 언급하는 것으로 이해되고 있다. 마치 뼈가 관절에서 좀 벗어난 것, 또는 차축에서 바퀴가 제대로 되어 있지 않은 것과 유사하다. 나는 "고통"이라는 단어를 사용할 것이고, 이것이 지칭하는 상태는 어긋난 상태, 말하자면 주관적 상태로서 순간적 좌절과 같은 가벼운 우울부터 정신병적 상태와 같은 심한 경우까지 모두 포함된다.

둣카에 대한 불교의 담론은 아주 넓은 범위를 포괄하고 있어 신체적·정신적 측면 모두를 다루고 있지만 나는 반복적 행동, 왜곡, 환상, 내면의 소리로 형성된 정신적 고뇌를 언급하고자 한다. 이런 고뇌의 대부분은 원하는 대로 사태가 되어가기를 바라는 것, 그리고 그렇게 되지 않을 때 결국 모욕감과 절망으로 이어지는 느낌에 뿌리를 두고 있다. 이런 고뇌는 통증 또는 역경과는 다르다. 왜냐하면 이런 것들은 피할 수 있거나 조절할 수 있는 것이 아니다. 불교의 가르침이 뜻하는 바는 한계, 무상,

유한성, 상호의존, 변화의 현실—모든 존재의 근본적인 것—을 받아들이기 어렵다는 것이다. 전능하고자 하는 바람은 이런 것들을 받아들이기 어렵게 만든다. 불교에 따르면 이런 현실을 통찰하고 평정을 얻게 되면 우리는 통증과 역경은 지속한다고 할지라도 고통은 존재하지 않는다고 한다.

내가 아래에서 서술하게 되는 바와 같이 통찰과 자애는 불교와 정신분석에서 고통을 변화시키는 데 핵심적이다. 이 논문에서 나는 스승과 제자(불교의 경우)와 치료자와 환자(정신분석의 경우) 사이의 관계를 통해서 이런 과정들이 작동하는 특별한 방식을 비교하고 대비하고자 한다. 두 분야에 관한 문헌은 방대하기 때문에 나는 선불교의 제자로서, 또한 융 분석가로서 나 자신의 경험에 특별히 바탕을 둘 것이다. 융 분석가로서 나는 얼굴을 맞대고 정신치료(일주일에 한 번 내지 두 번)를 하기도 하고, 환자를 카우치에 눕게 하여 분석 회기(일주일에 두 번에서 네 번 정도)를 갖기도 한다. 또한 나는 남편과 함께 커플 정신 치료를 하기도 한다. 여기서 이런 점을 밝히는 이유는 관계의 측면에서 커플과 함께 작업하는 것이 투사와 동일화라는 정신역동을 밝혀주기 때문이다. 내가 "정신치료" 또는 "치료"라는 용어를 사용할 때 가리키는 것은 정신분석을 *포함해서* 모든 정신 역동적 치료를 말한다. 특히 심층 심리학들(정신치료를 배제하는 것은 아니다)을 의미한다—이런 정신치료들은 무의식적 이미지, 욕망, 동기 그 자체를 파악하기 위해 고안된 것이다.

고통과 통찰

인간은 객관적 및 주관적 사건들 그리고 삶의 경험을 평가하고, 욕망하고, 환상하고, 과장하고, 절하하면서 고통을 만들어간다. 간단한 예는 교통 체증과 같은 작은 불편함으로도 우리에게 엄습하는 복수의 부정적 환상과 분노와 좌절감을 느낄 수 있다. 이것보다 훨씬 더 복잡하고 다층적인 것은 어린 시절 트라우마 또는 학대를 받은 경험이 있는 어른들을 사로잡는 강박적인 자기혐오와 자기손상들이다. 어떤 경험이 객관적으로 고통스럽고, 즐겁고, 중립적인가에 상관없이 우리 자신의 소망, 욕망, 혼란으로 인해 그것들은 일시적일 수도 있고 반복적일 수도 있는 영원한 고통으로 전환하게 된다.

프로이트와 융, 초기의 여러 정신분석가들은 일시적이고 반복적이고 지속적인 정신적 고뇌와, 얼른 보기에는 불합리하거나 의미 없이 보이는 삶의 다른 측면들(예를 들면, 꿈)을 탐구하면서 자신들의 경력을 쌓아갔다. 심지어 표면상 의미 없이 보이는 고통(예를 들면, 파괴적인 경험을 반복하는 강박)이 무의식적이거나 숨겨진 욕망과 동기에서는 의도적이고 목적 있는 것으로 이해될 수 있다는 것도 발견하였다. 가장 낯설고 가장 문제가 되는 행동이 한 개인의 발달사를 살펴보면 의미 있는 것으로 밝혀지기도 하였다. 현대의 정신분석가인 칼 스트렝거Carl Strenger는 "프로이트가 정신분석가로서 작업하기 시작한 자신의 업적에서 근본적인 점은 인간성에 대한 이론을 혁신하면서 그 이론을 이전에는 별로 중요하게 언급되지 않았던 현상들에 적용하였다는 것이다. 신경증적 증상과 정신·신체적 증상은 단지 생리적 이론으로만 설명할 수 있는 것이 아니라 오히려 인간의 심리 이론으로 이해될 수 있는 것으로 보이기 시작하였다"(1991, 62). 이것은 인간의 어떤 행동을 현재 또는 한 개인의 발달사에서 자세히 살펴보면 원인과 목적을 파악할 수 있는 의미이다. 이런 것은 모든 정신분석의 특징이다.

유명한 담마빠다의 한 구절은 다음과 같이 말한다. 즉 "모든 것은 생각과 함께 일어난다. 우리는 생각과 함께 세계를 만든다"(바이람Byram 1993, 1). 생각은 행동으로 이어지고 행동은 습관을 형성하고 결국 습관은 성격을 만든다. 불교의 모든 문헌들은 우리의 의도가 행동 및 성격과 밀접하게 연관되어 있다고 가르치고 있다. 이와 마찬가지로 스트랭거는 정신분석에서 인간의 행동은 "항상 의도적인 행동"으로 간주한다고 말한다. 그리고 정신분석은 생각과 행동의 의미를 올바르게 이해하여 "자신이 누구인지에 대해 확실하게 책임을 지고 진정으로 원한다면 자신을 변화시킬 자유를 주는 것이다"(1991, 63).

정신분석과 불교 모두 고통의 원인과 결과를 정확하게 통찰하여 고통에서 자유롭게 되는 가능성의 문을 열게 해준다. 불교는 고통의 보편적인 조건과 원인(안전과 안정에 대한 편재적인 열망과 무상과 변화에 대한 무지 또는 부정)에 대한 통찰을 제공한다. 반면 정신분석은 개인적 고통의 역동(내적인 갈등, 결핍, 열등감, 투사, 동일화)에 대한 통찰을 제공한다.

자애와 정신적 변화

그렇지만 불교와 정신분석은 고통의 변화에 대한 통찰 그 이상을 모색한다. 자신과 타인에 대한 자애는 불교 수행과 분석 치료의 해석과 통찰을 넘어서 있는데, 왜냐하면 자애는 독특하고 놀라운 방식으로 자연스럽게 발생하기 때문이다. 자애라는 말로서 내가 의미하는 바는 타인이나 자신의 어려움과 고통에 대한 친절하고 사랑스러운 반응을 말한다. 자애는 동정, 공감, 도와주고자 하는 욕구 이상의 것이다. 산스크리트의 까루나karuna ― "자애"라고 번역된다 ― 는 다른 존재가 고통스러워하거나 힘든 상황에 놓인 것을 볼 때 자연스럽게 일어나는 일종의 통탄이나 애절한 신음이다. 그러나 진정한 자애는 단순히 반응하고 충고하며 하찮게 보고 떠안는 것보다 진정 도움이 되는 방식으로 그 어려움에 반응하는 것이다. 진정한 자애는 현재 눈앞의 실제적인 난관을 자각하는 것뿐만 아니라 관심을 갖고 보살펴주는 효율적인 방식이라고 말할 수 있다.

불교의 많은 가르침과 활동들은 자애를 증강시키고, 심지어는 이 세계가 바로 근본적으로 자애로운 장소라고 인식하는 것을 목표로 하고 있다. 불교에 친숙한 사람은 누구라도 자애로운 감정과 지식의 함양은 세 가지 영적 구도의 길에서 중심적 구성 성분이라는 것을 알 것이다. 이 세 가지 영적 구도의 길은 윤리(실라, *shila*), 집중(사마디, *samadhi*), 지혜(쁘라즈나, *prajna*)이다. 몇몇 불교 철학들(예를 들면, 중관 불교 또는 중도의 철학, 현대적 영어 번역에 대해서는 가필드Garfield 1995를 보라)은 다음과 같은 결론에 도달한다. 즉 이 세계의 어떤 것 ― 그것이 자아 또는 사람, 사물 또는 유기체이든 ― 도 다른 어떤 것과 독립하여 객관적으로 그리고 내재적으로 존재하는 것은 없다. 어떤 존재나 사물도 다른 어떤 존재나 사물과 독립해서 존재하지 않는다. 오히려 존재는 모든 사람과 사물에 상호 연관되어 있거나 거미줄처럼 얽힌 상태에 있다. 인간은 개별적 자아감을 발달시켜 이런 개별성을 보편적으로 적응하고자 하기 때문에 이런 깊은 상호 의존성을 파악하고 느끼기 어려운 것이 현실이다. 불교의 많은 방법과 논쟁들은 이런 심오한 상호 의존성과 자애와 모든 존재의 연결성을 직접 깨닫는 것으로 이어진다. 이것들이 모두 충분히 함양되면 자애는 다른 사람뿐만 아니라 내적으로 결국 자신을 돕는다.

내가 보는 관점에서 정신분석에서도 자애를 함양하는 신뢰할 만한 두 가지 수단들이 있지만 이것들에 대해서 충분히 기술되지 않고 있다. 첫째 치료자 또는 분석가에게 거부할 수 없는 이상화 전이unobjectionable idealizing transference에 대한 환자의 참여와 최종적인 자각이다. 여기 "전이"라는 단어가 의미하는 것은 다른 사람에 대한 어떤 상태, 이미지, 느낌의 지속적인 투사이다. 투사는 실제로 타인을 올바르게 인식하는 것을 방해한다. 이 논문에서 나는 "전이"를 그런 투사적 상태를 언급하는 것으로 사용할 것이다. 그리고 "역전이"는 전이에 대한 정서적 반응을 지칭할 것이다. 이런 두 가지 상태는 하나가 다른 하나를 빠르게 유발하기 때문에 그 차이를 구분하기 어렵지만 나는 단순히 이런 두 상태를 구별하기 위해서 이 두 가지 용어를 사용할 것이다.

이런 거부할 수 없는 이상화 전이라는 나의 용어는 "담아주기-초월적 containing-transcendent" 전이인데 현대 정신분석가 아놀드 모델Arnold Modell 이 사용한 용어를 변형한 것이다. 그는 정신적 변화를 야기하는 분석적 또는 정신 치료적 관계의 바탕을 이루는 것을 "의존적-담아주기 전이 dependent-containing transference"(1991, 46-52)라고 불렀다. 나는 여기서 이런 의미로 이 용어를 사용할 것이다. 이런 담아주기-초월적 전이는 어린 시절의 역동과 콤플렉스에서 비롯된 의식적 또는 무의식적 정서적 패턴과 이미지라는 특정한 전이와는 구별된다. 나는 "의존적인"보다는 "초월적인"을 선호한다. 왜냐하면 이런 종류의 전이는 자신의 고통과 자신의 삶의 변형뿐만 아니라 영적인 초월과 유사한 방식으로 다른 종류의 한계를 초월하고자 하는 희망으로 가득 차 있기 때문이다. 이런 담아주기-초월적 전이는 자신의 치료자 내지 분석가가 자신의 고통을 줄이는 데 도움을 줄 정도로 지식으로 잘 무장되어 있고 충분히 자신을 잘 배려해줄 것이라는 희망으로 우선 환자에게 경험된다. 어떤 환자는 치료의 초기임에도 불구하고 자신의 치료자가 고도로 성숙되어 있거나 영적으로 강한 사람으로 상상할 수도 있다. 간단히 말해서 이런 상상은 자신과 타인을 위한 지혜와 자애에 도달하고자 하는 환자 자신의 가능성에 대한 전이일 뿐만 아니라 고통을 초월하고자 하는 환자의 내재적 가능성(그러나 무의식적이거나 초기의)이기도 하다.

치료자/분석가에 대한 이런 종류의 이상화된 느낌과 신념은 분석적 치료 또는 정신 치료적 상황에 의해 증강되고 심지어 의존하기도 한다. 즉 치료 상황에 포함되는 것은 치료자/분석가의 상대적인 익명성, 치료자의 윤리적 행동, 치료적 의식의 예측 가능성이다. "의식儀式"이라는 용어로 내가 의미하고자 하는 것은 시간-공간-치료비의 규칙, 치료자의 환자에 대한 보복의 상대적 결핍(친구들과 가족이 정기적으로 개입할 수 있다), 말하는 방식, 사회적 수다의 부재이다.

이후 나는 이런 종류의 전이가 정신적 변화에 미치는 영향을 자세히 살펴볼 것이지만 지금 잠깐 동안은 효율적인 치료자/분석가는 도움이 될 만큼 충분히 자애롭고 능력 있는—영적으로도 충분히—사람으로 상상*되어야만 한다*는 것만을 지적해두고자 한다. 정신분석가 어윈 호프만 Irwin Hoffman(1998)은 이것을 치료적 활동에 기여하는 분석가의 "신비"라고 불렀다.

> 치료적 활동에 대해서 … 분석가는 특별한 방법으로 환자의 힘든 부분을 고려하는 권위자라는 단순한 생각에는 그 무엇인가가 있다. … 우리가 의도적으로 시도하더라도 분석되지 않거나 분석할 수 없는 것이 있다. … 분석가에 대한 생각은 부분적으로 분석가가 환자에 대해 알고 있다는 것보다 환자

가 분석가에 대해 적게 알고 있다는 사실에 의해 조장된다.
… 분석가는 상대적으로 보호받는 입장에 서 있다. … 이런
점은 치료자의 인격에서 더욱 인내하고 이해하고 관대한 측
면을 촉진한다. 나는 "이상화"를 부분적으로 상호작용하는
용어로 생각하는데("다른 사람을 더 이상적으로 생각하는"
것처럼) 그 이유는 분석적 상황과 환자는 실제로 한 개인인
분석가가 갖는 더 "이상적인" 자질들 중 몇 가지를 종종 조
장하기 때문이다. (203)

담아주기-초월적 전이의 *부재*는 치료적 파트너가 발견한 통찰이 아
무리 정확하다고 하여도 결국 지속적인 치료적 효과가 없는 상황으로
귀착된다. 더구나 담아주기-초월적 전이는 고통을 초월하고 재생을 약
속하는 그 누구 또는 그 무엇을 환자가 *처음* 만나는 것일지도 모른다.

정신분석이 자애를 촉진하는 두 번째 수단은 환자의 고통에 대한 지
속적인 상호 질문이라고 할 수 있다. 분석가와 환자는 분석 치료의 시간
이 흐르면서 자신들이 참여한 발견 과정을 긍정적으로 깊이 평가하고
특별히 긴장하거나 놀랍게 느꼈던 가장 예상하지 못했던 순간에 어떻게
서로가 의지하였던가를 깨닫는다. 이런 *상호의존*에 대한 깨달음은 자신
들이 홀로 고통스러운 것이 아니라 서로가 함께 고통스러워 한다는 것
을 자각하는 결과를 낳는다. 결국 이것은 자신이나 타인의 고통에서 의
미의 다양한 층을 긍정적으로 평가하는 것으로 이어진다. 분석가와 환
자는 이런 인간의 딜레마를 보고 만나면서 모든 인간 존재에 더 자애롭
게 된다.

정신적 변화의 관계

정신치료는 관계, 말하자면 환자-치료자 및 환자-환자(커플, 가족, 그룹의 경우)를 통해 인간 고통의 문제를 다루려고 시도한다. 나는 서로 다른 정신치료의 모델이 서로 다른 방법을 사용하는가에 대한 특별한 변수를 고려하지 않고 모든 치료에 공통되는 잘 연구된 치료 요인이 있다는 것을 상기하고 싶다. 이들 중 가장 앞서 있는 개념적 범주는 "치료적 관계"라는 것이다. 이런 관계는 치료자와 환자 사이에서 발생하여 정신적 변화와 그 과정을 야기한다(예를 들면, 스트룹Strupp 1989를 보라).

불교의 위대한 보물 중 하나는 관계-특히 승단(상하Sangha) 또는 공동체-이다. 불교의 어떤 형태들(예를 들면, 선불교와 티베트 불교)에서는 스승과 제자 사이에 또 다른 중요한 관계가 있다. 내가 여기서 논의하고자 하는 것은 바로 이런 두 사람의 관계이다. 중세 일본의 유명한 선승이면서 일본 조동종의 창시자인 에이하이 도겐 젠지Eihei Dogen Zenji, 永平道元 禪師(1200-53)는 다음과 같이 설명하였다. 즉 "스승과 제자가 함께 수행한다"는 구절은 두 인격들의 밀접한 관련을 통해서 "포도나무"같이 엮여져 있다는 것을 의미한다. 도겐은 진정한 깨달음(실재의 성질에 대한 심오한 통찰)의 검증 확인은 여전히 자아와 타인의 개별성을 유지하면서도 "타인에 도달하는 것"을 포함한다고 주장하였다(코프Kopf 1999, 281-86). 종종 이런 개념은 자아와 타인은 하나도 아니고 둘도 아니라는 경구로 전달된다.

더욱 현대적인 언어로 말하면 서구 티베트 불교학자의 스승인 뻬마 쵸드론Pema Chodron은 변화하고 무상하고 상호의존적인 실재의 성질에 직면하기 위한 스승과 제자가 갖는 관계의 중요성을 다음과 같이 언급하였다, 즉 "당신이 스승을 믿고자 하고 믿을 때 그것은 확실함에 대한 당신의 첫 번째 경험입니다. … 보세요, 한 사람과의 무조건적인 관계로 들어가는 것이 실재의 역설적인 성질에 개방적으로 머무는 훈련이라는 생각이 여기 있습니다. 당신은 있는 그대로의 이런 세계, 즉 모든 폭력과 아름다움과 하찮음과 용기의 순간에 당신이 개방적이 될 수 있는 그 지점에 어떻게 도달하게 됩니까?"(그로스Gross 1999, 45-46) 효과적인 스승과 제자의 관계에 대한 경험은 *상호*관계의 의존을 확립한다. 단지 그런 관계 내에서 서로 함께 구성하게 되는 특별한 자아와 특별한 타인을 발견한다. 이것이 정신치료와 아주 유사하게 들린다. 하지만 나는 불교와 정신치료에서 볼 수 있는 자아와 타인의 "엮임interwining"은 공식적으로 말해서 서로 다르게 형성되고 또한 아주 다른 결과와 방법으로 구성되어 있다고 주장할 것이다.

효과적인 정신 치료적 관계는 두 사람 사이의 투사와 동일화(전이와 역전이)를 통해서 일종의 무의식적 엮임에 의존한다. 이런 엮임이 단순히 환자나 치료자의 삶에서 초기 정서적인 패턴의 반복적인 것—이런 패턴은 한 사람 또는 두 사람 모두에게 고통을 야기할지 모른다—이 아니라 정신적 변화라는 힘을 갖기 위해서는 통찰의 계발과 충분한 객관성을 유지*해가면서* 치료적 관계가 그런 투사(이전의 정서적인 습관이라는 형태에서 치료자를 사랑하고 증오하고 상상하고 평가 절하하는 것)에 참여하는 기회를 제공하여야만 한다. 내가 위에서 말한 바와 같이 이런 통찰은 환자가 고통을 창출하는 관계, 느낌, 인식의 어떤 패턴을 무의식적으로 구성하고 있는 방식에 대해 치료 회기 동안 깨닫게 되는 환자의 경험적 지식이다. 이러한 지식에서 환자는 정신적 변화의 가능성을 갖는다. 그래서 효과적인 치료적 관계는 다른 정서적 틀이 계발되는 것을 허용하고, 그러고서 환자에게 유용한 방식으로 그 정서를 해석하고 이해하는 것이다.

모델(1991)이 주장하는(그리고 내가 동의하고) 바와 같이 이런 일이 일어나기 위해서는 모든 분석 회기에서 나타나는 적어도 두 가지 종류의 전이가 있어야만 하고, 이러한 전이가 분석되고 성찰될 수 있는 또 다른 수준의 관계가 있어야만 한다. 내가 위에서 기술한 담아주기-초월적 전이는 치료적 관계의 역동적 장을 둘러싸는 기본적인 틀이다. 이런 틀에 기반을 둔 관계는 환자의 고통을 완화시키게 된다. 이런 담아주는 기능에 의해 담아주기-초월적 전이는 의존-독립, 신뢰-배반, 함입-유기라는 느낌과 갈등을 유발한다. 이런 주제들은 다른 담아주는 관계와 유사한 형태(예를 들면, 삶의 파트너 또는 부모)를 띠지만 치료적 상황의 일부이고 주로 환자의 개인적 과거력에서 유래되는 것은 아니다. 정신적 변화를 이루기 위해서 담아주기-초월적 전이가 치료자의 윤리적 행동, 신뢰, 전문적 감각을 요구하는 것은 분명하다. 그뿐만 아니라 내가 아래에서 기술하는 바와 같이 치료자의 일부분이 이상화되고 "영적화"되는 것을 허용한다.

당신이 담아주기-초월적 전이를 치료적 관계가 갖는 세 가지 체계 중에서 보다 외부적인 프레임으로 생각한다면 그다음 고려해야 하는 것은 또 다른 종류의 전이이다. 즉 치료자에 대한 지각, 감정, 사고에서 환자의 오래된 정서적 습관의 전이이다(물론 이런 종류의 전이는 치료자로부터 환자를 향해 발생할 수 있지만 지금은 환자의 전이만을 언급한다). 이런 전이를 모델은 "성상적-투사iconic-projective"라고 명명하였다. 이것은 사람들이 다른 사람들에게 이미지, 감정, 마음 상태들을 무의식적으로 투사하는 전형적인 방식을 말한다. 그리고 이것은 다른 사람과 동일화하여 이렇게 동일화된 것과 친숙하게 작동하여 마음의 일부분을 이룬다(1991, 46-52). 이런 "투사적 동일화projective identification"는 투사를 하는 사람이 완전히 경험하거나 의식적으로 표현할 수 없는 정서적인 주제의 전의식적이거나 또는 무의식적인 소통이라고 이해할 수 있다. 일상적인 많은 소통은 의미심장한 무의식적 투사적 동일화를 포함하고 있다. 치료적 관계 안에서 이런 종류의 소통이 의식적으로 이해되고 탐구될 수 있다. 이런 과정은 치료자가 환자의 정서적 패턴이 작동하고 있다는 것을 분명하고 강하게 인지하는 것에서 시작된다. 이런 정서적 패턴은 환자를 자극하거나 좌절시키거나 모욕감을 주기도 한다. 만약 분석가/치료자가 환자에게 너무 많은 방어적인 저항을 야기하지 않고 말로서 상호 소통할 수 있다면(환자는 결국 이것을 "현실"의 일부로 간주한다) 환자와 치료자 모두 어느 정도 현실을 지각하는 방식을 변화시킬 것이다. 이렇게 하여 환자가 갖는 고통의 일부는 통찰과 정신적 변화의 가능성에 열려 있게 될 것이다.

정신치료의 분석은 어떤 것은 말을 하지 않고 남겨두는 반면—예를 들면, 환자에 대한 치료자의 공격적이고 적대적인 감정 전부는 아니더라도 대부분—다른 것은 말을 함으로써 고통을 정신적으로 변화시킨다. 무의식적 의미에 대한 치료자의 "해석"은 현재의 순간까지 환자의 자각에서 숨겨진 정서적인 의미를 주는 말, 구절, 문장으로 이루어진다. 예를 들면, 환자가 "내가 생각하기로는 당신이 말할 때 나를 판단하고 나의 경험을 거부한다고 생각한다"고 말하는 그 순간 사실은 환자는 의식하지 못하지만 치료자의 그 무엇을 거부하고 있다. 그런 순간 치료자(나 자신도)는 다음과 같은 의문을 제기할 수 있다. 즉 "당신은 나에 대해서 어떤 느낌으로 판단하고 있는가?" 이런 상호 작용은 환자의 부모 또는 나이든 형제들의 과거 모습 속으로 점차 거슬러 올라가는 환상의 이야기로 확장될 수 있다. 종종 이런 언어적 묘사는 알지 못하는 사이에 환자와 치료자가 함께 사용하는 말과 정서적 이미지를 통해서 드러나고 이것은 해석의 기반이 된다. 치료적 해석은 환자의 고통 산출 방식을 드러내는 침묵, 제스처, 자세, 꿈, 내포된 의미들을 세심하게 특별히 성찰한다. 이런 맥락에서 무의식적 의미를 드러내는 치료자의 능력은 모든 형태의 정신분석과 정신치료에서 기술적이고 전문적 훈련의 핵심이다.

치료적 관계의 핵심적인 세 번째 단계는 내가 "연대적 관계kinship relationship"라고 부르고자 하는 것이다. 이것은 융(1966)의 용어 "연대적 리비도kinship libido"라는 용어에 근거를 두고 있다. 이것은 종종 "실제적 관계"라고도 불리지만 모든 수준의 치료적 관계는 실제적이며 그 이상도 이하도 아니다. 분석의 이런 구성 형식에 대해서 융은 다음과 같이 말한다. "전이가 투사이고 그 이상이 아니라고 하면 전이는 연결되어져 있는 만큼 나뉘어 있다. 그러나 경험이 우리에게 가르쳐주는 것은 투사의 단절이 있다고 하여도 전이에서 사라지지 않는 하나의 연결이 있다는 점이다"(1966, 233). 같은 맥락에서 융은 이후에 이런 연대감은 "함께 속하는 만족스러운 감정"을 산출한다고 말하였다.

이런 연대적 관계 안에서 환자와 치료자는 적어도 한 사람, 더 깊게는 두 사람의 고통을 완화시키기 위해 함께 노력하는 인간으로서의 경험을 같이 하게 된다. 환자는 이런 일을 하도록 교육받은 치료자를 고용한다. 훈련된 모든 전문가처럼 치료자는 치료자의 마음 상태와 여러 요소들을 고려하면서 비교적 자신의 임무를 만족스럽게 수행할 것이다.

환자가 고통으로 인해서 제한적이고 혼란스러운 느낌을 받는 것은 자연스러운 일이다. 그러나 유능한 치료자/분석가는 치료적 변화라는 과제가 갖는 혼란과 불확실성을 반드시 감지해야만 한다. 이렇게 감지하게 되면 해석과 다른 치료적 개입들(예를 들면, 공감)이 개방적으로 이루어지고, 또한 우리가 알고 있는 것과 모르고 있는 것에 대해 의문을 제기할 수 있다. 효과적인 치료적 관계 안에서 치료자는 자신 또한 고통을 겪고 있다는 것을 감지해야만 하고 결국은 전달되어야만 한다고 믿는다. 호프만은 이런 태도를 다음과 같이 서술하고 있다. "일반적으로 분석 정신 치료자들은 자신들의 내적 동기를 전적으로 파악할 수 없을 뿐만 아니라 자신들의 유리한 위치에도 불구하고 무엇이 환자를 위한 최선의 길인지를 정확하게 알 수 없다고 생각한다"(1998, 216).

불확실성에 대한 치료자의 인내, 의문에 대한 개방성, 치료적 질문의 상호 의존성에 대한 존중은 치료자가 자신의 맹점을 잘 알고 있고 수용하고 있는 느낌을 환자에게 전달해줄 것이다. 이런 "전문가 권위"에 대한 현실적 지식과 한계는 담아주기-초월적 전이 및 성상적-투사적 전이의 강력한 힘들에 대한 균형을 잡아준다. 또한 환자 역시 무의식적 욕망, 소원, 공포와 같은 인간적인 약점을 인정하는 데 개방적이고 수치스럽게 느끼지 않게 된다. 그렇지만 이런 현실적인 치료적 관계에서 두 가지 전이를 수없이 경험하는 기회를 갖기 위해서는 이런 관계가 능숙하게 다루어져야 한다. 일상에서 우리는 친구, 가족, 낯선 사람들과의 성상적-투사적 전이와 연대적 관계를 지속적으로 맺으면서 살아가고 있다. 단지 치료적인 관계에서 특별한 상황을 만나게 된다. 이런 특별한 상황에서 인간의 조건 및 투사적 경향(습관 패턴의 정서적 고통을 재창조하는 경향)을 담아주기-초월적 전이로서 치료적 관계를 형성한다. 이런 전이에서 "분석가는 한 개인으로서 보다 '이상적인' 몇몇 자질을 가진 사람으로 평가받는" 경향을 보이게 되고(호프만 1998, 203), 또한 이런 전이는 환자의 자기 이해를 위한 희망과 욕망을 높이게 된다.

담아주기-초월적 전이 및 성상적-투사적 전이 모두 역시 불교의 스승과 제자라는 관계의 주요한 변형적 측면이다. 나는 선의 제자이지만 스승은 아니기 때문에 단지 제자의 입장에서만 언급할 수 있다. 내가 이전에 말한 바와 같이 나는 선의 케이스를 하나의 원형으로서 사용할 것이다. 왜냐하면 그것이 나의 경험이기 때문이다. 정신치료는 개인적 고통의 뿌리를 드러내고 완화하는 것이지만 불교수행은 보편적인 고통의 뿌리를 드러내고 완화하는 것이다. 보편적인 고통은 개인적인 고통을 포괄하고 있기 때문에 불교 수행은 두 가지 모두에 대해 언급한다고 생각할 수 있다. 아마도 수행자들이 가능한 한 성실하게 모든 종류의 수행에 헌신한다면 이런 두 가지 모두에서 자유로워지는 진정한 가능성을 획득할 것이다. 정말로 이것은 붓다와 제자들이 사원 공동체에서 함께 살아가면서 초기에 의도한 것이었다.

오늘날 서구의 불교는 일반인을 지향하고 있어서 그 가르침과 수행이 그들에게 생경하게 느껴질지도 모른다. 이런 상황에서 불교의 수행이 철저하게 이루어지지 않고 고통의 보편적 주제를 드러내지 못할 뿐만 아니라 개인적인 정서적 습관 패턴도 제거하지 못하는 듯이 보인다. 사실 실재의 성질에 대한 깨달음의 경험("견성")조차도 이런 개인적 고통을 잘 다루지 못하기도 한다. 로체스터 선 센터의 승려인 보딘 졸히드 Bodhin Kjolhede는 다음과 같이 말한다, 즉 "깨달음의 깊은 체험을 한 사람이라고 할지라도 여전히 끈질기게 버티는 힘이 있는 성향이나 성품 또는 습관의 에너지를 가지고 있다." 그러나 이런 습관에 대한 태도는 변화될 것이다. 보딘은 계속해서 말하기를 "깨달음을 이룩한 다음에 당신은 여전히 우울할 수 있지만 그것이 파괴적이거나 놀라운 것은 아니다. 왜냐하면 당신은 모든 다른 현상들과 마찬가지로 그것을 일시적이고 비실재적인 것으로 보기 때문이다"(후퍼Hooper 1999, 109).

불교의 스승과 제자의 관계가 갖는 힘은 깊은 정신적 변화를 일으킨다. 이것은 주로 제자가 자신에게서 발견할 수 없는 완전한 영적인 성질(불성 또는 진정한 본질)의 투사를 담당하는 담아주기-초월적 전이의 형태를 통해서 일어난다. 제자는 스승에게서 이런 자질을 보고 경험하고 성취하기를 원한다. 선에서 스승에 의해 인가받은 제자는 스승의 성취와 동일하거나 그 성취를 넘어서 있다고 한다. 그러나 스승이 영적 성취에서 제자보다 뛰어나다는 것은 현실이다. 그렇지만 내가 아래에서 확장하는 바와 같이 진정하고 심오한 영적인 성취를 한 스승은 현실에서 다른 사람들과 분리되어 살아가는 것은 아니다. 대개 영적으로 능숙한 스승들은 흔히 아주 평범한 사람으로 알려져 있다. 역설적으로 선의 영적 스승은 스승에 의해 인가받은 영적 깨달음을 성취한 특별한 사람이기도 하고 *또한* 평범한 일반인이기도 하다.

이런 스승들은 자연스럽게 정신치료자 또는 정신분석가에게는 없는 권위를 가지고 발언한다. 유능한 정신치료자/분석가는 여전히 환자와 거의 마찬가지로 신경증적일 수 있지만(신경증적인 경향에서 자유로워지는 과정에서 통찰과 자애를 사용할 수 있지만) 선의 스승은 제자처럼 실재의 성질에 대해 무지하지 않는 것은 확실하다. 정신치료자가 되는 것은 전문적 훈련으로 완성되어야 한다. 또한 정신분석가가 되기 위해서는 거기에 보완적 훈련과 성공적인 개인 분석을 필요로 한다. 선의 스승이나 깨달은 스승의 장기적이고 맹렬한 수행은 전면적인 삶의 방식이다. 깨닫기 위해서는 수년간의 시간이 걸리고, 이러한 과정에서 부가적으로 많은 방법들과 의식 등을 배운다. 간단히 말해서 선의 스승과 제자는 영적으로 말하자면 근본적으로 평등하지 않은 것으로 이해된다.

영적 차이는 연대적 관계를 맺기 어렵게 만든다. 처음에는 최소한의 연대적 관계가 있을 수도 있다. 그러나 연대적 관계의 형성 유무는 스승과 제자의 관계가 얼마나 장기간 밀접하게 이루어지는지에 달려 있다. 수승한 스승은 단순히 불교 지식만을 갖고 있는 것은 아니라 자신의 마음을 완전히 통제한다. 많은 선사들은 호프만이 위에서 말한 것과는 아주 다른 그 무엇을 말하고자 한다. 즉 선사들은 자신의 의도적인 동기를 *알고*, 제자들에게 어떻게 하는 것이 최선인지를 안다. 두 사람이 서로가 "엮이고" 깨달음을 성취하기 위해서는 도겐 선사가 말한 바와 같이 제자는 자신의 진정한 성질을 깨닫는 방법과 수단을 배워야만 한다. 이런 과정에서 제자는 담아주기-초월적 실재의 투사를 완전히 통합하고 동화시킨다.

부가적으로 말하자면 선의 스승은 엄격하기도 하고 때로는 적대적으로 보일 뿐만 아니라 마음의 문을 열고 보살펴주기도 하고 연민을 갖는다. 이런 극단적인 모습들은 가르침이 갖는 측면이지 개인적인 문제로 다루어지지 않는다. 그러나 이것은 제자의 극단적인 성상적-투사적 전이 환상들을 흔들기도 한다. 이런 환상은 부모와 나이 많은 형제의 이미지와 공포들이다. 담아주기-초월적 전이의 강렬함과 이에 동반되는 의존과 신뢰로 인해서 스승에 대한 사랑은 약간의 성적 감정을 갖는 경우도 있다. 제자는 스승의 극단적인 반응을 예측할 수 없는 상황에서 스승에게 극도로 의존하고 깊이 염려한다. 제자의 영적 능력의 효과적인 계발이라는 점에서 보면 제자의 오래된 정서적 습관이 갖는 성상적-투사의 주제들은 담아주기-초월적 전이와는 부딪치게 된다. 제자는 개인적 고통에 대한 어떤 해석적 도움 없이 헌신적인 스승과 지속적으로 현존하는 관계에서 신뢰할만한 영적 수행을 완전히 습득함으로써 전능하거나 희생된 어린 아이처럼 행동하고 느끼는 것을 그만두어야만 한다.

두 가지 종류의 전이는 스승과 제자 관계―종종 정서적인 밥솥이다―의 강한 정서적 맥락을 보장한다. 그 안에서 모든 것이 잘 되어갈 때 영적 변화 과정이 일어난다. 의존-독립, 신뢰-배반, 함입-유기의 정서적인 주제는 연대감의 상대적 부재로 인해서 스승과 제자의 관계가 강화된다고 나는 믿는다. 내가 앞에서 인용한 현대 북미 스승인 뻬마 쵸드롬은 다음과 같이 이런 과정을 묘사하고 있다.

> 스승이 해야 할 일은 제자가 자신의 마음과 스승의 마음이 같다는 것을 경험하도록 도와주는 것이다. 스승은 제자가 그것을 이해하지 못하고, 그것을 믿지 못하고 그것을 신뢰하지 못한다는 것을 알고 있다. … 때로는 누군가는 사랑을 원하고 때로는 엄격함을 원한다. 그러나 스승이 하는 것이 어떤 것이라고 하여도 항상 당신의 내적인 지혜를 가로막는 방어적 기제와 자아 기만의 층들을 하나하나 살펴보는 데 도움을 주는 것이다. 당신은 스승이 없다면 자신의 지혜를 결코 신뢰하지 못하기 때문에 놀라울 정도로 스승에게 헌신하게 된다. (그로스 1999, 47)

제자가 붓다 마음의 실재에 깨달음을 얻는 지점에서 제자와 스승은 하나가 된다. 그러나 그들은 여전히 두 명의 개인으로 남는다. 이런 스승과 제자의 엮임은 치료자-환자 관계와는 아주 다르다. 치료자와 환자의 관계는 투사를 의식하면서 개인적인 정서적 주제를 해석하여 무의식적 투사적 동일화를 훈습하는 관계이다.

정신치료와 불교에서 정신적 변화와 전이의 차이

　정신치료는 영적 질문에 대답하지 않고 개인적 고통을 변화시키고자 고안된 것이다. 그렇지만 초월적 현실은 담아주기-초월적 전이 안에서 일어난다. 자신과 타인을 위한 자애에서 환자는 융이 말한 "초월적 기능"(1969)이라고 부른 것을 발견한다. 이 초월적 기능은 긴장, 갈등, 대극적 힘들을 "좋다" 또는 "나쁘다" 내지 이것 또는 저것을 의미한다고 성급하게 결정하지 않고 담아내는 능력을 말한다(또한 호른Horne 1998, 영-아이젠드라스 1997를 보아라). 이런 기능으로 환자는 무의식적 충동, 욕망, 욕구들에 직면하여 개방적 마음을 유지할 수 있다.

　대부분의 사람들은 원해서가 아니라 치료를 받지 않으면 안 되기 때문에 치료를 받으러 온다. 그들은 자신의 고통을 해결하기 위해서 이미 다른 치료나 충고를 받은 경력이 있는 것이 전형적인 모습이다. 그러므로 정신치료를 받기 원하는 사람은 이전의 치료에 만족하지 못하고 자신을 위해 정신치료비를 지불할 의사가 있는 사람들이다. 치료적 관계를 통한 정신적 변화의 핵심 과정은 어렵고 압도적인 감정에 맞서서 그 감정의 기원과 의미들을 탐색하는 것이다. 정신치료자들은 혼란스럽고 힘든 정서적 상태에 참여하고 그것을 이해하고자 한다. 치료자는 이러한 헌신적인 과정에 양가적인 감정을 느낀다. 결과적으로 환자와 치료자는 서로 의존되어 있다는 것을 갑자기 깊이 인식할 때 깜짝 놀란다. 이런 상호의존성과 자애의 경험은 결과적으로 개방적 마음을 유지하고 치료 과정 동안 초월적 기능을 촉진시킨다.

　이와는 대조적으로 불교의 스승과 제자 관계는 압도되거나 부정적인 정서 상태를 표현하거나 이에 반응하는 것을 장려하지 않는 것이 전형적인 모습이다. 이와 달리 불교 수행은 평정한 마음을 증대시키고 분노,

탐욕, 무지는 줄이도록 고안되어 있다. 여러 많은 이유로 인해서 명상 집중 수행 동안 스승과의 간헐적인 공식 면담 이외에는 스승과 제자의 관계에서 강력한 정서적 전이를 훈습할 기회는 거의 없다. 나의 스승과의 면담은 항상 서로 진지하게 이루어졌지만—때로는 직면하고 때로는 아주 배려 깊은—면담에서 표현되는 것은 나의 개인적 경험보다는 보편적이거나 모두에게 공통적인 것이었다. 그리고 나서 다시 나의 수행으로 돌아가라고 늘 가르침을 받았다. 그리고 혼란스러운 마음을 내려놓으라고 하였다.

치료적 관계와 스승과 제자의 관계 모두 전이를 이용하지만 서로 다른 방식과 목적을 갖는다. 정신치료는 담아주기-초월적 전이 안에서 행위화와 성상적-투사적 전이에 대한 개방적인 통찰을 통해서 초월적 기능을 함양한다. 연대적 관계는 두 가지 전이의 힘을 균형을 잡고 정신치료의 계약에 초점을 맞춘다. 즉 환자는 자신의 고통을 완화시키기 위해 치료자를 고용하는 것이다. 그 이상은 없다(즉 멘토, 사랑하는 사람, 조언자 등이 아니다). 이런 세 가지 관계의 현실을 맴돌면서 치료자와 환자는 필연적으로 자애와 지식을 증강시킨다. 내가 보기에는 집중 정신치료 또는 분석의 목표는 일상에서 일어나는 정서적 압박에 직면하여 마음을 계속 개방하고 초월적 기능을 활용하는 아주 신뢰할 만한 환자의 능력을 키우는 것이다. 집중적인 치료의 끝에 성상적-투사적 전이는 완전히 분석되고 해소되어야만 하지만 담아주기-초월적 전이는 해소되거나 분석되지 않고 아마도 강화될 것이다.

불교에서 스승과 제자 관계의 목적은 제자가 갖는 의식의 기저적 구조를 변화시켜서 제자가 실재의 본질에 대한 명료하고 지속적인 지각을 갖게 하는 것이다. 즉 무상, 유한성, 상호의존성에 대한 것이다. 담아주기-초월적 전이는 그 과정에서 용해된다. 즉 제자는 자신이 또한 "붓다", 깨달은 자라는 것을 보게 될 것이다. 이것을 다른 용어로 말하면 제자는 처음에는 깊은 영적인 깨달음을 얻을 수 없다고 생각하면서 깨달음을 성취한 사람은 스승뿐이라고 믿는다. 약간의 통찰과 자유를 주는 수행에 성공적으로 참여한 다음 제자는 스승의 마음을 "성취하기" 시작할 것이다. 만약 제자가 계속 수행하게 되면 결국 제자는 스승이 도달한 영적 상태에 접근할 것이다. 이런 상황에서 제자는 더 이상 초월적 실재를 투사할 필요성을 느끼지 않고서 바로 그것에 접근하게 된다. 다른 한편 성상적-투사적 전이는 해석되지 않고 용해되지도 않을 것이다. 만약 이런 전이에 병리적 요소들이 있다면 제자의 영적 발달에 긍정적인 변화를 주지 못할 것이다. 그 제자가 스승이 되고자 하지만 병리적인 성상적-투사적 전이를 해소하거나 이해하지 못하면 이런 동일한 주제가 미래의 제자들과 함께 역전이로서 행위화하게 될 것이다.

담아주기-초월적 전이의 배반들

치료적 관계와 스승과 제자의 관계 모두 보호적 공간으로 담아주기-초월적 전이를 중요하게 사용한다. 그 안에서 초월적 기능과 다른 많은 기술들이 계발된다. 1916년 융은 이런 종류의 전이는 "태도의 갱신 renewal of attitude"을 미리 예상하는 것이고, 또한 환자는 "이것을 의식하지 못할지 모르지만 필수적인 이런 변화를 추구한다고 썼다. 그러므로 환자에게 [치료자는] 환자의 삶에 절대적으로 필요한 없어서는 안 될 성질을 갖고 있다. 그러나 이런 의존이 유아적이면 극단적인 욕구로 표현되고, 이것이 좌절되면 흔히 비통한 증오로 전환된다"(1969, 74). 융은 이런 전이는 정신치료를 원하는 사람과 스승을 구하는 제자가 재생을 위한 (의식적이든 그렇지 않든 간에) 몸부림을 표현하는 것이라고 생각하였다. 이런 전이의 힘으로서 치료자 또는 스승은 아주 강력한 힘을 갖는 사람으로 경험된다. 재생의 약속이 배반되거나 하찮은 것이 되면 환자/제자는 심각한 심리적 질병으로 떨어지거나 치료자/스승을 증오하거나 또는 아주 최고로 심한 경우에는 끔찍한 실망으로 자살을 시도하는 경우도 있다.

이런 이상화 전이의 초기 경험은 자애와 지혜의 발생 초기의 영적인 열망을 깨운다. 이런 열망은 종종 *이* 치료자/스승은 아무도 대신해줄 수 없는 도움을 줄 것이라는 희망으로 드러난다. 이런 희망의 믿음은 고통은 결국 의미가 있고 삶은 목적을 가지고 있을 것이라는 확신으로 변화된다. 효과적인 정신적 변화의 관계는 담아주기-초월적 전이의 용해를 통해서 파괴되거나 심지어 영원히 배반당할 수 있다. 이런 일은 윤리적 범죄 또는 커다란 잘못된 처리 방식을 통해서 일어날 수 있다. 보다 더 미세한 차원에서 정신적 변화의 효율성은 만성적이고 때로는 인식하지 못한 의심, 즉 이 치료자 또는 스승은 부족하고 지식이 없고 공감이 없는 권위적인 한 사람으로서 갱신의 약속을 깨뜨릴 것이라는 의심을 통해서 파괴된다.

또한 정신적 변화의 효율성은 치료자/스승이 실수를 인정하지 않거나 자신의 인간적 결함을 보지 않으려고 하면 역시 줄어들 수 있다. 환자/제자는 진실되게 말할 수 없거나 치료자/스승을 보호해야만 한다고 끊임없이 느낀다면 담아주기-초월적 전이는 손상된다. 왜냐하면 치료자/스승이 너무 약하다고 상상되기 때문이다. 불교의 승가 또는 공동체에서 개방적으로 비판이나 약점을 솔직하게 다루고자 하는 스승의 의지약함이나 무능력은 스승과 제자의 관계에서 담아주기-초월적 전이에 아주 부정적인 영향을 미칠 수 있다. 스승의 권위가 신성불가침이라는 집단적인 경험—영적인 것이 아니라 심지어 실제적인 주제에 대해서 결코 의문을 제기할 수 없는—은 제자들 사이에서 부정적인 성상적-투사적 전이를 과장하고 강화한다. 종종 스승의 상상된 약점에 대한 증오적이며 공격적인 감정은 배우자 또는 직장 동료처럼 수행을 하지 않는 사람이나 서로 다른 신념을 갖고 있는 사람을 향하여 분열되어 나타나기도 한다. 너무 열성적인 태도를 보이는 제자는 스승의 이상화와 연결되어 있는 부정적인 노력은 압도적인 영향력을 미치므로 엄격한 통제 아래 놓여야만 한다는 경고를 생각해보아야만 한다.

정신치료 또는 불교에서 정신적 변화가 주는 관계는 진정으로 끝나지 않는다. 그 효과는 영원히 존속한다. 존경받는 치료자/스승은 죽고 난 다음 심지어 수 년 후에도 그에 대한 소식—특히 윤리적 범죄에 대한 놀라운 소식—은 관계의 변화에 미치는 영향을 혼란스럽게 하고 그 효과를 감소시킨다. 이것은 그런 역할을 하고 있는 사람들에게는 커다란 책임이다. 반면 담아주기-초월적 전이의 힘은 결코 *개인적인* 것도 아니고 임의로 조절되어서도 안 된다. 이것은 고통의 변화를 위한 보편적인 희망에서 자연스럽게 일어난다.

이런 전이의 힘을 개인적으로 자신과 잘못 동일화하면 파괴적인 실수와 행동으로 이어진다. 카리스마적인 치료자와 영적 지도자들 중 이런 예를 보여주는 경우가 셀 수 없을 정도로 많다. 이런 지도자들은 스스로 독특한 힘이나 방법을 가지고 있어서 자신만의 특별한 생각에 따를 것을 요구하면서 변덕스럽게 영향력을 발휘한다. 카리스마의 지도자들은 또한 자신은 비판 너머에 있다고 생각하면서 어떤 윤리나 사회적 규칙도 무시할 수 있다고 여긴다.

결론을 맺으면서

정신분석과 불교에서 치료적 관계와 스승과 제자 관계의 보완적인 성질과 접근법은 이에 대한 보다 명료한 이해를 얻기 위해 중요하다. 둘 다 모두 고통의 변화와 전이를 사용하지만 각각은 특별한 목표들을 향하여 몇 가지 아주 다른 방법들을 사용한다. 그렇지만 그들은 담아주기-초월적 전이의 중요성에 대해서는 공통적이다.

정신치료의 과정은 성상적-투사적 전이에서 표현된 정서적 패턴들을 드러내고 담아주기-초월적 전이의 활성과 안정성에 형태를 잡아서 개인적 고통의 변화에 초점을 맞춘다. 스승과 제자의 영적 과정은 담아주기 전이의 해소와 통합에 초점을 맞추는 반면 성상적 전이는 견뎌내기는 하지만 일반적으로 제자가 갖는 개인적 의미는 특별히 이해받지 못한다.

이론적으로 고통의 뿌리를 제거하고자 하는 불교의 목표는 개인적 고통의 모든 종류를 포괄하는 것이어만 한다. 이런 개인적 고통은 어린 시절의 상황과 인격 발달뿐만 아니라 개인적으로 문제되는 정서적 습관에서 오는 것이다. 사실 이것은 스승과 제자 관계 또는 수행에 대한 제자의 참여와 헌신에서 오는 한계 때문에 생기는 것은 아니다. 결과적으로 효과적인 정신치료는 불교의 효율적 수행과 공존하는 개인적 고통의 정신적 변화에서 중요한 역할을 할 수 있다.

불교와 정신분석의 탐색과 주관성

오웬 레닉(OWEN RENIK)

나는 영-아이젠드라스의 전망이 극히 적절하다고 생각하고 그녀가 주장하는 불교와 정신분석 사이의 연결은 아주 설득력 있게 들린다. 나는 이 논문을 읽으면서 영-아이젠드라스가 불교를 탐구하여 왔다는 사실에 대단히 놀랐다. 그녀는 무엇인가를 찾고 있었고 이것을 불교에서 발견하고 있었다. 이런 사실은 모든 불교도들에게는 아마도 진실일 것이다. 그러나 불교문화에서 태어나고 성장하면서 던지는 질문과 대답의 내용은 불교가 어떤 의미에서는 외래적인 문화일 수밖에 없는 것인 경우 던지게 되는 질문과 대답과는 다를 것이라고 생각한다. 후자의 경우 불교와 정신분석 사이의 연관성에 대한 질문은 이런 점에서 더 분명하게 보인다. 이것은 나에게도 마찬가지이다.

그녀가 특히 고통을 주관적인 장애라고 정의하고 불교의 목표는 이런 고통을 완화시키는 것이라고 처음 언급하는 것을 보고 나의 생각은 분명해졌다. 불교를 이렇게 개념적으로 규정짓는 것은 불교를 하나의 종교라기보다는 일종의 치료방식으로 이해하게 해주었다. 종교와 치료는 삶의 조건과 연관된 작업을 다루는 것으로 보였다. 나의 견해로는 종교의 특징(하나의-종교로서-정신분석이든 또는 하나의-종교로서-불교이든 간에)은 그 목표가 수행자(성직자/스승 또는 치료자/정신분석가)에 의해서 정의되고, 이런 정의는 신도들이 신앙으로 받아들여져야 한다는 것이다. 따라서 종교에서 수행자에 대해서 의문의 여지가 없는 권위가 이미 주어져 있다. 반면 치료의 목표는 환자의 *주관적* 불편함을 완화시키는 것이다. 이것이 의미하는 바는 치료 목표는 환자가 정의한다는 것이다. 즉 치료자와 환자의 관계는 권위적이라기보다 서로가 필요한 협동자이다. 그러므로 치료자의 권위는 치료 과정에서 획득된다. 이것은 치료 이론의 전체를 통해서 사실이다. 분석심리학자와 정신분석가에서도 마찬가지이다.

인간의 고뇌는 전지전능한 욕망에서 발생한다고 강조하는 불교에 대한 그녀의 주장에 마음이 끌린다. 나는 모든 치료자들이 이런 연결성의 진리를 인식할 것이라고 생각한다. 현대의 서구 문화가 보여주는 자기애와 이로 인한 불행을 탐구하는 것은 이제 유행처럼 널리 알려져 있다. 그러나 그녀가 말하는 바와 같이 "우리가 원하는 대로 사태가 돌아가기를 바라는" 문제는 아주 오래된 것이다. 프로이트가 정신분석 치료의 목표는 신경적 고통에서 일상의 불행으로 돌려놓는 것이라고 말했을 때 이런 편재성을 인식하였음에 틀림없다. 그러나 고통과 욕망의 전지전능함 사이에 놓인 관계는 수천 년 전에도 인식되었고, 이런 인식은 동양에만 있었던 것도 아니다. 예를 들면, 치료에 적용할 수 있을 정도로 유용한 많은 것을 말해주고 있는 스토아 학파의 철학자들에게도 이런 문제는 주요한 관심사였다.

또한 저자는 자애가 불교의 목표라고 말하고 있다. 자애는 정신분석가와 분석심리학자에게도 치료의 목표라고 그녀는 주장한다. 여기서 나는 우리의 차이가 실질적인 것이라기보다 표면적인 것이라고 하더라도 완전히 동의하는 데 자신이 없다. 내가 보기에 더 자애로워지는 것—자신과 타인을 위한 자애, 이것은 서로 상보적으로 작동한다—은 분명히 대부분의 치료의 결과이지만 모든 치료에 해당되는 것은 아니다. 그러나 나는 자애를 명시화된 치료적 목표라고 생각하지 않는다. 오히려 더 자애로워지는 것은 고통의 완화라는 목표로 가는 하나의 수단으로 여겨진다. 나의 환자들은 말 그대로 더 자애로워지는 것을 목표로 하지 않고 나도 환자들이 그렇게 되고자 도와주는 것을 목표로 하지 않는다. 그러나 환자들이 결국 더 자애로워지는 것을 본다. 왜냐하면 자애가 덜 힘들게 살아가는 방법이라는 것을 알게 되기 때문이다. 나는 환자가 이렇게 되도록 도와주기 위해서 노력한다.

그렇다면 나는 어떻게 환자를 도와주는가? 저자는 불교와 정신분석의 치료적 작용에 대해 몇 가지 중요한 점을 언급하고 있다. 나는 치료적 관계의 중심성에 대한 그녀의 생각 그리고 치료적 관계를 학습의 수단으로 보는 개념에 더 이상 동의할 수 없다. 그녀는 외견상 의미 없이 보이는 고통이 사실상 의미를 지니고 있다는 식이 갖는 학습의 치료적 효과와, 그리고 파괴적인 경험을 반복하는 강박이 사실상 의도적일 수 있다는 학습의 치료적 효과에 대해 논의하고 있다. 이런 두 가지 요소는 어떤 치료에서도 성공적인 치료를 위해 아주 중요하다. 나는 융이 전자의 치료 개념에 더 비중을 두고 있는 것으로 생각된다. 융의 젊은 시절 아주 혼란스러운 환상에 영원하고 횡문화적인 의미를 부여하고서 대단히 안심하였던 것이 전자에 비중을 두게 된 이유라고 생각한다. 융의 치료적 성공은 결국 확충擴充, Amplification과 같은 유용한 분석심리학적 기법의 발달로 이어졌다. 프로이트는 후자에 비중을 둔다. 프로이트는 연구 주제—그것이 배아이든 히스테리성 여성이든 간에—와 다소 거리를 두고 그 특징을 관찰하고자 하는 개인적 욕구에 기반을 두고 있다. 이런 거리두기는 자유연상과 이를 통한 무의식적 동기의 유추라는 방법으로 이어졌다.

불교가 도움이 되는 것은 정신분석학과 분석심리학에서 종종 상실되었지만 이제는 되찾고자 하는 것, 즉 책임과 자유라고 생각한다. 저자는 *담마빠다*에서 다음과 같이 말한 것을 우리에게 상기한다. "우리의 생각으로 세계를 만든다." 이것은 우리가 힘들게 얻었지만 가치 있는 통찰이다. 나의 경험에서 보면 이런 점을 이해하고 사용하는 것은 항상 임상 정신분석의 중심적 주제이다.

그러나 역설적이지만 불행하게도 치료자들이 동원하는 이론이 지적하고 있는 점은 우리가 책임감을 느끼고 이 책임감을 바탕으로 환자가 책임지도록 도와주는 것과는 반대 방향으로 가고 있다는 것, 그리고 우리가 자유롭고 또한 이런 자유를 바탕으로 환자가 자유롭게 되도록 도와주는 것과 반대 방향으로 가고 있다고 말해준다. 예를 들면, 정신분석의 *반복-강박*에 대한 개념을 자세히 살펴보면 우리의 태도와 행동이 선택의 여지없이 문제라는 것을 알 수 있다. 이것은 저자가 인용하고 있는 스트렝거의 개념, 즉 "전적으로 의도적인 행동"과는 아주 반대쪽에 있다. 분석심리학에서 집단무의식에 대한 어떤 버전은 이와 유사한 함의를 갖고 있으면서 자유와 책임을 자각하는 반대편에 서 있다. 우리의 이론은 말할 필요도 없고, 전문 조직과 교육 제도는 우리의 생각이 우리의 세계를 만든다는 인식에서 멀어지고 기존의 고루한 지혜를 받아들이는 방향으로 가고 있다.

저자는 치료에서 "거부할 수 없는 이상화 전이"와 "담아주기-초월적 전이 전이"라고 부르는 것의 역할을 상세하게 고찰한다. 그녀의 관점에서 보면 전이의 여러 수준들이 분석 회기 동안 항상 작동한다. 그녀는 정신분석적 현실이라는 모델Modell의 특별한 개념을 따른다. 반면 나에게 정신분석적 관계는 대단히 솔직한 관계이기는 하지만 아주 평범한 것이다. 나는 두 가지에 대해 아주 회의적이다. 하나는 분석적 만남을 아주 특별한 정신분석적 실재에서 일어나는 것으로 이해하는 것이 갖는 가치이고, 또 다른 하나는 분석에서 작동하는 다층적 수준의 *어떤 것*을 조망하는 이론적 개념-다층적 수준의 전이는 고사하고-의 가치에 대한 것이다. 나는 애초부터 전이를 문제가 있는 용어로 간주한다. 여러 수준에서 작동하는 전이의 하위 종류에 대한 개념은 프톨레미적 천문학을 생각나게 한다. 우리가 이론적 요소들을 다층적으로 복잡하게 생각하기 시작하면 바로 앞에 놓여 있는 어려운 현상을 힘들게 설명하게 될 위험성에 놓이게 되고, 이것은 실제적 목적을 성취하는 데 별로 도움이 될 것 같지도 않다.

"이상화 전이"가 받아들일만한 것인지 아니면 그렇지 않은지 그리고 치료자의 이상화가 어떤 과정을 거쳐서 형성되는지에 상관없이 저자가 치료에서 "이상화 전이"가 어떻게 기능하는가에 대해 이런 저런 의문을 제기할 때 나는 우리가 다루는 주제가 너무나 복잡해서 잘못된 길로 빠지지 않기는 어렵다고 생각된다. 나는 단 하나의 포인트를 강조해 두고자 한다. 정신분석적 관계에서 치료자는 친구와 사랑하는 사람보다도 여러 방식을 통해서 환자가 실제로 더 나은 사람이 되게끔 촉진하는 방식으로 설정되어 있다. 이렇게 하여 결과적으로 치료적 관계에서 분석가에게 주어지는 권위는 *획득된* 것이다. 이것은 분석가에 대한 환자의 긍정적인 *전이*에서 생긴 *획득되지 않은* 권위와는 아주 다르다. 획득된 권위는 쓸모가 있고 거부할 수 없고 가능한 한 격려되어야만 한다는 것에 쉽게 동의할 수 있다. 획득되지 않은 권위가 이와 동일한 방식으로 생각되어져야 하는지는 별개의 문제이다. 나는 불교에서 스승과 제자의 관계에서 저자가 생각하는 획득된 그리고 획득되지 않은 권위가 어떻게 작동하는지 말할 수 없다. 나는 흥미롭게 이 점을 알고 싶다.

나는 저자가 더 자세하게 언급하고 있는 불교 수행과 치료 사이에 있는 차이점에 대해 생각해 본다. 내가 받는 인상은 불교의 영역에서 보는 인간 고통의 보편적인 원인과, 치료의 영역에서 보는 고통의 개인적 원인들 사이에 놓여 있다고 그녀가 구분 짓는 차이는 그것을 깊이 파고 들어가면 이론적으로 지탱하기 어렵다고 본다. 마찬가지로 저자가 자신이 겪은 불교의 경험을 바탕으로 불교를 정신분석의 치료와 다른 것으로 기술하는 것을 보면 아마도 불교 수행과 치료의 다소 한물간 개념을 비교하고 있을지 모른다. 왜냐하면 그녀는 스승에게 부정적인 감정을 표현할 수 없고, 불교가 혼란스러운 과거를 해소하기보다 고요함을 목표로 한다고 생각하기 때문이다. 예를 들면, 현대의 정신분석가들은(당연히 나의 견해이기도 하고) 공격성을 일차적인 동기라고 보는 가정에 의문을 제기하고, 또한 환자가 분석 회기 동안 보이는 분노가 트라우마를 야기하는 치료자와의 분석적 거리에서 생긴 비생산적인 반응으로 보게 되었다. 너무나 많은 경우 환자의 불행한 과거는 그것이 치료되어야만 할 때는 다시 소환된다.

나는 이 논평을 끝내려고 한다. 저자는 불교 스승 뻬마 쵸드론의 다음과 같은 내용을 인용하고 있다. "스승이 해야 할 일은 제자가 자신의 마음과 스승의 마음이 같다는 것을 경험하도록 도와주는 것이다. 스승은 제자가 그것을 이해하지 못하고, 그것을 믿지 못하고 그것을 신뢰하지 못한다는 것을 알고 있다. … 누군가는 때로는 사랑을 원하고 때로는 엄격함을 원한다. 그러나 스승이 하는 것이 어떤 것이라고 하여도 항상 당신의 내적인 지혜를 가로막는 방어적 기제와 자아 기만의 층들을 하나하나 살펴보는 데 도움을 주는 것이다." 나는 정신분석 과정과 협동적 기법이라는 현대적 관점을 상호 주관적 정신분석 이론보다 더 적절하게 기술하고 있는 이론은 생각할 수 없다.

주관적 자유의 증가

폴리 영-아이젠드라스(POLLY YOUNG-EISENDRATH)

나의 논문에 대해 오웬 레닉이 보여준 친절하고 지적인 언급을 읽는 것은 즐거운 일이었다. 나는 이런 대화를 인쇄할 기회를 가진 것에 대해 기쁘다. 그와 나는 임상적 정신분석의 목표인 책임, 의도, 설명이라는 중요한 문제에 대해서 여러 공통적인 견해를 나누고 있다. "정신분석"이라는 용어에 대해서 나는 정신분석이라는 일반적인 용어하에 나의 임상적 치료 경험을 언급하고 있다("분석심리학"이 나의 임상적 방법이다). 왜냐하면 정신분석이라는 용어는 심층심리학을 위한 일반적인 명칭이기 때문이다. 게다가 내가 "나는 융 분석을 하고 있어요"라는 말을 하고 난 수년 후에 "아, 나는 노동조합*unions*이 정신분석가를 채용하고 있다는 것을 알지 못했어요!"(역주: 융 정신분석가는 영어로 Jungian analyst라고 하는데 그 발음이 union과 비슷하다는 것에서 이런 농담을 하고 있다)라는 이야기를 듣는다. 그래서 나는 이제 "나는 정신분석을 하고 있어요"라고 말하는 것이 행복하다.

나는 "정신분석"이라는 이름 아래 이루어지는 모든 종류의 이론은 한 가지 중요한 점에서 다른 모든 치료들과 다르다고 생각한다. 즉 우리는 치료적 만남의 *안에서* 형성된 주관적 불편함(행위화, 투사적 동일화, 전이, 역전이)을 심리적 변화의 주요한(그러나 전적으로는 아니지만) 수단으로서 사용한다는 점이다. 정신분석적 상황은 자연적으로 발생하는 주관적 불편함이 *그 순간* 탐색될 수 있다는 점이 보장되어야만 한다. 이상적으로 정신분석은 자신의 힘든 습관적 패턴을 산출하는 행위에 사로잡혀 있다는 것을 알려주고 마음을 변화함으로써 삶을 변화시킬 수 있다는 것을 가르쳐 준다─또는 가르쳐줄 가능성을 지니고 있다. 레닉과 나는 이런 점에서 강하게 동의하는 것으로 여겨진다.

레닉이 지적한 것을 여덟 개로 요약하여 나의 입장을 다시 한 번 생각하고 분명히 하고자 한다. 첫 번째는 내가 구도자라는 점이다. 레닉은 불교를 탐구하는 입장이 불교문화에서 태어난 사람과 그렇지 않은 사람의 관점으로 다르게 귀착될 것이라고 말한다. 의심할 여지없이 그는 옳지만 내가 불교와 만난 사연을 명확하게 언급하고자 한다. 사실 나는 친구가 초대한 참선 워크숍에서 (아무런 사전 지식 없이) 우연히 불교 수행에 접하였다. 내가 도그마보다는 경험에 기반을 둔 종교를 모색하고 *있었다*는 것은 사실이다. 그러나 당시 불교에 관해 아무것도 몰랐다. 그 워크숍은 내가 심리학자가 되기로 결심한 6년 전, 내가 처음으로 정신치료를 받기 시작한 4년 전에 일어난 일이다. 결국 1979년 융의 제자가 되기 7년 전에 정식으로 의식을 치르고 선의 제자가 되었다. 1979년 나는 선을 통해서 해결되지 않았던 심리적 문제에 대해 *심리적* 해결 방법을 아주 분명히 모색하고 있었다.

두 번째 주제는 고통과 그 고통을 완화하는 목적에 대한 것이다. 레닉은 불교 가르침의 네 가지 고귀한 진리를 아마도 알고 있을지 모른다. 산스크리트 단어 *둣카*(나의 논문에 정의되어 있다)는 첫 번째 고귀한 진리이다. 즉 인간의 삶은 둣카로 가득 차 있다. 둣카는 종종 "고통suffering"으로 번역되지만 아마 불만족이나 정신적 고뇌로 번역하는 것이 나을 것이다. 주관적 불편함에 대한 강조는 붓다의 초기 가르침에서부터 계속되어왔다. 즉 붓다는 경험에 대한 우리의 태도와 그 경험 그 자체를 구별하는 데 주의를 기울이고 있다. 이에 더하여 그는 재난의 불행들(예를 들면, 신체적 노화와 죽음)은 우리가 조절할 수 있는 것이 아니다. 그러나 이런 재난에 대한 반응은 조절할 수 없는 것이 아니라는 점을 분명히 하였다. 사실 붓다는 의사—모든 종류에 대한 치료자—라고 불렸다.

신앙과 권위에 대한 레닉의 언급에 대해서는 불교는 신앙으로 출발하는 것이 아니라 자신의 고통에 대한 것을 아는 인식에서 출발한다고 나는 말해두고 싶다. 달라이 라마는 이 점에 대해서 다음과 같이 말하였다. "우리 스스로 고통을 겪고 있다는 것을 모른다면 고통에서 자유로워지고 싶다는 열망은 애초부터 생기지 않을 것이다"(1997, 38). 그처럼 신앙이 불교의 수행에 들어온 것은 다음과 같은 믿음 때문이다. 즉 싯다르타 고따마라고 하는 평범한 인간이 자신의 고통에서 완전히 벗어나고 다른 사람도 자신과 같이 벗어날 수 있는 방법을 설명하고 있다는 점이다. 우리는 그런 자유에 도달할 수 있다는 신앙을 반드시 가져야만 한다. 다른 누군가가 그렇게 하였다면 나 자신도 그렇게 할 수 있다. 이것이 권위와 신앙이 다른 점이다. 불교의 신앙은 스스로 배우고 시도하는 것에 그 기반을 두고 있다.

이것은 일종의 기본적인 신앙이다. 이런 신앙을 통해서 수행 초기부터 정신적 변화를 야기하는 효과적인 수행 방법에 들어갈 수 있다. 붓다와 그를 따르는 많은 수행자들은 진리를 스스로 발견하고 권위에서 찾지 말라고 경고하는 것으로 잘 알려져 있다. 불교에서 권위는 나름대로 그 위치가 있지만 진리의 경험보다 높지 않다. 그러나 자신의 경험을 이해하는 것은 또 다른 중요한 문제이다. 공동체(승가) 또는 스승과의 관계는 이런 점이 바로 생생하게 살아있는 장소이다.

그러나 불교의 전통 안에는(개별적으로 스승이나 수행자에게서 동일하게 나타나는 것은 아니지만) 자신만의 방법을 사용하여 스승의 특별한 충고나 권위 없이 영적 성취의 길을 가는 개인에 대해 아주 관대한 분위기가 있다. 일부 기본적 가르침과 감독은 대부분의 수행 기법에 필요하지만 이것들은 이미 이전에 수행하였던 동료들이 경험한 것이다. 스승이나 권위의 대상이 특별히 필요하고 도움이 되는 경우는 여러 수행방법에서 겪은 경험을 이해하고자 할 때이다.

불교의 스승은 반드시 가르침의 인가를 받아야 한다. 이것은 마치 정신분석가가 치료를 하는 허가를 받아야 하는 것과 같다. 그러나 불교에서는 스승에게 도전하고 의문을 제기하는 전통이 있다. 수행의 신앙이 손상 받지 않는 한 질문하고 의문을 제기하는 것을 장려한다. 나의 논문에서 말한 바와 같이 스승에 대한 이상화 또는 공포가 진지한 대화를 가로 막을 수 있다는 것은 당연한 일이다. 내가 알기로는 정신분석적 전통과 수련 프로그램에서 개방적인 질문은 장려되지 않고 이론에 대한 독단적인 집착이 진지한 질문을 대신하고 있다고 한다. 레닉의 논문(예 : 레닉 2000)은 프로이트 정신분석가들 중에서 이런 점에서 시의적절한 해결책을 제시하고 있다. 물론 불교는 정신분석보다 2500년이라는 긴 역사를 갖고 있다. 종교에 대한 레닉의 정의에서 그가 정신분석이 불교보다 더 "종교적"일 수 있다는 점—너무나 자주 권위에 신뢰를 부여하고 있다는 점에서—을 언급하고 있지 않다는 것이 궁금하다. 물론 이것은 언급하는 방식의 문제이다. 불교는 포괄적이라는 점에서 확실히 종교이지만 정신분석학은 심리학이다.

나는 불교나 정신분석에 대한 레닉의 지적, 즉 고통 받는 사람이 직접 맛을 본 다음에야 비로소 진가를 알 수 있다는 말에 아주 전적으로 동의한다. 그러므로 어떤 방법이 도움이 될까? 이런 질문에 정당하게 답을 하기 위해서는 어느 것에도 깊이 참여해야만 하는 것이 자연스러울 것이다. 만약 정신분석가들이 "신앙에 대해서는 아무것"도 고려하지 않고 "도움이 되지 않는 기법이라면 배제하도록" 가르침을 받는다면 이것은 혁신적일 것이다. 그런데 불교의 수행자들은 바로 이렇게 하고 있다.

자애에 대한 나의 언급에 대한 레닉의 반응을 보면 사실 우리가 이런 주제에 대해 무릎을 맞대고 앉는다면 동의할 것이라고 생각한다. 나는 자애를 공감의 세련되고 독특한 형태로 간주한다. 타인의 고통뿐만 아니라 자신의 고통, 특히 신경증적이거나 방어적인 고통에 깊이 공감하면 자애는 함양되기 마련이다. 자애는 인간의 보편적인 약점에 "같이 고통 받거나", 다른 사람의 신발을 신거나 또는 자신에게 공감적 견해를 갖는 능력이다. 보다 더 큰 자유에 도달하는 수단으로서 주관적인 불편함을 분석의 현장에서 활용하는 정신분석의 방법은 자애를 계발하는 유일하고 독특한 기회를 제공한다. 그 순간 우리는 고통이 어떻게 생산되는지, 고통이 얼마나 보편적인지를 알 수 있다. 정신분석의 치료 현장은 이렇게 하기 위한 이상적인 환경을 제공하고 그 환경 안에서 자애로울 수 있는 현명한 객관성을 함양할 수 있다.

이렇게 해서 나는 정신분석과 불교의 치료적 활동에 대해 레닉이 제기하는 핵심에 도달하게 되었다. 나는 융과 프로이트에 대한 그의 견해에 완전히 동의한다. 즉 융은 분명히 의미 없는 의도들을 의미 있게 보여 주는 데 능숙하였다. 그리고 프로이트는 알 수 없는 의도로 인해 파괴적인 패턴을 습관적으로 반복하는 강박이 얼마나 강한지를 잘 보여 주었다. 나는 사실 융 분석가로서 환자들이 상징적 의미를 드러내면서 콤플렉스와 힘든 정신적 습관이 갖는 보편적 측면을 볼 수 있도록 도와주고 있는 일을 하고 있다. 예를 들면, 개인적으로 부정적인 아버지 콤플렉스는 신화나 동화를 참조하여 확충의 방식으로 악마와 악귀의 상징으로 공유될 수 있다. 대부분의 사람들은 자신의 습관적 패턴이 포괄적으로 이해되는 것을 보고 안심한다. 그러나 결국 융 또한 한 명의 프로이트 학자이고 나 또한 그러하다. 불교적 용어로 "평정"이라고도 불릴 수 있는 일종의 "객관적인 스탠스"를 취한다. 이런 입장에서 나는 자유롭게 떠다니는 마음으로 환자의 주관적 상태를 관찰하고 탐구한다. 레닉이 말한 두 가지 방법-확충과 분석적 환원-은 진료실에서 규칙적으로 흔히 사용한다.

내가 책임과 자유에 대해 언급하기 위해서는 선의 제자가 된 *다음에* 정신분석의 수련을 받게 되었다는 점을 다시 한 번 지적하고 싶다. 나는 정신분석(그것이 어떤 유형이라고 할지라도)은 고통을 줄이고 자애를 함양하기 위한 길이라고 믿고 있다. 이렇게 되면 인간의 동기와 행동이 갖는 복잡함에 대해 더 잘 책임지고 현명하게 대처할 수 있게 된다. 나는 반복 강박에 대한 프로이트의 일부 이론과 집단 무의식(특히 자기self의 이론)에 대한 융 이론의 일부는 역설적이고 불행하게도 책임을 넘어선 행동에 문제점을 던져주고 있다는 레닉의 견해에 전적으로 동의한다. 나는 초기에는 선불교의 수행을 하였지만 이후 선불교뿐만 아니라 위빠사나 수행과 불교 공부를 지속적으로 하였다. 이런 이유로 인해 나는 정신분석이라는 것을 고통과 개인적 책임이 연관된 부분을 찾아내고 명확하게 하여 주관적 자유를 확대하는 하나의 방법이라고 생각한다.

마지막으로 나는 "담아주기-초월적 전이"에 대해 레닉이 논평한 것을 언급하고자 한다. 이 문제에 대해서는 다른 장소(예를 들면, 영-아이젠드라스 2000, A, 2000B, 2001)에서 자세하게 기술한 바가 있다. 나는 우리 분석가들이 분석 상황에서 일어나는 대인 관계적이고 상호 주관적 효과에 대해 책임감을 갖고 잘 알고 있어야만 한다고 강하게 느낀다. 이런 분석 상황은 종교적이고 영적인 의식儀式과 그 맥락상 대단히 닮아있다. 우리는 종종 치료적 관계의 의식儀式이 미치는 강력한 영향력에 대해서 단지 말만 앞세우고 있는 듯이 보인다. 시간-진료비-공간의 규칙성, 분석가의 한정된 개인적 지식, 윤리적 행동과 보복이 거의 없다시피 한 것, 사회적 수다의 부재는 분석 상황이 독특하고 특수한 상호 개인적 상황이라는 것을 보여준다. 예를 들면, 의식에서 사회적 수다가 없다는 것은 아무 드문 현상이다. 환자의 정신적 변화에 분석적 의식의 효과를 믿는 분석가에게 책임은 핵심적이다. 담아주기-초월적 전이의 지식과 점검(그것이 성상적-투사 및 연대적 관계와 함께 작동하여)은 치료적 활동의 중심적 구성 부분이라는 것이 나의 견해이다. 만약 이런 전이에 위협이 있거나 배신이 있다면 정신적 변화의 희망은 사망한다(그런데 내속 모델nested model로서 관계의 이런 "층들"을 고려하면서 나는 프톨레믹 천문학이 아니라 체계 이론에 의존하고 있다.).

이런 이상화된 전이 유형은 분석가 또는 선의 스승에게는 아주 불합리하고 심지어 불공평하게 보인다. 나 자신—나도 왜곡된 사람이다—이 왜 그런 특별한 희망을 떠안고 가야만 하는가? 왜냐하면 정신분석과 선의 의식儀式은 분석가와 스승의 이상화를 조장하기 때문이다. 분석가와 선의 스승들은 다른 사람들이 그것을 할 수 있을 때까지 재생을 위한 희망을 보존할 책임이 있다. 이런 기법들을 정신분석가가 잘 적용하고 선의 스승들이 잘 사용하면 분석의 환자와 선의 제자는 그 기법을 체득하고 정신적 변화의 과정을 통과할 것이다. 내가 말한 바와 같이 정신분석은 담아주기-초월적 전이를 해소하는 것이 아니지만 불교에서는 그것을 해소하거나 해소해야만 한다.

레닉이 "정신분석적 관계는 아주 평범한 것"이라고 말할 때 그가 환자의 입장이 아니라 분석가의 입장에서 말하고 있다고 나는 믿는다. 정신과 의사의 수련의 일부로 분석적 치료에 참여한 아주 유능한 인류학자인 루르만T. M. Luhrmann은 "치료적 관계 그 자체에 의해 발생한 정서적 강도"는 그녀가 생각할 수 있었던 것 이상이었다고 말하였다. 인류학 교수인 그녀는 다음과 같이 말한다.

> 피분석가가 자신의 인생에서 가장 중요한 사람은 분석가라고 말하는 것은 흔하다. 내가 분석을 받을 때 이런 애착이 "오즈의 마법사" 현상이라고 생각하였다. 나에게 치료자는 어디서나 나와 함께 떠다니는 머리가 되었고 분석 회기를 마치고 난 다음에도 밤늦게 그리고 아침 일찍 나와 함께 대화를 하였다. 정신분석가는 종종 이런 강열한 느낌을 어린 시절 경험의 재현이라고 설명한다. 그러나 이런 감정의 강도는 아마도 치료적 관계의 기묘한 불균형에 기인하는 듯하다. (2000, 104)

그래, 정말 이런 감정이 실제로 그렇다. 선의 스승이나 라마에 대한 강렬한 감정도 이와 마찬가지이다.

분석가로서 나의 권위는 환자의 고통을 완화하고 자애로워지는 데 치료의 효과가 있다는 것과 강의와 저술을 통한 영향력에 전적으로 그 바탕을 두고 있다고 생각한다. 내가 진료비를 받는 만큼 잘 하고 있는가? 이것은 내가 주는 치료 결과를 통해서만 평가받을 수 있다. 치료에 대한 강의와 저술은 치료 효과에 영향을 미치기도 한다. 왜냐하면 이런 강의와 저술은 환자의 고통과 초월이 갖는 의미를 일반적으로 이해하는 데 도움을 주기 때문이다.

불교 수행과 정신분석적 치료의 차이에 대한 레닉의 마지막 지적에 관련해서 나는 몇 가지 언급을 하고자 한다. 첫째로 여러 전통의 불교 스승들과 함께한 나의 경험 전부를 살펴보면 나 자신의 정서적이거나 상호 개인적 배경이 수행을 방해하지 않는 한은 자세하게 이런 것을 이야기하기 원하는 사람은 한 사람도 만난 적이 없다. 오히려 만남의 초점은 주의집중과 평정심으로 모든 종류의 경험에 반응하는 방법을 계발하는 것이었다. 이것은 가르침, 격려, 비판적 피드백을 통해서 조심스럽게 함양된다. 아마도 자전거를 타거나 운전하는 것을 배우는 것에 비교할 수 있다. 일반적으로 이런 것을 배우기 위해서는 처음에는 안전한 환경(예를 들면, 주차장)에서 시작한다. 개별적 특이성과 한계가 있을지 모르지만 초점은 차와 자전거를 능숙하게 다루는 일반적인 기법이다. 이것은 불교 수행과 유사하다. 반면 정신분석은 환자 자신의 힘든 정신적 상황에서 보다 자유롭게 되기 위해 개인적 신비함이나 퍼즐을 풀어나가는 것에 비교할 수 있다. 우리는 개인적 특수성과 정서적 삶을 자세하게 구석구석 철저히 탐색하지 않고서 정신분석이라는 작업을 할 수 없다.

레닉이 "환자가 분석 회기 동안 보이는 분노가 트라우마를 야기하는 치료자와의 분석적 거리에서 생긴 비생산적인 반응으로 보게 되었다"는 견해에 나는 더 이상 동의할 수 없다. 이런 이유로 나는 치료적 활동과 관계가 갖는 분석적 의식儀式의 효과에 더욱 책임감을 느끼는 분석가들을 좋아한다.

그리하여 우리는 환자에게 기본 규칙과 이유, 분석적 의식이 미치는 효과와 그 이유 등을 미리 말하고 치료가 시작되기 *전에* 환자의 동의를 받는다. 나는 확실히 내가 어떤 치료를 하더라도 분명하게 이런 작업을 한다. 또한 언제라도 나의 방법에 대한 질문에 답을 할 마음을 갖고 있다.

이것이 어떤 종류의 전이도 방해한 적이 없다. 융 분석가로서 나는 전이가 항상 일어난다는 것을 자각한다. 단지 분석적 상황에서 특별히 전이와 그 효과를 탐색한다.

분석에 대한 나의 접근 방식은 내가 아는 한 현대의 "상호 주관적 정신분석 이론"으로 분류될 것이라고 추정한다. 나는 치료적 관계의 중요성에 대해 명확하게 주장하는 레닉과 나 자신, 그리고 다른 분석가들이 프로이트 분석가 또는 융 분석가 또는 설리반 학파의 분석가 또는 대상관계 분석가보다 공통점이 더 많을 것이라고 생각한다. 나는 향후의 치료 전망에서 담아주기-초월적 전이가 갖는 강력한 영향력을 책임감을 갖고 대하는 상호 주관적 정신분석이 더욱 더 확대되기를 바란다.

References

Byram, T., trans. 1993. *Dhammapada: The Sayings of the Buddha.* Boston: Shambhala.

Dalai Lama, H. H. 1997. *The Four Noble Truths: Fundamentals of the Buddhist Teachings.* London: Thorsons.

Garfield, J., ed. and trans. 1995. *The FundamentalWisdom of the Middle Way.* Oxford: Oxford University Press.

Gross, A. 1999. Unconditionally Steadfast: Amy Gross Interviews Pema Chodron. *Tricycle: The Buddhist Review,* fall, 43-49.

Hoffman, I. 1998. *Ritual and Spontaneity in the Psychoanalytic Process: A Dialectical-Constructivist View.* Hillsdale, N.J.: Analytic Press.

Hooper, J. 1999. Prozac and Enlightened Mind. *Tricycle: The Buddhist Review,* summer, 38-41, 102-10.

Horne, M. 1998. How Does the Transcendent Function? *San Francisco Jung Institute Library Journal* 17:21-41.

Jung, C. G. 1966. The Psychology of the Transference. Trans. R. F. C. Hull. In *The Collected Works of C. G. Jung,* 16:163-323. Princeton: Princeton University Press. First published in 1946.

―――――. 1969. The Transcendent Function. Trans. R. F. C. Hull. In *The Collected Works of C. G. Jung,* 8:67-91. Princeton: Princeton University Press. First published in 1916.

Kopf, G. 1998. In the Face of the Other: Psychic Interwovenness in Dogen and Jung. In *The Couch and the Tree: Dialogues in Psychoanalysis and Buddhism,* ed. A. Molino, 276-89. New York: North Point Press.

Luhrman, T. M. 2000. *Of Two Minds: The Growing Disorder in American Psychiatry.* New York: Knopf.

Modell, A. 1991. *Other Times, Other Realities: Toward a Theory of Psychoanalytic Treatment.* Cambridge: Harvard University Press.

Renik, O. 2000. Subjectivity and Unconsciousness. *Journal of Analytical Psychology* 45:2-20.

Strenger, C. 1991. *Between Hermeneutics and Science: An Essay on the Epistemology of Psychoanalysis.* Psychological Issues Monograph 59. Madison, Conn.: International Universities Press.

Strupp. H. 1989. Can the Practitioner Learn from the Researcher? *Psychotherapy* 44:717-24.

Young-Eisendrath, P. 1997. Jungian Constructivism and the Value of Uncertainty. *Journal of Analytical Psychology* 42:637-52.

————. 2000a. Psychotherapy as Ordinary Transcendence: The Unspeakable and the Unspoken. In *The Psychology of Mature Spirituality: Integrity, Wisdom, Transcendence*, ed. P. Young-Eisendrath and M.Miller. London: Routledge.

————. 2000b. Self and Transcendence: A Post-Modern Approach to Analytical Psychology in Practice. *Psychoanalytic Dialogues* 10:427-41.

————. 2001. When the Fruit Ripens: Alleviating Suffering and Increasing Compassion as Goals of Clinical Psychoanalysis. *Psychoanalytic Quarterly.* 70:265-85

제8장

달을 가리키는 손가락

: 선불교와 라캉 정신분석

달을 가리키는 손가락:
선불교와 라캉 정신분석

라울 몬카요(RAUL MONCAYO)

개념적 기반을 명확히 하기

프로이트는 정신분석 치료를 목사들과 상담가counselors들의 치료와 다르다고 간주하였다(1926). 정신분석가가 그렇게 기능하기 위해서는 이상적인 지도자, 도덕적 교육가, 목회 상담의 위치를 포기해야만 한다. 그들은 상대방을 가르치거나 인도하는 역할을 한다.

정신분석을 목회 상담과 구별하려고 하는 프로이트의 의도는 종교에 대한 그의 일반적이고 심리적인 비판의 맥락에서 이해되어야만 한다. 프로이트(1907)가 종교를 인간의 강박적인 신경증이라고 이름을 붙이고 영성을 성적 및 공격적 충동에 대한 방어라고 해석하는 경향을 보였다는 것은 널리 잘 알려진 사실이다. 프로이트의 유물론적인 입장은 종교와 영성의 종말을 예견한 18세기 과학적 패러다임을 따른 것이다. 프로이트(1927)는 종교가 제공하는 위로를 엄마와의 유아적 합일이나 하늘과 같은 아버지에 대한 유아적 의존이라고 일축하였다.

그러나 내가 다른 곳에서 살펴본 바와 같이(몬카요 1998d) 서구에서 두 세기 동안 과학적 패러다임이 보여주는 종교에 대한 거부도 있었지만 이와 동시에 또한 종교가 가져다주는 심적인 변화를 중시하는 경향도 공존하였다는 사실을 기억하는 것이 중요하다. 자연과학과 사회과학이 약속한 인간성의 계몽은 단순히 종교를 제거한다는 것뿐만 아니라 오히려 영성이나 종교성의 더 높은 형태를 요구하였다. 유대교, 기독교, 불교 안에서 일어나고 있는 영성적인 새로운 부흥운동이라는 현재의 흐름은 계몽 시대의 영적 경향에서 분명하게 볼 수 있는 이런 경향들의 후예이다.

사회과학은 인간성에 대한 담론, 심리학, 고통의 문제, 사회 참여로 종교를 대체하고자 노력하였다. 반면 종교는 계몽의 정신을 변증법적으로 활용하여 스스로 변화하고자 시도하였다. 많은 사람들은 심리학,특히 프로이트의 정신분석학을 종교의 완전한 청소에 필요한 도구로 간주하였다. 이런 심리학과 정신분석은 독단, 무관용, 선입관, 편견으로부터 인간을 해방시키고자 하였다.

목회 상담 분야의 창시자들뿐만 아니라 저명한 심리학자들의 긴 목록은 정신분석적 사고에 어울리는 순수한 종교를 모색하면서 이에 걸맞는 개념과 이론들을 발전시켰다. 그들 모두는 프로이트의 정신분석 및 종교의 부정적 측면을 비판적으로 지적하고 있는 현대적이고 자유사상적인 분위기를 갖는 견해들을 수용하였지만 동시에 이런 많은 학자들은 프로이트의 견해는 영적 경험이 갖는 방어적이지 않고, 또한 병리적이지 않은 고귀한 측면들을 포착하는 데 부족하다고 생각하였다.

정신분석과 목회 상담pastoral counseling을 통합시키고자 하는 경향은 융(1958)과 틸리히Tillich(1952)를 통해서 나타났고, 현재는 한스 쿵Hans Kung(1979), 빅터 프랭클Victor Frankl(1962)과 롤로 메이Rollo May(1958)의 실존론적 치료와 마이스너W. W. Meissner(1984), 제임스 존스James Jones

(1991), 모쉬 스페로Moshe Spero(1992)의 변형된 정신분석에서 가장 잘 드러나고 있다.

그러나 나는 정신분석의 개념적 지평과 경험적 지평을 확장하고자 하는 기획에 동의하지만 영적 수행과 정신분석 치료 사이에 있는 유사점들을 모색하고자 하는 통합적 틀을 지지하지는 않는다. 왜냐하면 그런 틀은 정신분석과 목회 상담 사이에 놓인 차이를 흐리게 하기 때문이다. 나의 견해로는 명확한 영적 가치들, 도덕적 명령, 삶의 의미에 대한 탐색을 정신분석과 정신치료 속으로 밀어 넣는다고 해서 영적 수행과 현대의 정신 치료 사이에 놓여 있는 많은 모순들이 해결되지 않는다는 것이다. 나는 이 논문에서 정신분석을 좁은 의미에서 일종의 명시적인 도덕적 치료로 간주하는 위험을 피하면서 정신분석과 영적 수행 사이의 관계에 대한 전망을 개관할 것이다. 어딘가 그런 곳이 있다면 영적인 영역은 분석적 상황 그 자체의 윤리적 구조를 다시 살펴보는 곳에서 발견될 것이다.

마지막으로 청원 기도, 명상 기도, 명상과 같은 영적 수행들은 개별적으로 각각 구분될 필요가 있다. 선의 명상은 명상수행과 정통적인 영적 경험의 실례로서 사용될 것이다. 이러한 선의 명상은 분석적 태도와 가장 유사한 영적 수행이라고 간주될 것이다. 청원 기도는 정신분석적 입장과 과학적 태도와는 최대의 갈등을 야기하는 지점에 놓은 영적 수행이다. 신자는 마치 어린이가 부모에게 청원하는 것처럼 신에게 청원한다. 명상적 기도는 청원 기도와 명상의 중간 어딘가에 위치를 잡고 있다. 명상 기도의 기능은 간절히 매달리기보다는 오히려 환기적이다. 그리고 청원은 항상 영성적인 신(유일신이든 다신교이든 간에)을 전제하는 반면 명상수행은 무신론적일 수 있다.

쿵(1979)에 의하면 정신분석적 치료는 과거에 초점을 맞출 뿐만 아니라 또한 삶이 갖는 미래의 의미 차원에서 환자를 도와주어야만 한다고 말한다. 정신분석은 환자에게 가치를 지향하는 의미를 제공해주는 것이어야만 한다. 이렇게 가치를 지향하게 되면 쾌락주의, 중독, 자기애, 순응주의로부터 멀어지게 된다. 이런 관점에서 정신치료는 목회 상담이나 양심의 재정립과 동등한 가치를 갖는다. 오래 전에 융이 지적한 점을 다시 언급하고 있는 쿵에 의하면 종교가 갖는 치유, 구원, 재생의 힘은 순수한 심리적 분석보다 더 강력할 수 있다. 이렇게 강력할 수도 있지만 나의 견해로는 도덕적 상담을 하거나 또는 무엇을 믿을 것인가, 또 어떻게 행동할 것인가라고 말해준다고 해서 이런 강력한 힘이 아주 잘 드러난다고 생각하지는 않는다.

목회 상담 또는 종교적 실존주의자의 관점에서 보면 의미는 무의미에, 유신론은 무신론에, 존재는 비존재와 무 또는 공에 각각 이원론적으로 위치한다. 이원론은 대극적인 서로를 포함하는 변증법적인 종합을 허용하지 않는다. 라캉의 작업은 공과 "비의미senselessness" 또는 의미 없음meaninglessness이 지니고 있는 긍정적인 개념과 내재적으로 정신분석적인 개념의 씨앗을 지니고 있다. 비이원론적 의미에서 비의미senselessness는 의미meannig와 무-의미no-meaning 양자를 포함한다. 무-의미는 자아-이상ego-ideals과 도덕적 목적을 넘어선 의미를 가리킨다. 대부분 실존주의자 학파는 의미론적 표상을 넘어서 있는 실재Real로서의 공이 갖는 긍정적 관점을 높이 평가하지 않는다. 내가 뒤에서 더 자세히 언급할 것이지만 라캉은 인간의 경험은 세 가지 차원에서 구성된다고 정의하였다. 즉 실재, 상징, 상상이다. 실재를 언어, 이미지, 논리를 넘어서 있는 경험의 측면을 언급하지만 이런 언어, 이미지, 논리의 바로 그 기반을 이루는 것이다.

공에 대한 긍정적인 접근은 선불교와 도교에서뿐만 아니라 마이스터 에크하르트Meister Eckhart의 정교한 기독교 정신과 정통 유대 카발라에서도 볼 수 있다. 틸리히와 같은 종교적 실존주의적 사상가들은 비존립 nonexistence과 비존재nonbeing의 위협을 극복하는 도덕적 목표를 수립하고자 하였다. 비존재는 존립existence에 대한 위협이 아니다. 왜냐하면 존립은 항상 비존립에서 일어나며 존립 또는 비존립이라고 정의할 수 없는 상태 속으로 사라지기 때문이다. 선불교에 의하면 존재와 무존재, 의미와 의미 없음, 존립과 비존립이라는 표현은 비이원성의 정신 또는 비-이원성 정신the spirit of nonduality or the non-dual spirit을 언급하는 데 적절하지 않다.

이와 마찬가지로 정신분석의 전통을 통해서 이어져온 중요한 초가치들이 있는데 이러한 가치들은 도덕적 의지라는 장소에서 나오는 것이 아니다. 도덕적 의지는 항상 선과 악이라는 이원적 관점에 사로잡혀 있다. 변증법적인 관점에서 보면 악이라고 여겨지는 것에는 항상 약간의 선을 내포하고 있고 그 역도 마찬가지이다. 선이라고 여겨지는 것에도 약간의 악이 내포되어 있다. 만약 약간의 악이라는 관념이 너무 멸시를 받으면 마음은 그 자체로 평화를 유지할 수 없게 되고 그렇게 되면 여전히 악의 영향 아래 놓이게 된다. 정신분석적 용어로 말하면 도덕적 의지는 초자아의 차원에 놓이는 셈이 된다. 초자아는 원시적인 원천에서 발생하고 초자아의 판단은 공격성과 파괴의 에너지로 작동한다. 이것은 주체를 통합하기보다 분열시킨다. 스페인의 유대인이면서 카발리스트인 모세스 코르도베로Moses Cordovero(1981)는 판단의 기능 안에 있는 악마적 힘들은 삶의 나무에 있는 비-이원적 가치들과 함께 있는 것이 아니라 오히려 선과 악의 나무와 항상 함께 연관성을 갖는다고 주장하였다. 창세기의 성경적 비유에 의하면 다음과 같이 주장할 수 있다. 삶의 나무의 차원에서 나오는 가치들은 정신분석 치료에서 볼 수 있는 가치들에 비견될 수 있다. 말하자면 승화된 죽음 욕동이나 죽음 욕동과 연관된 가치들은 결국 반대편, 사랑 또는 에로스의 쪽으로 넘어간다는 점이다.

나는 다른 곳(몬카요 1997)에서 삶과 죽음은 두 가지 차원, 즉 결합과 해체를 갖고 있다고 주장하였다. 애착과 분리의 첫 번째 유형은 일차적 과정과 쾌락 원리와 관련되어 있고, 두 번째 유형은 이차적 과정과 항상성이나 니르바나 원리와 관련성을 갖는다(이후 다시 자세히 언급할 것이다). 지속적인 인간관계와 통합적인 연결을 형성하는 삶의 욕동이나 에로스는 욕망의 결합이나 애착과 쾌락 원리 아래 놓여있는 삶의 욕동과는 구별될 필요가 있다. 후자는 일시적인 연합을 낳을 뿐이고 이러한 맺음이 사랑에서 증오 또는 혐오로 돌아서면 단절과 분리로 돌아선다. 이것은 죽음으로 향하는 삶의 욕동이거나 프로이트가 언급한 바와 같이 삶의 목적은 죽음이라는 경우에 놓인 삶의 욕동이다. 라캉과는 달리 프로이트를 따르는 정신분석 이론 구성의 이런 특별한 지점에서 쾌락 원리는 성적 쾌락의 해체적 또는 분열적 힘의 측면에 놓이게 되는 것이고 (라캉이 주장한 바와 같이) 항상성의 측면이나 조용한 에너지의 항상성에 있는 것이 아니다. *쥬상스*jouissnace(고통과 쾌락이라는 이원성을 넘어서면서도 포괄하는 번역 불가능한 개념이다)라는 라캉의 개념은 쾌락 원리 아래에서 삶과 죽음, 쾌락과 고통의 특별한 결합이나 형상을 표상한다. 쥬상스라는 개념이 공포, 불안, 우울과 같은 정신과적 증상과 쾌락/고통의 형성에서 아주 중요한 역할을 한다는 점을 고려하면 임상적으로 대단한 중요성을 갖는다.

그러므로 에로스 또는 삶의 욕동은 쾌락 원리의 이전, 그리고 그것을 넘어서서 존재하는 것(라캉의 쥬상스)이고, 이것은 조용한 에너지의 결합 기능과 연결되어 있는 에로스이다. 만약 쾌락 원리가 항상성의 원리로서 정의된다고 하면 쥬상스는 쾌락 원리 너머에 존재하는 것이다(이것이 라캉의 주장이다). 그러나 쾌락 원리를 조용한 에너지의 결합 기능과 연결시킬 근거를 프로이트에서 찾는 것은 그 기반이 약하다. 왜냐하면 브로이어Breuer(프로이트는 브로이어에게서 이런 개념들을 빌렸다)는 쾌락 원리를 내재적으로 항상성 기능과 연결시켰기 때문이다. 프로이트는 쾌락 원리를 일차적 과정의 자유에너지(라캉의 쥬상스)와 항상 연결시켰다. 이에 부가하여 쥬상스가 쾌락 원리 너머에 있다면(라캉이 믿는 바와 같이) 항상성으로 작동하는 쾌락 원리가 어떻게 쥬상스를 멈출 수 있겠는가?

　　항상성 원리와 쾌락 원리는 서로를 넘어 가는 것으로 간주될 수 있지만 항상성이나 니르바나 원리는 쾌락 원리보다 더 근본적이다. 쾌락 원리와 대조되는 니르바나는 리비도를 고태적인 사랑과 증오 대상으로부터 떼어내거나 분리시켜서 자유 에너지를 결합하거나 조용한 종류(의 성질)로 변화시킴으로써 보다 지속적인 결합과 애착을 낳는 에로스와 구별될 수 없게 된다. 쾌락 원리하에서 두 가지 욕동들 사이에 있는 관계를 위한 공식이 "삶의 목표는 죽음"이라고 하면 니르바나 원리에서 그 역이 진실이다. 니르바나 원리 아래에서 삶과 죽음 사이의 관계는 죽음의 목표는 삶이라는 것이 된다. 이런 경우 쾌락은 쾌락의 선이라기보다 선의 쾌락으로서 항상성, 지속적 연결, 종말의 관점에서 사물 보기, 균형, 조화, 안정성의 원리로 정의된다.

　　정신분석과 마찬가지로 선불교는 주로 "삶과 죽음의 거대한 문제"에 관심을 기울인다. 잭 엥글러(이 책의 앞에 나온)는 불교에서는 삶과 죽음을 내재적인 욕동으로 간주할 수 없다고 주장한다. 그 이유는 불교에서는 *내재적인* 성향이 없기 때문이다. 모든 충동과 성향들은 원인과 조건에 따라서 일어난다. 이것은 내재적인 것inherited과 내재하는 것inherent은 두 가지 서로 다른 의미를 지니고 있다는 것을 제외하면 진실일 것이다. 예를 들면, 공동 업(공업)과 함께 한 사람의 인생을 넘어서 있는 업이라는 불교의 개념을 고려해보자. 첫째로 업 또는 원인과 결과의 법칙에서 욕동과 충동들은 어떤 법칙—자연적 또는 상징적/문화적이든 간에—에 따라서 조절된다. 어떤 행동들은 새로운 욕동을 발생시키고 그 욕동들은 새로운 행동으로 이어진다. 그러나 어떤 경우라고 하여도 업의 법칙은 신체 활동의 입구를 조절한다. 또한 우리는 우리 자신의 종과 다른 모든 종들과 함께 공동 업을 공유한다. 심지어 여기서는 동물의 본능과 인간의 욕동 사이의 구별조차 희미해진다. 상징적인 업의 법칙은 심지어 동물의 본능조차도 조직화한다. 이런 관점에서 불교와 진화이론은 일치한다. 동물과 인간의 영역 사이에 연속성이 존재한다. 불교심리학에 의하면 여덟 번째 의식, 또는 저장식(이것은 모든 실제적인 목적에서 무의식적이다)은 업의 씨앗들, 원인과 조건들을 담고 있다. 이것은 우리의 기본적인 정신적 모습을 형성하고 세대와 생애를 통해서 상속된다. 이제 상속은 여러 방식으로 해석될 수 있다. (1) 환생의 한 유형 및 전생의 영향 (2) 유전적이든 상징적이든 한 세대에서 다음 세대로 전해지는 성향의 방식 (3) 과거의 삶(전생이라기보다)이 현재와 미래의 삶에 영향을 미치는 방식이다. 마지막으로 언급하고자 하는 것은 "전생들"로부터 충동을 상속받았다고 해서 이런 충동들이 내재적인 성향은 아니라는 사실이다. 라캉에 의하면 욕동들은 상상적인 차원, 상징적인 차원, 실재적인 차원을 갖는다. 내 생각으로는 욕동의 실재는 욕동의 내재적인 공, 또는 태어나지 않고 조건화되지 않은 차원의 존재로 표상된다. 이것은 삶과 죽음 속에서 작동하는데 마치 삶 속에서 죽음으로, 그리고 죽음 속에서 삶으로 작동한다. 삶 속에서 니르바나 또는 죽음은 조건화된 또는 업의 존재 속에서 무조건적인 것을 추구하는 실수를 표상한다. 헤로인에 중독되어서 결국은 자살을 해버린 록 그룹 니르바나의 리더가 보여주는 자기 파괴적인 삶의 스타일은 이런 종류의 실수를 보여준 전형적인 실례이다. 쾌락을 통해서 니르바나를 추구하게 되면 결국 맞이하는 것은 자신의 생물학적 죽음일 뿐이다. 죽음이나 진정한 니르바나 속의 삶은 공이 갖는 좋은 법칙의 기쁨과 평온함을 표상한다. 우리가 업의 법칙을 무시하는 삶을 살지 않는다면 쾌락은 항상성, 지속되는 연결성, 종말의 관점을 통해서 사물을 볼 수 있게 해주는 기능을 한다.

또한 삶의 나무가 갖는 이런 초윤리학(이것은 윤리와 이론을 구성한다)은 도덕적이거나 목회적 지향성뿐만 아니라 자아 심리학과 같은 순수하게 합리적주의자 또는 세속주의자 관점과도 구분될 필요가 있다. 프로이트를 추종하는 자아심리학자들은 초자아와 전통적 종교에서 비롯되는 억압적인 도덕과 자아의 보다 유연하고 합리적인 강제를 구별한다. 이런 관점에서 보면 정신분석의 치료 작업은 초자아의 병리적이고 억압적인 강제를 자아의 유연하고 의식적이고 합리적이고 자발적인 강제로 대체하는 것이다.

자아 심리학자들이 치료적 동맹이라는 개념으로 기술한 바와 같이 세속적인 건강의 가치를 분석가와 피분석가 사이의 합리적인 치료적 협력 속에서 발견한다. 보다 높은 윤리는 객관적인 비판과 반성의 합리적인 자아 기능을 요구한다. 그러나 자아심리학 모델에서 근대적이고 세속적이고 합리적인 윤리에는 도달하지만 아직 경험의 영적 차원에 도달하지는 못한다. 그러므로 신비주의자와 과학자는 현실에 대한 비도덕적인 접근이라는 것을 공유하지만 초자아 해체와 재구성이라는 분석적 치료의 도구로 사용되는 도덕적 판단 금지는 그 자체로서는 영적 전망을 구성하지 못한다.

정신분석과 명상수행은 보다 큰 비-이원적 마음에 접근하는 도구로서 간주될 수 있다. 선불교에서 보다 큰 마음의 현상/본체는 경험의 영적 기록과 일치한다. 정신분석적 모델과 명상수행에서 "큰 마음Big Mind"의 환기는 행동을 위한 도덕적이거나 합리적 기준의 관찰을 통해서 일어나지 않는다. 명상은 선한 것과 악한 것 또는 주관적 및 객관적인 정신적 내용들을 떠나서 마음에서 마음을 관찰하는 것을 포함하는 반면 정신분석의 자유연상은 자아의 조절하에 있지 않는 다른 생각들을 드러낸다. 방어와 합리적인 설명의 역할자로서 자아는 분석과정의 방해자가 되는 경향을 보인다. 그러므로 이런 분석 노선을 따르게 되면 많은 비판들과 달리 정신분석을 순전히 단순한 지적 과정 이상으로 볼 수 있게 된다. 달리 표현하면 정신분석은 자아 합리성을 치료적 변화나 해체가 필요한 방어적 작동으로 간주한다는 것이다.

그러므로 분석가와 피분석가 모두 자신의 방어적 자아와 초자아를 보다 큰 차원의 경험을 환기시키기 위해서 한쪽으로 밀어놓아야만 한다는 주장이 가능해진다. 선불교와 라캉(1960b)에 의하면 정신분석과 명상수행의 자아 변화는 자아 기능을 통해서가 아니라 오히려 상상적인 자아 표상들을 포기하고 유익한 이인화와 창조적인 주관적 궁핍을 드러내는 과정을 통해서 이루어진다.

나는 마이스너의 주장, 즉 소위 신비적 경험은 "자아 정체감을 훼손하거나 파괴하는 것이 아니라 사실 자아 정체감을 안정화시키고 유지하고 풍부하게 하는 강력한 능력을 가지고 있다"(1984, 151)고 강조하는 것에 동의한다. 이런 주장이 의미하는 바는 "신비적"이라는 단어가 갖는 인식론적 내용에 포함되어 있다. 신비적이라는 것은 안개와 실제적이지 않은 그 무엇과 연관되어 있다. 신비적 경험이 환상적이거나 상상적인 자아 동일화를 파괴한다는 의미에서 자아 정체감을 파괴한다. 자아 동일화를 넘어서서 보다 더 크고 궁극적인 정신적 정체감을 변증법적으로 확인해주는 것은 다른 것이 아니라 바로 상징적인 죽음의 필요성이다. 그러므로 라캉을 따라서 신비적 경험과 정신분석이 주관적 결핍과 유익한 이인화를 공유한다고 주장하는 것이 가능하다. 그런 과정에서 파괴되거나 해체되는 것은 자아 기능들 그 자체가 아니라 실질적인 자아 개체의 상상적인 구성물이다. 이런 점에서 한스 뢰발트(1978)는 자아심리학의 구성물로서가 아니라 오히려 긍정적으로 정의된 초심리학적 개념들로서 소위 보다 높은 정신적 기능들을 이해하기를 역시 바라고 있다. 그는 일차적 과정과 무의식적 욕동을 직관적 앎의 창조성, 재생, 무한한 형태의 원천으로 간주하고 있다.

이와는 대조적으로 대상관계 학파들(페어베인, 위니컷, 말러), 자아심리학, 자기 심리학들은 정합적이거나 통합된 자아 또는 자기 정체성을 발달시키는 것의 중요성에 상당한 비중을 두고 있다. 이전의 저자들(잭 엥글러(1981)와 같은 초개인주의자들 그리고 정신분석적 전통에서는 존 술러(1993), 제프리 루빈(1996), 마크 엡스타인(1995))은 이런 사실들을 현대의 정신분석과 무아의 불교적 교리 사이에 놓인 차이 내지 모순의 가장 중요한 점으로 지적하고 있다. 이 점에 대해 보다 폭넓고 철저한 분석에 대해서는 나의 논문(몬카요 1998c)을 참조하기 바란다.

위의 저자들은 자아/무아의 딜레마에 대해 몇 가지 가능한 해결책을 언급하고 있다. 엥글러는 널리 회자되는 공식, 즉 무아가 되기 전에 유아가 되어야만 한다고 말하였다(보다 더 명확한 논의를 위해서 이 책의 그의 논문을 참조할 것). 다른 말로 하면 엥글러는 무아의 단계가 시작될 수 있기 전에 자아가 존재해야만 한다고 제안한다. 그러나 이런 직선적인 발달론적 주장은 다음과 같은 유대인 농담에서 나타나는 바와 같이 자아 물상화의 위험성에 놓이게 된다. 한번은 랍비가 회당으로 들어오자 한 경비원이 "오 신이여! 나는 아무것도, 아무것도 아닙니다. …"라고 말하는 것을 보았다. 거기에 대해 랍비는 대답하였다. "아무것도 아니라고 말하는 당신은 누구인가!" 이 모델에서 무아가 된다는 것은 여전히 사전 전제로서 요청되는 가짜 자아의 구성물이라는 영향하에 있다는 것이다. 자아를 갖지 않는 것은 긍정적인 자아 동일화가 된다는 것이다. 무아라는 상태가 낮은 자아감, 낮은 지위, 자신감의 결여를 의미하지 않는다. 불교적 관점에서 이런 부정적 자아는 여전히 상상적인 자아이다. 불교적 관점이나 라캉의 관점에서 무아는 인간의 기능들을 자아에 귀속시키지 않는다. 인간의 기능들을 훈련시키는 것 또는 자신감을 갖는 것이 자아의 결여를 말하는 것이 아니다. 이와는 반대로 훈습되어야 하고 내려놓아야 하는 상상적인 자아에 대한 애착이 문제라는 점이다.

그러나 불교는 자아 환상과 상상계the Imaginary를 비판한다는 점에서 정신분석과 함께 공유하지만, 거짓 자아감 형성을 야기하는 오이디푸스 환상의 자료를 탐색하고 추적하지 않는다. 상상적인 자아는 엥글러가 "유아"라고 부르는 것을 말한다. 정신분석에서 이러한 상상적 자아는 단순히 무시되거나 억압되는 것이 아니라 분석되고 훈습된다. 그러나 선 또는 정신분석에서 상상적인 자아를 훈습한다고 해서 소위 말하는 자아

기능들은 파괴되지 않는다. 이런 이유 때문에 불교는 이런 기능들을 진정한 자아의 기능들로서 간주하는 반면, 라캉 분석은 이런 기능들을 주체의 상징적 기능으로 간주한다. 자아 기능을 초월한다는 것은 기억, 판단, 통찰, 지식이 보다 크고, 무의식적이고, 상징적인 구조의 상호 의존적 기능이라는 것을 인식하는 것이다. 나는 무의식이라는 용어를 억압된 무의식이 아니라 "큰 마음"을 지칭하는 서술적인 의미로 사용한다. 사실 의식 및 무의식이라는 표현은 불교에서 말하는 의식을 넘어선 의식, 또한 라캉이 "그것이 아는 것을 모르는 것을 아는 것"이라고 부르는 것에 적용할 수 없다.

불교와 아주 유사하게 라캉은 자아가 필수불가결하고 필요한 구축물이기는 하지만 상상적이라고 믿었다. 자아가 강조하는 자율성, 지배감, 개인주의는 인간 주관성의 상상적 명부名簿를 강화하는 것이라고 라캉은 보았다. 라캉은 경험의 상상적 명부를 환영 또는 오인지誤認知라는 불가피한 기능에 내적으로 묶여 있는 것으로 간주하였다. 그래서 라캉은 보다 긍정적인 용어인 "상상imagination"이 아니라 상상적imaginery이라는 용어를 사용한다(라캉의 이론에서 긍정적인 상상이라는 범주는 상상계와 상징계 사이의 특별한 유형의 관계로 정의된다(몬카요 2000)). 상상계의 라캉적 개념은 경험의 차원에서 상상적 자아는 잘못된 구축 또는 조립이라는 전제에 기반을 두고 있다. 그리고 아래에서 설명되는 바와 같이 실질적인 자아의 조립은 환상적인 삶과 특별히 무의식적인 환상[1]의 삶과 또한 연결되어 있다. 마지막으로 라캉이 상상계를 시각적 지각과 광학의 일반이론과 연결시킨 점을 고려하면 그 개념은 애매함을 갖는다. 라캉에게 진실과 실재는 허구적이고 환영적이고 환상적인 구조를 갖는다. 여기서 라캉은 고전적인 서구의 방식대로 환상과 실제 사이를 명확하게 구분한 프로이트와 다르다. 이러한 점에서 라캉은 또한 의도하지 않게 정통적인 불교 사유와 유사하게 된다. 현재 우리 목적에 따라서 다음과 같이 말해도 충분하다. 즉 불교는 "외적, 객관적 현실"을 단순한 주관적 환상이라기보다 더 정교한 마음의 산물로 보는 동시에 여전히 정신적 구축물로 간주한다.

거울 단계의 라캉이론에 의하면 어린 아이가 거울에서 자신의 반사된 이미지를 포착할 때 그는 비실체적인 신체 자아 표상을 획득한다. 라캉은 그 자아를 상상계와 연관시킨다. 왜냐하면 그의 견해에 의하면 자아는 자아-이미지, 즉 자아가 타인이라는 거울과 같은 표면에서 스스로 어떻게 반영되는지에 대한 것과 연관되어 있기 때문이다. 라캉은 거울에서 신체적 자아의 금방 사라지는 비물질적 반사가 어머니 욕망의 대상의 구체화를 표상한다고 제안하였다. "아! 나의 어머니가 욕망하는 것이 아니면 욕망하지 않는 것이 이것이구나." 그러므로 거울의 이미지, 거울 속의 이미지는 어머니 욕망의 원인을 구성하는 환상이 대상으로서 동일한 구조적 위치를 점한다. 라캉에 의하면 개인은 자신의 어머니와 어머니의 욕동과의 초기 동일화에서 자신의 자기 이미지와 신체 이미지, 자신의 자기애를 끌어낸다. 첫 번째 총체적인 자아 이미지는 타인의 욕망에 따라서 형태를 잡는다. 자아는 주체가 어머니의 환상적 대상을 구성하는 바로 그것이다. 신체적 자아 표상의 동일화 뒤에 놓인 것은 바로 이런 상상하는 대상과의 동일화이다.

거기에서부터 거울 이미지는 자기 또는 타인을 동일하게 표상할 수 있는 주체의 이중성으로서 잔존한다. 이것이 투사와 상상적인 상호 주관성의 자리이고, 이곳에서 타인은 자아라는 관점에서 자기애적으로 오인되고, 자아는 타인과의 동일화에서 유래되지 않은 채로 자기애적으로 오인된다. 타인을 주체로서 실제로 보는 것 대신 상상계의 관점에서 자기가 타인에게서 보는 것은 그 자신의 반영이다. 자아 환상과 오인은 다음과 같은 사실에서 유래된다. 즉 특별하고 독립적인 개별성의 사고는 자아가 타인에 의해 최대로 결정되고 의존되는 장소에서 일어난다는 것이다. 라캉은 자아를 형제간 라이벌 의식과 경쟁과 연관시키고, 거기에서 타인은 형제로서 인식되며, 동일한 종의 유사한 마음을 가진 동료는 자아가 어머니에 대해서 갖고 있는 바로 그 자리를 이동시키고 점유할 수 있는 능력을 가진 자로서 지각된다.

한편, 불교와 라캉의 정신분석은 자아를 상상적 구축물로서 간주하지만, 불교는 정신분석과 달리 자아 동일화 또는 주체의 친숙하고 상징적인 개인적 역사에 대한 욕동의 원천을 해체하고 추적하는 데 관심을 기울이지 않는다. 여기서 나는 루빈의 의견, 즉 불교에는 정신역사적 차원이 부재하다는 것에 동의한다. 그러나 라캉의 관점에서 보면 정신역사적 차원의 존재가 실질적인 자기 또는 자아의 실질적 존재를 위해 증거와 지지를 반드시 제공하는 것은 아니다. 상상계를 넘어서서, 또한 상징계 안에서 주체는 언어와 담론에서 일어나는 일련의 기능과 과정들을 위한 은유이고 이름이다.

라캉에게는 자아 심리학파에서 말하는 비방어적이고 "실제적인" 자아 기능에 귀속시키는 주체의 구조와 기능들을 확립하는 것은 다름 아닌 바로 상징적인 질서(일련의 법, 가치들, 신화들, 언어의 질서 등)이다. 그리고 실제는 언어의 문화와 결합된 질서와 법적으로 결합된 질서에 의해 주어진 사회적 구성물이다. 언어의 규칙과 친족의 규칙들은 문화의 두 가지 근본적이고 통합적인 요소들로 간주된다. 언어와 상징적인 무의식은 주체에 대한 타인(대문자 타인)을 구성한다. 왜냐하면 그것들은 주체와 객체, 자기와 타인 사이의 관계를 중개하기 때문이다. 타인 *Other*은 대문자로 표시된다. 왜냐하면 무의식과 언어는 주체의 현실의 경험을 조건 짓는 보다 큰 구조들이기 때문이다. 여기에 더하여 타인은 또한 부모의 모습과 권위의 모습을 지칭한다. 거기에서 주체는 사회적 규칙 및 언어의 규칙과 내용을 받는다. 이상적 자아와 자기애가 어머니 욕동의 파생적 대상물인 것처럼 주체를 자기애와 어머니 욕동의 상상적 대상으로부터 주체를 자유롭게 하는 것은 상징적 아버지와의 관계 그것 이다. 아버지가 표상하는 상징적인 규칙과 사회적 법률과의 동일화라는 의미에서 상징적인 아버지와의 동일화는 상징계의 중심축으로서 주체 를 확립하고, 주체성의 중심축으로서 상징계를 확립한다. 상징계는 인 간의 주관성을 조직화하는 것이고 상징적인 규칙과 사회적 법률이 구체 적인 하나의 "시민들"로서 체화되는 한 주체는 상징계의 작동자/중심축 으로 기능한다. 이로써 개인은 언어와 문화 안에서 적당한 이름의 순환 으로 주어진 진술과 속성과 장소의 문법적 주체와 거의 구별할 수 없게 된다. 주체는 일정한 사회 내에서 그렇게-그렇게 표상되는 이름과 동일 하게 된다.

라캉을 따라서 데카르트의 *코기토 에르고 숨cogito ergo sum*의 치환은 주체의 세 가지 차원을 드러내기 위해서 사용될 것이다. "나는 생각한다 (나는 발언한다). 따라서 존재한다"는 앞에서 언급한 바와 같이 상상적 인 자아와 자기 이미지를 표상한다. 사회적인 언어를 사용할 때, moi(불 어의 나), 자아는 말한다, "나는 생각한다", "나는 발언한다." 브루스 핑크 Bruce Fink가 지적한 바와 같이 자아가 말할 때 내가 발언하는 것은 다음과 같은 것이다. "그러므로 내가 의미하는 것은 자신이 자신의 것이라고 간 주하는 지향성의 차원을 말한다, 그리고 그것은 자신의 자기 이미지에 꼭 맞는 지향성을 말한다"(1997, 24). 이것이 라캉이 발언하는 자아와 발언의 주체, 그리고 의미와 의미화meaning and signification 사이의 개념적 구분을 하는 이유이다. 의미는 상상적이다. 왜냐하면 "그것은 우리의 자기 이미지, 우리가 누구이고 그리고 무엇인지에 대해 갖는 이미지와 연결되어 있다." 그 대신 무의식의 주체, 상징계의 주체, 의미화의 주체, 발언의 주체는 라캉에 의해 기표의 작동의 결과로 간주된다. 고전적인 프로이트의 말 실수, 착오행위, 이중 의미, 다성적 의미화는 간단히 말해서 무의식의 형태의 모든 것들은 무의식의 언어 유사 상징 구조의 결과들이다. 모든 이런 정신적 형성들은 의식적 자아가 말하고자 의도하거나 의미한 것의 상상적인 동일성을 파괴한 결과이다. 무의식과 기표는 주체를 통해서 발언한다. 사물은 그 자체로 발언하거나 "그것"은 나에게서 발언한다. 이런 점에서 라캉(1977b)은 다음과 같이 말함으로써 데카르트의 *코기토 에르고 숨*을 변형시키고 교체한다, 즉 고전적인 "나는 생각한다, 그러므로 나는 존재한다"를 대신하여 "내가 있지 않은 곳에서 나는 생각한다"고 말한다. "내가 있지 않은 곳에서 나는 생각한다"는 엡스타인(1995)이 윌프레드 비온을 따라서 생각하는 사람 없는 생각이라고 부른 것을 말한다. 라캉의 관점에서 생각은 스스로 발언하고 주체의 상징적 존재를 발언하는 기표이다. 기표의 자율성 또는 상징적 사고의 자율성은 자아의 부정으로 경험된다. 즉 나는 존재하지 않는다. 나의 생각은 자동적으로 움직이고 나의 의도와 욕동과 항상 일치하지 않는다. 그러나 "내가 있지 않은 곳에서 나는 생각한다"에서의 "나는 생각한다"는 측면은 상징계 또한 자아로서가 아니지만 나 또는 나의 주체성의 한 측면을 표상한다는 사실을 언급한다. 그것은 어쨌든 자아 이질적인 것으로 나타나지만 사고활동을 하는 보다 큰 나이다.

무의식은 타인의 담론이라는 라캉의 아포리즘은 언어와 아이덴티티의 비자발적이고 무의식적인 기능을 강조하고 있다. 즉 언어의 법칙들—문장, 은유, 환유—은 말할 수 있는 것과 말할 수 없는 것, 그리고 자아의 자기 귀속적인 말하기는 무의식적으로 의미 있는 타인들의 담론의 인용이고 그 담론과의 동일화를 표상한다. 이런 후자의 의미에서 자아는 타인에게서 오는 기표들과의 동일화로 구성된다(둘 다 모두 상징적 질서와 의미있는/의미화하는 타인). 자아는 타인과 주체 모두의 궁극적 비존재를 꿰매고 덮는 데 상징계의 상상적인 사용을 표상한다. 이상에 대한 기표적 표상들이 이상적 자아의 자기애로 투자되면 동일화는 이상적 아버지 또는 조국이 되고 거짓 동일화로서 기표 기능이 된다. 이것은 이데올로기로서 불교와 과잉-동일화된 개인의 경우에도 또한 적용된다.

이것은 데카르트적 코기토의 세 번째 치환으로 데려다주면서 경험과 주체의 세 번째 차원으로 이어진다. 즉 실재계의 명부이다. "내가 있지 않은 곳에 내가 생각한다"는 "내가 생각하지 않는 곳에 내가 있다"라는 것으로 치환될 필요가 있다. 이것은 사고, 의미화, 표상을 넘어서서 존재 또는 비존재의 영역을 기표한다. 라캉은 사회적 실제와 정신적 실재계 또는 선불교에서 말하는 궁극적 실재라고 하는 것을 구별하였다.

내가 앞에서 언급한 바와 같이 라캉의 이론에서 사회적 실제는 상징계의 범주 아래 속한다. 실재계는 단순히 억압된 것이 아니라 알려지지 않은 것의 보다 넓은 의미에서 프로이트의 무의식을 말한다. 라캉은 실재계의 다양한 정의들을 언급하였고, 그 중에서 다음과 같은 것은 반드시 지적되어야만 한다. 실재계와 실재계 내에서의 주체는 틈, 빈 장소 또는 공간이고, 이것은 존재하는 관계들의 연결점, 의미의 연결 안에서 기표의 운동을 허용한다. 핑크가 지적한 바와 같이 "잃어버린 편지의 라캉

세미나에서 기표는 그것이 의미하는 바의 취소를 표식한다. … 주체가 일단 자신의 부분을 말하면 그가 말한 것은 자신의 위치를 빼앗는다. 그리고 기표는 그를 대체한다. 그리고 그는 사라진다. … 기표는 주체의 자리를 차지하고 이제는 사라진 주체 대신 서 있다. … 이 주체는 담론의 틈이외에 다른 존재가 아니다"(1995, 41).

그러므로 한편으로 주체는 또 다른 기표에 대한 기표로서 표상된다. 그리고 그 주체는 상징적 명부 내에 위치한 은유이다. 다른 한편으로는 실재계 내의 주체는 담론 안에 있는 틈 또는 구멍이다. 더구나 이런 틈, 간격, 구멍은 라캉에 의해서 알 수 없음의 지점으로서 서술된다. 주안-데이비드 나지오Juan-David Nasio(1992)가 언급한 바와 같이 "주체로서, 나는 내가 알지 못하는 장소에서 나 자신을 알아차린다." 이에 더하여 한편으로는 알 수 없음의 이런 지점은 *상징계 내에서* 기표들의 억압의 결과로서 망각의 활동에서 공백의 공백*lacuna lacunae*으로 언급된다. 다른 한편으로는 알 수 없음의 지점은 *실재계 내에서* 놓여 있다는 의미에서, 그리고 언어와 존재하는 수많은 기표들을 넘어서서 또한 알려지지 않음을 말하고 있다. 이런 후자의 의미에서 실재계 내의 주체와 알 수 없음의 지점은 새로운 의미화의 원천으로서도 기능한다. 새로운 의미화의 발생이 말하는 것은 이것이 발생하게 되는 순간까지 기의의 또는 의미화의 영역에서 구멍이 존재한다는 것이다. 의미화는 한 기표와 다른 기표의 관계에 의해 주어지기 때문에 의미화가 알려지지 않을 때(이것은 거기에 맞는 기표가 없다는 것을 뜻한다) 기의의 영역에서 구멍이 있다고 말할 수 있다. 그리고 라캉에 의하면 주체가 위치하는 것은 바로 이 동일한 구멍이다(앎 또는 상징적 표상의 행위에서가 아니다). 실재계는 또한 타인 *쥬상스jouissance*이고, 그것은 여성과 신비주의자가 경험하지만 알지 못하는 것이라고 여겨진다(앎 또는 언어가 서술할 수 없는 경험이다). 실재계는 의미의 연쇄가 둘러싸고 있지만 여전히 언어와 의미화가 접근할 수 없는 곳이다. 그러므로 라캉은 실재계를 적시하는 언어의 부족이나 불능에 대해 말한다. 이성과 언어의 수단으로 상징하고 이해하는 것이 불가능하기 때문에 실재계는 본질적으로 트라우마를 주는 성질과 불안을 산출적인 성질을 갖게 된다. 마지막으로 라캉에게 실재계는 균열, 분열, 반대, 분화가 없는 충만한 공간이고, 이런 실재계는 상상에 기인한 환영적인 전체와는 구별되어야 한다. 뉴 에이지 또는 인간학적 측면에서 자아를 그 자체로 전체로 생각할 때, 이것은 자기애적인 에너지가 과잉 투하된 자기 이미지이거나 자아 이상이다.

불교에서 진정한 자아는 무아이다. 왜냐하면 현상은 그 자체로 공하고 단지 다른 모든 것과의 관계 속의 기능으로만 존재하기 때문이다. 우리가 자기라고 부르는 것은 하나의 관습, 조작, 또는 조제이다. 실제로 거기에 존재하는 것은 존재의 다섯 가지 흐름이다. 즉 색수상행식色受想行識이다. 그러나 이런 다섯 가지 흐름 내에 어떤 영원하거나 내재적인 자기가 존재하지 않는다. 이런 다섯 가지 흐름은 어떤 것도 그 자체로 다른 모든 것과 분리되어 있지 않다는 의미에서 공하다. 라캉이 언급한 바와 같이 자기는 타인이고, 타인은 자기이다. 그러므로 불교에서의 공은 상호연관성을 의미한다. 예를 들면, 몸은 형상의 흐름 안에 있고, 몸의 각 부분은 다른 부분들과 상호의존하고 있다. 코는 얼굴과 연관해서 단지 코일 뿐이고, 얼굴 없이는 코가 존재하지 않기 때문에 코는 내재적으로 공하다. 그러므로 형상(코)의 공함을 표현하기 위해서 선불교의 스승은 코는 벽에 걸려 있다고 하는 것 같은 의미 없는 그 무엇을 말한다. 이런 언급이 의미하는 바는 얼굴 없이는 코가 아무 의미가 없다는 것을 강조하기 위함이다. 공함의 또 다른 측면은 사물들은 끊임없이 변화하고 다섯 가지 흐름은 일정한 흐름과 변형의 상태에 있기 때문에 공하다. 때때로 불교는 공함의 은유로서 하늘 또는 공간을 사용한다. 공간은 모든 것이 움직이는 장소이고 존재의 근거 없는 기반이다. 맑고 푸른 하늘은 마음 본질의 은유이고, 또한 깨달은 사람의 사유는 어떤 자국을 남기지도 않고 하늘을 나는 새와 같은 것이다. 사유하는 사람 없는 사유는 하늘을 나는 새의 진정한 자기 경험을 넘어서 있는 거짓 자아감을 발생시키지 않는다.

그러므로 공함 또는 궁극적인 실재의 불교적 개념과 경험 그리고 실재계의 라캉적 기록 명부 사이에 교차하는 지점의 영역을 발견할 수 있다. 라캉이 불교와 다른 방식으로 (사유, 감정, 의식의) 경험의 조직자로서 언어의 중요성을 강조하고 있지만 그는 상호 의존의 언어로서 언어를 기술할 뿐만 아니라 언어를 넘어선 경험의 기록명부를 언급한다. 손가락은 달을 가리키는 기표이지만 손가락/상징은 실재계의 경험적 명부에서 달 그 자체는 아니다. 실재계는 의미의 연결이 에워싸고 있지만 여전히 언어 내의 고정된 의미화에서 자유롭다. 단어 또는 문자의 의미화는 언어 내에서 다른 단어와 문자들과의 관계에 의존한다. 각 단어 또는 문자는 그 자체로는 자신의 의미에서 공하고, 기의의 연쇄 속에서 의미함의 지속적이고 역동적인 움직임을 야기하는 것은 바로 이런 공함이다.

의미함의 운동과 투명함을 허용하는 명료한 공간으로서 공함은 진정한 영적인 기능에 상응하는 수준에 도달할 수 있는 보다 더 큰 "나"이다. "내가 없는 곳에서 나는 생각한다"는 "내가 생각하지 않는 곳에서 내가 존재한다"로 치환될 필요가 있고, 이것은 앞에서 언급한 의미화와 표상을 넘어서서 존재 또는 비존재의 영역을 기의한다. 즉 우리의 진정한 자기, 이름 없는 큰 나는 사고를 넘어서 있어서 다음과 같이 말할 수 있다. 즉 "나는 나이다"(출애급기 3장 14절).

더구나 위에서 언급한 바와 같이 기의의 영역에서 구멍 또는 다른 식으로 표현하면 기의가 실재계 내에 있을 때 상징계에서 나타나는 구멍, 실재계의 텅 빈 영역 없음, 또는 기반 없음은 언어와 이데올로기의 확립된 사용을 넘어서서 비관습적인 진화론적 도약을 야기한다. 그러므로 아무도 진정으로, 진실로 "내가 존재한다" 또는 "나는 나이다"라고 말할 수 없다. 왜냐하면 실재계의 수준에서 "나"라는 것은 알 수 없음이기 때문이다. 실재계 내에서 아이덴티티를 알지-못함, 무아 또는 무-자아는 자아보다 더 이상의 나 또는 나 자신이라는 사실은 새로운 의미함과 주체적 구조의 요소들을 언급하는 것의 정확히 원천이다. 이런 관점은 슐러에 비견되는데, 그는 비온과 마이클 아이겐을 따라서 비존재와 "재앙이 자아에 스며들고 기초 지우는 영점이라는 것"을 서술하고 있다(슐러 1993, 71). 자기를 붙잡고 있는 기본적인 결합 원천으로서 기능하는 것은 자아라기보다 비존재 또는 무아이다.

그러므로 나는 공함이라는 점에서 실제계의 라캉적 개념과 실재계의 불교적 개념의 결혼marriage을 선호한다고 주장하고 있다. 종종 라캉은 실재계를 지칭하기 위해서 상징계 내의 부재 또는 부족이라는 식으로 실재계를 서술하였다. 그런 부족은 상징화를 넘어서서 하나의 실재를 표상하기 위한 언어의 한계를 비유하고 있다. 라캉은 타인의 결핍으로 실재계의 공함을 정의한다. 이것은 많은 선의 제자들이 자신의 명상적 경험과 깨달음에 대해 말하기 위해 법담을 하고 단어를 처음 사용하고자 할 때 보고하는 두려움과 연관되어 있다. 선의 가르침은 모기가 철구鐵球를 물어뜯고자 시도할 때 생기는 근심을 언급하고 있다. 상징적 거세 또는 정신적 불능은 이런 경험을 서술하는 것과 너무 멀리 떨어져 있는 것은 아니다.

라캉에게는 실재계를 표상하기 위해 빠진 기표들, 타인에서의 결핍, 결핍의 기표가 주체를 장애하고, 분열하며, 실재계의 무엇인가를 욕망하는 것으로 구성하는 것들은 상징계 또는 상상계가 결코 충분하게 파악할 수 없는 것이다. 언어, 자아, 욕동들은 주체에게 실재계를 줄 수 없다. 선의 명상수행에서 경험하는 바와 같이 실재계와의 만남은 불가능하고 동시에 가능하다. 그런 역설은 라캉의 아포리즘에서 또한 전달된다, 즉 "실제적이 되어라. 즉 불가능을 요구해라." 관습적으로 실제적이된다는 것은 가능한 일을 요구하거나 참여하는 것만 의미한다. 불가능한 것을 요구하는 것은 실제적이지 않다. 선의 관점에서 라캉은 관습적인 이해를 뒤엎는다. 비관습적인 실재계에 접근하기 위해서는 적어도처음에는 불가능하게 보이는 것에 과감하게 참여해야만 한다. 예를 들면, 서구인들 중 누가 하루에 16시간이나 명상을 한다고 생각하겠는가? 확실히 약간은 정신 나간 사람만이 그렇게 할 것이다.

여기에 더하여 타인의 결핍은 또한 상징적 질서의 두 가지 서로 다른 성질들과 함께 연결될 수 있을 뿐만 아니라 금강경의 잘 알려진 선의 문장과도 유사하다, 즉 "공즉시색, 색즉시공." 첫째로 모든 기표가 다른 기표들과의 차이에 의해서만 정의된다고 하면 그 자체로 각 유일한 기표가 갖는 의미의 이런 공함은 구조 안에서 의미의 상호 의존성을 유지하는 것이다. 앞에서 언급한 바와 같이 아무것도 없음은 그 자체로 다른 모든 것과 분리되어 있다. 둘째로, 상징적 질서는 현존과 부재의 근본적인 변증법에 의해 특징지어진다. 상징적 질서에서 모든 것은 부재의 배경위에서 존재한다. 라캉은 기표는 사물의 부재에서 사용되고, 기표는 다른 부재한 지표와의 관계에서만 존재한다. 그러므로 첫 번째 경우에서 기표의 공함, 또는 각 유일한 기표 그 자체의 자기 존재는 그 자신의 의미에서 비어있고(색즉시공), 의미하는 구조의 의미를 풍부하게 하고 지지하는(공즉시색) 반면, 둘째로 사물과 구조의 공함 또는 존재(색즉시공)는 기표의 상징적 형태(공즉시색)를 지지한다. 어느 경우이든 공함과 변증법적인 부재(이것 또한 현존이다)는 어느 형태나 구조를 전멸시키지 않는 긍정적인 용어들이다. 상징적인 부재는 새로운 의미의 생산, 언어에서 은유와 환유의 기능 내에서 의미의 음영화와 연속화를 발생시킨다. 그러므로 라캉의 패러다임에서 타인의 부재는 담론의 유한성과 마지막 단어를 가지는 것이 불가능할 뿐만 아니라 또한 창조성과 발명성의 원천이다. 상징계 아래서 라캉의 금지된 주체는 사회적 법률의 긍정적인 기능뿐만 아니라 욕동의 가능성도 강화한다. 언어의 법칙 아래 상징적 거세는 주체의 욕동과 공함을 평가하는 데 지불하는 가격이다.

그러므로 담론 내에서 틈 또는 구멍(자아는 무아의 요소로 이루어져 있다)으로 주체를 취소하고/생산하는 은유 또는 기표로서 주체를 언급할 때 그런 부정적인 용어들(틈/구멍)은 또한 공함으로서 불교의 아님/부정 또는 진정한 자아/주체의 긍정적인 창조라는 측면에서 고려되고 이해될 필요가 있다. 창조적 공함은 단순히 무엇인가의 부재 그 이상이다. 무아는 종종 공허함, 무엇인가의 부재, 방어적 동떨어짐과 혼동된다. 공함이 부정적인 결핍 또는 구멍으로서 나타나는 것은 단지 상징계 내에서만이다. 실재계 자체 내에서 공함은 충만함이다. 이것은 라캉 자신이 지적한 바이다. 깨달음의 해석학적 바퀴를 굴리고 새로운 시적 의미화의 불꽃을 주는 것은 바로 충만한 공으로서의 실재계이다. 마지막으로 나의 관점으로는 상징계와 실재계 아래에서 무아 또는 비존재는 정동적인 에너지의 차원을 가지고 있다. 비존재는 창조적인 상징적 죽음이고, 이것은 에로스와 삶과 결합하여 함께 엄연히 자아를 비추고 잡아매는 고요한 에너지를 제공한다. 이런 엄연한 자아는 자아 정합성의 원리를 지적하고(이 책에서는 엥글러), 이것은 개인적 자아에 의해서 주어지는 것이 아니라 붙잡힌 에너지의 성질과 보다 큰 상호의존적인 상징적 구조에 의해 주어진다.

라캉은 상징계 내에서 결핍 이전에 앞쪽 결핍anterior lack이라는 개념을 제시하였다(페르헤게Verhaeghe 1998). 언어 내에서 결핍은 다음과 같은 사실을 언급한다. 즉 일단 언어 내에서 존재가 나타나면 그것은 또한 언어 아래에서 사라진다. 일단 거기에 언어로 말할 수 없는 실재계와 존재의 차원이 존재하는 한에서 그렇다. 존재는 실재계를 표상하는 언어 내에서 결핍으로 나타난다(즉 명상 경험). 당신이 실재계에 대해서 말하려고 하면 당신은 결핍감을 느낀다. 그러나 더욱 근본적으로 탄생 그 자체의 과정에서 상실된 실재계의 요소가 있다. 존재는 탄생과 함께 나타나지만, 탄생 아래에서 사라진다. 이런 과정은 언어에서 또 다시 반복된다. 탄생과 함께 상실된 것—삶과 언어 아래—은 실재계, 태어나지 않은 것, 이름 없는 사물과 비사물이다. 이런 실재계와 관련하여 라캉은 주체는 태어나지 않고 실현되지 않는다고 말한다. 우리가 목표로 하는 의문은 이러한 주체가 불교를 따르면서 깨달을 수 있는지 하는 것이다.

언어와 기표 아래서 자아의 소외라는 개념과 함께 라캉은 주체는 실체를 갖지 않는다는 것, 그러므로 아무런 자아실현도 없다는 것을 주장하고 있다(불교와 다르지 않다). 그러나 불교의 자기실현은 정확하게 무아의 실현이나 자아는 실체를 갖지 않는다고 깨닫는 것을 의미한다. 라캉의 이론적 틀에서 이러한 점을 이해하기 위해서 우리는 "모르는 것의 앎"*l'insu que sait* 또는 "그것이 아는 것을 모르는 것을 앎"이라는 라캉의 개념을 주체가 던지는 질문에 적용할 필요가 있다. 무의식적 앎 또는 알지-못함은 정신분석적 해석에서 피분석가에게는 억압된 앎을 지칭하고, 분석가에게는 억압되지 않은 무의식적인 앎을 지칭한다. 무의식적인 앎은 자아로서 존재하거나 아는 것이 아니라 단지 하나의 주체로서 존재하거나 아는 주체이다. 무의식적이거나 모르는 앎은 존재하지 않는 자아가 되어감과 수정受精의 과정에서 잃어버린 것 또는 잃어버린 부분의 주체를 지칭한다. 그러나 그것은 무엇인가? 이 주체는 무엇인가? 이름 없이 아무것도 아닌 것인 이러한 태어나지 않은 실재계는 무엇인가? 여기서 라캉과 선불교는 실재계에서 답이 오는 것이지 언어 또는 상징계에서 오는 것이 아니라고 말한다. 발달론적으로 주체는 아버지와 상징계를 통해서 어머니와 상상계로부터 분리되어야 할 뿐만 아니라 타자와 자아의 비존재를 깨달음으로써 상징적인 타자와 이상적인 아버지로부터도 분리되어야만 한다고 라캉은 말한다. 이것은 주체의 진정한 존재, 즉 주체의 그 존재son être du sujet로 가는 길을 열어놓는다. 주체란 무엇인가? 또는 누가 무의식적인 앎의 자리에 있는가라는 질문에 대한 선불교의 대답은 언어와 논리를 넘어서서 실재의 공의 본질로 들어가는 갑작스러운 지각적 깨달음의 형태로 일어난다. 어느 경우든지 라캉이 부른 바와 같이 자가 생성autopoeisis, *se parere*, 자기 창조 또는 자기 깨달음의 행동—새로운 주체의 발현 또는 새로운 기표와 시적 의미화의 발현뿐만 아니라 실재계에서 주체의 존재—은 어머니와 아버지, 상상계와 상징계를 넘어서서 실재계와 주체의 진공에서 그 기원을 갖는다.

이 절을 결론지으면서 말하고자 하는 것은 무아에 대한 불교의 개념은 라캉의 패러다임과 충돌을 일으키는 것이 아니라 두 이론들이 상당한 정도로 일치하고 있다는 점이다. 둘은 모두 선의 공식으로 수렴된다. 즉 "진정한 자아는 무아이다" 또는 라캉의 공식으로는 "진정한 주체는 자아가 없다"는 것이다. 이 둘 모두 진정한 주체는 상징적인 죽음 또는 상상적인 자아 동일화와 표상의 해체를 요구한다는 것을 보여주고 있다. 분석적 태도, 치료적 거리, 라캉이 분석가의 주체적인 자리라고 부르는 것의 기반을 이루고 구성하는 것은 바로 은유, 공감, 조용한 에너지로서의 주체 경험, 무아의 경험 바로 그것이다. 이와 같이 무아로서 표상되는 분석가의 주체적 위치, 은유의 힘, 연관된 에너지는 일상적인 자아 경험과 연관되기보다 다른 마음 상태를 환기하고 있다. 그러므로 라캉이 유익한 이인화라고 부른 치료는 분석가와 피분석가 모두에게 적용되고 이것은 일반적으로 선과 불교의 명상 경험과 정신적인 등가물이다.

치료의 방향, 그리고 무의식의 주체와 힘

라캉은 "치료의 방향과 그 힘의 원리들"(1977c)이라는 논문에서 자신의 몇 가지 임상적 경험을 기술하였다. 라캉 정신분석에서 방향과 힘의 두 가지 요소들은 상호 연관되어 있다. 즉 치료의 방향이 제대로 잡혀 있기 위해서 분석가는 피분석가의 전이와 두 사람 사이에 형성된 치료적 동맹으로 인해 분석가에게 부여된 자아의 힘을 단념하지 않으면 안 된다. 증상을 통해서 드러나는 진실을 "아는" 것은 분석가라기보다는 오히려 피분석가의 무의식이지만, 억압과 이에 동반되는 왜곡 때문에 피분석가의 주체는 그것을 무시하는 듯이 보인다. 이렇게 무시하는 것에서 피분석가는 분석가에게서 이상적인 "만능자"를 추구하게 된다.

프로이트(1922)는 지도자와 지도적 사상을 바라는 일반 대중의 소망에 대해 기술하였다. 피분석가는 자신의 위에 서서 치료적 힘을 발휘하는 분석가를 기대하면서 분석에 들어온다. 이런 이유로 인해서 라캉은 정신분석과 목회상담 또는 다양한 여러 종류의 상담을 구별하기를 항상 주장하였다.

라캉은 스토아학파와 소크라테스의 *산파술* 대화에서 분석가의 위치에 대한 선행적 모습을 발견하였다. 소크라테스는 여러 다양한 주제에 대해 이야기를 나누기 위해서 사람들 속으로 들어갔다. 아무것도 모르는 태도로 모든 것을 안다고 주장하는 사람들에게 배우고자 하였다. 스크라테스는 자신이 스스로 알지 못한다는 것을 제외하고는 아는 것이 없다고 고백하였다. 그는 사람들이 자신들이 안다고 생각하는 것보다 더 적게 또한 더 많이 안다고 믿었다. 그는 안다고 하는 사람들에게는 자신들이 실제로는 모른다는 것을 보여주었고, 모른다고 생각하는 사람들에게는 사실 그들이 더 많이 알고 있다는 것을 보여주었다.

정신치료의 사례 또는 분석 치료에서 환자들은 치료적 만남/상호작용에 긍정적이거나 또는 부정적으로 미리 이런저런 생각을 하고 온다. 정신치료 분야에 들어온다는 것은 환자의 입장에서는 이미 어느 정도의 자아 위축 또는 상징적인 거세를 요구받는다. 그들은 어느 정도의 고통과 스스로 자신을 도울 수 없다는 무능력을 인정하고 있는 셈이 된다. 고통, 정체감, 무력감이 있는 이런 상황에서 환자는 치료자/분석가에 손을 뻗친다. 이것은 알 수 없음, 무의식의 주체, 분석가가 무엇인가를 알고 치료적 힘을 발휘해줄 것을 기대하고 때로는 요구하는 상황이다.

피분석가가 미리 부정적으로 생각을 하고 있으면 그의 자아는 저항을 보이고 분석가가 갖는 지식을 폄하할 것이다. 즉 "나는 내가 누구인지를 안다, 누구도 나보다 나 자신을 잘 아는 사람은 없다. 나는 당신이 나를 도울 수 있을 것이라고 생각하지 않고 실제로 내 상태가 별로 그렇게 나쁜 것은 아니야." 라캉의 이론에 의하면 우리는 자아와 주체 사이를 구별할 수 있다. 자아 *ego*는 선불교의 작은 마음이고 이미 모든 것을 알고 누구에게서도 배울 것이 없는 마음이다. "내"는 모든 진술의 중심이다. 자아는 말한다, "나는 안다.", "나는 성취하였다." 주체 *subject*는 초보자의 텅 빈 큰 마음에 해당하고 그것은 순진하고, 무엇을 안다고 주장하지 않으며, 개방적이고 놀람과 새로운 가능성들에 준비되어 있다. 그러나 핵심은 주체에 접근하기 위해서는 자아의 죽음이 필요하다는 것이다. 자아는 안다고 주장하지만 실제로 자아가 아는 것은 없다. 그 이유는 진실로 아는 것은 주체이기 때문이다. 역으로 자아는 모른다고 주장하지만 실제로 자아는 알고 있는데 그 이유는 주체가 알고 있기 때문이다.

이 지점에서 분석가는 자신의 자아 위치에서 환자에게 반응하지 않는 것이 대단히 중요하다. 전이 상태에 놓인 피분석자가 만능적인 지식을 요구하게 되면 분석가는 알 수 없음의 위치에서 행동해야만 한다. 이것은 사실 사람들이 모른다는 것을 보여준 소크라테스와 동일한 것이다. 아는 것은 바로 환자의 무의식적인 주체이지 자아가 아니다. 분석 상황에서 분석가의 절제 이외에 이런 진리를 드러나게 할 수 있는 것은 없다. 피분석자가 안다고 주장하고, 그러면서도 분석가가 알지 못한다고 하면 분석가는 아는 것을 알지 못하는 것을 알고 있는 자리에서-자기 의식도 없이-바로 반응하는 것이다. 분석가는 바로 그 개인이 알고 있지만 자아가 아니라 주체에 의해서 무의식적인 앎의 방향으로 가는 것을 가리키고 있다는 것을 인정할 필요가 있다.

그러므로 라캉에 의하면 분석을 시작할 때 피분석자가 분석가에게 주는 힘을 절제하기 위해서, 분석가는 세 가지 지불 payment 또는 상징적인 절제를 해야만 한다. 즉 자신의 통상적인 사람에 대해서, 말에 대해서, 자신의 존재 핵심에 대해서이다. 이런 지불은 분석가의 영적인 이인화離人化를 서술하고 있다. 아래에서 하나씩 살펴볼 것이다.

통상적인 사람에 대한 지불

사회적 자아를 내려놓는 것은 일종의 주체적 결핍을 필요로 하고, 적어도 사회적 행동 및 상황에서 부분적으로 멀어지고, 융이 사회적 마스크 또는 페르소나라고 불렀던 것, 우리가 선호하는 자아 이미지들 및 사회적으로 진부한 언어들을 내려놓는 것이다. 분석적 치료 또는 정신치료적 관계는 사회적 관계가 아니다. 즉 그것은 동료, 상관, 부하와의 직업적 관계와도 다르고 연인, 선생, 가족, 친구들과의 관계와도 다르다. 그것은 또한 분석가가 도덕적 안내자이거나 구루가 아니라는 점에서 사제와의 관계와도 다르다. 붓다처럼 분석가는 진실과 해방의 장소로서 환자의 내적인 마음속을 향하는 화살일 뿐이다.

직업의 관계에서 어느 정도의 성공 및 목표와 목적을 향한 노력이 자아에게서 기대된다. 자아는 직업 관계를 지배하는 수행 능력 아래 무엇인가를 아는 것이 기대된다. 분석적 치료에서는 이런 종류의 어떤 것도 기대되지 않는다. 분석은 자아가 불쌍하게 실패할 수 있는 장소이고 모든 자아-이상들이 의심을 받고 해체에 놓이는 자리이다. 심지어 언어의 가장 비문법적인 형태도 분석에서 받아들여진다. 더구나 정신분석은 실수를 적극적으로 허용하는데, 그 이유는 실수가 무의식으로 들어가는 접근 지점 또는 입구이기 때문이다. 선의 문답은 선 스승의 지속적인 실수의 연속 내지 실수 이후의 실수를 선 스승의 삶의 역사로 기술하고 있다. 이에 더하여 피분석자에게는 사회적 관계의 단념은 사회적 담론을 통해서 작동되는 정신적 방어기제를 지연시키고 결국은 내적 경험에 대한 개방으로 귀착된다.

사회적, 성적, 친밀한 관계에서 자아는 욕망하고, 기대하고, 심지어 타인에게서 사물들을 요구한다. 분석가는 피분석자와 관련하여 그런 성향들을 단념할 때 자신의 통상적인 사람을 지불한다. 분석가는 궁극적으로 환자를 낫게 하고 성공적인 치료를 제공하고자 하는 욕망조차 단념해야만 한다. 이와 반대되는 것은 단지 치료에 대한 환자의 자아 저항만 강화할 뿐이다. 그러면 그때 분석가에게 "허용된" 만족은 무엇인가? 한편으로는 돈과 생활이다. 하지만 그렇다고 해서 분석가의 입장에서 돈에 대한 탐욕이 치료와 치료적 관계에 장애가 되지 않을 것이라고 생각할 필요는 없다. 궁극적으로 분석적 치료는 영적인 만족이다.

통상적인 사람에 대한 지불은 또한 개인적 가치를 단념하는 것이다. 이것이 의미하는 바는 치료적 상황에서 가치가 함축되어 있지 않다는 것인가? 나는 판단의 자제는 다른 질서의 가치 또는 초가치를 함의하고 있다고 주장하고 싶다. 단념은 가치가 거기 있다는 것을 함축한다. 그것을 무시하거나 가치를 모르는 것이라기보다는 우리는 그것을 넘어설 필요가 있다. 우리는 다른 차원의 가치를 성취하기 위해서 가치를 단념한다. 초가치에 대한 이런 점은 이후 더 정교하게 설명될 것이다.

예를 들면, 치료자가 호모 공포증이나 동성애 혐오, 이성애 공포증이나 이성애 혐오, 성차별이나 남성 또는 여성 혐오, 매춘부 중독, 인종주의와 반유대주의 환자를 만날 경우 환자의 가치를 수정하는 식으로 치료에 임하는 것은 별로 유익하지 않다. 이것은 논쟁과 자아와의 전투를 낳고 치료적 관계를 파멸시킬 것이다. 오히려 자신의 가치를 설교하는 것을 억제하는 것이 이런 윤리적 실패의 뿌리에 놓인 주제와 갈등의 탐색을 용이하게 할 것이다. 결국 이런 억제가 문제되는 사회적 태도와 가치를 방지하는 더 나은 기회를 제공할 것이다.

나는 가치에서 자유로워지는 것 또는 "객관적인" 과학적 접근을 추천하고 있는 것이 아니다. 내가 다른 곳에서(몬카요 1998a) 분명히 말한 바와 같이 주체성은 항상 아는 자와 알려진 것 사이의 어떤 관계에서도 항상 함축되어 있다. 그런 주체적인 위치를 피하는 것은 가능하지 않다. 주체 없이 주체성을 깨닫고 주체의 빈곤이나 영적 빈곤으로 귀착되기 위해 자신의 주체성과 작업하는 하나의 방식에 질문을 던지는 것이다. 진실은 주체적 경험의 치환이라는 맥락에서 구체화된 실수이다. 내가 이미 관찰한 바와 같이 정신분석은 실수를 즐기는 것이고, 선의 스승의 삶은 연속해서 실수를 하는 삶이다. 이데올로기적 거짓 관점(즉 나는 선하고 나의 나라, 이론, 스승은 최고이다)이라는 의미에서 대문자 자아 이상과 소문자 자아 이상Ego ideals and ego ideals은 순간순간 그리고 한 번에 한 조각씩 내려놓아야만 한다. 잘못된 것을 인정하는 것과 잘못된 신념과 가정에 대한 자아 집착을 포기하는 것은 약간의 겸손과 마음의 냉철함이 필요하다. 이것은 영적 태도와 과학적 태도에서 공통적이다. 새로운 통찰을 낳기 위해 마음을 깨끗이 하고 준비하는 것은 바로 이런 태도이다.

말로서 지불하는 것, 무의식과 비이원성의 언어

두 번째 단념은 말로서 지불하는 것이다. 치료적 관계가 사회적 관계와 다르다는 또 다른 측면은 분석의 언어 사용을 특징짓는 대화의 유형이다. 분석의 이런 측면은 도겐이 말하는 깨달은 주체의 여덟 가지 자각 중 하나와 일치한다. 즉 게으른 언어를 피하는 것이다. 한 사람이 말하고 또 다른 사람이 반응하는 대칭적인 대화와 대조적으로, 용어의 분석적 의미에서 해석은 한 사람이 더 많이 말하고 다른 한 사람은 적게 말한다는 의미이다. 이에 더하여 분석가는 적게 말해야 할 뿐만 아니라 다른 방식으로 말한다. 정신분석적 상황에서 꿈들과 말 실수, 말 장난, 농담 등과 같은 비관습적인 언어 형성들은 치료자의 입장에서 시도하는 해석적 언어 사용과 맞먹는다. 로베르토 하라리Roberto Harari(1985)가 지적한 바와 같이 해석에서는 말의 섬세한 조율과 능숙한 사용이 필요하고, 이런 해석은 관습적이거나 일상적인 언어와 다른 그 무엇을 환기하게 된다.

더구나 라캉의 관점에서 보면 해석적 언어는 두 가지 측면에서 일상적인 삶의 언어는 아니다. 첫째로 분석에서 분석가는 선형적인 직접적인 언어를 기대하고 사용하는 대신에 모호하고 역설적이고 애매한 것을 허용할 필요가 있다. 그리고 둘째로 해석은 무엇인가를 얻고자 하는 목표를 향하여 움직여서는 안 된다. 다른 말로 하면 시적 언어와 마찬가지로 해석적 언어는 어떤 형태의 도구적이거나 소통적 담론과 구별될 필요가 있다. 해석은 다른 무엇인가를 위한 수단으로서 소통을 목표로 하거나 누군가가 무엇을 하도록 요청하는 것을 목표로 하지 않고 오히려 특별한 의미화를 단순히 환기하고 야기하는 것을 목표로 한다.

지나가는 김에 융(1953)은 이미 영적 표현으로서 역설이 갖는 중요한 의미를 알고 있었다는 것을 지적해두어야만 한다. 그는 모든 종교적 진술들은 논리적 모순을 지니고 있다는 점을 지적하였다. 이런 모순은 원리상으로는 불가능하다. 단지 역설만이 삶의 비이원적인 기반을 표현하는 데에 근접할 뿐이다. 애매하지 않음과 모순 없음은 하나의 측면만을 보여주기 때문에 비이원성을 표현하는 데 적절하지 않다.

라캉에 의하면 무의식의 텍스트 또는 언어로서 *라랑그*lalangue는 담론의 문법적이거나 형식 논리적 구조(조직화)를 벗어난다. 기의적 연결은 핵심적인 기표로 구성되어 있고, 이것은 다성적多聲的이고 그 본질상 애매하다. 더구나 언어의 역설적 사용에 의해 환기된 것은 무의식의 경험이고, 이것은 우리의 목적에서는 경험의 영적인 정의와 다소 동일하다. 선불교에서는 비이원적 실재의 영역—경험의 영적인 기억 저장소와 등가인—은 관습적인 언어의 비이원적이거나 비관습적인 사용으로 표현된다. 은유적 직관적 발언은 단어들의 일상적 의미를 넘어서고 고양시킨다. 여기서 우리의 테제는 선불교의 실재인 "큰 마음"은 언어와 상징을 넘어서서 핵심적인 경험을 포함하기 때문에 언어 내에서의 표현은 공식적인 사회적/논리적 언어 및 과학의 언어와는 다른 언어 사용을 요구한다.[2]

예를 들면, 제자가 선의 스승인 조주에게 묻는다, "영적인 것이 무엇입니까?" 조주는 대답한다. "붓다 땅[또는 성스러운 땅]의 오줌 웅덩이이다." 그러자 제자는 다시 묻는다, "그것을 나에게 보여줄 수 있나요?" 그리고 조주는 대답한다. "나를 부추기지 말라." 또 다른 경우 제자가 묻는다. "불성은 무엇입니까?" 그리고 스승은 대답한다. "아마 10파운드."(또는 선승이 입고 있는 네 겹 가사를 상징하는 옷) 단순히 이단적인 진술을 구성하는 것과는 달리 이런 의미 없거나 터무니없는 언급은 제자로 하여금 자아 이상 및 붓다와 영성에 대한 상상적이고 이원론적인 개념에서 멀어지는 것을 목표로 하고 있다. 영성은 세속적이거나 일상적 무엇과 반대되는 성스럽거나 거만한 그 무엇이 아니다. 또 다른 예로서 선의 스승은 묻는다, "마차를 움직이게 하기 위해서는 때리는 것이 말인가 마차인가?" 일상적인 이원론적인 답은 "당연히 말!"이라는 대답이 되어야 할 것이다. 그러나 고전적인 선의 이야기에서는 스승은 당신은 말 대신 마차를 때려야 한다고 대답한다.

일탈적인 혁신적인 놀라운 발언은 사회적 언어의 결정론적인 이원성을 벗어나 있는 그 무엇을 말하기 위해서 공식적인 언어의 이항구조와 함께 움직인다. 그러나 순수하게 사회적·습관적 관점의 견해에서 보면 이런 말은 통상적인 한 사람을 지불하게 만든다. 왜냐하면 이런 말을 하는 사람은 기이하고 독특하고 바보 같고, 심지어 순전히 일탈적인 것으로 간주될 위험성이 있기 때문이다.

라캉은 또한 텅 빈 언어와 충만한 언어를 구별하고 있다. 피분석자는 종종 주체의 고통의 핵심적 원인과는 멀리 떨어진 사소한 것이나 합리화하는 것에 초점을 맞추면서 시간을 낭비한다. 그러므로 무의식의 담론으로서 분석은 잘 알려진 것이 아니라 모르는 꿈들과 무의식적인 핵심적인 주제와 환상들을 전개하는 데 관심을 둔다.

분석가는 피분석자의 말을 들으면서 말의 흐름에서 주요한 요소 또는 기표, 일상적인 언어의 석탄과 찌꺼기에서 의미 있는 다이아몬드와 금덩어리를 확실하게 파악할 필요가 있다. 그러므로 말로서 지불하는 것은 꿈의 작업에서 하는 것처럼 말들의 사용을 고양하는 것이다. 여기에는 더 진실하고 본질적인 상태로 존재를 변화시키는 것이 포함된다. 그러나 꿈 작업이 자아보다 더 큰 무의식적인 주체성으로 구성되거나 이루어져 있는 것과 마찬가지로 해석적 언어에서는 말하는 자아 또는 발화자는 무아의 자리에서 발언하는 것을 위해서 가능한 한 취소되어야만 한다. 분석적 기능을 올리기 위해서 분석가는 무아의 자리(모르는 것을 아는 주체)에서 발언할 필요가 있고, 발화자로서의 자아는 기표의 힘이 주체를 변형시키고 빛나게 하는 것을 허용하기 위해서 가능한 한 취소된다. 자아의 소멸은 주체의 현현이다. 즉 진정한 주체는 무아이다(몬카요 1998c). 그러므로 인지적 자아는 통찰의 작동자가 아니라 오히려 통찰의 작동자는 기표의 보물 창고에 담긴 재치와 앎의 번개를 목격하는 주체이다.

또한 해석적 발언은 합리적인 구문법과 접속법에 거의 강조를 두지 않고 간결해야만 한다. 발언은 놀랍고 신선해야만 한다. 따라서 이렇게 정의된 정신분석치료의 언어 사용은 영적 담론에서 볼 수 있는 말의 유명한 사용과 놀랄 정도로 유사성을 띤다. 두 가지 모두 무아의 위치에서 또한 이에 대응되는 자아의 *소멸*에서 오는 발언을 함축하고 있다.

그러나 경험의 영적 명부와 실재계의 라캉적 차원이 언어 밖에 존재한다고 해서 우리 자신의 경험이 갖는 핵심에 대해 아무것도 말할 수 없는 장소에 내버려졌다는 것을 의미하지 않는다. 침묵은 실재계를 표현하는 데 더 진실한 가치를 가지고 있다고 말할 필요는 없다—때로는 그러하지만. 라캉의 격언, 즉 "무의식은 언어처럼 구조화되어 있다"는 것은 무의식의 구조가 사회적 언어의 구조와 동일하다고 해석되어서 안 된다는 의미라는 것은 잘 알려져 있다. 오히려 무의식은 다른 종류의 언어 구조—무의식의 언어—를 가지고 있다. 이것은 실재계의 환기와 표현은 다른 언어 사용을 요구한다는 우리의 진술이 갖는 의미를 정확하게 드러내 주는 것이다. 우리가 이미 본 바와 같이 라캉은 심지어 무의식의 상징적인 언어에 다른 이름을 부여하였다. 즉 *라랑그*이다. *라랑그*는 언어의 문법적이거나 통사적 요소보다도 동음적이거나 은유적인 요소들을 흔히 사용한다.

여기에서 *라랑그*의 예로서 두 개의 짧은 사례를 제시한다. 첫 번째는 주로 동음적인 요소를 보여주고 있고, 두 번째는 은유적인 요소를 보여준다. 피분석자는 "일주일에 두 번 분석" 받는 문제와 씨름하고 있었다. 그는 이런 씨름을 분석가와 연관된 문제로 간주하면서 갈등을 겪고 있었다. 그다음 분석 시간이 시작되자마자 그는 대기실에 대해서 언급하였다. "당신의 대기실은 너무 약하다." 나는 *라캉-I*가 일탈적이거나 독특한 술어로 나타난다고 말하였다. 누군가는 이것은 문법적인 실수임에 틀림없다고 말할 것이다. 즉 영어를 말하는 어떤 사람도 대기실이 "너무 약하다"라고 말하지 않을 것이다! 그리고 이 피분석자는 교육받은 영어 원어민이었다. 분석가는 다음과 같이 말하였다. "한 주에 두 번은 너무 약하다Two a week is too weak." 또 다시 일탈적인 술어는 독특한 해석과 대응하였다. 이 피분석자는 환자 비밀 유지 때문에 대문자 J로 여기서 언급된다(기표는 또 다른 기표-분석가-의 주체를 표상한다). 그는 자신의 아버지가 부러워한 고모(주체는 타인 속에서 먼저 나타난다)의 이름을 따라 이름 지어진 특징을 갖고 있었고, 이런 특징으로 결과지어지고/영향받은 상태에서 분석가와의 상상적인 자아 투쟁에 사로잡혀 있었다. 그의 상상적인 자아의 저항이라는 입장에서 일주일에 두 번의 분석 회기는 거세의 상상적인 형태이었다. 내가 상상적이라고 말하는 이유는 그가 자신의 자아 저항인 상징적인 단념(거세)에 준비가 되어 있지 않았기 때문이다. 그러므로 그는 어떤 식으로든지 약한 것은 자신이 아니라 나, 즉 분석가라고 말하기를 원하였다. 다른 한편 무의식적 문장은 마음속의 거세("일주일에 두 번의 분석회기two a week")를 표상하는 두 개의 기표와 동음적으로 연결된 하나의 단어 또는 기표("약하다weak")를 선택하였다. 피분석자는 상징적 연결의 상상적이거나 자아 방어적인 사용을 하고 있었고, 반면 분석가는 상상적인 자아의 *소멸* 또는 기표의 결과로서 은유적 주체의 현현에 호소하고 있었다. 한번 *라캉-I*의 문장은 해석의 행동을 통해서 연결되었고, 이것은 더 이상 상상적인 자아-대-자아 관계에 대한 질문은 아니다. 주체는 기표와 상징계의 법칙으로 나타난다.

두 번째 예로서 피분석자는 자신이 대학에서 별로 노력을 들이지 않고 적절하게 공부하여 나갈 수 있는 방법에 대해 나에게 말하고 있다. 그는 자신이 나를 받아쓰게 하고 있고, 나는 자신이 말하고 있는 것을 기록해야만 한다고 농담하고 있다. 그는 이것을 나이 어린 소년이었을 때 힘들이지 않고 트럼펫을 연주하는 것과 연관시켰다. 그러나 지금은 다른 학생의 성공적인 학업 성취와 맞먹기 위해서는 노력을 들여야만 한다. 이런 두 가지 점은 자신의 학위 논문을 마치는 데 노력을 들이지 않는 자신의 문제에 대한 서론이었다. 이후 그의 연상들은 자신의 부모가 죽을 것이라는 강박적인 사고로 이어졌다. 그는 자신의 엄마가 죽을 것이라는 공포 속에서 자라났고, 아버지 자신은 영원히 살기를 원하였지만 자신은 아버지가 죽기를 바랐다고 말한다. 나는 그가 엄마의 아이로 남기를 바라고 성장하지 않는 것에 노력하고 있다고 해석하였다. 부모가 죽는다면 그는 엄마의 소년이 아니라 한 명의 남자가 되어야만 한다. 스스로를 위해서 한 명의 남자가 된다는 것은 자신의 머리카락을 잃고 또한 욕망의 여성적 대상을 갖지 않는 것과 같은 대가를 지불하는 것을 의미한다(이전의 분석 면담에서 피분석자는 책임 있는 성인이 되는 것에 대한 공포뿐만 아니라 욕망도 말하였다. 그는 자신의 아버지처럼 머리카락을 잃는 것을 두려워하였다. 그는 또한 자신이 남자 아이를 임신하는 꿈을 꾸었다). 나의 해석에 대한 그의 반응은 남자가 되는 것은 팰루스phallus의 막대기를 갖는 의미라는 것을 인식하면서 자신이 존경하는 인물을 인용하는 것이었다. 내가 다음과 같이 말하였다. "그것은 무엇인가를 갖는 것이지만, 반면 네가 남자가 된다는 것은 너의 아버지처럼 머리카락을 갖지 않는 것이다. 대머리는 막대기이다."

"대머리는 막대기"라는 것은 저항하는 부재로서 상징적인 팰루스를 의미하고, 이것은 그럼에도 불구하고 주체를 위해 상징적인 일관성과 효율성을 발생시킨다. 선의 수행자들이 금욕의 기표로서 자신들의 머리를 상징적으로 깎는 것은 또한 흥미로운 일이다. 분명히 선승들이 머리를 깎는 것을 이런 식으로 해석하지 않고 비-애착의 상징으로 간주될 것이다. 그러나 정신분석은 욕망의 대상과의 동일화의 기능으로서 자기 표상에 초점을 둔다. 이것이 엥글러(이 책에서)가 유아가 되어야 한다고 요청한 것이다. "유아"는 머리카락이 있거나 없거나 간에 우리 자신에 대해 우리가 갖는 생각을 지칭한다. 심지어 스님이 되는 것은 욕망되는 그 무엇 또는 그 누군가의 의미를 획득하는 것이다. 이에 더하여 무의식적 생각/의미를 해석하는 상징적인 활동은 머리를 깎는 상징적인 활동과 유사한 작용을 할지도 모른다. 둘 다 모두 주체를 고정된 생각이나 자기 표상으로부터 주체를 놓아버리는 것을 목표로 한다. 하지만 선은 주관적 경험이 활동의 외적 의미에서 어떻게 반영되는가에 초점을 두고 있는 반면, 정신분석은 숨겨진 의미들과 드러난 의미들 사이의 변증법에 주로 초점을 맞춘다.

내적으로 자기-생각, 유아가 되는 것은 환각적이거나 환상적인 대상이다. 반면 외적으로 팰루스 대상/기표는 공하거나 순수하게 상징적인 형태로 드러난다. 선의 활동은 언어의 이원성을 넘어서서 주체를 직접적으로 취하는 이점을 갖고 있지만 언어의 비이원적인 사용으로 간주되는 해석의 분석적 활동은 주체를 개방적이고 순수한 모습으로 남겨두고 분리 또는 권위라는 공식적인 모습의 뒤에서 방어적으로 숨는 선택을 주체가 하지 않게 해준다.

자신의 존재의 핵심으로 지불, 분석가의 욕망 그리고 초가치의 의문

분석가에게 요구되는 세 번째 지불은 자신의 존재의 핵심의 지불이다. 라캉은 분석가의 욕망이라는 개념을 발명하고 그것을 모든 분석가가 맴돌아야 하는 중심이라고 선언하였다. 왜? 라캉은 프로이트가 새로운 담론적 상황을 창조했을 뿐만 아니라 새로운 주체적 위치, 즉 분석가의 위치를 발명하였다고 믿었다.

라캉은 분석가의 욕망은 타인의 욕망과 다른 그 무엇이라고 말하였다. 또한 분석가의 욕망은 분석가가 되고자 하는 직업적 욕망이 아닐 뿐만 아니라 개별 분석가의 개인적 욕망도 아니라고 선언하였다. 즉 그것은 죽음에 대한 비개인적인 욕망—죽어가는 것이 아니라 죽음에 대한 것—이다. 여기서의 죽음은 선불교에서 열반의 위대한 죽음으로 알려진 것이다. 이런 종류의 상징적 죽음은 대개 우리가 아는 바와 같이 탄생과 죽음을 넘어서 있다. 죽음에 대한 욕망은 타자 공격성이나 자기공격성이라는 측면에서 죽음 욕동의 목표라는 일반적인 의미에서 죽음 소망은 아니다. 죽음의 욕망은 관례적인 욕망을 하지 않는 것이고, 이것은 욕망되는 것을 시도하는 것이다. 분석가는 우선 욕망되는 것을 추구하지만, 그때 피분석자는 자신의 욕망을 타인으로 방향을 돌리는 것을 확인한다. 이것은 받아들이기 어려운 금욕이다. 왜냐하면 이것은 분석가가 피분석가가 자기에게 씌운 이상적 (자아) 위치를 포기하는 것이다. 이것은 분석가에 관한 스토아적인 태도이다. 분석가는 자기애적인 상처를 자동-유도auto-induce 또는 자기-소개self-introduce해야만 한다. 이런 접점에서 종말의 중요함은 분명하게 구별할 수 있다. 거기에는 죽음 욕망과 함께 연관된 절단과 비-애착의 의미에서 분석가의 욕망과 분석의 종결과 함께 죽은 그 무엇이 있다. 분석가와 피분석가는 아주 밀접하고 깊은 관계가 지속되고 있지만 아마도 피분석자는 누구와 이제까지 맺은 것보다도 가장 밀접하고 사적인 관계, 그 관계는 결국은 종말을 고하게 되어 있다.

이것은 항상 결합과 종합으로 기울어지는 에로스와는 반대로 보인다. 분석이 단지 사랑의 문제라고 하면 그 분석은 결코 끝나지 않을 것이다. 피분석자는 자신의 경험의 알파벳과 편지를 이해하고, 자신들의 부모보다 자신을 더 도와주는 것이 가능한 또 다른 사람을 떠나야 하는 이유는 무엇인가? 예를 들면, 부모와의 관계는 결코 끝나지 않는다. 분석가의 측면에서 보면 분석가는 자신을 사랑하고 아끼는 또 다른 사람을 왜 떠나야 하는가? 그러므로 라캉은 분석의 종결을 위해서 분석가는 버릴 수 있는 쓰레기(편지에서 쓰레기로)가 되어야만 한다고 주장한다. 어느 선불교의 한 스승이 이전에 말한 바와 같이 "부처는 똥 막대기이다"(오랜 옛날에는 막대기는 화장실 휴지처럼 사용되었다). 이런 관점에서 보면 우리는 분석가의 욕망은 자신의 존재의 핵심을 지불하는 것이 요구되는 특별한 주체적인 위치라는 이유를 이해할 수 있다. 분석가는 자신의 욕망과 관련된 그 무엇과 작업을 하지 않으면 안 된다. 이것은 세 가지 지불에서 가장 결정적이고 근본적인 것이다. 이런 세 번째의 지불이라는 기반 위에서만 비로소 단지 말로서, 한 통상적인 사람으로서 지불되는 것을 견딜 수 있다. 분석가가 자신을 삶의 욕망된 위치에 두는 것을 포기할 때만이 분석가는 가치들, 선택들, 다른 자기애적인 만족을 뒤로 하면서 자신의 자아 정체감을 공격할 수 있다.

자신의 존재의 핵심으로서 지불된다는 개념과 함께 우리는 분석 상황의 윤리적 구조와 내적인 영성을 다시 고찰하게 되는 의문으로 되돌아온다. 나는 (선과 악의) 비이원론적 삶의 나무 차원에서 나오는 가치들이 분석 치료와 연관되어 있다는 것을 앞에서 언급하였다. 분석적 가치들은 결국은 다른 측면, 에로스의 측면을 넘어서는 승화된 죽음 욕동 또는 죽음 욕동과 연관되어 있다. 소위 건강이라는 가치에 대해서 붓다는 프로이트처럼 외과 의사의 우화를 사용한 것으로 알려져 있다. 의사는 상처와 신체를 치유하기 위해서 신체에서 화살을 뽑아내어야만 하는 일시적인 고통을 유발하지 않을 수 없다. 자르기, 분리하기, *저버리기* 또는 비존재, 버리기, 놓아두기, 비애착은 죽음 욕동의 상징적 명부와 함께 연관된 비이원적 선함의 모든 표현들이다. 그것은 라캉이 상징적 질서를 죽음 욕동의 기능과 연결한 바로 그 의미이다. 그러나 나는 죽음의 숭고한 영역이나 열반을 에로스와 연결시키고자 한다. 이 점은 라캉이 명시적으로 언급하지 않은 것이다. 그리하여 복음과 창세를 함께 묶어서 나는 죽음으로 이끄는 삶이 있고, 또한 삶으로 이끄는 죽음이 있다고 주장한다. 변증법적으로 그리고 비이원론적으로 말하자면 죽음 속에 삶이 있고(열반의 원리 아래), 또한 삶속에 죽음이 있다(쾌락 원리 아래). 라캉이 상징적 질서 아래 두 번째 죽음이라고 부른 것과 연관된 에로스(즉 아버지의 "거절"이 어머니 욕동의 상상적 대상으로서의 자아를 "죽인다")가 정확하게 언급하고 있는 것은 그 차이, 즉 타자의 주상스the jouissance of the Other와 다른 저자들(예를 들면, 밀러 1997)이 라캉의 작업에서 묵시적으로 발견한 타자 주상스an Other jouissance 사이의 차이를 말하고 있다고 나는 주장한다.

신비적 경험의 치명적인 측면은 아이덴티티를 파괴한다는 것이다. 말하자면 자아의 환상적이거나 상상적인 개념을 파괴한다는 의미이다. 예를 들면, 선 수행은 자아의 죽음으로 이끈다고 흔히 언급된다. 이것은 정신적 아이덴티티의 더 크고 궁극적인 형태를 변증법적으로 확인하는 바로 그 필요한 상징적인 죽음이다. 그러므로 나는 신비적 경험과 라캉의 정신분석이 공유하는 것은 라캉이 주체적 또는 정신적/심적 결핍과 유익한 이인화라고 부른 것이라고 주장하였다.

동일한 것을 개인적 가치의 금욕 또는 부정의 한 형태로서 한 통상적인 사람person의 지불에 대해서도 말할 수 있다. 나는 판단의 포기는 다른 종류의 가치 또는 초가치를 내포한다고 주장하였다. 이런 방식에서 나는 아브라함 매슬로우Abraham Maslow(1968)의 초가치의 개념을 사용하고 있다. 또한 비이원성의 선불교 개념, 상징적 죽음의 프로이트적/라캉적/불교적 이해, 정신적 가치의 변화라는 프로이트적/니체적 개념의 맥락에서 초가치의 개념을 이해한다. 도덕적 가치 또는 내가 초자아 가치라고 부르고 있는 것은 욕동의 고전적인 이원적 관계 속에서 작동하는 것으로 알려져 있다. 이에 더하여 초자아 가치는 종종 강렬하게 욕망되고 또한 당사자를 금지된 욕동으로 추동한다.

초자아 판단의 분열되고 공격적인 부분은 사회적인 유용성을 갖고 있지만 그럼에도 불구하고 증오의 반대가 아니라 분석가의 욕동 속에서 포함된 금욕에 의해서 함양되고 환기된 비-이원적인 에로스의 영향 아래 중화되어야 할 필요가 있다. 욕망, 이중적 사랑의 삶은 증오와 치명적인 공격성으로 전환되고, 이 증오가 일단 사회화되면 즉각 이원적 도덕과 분노로 전환된다. 그러므로 이원적 욕동과 도덕 모두는 삶의 종말인 죽음의 기슭에서 끝난다. 나는 공한 것의 욕망 또는 어떤 특별한 대상이 없는 것에 대한 욕망인 분석가의 욕망은 죽음, 열반, 삶을 끝내는 것이라기보다는 삶을 주는 상징적인 죽음의 평정에 대한 욕망으로 볼 수 있다고도 언급하고 있다. 이것은 생명을 부여하는데, 그 이유는 공에 대한 욕망 또는 욕동의 뿌리에 놓인 공은 욕망을 부정하거나 끝내는 것이 아니라 재생하기 때문이다. 욕망하지 않는 욕망은 여전히 또 하나의 욕망일 수 있다. 욕망의 종결/목표로서 공은 욕망의 종결이나 소거가 아니다. 그러므로 분석가의 욕망은 또한 붓다의 욕망이다. 그리고 붓다의 욕망이나 분석가의 욕망은 이원적인 욕망의 삶과 도덕성에 의해 생산된 죽음과 고통의 상황에서 비롯되지만 삶과 "환생"의 기여에서 두 번째 상징적인 죽음의 의미를 밝혀주는 정신적 가치의 변화를 다시 생산한다. 이런 후자의 버팀목에서 삶과 죽음, 에로스와 열반은 극단적인 구성 요소가 아니라 동일한 기반의 두 측면을 이룬다.

프로이트는 억압의 작업을 기반으로 정신적 가치의 변화에 대해 말했다. 즉 쾌락적인 것은 불쾌하게 되고 그 역도 마찬가지이다. 도덕적 선은 쾌락의 선을 그 무엇인가 나쁜 것으로 만들고, 좌절의 나쁜 것을 좋은 그 무엇으로 변화함으로써 쾌락의 선을 대신한다. 분석 치료는 이런 과정을 역전시킨다. 즉 도덕적 선이나 초자아는 의심스러운 것이 되지만 욕망의 나쁨은 다시 한 번 좋은 그 무엇이 되면서 분석가에게 받아들일 수 있는 것이 된다. 그러나 정신분석은 쾌락주의가 아니기 때문에 이것은 이야기의 끝이 될 수 없다. 자신의 욕망에 친밀하게 되는 것은 인간 욕망의 충족과 동일한 것이 아니다. 인간 욕망의 충족은 불가능한 그 무엇이다.

선이 악이 되고, 악이 선이 되고, 삶이 죽음이 되고, 죽음이 삶이 되는 이런 반대로 넘어가는 것에 의해 이루어지는 변증법적 역전과 가치 변화는 치료적 과정으로서 분석적인 정신 작업일 뿐만 아니라 한 개념을 다른 반대쪽 개념으로 돌림으로써 실재의 비-이원적 결합을 추구하는 영적인 수행이다. 이 두 가지는 우리가 볼 수 있는 고전적인 실례들이다.

이에 더하여 이런 변증법적인 역전은 또한 상호주관적인 관계에서도 작동한다. 예를 들면, 우선 피분석자는 고통, 분열, 죽음, "나는 죽어가고 있어요, 나는 이렇게 살 수 없어요"라는 입장에서 분석을 받으러 온다. 그리고 분석가는 삶, 결합, 사랑, 화해의 가능성을 표상한다. 분석의 종결에서는 이런 가치들의 변화가 일어날 필요가 있다. 분석가는 욕망당하는 욕망을 거절하고 궁극적으로 피분석자와의 관계를 종결함으로써 삶을 새롭게 하는 두 번째 죽음, 영적인 죽음의 위치로 이동할 필요가 있다. 피분석자는 죽음과 고통의 위치에서 이동하여 사랑의 가능성을 회복하고, 분석가가 아니라 다른 누구를 사랑하는 위치로 옮겨갈 필요가 있다.

두 번째 죽음의 자리는 전이의 관계에서 고태적 대상들로부터 리비도를 자유롭게 하는 것이고, 결국은 분석가/치료자로부터도 리비도를 자유롭게 하는 것이다. 이것은 자아를 정의하거나 자아가 동일화한 이미지를 상실된 대상으로 애도하는 것, 즉 애도와 동일한 경험이다. 두 번째 죽음은 또한 자아의 차원에서 상실, 주체적 치환과 정신적 결핍을 표상한다. 마지막으로 열반의 평화, 두 번째 죽음의 평화는 비병리적인 애도와 연관되는데, 그 이유는 이것이 애착에서의 자유를 표상하고 마음의 자연스러운 정지로 결국 돌아가는 것을 의미하기 때문이다.

상징적 죽음과 분석가의 욕망 사이의 관계는 전이를 위한 지지로서 분석가라는 위치의 희생적인 측면이라고 부를 수 있는 것에서 또한 발견될 수 있다. 분석가는 자신의 위치를 견지하기 위해서 피분석자의 사랑과 증오를 견뎌내어야 한다. 이것은 전이의 기능이지 피분석자를 향한 분석가의 과거 또는 현재의 행동에 대한 반응이 아니다. 분석가는 피분석자의 문제를 떠안는다. 마치 이런 문제가 자신의 문제인 것처럼 말이다. 피분석자는 분석가가 드러나거나 숨겨진 형태로 자신에게 이런저런 것을 한다고 지각한다. 더구나 우리가 투사적 동일화라는 개념을 사용한 클라인 학파를 따른다고 하면 은유는 다음과 같이 완료된다. 즉 분석가는 자신의 것이 아닌 정신적 내용물을 느끼고 경험하면서 그것들을 소화하여 더 유익하고 호의적인 형태로 피분석자에게 돌려준다. 더구나 분석가가 전이 과정에서 증오를 받고 말로 공격을 받는다면 분석가는 이와 동일하게 반응하는 것이 아니라 오히려 단순하게 해석을 제공한다. 여기서 분석가의 위치와 원형적 그리스도 사이의 유사성이 상대적으로 분명해진다. 가톨릭 교리에 의하면 예수는 인간 세상의 사고, 감정, 행동들을 모두 포용하는 거대하고 재사용 가능한 용기容器의 기능을 수행하기 위해서 세상의 죄를 떠안았다. 이런 관점에서 우리는 분석적 상황의 내적 영성이 갖는 다른 점을 얼핏 엿볼 수 있다. 분석적 상황은 윤리적 상담이나 종교적 상담 또는 교리에 대해서 일언반구도 언급하지 않는다.

마지막으로 또한 분석가의 욕망은 매슬로우(1968)가 이름 붙인 B-인지 또는 비개인적이고, 인간의 욕망이 없고, 비동기화되고, 비애착적이고, 자아에 중점이나 기반을 두지 않는 존재의 앎이라는 것을 생산한다고 주장될 수 있다. 매슬로우는 B-인지를 크리슈나무르티가 말한 선택 없는, 또는 욕망 없는 자각에 비유하였다. 그런 자각은 말로 표현할 수 없는 것을 지각하는 능력을 부여해준다. 선택 없는 또는 욕망 없는 자각은 개인적 선택과 선호를 단념하고, 욕망되지 않는 욕망으로 자신의 존재의 핵심을 지불하는 관점에서 한 통상적인 사람의 지불에 대해서 말하는 또 다른 방법이다.

이런 관점에서 종교와 정신분석이 주는 위로의 의미가 서로 다르다는 점을 이해할 수 있다. 정신분석이 주는 위로는 비록 부분적이지만 하나의 치료로서 고통에 대한 해결을 모색한다는 점에서 동일할지 모른다. 그러나 정신분석은 부재 또는 결여를 인내할 수 있다는 점에서 다른 위로와는 결을 달리한다. 즉 완벽, 종교, 이상적 성적 관계, 이상적인 결혼 또는 사회 등과는 거리가 멀다. 정신분석은 종교가 제공한 상상적인 지지와 위안을 엄마와의 유아적이고 비기능적인 합일, 또는 하나님 아버지에 대한 유아적 의존으로 폄하한다. 이런 모든 형태들은 상징적인 거짓들과 사랑의 상상적인 기만에 내재하는 것으로 본다. 그러나 부재에 대한 정신분석적 인내는 실재계에 직면하여 금욕, 비애착, 고립을 참는 능력을 가진 종교적 기능에 대한 문화적 유사물이다. *분석적 부재*는 단순한 부재라는 식으로 이원적으로 간주될 수 없다. 분석적 부재는 긍정적인 페티시, 상상적인 남근적 또는 종교적인 대상을 낳는 것이 아니라 분석가의 윤리적인 현존, 정신적이고 에너지에 가득 찬 위치/상태를 생산한다. 이것은 분석가에게 자기 조절, 평온함, 치료적 자세의 핵심이라는 의미에서 위로의 원천이 된다.

정신분석의 영적 개념에서 "영혼"은 어디에 있는가

가이 톰슨(M. GUY THOMPSON)

지독할 정도로 추상적인 개념들로 이루어진 자크 라캉과 선불교를 병치하는 것은 라캉의 결과물들을 영적인 정신분석으로 결코 보지 않는 사람들에게는 놀라움으로 다가올 것이다. 그렇지만 라울 몬카요는 라캉의 이론과 임상적 철학이 갖는 적어도 몇 가지 측면들은 선의 가르침과 비견된다는 강력한 주장을 하고 있다. 몬카요의 논문은 이런 주제에 대해 상대적으로 한 분야에만 집중적으로 조명하는 것에 한정되어 있지만 그럼에도 불구하고 이 논문은 선 수행 그 자체뿐만 아니라 미칠 듯이 불가해한 라캉의 전체 작품의 내용에 대한 통찰을 주고 있다.

몬카요는 불교와 정신분석의 적절한 통합은 목회 상담과 이와 유사한 형태를 갖는 종교적 및 치료적 원리와 혼동되어서는 안 된다고 조심스럽게 언급하는 것에서 시작한다. 정말로 몬카요는 목회상담과 정신분석을 혼동했다고 여겨지는 많은 분석가들 중에서 단지 몇 명, 즉 융, 틸리히, 프랭클, 메이, 마이스너, 존스를 언급하고 있다. 더구나 그는 긍정적인 방식으로 정신분석을 받는 환자의 마음에 영향을 미치는 종교 수행－여기서는 선불교－의 이런 측면들을 잘 활용하는 것을 모색하고 있다. 특별히 그는 목회 상담을 내재적으로 "암시적" 치료로 간주하고 있는데, 이런 치료는 치료자의 주된 역할을 *들어주는* 것에서 도덕적으로 각성된 사람으로 "인도하는" 것으로 변경시킨다. 정신분석 치료와 영적 수행과의 관계를 전체적으로 조망하면서 정신분석을 좁은 의미에서 명백히 도덕적 치료로 보는 함정을 피하고자 하는 것이 몬카요의 의도이다. 대신 그는 선불교를 소위 분석적 태도와 유사성을 공유하는 영적 경험의 실례로서 특정하고 있다.

그렇지만 나는 "영적 수행"이라는 표현으로 몬카요가 의도하고자 하는 것이 무엇인지 처음부터 혼란스럽다. "영적"이라는 단어가 특별히 종교적인 맥락에서 사용되고 있는지, 아니면 하이데거(1962)가 사용한 바와 같이 보다 세속적(즉 존재론적) 개념으로 이해되고 있는지 하는 것은 대단히 중요한 구별이다. 사실상 불교를 포함해서 모든 종교들은 "영적"이라는 용어를 종교적인 맥락에서 사용하는 것은 분명하다. 예를 들면, 유대교, 기독교, 이슬람은 "영혼"the spirit or "soul"을 죽음 이후 다시 천국 또는 지옥에서 만나게 되는 한 개인의 입장에서 언급하고 있다. 더구나 살아 있는 동안에도 한 개인의 영혼은 신과 어떤 형태의 교감을 할 수 있는데, 이런 교감이 갖는 개별적 특성은 한 종교(또는 종파)와 다른 종교 사이에는 다양한 차이가 있다. 그러므로 영적인 사람은 신과 "접촉하는" 것이고, 또한 사후세계에서 신과 만나게 된다. 대부분의 불교 종파에서 특별히 신을 언급하고 있지는 않지만, 그럼에도 불구하고 불교도들은 연속성을 갖는 미묘한 것을 인정하고, 이것이 죽음 후에도 계속 살아남아서 다음 생에서 인간 또는 다른 생명체로 다시 태어난다고 본다. 불교는 이런 생사의 끊임없는 윤회를 극복하게 되는 삶의 방식을 추구하기 위해 노력한다.

몬카요는 "영적"이라는 용어에 대해 자신이 이해한 바를 전혀 말하고 있지 않기 때문에 우리는 라캉 분석의 선불교적 수행에서 특별히 영적이라는 것에 대해 혼란스러운 상태에 놓여 있다. 만약 이것이 단순히 연민을 위한 능력 향상을 의미한다면 왜 이것을 구태여 영적이라고 부르는가? 많은 분석가들은 사랑하는 능력의 향상이 정신분석 치료의 공통적인 효과라고 주장하지만 이런 능력을 본질상 반드시 영적이라고 부를 필요성을 느끼지 않는다. 그리하여 선불교의 적절한 정신분석적 사용과 목회 상담을 구별하고자 하는 몬카요는 명백하게 "영적" 주제를 잘 녹여 내고 있는 다른 분석가들과 단절되어 있는 듯이 보인다.

스펙트럼의 또 다른 극단에서 몬카요는 영적인 기반을 상실하고 순수하게 이성적이거나 지적인 훈련으로만 정신분석을 보는 분석가들, 예를 들면 "경험의 영적 차원"을 결여한 자아 심리학 모델을 비판하고 있다. 라캉의 저작에 친숙한 누구라도 잘 아는 바와 같이 라캉은 자아심리학을 프로이트의 사후 정신분석의 발전 과정에서 잘못된 것의 전형적인 예로 간주하고 있다. 나는 미국의 많은 정신분석가들이 이런 주장이 다소 지루하고 아마도 과장되어 있다고 생각할 것이라고 여긴다. 마침내 몬카요는 미국에서 가장 훌륭한 자아 심리학자 중의 한 사람인 뢰발트를 인용하면서 그는 이런 약점의 유죄를 *받지 않은* 사람의 실례로 간주하고 있다! 아마도 "경험의 영적 차원"이라는 구절로 몬카요가 의미하고 있는 것은 너무나 미세한 개념이기 때문에 정신분석 치료의 전체 학파를 평가할 수는 없다. 이 논문에서 더 중요한 사항은 몬카요가 치료적 동맹(자아심리학의 핵심 원리)을 형성하는 데 노력을 기울이는 분석가들에게 이의를 제기하고 있다는 점이다. 왜냐하면 그의 관점에서 치료적 동맹은 본질적으로 합리적이라고 보기 때문이다. 이런 몬카요의 입장은 많은 분석가들(내 생각으로는 자아 심리학 또는 그 외의 분석가들)이 자유연상을 자신의 존재 본질과 접촉하는 특별한 비합리적인 사고양식으로 보지 않고 단지 환자의 무의식을 드러내는 자료를 획득하는 수단에 지나지 않는 것으로 축소시킨다고 그가 주장할 때 더 잘 이해된다. 그러나 몬카요의 이런 입장이 흥미롭다고 하여도 환자의 자유 연상을 영적 차원에서 더욱 세밀하게 탐색하는 것이 몬카요 자신이 말하고자 하는 바를 더 잘 드러낸다고 생각한다.

아직 라캉 분석에 그렇게 익숙하지 않은 독자들은 라캉의 이론적 기반에 대한 몬카요의 설명이 도전적으로 느껴지는 것이 그렇게 과장은 아닐 것이다. 이론적 전선에서 선불교와 라캉의 정신분석이 함께 다루고 있는 주요 개념들은 자아 또는 자기의 성질에 대한 상대적 관점들과 선불교의 "공" 개념과 라캉의 "실재계" 또는 무의식 개념이다. 예를 들면, 선불교는 자기를 일종의 환영으로 보고 선 수행의 목적은 자아의 진정한 본질에 대한 통찰을 얻는 것이다. 라캉은 구조 모델의 자아는 일종의 환영이고 진정한 주체는 자아라기보다 "타인"이며 자아는 분석과정에서 저항의 자리를 차지하는 데 불과하다고 주장한다. 이런 관점은 다른 모든 정신분석 학파(아마도 멜라니 클라인은 예외가 될 가능성이 있다)와 달라서 라캉 분석을 급진적인 자리에 놓게 한다. 몬카요의 관점에서 보면 자유연상을 하는 목적은 "주체"가 착오 행위와 그와 유사한 것으로 자아의 방어를 통과하는 것을 허용함으로써 자아가 갖는 합리적인 성질의 지배력을 방해하는 것이다. 이것은 선의 스승이 지적인 훈련에 의존하지 않고 제자들에게 충격을 주기 위해 수수께끼와 역설로 말하는 공안에 비교할 수 있다. 이런 점은 잘 살펴볼만 하고 통상적인 정신분석 치료와는 다른 흥미로운 점이다.

선불교의 "무아"와 라캉의 "무의식적 주체"가 갖는 개별적인 특징은 각각 공의 이론과 실재계의 이론에 잘 맞아떨어진다. 통상적인 의미에서 자아는 존재하지 않기 때문에 인간의 경험은 공한 것으로 특징지어질 수 있고 이것은 하이데거의 존재 개념과 사르트르(1956)의 "무"(하이데거와 니체에게 영감을 받은 것이다)에서 다시 성찰되는 주제이다. 선불교의 주요 목표 중 하나는 우리의 존재는 이런 "공한" 성질을 갖고 있다는 것을 인식하는 것이다. 이런 공한 성질에는 자아를 구성하는 동일화 과정이 내포되어 있고, 불가피하게 기존 가정에 의문을 제기하는 마음의 구조를 산출한다. 이런 기존 가정의 이론적 원리는 대부분의 정신분석학파들이 공유하고 있는 것이다. 라캉은 이런 점을 자신 나름대로 독특하게 비틀어서 자아는 자신의 진정한 본질을 인식할 수 없다고 주장하고 있다. 따라서 실재계는 결코 직접 "알려질" 수 없고 단지 비인지적이고 역설적인 방식으로만 경험될 수 있다. 이것은 프로이트보다도 니체와 유사하게 들린다. 라캉의 가장 최근의 개념을 보면 니체와 하이데거의 영향을 받은 것은 의심할 여지가 없다. 몬카요가 주장하는 바와 같이 심지어 언어는 최종적으로 우리를 실패하게 만드는데, 그 이유는 진리는 말 "속"에서 포착될 수 없고 단지 말을 *通해서* 근접하거나 경험될 수 있다. 이런 결론은 라캉이 분석 경험을 언어로 환원하였다는 입장을 견지하는 사람들에게는 놀라움으로 다가올 것이다. 이런 관점은 몬카요가 선불교를 따라서 분석과정에서 언어의 한정된 기능을 강조하고 있다는 것을 보면 라캉보다도 더 나아간 지점에 서 있다는 것을 알 수 있다. 몬카요는 스스로가 분석의 주요한 목표가 "존재와의 만남"이라고 특징적으로 말하고 있는데 이것은 라캉보다도 하이데거와 더 유사하게 들린다.

개념적으로 자아의 공한 성질을 강조하는 선불교와 라캉의 이론은 지적인 합리화를 자신의 방어기제로 선호하는 그런 환자들(또는 노련한 피분석자)에게 하나의 보조적인 역할을 해야만 한다는 것을 알 수 있다. 이것으로 우리는 몬카요 논문의 한 부분으로 들어가게 되는데, 거기서 그는 라캉이 자신의 이론을 치료 상황이라는 맥락에서 어떻게 적용하고 있는가에 대해 탐색하고 있다. 우리는 몬카요가 라캉 정신분석의 기법적 개입 중에서 가장 논쟁적인 것(그러나 거의 틀림없이 최고로 논쟁적인 것은 "선불교"이다), 즉 "짧은 분석 면담"을 다룰 것으로 기대하겠지만, 몬카요는 이런 핵심적인 주제에 대한 논의를 거부하고 있다. 대신 그는 라캉의 임상적인 철학을 "지불의 세 가지 형태"라는 변형된 것으로 설명하고 있다. 이런 세 가지 형태는 분석가가 환자와의 분석 상황에서 반드시 관찰해야만 하는 것이다. 라캉의 주요한 관심사 중의 하나는 환자들이 분석가와 전이를 형성하는 방식이다. 라캉의 견해에 따르면 환자들은 코헛이 말하는 "이상화된" 전이에 들어가면서 자신의 분석가는 틀림없이 자신의 문제에 대해서뿐만 아니라 그것을 고치는 방식에 대해서도 모든 답을 줄 수 있는 지혜의 샘으로 간주한다. 라캉은 분석가의 주요한 과제는 분석가를 이런 역할로 상정하도록 유혹하는 환자의 노력을 좌절시키는 것이라고 보았다. 몬카요에 의하면 "피분석자가 분석의 초기에 분석가에게 주는 이런 힘을 단념시키기 위해서 분석가는 반드시 세 가지 지불 또는 상징적 단념, 즉 자신의 통상적인 사람, 언어, 자신의 존재의 핵심에 대한 지불을 해야만 한다." 이런 세 가지 형태의 "지불"은 다음과 같다.

1. "통상적인 사람에 대한 지불"은 프로이트의 중립성과 절제 규칙을 다소간은 따르는 것이다. 거기서 분석가는 환자와 자신의 관계가 갖는 성질을 환자들이 전형적으로 갖는 친밀한 관계, 즉 동료, 상관, 부하, 연인, 스승, 친구 등과의 관계와는 본질적으로 다른 것으로 본다. 이것은 분석가는 안내자이거나 멘토의 역할에 저항해야 하기 때문이다. 안내자 또는 멘토는 예를 들면, 정신과 의사가 친구나 연인이 하

는 방식처럼 환자의 요구에 적합하게 맞춘 방식으로 환자의 질병을 "치료"하게 된다. 선의 스승의 이미지처럼 분석가는 난해해야만 하고, 환자가 자신의 노력에 "성공하게" 도와주는 바보 같은 행동을 해서는 안 되며, 오히려 이와는 반대로 환자들이 실패하는 것을 도와주어야만 한다. 그럴 때에만 환자는 자신의 자아가 "좋게 느끼고자" 하는 기획은 자신을 사회적 관습의 노예로 만든다는 것을 인식하게 되어 자신이 하고 있는 것에 진정으로 의문을 제기할 수 있게 된다. 몬카요에 따르면 "분석가는 궁극적으로 환자에게 성공적인 치료를 제공하거나 치유하려는 욕망조차 단념해야만 한다." 그렇게 함으로써 만족이라는 환자의 요구를 충족시켜 주어서 환자를 기쁘게 하고자 하는 분석가의 욕구도 단념시키게 된다.

여기에서 몬카요는 "정신분석 치료는 물질적인 만족이 아니라 영적인 만족"이라고 말하면서 다시 한 번 영성의 주제를 제기한다. 이것은 몬카요가 "영적"이라는 용어를 통해서 의미하고자 하는 것이 무엇인지에 대해 다시 의문을 제기하게 된다. 그러나 최소한 여기에서 맥락을 보면 프로이트를 반영하고 있는 듯이 보인다. 프로이트는 다음과 같이 말하였다. 즉 분석가의 사랑을 갈구하는 환자는 "보다 멀리 있는 것을 선호하고 … 손쉬운 만족을 포기하는 것을 배워야만 한다. 멀리 있는 것은 아마도 불확실하지만 … 심리적으로는 … 의심할 여지 없이 분명하다"(1915, 170). (이것은 "영적" 차원이 또한 프로이트의 기법적 원리를 암시하는 것인가?)

2. "언어의 지불"에서 분석가는 자신의 언어의 효과를 증대시키기 위해서 자신의 언어를 평가하는 데 주의를 기울여야 한다는 점에서 절제의 규칙은 더욱 현저하게 드러난다. 이

런 점은 분석가의 해석과 연관되어 있다. 라캉의 입장에서 해석은 환자의 경험을 "설명하는" 데 노력을 기울여서는 안 되고 오히려 환자를 놀라게 하고 환자가 자신의 자아와 편안한 관계를 뒤흔들고 불안하게 해야만 한다. 이런 기법의 선불교 같은 측면은 해석이 그 성질상 역설적이어서 "보다 높은" 통찰의 경지에 환자가 도달해야 한다는 것을 강조하고 있다. 마찬가지로 선의 스승은 게으른 잡담을 피하고 자신이 무엇인가 말할 그것이 있을 경우에만 말을 한다.

3. 마지막으로 "분석가의 존재의 지불"은 환자가 도움을 요청하는 경우 "도움이 되고자 하는" 내적인 경향을 피하기 위해 자신의 역전이를 파악하면서 "치료적 야망"에 항거하라는 프로이트의 격언과 잘 어울린다. 실제로 환자를 위한 분석가의 모든 노력은 환자의 감사를 받으면서 치료를 종결하고자 하는 모든 희망과 기적을 이루고자 하는 소망을 포기하는 일종의 분석가의 희생이다. 몬카요는 이것을 "지불의 형식" 세 가지 중 가장 근본적인 것으로 간주한다. 그 이유는 분석가가 환자에게서 사랑받고자 하는 자신의 욕구를 극복할 수 없다면 다른 두 가지 "지불"을 견뎌내지 못할 것이기 때문이다.

몬카요는 이런 원칙에 금욕적인 그 무엇이 있다고 생각하였다. 이것은 분석가에게서 환자와의 따뜻하거나 편안한 관계를 박탈하는 것, 희생이라고 할 수 있다. 현대의 많은 정신분석가들은 이것에 대해 논쟁을 하고 있지만 사실 "고전적"인 정신분석가들은 이전부터 이것을 권장하였다. 정말로 자아 심리학에 대한 라캉의 비판에는 역설적인 그 무엇이 있다. 왜냐하면 자아심리학은 프로이트가 의도한 것보다 더 심하게 절제의 사용 기준을 상향시켜 놓았고 바로 이런 점은 라캉이 선호하는 바

이기 때문이다.[3]

몬카요의 논문을 다시 살펴보면 결국 선불교와 라캉 분석에서 말하는 자아(또는 자기) 및 치료적 목표로서 "자아의 죽음"에 대한 의문으로 다시 되돌아온다. 심리적이든 또는 다른 무엇이든 간에 죽음에 대한 개념은 라캉 작업의 핵심적인 특징이기 때문에 몬카요는 자신의 논문에서 그 개념을 당연히 중요하게 다루고 있다. 그러나 이 용어가 정확히 무엇을 의미하는 가? 라캉의 테제에 대한 비판 중 하나는 정신분석을 환자의 자기 사랑으로 체현된 자기애의 파괴로 환원시키는 것처럼 보인다는 점이다. 라캉이 스스로 자신의 이론적 구성을 "프로이트로 돌아가는 것"이라고 주장하고 있음에도 불구하고 이러한 점은 프로이트의 테제, 즉 전형적인 신경증은 *충분할 정도로* 자기애적인 것은 아니라는 것과는 배치된다. 이것은 특히 강박신경증에 타당하다. 라캉은 이런 강박 환자의 치료에 자신의 분석적 기법을 헌신적으로 적용하였다. 프로이트의 관점에서 강박증 환자는 이미 죄책감에 싸이고 해리되어서 자신의 욕망대로 살지 못하고 대신 타인의 "이익"을 위해 자신의 욕망을 희생하고 이것을 합리화하는 "도덕적" 가치를 실현하는 삶을 선택한다.

여기에서 우리는 라캉의 "단기 분석 면담"이라는 주제를 제기하게 된다. 몬카요는 자신의 논문에서 이 주제를 언급하지 못하였지만 이 기법은 다른 어떤 것보다 논쟁적이고 선불교의 역설적인 성질을 반영하고 있다. 라캉은 50분이라는 분석 면담 시간을 환자가 어떻게 사용하더라도 그 시간을 환자에게 허용하는 것은 분석 면담이 끝날 때까지 중요한 것은 아무것도 말하지 못하고 할당된 시간을 낭비하는 것이라고 생각하였다. 이런 전략을 전복하기 위해서 라캉은 아무런 사과나 설명도 없이 때로는 분석회기를 5분 만에 사전 언급도 없이 끝내버리는 것을 선택하였다. 환자는 왜 그런 식으로 분석 회기가 끝났는지 궁금하지 않을 수 없고 다음 날에도 이와 동일한 반복이 일어나지 않을까 두려워하면서 다시 분석으로 돌아온다. 스투어트 슈나이더먼Stuart Schneiderman(1983)에 따르면 라캉은 (분석 면담 시간의 길이에 좌우되지 않고) 분석 면담마다 자신이 분석 비용을 마음대로 결정하여 환자가 지불하도록 하였다. 또한 환자가 자유연상을 하는 동안 때로는 위스키를 홀짝거리면서 마시기도 하고 돈을 세는 등 여러 기이한 행동을 많이 보였다고 한다. 이런 행동들은 모두 분석가는 어떠해야만 한다는 환자의 기대를 뒤흔들어놓는 목적을 가지고 있었다.

이런 행동으로 라캉은 절제의 규칙rule of abstinence을 전례 없는 수준으로 올려놓았다. 목적은 환자의 (자아가 갖는) 기대를 흔들어서 보다 고상한 의식 상태로 들어가게끔 환자에게 외형상 충격을 주는 것이다. 이런 술책이 과연 성공적인지 아닌지 알 수 없다. 왜냐하면 "성공"이라는 바로 그 개념은 다른 기대들과 함께 버려지는 것이기 때문이다! 그렇지만 프로이트에 의하면 이런 종류의 처벌은 강박 신경증에게는 잘 통하지 않는 듯이 보이는데 그 이유는 이런 전략들은 충족되지 못한 죄책감에 불을 붙여서 오히려 더 흥분시킬 것이기 때문이다. 실제로 진료에서 프로이트(1919)는 함정에 빠지지 않기 위해서 이런 환자 집단에게 절제라는 기법을 줄여서 사용할 것을 권장하였다(프로이트가 억제라는 기법을 현저하게 처방해야만 하는 환자 집단은 히스테리 환자들뿐이었다).

그러므로 환자가 "분석가가 *아니라* 다른 누군가를 사랑하는 것"이 정신분석의 목표라는 주장으로 몬카요가 자신의 논문을 끝맺는 것은 놀라운 일이다. 이렇게 하기 위해서 우리는 *어떻게?* 라고 의문을 제기하게 될 것이다. 분석가의 사랑에 대한 환자의 요구를 단순히 좌절시키는 것이 그 *자체*로 누군가를 사랑하게 되는 환자의 능력이 향상된다고 보기는 어렵다. 더구나 몬카요는 분석가와 환자가 유사하게 *박탈을 통한 상호고통*으로 고통의 원인에 함께 합류할 것을 제안하고 있다. 심지어는 분석가의 위치를 "인류의 죄를 위해서 고통 받는" 그리스도의 위치와 비교하고 있다. 이런 정서는 선불교보다는 가톨릭에 더 부합하는 듯이 보인다. 실제로 라캉의 관점은 정확하게 이런 이유로 해서 정신분석을 "가톨릭화하는 것" 중의 하나로 특징지어지고 있다. 왜냐하면 라캉은 좌절된 기대의 경험을 중요하게 보고 있기 때문이다. 나는 선불교가 더 인자한 감성을 갖고 있다고 이해한다. 그러므로 선불교는 내적으로 즐거운 연습이고, 이것은 *선 스승의 모범을 통해서 그리고 그 안에서* 사랑하는 제자의 능력을 산출하는 것이다.

정신분석 문헌에서 사랑은 거의 논의되지 않는다는 것은 말할 것도 없다. 많은 정신분석 문헌에 의하면 사랑에 대한 논의는 피해야만 한다고 말한다. 그러나 우리가 정신분석 치료에서 영적인 차원을 말할 때 사랑에 대한 욕구와 그 존재가 무시되어서는 안 된다. 나는 선불교(또는 어떤 다른 종교에서도)의 영적 측면은 어느 정도 항상 사랑과 연관되어 있다고 감히 주장한다. 심지어 이것은 실망이 예정되어 있는 절제의 훈련을 하는 경우에서도 마찬가지이다. 그러나 그런 절제가 자비롭게 훈련되고 그 동기가 고상하다고 하여도 사랑의 표현은 마땅히 기대된다. 그 표현은 악수, 미소, 목소리의 톤을 통해서 표현될 수도 있다. 나는 선불교과 유사한 라캉의 분석 기법이 가장 신중한 차원에서라도 사랑의 표현을 위한 자리를 발견할 수 있게 되기를 기대한다.

세속적이고 무신론적 영성으로서 정신분석

라울 몬카요(RAUL MONCAYO)

나의 논문에 대한 사려 깊은 언급에 대해 마이클 톰슨에게 감사드리며 제기된 순서대로 주요 질문들을 다소나마 다루고자 한다. 톰슨 같은 사려 깊은 분석가의 검토는 모든 저자에게 논쟁의 기본적 일관성을 명확하게 하고 재구성할 수 있는 매우 귀중한 기회를 제공한다.

라캉의 사유에 익숙하지 않은 독자들을 위해서 라캉 사유의 어려움에 대한 톰슨의 언급에 주목하면서 선불교와 라캉의 공통적인 그 무엇이 스타일의 난해함이라는 것을 인정하고자 한다. 둘 다 모두 언어와 형식논리가 갖는 이진법적이고(이원적인) 선형적 특징으로 기술될 수 없는 경험과 마음의 수수께끼라는 차원을 환기하기 위해 비이원적인 방식으로 언어와 개념을 사용하고 있다. 시와 같은 선불교의 공안과 라캉의 경구는 언어의 설명적인 기능보다는 환기적(그리고 아마도 심지어는 자극적인) 기능을 사용한다. 말하거나/읽거나 하는 데 불가능한 것을 읽고/말하는 것은 대단한 좌절감을 주는 경험(결국은 보상을 주지만)이다. 그리고 이것은 정신분석의 경험과 다르지 않다. 이런 점에서 명상과 분석에서 행하는 실제적인 수행과 치료는 설명과 앎을 통해서 모색의 길을 조명하고 확장시킨다. 경험 없이 논의된 개념들은 이해하기 더욱 어려울 것이다. 더구나 새로운 사유와 전망은 라캉이 말한 바의 "이해되지 않는 것" 또는 선불교가 말한 바의 알지 못함이 선행되어 있을지도 모른다. 이런 이해되지 않는 것이 수행으로 나아가고, 다시 이해를 이끌어낼지도 모른다. 가능한 부분에서 나는 이런 점들을 고려하면서 개념들을 명확히 하고 풀어내는 모든 시도를 할 것이지만 말해야 할 필요가 있는 내용을 양보하지는 않을 것이다.

톰슨이 제기한 첫 번째 주요한 질문은 마음/영the mind/spirit의 영적, 세속적 개념의 차이에 대한 것이다. 내가 관찰한 바와 같이 계몽시대는 종교의 제거뿐만 아니라 영성의 정당한 형태를 추구하였다. 정신분석과 영성의 관계를 고찰하는 네 가지 방식은 모두 계몽 시대의 영향 아래 형성되었다. 첫째로 이성과 과학의 안내와 영역 아래 종교적 환상을 객관화하고 비신화화하는 영성의 세속적 버전이다. 이런 범주에서는 단지 세속적 전망만이 남는다. 이런 과정에서 상실되는 것은 정통적 수행의 깨달음이라는 경험과 세속적으로 설명되지 않는 인간 경험이다. 예를 들면, 많은 과학자들은 영적 경험은 과학적 개념으로 오히려 더 잘 설명될 수 있는 일종의 환상이라고 생각한다. 역사적으로 정신분석과 일반 과학은 영적 현상과 경험에 대해 단지 편향적이고 왜곡된 설명만을 하였기 때문에 자신들이 종교를 향해서 비판한 것과 동일한 독단적인 근본주의에 여전히 취약하다고 말할 수 있다. 사실 많은 사람들은 정통적 정신분석이 나쁜 의미에서 종교의 세속적 형태에 버금간다고 비판하고 있다. 이런 점에서 과학이든 또는 영성이든 간에 종교성은 신앙의 기본이 되는 개념 또는 방식에 대한 경직된 집착을 말한다.

서구 계몽주의 영성의 두 번째 경향은 영적 분야에서 특정한 진리인 아이는 보존하지만 종교의 세속적 비판을 흡수하여 그 목욕물은 버리는 것이다. 목회 상담 분야가 이런 경향의 좋은 실례일 수 있다. 종교적 맥락에 정신치료의 기법을 도입하여 종교는 영혼(정신)에 대한 세속적 지식이 갖는 보다 급진적이고 무신론적인 표현들을 중화시킬 수 있다. 이런 경우 세속적인 것은 영적 원리 아래에서 사라진다.

세 번째로 불교가 서구에 도입된 것은 세속과 신성의 투쟁이라는 바로 이런 맥락에서였다. 불교는 과학과 종교의 역사적 대립에서 자유롭게 들어왔다. 이에 더하여 불교는 하나의 종교 또는 삶의 실천 철학으로서 간주되었고, 일반적으로 세속과 신성 사이에서 중도 내지 비이원성을 말하였다. 여기서 비이원성은 세속과 신성에서 양자택일이라기보다 양자포함을 말한다. 그러므로 계몽시대 아래 변형된 종교의 모습은 선불교 전통에서 볼 수 있는 것과 같이 무신론적 영성을 향해가는 것으로 볼 수 있다. 무신론적 영성은 전통적이고 현대적인 유신론과 세속적이고 과학적인 무신론에 대한 제3의 대안으로 존립하고 있다. 불교에서 세속적인 것은 영적 전망 안에서(신성한 것 안에서 세속적인 것) 활발하게 움직인다. 이것은 붓다의 유명한 충고, 즉 경험으로 증명되지 않는 한 믿지 말라고 하는 가르침에 잘 반영되어 있다. 마지막으로 이런 틀 안에서 네 번째 범주가 설명될 수 있는데 거기에서 영성은 세속적 패러다임(세속적인 것 안에서 신성한 것)에서 묵시적으로 활동하고 있다. 다른 말로 하면 세속적 마음은 내적인 영혼의 요소 또는 씨앗들의 세속화 과정에서 파괴되지 않은 채로 가지고 있다는 것이다. 이런 요소나 씨앗은 알려지거나 언급되지 않은 것이다. 정신분석과 선불교가 상호보완적인 관계라기보다는 부족한 부분을 채워주는 보충적 관계일 수 있다는 것을 바로 마지막 두 가지 범주(신성한 것 안에서 세속적인 것 또는 그 역)에서 볼 수 있다.

이에 더하여 내가 다른 논문에서 주장한 바와 같이(몬카요 1998d) 영성은 종교와 구별될 수 있다. 그 이유는 영성은 수행의 실제적인 형태(예를 들면, 명상)일뿐만 아니라 즉각적이고, 내적이며, 직접적인 경험을 말하는 반면 종교는 사회적 소속과 지배의 한 작동기제로서 외적이고, 제도적이며, 관습적인 종교성을 언급하기 때문이다. 이와는 대조적으로 영성은 또한 영적인 해방 또는 영성이 주는 개방적인 태도 그리고 종교적 정통성, 전통적 권위, 관습의 강제로부터 자유로움을 표현한다. 예를 들면, 선불교의 영성은 "뉴 에이지" 현상과는 구별된다. 그 이유는 선불교는 계속해서 이어진 법맥이 있는데, 여기서 선의 전통이 말하는 바와 같이 붓다의 영혼/마음이 직접적으로 내적으로 한 스승에서 제자에게 수 세대에 걸쳐 전수되고 확인되기 때문이다. 뉴 에이지 운동에서는 자기 선언적인 비정통적인 수많은 "스승들"이 있다. 그들은 영적인 수퍼마켓에서 실질적으로 이득을 취한다. 불교에서는 이런 경향을 영적 물질주의라고 부른다.

이 논문에서 정의된 영성Spirituality은 문헌의 단순한 번역, 단순한 사회 역사적 구성이론, 언어와 담론(레토릭들)의 분석과는 구분되어야 한다. 해석학파에서는 표식, 상징, 문헌으로 매개되지 않는 자기 이해는 없다고 한다. 반면 선불교에서는 모든 문헌 또는 언어와 상징적 질서의 경계를 넘어서서 일종의 정신적 실재계(불교와 라캉의 개념 모두를 사용하여)의 전달이 있다. 선의 가르침은 연꽃 자세로서 호흡을 하는 동안 "사고하지 않는 것을 사고하는" 수행 경험을 통해서 실재계 자체로 직접 뛰어들 것을 권한다. 선불교에서 자기 이해는 자아 본성이 공하고 무아라는 것을 깨닫는 것으로 이루어져 있다. 여기서 표식, 상징, 문헌은 자기 깨달음을 매개하지 않는다. 라캉의 저술 역시 해석학파와는 다른데, 라캉은 언어와 상징적 질서를 넘어서 있는 경험(실재계)의 저장소를 언급한다. 그러나 라캉 정신분석은 불교와 다르다. 왜냐하면 실제계와 관계를 맺기 위해서는 언어의 특별한 사용과 무의식적 환상들(라캉이 환타

즘phantasm이라고 부른 것)의 훈습이 필요하다고 주장하기 때문이다.

그럼에도 불구하고 분석의 자기실현이 실재계를 기반으로 해서 일어난다고 하면 정신분석이라는 직업적 활동은 문헌 연구, 지적 이해, 분석과정의 임상적 사용을 넘어서서 선불교처럼 마음-마음의 전달이 필요한 일종의 혈통적 전승이라고 주장하고자 한다. 이런 마음-마음 전달은 개인적 분석을 경유하여 분석가의 존재를 통해서 전달되고 이것은 언어로서 발설될 수 있는 것의 끝에 서 있다. 그럼에도 불구하고 이것은 라캉이 분석가의 욕망(욕망되지 않는 욕망)이라고 부르는 것의 기반을 이루고, 이것은 분석가가 정신분석이라는 방향으로 나아갈 때 경험해야만하는 주관적 상태를 이룬다. 분석가는 분석과제를 수행하게 해주는 존재의 상태 또는 정신적 기능을 활발히 모색한다. 그러므로 분석은 기술적인 노하우가 아니다. 분석은 단순히 사실적 정보에 관한 것이 아니라 라캉이 분석가의 주체적 위치라고 부른 분석가의 존재 그 자체의 활성화이다. 대부분의 라캉 분석가들은 분석은 정신 내에 원래 존재하지 않는 것을 주입하는 것이 아니라 정신분석의 본래적 창조, 새로운 주체의 위치를 창조하는 것이라고 믿고 있다. 그럼에도 불구하고 정신분석 이론은 이런 정신적 기능/상태의 의미와 성질을 제대로 설명하지 못하고 있다. 이것은 정신분석가라는 직업과 연관된 순수하게 합리적이거나 지적인 자아를 말하는 것이 아니다. 더 이상으로 나아간다. 아마도 선불교 명상의 마음과 같이 분석가의 존재 양태는 의식을 넘어선 의식의 기능이다. 이것은 자아의 관점에서 보면 전적으로 무의식적인 것도 아니고 의식적인 것도 아니다.

이와 유사하게 우리는 라캉(1977)이 "모르는 것의 앎" 또는 "그것이 아는 것을 모르는 것을 아는 것"이라는 정신적 기능을 말했다는 것을 알고 있다. 선불교에서 앎과 무지를 넘어선 마음은 붓다의 "알지 못하는 마음"으로 불린다. 믿음이나 개념들에 대한 신앙과는 대조적으로 경험에 대한 신앙은 의심을 배제하기보다는 포함하는 경향을 보인다. 믿음이 신앙과 의심 사이, 당신이 믿고 있는 것과 믿지 않는 것 사이의 이분법을 만들어낸다고 하면 경험과 고정된 생각이 비어버린 텅 빔에 대한 신앙은 새로운 생각과 기표가 등장할 수 있는 공간과 구멍을 발생시킨다. 이것은 개방적이고 방어적이지 않은 마음이다. 이런 마음은 분석적 내지 과학적 태도와 정당한 영적 전망에 필요한 마음이다.

그러나 불교에서는 붓다 의식(의식을 넘어선 의식)의 기능은 불성의 자연스러운 표현이다(불교에 의하면 우주는 그 자체로 이미 깨달음의 상태로 존재한다. 그러나 수행 없이 이런 상태에 도달할 수 없다). 불교와 마찬가지로 라캉의 이론은 이전 어떤 것보다도 정신분석을 영적인 영역에 더 가깝게 가져다주는 경험의 차원을 전제로 한다. 그러나 실재계에 대한 두 개념은 동일하지 않다. 두 개념의 차이는 불성의 영역과 순수하게 세속적이거나 성스럽지 않은 경험의 영역 사이에 놓인 거리와 일치한다. 이것은 다음과 같은 사실에서 현저하게 드러난다. 즉 선불교에서는 공성 또는 영성은 나의 논문에 언급된 조주 선승의 이야기에 반영된 바와 같이 철저하게 일상적인 그 무엇이라는 점이다. 한편으로는 세속적인 것과 성스러운 것, 또 다른 한편으로는 정신분석과 불교 사이의 관계에서 정신분석은 "성스러운 것 안에서 세속적인 것"을 고려하고, 반면 선불교는 "세속적인 것 또는 일상적인 것 안에서 성스러운 것"을 인정한다. 프로이트적인 감각에서 보면 종교는 순수함과 정결함을 가진 항문기 고착의 예이다. 즉 순수함이나 성스러움은 말 그대로 똥의 성질이다. "성스러운 것 안에서 세속적인 것"이라는 이론 아래에 있는 프로이트의 이론은 거만하고 이중적인 종교성(세속적인 것과 성스러운 것은 분리되어 연관성을 갖지 않는다)을 폭로하는 방향으로 향하고 있다. 그러나 일단 이런 임무가 성취되고 나면 "일상적인 것 안에서 성스러운 것"이라는 불교적 원리가 여전히 통용된다. 선불교의 경우 똥이나 오줌은 그 자체로 불성을 표현하고 있다. 그럼에도 불구하고 둘의 관점은 각각의 통찰을 놓치는 편향됨이 있다. 이것은 불교와 정신분석 사이에 놓인 잠재적 보충의 또 다른 예이다.

톰슨이 암시하고 있는 바와 같이 성스러운 것과 세속적인 것 사이에서 접촉하는 또 다른 지점은 존재의 의문에 대한 것이다. 내가 아는 최선의 지식 범위 내에서 나는 실존주의 학파는 의미 있는 표상을 넘어서서 실재계가 갖는 공함의 긍정적인 관점을 전유하고 있지 못하다고 언급하였다. 실재계는 언어, 이미지, 논리를 넘어서 있지만 이것들의 기반이다. 이에 더하여 실재계는 기반으로, 바탕 없는 바탕으로 있으면서 어떤 고정된 의미에서 공한 채로 남아있다. 그러나 불교에서 말하는 영적 경험의 공함은 실존주의에서 말하는 철학적 개념의 공함과는 다르다. 예를 들면, 사르트르(1956)는 존재가 없는 부재로서 무의 허무주의적 개념을 말하고 있다. 또 다른 예로, 그의 불안-생성적인 무無를 고려해보자. 이것은 우울과 성격 장애의 임상적 증상으로 나타나는 것이다. 불교의 공함은 동시에 현존이기도 하고 부재이기도 하다.

라캉에게 인간 존재는 말하는 존재이다. 인간 존재는 타인 또는 언어의 법칙 그 자체로 구성되어 있다. 또한 이런 과정에서 언어 속에서 인간 존재는 결핍된 존재나 존재의 결핍이 된다. 이것이 의미하는 바를 명확하게 해보자. 우선 반드시 명심해야 하는 것은 상징계라는 개념으로 라캉은 언어의 법칙과 근친상간 금지와 아버지로서 표상되는 "안 돼"라는 것을 연결시킨다. 언어는 사회적으로 발달론적으로 처방된 분리를 상징하고 강화하는 데 동원된다. 즉 자연으로부터 또한 엄마의 욕망의 대상이 되는 것에서의 분리이다. 존재를 존재의 결핍으로 구조화하는 것은 바로 이런 상실이다. 말한다는 것은 언어 아래 일종의 상실을 지속하는 것을 의미한다. 그러므로 말하고 있다는 것은 존재의 결핍을 갖는다는 것을 의미하고, 이것은 다시 존재 또는 "원하는 존재"에 대한 욕망으로서의 욕망으로 이어진다. 존재와 주체의 핵심은 이런 존재의 부재일뿐만 아니라 무의식적인 환상을 경유하여 언어 아래 상실을 되찾고자 하는 욕망이다. 환상은 주체로 하여금 존재의 부재 또는 무를 넘어서서 존재의 감각을 제공한다. 예를 들면, 갈구하는 여성과 직면하였을 때 마비되고 말을 못하는 증상을 가진 피분석자의 경우를 살펴보자. 상징계는 남성과 여성 사이에 언어적 성교를 지배하고 주체들이 언어에 내포된 상실을 소유하고 상징하기를 요구한다. 이 피분석자의 경우에 그런 상실은 자신의 고통 속에서 작동하는 두 가지 환상에 의해 보상받고 있다. 하나는 페니스를 가진 여성, 또는 "페니스 여성"의 반복적인 환상에 의해 흥분된다는 것이다. 그렇지만 그는 이런 환상을 보상하는 상실 또한 환기시킨다는 것을 인식하지 못한다. 페니스를 가진 여성은 그녀의 전능성, 그녀의 결핍의 결핍, 그러므로 남성에 대한 욕구의 결핍을 체현한다. 페니스 여성(그에게 또는 다른 어떤 남성에게)의 욕망의 이런 결핍은 그 자신의 남성성의 결핍으로 그가 경험하는 것이다. 그러나 여기에 있는 그의 공모는 여전히 무의식적이다. 다른 한편 그는 또 다른 환상, 즉 자신은 겁이 없고, 모든 역경을 극복하며, 모든 여성을 갖는 특별한 성격 유형이라는 환상을 만나면 또한 마비된다. 그가 되고자 하는 이런 유형의 남성은 "여성"과 마주하고 있는 그런 종류의 남성이 아니다. 그래서 상징계와 언어의 아래에서 존재의 상실을 훈습하는 것 대신 피분석자는 결핍을 부인하고 자신을 마비시키는 환상 속에서 피난처를 추구한다.

그러나 존재의 개념은 라캉 이론 내에서 애매하고 모순적인 층위를 가지고 있다. 다른 한 편으로 존재는 경험의 상징적 저장소 내에서만 나타난다고 라캉은 주장한다. 즉 인간 존재는 말하는 존재이다. 다른 한편으로는 상징계는 존재를 결핍 또는 존재의 부재로서 생산하고 그리하여 자아는 환상과 상상계에서 존재를 추구한다. 상징계 내에서 자아는 상상적 환상이 주는 듯한 존재의 완전히 다른 경험에 대하여 사라짐과 무로서의 감정의 위협 아래 항상 놓인다. 그러므로 인간 존재는 언어를 통해서 존재에 접근하고 동시에 언어는 주체 내에서 존재의 사라짐을 침전시킨다. 라캉 이론은 두 가지 모순적인 진술로 나아간다. 즉 존재는 언어 내에서만 나타나고 존재는 언어와 함께 사라진다. 나의 의견으로는 이런 변증법적인 모순은 존재의 결핍을 존재와의 변증법적 관계에서 비존재로 여김으로써 해결될 수 있다고 생각한다. 상징계와 실재계 사이에서 존재와 비존재는 서로 다르지만 서로를 품고 있다. 반면 상징계와 상상계 사이에서는 비존재는 완전히 존재가 비어있고 그 역도 마찬가지이다. 존재의 결핍을 존재의 반대인 존재의 부재 또는 무로 생각하는 것보다 존재의 결핍이 존재의 핵심에서 비존재 또는 공함으로 여겨진다면 공함 또는 무는 존재 그 자체이다.

영성에서는 욕망은 내면으로 향하고 무의식적 환상과 상상계 저장소의 영역 내에 있는 존재를 발견하는 것으로부터 멀어진다. 엄격하게 말해서 선불교 또는 정신분석 내에 있든지 간에 욕망 자체로부터 해방은 없는데, 그 이유는 이것이 또 하나의 욕망을 내포하기 때문이다. 우리에게 가능한 것은 욕망의 대상에 고착되지 않고 변화하면서 그렇게 하여 텅 빈 공으로 존재의 개방으로 나아가는 것이다. 어떤 하나의 대상도 존재의 틈새를 메울 수 없기 때문에 상실을 방지하기 위해서 환상에 호소하는 것 대신 존재의 핵심에서 상실을 훈습하는 것이 "존재의 비존재"를 "비존재의 존재"로, 또는 이원적 무에서 비이원적 공함으로 변화시키는 것이다. 여기서 존재는 그 자체로 전개되고, 존재 또는 "존재의 비존재" 안에 있는 구멍 또는 상실의 열림 속으로 나아간다. 그리하여 언어의 관점에서 "존재는 존재 또는 비존재의 결핍"이라고 하면 영성의 측면에서 실재계에 접근하는 것은 존재 내에 있는 비존재의 열림을 통해서이다. 다른 말로 하면 비존재는 환상의 매개 없이 존재로 실현된다. 이에 더하여 언어에서 "존재의 비존재" 안에서, 성스러운 것 또는 신성한 것은 폐쇄의 "구멍성" 또는 결핍 덕분에 드러난다, 즉 뚜껑a lid의 결핍이 텍스트에 고착된 의미를 줄 수 있다. 성스러운 텍스트는 그 텍스트가 (실재계를) 시사하지만 포착할 수 없는 것과 상호작용하여 여러 다른 방식으로 해석될 수 있다. 이런 방식으로 하여 텍스트의 의미는 항상 열려 있는데, 그 이유는 언어가 텍스트적 의미와 실재계의 의미를 폐쇄할 수 있는 마지막 또는 최후의 단어를 결핍하고 있기 때문이다. 이런 의미에서 실재계는 말해진 것과 말해지지 않은 것(실재계에 대한)의 이중 축을 따라서 드러나는 새로운 의미의 무궁무진한 원천으로서 기능한다. 단어들이 말하기 실패한 것은 텍스트 또는 담론의 존재 내에 있는 비존재를 표현하고 있는 것이다.

　나는 이제 톰슨이 올바르게 지적하고 내가 이 논문에서 논의하기를 도외시하였던 가변적인 분석 면담의 의문에 대해서 논의하고자 한다. 도외시한 것에는 몇 가지 이유가 있다. 첫째로 나는 선불교와 연관시키지는 않았지만 이미 다른 정신분석 논문(몬카요 1997)에서 이 치료 방식에 대해서 언급하였기 때문이다. 둘째로 이 논문의 주제가 선불교와 유사한 치료의 한 양태로서 분석가의 유익한 이인화benevolent depersolization 현상의 보다 더 일반적인 개념에 대한 것이기 때문이다. 셋째로 가변적 분석 면담의 사용에 대한 정신분석 분야에서 확립된 선입관 때문에 오해될 수 있기 때문이다. 결국 라캉은 이런 치료 방법 때문에 국제정신분석협회International Psycho-analytic Association에서 축출되었다. 톰슨 자신이 이런 치료를 일종의 처벌로 언급하는 것을 보면 이런 선입관에 일부 참여하고 있는 듯이 보인다. 가변적 분석 면담 아래에 놓인 분석가와 피분석자의 관계는 주로 부정적인 가학-피학적 관계라고 종종 말해진다. 다른 한편 나는 톰슨이 가변적 분석 면담은 라캉과 선불교가 사실상 비슷하게 일치하는 치료법이라는 지적에 나는 동의한다. 선불교에서는 자비는 종종 상징적 검劍의 지혜를 통해서 표현되고 이것은 잘못된 견해와 합리화에 집착하는 것을 단절하는 상징적 행동이다. 나는 이것을 상징적 아버지와 어머니의 기능(아버지와 마찬가지로 어머니 또한 상징계가 원하는 대로 이용한다)과 연관된 주체(나의 논문에서 나는 주체에 대한 라캉의 개념이 자아 개념과 다르다는 것을 지적하였다)에 대한 상징적 공감의 한 형태로 부르기를 원한다. 상징적 어머니의 개념을 잘 보여주는 또 다른 임상적 실례를 들고자 한다. 문화적으로 동화된 라틴계 환자가 나의 수련 분석가에게 이 클리닉에서 자신의 타말레tamales(역주: 옥수수 반죽 사이에 여러 가지 재료를 넣고 익히는 멕시코 요리)를 팔아줄 수 있는지를 물었다. 수련 분석가가 "안 된다"고 말하자 환자는 이 수련분석가를 더 이상 자신의 정신 치료자로 삼지 않았다. 그 후 환자는 다른 정신치료자에게 이전의 정신치료자가 자신과 이런 종류의 일을 사회적 하층계급이 하는 일로 보았기 때문에 타말레를 파는 것을 거절하였다고 말하였다. 환자는 더 나아가 이런 행동은 정신치료자가 마치 자신을 일종의 종업원같이 되라는 요구로서 얼마나 부적절한 것인지를 자각하지 못한 부당한 대우이자 굴욕이라고 불평하였다. 상징적 어머니(금지의 기능과 연관된 어머니)는 정신치료자의 "안 된다"라는 것으로 드러나는 반면 상상적 어머니(환자가 금지의 의미를 해석한 환상적 방식)는 자신을 부당하게 대했다는 것으로 드러난다.

라캉은 대상관계 이론(국제 정신분석협회 내에서 현재 정신분석의 주된 형태이다)이 옹호하는 상상적 모성 공감에 비판적이었다. 왜냐하면 그것은 알고 그랬든 모르고 그랬든 간에 아버지의 상징적 기능을 약화시키는 반면 그것은 상상적 자아의 방어를 강화시키기 때문이다(라틴 환자의 입장에서 본 문제는 정신치료자가 자신의 딸이 되기를 그리고 자신은 엄마가 되기를 원하는 것이 아니라 그 정신치료자가 자신을 부당하게 대우했다는 것이다). 상상적 공감은 피분석자의 불만ㅡ라캉은 이것을 상상적 어머니와 연관시키고자 하였다ㅡ을 실제적인 부모 역할의 잘못과 결핍으로 해석하기 쉽고, 피분석자들이 부모로부터 받지 못한 사랑을 주고자 하는 방향으로 나아가기 쉽다. 그러나 이것은 결국 주체에게 해를 끼치는 것이다. 상상적 공감은 피분석자가 어머니와 아버지의 상징적 기능에 친숙하게끔 도와주는 것이 아니라, 상상적 자아 구축을 강화하게끔 하거나 사랑의 "대상"과 자아 이상이 사실상 획득할 수 있고 실현될 수 있다는 기대를 가지게끔 해준다.

마지막으로 톰슨은 자기애의 급진적 파괴가 프로이트의 작업과 반대로 가는 것이 아닌가 하는 의문을 제기하면서 특히 강박 환자의 예를 들고 있다. 또한 톰슨은 자기애의 비판을 욕망의 죽음과 동일시하고 있는 듯이 보인다. 나는 이 점에 대해 간단히 언급할 수밖에 없는데, 왜냐하면 이런 의문을 제대로 다루는 것은 이 논문의 범위를 벗어난 자기애의 개념에 대한 고찰을 필요로 하기 때문이다. 이것은 모두 자기애의 개념에 달려 있다. 나의 주제는 다음과 같은 것이다. 즉 톰슨이 자기애의 급진적 파괴라고 부른 것은 자기애가 실제로 지속적으로 발달과 분화를 한다는 점이다. 나는 자기애의 네 가지의 분화를 언급할 것이다. 라캉의 이론은 현재 지배적인 자기애의 상호 주관적 이론에 동의하고 있다. 실제로 라캉은 선구적 이론가들 중 한 명이었다. 라캉은 *상호 주관적*이라는 용어를 명명한 사람으로 인정받고 있다. 일차적 자기애는 주체와 대상, 어머니와 아이가 분화되지 않은 상호 주관적 상태이다. 위니컷이 지적한 바와 같이 어머니와 아이는 젖가슴을 나눈다. 분화의 시작은 거울 단계로 시작하는데 거기서 자아 또는 이상적 자아는 거울 이미지(거울 속의 이미지)로 정의되고, 이것은 어머니의 욕망(위에서 더 자세히 설명하였다)과 동일화된다. 자기애에 대한 프로이트의 두 번째 이론에 의하면 이것은 이차적 자기애이다. 프로이트는 "이상적-자아"와 "자아-이상"을 서로 번갈아 가면서 사용하였고 이것들을 구분하지 않았다. 자아 이상은 아버지의 상징적 인정과 연관하여 자기애 내에서 더 진전된 분화 또는 삼차 분화를 이룬다. 그러나 여기서 라캉은 다소간 체계적인 방식으로 프로이트에게서 발견할 수 없는 분석 방법으로 자아 이상을 비판한다.

라캉에 의하면 아버지(의 이름)는 어머니의 선물의 부재 대신에 놓인다. 어머니는 (사랑하든 또는 사랑하지 않든 간에) 선물의 힘을 갖고 있기 때문에 남자아이와 여자아이는 어머니에 대하여 부족함insufficiency과 탈취dispossession의 감각을 경험한다. 아버지는 아이에게 어머니가 원하지만 부족한 것(상상적 팰루스)의 소유자로 나타난다. 그래서 아버지는 어머니의 전능성에 대항할 수 있는 안전한 하늘로 감지된다. 이런 사태는 아버지를 위해서/함께 첫 번째 상상적 사랑/동일화로 귀착된다. 이것이 자아 이상과 아버지에 의해 인식된 욕망의 시작이다. 그러나 라캉의 이론에서 아버지는 단지 상상적인 팰루스를 가진 사람 또는 어린아이가 팰루스가 어떤 것이라고 상상하는 것이라도 그것을 가진 사람으로만 나타난다. 실제로 상징적 팰루스(분리를 촉진하고 어머니의 전능성의 두려움으로부터 아이를 보호하는 기능으로서)는 거기 없다. 그리고 그것은 항상 그 너머에 있고 부재이다. 또한 이상화, 상상적인 팰루스의 추정된 담지자로서 아버지의 사랑/증오는 상상적인 거세를 낳는데, 그 이유는 그것이 실제로는 존재하지 않거나 또는 단지 상상적인 구축물인 대상의 박탈 경험을 영속시키기 때문이다. 라캉에게는 상징적 팰루스 또는 상징적 아버지는 감각의 대상이 아니다. 그리고 그것은 아무런 이미지나 단어가 없다. 그것은 오히려 무, 비존재 영점이지만, 그럼에도 불구하고 주체의 삶을 위한 중심점이고 지지이다. 라캉은 성서에서 상징적 아버지의 개념에 대한 증거를 발견한다. 성서의 상징적 아버지는 하나의 이름에 반응하지도 않고, 이름이 없으며, 또는 의미가 명확하지 않은 문자에 반응한다. 그렇게 이름의 부여를 거부하는 것은 대문자 타인the Other의 공함을 드러낸다. 그/그녀를 아는 대문자 타인은 무이다.

이렇게 하여 자아 이상과 상상적 아버지는 분화의 진전된 네 번째 상태가 된다. 이것은 상징적 거세의 바위이고 자기애적 상처라는 가장 어려운 점이다. 즉 상징적 아버지와 팰루스는 또한 결핍, 제로 또는 무로서 발견된다. 일단 이상적 아버지에 대한 환영들과 아버지의 결핍과 한계에 대한 환멸(환영 깨기)이 전이에서 명확하게 되면 아버지는 이름 또는 이미지가 없게 되지만, 여전히 기능하는 텅 빈 공함의 상징적 기능으로 남게 된다. 분석가의 임무는 피분석자의 정체감을 정의하는 내용이 궁극적으로 공하다는 것을 밝히는 것이다. 이것은 주체의 진정한 존재 또는 새로운 주체의 등장에 대한 길을 준비한다. 그러므로 대문자 타인의 공함에 대한 인식은 자기애 내에서 네 번째의 분화로 이어지고, 이것은 과대함과 고양이 아니라 숭고함과 평온한 내적 자신감으로 특징지어지는 것, 코헛이 우주적 자기애라고 부른 것과 일치한다. 그런 종결적 자기애는 일차적 자기애(또는 프로이트가 부른 대양적 느낌)와는 다른데, 그 이유는 일차적 자기애는 부모의 기능으로 도입된 매개들/분리들을 모두 포함하고 있기 때문이다. 자기애에 네 가지 종류가 있다는 이론적 상정은 선의 명상이 자기애의 원시적 형태와 동일하다는 염려를 잠재우게된다.

마지막으로 라캉은 강박적 구조의 핵심적 문제는 욕망의 죽음과 실존적인 질문, "나는 죽은 것인가 아니면 살아 있는 것인가?"라는 것이라고 주장하였다. 강박적인 사람은 욕망의 부재와 삶에 대한 일반적인 비관적 관점 때문에 자신이 살아있는지의 여부에 대해 의문을 던진다. 이런 점에서 톰슨, 프로이트, 라캉은 강박적인 사람의 욕망이 더 이상 죽음으로 가는 것이 아니라 다시 삶으로 돌아올 필요가 있다는 점에서 동의하고 있다. 그러나 라캉의 관점에서 보면 강박은 숨겨진 욕망이 아니라 욕망 속에 있는 결핍과 싸우고 있다. 라캉에게 욕망과 법의 투쟁은 외적으로 나누어진 두 개의 이원적 용어 사이에서 일어나는 것이 아니라 욕망 그 자체의 내부에서 변증법적으로 일어나는 내적 과정이다. 다른 말로 하면 대개의 정신분석적 이해가 그렇게 분석하는 바와 같이 강박적인 사람은 아버지의 법이 금지하기 때문에 욕망하지 않는 것이 아니다. 강박적인 사람은 욕망이 존재의 결핍과 대문자 타인에게서의 결핍을 표상하기 때문에 욕망을 제거하고자 한다. 강박적인 사람은 타인을 욕망하는 것을 방어하거나 그 역도 마찬가지이다. 왜냐하면 강박적인 사람에게 욕망은 상상적인 거세의 기표로 나타나기 때문이다. 예를 들면, 강박적인 사람은 대개 여성이 자신을 원할 때 여성을 비난한다. 그가 단지 그녀를 원할 때는 그녀가 치명적이고 냉담하고 남근적인 여성이라서 자신이 받아들이는 것을 두려워할(그리고 원할) 때이다. 강박적인 사람에 대해 여성의 욕망이 존재할 때 이런 욕망은 그녀가 부족한 존재라는 것을 드러내고, 이것은 강박적인 사람이 방어하고자 하는 것이다. 이것은 한 피분석자의 예에서 드러나는데 욕망에 찬 여성이 마침내 그에 대한 욕망의 징후를 드러내기 시작하였을 때 다음과 같은 꿈을 꾸었다. 그는 강력히 발기하여 전희를 하면서 그녀와 함께 발가벗고 있었다. 그때 갑자기 그 상황이 시큰둥하게 되고 공포와 불안의 감정이 만연하기 시작하였다. 그는 그녀의 젖가슴을 보았고, 그녀의 젖가슴이 작다는 느낌으로 인해 그녀가 진정으로 원하는 것은 자신의 페니스를 자르는 것이라는 생각이 스며들었다. 상상적 거세의 위협이 비로소 나타나는 것은 그 여성이 자신을 원하기 시작하고 이런 여성의 욕망이 결핍의 존재(작은 젖가슴으로 상징된다)를 의미할 때이다.

그러므로 거세의 두려움이 아버지의 실제적 행동(그리고 역사적인 아버지보다 더 유연하고 사랑스러운 방식으로 대하는 분석가)에 단순히 기인하는 것이 아니기 때문에 결국 강박적인 사람은 욕망 그 자체 내에 있는 위협에 친숙해지면서 새롭게 재정립될 필요가 있다. 물론 이것이 강박증인 많은 사람들이 권위적인 아버지를 갖고 있다는 것을 부인하는 것이 아니라 교정적 감정 경험과 함께 권위적인 아버지가 있다는 사실에 대한 인식이 강박적인 사람의 이런 욕망을 조화시키는 데 충분하지 않다는 것을 강조하고자 하는 것이다. 마치 거기에 결핍이 없는 욕망이 존재할 수 있는 것처럼 상상적인 아버지의 존재에 의해 생성된 결핍에 방어적인 태도를 취하기보다 강박적인 사람은 욕망과 함께 하는 결핍을 받아들이고 극복해가는 것이 필요하다. 그때만이 강박적인 사람은 욕망에 접근할 것이다. 욕망과 법은 욕망의 외적인 것이고 우리는 법과 그것의 결핍을 단순히 제거함으로써 욕망을 가질 수 있다는 사실은 환상이다. 그러므로 강박적인 사람에게 전적으로 단순히 공감적이고 부드럽게 하는 것은 상징적 결핍 없는 욕망의 세계의 환상을 반복할 위험성이 있다. 결핍에 저항하게 되면 저항 받는 것은 욕망 그 자체이다. 역으로 나는 결핍과 대문자 타인의 공함을 훈습하는 것은 에로스와 회복 그리고 사랑과 욕망의 능력의 발견으로 나아간다고 주장하였다. 마지막으로 대개 강박적인 사람은 어머니가 애지중지하고 애정을 쏟고 지극히 사랑하는 경우가 많다는 것을 지적하는 것 또한 중요하다. 이것은 아버지의 욕망을 상징하는 결핍에 대항하는 방어 바로 그것이다. 강박적인 사람을 만족시켜주는 기법을 사용하는 것은 욕망의 죽음과 또한 존재의 결핍의 죽음을 강화할 뿐이다.

1 몇몇 정신분석학파에서는 무의식적 "환상fantasy"은 "환상phantasy"으로 표기된다.

2 성에 대한 무의식적 경험의 라캉적 실재계 그리고 선불교 명상 경험의 정신적 실재계 사이의 분명한 차이들을 설명할 몇 마디 말이 필요하다. 이런 의문은 무의식의 성질과 내용에 대해 프로이트와 융이 가진 차이를 드러낸다. 이 주제에 대한 진전된 설명은 다른 곳에서 볼 수 있다(몬카요 1998b). 분명히 선불교에서는 관습적인 이원적 언어의 반복을 통해서 표현된 비이원적 실재는 프로이트/라캉적 무의식에서 성과 공격성의 실재에 관련된 기표와 자유연상의 놀이와는 다르다. 하나는 무아에 관해 모르는-앎unknown-knowing을 언급하고, 다른 하나는 무의식적 욕망과 성의 실재에 관해 모르는-앎에 대해서 말한다. 나는 둘 다 모두 "그것It"에 대해 언급하고 있지만 두 개념들에서 상징되는 "이드id"는 서로 연관되어 있으나 다르다. 승화는 대상의 핵심에서 대상id을 공함It의 위엄으로 올리는 것이다(id의 It 또는 라캉이 *das Ding*-"the thing"의 독일어-으로 부르는 것, 그리고 It의 id). 이것에 대한 예를 나의 다른 논문에서 볼 수 있다. 그 논문에서 조주는 영성을 붓다의 땅에 있는 소변 웅덩이라고 정의한다.

3 프로이트의 분석 기법이 "고전적인" 기준과 어떻게 일치하지 않는가라는 점에 대한 논의는 톰슨(1994)을 보라.

References

Bion, W. 1995. *Attention and Interpretation*. Hillsdale, N.J.: Jason Aronson.

Cordovero, Moses. 1981. The Palm of Deborah. In *Anthology of Jewish Mysticism*. New York: Judaica Press.

Dogen. 1975. *Shobogenzo*. Tokyo: Japan Publications.

Engler, J. H. 1981. Vicissitudes of the Self According to Psychoanalysis and Buddhism: A Spectrum Model of Object Relations Development. *Psychoanalysis and Contemporary Thought* 6:29-72.

Epstein, M. 1995. *Thoughts without a Thinker*. New York: Basic Books.

Etchegoyen, H. 1991. *The Fundamentals of Psychoanalytic Technique*. New York: Karnac.

Fink, B. 1995. *The Lacanian Subject*. Princeton: Princeton University Press.

—————. 1997. *A Clinical Introduction to Lacanian Psychoanalysis*. Cambridge: Harvard University Press.

Frankl, V. 1962. *Man's Search for Meaning*. Boston: Beacon Press.

Freud, S. 1907. *Obsessive Actions and Religious Practices*. In Standard Edition, 9:117-27. London: Hogarth Press, 1959.

—————. 1915. *Observations on Transference-Love (Further Recommendations on the Technique of Psycho-Analysis III)*. In Standard Edition, 12:157-71. London: Hogarth Press, 1958.

—————. 1919. *Lines of Advance in Psycho-Analytic Therapy*. In Standard Edition, 17:157-68. London: Hogarth Press, 1955.

————— 1922. *Group Psychology and the Analysis of the Ego*. New York: Norton, 1959.

—————1926. *The Question of Lay Analysis*. In Standard Edition, 20: 183-250. London: Hogarth Press, 1959.

————— 1927. *The Future of an Illusion*. New York: Double Day/Anchor

Books.

Fromm, E. 1950. *Psychoanalysis and Religion*. New York: Bantam Books.

────── 1960. *Psychoanalysis and Zen Buddhism*. San Francisco: Harper Colophon.

Greenson, R. R. 1978. The Working Alliance and the Transference Neurosis. In *Explorations in Psychoanalysis*, 199-224. New York: International Universities Press.

Harari, R. 1985. *Discurrir el psicoanalisis*. Buenos Aires: Nueva Vision

Heidegger, M. 1962. *Being and Time*. Trans. J.Macquarrie and E. Robinson. New York: Harper and Row.

Jones, J.W. 1991. *Contemporary Psychoanalysis and Religion*. New Haven: Yale University Press.

Jung, C. G. 1953. *Psychology and Alchemy*. In CollectedWorks, vol. 12. Bollingen Series, no. 20. New Jersey: Princeton University Press.

────── . 1958. *Psychology and Western Religion*. In Collected Works, vol. 11. Bollingen Series, no. 20. New Jersey: Princeton University Press.

Kung, H. 1979. *Freud and the Problem of God*. New Haven: Yale.

Lacan, J. 1960a. *Livre VIII, Le Transfert*. Paris: Editions du Seuil.

────── . 1960b. *Seminar no. 7: The Ethics of Psychoanalysis*. New York: Norton, 1988.

────── . 1975. El reverso del psicoanalisis. Buenos Aires: Paidos.

────── . 1977a. Le Seminaire XXIV, L''insu que sait. Unpublished.

────── . 1977b. The Direction of the Treatment and the Principles of Its Power. In *Écrits*. New York: Norton.

────── . 1977c. The Agency of the Letter in the Unconscious or Reason since Freud. In *Écrits*, New York: Norton.

Loewald, H. 1978. *Psychoanalysis and the History of the Individual*. New Haven: Yale University Press.

Maslow, A. 1968. *Toward a Psychology of Being*. New York: Van Nostrand Reinhold.

May, R. 1957. *Man's Search for Himself*. New York: W. W. Norton.

Meissner, W. W. 1984. *Psychoanalysis and Religious Experience*. New Haven: Yale University Press.

Miller, J. A. 1997. The Drive Is Speech. *Umbr(a)*, 1:15-33.

Moncayo, R. 1997. Freud's Concepts of Drive, Desire and Nirvana. *Umbr(a)*, no. 1.

————. 1998a. Cultural Diversity and the Cultural and Epistemological Structure of Psychoanalysis. *Psychoanalytic Psychology*, 15: 262-86.2

————. 1998b. The Real and the Symbolic in Lacan, Zen and Kaballah. *International Journal for the Psychology of Religion* 8:179-96.

————. 1998c. True Subject Is No-Subject: The Real, Symbolic and Imaginary in Psychoanalysis and Zen Buddhism. *Psychoanalysis and Contemporary Thought*, fall, 383-422.

————. 1998d. Psychoanalysis and Postmodern Spirituality. *Journal for the Psychoanalysis of Culture and Society* 3:123-29.

————. 2000. The Metaphoric Function and Fundamental Emptiness of the Subject and the Name of the Father in Lacanian Psychoanalysis.Unpublished.

Moncayo, R., and R. Harari. 1997. Principles of Lacanian Clinical Practice. *Anamorphosis, Journal of the Lacanian School of Psychoanalysis* 1:13-28.

Nasio, J.-D. 1992. The Concept of the Subject of the Unconscious. *Cinq Leçons sur la Theorie de Jacques Lacan*. Paris: Rivages.

Ricoeur, P. 1970. *Freud and Philosophy: An Essay on Interpretation*. New Haven: Yale University Press.

Rubin, J. B. 1996. *Psychotherapy and Buddhism: Toward an Integration*. New York: Plenum Press.

Sartre, J.-P. 1956. *Being and Nothingness*. Trans. Hazel Barnes. London: Methuen.

Schneiderman, S. 1983. *Jacques Lacan: The Death of an Intellectual Hero*. Cambridge: Harvard University Press.

Smith, J., ed. 1991. *Psychoanalysis and Religion*. Johns Hopkins University.

Spero, M. H. 1992. *Religious Objects As Psychological Structures*. Chicago: Chicago University Press.

Suler, J. R. 1993. *Contemporary Psychoanalysis and Eastern Thought*. Albany: State University of New York Press.

Thompson, M. G. 1994. *The Truth about Freud's Technique: The Encounter with the Real*. New York: New York University Press.

Tillich, P. 1952. *The Courage to Be*. New Haven: Yale University Press.

Verhaeghe, P. 1998. On the Lacanian Subject. In K*ey Concepts of Lacanian Psychoanalysis*, ed. D. Nobus, 164-89. London: Rebus Press

제9장

잘 사는 삶

: 정신분석과 불교의 공헌

잘 사는 삶: 정신분석과 불교의 공헌

제프리 B. 루빈(JEFFREY B. RUBIN)

살아라! 살아라! 그렇게 자연스럽게 그리고 그렇게 열심히
- 제프리 슈일러, "삶의 찬가"James Schuyler, "Hymn to Life"

　최근 극적인 방식으로 불교가 진료실로 들어오고 또한 정신분석은 불교사원으로 들어갔다. 우리는 불교 스승들이 치료에 임하고 있고, 정신분석가들은 명상하며, 영적 탐색자들은 명상적 과정과 분석을 동시에 추구하는 정신분석적 우주에서 살고 진료한다. 나의 환자들 중 점점 더 많은 사람들이 첫 분석 면담에서 삶의 영적인 차원에 개방적이고 부응하는 치료자를 모색하고 있다. 그리고 아마도 그들 중 삼분의 일은(몇몇 치료자들도) 명상을 한다. 그리고 그들 중 불교신자인 사람들은 불교 수행모임에서 겪은 경험을 정신치료에서도 탐색해보기를 원하는 꿈을 갖고 있다. 서구 정신분석과 동양적 명상 전통 사이에 소통 가능한 관계를 둘러싸고 정신치료자들, 연구자들, 영적 탐색가들 사이에 싹트는 대화는 인간발달, 자아성에 대한 개념, 정신병리, 치유에 대한 핵심적인 통찰을 낳고 있다(엥글러 1984, 루빈 1996).

　정신분석과 불교는 이 세상의 삶의 도전들과 어려움에 기여하고 있는 드물지만 활기찬 그 무엇을 각자 가지고 있다. 보다 더 큰 자각, 자아 수용, 보살핌, 자비, 도덕성, 자유와 함께 살아가게끔 도와주는 이런 두 가지 형태의 지혜는 자아 맹신, 자아 증오, 무력감, 소외가 만연한 세상에서 본질적으로 중요하다. 이 장에서 나는 정신분석과 불교가 잘 사는 삶에 대해 빛을 던져줄 수 있는 것이 무엇인지를 탐색할 것이다.

나의 전략은 다음과 같다. 첫째로 나는 좋은 삶, 잘 사는 삶의 본질을 밝히는 것이 정신분석에서 왜 중요한지를 탐색할 것이다. 그러고서 나는 정신분석이 잘 사는 삶을 해명하는 데 독특한 위치를 차지하고 있는 이유를 점검할 것이다. 또한 나는 좋은 삶에 대한 서로 다른 다양한 정신분석적 전망, 즉 고전적인 정신분석, 융 심리학, 클라인 심리학, 대상관계 심리학, 대인관계심리학, 자기심리학, 상호 주관적 심리학 등을 탐색할 것이다. 나는 자아, 도덕성, 자유의 성질과 같은 주제에 대한 몇 가지 함축적인 의미를 제시할 것이다. 내가 여기저기에서 섭렵한 상좌부 불교, 선불교, 티베트 불교의 가르침은 정신분석적 이론들과 비교하면서 언급할 것이다. 이것은 정신분석의 숨겨진 전제들을 밝힐 뿐만 아니라 우리가 좋은 삶에 대한 새로운 의문을 제기하고 새로운 통찰을 얻는 데 도움이 될 것이다.

요즘 서구적 정신분석학과 동양적 명상의 전통 사이에 상당한 정도의 "대화"가 있다. 나의 관점에서 보면 그런 대화는 이제까지 실제로 거의 일어나지 않았다. 이것은 프로이트가 다른 맥락에서 종종 "간섭 없는 독백"이라고 이름붙인 것이다. 여기에서 내가 의미하고자 하는 것은 각자의 전통은 진리와 건강한 삶에 이르는 왕도인 것처럼 작동하여 상대방에게서 거의 배우지 않았다는 것이다. 프로이트와 그의 많은 동료들은 종교와 영적인 경험들을 병리화하고 변방으로 몰아붙였다.[1] 그리하여 서구 심리학의 유럽 중심적이고 지적으로 제국주의적인 렌즈를 통해서 종교와 영성을 보고서 종교적 신념들과 수행 및 영적 질문들을 유아적 의미와 기능으로 축소시켜버렸다. 정신분석의 유럽중심주의는 시인이면서 인도의 신비주의자 라마크리슈나의 제자인 로망 롤랜드Romain Rolland에 대한 프로이트의 반응에서 잘 드러나 있다. 『환상의 미래The Future of an Illusion』에서 프로이트가 언급한 종교의 비판에 반응하여 롤랜드는 프로이드의 전망이 많은 장점을 갖고 있지만 그러나 그것은 종교가 주는 매력의 가장 중요한 원천, 즉 "대양적 감정", "'영원성'의 감각", 무한하고 경계가 없는 그 무엇에 대한 감정을 무시하였다고 지적하였다. 프로이트는 『문명과 불만Civilization and Its Discontents』에서 자신이 스스로 "대양적" 감정을 발견하지 못하였다고 인정하면서 "정신생활에서 이런 불분명한 변형들"에 대처하는 것의 불편함을 말하고 있다(1930, 73). 그는 종교와 영적 경험을 병리화하였고, 그것들은 유아적 무력감과 연결된 퇴행된 상태 및 "무한한 자기애"를 산출하는 것으로 보았다. 그 후 정신분석자들은 소수(뢰발트 1978, 코벨Kovel 1991)를 제외하고는 프로이트의 이론을 따랐고, 또한 자아 경험이 갖는 이런 측면을 무시하고 병리화하였다.

정신분석은 그 고전적 형태 이후로 수많은 현대적인 관계적 형태들−대상관계 이론, 자기 심리학, 대인관계적 정신분석, 사회구성적 분석, 상호주관적 이론−로 인해서 고전적 정신분석은 아주 깊고 풍성해졌다. 여러 가지 방식으로 관계적 분석은 정신분석 초기에 나타난 문화적 종족주의와 폐쇄된 입장을 넘어서 전진하였다. 그러나 유럽중심주의는 여전히 정신분석계에 온존하여 활개치고 있다는 것을 최근 나는 깨달았다. 그 이유는 얼마 전 내가 정신분석 학회의 모임에서 관계적 학파에 소속된 뛰어나고 아주 개방적인 마음을 가진 정신분석가가 종교에 대해서 경멸적이고 사려 깊지 못한 발언을 하는 것을 들었기 때문이다. 종교 역사의 일부가 박해와 우상숭배의 이야기라는 것은 분명하지만—우리는 단지 십자군 운동이나 현대 종교의 근본주의자들을 떠올리면 된다—또한 자비와 지혜의 이야기이기도 하다. 종교와 영적 추구에는 의식적이고 무의식적인 이상화의 거대한 위험성이 있다. 정신분석가는 종교의 무비판적인 신성화를 깊게 밝혀왔다. 이런 무비판적인 태도는 비분석적이다. 왜냐하면 정신분석적 무신론을 포함하여 어떤 무비판적인 믿음은 정신분석적 태도에 반대되기 때문이다. 나의 임상경험에서 보면 그것은 그 자체로 방어적이고, 빈곤하고, 삶과 존재의 신성함과 충만함을 부인하는 것이다.

유럽중심주의가 시들해지고 있는 반면 서구의 현대 학자들은 종종 그 반대되는 극단의 접근방법을 취하고 있다. 나는 이것을 "동양중심주의 Orientocentrism"라고 부른다(루빈 1996). 동양중심주의는 동양적인 명상 원리들을 이상화하여 그것을 심리적이고 영적인 우주의 중심으로서 다루고 있다. 불교를 의심할 여지없는 진리의 원천으로 집착하고 그 우주적 타당성에 의문을 품지 않는다. 정신분석과 같은 비동양적 학문들이 불교의 우주적 타당성을 밝히는 방법에 비판적인 태도를 취하면 동양중심주의는 활기를 띤다. 불교는 유용하게 *집착*의 위험성을 밝히고 있다. 여기서 말하는 집착은 인간의 발달 단계와 심리적 변화에 놓인 한 개인의 심리적 연결성이나 집착의 중심성에 대한 존 볼비John Bowlby와 그의 동료들의 업적에서 볼 수 있는 집착이 아니라, 오히려 피할 수 없고 편재하는 고통을 야기하는 인간의 근본적인 경향을 말하는 것이다. 말하자면 이것은 영원하고 변하지 않는 자율적인 자아의 존재에서부터 선호된 정신 치료적 또는 불교적 이론의 궁극적인 타당성과 보편성에 이르기까지 경험의 어떤 측면에 비이성적으로 매달리는 것을 말한다. 정신분석과 불교의 최근 문헌의 대부분은 어떤 의미에서는 불교적이지 않다. 말하자면 저자들은 불교에 *집착하고* 있다. 우리가 아시아의 사유와 수행을 무비판적으로 신성화하면 그것이 갖는 맹점*과* 정신분석이 가질 수 있는 가치는 필연적으로 무시된다. 불교 *또는* 정신분석을 무의식의 구멍을 가진 인간적이고 오류가 있을 수 있는 창조물이라기보다는 고정된 진리로 받아들이는 것은 우리가 불교와 정신분석을 반성적이고 비판적으로 충분히 보지 못하게 한다. 이로 인해서 우리는 맹점과 한계를 무시하게 된다. 불교의 경우 동양적 명상 이론들과 수행을 서구에 이식하는 데 당혹스럽지만 반드시 있어야만 하는 본질적인 의문을 회피하게 된다. 예를 들면, 미국불교에서 스승들―그들은 스스로 깨달은 존재라고 추정되고 있다―을 포함해서 지도자들이 왜 그렇게 많은 스캔들이 있는가? 그들은 왜 학생들을 성적으로 착취하고 재정적으로 부적절한 행동에 개입하며 중독에 힘겨워하고 있는 것인가?

정신분석과 동양의 명상 사유 사이에 일어나는 접점의 가능성에 대한 문헌은 감사하게도 프로이트와 많은 서구의 심리학자, 임상의들이 갖는 식민주의적 유럽 중심의 관점을 넘어서서 나아가고 있다. 이제 정신분석과 불교의 대화는 동양중심주의를 넘어설 필요가 있다. 우리가 필요로 하는 것은 서구 정신분석과 동양 명상 전통 사이의 *새로운 종류의 밀접한 만남*이다. 그런 *상호적인 대화*에서 상호 존중, 차이의 자각, 서로 배우는 수용성이 있게 된다(루빈 1996, 1999). 그런 대화를 갖기 위해서는 불교 또는 정신분석은 스스로 특별하고 오류가 없는 지혜의 원천이라고 집착해서는 안 된다. 서로 상대방에게서 배우고 변화하고자 하는 의지가 있을 때만 상호 교류의 수정受精이 일어날 수 있다.

　당신이 정신분석과 불교의 접점에 대한 나의 관점을 이해하기 위해서 내가 집필하고자 하는 전체적인 맥락에 대해서 몇 가지 언급을 하고자 한다. 이러한 관점은 정신분석이나 불교의 사유 또는 수행에 친숙하고 고유한 또는 기존의 범주나 학파에 꼭 맞는 것은 아니다. 그리고 이것은 우리가 평소에 깊이 조건화된 몇 가지 편안한 랜드마크를 결여하고 있기 때문에 약간은 혼란스러울 수도 있다. 나의 관점은 *한 학파*의 사유가 아니라 *감성적인 것* 또는 *사유의 공간*―위니컷이 말하는 변화의 의미― 이다. 사유와 수행의 전통들은 통찰과 지향을 줄 뿐만 아니라 이런 사유와 수행과 일체화되는 공동체를 준다. 그것은 위안과 부가적인 지식을 준다. 그러나 수행과 사유는 힘을 주기도 하지만 노예화할 수도 있다. 그것이 불교이든 정신분석이든 간에 특별한 학파의 사유와 동일시하는 것 ―불교적 의미에서 집착―은 실재가 갖는 다른 측면들을 배제하여 버린다. 내가 강조하고자 하는 감성적인 것은 일종의 한계적인 공간, 불교적 의미에서 중간의 길(중도)이다. 이런 관점은 나의 인생을 포함해서 모든 인생을 어떤 이론보다 복잡한 것으로 간주한다. "진리"는 어떤 특별한 학파의 사유 영역이 아니다. 진리는 때로 여러 학파와 다양한 사유들의 교차점에서 자라고, 그 교차점에서 새롭고 결실을 맺을 수 있는 새로운 지각과 질문들이 발생할 수 있다.

　도교가 우리에게 가르쳐 주는 바와 같이 어떤 특정한 것에 한정되지 않고 가두어지지 않은 길이 있다. 우리는 이것으로 많은 이론 체계들을 포용하고 인정할 수 있다. 이렇게 하기 위해서는 진리의 유일한 원천인 기존의 정신분석적 전통이나 불교적 전통이 주었던 안전함과 편안함을 포기할 필요가 있다. 그리하여 이들 사이에 생긴 공간에서 춤출 수 있고―

앞뒤로 가면서— 서로에게서 가장 좋은 것을 더 자유롭게 사용할 수 있다.[2]

통합적이고 횡문화적인 심리학의 기획에는 적어도 다음과 같은 세 가지 질문이 핵심적이다. 즉 각 전통은 어떤 것을 독특하게 조명하고 어떤 것을 제외하는가? 정신분석은 어떻게 영적 추구자들에게 도움이 될 수 있는가? 불교와 같은 명상적 이론들은 정신분석을 어떻게 풍부하게 할 수 있는가? 정신분석과 불교는 이런 질문으로 변화될 수 있다. 이렇게 하여 우리는 삶의 예술에 보다 더 충만하고 통합적인 접근을 할 수 있다.

정신분석이 공언하고 있는 도덕적 중립성을 고려하면 정신분석과 좋은 삶을 함께 언급하는 것은 처음에는 어색하게 들린다. 좋은 삶이나 충만한 삶은 대개 정신분석이 처방하거나 또는 처방해야만 하는 그 무엇은 아니다. 정신분석의 많은 덕목 중의 하나는 고대의 영적인 전통이나 명상적인 영적 문헌과는 달리 어떻게 살아야 하는가에 대한 소크라테스적 의문에 공식적인 답변을 규범적으로 제정하거나 제공하지 않는다는 점이다. 그런 태도에는 많은 장점들이 있다. 예를 들면, 강제적인 외적 압박의 최소화, 환자 자율성의 보호, 다른 삶의 양식에 대한 개방성이다.

정신분석이 건강함에 대해 관심을 적게 두고 또한 가치에 개입하는 데 주저한다는 것을 감안하면 정신분석은 잘 사는 삶을 조명하는 데 별로 유망한 후보로 보이지 않는다. 사실 정신분석은 *정신분석학적으로* 접근하지 않는 한은 이런 주제에 대해 어떤 것도 제공하지 못하는 듯이 보인다. 여기서 '정신분석학적으로'라는 표현으로 내가 의미하는 것은 통념과 달리 정신분석을 읽거나, (심지어 정신분석가조차) 분석의 표준적 해석들에 의문을 제기하거나, 정신분석적 공식에서 의미와 함축성을 드러내기 위해서 잠재적인 것을 추구하거나, 말하지 않고 남겨두었지만 때로는 분명히 의미가 있는 것을 정신분석가가 다룬다는 것이다. 정신분석 자체에 대한 "프로이드적" 태도를 수용한다는 것은 정신분석적 이론과 임상에서 *무의식적* 측면에 흥미를 가지는 것이다(루빈 1998). 좋은 삶에 대한 정신분석적 유산은 어떻게 살아야만 하는가에 대해 명시적인 지침을 주는 것이 아니라 단지 정신분석 역사의 초기 저술에서 싹으로 남아있을 뿐이다. 정신분석가가 좋은 삶에 대한 함축적 의미가 정신분석적 문헌에 내포되어 있다는 것을 의식적으로 항상 알고 있는 것은 아니다. 정신분석적 문헌에는 좋은 삶에 대한 함축성들과 이에 대한 정신분석적 전망들이 있지만 이런 것을 정신분석가들이 항상 의식적으로 사용하고자 하는 것도 아니고, 또한 항상 의식적으로 자각하고 있는 것도 아니다. 종종 정신분석가들은 자신들의 논문과 삶을 통합하고 있지 못하다.

정신분석계의 외부에서−때로는 심지어 정신분석계 내부에서도(예를 들면, 모리노와 웨어Molino and Ware 2001)−내가 의미하는 바에 의하면 정신분석은 사회적 조절과 순응의 형태로 *정상화시키는 것*으로 여겨진다. 정신분석은 이런 점에서 억제적이기도 하지만, 관습과 반대로 나가기도 하고 정상적인 것을 일탈하기도 한다. 정신분석이 인간의 성공적인 발달이나 정신분석 치료의 성공을 모두 알고 있다고 자만할 때 보수적이 된다. 이렇게 되면 환자는 프로크루스트의 침대에 놓이게 되고 진정한 치료와 성장의 가능성은 협소화된다. 정신분석은 권위에 도전하고 정상의 기준을 변화시키고 극복하고 확장할 때 해방될 수 있다. 정신분석이 자신의 권위를 흔들어 될 때 좋은 삶에 대한 풍부하면서도 도발적인 대안이 등장하게 된다.

정신분석이 가치에 대한 처방을 적절하게 포기하게 되면 정신분석은 좋은 삶이 갖는 다양하고 도발적인 제안을 할 것이다. 여기서 나는 오덴 W. H. Auden의 "에덴의 꿈들"에서 한 구절을 빌려서 좋은 삶의 여러 정신분석적 버전들을 탐색할 것이다. 이에 대한 성찰은 정신분석에 코드화되어 있는 암묵적인 지식을 개방할 뿐만 아니라 보다 더 충만한 삶에 기여하게 될 것이다.

"좋은 삶을 살아간다는 것은 무엇인가?"라는 질문은 고귀한 역사를 가지고 있다. 에리히 프롬이 "삶의 달인들(1995, 17)"이라고 부른 사람들－노자, 붓다, 소크라테스, 아리스토텔레스, 에피쿠루수, 예수, 예언자들, 몽테뉴, 소로우, 니체, 마르크스, 알버트 슈바이처 등－이 관심을 보이는 핵심은 인간은 어떻게 살아야만 하는 것인가에 대한 것이다. 이렇게 포괄적이고 중요한 주제에 대한 현대의 두 가지 주요한 사고방식을 들자면 하나는 세속적이고 물질적인 이상을 추구하는 것이고 두 번째는 영적인 이상을 추구하는 것이다.

프랑수아 라블레François Rabelais는 텔렘 대사원the Abbey of Thélème의 건립과 함께 자신의 풍자적 대작인 『가르강튀아Gargantua』를 끝맺고 있다. 텔렘에서는 부, 행복, 쾌락이 인생의 목표이다. 세상에서 좋은 삶은 종종 유사한 쾌락적 이미지들과 결합되어 있다. 즉 "모든 것"을 가질 수 있고, 물건을 사고 축적할 수 있는 무한한 자유, 쉼 없는 즐거움, 사치, 편안함을 추구하는 능력, 자신이 원하는 대로 살고 원치 않는 의무와 강제를 포함한 힘든 외적인 구속에서 벗어나는 능력과 힘이다. 대중 매체들－영화, 텔레비전, 책, 잡지, 신문－은 이런 종류의 삶을 부추기고 있다. 우리 사회 대부분의 사람들에게 이런 목표는 대단한 설득력을 가지고 있다. 이런 목표의 멍청함을 매도하는 사람들조차도 자신들이 그것을 실현하였는지에 따라서 자신을 판단한다. 대부분의 많은 사람들은 AT&T와 함께 "당신의 손안에 모든 것이 있다"고 믿으면서 무의식적으로 (의식적으로) 이런 목표들을 성취한다면 자신이 행복할 것이라고 생각한다.

심지어 아주 부유한 사람들조차도 소외, 공허함, 스트레스 질환, "더 있어야만 한다"고 느끼고 있다.[3] 재정적인 부와 정서적 건강 사이에 직접적인 관련이 없다는 사실은 부유한 환자들의 환멸과 간헐적인 절망을 들어본 일부 분석가들에게 새로운 뉴스는 아닐 것이다. "모든 것을 가진다는 것" 또는 그것을 성취하기 위한 노력은 좋은 삶을 구성하는 것이 아니라 때로는 사실상 방해가 된다. 이것은 놀랄 만한 일이 아니다. 결국 텔렘 대사원의 가장 두드러진 모습은 감각적인 즐거움이 아니라 사원의 그 두꺼운 벽들이다. 사원 안에는 누구나 비밀을 갖고 있고 외부 세계와 단절되어 있다. 그러므로 "다른 측면"을 볼 수도 없다. 로버트 프로스트 Robert Frost가 말한 바와 같이 좋은 담은 좋은 이웃을 만든다. 또한 좋은 담은 좋은 감옥도 만든다. 텔렘의 벽은 거주자들을 감금하고 외부인들을 추방하고 있다.

좋은 삶에 대한 기존의 경향에 대항하는 관점이 이제 점차로 인기를 끌고 있다—이것은 "영적"인 관점이다. 좋은 삶에 대한 영적인 관점은 단일한 형태는 아니다. 그러나 이것은 부와 레저의 끊임없는 추구에 강력히 도전하는 몇 가지 모습을 지니고 있다. 즉 본질적이고 올바른 자아를 발견하여 실현하고자 하는 노력, 이기적이지 않은 것의 이상화, "자아 초월"이지만 인간적인 범위 내에서 체험 가능한 오염되지 않은 영역에 대한 믿음이다. 점점 많은 사람들이 이런 영적인 이상에 강력한 흥미를 보이고 있다. 그러나 최근 만연하는 자아 중심적이고 도덕적 책임을 완전히 상실하면서 일어나는 영적인 공동체의 빈번한 스캔들은 좋은 삶의 영적 이미지와 이기적이지 않음의 이상에 심대한 의문을 던져주고 있다. 많은 불교 스승들이 점차로 약물 중독에 빠지는 것도 마찬가지이다.

정신분석은 잘 사는 삶의 세속적인 모습과 동시에 영적인 모습의 한계를 밝혀준다. 명상의 많은 전통들은 인간이라는 존재가 성장에 대한 저항을 보이고 변화에 대단히 저항한다는 것을 잘 알고 있지만, 이런 전통들은 정신분석이 밝혀주는 무의식에 대한 포괄적인 이해와 체계적인 접근에 대한 인식이 결여되어 있다.

무의식—융은 우리와 함께 살아가고 우리를 관통하고 있지만 우리가 모르는 것을 무의식으로 간주하였다—은 분석가와 구루가 오류를 범할 수 있다는 것을 분명히 확인시켜 준다. 자신을 스스로 완전히 알지 못한다는 것은 우리 자신, 대인 관계, 외적 세계에서 불투명하고 발견되지 않은 영역이 항상 존재할 것이라는 것을 의미한다. 우리 자신에 대한 완벽하고 완전한 지식을 성취하고자 하는 영적인 이상은 융이 인식한 바와 같이 영적 수행자를 유혹하는 로맨틱한 소망이다.

정신분석은 명상 전통들의 "비심리학적"이거나 심리적 고려가 전혀 없는 번쇄한 계율들을 비판하고 있다. 그 이유는 이것이 심리적 삶과 윤리를 너무 단순화시키고, 인간의 성장 발달과 개인적 역사를 무시하기 때문이다. 정신분석이 밝혀주고 있는 것은 좋은 삶에 대한 명상적 전통들이 자기 기만의 보편성을 무시하고 과거의 영향(개인과 가족의 역사가 한 개인의 가능성을 차단하고 자신과의 관계 및 타인과의 관계, 세계와의 관계를 제한하는 것)을 간과하고 또한 성격, 전이, 무의식이 갖는 고집스러운 완고함을 과소평가하고 있는 점이다(루빈 1996). 명상의 전통들은 의도와 행동이 다양한 무의식적 의미와 기능을 갖고 있다는 점을 무시한다. 영적 수행자의 이타심이 허영심과 가식을 숨기고 있을지 모른다. 자기 폄하는 영적인 금욕으로 가장될 수 있다. 그리고 겸손은 낮은 자존감이나 경쟁에 대한 두려움이라는 땔감에서 불타는 것일 수도 있고, 이것은 고통과 한계에 대한 절실한 느낌이 이론이나 물질적 대상,

심리적 또는 영적 수행에 과도하게 사로잡힌 것일 수도 있다.

잘 사는 삶의 명상적이고 세속적인 개념들과 씨름하는 동안 우리는 비전 또는 행동 지침의 결여로 길을 잃고 방황하게 된다. 정신분석과 불교의 대화는 이런 주제에 의미 있는 공헌을 할 수 있다. 얼른 보기에는 정신분석은 좋은 삶을 규명하는 데 별로 좋은 장치로 보이지 않는다. 왜냐하면 정신분석의 "비극적인" 세계관(건강이 아니라 질병에 초점을 맞춘다), 개별적이고 고립된 개인에 대한 관심,⁴ 도덕적 중립성에 대한 비중 때문이다. "비극적"인 세계관은 인간의 존재를 관통하고 있는 피할 수 없는 신비들, 딜레마들, 고통들에 대한 인식을 말한다(샤퍼Schfer 1976). 비극은 일반적인 사용법과는 달리 "불행하거나 재난적인 결과"를 반드시 의미해야만 하는 것은 아니고(47) 오히려 다음과 같은 사실을 변함없이 인정하는 것이다. 즉 시간은 불가역적이고 되돌릴 수 없다는 것, 인간은 환생을 향해서 가는 것이 아니라 죽음을 향해서 움직이고 있다는 것, 선택은 갈등과 타협을 포함한다는 것, 고통은 불가피하다는 것이다. 종교적 위로는 비극적 관점에서는 비현실적이다.⁵ 비극적 세계관에서 유래되었고 이러한 세계관과 밀접하게 연관되어 있는 정신분석은 건강, 창조성, 친밀함, 영성을 등한시하는 질병의 심리학이다.⁶ 위니컷이 적절하게 지적한 바와 같이 정신분석은 질병과 떨어져서 "*삶 그 자체*에 대한 것의 의문과 씨름하지 못하고" 있다(1971, 98). 예를 들면, 프로이트 문헌의 표준판은 신경증과 병리학에 대해서 400개 이상의 논문이 포함되어 있지만 건강에 대한 논문은 하나도 없다. 정신분석은 병리학에 초점을 맞추고 있기 때문에 프로이트의 레오나르도 다 빈치에 대한 "병리적 기록"처럼 건강을 웰빙이라기보다 질병의 부재라고 간주하는 경향이 있다. "분석의 목표들"－개인적 통합, 고양된 현실 검증력, "사랑과 일"의 능력, 강화된 자아 강도, 확대된 자아성찰과 자아분석의 능력ー에 대한 정신분석적 설명을 읽는 것은 종종 예술가와 영적 수행자들이 땅 위(나는 천국에 대해서는 모른다)에 더 많은 것이 있다고 믿는 것을 이해하는 것과 같다. 인간의 조건에 대한 명상적 전망들은 정신분석이 비극적이고 세속적인 세계관으로 인해서 또한 치유와 건강에 대한 인간적 가능성들을 체계적으로 폄하하는 데에 기여하고 있다는 점을 암시하고 있다. 그러므로 좋은 삶에 대한 개념이 정신분석의 문헌에서 거의 볼 수 없다는 것은 놀라운 일이 아니다.

좋은 삶의 성질을 밝히는 것은 적어도 두 가지 이유에서 정신분석에서는 중요하다. 첫째는 임상적이고, 둘째는 문화적이다. 정신분석은 가치중립적이 아니다. 분석가는 자신이 의식적으로 좋은 삶에 대한 개념을 생각하지 않고, 더구나 자신이 분석가로서 중립적인 태도 이외에 다른 분석적 방법을 갖고 있지 않다고 주장할지 몰라도 사실은 좋은 삶에 대한 비전을 갖고 있다. 정신분석가는 치료의 종결 시기를 알기 위해서 치료되었다는 것의 이미지를 갖고 있어야만 한다. 그리고 치료되었다는 것의 개념을 알기 위해서는 분석가는 좋은 삶의 비전을 갖고 있어야만 한다. 이런 비전들은 무의식적으로 숨겨진 방식으로 작동하기 때문에 중요하지 않게 보일지 모르지만 사실은 우리의 일상을 지배하고 있다. 사실 이것들이 숨겨져 있기 때문에 발달 형성에 더욱 영향을 미친다.

좋은 삶이라는 주제가 중요한 두 번째 이유는 현대 세계에 놓인 정신분석의 위치에 문제가 있다는 것과 연관되어 있다. 우리는 두 가지 의미에서 비도덕화적인 세계에 살고 있다. 많은 사람들은 절망하고 좌절하고 있다. 그리고 도덕이 예외이고 쾌락주의가 인간 행동의 대부분 영역에서 지배력을 발휘하고 있는 시대에 살고 있다. 선출된 관리들, 종교적 지도자들. 행정가들, 언론인사들, 엔터테이너들, 프로 운동선수들 모두는 자신을 추앙하는 행동을 하면서 자신의 행동이 다른 사람에게 미치는 영향에 대해 양심 없이 아무 걱정도 하지 않고 행동한다. 어떤 것을 해도 상관이 없고 이성에서 계시에 이르는 모든 것이 해체되고 폭로될 수 있는 도덕 방임의 세계에서 사람들은 행동의 기반이나 지도적 지침이 없는 곳에 내던져져 있다. 많은 사람들은 표류하고 있음을 느낀다. 자아중심성, 쾌락주의, 트랜디한 정신영적의 임시변통 즉효약과 자기 마취적인 행동은 그 틈을 메우기 위해 움직이고 있다. 과연 우리가 도덕적 질병에 걸렸다고 느끼는 것이 놀라운 일인가?

정신분석은 적어도 세 가지 이유에서 좋은 삶을 규명하는 데 좋은 입장에 서 있다. 첫째로 정신분석은 우리 문화에 만연되어 있는 인지적 과잉, 정서적 단절, 일차원적인 삶을 살아가라고 하는 압박에 대한 피난처이다(루빈 1998). 이처럼 정신분석은 우리가 어떻게 살아야만 하는가라는 궁극적인 질문을 탐색하기 위한 교육적이고 정서적으로 친밀하고 상대적으로 충돌이 없는 맥락을 제공한다. 둘째로 정신분석은 좋은 삶을 규명하는 위치에 있는데, 그 이유는 일상생활에서는 잘 탐색되지 않는 인간 주관성의 깊이에 접근하기 때문이다. 정신분석은 무의식을 높이 평가하지만, 무의식은 모든 종교적이고 영적 이론에서는 종종 무시하는 분야이다. 또한 정신분석은 당연하게 받아들이는 동기와 의미를 비신화화하여 그것에 도전하는 "의심의 해석학"이기도 하다(리쾨르 1970). 세번째로 정신분석은 포스트 모던 이론들과 달리 비판적이지만 재구성적이고 비신화화하지만 긍정적이다. 정신분석가들은 인간들이 종종 특정한 사람에게 투사한 권위에 의문을 품지만 다른 분야의 전문지식을 부정하지 않는다. 정신분석가는 객관성이 존재한다고 생각하지 않지만 대책 없는 허무주의로 뛰어들지 않는다. 정신분석가는 스스로 자신을 지배하고 있다는 식의 기만적인 어린아이는 던져버리지만 인간은 복잡하고 다양한 성질들을 갖고 있다는 점을 인식하는 목욕물은 버리지 않는다(루빈 1998).

그러나 좋은 삶을 규명할 수 있는 정신분석의 잠재성에도 불구하고 이런 주제에 대한 정신분석적 문헌을 찾아보면 헛걸음을 치게 된다. 에리히 프롬(1974?, 1998)과 레슬리 파버(1976)는 소수의 입장에 서서 이런 중요하지만 무시된 주제를 아주 분명하게 제기하였다. 정신분석에서 이런 주제가 무시되어 왔던 최소한 다섯 가지의 이유들이 있다. (1) 정신분석의 위대함을 입증하기 위해 과학이라는 입장에 편승하는 것은 정신분석이 이 험난한 세상에 자신을 합법화하고자 하는 하나의 중요한 방식이다. 중립성은 과학의 자기 이미지에 중심적이다. 중립성이라는 유산으로 인해서 분석가들은 자신의 치료가 오염되는 것을 불편해한다. 그러므로 환자에게 좋은 삶이 어떤 것인가에 대한 자신의 생각을 피력하는 것을 금지하는 것이야말로 분석가의 정상적인 분석 치료이다. (2) 정신분석은 치료의 종결 과정과 실제의 종결에 대한 저항에 대해서 기록하는 것을 꺼린다. 치유와 좋은 삶에 대한 성찰이 명시적으로 가장 중심적인 역할을 할 수 있는 곳은 치료의 바로 이 단계이기 때문에 치료의 이런 과정을 무시하는 것은 건강의 문제를 정신분석이 불충분하게 다루었다는 것을 의미한다. (3) 완전하게 분석된 환자(또는 분석가)는 오늘날 현대 정신분석에서는 하나의 허구로 간주된다. "완전한 분석"의 완벽한 이상이 갖는 환영적인 성질을 분석가들은 인식하기 때문에 모호하게 여겨지는 건강이라는 주제를 무시하는 경향을 보인다. (4) 정신분석은 자신의 비극적인 세계관과 함께 인간의 발달 과정에서 일어난 잘못된 사건에 초점을 맞추는 질병의 심리학이다. 프로이트에 의하면 최고의 인간들은 "신경증적 불행을 공통적 불행"으로 변화시킬 수 있었던 사람들이었다(브로이어와 프로이트 1895, 304). 고통은 불가피하다고 프로이트는 생각하였고, 이것은 우리의 생물학적인 본성 특히 본능과 문명의 명령 사이에 내재하는 긴장 때문이다. 우리는 내몰린 피조물들이다. 우리는 자신의 비사회적이고 신체적인 것에 기반을 둔 성적 및 공격적인 환상들과 욕동들과 문명의 압제적이고 억압적인 요구 사이의 충돌로 인해서 자신의 고통을 창조하는 피조물이다. 긴장 없는 삶은 더할 나위 없이 좋다. 프로이트와 그의 뒤를 이은 많은 정신분석가들에 따르면 인간의 고통은 없어지지는 않지만 줄어들 수는 있다. 고통이 완전히 없어질 수 없는 세상에서 좋은 삶은 명징한 안목을 갖고 합리성과 함께 살아가고, 구원을 위한 잘못된 종교적 희망이 포함된 왜곡된 환상을 벗겨내고, 보다 더 큰 명료함과 금욕적인 평정과 함께 삶의 부담을 견디면서 어느 정도의 성공과 만족을 갖고 사랑하고 일하는 능력을 갖는 것이다. (5) "의심의 해석학"과 함께 정신분석은 명백하게 건설적인 생각과 행동 아래에 숨겨져 있는 불결한 바닥을 탐색하면서 긍정적인 것을 밝혀내는 특성을 지니고 있다. 세익스피어의 말을 빌리자면 분석가가 "오늘은 우리가 이러고 있지만 내일은 우리가 그렇지 않을 수도 있다"는 것을 아는 것이 놀랍지 않은가.

정신분석과 좋은 삶

프로이트에게 점검된 삶은 좋은 삶에서 필수적인 것이다. 프로이트는 무의식, 전이, 저항 꿈 작업에 대한 글을 쓰면서 깊은 자기 탐구라는 수많은 세기의 오래된 아우구스투스적인 전통을 지속하였고, 또한 혁신적으로 연장하였다. 인간의 성찰, 행동, 도덕성은 프로이트가 무의식을 파헤친 이래로 더욱 복잡해졌다. 무의식은 자기기만의 보편성, 완전한 자기인식의 불가능성, 정교한 창조의 가능성이라는 것의 또 다른 단어이다. 우리는 우리 자신에 대해서 투명하지 않다. 행동과 의도들은 여러 의식적 및 무의식적인 의미와 기능들을 가진다. 이런 이야기에는 여러 가지 도덕들이 있기 마련이다. 즉 그런 세계에서 우리는 자신들을 속이고 악을 행하는 끊임없는 능력을 가진다. 우리는 우리 자신을 완전히 알 수 없다. 우리는 자신과 무의식적으로 소통하고 치유하는 정교한 능력을 가지고 있다. 또한 점검된 삶은 결코 끝나지 않는다(루빈 2003).

프로이트는 "당신의 눈을 내면으로 돌려라. 당신 자신의 깊이를 보아라. 우선 스스로를 아는 것을 배워라"라고 쓰고 있다. 불교의 중심적인 가정은 대부분의 사람들이 명상과 같은 정식적인 정신적 훈련 없이 자신의 경험이 갖는 실질적인 질감을 모르고 살아가면서 백일몽을 꾸고 있다는 것이다. 특별한 정신적 훈련 없이 우리는 사고, 감정, 환상에 정서적으로 사로잡혀 있다. 우리는 계획하고, 강박적으로 생각하고, 백일몽을 꾸고, 걱정한다. 우리는 끊임없이 과거를 돌이켜 반추하고 미래를 걱정한다. 그런 반면 우리는 현재를 놓치고 있다.

치료에 참여하고 자기분석을 지속하는 것은 분명히 자기인식을 보다 더 함양시킨다. 불교는 또한 명상을 추천한다. 즉 현재의 순간에 일어나는 그 무엇이라고 하더라도 그것에 주의 깊고 비판단적인 집중을 하라고 한다. 나는 그것을 경험 근접 방식으로 자신의 정신적 작업을 탐구하기 위해 마음을 내면으로 돌리는 것이라고 생각한다. 일반적인 오해와는 달리 명상적 훈련의 목적은 어떤 특별한 일이 일어나게 하는 것—예를 들면, 재잘되는 마음을 고요하게 하거나 또는 마음을 비우는 것―이 아니라 자기 우호감의 정신으로, 즉 인내와 내면적인 광활함과 수용의 감각으로 자기 경험에서 일어나고 있는 것(그것이 혼란스럽거나 어지럽다고 하여도)은 무엇이라도 스스로 관계를 맺는 것이다.

베트남의 선의 스승인 틱낫한은 일상생활에서 알아차림을 수행하는 예를 보여주고 있다. 즉 "설거지를 하는 동안에도 당신은 설거지 다음 차 마시는 것을 생각할 수도 있다. 그리고 빨리 설거지를 하고 차를 마시고 싶을지도 모른다. 그러나 그것은 설거지를 하는 동안에는 삶을 충분히 살고 있지 못함을 의미한다. 당신이 설거지를 할 때 설거지하는 것이 당신의 삶에서 가장 중요한 것이 되어야만 한다. 그것은 마치 당신이 차를 마시는 동안에는 차를 마시는 것이 당신의 인생에서 가장 중요한 일이 되어야만 하는 것과 같다"(틱낫한 1987, 24).

명상 또는 알아차림은 자기인식을 계발하고 순간순간 자각이나 주의집중을 함양하는 능력을 키우는 데 무엇과도 비교할 수 없는 수단이다. 선禪의 이야기는 불교가 지향하는 알아차림이 우리가 자각(알아차림)에 대해 평범하게 생각하거나 말하는 의미보다 훨씬 더 포괄적이라는 것을 보여주고 있다. "난인[선의 스승]은 텐노[선의 제자이고 열망하는 스승이다]의 방문을 받았다. 텐노는 제자의 수행과정을 마치고서 스승이 되었다. 그날 우연히 비가 왔고 텐노는 나무 나막신을 신고 우산을 가지고 왔다. 난인은 그를 맞이하고 난 다음 말했다. '나는 현관에 당신이 나막신을 남겨놓은 것으로 보았다. 나는 당신의 우산이 나막신의 오른쪽인지 아니면 왼쪽에 있는지를 알기를 원한다?' 텐노는 혼란스러워서 바로 대답을 하지 못하였다. 그는 바로 그 순간 자신이 선수행을 제대로 못했다는 것을 알았다. 그는 난인의 제자가 되었고, 그는 자신의 한-순간 선

(every-minute Zen)을 성취하기 위해서 6년 더 공부를 하였다"(렙스Reps 1919, 34).

명상은 우리가 듣고 있을 때 듣는 능력, 보고 있을 때 보는 능력, 먹고 있을 때 맛보는 능력을 함양시킨다. 명상을 하는 동안에는 이전에 접근할 수 없던 생각, 감정. 환상들이 나타난다. 보다 넓은 범위의 감정들과 함께 또한 이런 감정들을 관통하면서 고요히 앉아 있는 능력을 계발한다. 그리고 보다 더 자기 수용적이 되어간다. 또한 현재에 더 집중하게된다. 우리는 보다 더 쉽게 깊이 자신, 다른 사람들, 동물들, 자연과 교감할 수 있다. 공감과 자비가 깊이 함양된다(루빈 1996).

우리 문화는 묵시적일뿐만 아니라 명시적으로도 내면적인 삶과 몸으로 된 존재가 갖는 아찔한 복잡성을 넘어서고자 하는 분위기에 만연되어 있다. 무의식의 개념은 자기지배와 자기초월의 꿈에 심각한 의문을 던진다. 정신분석에서 그러한 것처럼 완전한 자기자각이 환영으로 보인다면 점검된 삶은 영원히 끝나지 않는 것으로 여겨진다. 그러므로 정신적 건강과 좋은 삶은 하나의 과정이지 목적은 아니다. 멜라니 클라인(1960)은 정신적 삶이 갖는 환원할 수 없는 흐름이라는 성질을 지적하였다. 즉 이것은 바로 하나의 도정이고, 그런 과정에서 우리는 존재의 변화 무쌍한 상태를 경험하는데, 그 과정 하나하나는 연관되어 있음과 방어하고자 함이라는 점에서 나름 독특한 스타일로 채워져 있다. 이렇게 클라인의 관점에서 보면 정신적 건강은 영원히 어려움을 초월하고 정적이고 갈등이 없는 존재의 상태에 도달하는 것이 아니라 과정의 흐름에 빠지지 않고 영원히 변화하고 때로는 세찬 물결에 삶을 기술적으로 항해하는 것이라고 볼 수 있다.

일본의 미학에서는 *와비 사비*/Wabi sabi를 강조하고 있는데(코렌Koren

1994, 7) 여기에서는 때로는 불완전한, 영원하지 않은, 완벽하지 않은 존재의 아름다움을 서술하고 있다. 우리 문화에 널리 퍼져 있는 완벽함에 대한 환영적인 생각을 멀리하면서 정신분석은 바로 이런-(다른-이 아니고) 삶의 세속적인 개념에서 일본의 미학과 선불교와 함께 하고 있다. 이 것은 현실적인 이상을 제공하고 우리 문화를 사로잡고 있는 임시변통의 멘털리티를 완화시킨다. 여기에서 함의하는 바는 좋은 삶이라는 것은 고통과 갈등을 넘어서서 고통과 갈등이 없는 영원하고 불가역적인 상태를 성취하고자 추구하는 것이 아니라 오히려 혼잡하고 복잡함 속에서 순간순간 삶에 참여하고 포용하는 것을 말한다.

사람들은 이것을 요구하고 박탈하고 추구하고 상실한다. 우리가 자유라고 부르는 것을 통해서 원하는 것은 도대체 무엇인가? 존 메이나드 키이스John Maynard Keyes가 어디에서 말한 바와 같이 자유는 영원한 각성을 요구한다. 그것은 종결되지 않는 자기점검을 요구한다. 자유는 현대의 대중적이고 학문적인 담론에서 종종 극단적인 용어로 언급된다. 말하자면 우리는 자유롭거나 *아니면* 미리 결정되어 있다. 또한 (포스트모더니스트들에 의하면) 우리는 언어와 역사의 꼭두각시이거나 *또는* "단지 아니라고 말하는 것", "단지 그것을 하는 것"만이 가능하다(마치 자조自助적 구루들과 텔레비전의 광고가 주장하는 바와 같이). 특히 프로이트의 정신분석적 작업, 그리고 일반적인 정신분석에서는 이런 논쟁적인 용어들이 문제가 있다고 시사한다. 왜냐하면 이런 용어들은 존재가 갖는 상호 연결되고 강화되는 경험, 즉 성찰과 자기 변화의 조건과 능력을 극단화시켜서 표현하고 있기 때문이다. 프로이트에게 자유는 항상 맥락과 연관되어 있는 상대적인 것이지 절대적인 것이 아니다. 즉 내가 *구조-속의-자유*라고 생각하는 것이다. 이것은 요가 수행자가 통제의 현실을 지속적으로 경험하는 것과 같다. 우리 모두가 자신의 삶을 기록하고 있는 저자이지만 그렇다고 해서 우리의 저작권이 한계가 없는 것이 아니다. 우리는 또한 결정되어 있다. 누구도 세익스피어가 이름 붙인 "육체가 상속받은 수만 가지 충격이 사라진다면"이라는 식으로 초월할 수 없지만 어느 정도의 자유를 얻을 수 있다. 이것이 피터 게이Peter Gay가 적절하게 이름 붙인 프로이트의 "자유의 결정론적 심리학"이다(1990, 89).

산도르 페렌치에게 자유의 가능성은 프로이트보다 더 급진적이었다. 페렌치는 정신적 건강을 경험하는 것이 가능할 뿐만 아니라 더 억압받지 않는 삶으로 가는 것이 가능하다고 생각하였다. 「정신분석적 기법의 탄력성The Elasticity of Psychoanalytic Technique」(1928)이라는 논문에서 그는 전이의 해소와 초자아 형성 그리고 삶을 탄력적으로 살아가는 것을 성찰하면서 정신분석이 최대한의 능력을 발휘하여 발전 가능한 자유를 믿고 희망하였다.

> 분석가의 초자아를 포함해서 어떤 종류의 초자아라도, 어쨌든 일시적이라도 이것을 처리하는 것은 진정한 성격분석의 일이다. 환자는 자신의 이성과 리비도적 성향과 상관없는 어떠한 정서적 애착이라도 반드시 제거해야 한다. 초자아의 완전한 해소만이 혁신적인 치료를 가져올 수 있다. 하나의 초자아를 다른 초자아로 대체하는 식의 성공은 전이 성공에 불과하다. 이것은 치료의 마지막 목표 즉 전이의 해소를 성취할 수 없다. … 종결된 분석이 추구하는 이상적 결과는 정신치료자에게 요구되는 분석적 기법의 유연성elasticity 바로 정확히 그것이다. (99)

페렌치에게 좋은 삶은 강제 받지 않는 해방된 삶이었다. 우리는 치료되기 위해 자유연상을 하는 것이 아니라 자유연상을 할 때 치료된다고 페렌치는 주장하였다(1927, p.79). 이로써 그가 의미한 바를 나는 다음과 같이 생각하였다. 즉 우리가 사회적 순응, 자동적 복종, 자신을 무시하고 타인을 위한 의무를 수행할 때보다 더 즐겁게 놀고, 더 자유롭고, 더 올바르고, 더 자발적으로 살아갈 수 있을 때 우리가 치료된다는 것이다.

자유와 함께 책임이 따른다. 고통, 악, 윤리에 대한 현대의 대중적이고 학문적인 논의들은 잘못된 대조적 분리를 확립하는 듯이 보인다. 즉 도덕적 책임감과 공감의 분리이다. 우파적 정치적 평론가들은 도덕적 책임을 요구하지만 가난에 찌들거나 억압받은 사람들에게 공감을 하지 않는다. 짓밟힌 사람들을 위한 자유주의 변론자들은 그들의 고난에 대해 공감을 표하지만 때로는 도덕적 책임감을 무시한다. 최선의 정신분석은 억압받은 사람들 또는 악을 행하는 자들이 겪는 경험에 대한 공감적 이해를 고무하는 동시에 또한 도덕적 의무감을 인정한다. 한스 뢰발트(1978, 8)에 의하면 "도덕적 책임"은 자신의 역사를 "전유하는 것"을 포함하는데, 이것으로 그가 의미하고자 하는 것은 현재의 독특한 삶을 창조하기 위해서 자신의 과거 유산을 다시 작업하고 재구성하고 변화시켜야 한다는 것이다. 이것은 우리의 역사와 지나칠 정도로 동떨어지거나 과거에 내몰리는 것이 아니라 오히려 자신의 역사를 통합하고 의지하는 것이다. 우리가 만약 과거에 너무 분리되거나 너무 얽혀버리게 되면 우리의 삶은 결핍되거나 노예화된다. 그렇게 되면 현재라는 시점에서 도덕적으로 책임감을 가질 수 없다.

뢰발트에게는 우리가 과거를 무시하면 인간의 삶은 활기를 잃게 된다. 과거는 현재 우리 삶의 잠재력을 지닌 원천이고, 우리 자신과 세계에 대한 감각의 뿌리이며, 의미와 열정이다. 우리의 과거 경험―그것이 부정적인 것이라고 할지라도—은 삶의 정원을 비옥하게 하고 현재 우리가 살아가고 있는 방식에 깊이와 질감을 더해주는 비료와 같은 것이다.

정신영적인 전통psycho-spiritual traditions들이 현재만을 유일하게 실재적인 것으로 보고, 과거는 환영으로 치부하며, 또한 영적 수행자들이 "그냥 흘려보내라"라는 식으로 대처하면 과거는 방어적으로 회피된다. 많은 영적 수행자들은 과거의 고통을 현재의 삶 속으로 참여시키거나 통합시키기보다는 오히려 자신의 과거에서 일어난 고통스러운 경험에서 분리되려고 시도한다. 대중적인 모든 자기 개발서들이 과거를 단순히 "넘어가자"라고 권고할 때 역시 과거는 무시되어 버린다.

우리가 자발적으로 과거와 단절하면 자신의 역사에 대해 불연속적인 감각을 낳게 되고, 이렇게 되면 현재에서 표류하고 활기를 잃어버린다. 그리하여 산타야나가 경고한 바와 같이 우리는 자신의 역사를 반복하고 현재의 삶이 궁핍하게 되는 저주를 받는다. 나는 이것이 수많은 명상수행자들이 수년간의 명상을 한 후에도 자기 보살핌과 친밀감을 둘러싸고 동일한 갈등으로 씨름하는 한 가지 이유라고 생각한다.

분리를 조장하여 상실이나 트라우마를 축소하거나 억압하면서 자신의 정서적 삶을 피하는 사람은 자신이 절연한 감정의 손아귀에 들어가게 될 것이다. 나는 청소년 때 상실의 트라우마를 겪고서 자신을 고통스러운 감정과 분리하도록 스스로 훈련된 불교도를 기억하다. 그는 대학을 졸업한 다음 명상을 시작하였고, 그 후 혼란스러운 감정과 절연하는 능력을 세련되게 만들었다. 그는 자신의 고통을 부인하고 자신의 상실을 결코 애도하지 않고 삶을 향해서 극단적으로 독립적인 입장을 채택하고, 자신의 지속적인 정서를 위해 타인에 대한 의존을 포함하여 삶의 고통스러운 영역을 공포스러울 정도로 회피하였다. 이런 단절된 삶은 이후 수년간 여전히 그의 삶을 사로잡고 빈곤하게 만들었다. 한 명의 어른으로서 친밀함을 가지지 못하고 정서적 통증을 축소하면서 자신은 서서히 그것에 면역이 되어버렸다. 그는 불쾌한 감정과 깊은 정서적 고통을 자극하고 자신의 삶을 위협하는 것들을 피하였다. 그리하여 타인에 대한 친밀감과 타인의 정서적 고통에 공감하는 능력은 심하게 손상받았다.

우리가 과거에 너무 몰두해서 매몰되어 오래된 기억과 경험들에 사로잡혀 버리면 우리는 현재를 배반하게 된다. 우리가 생생한 현재를 과거의 시나리오와 기대에 맞추게 되면 우리는 생생한 현재를 아주 감퇴시키게 된다. 우리는 성찰하지 못함과 지나친 반응성에 취약하다. 우리는 자신의 경험이나 삶에 대한 전반적인 관점을 갖지 못한다. 우리의 삶은 정서적인 롤러코스터와 비슷하다. 우리 자신의 주관성에 몰입하게 되면 다른 사람들과의 관계 또한 위태롭게 된다. 우리는 타인을 독특한 가치, 소망, 필요성을 가진 분리된 개별적 존재로 보기보다는—단지 그들이 우리에게 어떻게 영향을 미치는가라는 관점에서만—자아 중심적으로 그들을 본다. 그리하여 우리의 관계는 갈등과 실망에 사로잡힌다.

뢰발트의 관점에서 자신의 역사를 전유한다는 것은 삶의 핵심적인 원천인 자신의 경험에 의존하는 것이다. 과거는 현재의 삶과 아무런 관계가 없는 것이 아니라 현재의 삶에 녹아들어 있다. 자신의 역사를 전유한다는 것이 갖는 중요한 측면은 자신의 경험을 창조적으로 다시 작업하고 변화시켜서 현재의 시점에서 개인적으로 올바르고 의미 있는 삶을 구축하는 것으로서 내가 "자기 창조"라고 이름붙인 것이다(루빈 1998). 우리가 자신의 역사에 포섭되는 것이 아니라 자신의 역사에서 체현된 경험과 의미에 의지할 때 현재의 삶은 보다 더 큰 의미와 풍부함을 갖는다. 이러한 삶은 오염되지 않는 방식으로 다른 존재를 모방하는 것도 아니고 가치부여를 하는 삶의 방식에 대한 즉각적인 반항도 아니다. 이러한 삶은 질감과 활기 그리고 깊이를 갖고 정당하게 자신의 삶이 된다.

일반적으로 도덕적 책임감은 자유와 마찬가지로 애매하다. 우리는 대개 자신의 감각과 세계관에 아주 사로잡혀 있어서 경직되게 반응한다. 우리는 세상과 자신의 삶이 자신의 비전대로 전개되기를 바란다. 삶이 자신의 기대에 일치하지 않으면 좌절감을 느끼고 분노한다. 돈이 아니라 *집착*이 모든 악의 진정한 뿌리라고 불교는 주장한다. 집착은 자아중심적인 관점으로 이어지기 때문이다. 우리는 자신을 우주의 중심에 놓는다. 우리의 이기심과 탐욕은 늘어나지만 타인에 대한 친절과 개방감은 줄어든다. 집착은 정서적이고 지적인 불관용으로 이어진다.

정신분석에서 집착은 여러 다양한 형태를 띤다. 우리는 자신이 믿고 있는 이론 또는 자신이 몸담고 있는 학파만이 옳다고 여기고 다른 치료자들의 이론과 충성심을 폄하한다. 다른 이론의 도전을 받으면 그 이론이 우리에게 가르쳐 주는 것에 대해 호기심을 갖기보다 방어적이 된다. 불교에서 말하는 *무집착*이라고 부르는 것, 즉 자신, 타인, 세계에 집착하지 않고 소유하지 않는 태도는 자유와 자비 그리고 지혜의 핵심이다.

선불교의 한 이야기는 불교가 말하는 집착과 무집착을 보여주고 있다.

> 두 명의 선불교 승려인 탄잔과 에키도는 한때 여행을 하던 도중 진흙 길을 만났다. 심하게 비가 내리고 있었다. 강이 굽은 데를 돌면서 그들은 비단 기모노와 사쉬(비단옷의 띠)를 입은 사랑스러운 소녀를 만났는데 그녀는 길목을 건너지 못하고 있었다. 탄잔이 이렇게 말했다, "이리 온. 소녀야". 그러고서 자신의 팔로 그녀를 안아서 들고 그녀를 진흙길 위로 건너갔다. 에키도는 그날 밤 숙소의 사원에 도달하기

전까지 아무 말도 하지 않았다. 그러고서 그는 자신이 더 이상 참고 있을 수 없었다. 그가 탄잔에게 말하기를 "우리 승려는 여성 근처에 가까이 가서는 안 됩니다. 특히 젊고 사랑스러운 여자에게는 안 됩니다. 그것은 위험한 일입니다 그런데 당신은 왜 그런 일을 하였나요?" 탄잔이 말하기를 "나는 거기서 그녀를 떠났다. 너는 아직도 그녀를 안고 있는가?" (렙스Reps 1919, 18)

세상을 버리는 것이 아니라 세상에 참여하는 것이 정신분석과 불교에서 핵심적이다. 출리의 위험성에 대해 불교는 반복해서 경고를 하고 있다. 폴 렙스Paul Reps는 중국의 노파에 대한 이야기를 다시 하고 있다. 그 노파는 20년 이상 한 승려를 보시하고 있었다. 그녀는 승려를 위해서 조그마한 암자를 마련하여 명상을 열심히 할 수 있도록 보살폈다. 마침내 그녀는 보살핀 긴 시간 동안 승려가 어떤 진전이 있었는지 궁금하였다.

그녀는 이것을 살펴보기 위해서 욕정에 가득 찬 젊은 여자의 도움을 받았다. 그녀는 젊은 여자에게 말하기를 "가서 그를 껴안아라. 그리고 갑자기 그에게 '이제 무엇을'이라고 물어라." 소녀는 승려를 방문하여 아무 거리낌 없이 그를 안고 그가 무엇을 할 것인지를 물었다. 승려는 다소 시적으로 대답하기를 "늙은 나무가 겨울에 차가운 바위에서 자라고 있다. 거기에는 아무런 따뜻함도 없다"고 하였다. 소녀는 다시 돌아와서 승려가 한 말을 [노파에게] 말하였다.

노파는 분노에 차서 "내가 20년 동안이나 이런 놈을 봉양을 했다고 생각하니! 그는 너의 욕구를 전혀 고려하지 않고 너의 상황을 살피고자 하는 아무런 내색도 하지 않았다. 열정에 반응할 필요는 없지만 적어도 약간의 자비심을 보였어야만 한다." 그녀는 즉시 승려의 암자에 가서 그것을 파묻어 버렸다(렙스 1919, 10).

금욕, 절제, 멜랑콜리아의 에토스는 불교뿐만 아니라 정신분석에서도 뇌리에 떠나지 않고 있는 문제이다. 정신적 건강이 환상을 갖지 않고 명료한 안목을 가지면서 합리적이고 금욕적인 삶을 포함하는 것이라면 프로이트의 시대 이후로 많은 정신분석가들은 명시적으로 또는 묵시적으로 비현실적이거나 환상적인 욕망과 소망의 절제, 포기, 금지를 언급하고 있다. 이런 "식욕 상실"(필립스 1998)이 칙칙하고 침울한 영혼을 사육하게 된다는 사실은 정신분석에서 충분하게 논의되지 않은 듯이 보인다.

"식욕 상실"이 고전적 정신분석의 관점에서 좋은 삶의 핵심적 측면이라면 "식욕 재획득"(필립스 1998)은 고전적 정신분석 이후의 "심미주의적" 분파—내가 잠정적으로 이름붙인 것—에서 핵심적이다. 칙칙하고 금욕적인 합리주의자가 아니라 영웅적이고 개별화된 예술가로서 자신의 창조성, 정통성, 자발성, 활기를 갖고 정통적인 자기표현 및 자기초월을 위해 노력하는 자는 이런 관점에서 보면 좋은 삶을 체현하고 있고, 이것은 위니컷—수년 전에 오토 랑크에 해당되는 것처럼—에도 해당된다. 랑크에 의하면 우리의 삶에는 명징성과 품위로 자신의 운명에 직면하는 것 이상의 그 무엇이 있다. 또한 우리는 지속적으로 무엇을 창조할 수 있고—자신의 공동체에 기여하고 행복한 아이를 기르고 예술적 작업을 통해서—이런 창조는 우리 자신을 계속 유지하게 해주고, 자신을 넘어서서 나아가게 하여 비극적 운명을 초월하는 기회를 준다. 랑크에게 이것은 좋은 삶의 필수적인 요소이다. 아담 필립스와 마이클 아이겐처럼 이렇게 심미적인 방향을 따르는 현대의 정신분석가들에게 좋은 삶이란 호기심, 풍성함, 절정감을 내포하고 있는 삶이다.

무의식과 꿈의 작업에 대한 프로이트의 연구는 "식욕 재획득"이라는 풍부한 우주로 들어가는 기대하지 않았던 문을 제공하였다. 우리에게는 삶이라고 부르는 신비롭고 놀라운 풍부함을 환원시키거나 축소시키고자 하는 성향이 있다. 블레이크는 이것을 "뉴턴의 비전과 한 순간의 잠"이라고 불렀다. 우리는 자신의 본질을 탐구하고 운명을 추정한다. 그렇게 하는 것이 안심이 된다. 그것은 분명한 질서를 창출한다—세계의 지도를 그릴 수 있다. 에밀리 디킨슨은 이것을 다음과 같이 표현하고 있다. "영혼은 자신의 사회를 선택한다/그리고 문을 닫는다/자신의 신의 대부분에게/더 이상 주제넘게 나서지 않는다 … 나는 여분의 나라로부터 그 삶을 안다/하나는 선택하라/그리고 삶의 주의집중의 밸브를 닫아라"(1957, 8). 꿈 작업의 성질—특히 그 치밀한 복잡성과 그 이해하기 어려운 의미와 성질—은 우리 모두가 비옥하고, 독특하고, 종종 초현실적인 꿈의 풍경을 창조할 수 있는 예술가라는 것을 시사한다. 이런 것은 찬란한 투명성과 특수성으로 희망과 공포, 악마와 구원자를 포착한다.

꿈의 경험은 우리가 단지 잘 때만 일어나는 그 무엇이 아니다. "오, 이런 오래된 인간들은 꿈을 어떻게 꾸는가를 알고 먼저 잠에 떨어질 필요가 없다."라고 니체는 썼다(두에르Duerr 1985, 114에서 인용). 꿈의 사고 양식—예기치 못한 의미로 채워진 경험에 의해 자극받은 우리의 과거에서 온 끝나지 않은 정서적 감정, 환상, 갈등과 연관되고 축약되고 옮겨진 상징들과 이미지의 창조—은 의식적인 사고와 감정의 배경으로 존재하면서 깨어 있을 때에도 작동한다.

꿈의 경험—프로이트, 융, 위니컷 등 여러 사람들은 우리가 꿈과 함께 놀아야 한다는 것을 독특하게 창조적인 방식으로 가르쳐주고 있다—은 일상의 삶에 적용할 수 있다. 우리가 꿈을 사고의 무의식적 작동에 대한 하나의 모델로서 다룬다면, 또한 우리가 자유연상과 고르게 지연된 주의집중을 경험의 무의식을 자극하는 말하기와 듣기의 창조적 방식으로 간주하게 되면 우리는 자신의 정서적 삶과 세계를 보다 더 비옥하고 창조적인 방식으로 경험하게 될 것이다. 정신분석 수련에서 나의 수퍼바이저 중의 한 사람은 이것을 다음과 같은 방식으로 표현하였다. 수퍼바이저는 내가 프로이트(1912)가 이름 붙인 "고르게 기울인 주의집중"(즈비 로탄Zvi Lothane, 개인적인 대화)이라는 명상적인 마음가짐으로 환자뿐만 아니라 지적인 담론과 일상적인 발언을 듣도록 격려해주었다. 그렇게 되면 세계—일상적인 삶의 장면과 소리들, 소설 또는 영화의 이미지와 생각들, 우리를 움직이는 연극과 음악, 우리가 즐기는 감각적인 즐거움—는 기대하지 않았던 의미로 가득 차 있는 잠재적인 잉태의 상태로 보인다. 과거로부터 해결되지 않았던 정서적 갈등과 실현되지 않았던 가능성을 상징적으로 부호화되고 있는 과잉 결정되고, 정서적으로 부하되고, 축약되고, 전치된 이미지들은 현재의 이런 저런 경험들로서 촉발되는데 이것을 볼라스Bollas는 아주 재주 있는 표현으로 "일상의 꿈 작업"(1992, 53)이라고 불렀다. 우리가 검열되지 않고 얽매이지 않는 방식으로 이런 이미지들과 함께 놀고 연관시키는 능력을 계발하게 되면 여러 다양한 의미들이 예상할 수 없는 방향으로 나타나고 표시된다. 새로운 통찰, 의문, 경로, 꿈들이 이런 환기된 사고와 감정의 연쇄에 대한 이차적 과정의 성찰과 해석으로 맹렬하게 드러난다. 우리의 내적 창조성은 현재의 경험이 새롭게 드러날 가능성으로 눈부시게 빛나는 새롭게 압축되고 전치된 이미지를 자극하고 그것을 해석할 때까지는 잠들어 있다. 이런 식으로 계속해서 이어진다.

우리의 정서적인 삶뿐만 아니라 외적인 환경은 자신의 삶의 꿈 작업에 조응하게 될 때 다시 활성화 될 수 있다. 세상을 어떻게 경험하는가는 세상을 어떻게 보는가에 따라서 적지 않게 달려있다. 위니컷은 어린 아이의 찢어진 담요는 상상력이 풍부한 아이에게 함부로 버릴 수 있는 가치 없는 대상이 아니라 소중한 소유물이라는 것을 우리에게 가르쳐 주고 있다. 10대는 자신의 어머니에게 근처의 조그마한 쇼핑센터 뒷골목으로 운전해서 가보도록 한다. 엄마는 거기로 운전해서 간다. 10대들은 엄마가 당황해하는 것을 보고 크게 기뻐한다. 그녀가 본 것은 단지 쓰레기들—레스토랑과 가게에서 나온 쓰레기 캔들, 낡은 계단, 부서진 난간들—이기 때문에 엄마는 아들이 왜 거기 가길 원하고 그렇게 기뻐하는지를 가늠할 수 없다. "스케이터들처럼 엄마는 이 장소를 보지 못해요"라고 엄마에게 말한다. 아들은 엄마가 소화전, 계단, 선반이 인라인 스케이팅과 스케이트 보드 열광자들에게는 천국과 같은 코스라는 것을 알아차리지 못한 것을 알고 있었다.

우리가 자신의 삶의 꿈 작업에 대해 수용적이 되면 도덕적 책임뿐만 아니라 자아의 성질에 대한 유일하고 독특한 관점이 생긴다. 포스트 모던 담론은 자아의 복잡성을 인식하지만 잘못되고 허황된 인식론적인 도약을 시도하고 우리의 존재를 환영적이라고, 즉 라캉적인 신기루라고 주장한다. 그러나 이와는 달리 정신-영적인 관점은 올바르고, 이상화되고, 본질적인, 무아적인 자아를 앞장서서 모색해간다. 현대의 대중문화는 자아에 대해 다소 "영적"인 점은 적지만 이와 비견할 정도의 본질적 관점을 제공한다. "당신은 당신"이라고 나이키 광고는 우리에게 호소하고 있다. 그러나 우리는 자신만의 유일한 존재인가? 우리는 특별한 운명을 가지고 있는가?

자아를 하나의 꿈처럼 보는 것, 이로서 내가 의미하는 것은 조밀하고, 복합적이고, 다측면의 현상으로 자아를 보는 것—일종의 진행하는 예술적 작업으로 보는 것—은 자아 경험에 밝은 전망을 던져준다. 이것은 또한 포스트 모던 관점이 갖는 허무주의와 대중적이고 영적인 자아 개념이 갖는 본질주의를 비판하고 있다.

서구적이고 세속적인 문화는 자아 팽창을 조장한다. 서구 문화에서 자아는 종종 최고의 선으로 간주된다. 고립된 개인이라는 욕망은 숭배되고 있다. 이것은 종종 악의 범위에 포괄적으로 함축된 자아도취증을 배태하고 세상의 커다란 고통의 원천이다. 동양 명상 전통에서 자아중심성은 악당처럼 간주되고 탐욕과 부도덕의 근원이다. 영적 전통들은 무아의 덕목을 찬양한다. 자아에 대한 영적인 감각이 삶의 새로운 가능성을 열어놓는 반면 거기에는 또한 영성의 병리학도 존재한다. 예를 들면, "영적 물질주의"에 포섭된 명상수행자들에게 영적인 경험을 수행 경쟁의 뛰어남이라는 표징으로 여겨지거나 명상의 몰입 경험을 자아초월이 아니라 자아소실로 이어지기도 한다.

그러나 아브라함 헤셀Abraham Heschel이 우리에게 다음과 같이 상기시켜 주고 있다. "자아에 대한 배려가 악은 아니다. 한계가 없이 자신을 교만하게 내세우고 타인을 희생시키면서 자신의 이익을 증강시키거나 또는 자신을 궁극적인 목표로 설정하는 것이야말로 악이 등장하는 시점이다"(1955, 400). 내가 치료한 명상가들 중에서 동양적 명상의 관점으로 인해 자기를 무시하고 있는 것을 반복해서 목격하고 있다. 이렇게 되면 과거에 참여하기보다 과거와 분리되기 위해서 명상을 사용하게 되고 이러한 일이 일어나는 경우는 명상을 힘든 과거에 참여시키는 것이 아니라 떨어지는 데 사용하고 다른 사람을 자신과 동등하게 보는 것이 아니라 더 중요한 존재로 보게 된다.

누구보다 프롬, 위니컷, 코헛의 정신분석은 세속적인 개인주의의 소외된 쾌락주의와 금욕적인 영적 교리의 잠재적인 자아 무화無化를 넘어선 제3의 대안을 제시하고 있다. 이타주의와 자아 보살핌은 균형잡힌 삶의 두 가지 본질적인 측면이라는 점을 위에서 언급한 정신분석가들과 다른 분석가들은 지적하고 있다.

스테펜 미첼, 어윈 호프만, 마이클 아이겐, 로버트 스토로로우, 조지 앳우드, 필립 브롬버그같은 현대의 관계 지향적 정신분석가들은 우리 인간의 복잡성과 유동성에 초점을 맞추면서도 개인성/유일성이라는 포스트 모던의 함정에 빠지지 않고 인간 존재의 다차원성을 인식하는 것이 가능하다고 제시한다. 또한 대중적인 영성의 저서들이 주장하는 유일하고 본질적이고 정통적인 자아라는 것을 우리가 회의적으로 볼 수 있게 해준다. 우리가 정신분석의 저서에서 볼 수 있는 유동적이고 다차원적인 자아에 대해 성찰할 때 인간 주체성을 보다 풍부하게 느낄 수 있다. 상호주관적 정신분석가들은 보다 큰 통찰, 자아 안정, 유연성, 감정 조절, 복잡한 자아 경험으로 가득 채워진 삶의 가능성에 대해 기술하고 있다(예를 들면, 스토로로우, 브랜트샤프트, 앳우드를 보라 1987). 그러므로 자아는 많은 악기들—합리성과 열정, 의지와 복종, 통찰과 행동—이 함께 하는 오케스트라와 같은 것이라서 조화를 이루어야 한다(루빈 1996).

융은 자아의 정신분석학적 관점을 혁신하고 확장하였다. 융은 좋은 삶을 구성하는 영역을 개인의 자기실현과 자기활성화에서 영적인 자아 또는 우주적인 의미까지로 확장하였다. 융에게는 좋은 삶은 적어도 세 가지 측면을 갖고 있다. 즉 개성화, 통합성(소위 남성적 가치 및 여성적 가치를 포함해서 대극의 통합 및 다차원적 인간이 되는 것), "종교적인 태도"로 살아가는 것이다. 개성화는 자신의 독특함과 완전한 인간성의 발달을 말한다. 대극의 통합에 대한 융의 강조는 중요하다. 왜냐하면 그리스와 스토아철학자들이 *안타코로우티아*antakolouthia 또는 "덕목의 상호 포괄"이라고 부르는 것들이 있기 때문이다(머피Murphy 1992). 우리는 자기 충족적이고, 완전하며, 말 그대로 자신의 힘으로 설 수 있는 것을 대개 덕목이라고 생각한다. 그러나 어떤 덕목이나 자질―심지어 정직함 또는 자각처럼 분명히 가치 있는 것이라고 할지라도―은 그 자체로 덕스러운 것은 아니다. 잘 사는 삶은 일견 대극적으로 보이는 것의 균형과 통합을 필요로 한다. 예를 들면, 자비가 없는 정직함은 잔인함이다. 행동이 없는 자각은 단지 지적인 앎으로만 남을 것이다. 융에게 잘 사는 삶에서 세 번째 핵심적인 측면은 종교적인 태도인데, 이것은 보다 더 거대한 삶, 깊이와 성스러움 및 의미에 가득 찬 세상에 존재하면서 존경과 세심한 배려와 함께 하는 세상에 접근하는 느낌이다.

불교는 통합적이고 정합적인 자아를 갖는 것보다 더 인간적인 그 무엇이 있다고 말한다. 정신분석에서 정신 건강의 정점인 통합된 자아를 불교에서는 *발달상 정지된 차선의 상태*로 간주한다. 명상에서 충만하게 인간적이 된다는 것은 삶이 궁극적인 가치라는 정신분석적 및 상식적 믿음을 넘어서서 나아가는 것이다. 불교는 묵시적으로 자아 경험에서 활기에 넘치지만 무시된 측면을 지적한다. 나는 이것을 *비자아중심적* 또는 *영적 자아*라고 명명하고자 한다. 이로서 내가 의미하고자 하는 것은 존재의 비-자아-몰입 상태이다. 이 상태에서는 시간 감각이 사라지고 비-자아-의식적이지만 예리하게 자각하며, 자아 "망각"이지만 자아-무시는 아니고 이완되어 공포를 느끼지 않지만 아주 집중되어 있고 참여적이다(루빈 1996, 1998).[7] 우리들 대부분은 이런 경험들을 겪은 적이 있다. 예를 들면, 아마도 자연이나 사랑하는 사람과의 사귐, 명상이나 기도, 스포츠 또는 창조적 예술의 경우이다.

불교에 의하면 자비는 잘 사는 삶의 주요한 구성성분이다. 프롬과 코헛과 같은 정신분석가는 올바름, 자아실현, 창조성뿐만 아니라 공감, 관심, 자비가 갖는 중요성을 강조하였다. 불교 역시 자비를 강조하면서 자비의 영역을 확대하였다. 이것은 정신분석이 자비의 영역에서 인간이 갖는 가능성을 과소평가한다는 것을 의미한다. 불교가 지적하는 자비는 공감 이상이다. 즉 다른 사람의 고통으로 들어가서 고통을 나누는 능력 이상이다. 자아와 타인의 장벽이 용해되면서 비-자아-중심적 자아는 타인과 함께 다른 종류의 자아의식으로 들어간다. 자신을 기준으로 자아에 몰두하는 것이 줄어들고 자아를 더 확장시켜서 상호연관성이 높아질 때 우리는 사람과 자연에 더 가까이 다가간 느낌을 받게 된다. 그리하여 나를 다른 사람이 무엇을 하고 있는가(또는 하지 않는가)?-정신분석과 일상의 삶에서 주로 우리가 집중해서 하는 질문이다-라고 묻는 대신 다른 사람을 위해서 내가 무엇을 하고 있는지를 묻게 된다.

우리에게 해를 끼치고자 하는 사람들뿐만 아니라 모든 사람들을 향하여 비분리와 친밀함을 함양하게 되면 티베트 불교의 용어인 "위대한 자비"(갸초Gyatso 1999, 124)로 나아가게 된다. 이것은 우리에게 가장 가까운 사람들만이 아니라 모든 살아있는 존재를 아우르는 자비의 범위를 넓힌다. 도덕성은 자아뿐만 아니라 타인을 위한 관심으로 인해서 보다 보편적이고 덜 배제적인 방식으로 이루어진다. 이것은 타인을 향한 책임의 혁신적인 감각을 배양하고 여기에는 가족과 친구들뿐만 아니라 낯선 사람을 향한 윤리적 행동도 포함된다.

간디가 잠재적인 암살자와 맺은 관계는 달라이 라마가 지적한 바와 같이 위대한 자비를 보여주는 경우이다. 그 남자는 간디를 암살하기 위해서 파견되었다. 암살자는 간디의 대중 강연에서 청중들 가운데 앉아 있었다. 암살자는 간디의 영적인 가르침의 힘에 감동을 받아서 자신의 계획을 포기하였다. 그는 연설을 들은 다음 간디 앞에 엎드려 눈물을 흘리면서 암살 계획에 대해 사과하였다. 잠깐 동안 이와 동일한 상황을 마음속에 그려보아라. 바로 전에 당신을 죽이려고 하는 사람에게 당신은 뭐라고 말을 할 수 있겠는가? ⋯ 간디의 반응은 다음과 같았다. "당신의 보스에게 뭐라고 말할 것인가-당신을 보낸 보스에게-당신의 암살계획이 실패한 것이 아닌가?"

나는 앞에서 정신분석과 불교의 저서들 중에서 잘 사는 삶의 몇 가지 핵심적인 차원에 초점을 맞추어서 살펴보았다. 정신분석과 불교가 말하는 이야기의 교훈은 무엇인가? 좋은 삶은 변화무쌍하다. 즉 삶에서 유일한 좋은 방법은 없다. 개별적으로 살아가는 가장 좋은 방법을 발견하고 창조해야만 한다. 내적인 경험은 정적이라기보다는 유동적이기 때문에 순간순간 변화한다. 그러나 좋은 삶은 항상 우리에게 투쟁을 회피하기보다 오히려 모든 복잡함을 안고 보살핌과 집중의 힘으로 삶에 참여하기를 요청한다. 그리고 경험의 제한적 영역들을 완벽하게 하기보다는 모든 힘을 다해서 나아가기를 바라고, 특별하고 고립된 덕목들을 함양하기보다는 상호보완적인 자질들(자각과 도덕적 행동, 합리성과 엑스타시)을 통합하고 균형 잡기를 원한다. 우리는 자신에게 부여되고 결정되어 있는 것에 끊임없이 직면하는 그 순간조차에도 자유로워지기를 노력할 필요가 있다. 좋은 삶은 자신의 함양뿐만 아니라 타인과 조율하는 것도 필요하다. 온전함과 활력뿐만 아니라 자비와 공감도 함께 하는 것이 핵심적이다.

아마도 많은 사람들처럼 러디어드 키플링Rusyard Kipling은 "동양은 동

양, 서양은 서양, 이 둘은 결코 만나지 않을 것"이라고 믿었다. 그러나 정
신분석과 불교 사이의 공간에서 춤을 추는 것과 이런 두 지혜의 전통 사
이에서 상호 수정하는 대화를 조성하는 것은 우리 삶의 질을 아주 풍부
하게 하고 잘 사는 삶을 이룩하는 데 도움이 될 것이다.[8]

정신분석과 불교 사이에 놓인 문제들의 교통정리

찰스 스페짜노(CHARLES SPEZZANO)

정신분석과 영적 전통들 사이에 다리를 놓는 일은 점점 흥미를 더해가고, 또한 두 분야 사이의 긴장을 파악하는 어려움도 심해지고 있다. 두 분야 사이에 다리를 놓겠다는 취지의 논문은 이런 긴장을 파악하여 계속 두 분야 사이의 다리를 유지하면서도 전체적인 가치를 지속적으로 추구할 가치가 있다는 의미를 전달할 수 있는가, 즉 정신분석과 영적인 전통—여기에서는 불교—이 서로를 풍부하게 할 수 있는가? 제프리 루빈의 논문은 이런 어려운 임무를 성취하고 있다. 정신분석은 불교에서 자비의 유용함을 발견할 수 있다는 것, 또한 불교는 정신분석에서 한 개인의 역사를 현재 여기에서 자아와 세상을 보다 더 생생하게 알아차리면서 건강하게 통합할 수 있는 유용한 지침을 발견할 수 있다는 그의 주장은 설득력이 있고 특별히 주의를 기울일만한 가치가 있다.

마찬가지로 설득력이 있고 유용하게 여겨지는 것은 루빈이 위니컷의 이행기 공간 개념을 활용하고 있다는 점이다. 이 개념은 심지어 불교 그 자체에도 집착하지 않는다는 것의 기반을 이룬다. 나는 젊은 시절 뉴요커로서 이런 이행기 공간의 개념에 몰두하였던 "녀석"으로 불리곤 했다는 것을 고백하지 않을 수 없다. 이것이 내가 분석치료의 주요 핵심으로 여기는 점으로 보인다. 즉 나의 목적은 환자가 정신적 공간을 개방하도록 도와주고 그 공간 안에서 자신들의 정서, 이미지, 생각들과 놀 수 있도록 도와주는 것(그것들을 의심하고 변화시키고 다른 정서, 이미지, 생각들과 연결시키는 것)이다. 그래서 자신을 좋은 삶으로 고양시키는 데 마술과 같은 지렛대—심리적이든 영적이든—가 없다는 개념과, 무의식이 차선을 위한 일종의 지렛대가 된다는 개념, 즉 힘들이지 않고 우리를 고양시켜준다고 말하는 심리적 삶에 대한 이론과 윤리에 대한 어떤 이론에도 의문을 제기하는 것 사이에서 루빈은 균형을 취하고 있는 것으로 이 논문을 읽었다.

루빈은 이런 균형을 조심스럽게 유지하면서 정신분석은 "무의식의 포괄적인 이해와 이에 대한 체계적인 접근"이라는 점에서 독특한 형태라고 주장한다. 또한 루빈은 정신분석은 우리를 복잡함과 갈등에 직면하게 하지만 잘 사는 삶에 대한 이론의 부재로 인해서 고통을 받고 있는데, 그 이유는 정신분석이 (아마도 위니컷과 몇몇 사람을 제외하고는) 대개는 "건강, 창조성, 친밀성, 영성을 무시하는 질병의 심리학"이기 때문이라고 말하고 있다. 내가 논문의 이 지점을 다시 읽으면서 루빈이 무엇인가를 끼워 넣고 있다고 생각한다. 처음에 문제가 되었던 것은 단지 정신분석이 영성을 무시하고 있다는 것뿐이었지만 이제 루빈의 평가(고발)는 그 범위가 넓어져서(논문의 추진력인 균형을 고려하여) 잘 사는 삶의 모든 측면을 정신분석이 무시하고 있다는 식으로 확장되고 있다.

일단 이런 방향으로 나아가게 되자 이것이 루빈의 논문에서 핵심적인 것이 되어버렸지만 나는 다음과 같은 주장, 즉 정신분석은 묵시적으로 단지 질병의 부재만으로 건강과 잘 사는 삶을 정의한다는 것과, 또한 정신분석은 영성뿐만 아니라 건강, 창조성, 친밀성을 무시한다는 것을 부분적으로만 받아들일 수 있다. 프로이트는 리비도의 즐거운 승화가 삶의 여러 영역에서 가능하다고 명백하게 생각하였다. 심리적으로 병이 들지 않는 상태에서 가능한 어떤 창조적인 것에 대해 언급한 몇몇 분석가들(거론하자면 위니컷, 마리온 밀너, 롤로 메이)이 있다. 친밀함은 페어베인의 분석 비전 중 일부라는 것은 명백하다. 정신분석에 대한 페어베인의 비전에서 강력히 제시하고 있는 것은 당신이 억압된 나쁜 대상을 분석하게 되면 좋은 대상에 반응하는 능력과 다시 접촉할 수 있을 것이라는 점이다. 나는 더 나아가서 정신분석이 건강, 창조성, 친밀성을 무시한다는 혐의 중 하나를 제거하고자 한다. 그러나 루빈이 옳은 점은 다음과 같은 점이다. 즉 프로이트가 좋은 삶이란 즐거움과 열정을 가지고 사랑하고 일하는 능력이라고 언급한 것을 넘어서서 이후의 정신분석계에서 잘 사는 삶에 대한 논의가 부족하다는 것과, 정신분석은 좋은 삶을 살기 위해서 신경증에서 자신을 해방시키는 것을 목표로 삼는다는 점이다. 필립 리프Phillip Rieff가 『치료의 승리the Triumph of the Therapeutic』에서 말한 바와 같이 정신분석은 구원의 심리학이 아니다. 사실 루빈의 고발은 『자아를 넘어서Beyond Ego』라는 저서를 읽은 이후로 수 년 동안 내가 혼란을 느꼈던 개념이다. 그 책의 "심리적 웰빙, 동양과 서양"이라는 제목이 달린 절의 두 개의 장에서는 웰빙과 좋은 삶으로 가는 유용하거나 필요한 길로서 서구의 치료 형식을 제외하고 명상을 언급하고 있다. 이 책의 편집자들은 그 절을 다음과 같은 구절로 시작하고 있다. "전통적으로 심리학자들과 철학자들은 인간성을 위한 최고의 선을 정의하는 것을 피하는 경향을 보이고 있는데 건강을 질병의 부재 또한 선을 악의 부재로 정의하는 부정적인 용어에 의존하기를 피하고 있다. 정의상 건강은 단지 '아프지 않는 것'일 뿐이다"(왈시와 보간Walsh and Vaughan 1980, 119).

때때로 나는 사람들이 서로 사랑하는 기분으로 좋은 대상과 연결될 때 또는 열정적으로(흥분과 자율성을 같이 가지면서) 일을 할 때 살아있는 즐거움을 느끼게 되는 마음의 풍경을 정신분석이 제시하고 있다고 생각한다. 또한 이런 것을 다른 식으로 말하면 정신분석은 다음과 같은 인상을 준다고 말할 수 있다. 예를 들면, 어떤 순간에 기뻐하기 위해서 아무것도 하지 않으면서도 아무런 내적 장벽 없이 기쁨을 공유할 수 있다(불안을 자극하는 무의식적 방어 활동 없이). 루빈이 이 논문의 끝에서 말하고 있는 바와 같이 삶에 대한 그의 비전에서는 "행동이 없는 깨달음은 단순히 지적인 지식에 불과하다".

그래서 나는 루빈의 고발에 대한 초기의 망설임을 이겨내고 정신분석은 확실히 어떻게 좋은 삶을 살아가는가 하는 문제를 별로 대수롭지 않게 여긴다는 개념을 수용하면서 계속해서 논문을 읽어나갔다. 특별히 그 이유는 루빈의 고발, 즉 정신분석은 좋은 삶에 대해 확신을 갖고 설명하지 못함에도 불구하고 일상진료의 정신분석은 좋은 삶(또한 이에 관련된 가치체계)에 대한 몇 가지 개념들을 갖고 있다는 식으로 말하는 것이 정말로 나를 괴롭히고 있었기 때문이었다. 아마도 좋은 삶의 개념은 숨겨진 채로 있을 것이다. 왜냐하면 우리는 환자에게 좋은 삶에 대한 개인적 견해를 충고하거나 또는 편하게 상호 소통하지 못하도록 훈련받았기 때문이다. 이런 이유로 인해서 나는 정신분석가들이 웰빙과 좋은 삶에 대한 보다 나은 이론을 개발하기를 원하게 되었다. 왜냐하면 분석적 해석이 상호 승인된 이론의 뒷받침을 받는다고 느낄 때 우리는 행동까지는 아니지만 어떤 방식으로 생각하거나 상상하도록 환자를 묵시적으로 추동하는 경우에도 지나치게 예민하여지지 않을 것이기 때문이다.

어떤 경우이든지간에 루빈은 또 다른 방향으로 나아간다. 즉 사람들은 웰빙, 건강, 창조성, 친밀함을 성취하기 위해서 노력하면서 단지 정신분석에 전적으로 의존할 수 없다는 것이다(우리가 평생 분석을 받은 다음 자기 분석을 할 때도 마찬가지이다). 나는 이 점에 동의하지만 환자들이나 분석가가 정신분석이 좋은 삶에 대한 전적인 길이라는 것을 실제로 믿고 있지 않는다고 생각한다. 더구나 이런 것을 정신분석 문헌에 대한 일종의 수정으로서 말할 필요가 있는지에 대해서는 의문이 든다. 루빈이 제시하는 바와 같이 환자들이 자신의 분석가에게서 "긴장이 없는 단순한 삶은 긴장이 있는 삶만큼 좋다"와 같은 메시지(또는 우리는 자신들이 창조한 문헌에서 메시지를 받는다)를 받는다고 하면 내가 분석한 사람들 중 아무도 그 메시지를 사지 않을 것이다. 또한 분석가 자신들은 자신의 웰빙을 향상시켜주는 다른 종류의 모든 방법들을 가지고 있다—심지어 *뉴욕 타임즈* 소설 베스트셀러를 읽으면서 햄프톤Hampton에서 8월을 보내는 것보다 더 좋은 방법을 가지고 있을지도 모른다. 그럼에도 불구하고 우리는 기쁨에 대한 이론조차도 치료적 활동에 대한 우리의 이론에 통합시키지 않는다. 그래서 나는 루빈이 우리 모두가 좋은 삶을 추구하면서 분석적 자기성찰에 잠기는 것 이상을 할 것(그리고 해야만 하는 것)을 일반적으로 권유하는 것은 높이 평가한다. 또한 우리의 잠재적 가능성을 증강시키는 한 방법으로서 불교의 명상을 제시하는 그의 우아함과 설득력을 높이 평가한다.

이상하게도 루빈이 이런 생각을 발전시킬 때 몽유병(나의 언어로)이라는 보편적인 질병에 걸린 우리를 치료하는 것은 특별한 명상수행이라는 불교의 가정과 함께 출발한다는 점이다. 신경증적 자기기만을 치료하는 정신분석이 루빈에게 불교의 수행과 다르게 보이는 점은 명상수행이 "우리의 경험에 일어나는 어떤 것이라도 친근한 마음가짐으로" 보다 건강한 관계를 갖도록 능동적으로 우리를 훈련시킨다는 것이다. 그럼에도 불구하고 나는 여전히 혼란스럽다. 왜냐하면 루빈이 현재의 경험을 다루는 불교적 명상과 동일한 것으로 정신분석의 기법, 즉 자유연상이라고 말하는 듯이 보이기 때문이다(달리 말하면 어떤 사람은 정신분석이 우리를 더 잘 훈련시킬 것이라고 말할 수도 있을 것이다). 루빈은 이 부분을 다음과 같이 함축적으로 말하고 있다. 즉 페렌치는 프로이트와 클라인의 이론과 일반적으로 밀접하게 연관된 정신분석, 즉 좋은 삶이란 오이디푸스 또는 우울 자리the depressive position의 한계를 받아들이는 정통적인 정신분석에서 떨어져 있다고 말한다. 그리하여 결국 페렌치는 위니컷과 연관된 정신분석의 분파로 나아갔다. 여기에서 환자는 갈등적이고 한계가 있는 무의식적 주체를 더욱 잘 견딜 뿐만 아니라 더 잘 놀고 자유롭고 올바르게 끝을 맺는다. 이 지점에서 나는 불교의 명상을 이런 페렌치-위니컷적인 분석의 자연스러운 촉진자 내지 부가물로서 언급하고 있는 루빈을 읽는다.

그런데 루빈은 갑자기 나를 또 다른 이웃, 즉 도덕성이라는 모퉁이로 데리고 간다. 루빈은 가치를 언급함으로써 사실은 도덕성이라는 주제를 이미 다루고 있다고 암시하였다. 그러나 우리가 현재에 존재하는 자유라는 주제(명상과 몇몇 분석 이론들의 논의 대상)에서 자유가 어떻게 책임과 공감을 요구하는지, 그리고 "고통, 악, 윤리에 대한 현대의 대중적이고 학문적인 논의"들이 책임을 공감과 어떻게 잘못 분리하는지의 주제로 전환되었는지를 깨달았을 때 나는 놀라지 않을 수 없었다. 루빈이 논의하기 시작하는 바와 같이 정신분석은 "기껏해야"(즉 뢰발트의 저서에서) "도덕적 책임을 인식하면서도 억압된 것 또는 악을 행하는 자의 경험에 대한 공감적 이해"에 관심을 기울이지만 불교는 자신의 과거 역사의 정서적 현실로부터 떨어져서 공감과 도덕적 책임의 감각을 제한한다. 그러나 불교는 과거에 머무르는 정신분석(또는 더 좋게 표현해서 그것을 통합한다)과 과거와의 분리에 균형을 맞출 수 있다고 루빈은 주장한다. 즉 "불교가 *비집착*이라고 부르는 것 또는 우리 자신, 타인들, 세상에 매달리지 않고 소유하지 않는 것은 자유, 자비, 지혜에서 중심적인 것이다."

나는 여기서 루빈이 다음과 같은 개념, 즉 불교는 분석가에게 자신의 이론에 과도하게 매달리지 말 것을 잠재적으로 가르치고 있지만, 이런 점을 지적한 다음에 분석은 전통적으로 "금욕주의, 절제, 멜랑콜리아의 에토스"를 특징으로 한다는 생각으로 루빈은 다시 돌아가고 있다. 또한 그는 전통적인 "식욕 상실"의 고전적인 분석과 "호기심, 충만, 황홀감"을 강조하는 "고전 이후" 정신분석의 "심미주의자"라고 루빈이 부른 "식욕 재획득"의 태도를 비교하고 있다. 그러나 이번에는 루빈은 분석의 식욕 상실, 금욕, 절제의 학파에 프로이트를 너무 빨리 포함시켜서는 안 된다고 우리에게 제안한다. 왜냐하면 프로이트는 자신의 꿈에 대한 저서에서 마음의 내면적인 놀이를 좋아하고 상상적인 경향을 인식하는 문을 열어놓았기 때문이다. "우리의 정서적인 삶뿐만 아니라 외적인 환경도 우리 삶의 꿈 작업과 조율할 때 새롭게 활성화될 수 있다."

나에게 또 한번의 급작스러운 비틀림으로 다가오는 것은 루빈이 다시 도덕적 책임이라는 주제로 돌아온 것이다. 그는 우리가 꿈의 작업에 수용적이 되면 꿈의 작업은 자아의 성질뿐만 아니라 도덕적 책임에 대해서도 정신분석적 전망이 된다는 주장을 제시한다. 루빈에게 꿈은 불연속적인 자아들의 포스트모던적 연속이 아니라 계속해서 작동하고 있거나 예술적으로 진전하는 자아이다. 다른 말로 하면 꿈의 정신분석은 "포스트모던적 관점들의 허무주의" 또는 "자아의 대중적이거나 영적인 개념들의 본질주의"도 아닌 제3의 대안으로 항상 존재해왔다. 왜냐하면 프로이트부터 위니컷에 이르는 정신분석의 궤적은 꿈꾸는 마음을 계속해서 변화하지만 지속되는 기관으로서 인식하고 있기 때문이다. 그 결과 정신분석은 명상적 전통의 취약점인 자아 무시를 피하고, 특히 프롬, 위니컷, 코헛과 같은 분석가들의 저서에서 볼 수 있는 바와 같이 정신분석은 "세속적 개인주의의 소외된 쾌락주의"의 스킬라와 "금욕적인 영적 원리들의 자아 무화"라는 카리브디스를 통과하여 나아간다.

나는 여기서 약간 혼란을 느끼게 된다. 왜냐하면 논문의 대부분에서 영적인 것은 삶의 증진과 연관되어 있었다. 나는 여러 영적인 전통이 있다는 것으로 알고 있고, 루빈은 여기서 영적 전통의 자아 부정적인 측면에 초점을 두면서 그가 정신분석의 최고로 간주하는 것, 즉 미첼, 호프만, 아이겐, 스토로로우, 앳우드, 브롬버그의 저작에서 이타주의와 자아 보살핌 사이의 균형뿐만 아니라 자아-다차원성과 개인성/유일성 사이의 균형을 이루는 고전 이후의 정신분석과 이런 영적인 전통을 대조 비교하고 있는 것으로 이해한다. 융은 좋은 영성과 좋은 정신분석의 혼합에 공통되는 또 다른 영양분을 추가하고 있다. 그는 좋은 삶의 영역을 "개인의 자기실현과 깨달음에서 우주에까지" 확장하고 있는데, 이것은 우주와 함께 하는 영적인 감각의 정신분석적 등가물이다.

루빈은 다음과 같이 결론을 맺고 있다. 즉 정신분석가들이 환자들에게 말하고 있지 않았던 것, 지금도 말하고 있지 않은 것, 앞으로도 금방은 아마도 말하지 않을 것은 정신분석가들 자신이 "시간에 구애받지 않는 모든 순간에 개방적"이거나 "투쟁하여 넘어서려고 애쓰는 것보다 모든 복잡함에도 불구하고 배려와 주의 깊음으로 삶에 참여"해야만 한다는 것이다. 또한 정신분석에서 환자들이 "진정성과 활기"와 함께 살아갈 것이라고 희망하는 것처럼 우리는 환자들에게 "자비와 공감과 함께 살아가기" 시작하라고 자주 말하지 않고 있다.

나는 루빈이 우리가 환자들에게 더 자비스럽게 공감하면서 살아가라고 말해야만 하는지 또는 그런 충고를 하는 다른 영적 전통과 수행을 가치 있게 평가해야만 한다고 믿고 있는지 말할 수 없다(왜냐하면 정신분석에 이런 충고를 할 것 같지도 않고 그래서도 안 된다). 나는 이런 주제가 작은 문제라고 생각하지 않는다. 이것은 피분석가에게 가능한 한 (대부분의 우리들이 지금 믿고 있는 바와 같이 *분리되고 객관적이고 무심하고 중립적인 것*과 같은 단어들—그것들이 의미하는 바를 우리가 어떻게 배웠든지 간에—처럼 가능하지 않다) 이렇게 저렇게 어느 정도 개입하고, 개입하지 말아야 하는지에 전체적인 의문을 제기하는 문제이다. 이것은 루빈의 논문이 지적하고 있는 곳보다 더 멀리 우리를 데려다 준다.

루빈은 어떤 임상적인 자료도 사용하고 있지 않지만 나는 하나의 임상 사례를 들고 싶다(나는 우리가 임상적인 사례 없이 완전히 어떤 주제를 다룰 수 있다고 생각하지 않는다). 한 환자가 자신의 이전 치료자가 갑자기 동쪽 해안으로 이사를 하였기 때문에 나에게 왔다. 그 환자는 자신과 사랑에 대한 억제에 대해 많은 것을 배운 듯이 보였다. 지금은 행복하게 사귀면서 결혼을 생각하고 있는 여인과 함께 살고 있다. 그렇지만 아주 힘든 임상적 증상이 그를 괴롭히고 있었다. 온갖 전문의의 점검을 받았지만 정신·신체적 증상으로 간주되었다. 이런 증상이 이전의 분석을 통해서 실제로 수그러들지 않고 환자를 계속해서 괴롭히고 있다는 사실은 이전 분석가(내가 아는 한에서 이 분석가는 어떤 "고전적인" 규칙에 얽매이지 않는 위니컷 계통—관계적-상호주관적인 관점의 열성적 학생인 듯 보였다)를 괴롭힌 것 같아 보이지는 않았다. 일 년이 지난 다음 환자와 나는 일정한 이해에 도달하였다. 즉 그의 증상은 불안의 결과가 아니라 불안을 조절하는 방식이라는 점이다. 그리고 그의 증상은 그가 특별한 어떤 것을 하도록 하였고, 그것을 하였을 때 신체적 증상뿐만 아니라 또한 그의 불안도 완화시켜 주었다는 점이다. 그래서 나는 호흡하는 방법을 배우도록 제시하였다. 호흡은 사람들이 불안할 때 할 수 있는 그 무엇이었다. 나의 결정은 다음과 같은 사실에 기반을 둔 것이었다. 즉 우리가 이해에 도달하였다는 것, 환자가 거의 6년 동안 고통을 받았다는 것, 내가 말할 수 있는 한 임상 증상이 최고의 불안 조절 전략이었기 때문에 그 증상을 계속 유지하였다는 것이다. 깊고 명상적인 호흡 수행은 증상을 실질적으로 감소시켜 주었지만, 불안이 올라오고 다른 증상이 생길 때마다 자신의 일상생활을 수행의 한 부분으로 받아들이고 그것을 "종교적으로"(그가 말한 바와 같이) 사용하는 것을 결국 망설이지 않을 수 없었다. 그는 삶이 자신을 망가뜨리고 있고, 삶이 자신을 고쳐야만 한다(자신은 아무것도 하지 않고)는 또 다른 환상(우리는 아버지에 대한 분노와 적대적 동일화로 이것을 부분적으로 분석할 수 있었다)을 갖고 있었다. 그리하여 그는 자신의 불안을 조절하는 방법을 배우는 한 가지 일을 하겠다는 결정을 내려야만 했다.

좀 더 넓은 범위에서 보자. 수년 전 나는 정신분석 연구소 콜로라도 센터에서 나의 첫 번째 세미나 중 하나에서 강의를 하고 있었다. 내가 가르치고 있는 상급 분석가인 개리 마틴Gary Martin은 한 환자(20대 또는 30대의 남자)가 분석에서 자신의 갈등, 불안, 방어 때문에 자신의 인간관계가 지금까지 방해받고 있다는 것을 분석에서 깨달았다고 해서 그 깨달음이 있은 다음 현재 갑자기 이전에 일찍 알았어야만 하는 것을 충분히 알게 되었다고 말할 수 없다는 점을 지적하였다. 이후 나는 환자에게 지적하는 방법을 개발하였다. 환자들이 어떤 반복되는 상황에서 성공적이지 못하였다는 경험을 듣고 있는 동안 불현듯이 그들은 결코 (이 공간을 채워보라)와 같은 어떤 것을 하고자 하거나 말하고자 하는 것을 결코 보고 하지 않는다는 생각이 떠올랐다. 이런 생각은 환자에게 행동 제시를 하는 것이 위험한 치료행위라고 생각하는 어떤 분석가의 사고에 근접하고 있다는 것을 깨달았다. 그러나 나는 이것을 흔히 정신분석적이 아닐 수도 있는 것을 정신분석적인 그 무엇으로 만드는 위니컷이 취하는 태도의 좋은 형태라고 평가하였다. 위니컷은 종종 다음과 같은 태도를 취했다고 알려져 있다. 즉 "나는 개별적인 환자와 함께 할 수 있는 만큼 분석을 한다. 그러나 나는 엄격하게 말해서 분석이지 않은 그 무엇을 환자가 요구하면 나는 또한 그것을 하려고 애를 쓴다. … 그렇게 한다고 해서 문제가 되는 것은 아니지 않는가?" 나는 때로는 인간의 고통과 직면할 때 자신의 마음에 떠오르는 어떤 것을 해도 된다는 정당화로서 이런 점이 (마치 이행기적 공간이 그런 것처럼) 남용되었다고 믿는다. 그러나 이런 것이 분석가의 치료의 일부분으로서 정상적으로 생각될 수 없는 그 무엇을 분석적으로 사용하는 하나의 방법으로 나는 이해한다. 그래서 환자에게 무엇을 말하고자 할 때 나는 "이것을 해보지 그래"라고 말하지 않고, "당신의 이야기를 들어보면 당신의 성격상 어느 순간에 손쉽게 적어도 이런 또는 저런 것을 할 수도 있을 것 같은데 당신은 그것을 하겠다는 말을 하지 않군요."

이제 나는 이런 주제들을 지속적으로 생각해줄 수 있게 한 제프리 루빈에게 감사를 표하면서 이 글을 마치고자 한다. 그중 하나의 주제는 다음과 같다. 즉 우리는 분석에서 다른 분석을 평가할 뿐만 아니라, 우리가 분석가로서 환자들이 하고 있는 것(정신내적으로 또는 대인 관계적으로)만이 아니라 그들이 하고 있지 않은 것을 알아차렸을 때(그리고 우리는 정신분석이라고 부르는 집단적인 지식을 통해서뿐만 아니라 우리 자신의 가치관과 개인적 비전을 통해서 환자들을 듣고 있다는 사실을 감안하면 이런 하지-않음이 놀랍게 발견될 때) 분석가로서 우리가 무엇을 할 수 있는가에 대한 전체적인 질문과 씨름하고 있다는 점이다. 이것은 루빈이 특별하면서도 사고를 자극하고 우아한 방식으로 주의를 기울이고 있는 커다란 질문이다.

답변

서구중심주의와 동양중심주의를 넘어서

제프리 B. 루빈(JEFFREY B. RUBIN)

동양과 서양
더 이상 떨어질 수 없다.

- 괴테

나 또한 목에 밧줄을 걸고 있고 오늘날까지 그러고 있는데,
나를 이래저래 그리고 동양과 서양으로 당기고 있고, 올가
미는 꽉 잡아당기고 있고, 명령하고, 선택하고, 선택하고 …
밧줄이여, 나는 둘 사이에 선택하지 않고 … 나는 당신 그리
고 둘을 선택할 수 없다. 당신은 듣고 있나? 나는 선택하기
를 거부한다.

– 살만 루슈디, 동양, 서양East, West

최근 서구 정신분석과 불교 명상 전통 사이의 관계에 대한 관심이 급
증하고 있다. 이 책도 이런 대화의 일부이지만 초기 대화는 칼 융, 에리
히 프롬, 카렌 호나이, 해럴드 켈만Harold Kelman 등과 같은 정신분석자들
이 처음으로 관심을 보인 이후로 수 세대 동안 배제되어 있었다. 또한 이
런 대화는 자기 탐구와 변화라는 선택된 길들을 추구하는 피분석가들과
명상수행자들에게 응용 가능한 원천과 깊이를 확장할 수 있다는 약속을
제공하고 있다. 이런 대화는 이미 정신병리, 자아성의 비전, 치유, 변화
에 대한 전망들을 조명하고 있다.

나는 이런 두 가지 지혜의 전통 사이에 이루어지고 있는 역사적 대화

의 일부가 될 기회가 주어진 것에 대해서 감사한다. 또한 나의 논문에 대한 찰스 스페짜노의 사려 깊고 자세한 논의에 응답할 기회를 준 것에 대해 높이 평가한다. 횡문화적 대화─정신분석과 불교의 대화는 마땅히 이렇게 불러야 하는 것처럼─는 오해의 가능성이 상당히 많은 어려운 기획이다. 나는 이렇게 위험한 기획에 참여하고 성실하게 나의 생각과 씨름해준 스페짜노를 존경한다. 나의 주장에 그가 주의를 기울여준 것, 그가 나의 사유 속으로 들어오고자 하는 방법, 그의 깊이와 창조성을 높이 평가한다.

나는 그의 논평이 지적한 몇 가지 의문과 논의에 대해 답변을 하고자 한다. 그의 논평이 내가 다음과 같은 것을 위해서 노력하고 있는 것으로 읽었다고 하면 내가 주장하는 중심적인 초점을 놓치고 있을지 모른다. "자신을 좋은 삶으로 고양시키는 데 마술과 같은 지렛대─심리적이든 영적이든─가 없다는 개념과, 무의식이 차선을 위한 일종의 지렛대가 된다는 개념, 즉 힘들이지 않고 우리를 고양시켜준다고 말하는 심리적 삶에 대한 이론과 윤리에 대한 어떤 이론에도 의문을 제기하는 것 사이에서 균형을 취하고 있는 것이다." 그는 진정한 해방이 불가능하면 정신분석이 갖는 의심의 해석학이 차선책이라고 나의 논문을 읽은 것 같다. 내가 시도하고 있는 핵심은 정신분석과 불교가 잘 사는 삶에 대해 설명하고 있는 것의 정수를 말하는 것이다. 나는 정신분석과 불교가 잘 살아가는 삶을 살기 위해서 정신분석과 불교가 우리를 도와줄 수 있는 다양한 방법을 이 논문에서 전달하고자 하였다. 나는 자유를 위한 길이 있다고 주장한다. 정신분석과 불교는 각각 지속적인 자기점검을 통해서 서로 다르기는 하지만 협력하여 상승의 효과로 자유의 길을 함양하고 있다. 무의식에 대한 정신분석적 전망은 이런 노력에 핵심적인 기여를 하고 있기 때문에 나의 관점에서 보면 이것은 "차선책"이 아니라 온당하고 깨달은 삶을 살아가는 것이 무엇인가라는 질문의 필수불가결한 요소이다.

스페짜노는 논평에서 잘 사는 삶을 살아가기 위해서 불교가 정신분석에 기여하는 점에 더 초점을 맞추고 있다. 아마도 이런 점은 그가 정신분석에 더 익숙하다는 사실을 고려하면 불가피한 일이다. 그러나 이런 접근은 적어도 나의 입장에서 생각해보면 내가 갖는 중심적인 관심을 가려버린다. 적어도 나의 관점에서 가장 혁신적인 측면은 불교와 이와 관련된 수행과 같은 영적인 전통들이 정신분석을 보완할 수 있다는 스페짜노의 주장이 아니라 오히려 그 반대이다. 즉 정신분석이 영적인 전통에 기여하는 것이다. 프로이트와 그의 대부분의 동료들이 유럽중심주의−이것은 유럽과 북미의 기준과 가치들을 의식적, 무의식적으로 신성시하는 것이다−에 죄책감을 가지고 있다면 최근의 정신분석과 불교에 대한 저서들은 정반대되는 위험성, 나는 이것을 다른 곳에서 "동양중심주의"라고 불렀고, 이것은 아시아의 믿음과 수행을 의식적으로 무의식적으로 이상화하고, 또한 정신분석이 갖는 지혜의 잠재적 가치를 결과적으로 무시하는 정반대의 위험에 처해져 있다(루빈 1996, 1998). 동양중심주의는 에드워드 사이드Edward Said(1978)가 "오리엔탈리즘"이라고 부른 문화적 및 문학적 비평과는 다르다. 사이드가 의미하였던 것은 비-서구적 문화에 대한 서구 학문의 만연된 경향을 말한 것이고−특히 중동에 대해서(그러나 적절한 변형을 통해서 다른 아시아 문화에도 적용 가능할 것이다)−이것은 "서양"을 과대포장하기 위해서 그 들러리로 왜곡된 타자("동양")를 설정하는 방식으로서 제국주의적이다. 동양중심주의는 오리엔탈리즘의 반대이다. 즉 아시아적 사고에 대한 훼손이 아니라 신성시하는 것이다.

유럽중심주의에서는 종교와 영적 및 신비적 경험을 아무런 의문도 제기하지 않고 병리화하고 하찮게 여기는데, 이런 경향은 정신분석에서 잘 드러나고 있다. 동양중심주의에서는 "동양"이 "서양"에게 기여하는 것에만 초점을 맞추고 "서양"이 "동양"에게 제공하고 있는 것을 (배제하고 있지는 않는다고 하여도) 무시하고 있다. 정신분석이 불교에 기여하고 있는 것을 무시하는 것은 무의식적으로 동양중심주의적 관점을 채택하고 있는 것이다.

나의 작업은 양자택일적 논리의 붕괴를 깊이 느낀 그 지점에서 시작한다. 나는 다른 곳에서 언급한 바와 같이 "유럽중심주의와 동양중심주의를 넘어선" 관점에 흥미를 가진다. 내가 의미하고자 하는 것은 정신분석과 불교가 서로 존중하고 그 차이를 인정하며 서로가 기꺼이 배우고자 하는 의지를 갖고 대화하는 것이다(루빈 1996, 1998, 1999). 서로의 경계 공간과 관점에서 서로를 깨닫고자 하는 정신분석과 불교의 능력은 더욱 용이하게 드러난다. 정신분석과 불교의 대화가 갖는 가장 혁신적이고 가장 계몽적인 측면은 바로 이런 상호깨달음이라고 나는 생각한다.

나는 잘 사는 삶의 정신분석적 및 불교적 관점에 대한 나의 설명에 스페짜노가 반응하는 것을 듣는 것이 흥미로웠다. 예를 들면, 정신분석적 심리학에서 다루는 꿈보다 자비에 더 위대한 가능성이 있다고 주장하는 달라이 라마가 옳다고 스페짜노는 생각하는가? 잘 사는 삶에 대해 정신분석이 불교에게 기여하는 바에 대해 내가 강조하는 것을 스페짜노는 어떻게 생각하는가?

그는 불교적 명상이 정신분석의 자연스러운 촉진자 또는 필요한 부가물이라고 내가 주장하고 있는지의 여부에 대해 흥미롭고 중요한 질문을 제기하고 있다. 나는 둘 다 옳다고 믿는다. 내가 다른 곳에서 언급한 바와 같이(루빈 1996) 명상은 고르게 떠도는 주의집중─프로이트가 적절한 정신분석적 듣기 기법이라고 추천한 마음의 상태─을 함양하고 정제하는 조작주의적 기법을 제공한다. 정신분석 수련에서 명상을 가르치는 것은 이런 관점에서 정신분석적 듣기를 심화하고 세련되게 연마시켜준다.

불교는 우주의 의미에 대해서는 성찰하지만 개인적 행동, 증상, 꿈 등이 갖는 의미를 성찰하지 않는다는 측면에서 이런 의미를 무시한다고 말할 수 있다. 의미에 대한 정신분석적 집중은 명상수행을 풍부하게 하고 명상수행 중에 일어나는 무의식적 생각, 감정, 환상, 신체적 증상과 감각들을 이해하는 귀중한 도구를 제공해줄 수 있다.

내가 쓴 논문의 대부분에서 불교가 갖는 삶의 촉진적인 측면들에 초점을 맞추고 있다는 점을 특히 고려해보면 스페짜노는 내가 명상수행의 잠재적인 위해를 언급하고 있는 것을 보고 혼돈스럽다고 지적하고 있다. 그는 이런 분명한 모순들을 해결하기 위해서 명상의 전통에는 삶을 증진시키는 것도 있고 삶을 부정하는 것도 있다고 결론을 맺는다. 그러나 나의 논문에서 주장하고 있는 것은 어떤 영적 전통은 삶을 증진시키는 반면, 또 다른 영적 전통은 삶을 부정한다는 점이 아니라 오히려 불교 그 자체가 이런 양 측면을 갖는 복잡한 전통이라는 것이다.

우리가 환자들에게 보다 더 자비롭고 공감적으로 살아야만 한다고 말해야 하는지, 또는 그런 충고의 배경이 되는 영적 전통과 수행을 그대로 높이 평가해야 하는지에 대해 그는 질문하고 있다. 이것은 또 다른 아주 중요한 질문이다. 스페짜노가 밝힌 바와 같이 이것은 나의 논문의 범위 바깥에 있다. 그가 제기하는 질문에 답하기 위해서는 개별 전통이 잘 사는 삶에 대해 어떤 설명을 제공하고 있는지를 명확하게 밝혀야만 한다. 나의 논문이 땅을 가꾸어 하나의 공간을 열어놓게 되기를 희망한다. 이 공간과 땅에서 이런 중요한 문제와 연관된 주제들이 궁극적으로 탐구될 수 있을 것이다.

이 대화의 다음 단계는 이런 의문에 대해 답하고 스페짜노가 자신의 결론을 내리면서 제기한 질문, 즉 환자들이 치료와 자신의 삶에서 하고 있지 않은 것에 우리 분석가들이 어떻게 반응하는가 하는 문제이다. 나는 이런저런 새로운 질문, 통찰, 전망이 독자들이 나의 논문과 스페짜노의 사려 깊은 논평을 읽으면서 떠오르기를 희망한다.

아마도 우리 시대의 많은 사람들처럼 러디어드 키플링은 "동양은 동양이고 서양은 서양이라서 이 둘은 결코 만나지 않는다"고 믿었다. 살만 루쉬디(1994)는 자신의 최근작인 『동양, 서양East, West』에서 다른 관점을 제시하였고, 그의 일부 글을 서두에 인용하였다, "나 또한 목에 밧줄을 걸고 있고 오늘날까지 그러고 있는데, 나를 이래저래 그리고 동양과 서양으로 당기고 있고, 올가미는 꽉 잡아당기고 있고, 명령하고, 선택하고, 선택하고 … 밧줄이여, 나는 둘 사이에 선택하지 않고 … 나는 당신 그리고 둘을 선택할 수 없다. 당신은 듣고 있나? 나는 선택하기를 거부한다." 동양을 동양일지 모르고 서양은 서양일지 모르지만, 나의 경험으로는 정신분석과 명상의 전통들이 우리에게 주는 가르침에 개방적이 되고 서로 만나는 것을 허용한다면 우리의 삶과, 우리와 함께 작업하는 많은 사람들의 삶은 변화될 것이고 크게 풍부해질 것이다.

주

1 융Jung, 질베러Silberer, 피스터Pfister, 호나이Horney, 켈만Kelman, 프롬Fromm, 밀너Milner, 리주토 Rizzuto, 마이스너Meissner, 울라노프Ulanov, 롤랜드Roland, 콜타르트Coltart, 그로트스타인Grotstein, 술러Suler, 마기드Magid, 쿠퍼Cooper, 루드닉Rudnick, 모르바이Morvay, 아이겐Eigen, 스페짜노 Spezzano, 가르지울로Gargiulo 등과 같은 분석가들은 종교를 높이 평가하였고 그것을 비-환원 적으로 접근하였다. 나는 이것을 다른 곳에서 더 자세히 길게 논의하였다(예 : 루빈 1996, 1998).

2 이런 개념은 브롬버그(1998)의 「공간들에서 서서standing in the spaces」라는 논문에서 나와 함께 작업을 한 결과 형성된 것이다.

3 달라이 라마는 더 가난한 나라들에는 위생-관련 질병들이 많지만 보다 더 도시화되고 산업 화된 미국 같은 나라들에서는 스트레스-관련 질병들이 더 빈번하다고 지적하였다(갸초 Gyatso 1999, 9).

4 물론 스토로로우와 앳우드가 고립된 마음의 신화라고 이름 붙인 그림자가 여전히 현대의 정신분석에 여전히 유지하고 있지만 고전적 분석에서는 정도가 더 심하다(루빈 1998).

5 페렌치, 융, 호나이, 프롬, 위니컷, 그 외의 다른 분석가들은 세상의 보다 긍정적이고 덜 비극적인 개념들을 옹호하였다.

6 랑크, 프롬, 밀너, 아이겐, 또 다른 사람들은 물론 예외이다.

7 불교는 자율적이고 자아 동일화이고 독립적인 자아가 환영이라고 간주하기 때문에 자아 경험에 관한 이런 사고방식을 불교는 반대할 것이다. 우리가 당연히 여기는 자아 감각에 대한 불교의 비판은 의식과 자아 경험은 지속적으로 변화하는 성질을 지니고 있다는 것에 초점을 맞추고 있다. 불교는 마음의 유동적인 성질에 초점을 맞추면서도 이런 자아의 실체 적이고 역사적인 특성, 성격, 자아와 이에 관련된 관계를 형성하는 사고와 행동의 반복적 패턴을 무시한다. 이런 무-자아-중심적 자아는 불교의 무아가 갖는 여러 문제에 동의하지 않고서도 불교가 갖는 진리의 싹을 보존하고자 하는 나의 시도이다.

8 이 장은 조지 앳우드George Atwood, 제리 골드Jerry Gold, 제리 가르지울로Jerry Gargiulo, 조 앤 매그토 프Jo Ann Magdoff, 루이제 라이너Louise Reiner, 메리 트레나Mary Traina와의 대화로 인해 풍부해졌다.

References

Bollas, C. 1952. *Being a Character: Psychoanalysis and Self Experience*. New York: Hill and Wang.

Breuer, J., and S. Freud. 1895. *Studies on Hysteria*. In Standard Edition, 2:1-309. London: Hogarth Press, 1962.

Bromberg, P. 1998. *Standing in the Spaces: Essays on Clinical Process, Trauma, and Dissociation*. Hillsdale, N.J.: Analytic Press.

Corbett, L. 1996. *The Religious Function of the Psyche*. New York: Routledge. cummings, e. e. 1972. Complete Poems. New York: Harcourt Brace Jovanovich.

Dickinson, E. 1957. *Poems*. Boston: Little, Brown & Company.

Duerr, H. P. 1985. *Dreamtime: Concerning the Wilderness and Civilization*. Cambridge, Mass.: Basil Blackwell.

Engler, J. 1984. Therapeutic Aims in Psychotherapy and Meditation. In *Transformations of Consciousness*, eds. K. Wilber, J. Engler and D. Brown, 17-51. Boston: Shambala.

Farber, L. 1976. *Lying, Despair, Jealousy, Envy, Sex, Suicide, Drugs, and the Good Life*. New York: Basic Books.

Ferenczi, S. 1927. The Problem of the Termination of the Analysis. In *Final Contributions to the Problems and Methods of Psycho-Analysis*, 77-86. New York: Brunner/Mazel, 1980.

————. 1928. The Elasticity of Psychoanalytic Technique. In *Final Contributions to the Problems and Methods of Psycho-Analysis*, 87-101. New York: Brunner/Mazel, 1980.

Freud, S. 1912. *Recommendations to Physicians Practicing Psychoanalysis*. In Standard Edition, 12:109-20. London: Hogarth Press, 1958.

————. 1915-16. *Introductory Lectures on Psycho-Analysis*. In Standard Edition, 15:243-63. London: Hogarth Press, 1963.

————. 1922. *Two Encyclopedic Articles: Psychoanalysis*. In Standard Edition, 18:235-54. London: Hogarth Press, 1955.

————. 1927. *The Future of an Illusion*. In Standard Edition, 21:5-56. London: Hogarth Press, 1961.

————. 1930. *Civilization and Its Discontents*. In Standard Edition, 21:64-145. London: Hogarth Press, 1961.

Fromm, E. 1947. *Man for Himself*. New York: Henry Holt.

————. 1995. *The Essential Erich Fromm*. New York: Continuum.

————. 1998. *The Art of Being*. New York: Continuum.

Gay, P. 1990. Freud and Freedom. In *Reading Freud: Explorations and Entertainments*, 74-94. New Haven: Yale University Press.

Gyatso, Tenzin [Dalai Lama]. 1999. *Ethics for the New Millennium*. New York: Riverhead Books.

Heschel, A. 1955. *God in Search of Man: A Philosophy of Judaism*. New York: Farrar Straus and Giroux.

Klein, M. 1960. On Mental Health. In *Envy and Gratitude and Other Works (1946-1963)*. New York: Dell, 1975.

Koren, L. 1994. *Wabi-Sabi for Artists, Designers, Poets and Philosophers*. Berkeley: Stone Bridge Press.

Kovel, J. 1991. *History and Spirit: An Inquiry into the Philosophy of Liberation*. Boston: Beacon Press.

Loewald, H. 1978. *Psychoanalysis and the History of the Individual*. New Haven: Yale University Press.

Molino, T., and Ware, C., eds., 2001. *Where Id Was: Challenging Normalization in Psychoanalysis*. London and New York: Continuum.

Murphy, M. 1992. *The Future of the Body*. Los Angeles: Tarcher.

Nhat Hanh, T. 1987. *The Miracle of Mindfulness*. Boston: Beacon Press.

Phillips, A. 1998. *The Beast in the Nursery*. New York: Pantheon Books

Reps, P., ed. 1919. *Zen Flesh, Zen Bones: A Collection of Zen and Pre-Zen*

Writings. New York: Anchor Books.

Ricoeur, P. 1970. *Freud and Philosophy: An Essay on Interpretation.* New Haven: Yale University Press.

Rosenbaum, R. 1999. *Zen and the Heart of Psychotherapy.* Philadelphia: Brunner/Mazel.

Rubin, J. B. 1996. *Psychotherapy and Buddhism: Toward an Integration.* New York: Plenum Press.

—————. 1998. *A Psychoanalysis for Our Time: Exploring the Blindness of the Seeing I.* New York: New York University Press.

—————. 1999. *Religion, Freud, and Women. Gender and Psychoanalysis* 4:333-65.

—————. 2003. *Close Encoutners of a New Kind: Passion, Ethics and the Good Life in Psychoanalysis and Buddhism.* Forthcoming.

Rushdie, S. 1994. *East, West.* New York: Pantheon.

Said, E. 1978. *Orientalism.* New York: Vintage Books.

Schafer, R. 1976. *A New Language for Psychoanalysis.* New Haven: Yale University Press.

Schuyler, J. 1993. Hymn to Life. In *Collected Poems.* New York: Farrar Straus and Giroux.

Stolorow, R., B. Brandchaft, and G. Atwood. 1987. *Psychoanalytic Treatment: An Intersubjective Approach.* Hillsdale, N.J.: Ana- lytic Press.

Wallwork, E. 1988. A Constructive Alternative to Psychotherapeutic Egoism. In *Community in America: The Challenges of Habits of the Heart,* ed. Charles Reynolds and Ralph Norman, 202-14. Berkeley: University of California Press.

Walsh, R., and Vaughn, F., eds., 1980. *Beyond Ego.* Los Angeles: J. P. Tarcher.

Winnicott, D. W. 1971. *Playing and Reality.* London: Tavistock.

찾아보기

저자 소개

잭 엥글러JACK ENGLER 박사는 케임브지리 병원과 하버드 의과대학의 정신과에서 정신치료를 가르치고 지도감독하고 있다. 그는 메사추세츠 바레의 Insight Meditation Society의 공동설립자이고, 불교학 바레 센터의 교수이자 이사이다. 그는 『Transformations of Consciousness: Conventional and Contemplative Perspectives on Development』(Ken Wilber와 Daniel Brown과 공저); 『The Consumer's Guide to Psychotherapy』(Daniel Goleman과 공저); and 『Worlds in Harmony: Dialogues on Compassionate Action』(Dalai Lama 등과 공저)과 같은 많은 책을 공동편집하고 공동 저술하였다. 또한 메사추세츠의 케임브리지에서 개인 치료소를 운영하고 있다.

스테펜 A. 미첼STEPHEN A. MITCHELL 박사는 William Alanson White Institute의 수련 및 지도 분석가이며 정신치료와 정신분석의 뉴욕 대학 박사후 프로그램의 지도분석가이면서 전임교수이다. 그는 학술지 〈Psychoanalytic Dialogues〉의 창립 편집위원이었고, 『Relational Concepts in Psychoanalysis』, 『Hope and Dread in Psychoanalysis』, 『Influence and Autonomy in Psychoanalysis』, 『Can Love Last: The Fate of Romance Over Time』등의 저자이다.

마크 핀MARK FINN 박사는 노스 센트럴 브롱크스 병원의 자문 심리학자이고, 〈Object Relations Theory and Religion: Clinical Applications〉의 공동 편집자이며, 『Tibetan Buddhism in Comparative Psychoanalysis』의 저자이다. 그는 1975년부터 불교를 배웠는데 주로 티베트 불교의 까규파에 전념하였다. 그러나 선불교와 위빠싸나 불교와도 유익한 관계를 맺고 있다.

네일 알트만NEIL ALTMAN 박사는 정신치료와 정신분석의 뉴욕 대학 박사 후 프로그램의 수퍼바이저이자 교수이다. 그는 학술지 〈Psychoanalytic Dialogues〉의 공동 편집자이고, 『The Analysi in the Inner City』의 저자이고, 『Relational Child Psychotherpy』의 공동 저자이다.

로버트 랭건ROBERT LANGAN 박사는 William Alanson White Institute의 전임교수이자 지도 분석가이다. 또한 Institute for Contemporary Psychotherapy의 전임교수이며, 학술지 〈Contemporary Psychoanalysis〉의 편집위원이다. 네팔에서 평화봉사단으로 파견된 뒤 티베트 불교를 처음 만난 것이 평생 명상과 위빠사나 불교를 탐색하게 된 계기가 되었다. 그는 「On Free Floating Attention」과 「I Thou Other: Fluid Being in Triadic Context」 등의 논문을 비롯하여 수많은 저술을 발표하였다.

스튜어트 A. 파이저STUART A. PIZER 박사는 Massachusetts Institute for Psychoanalysis의 전 회장이며 지도 분석가 겸 전임 교수이다. 또한 Toronto Institute for Contemporary Psychoanalysis의 방문 교수이며 자문위원이다. 학술잡지 〈Psychoanalytic Dialogues〉의 객원 편집자이며 『Building Bridges: The Negotiation of Paradox in Psychoanalysis』의 저자이다.

사라 L. 웨버SARA L. WEBER 박사는 William Alanson White Institute의 전임 교수이고, 컬럼비아 대학의 사범대학 임상심리학과에서 심리학과 교육학을 가르치며 아델피 대학의 Derner Institute의 조교수이다. 그녀의 영적인 흥미는 루바빗치Lubavitch 랍비에 의해 영감을 받았고, 자신의 카발라 명상은 여름 캠프에서 시작되었다. 현재 위빠사나 명상과 티베트 불교에 주로 관심을 갖고 있다.

네빌 시밍턴NEVILLE SYMINGTON은 호주 시드니에서 개인 정신분석 사무실을 운영하는 정신분석가이다. 그는 Australian Psycho-Analytical Society의 회장, Sydney Institute for Psychoanalysis의 의장, 런던 Tavistock Clinic의 상급 위원, Psychology Discipline for the Adult and Adolescent Departments at the Tavistock Clinic의 의장을 역임하였다. 저서로는 『The Analytic Experience』, 『Narcissism: A New Theory』, 『Emotion and Spirit』, 『The Spirit of Sanity』, 『The Clinical Thinking of Wilfred Bion』(Joan Symington과의 공저), 『A Pattern of Madness』가 있다.

조셉 밥로우JOSEPH BOBROW 박사는 아잇켄-하라다Aitken-Harada 센터의 선 스승이다. 그는 샌프란시스코의 딥 스트림 연구소Deep Streams Institute에서 강의하고 있다. 이 연구소는 선 수행, 불교와 정신치료에 관한 정신치료자 교육프로그램과 지역 봉사(보호관찰 청소년을 위한 학교기반 프로그램에서 불교와 정신분석 이론을 적용하고 있다)를 하고 있다. 또한 노던 캘리포니아의 정신분석연구소의 지도분석가이자 교수이다. 학술지 〈Groundwater: The Journal of Buddhism and Psychotherapy〉의 편집자이다. 그리고 샌프란시스코에서 성인과 아동치료를 하고 있다.

제임스 S. 그로트스타인JAMES A. GROTSTEIN 의학박사는 UCLA 의대 정신과 임상교수이자 로스앤젤레스 정신분석학교/연구소의 지도 및 수련 분석가이다. 그는 『Splitting and Projective Identification』과 『Who Is the Dreamer Who Dreams the Dream?』를 비롯하여 수많은 책을 저술하였다.

배리 마기드BARRY MAGID 의학박사는 샬롯 조코 벡으로부터 법을 전수받았고, 뉴욕의 Ordinary Mind Zendo에서 선을 가르치고 있다. 그는 Institute for Contemporary Psychotherapy와 정신건강 박사후 센터의 지도분석가이자 전임교수이다. 『Ordinary Mind: Exploring the Common Ground of Zen and Psychotherapy』의 저자이기도 하고 『Freud's Case Studies: Self Psychological Perspectives』와 『Father Louie: Photographs of Thomas Merton』의 편집자이다.

필립 A. 링스트롬PHILIP A. RINGSTROM 박사는 캘로포니아 로스앤젤레스에 있는 Institute of Contemporary Psychoanalysis의 상급 수련 분석가이며 자문 분석가, 전임교수, 이사회 위원이다. 그리고 캘리포니아의 엔시노Encino에서 개인 정신분석 치료를 하고 있다. 그는 학술지 〈Psychoanalytic Dialogues〉, 〈The Bulletin of the Menninger Clinic〉, 〈Psychoanalytic Inquiry〉, 〈The International Journal of Psychoanalysis〉에 많은 논문을 발표하고 있다. 또한 학술지 〈Psychoanalytic Dialogues〉, 〈The Journal of the American Psychoanalytic Association〉의 심사위원이기도하다. 정신분석 인터넷 사이트인 PsyBc.com의 15명 국제위원 중 한 명이기도 하다. 그는 25년 이상 불교에 지속적인 관심을 보이고 있다.

폴리 영-아이젠드라스POLLY YOUNG-EISENDRATH 박사는 중부 버몬트에서 심리학자와 융분석가로서 일을 하고 있으며, 버몬트 의과대학 정신과의 임상 조교수를 근무하고 있다. 그녀는 1971년 로쉬 필립 카플로의 제자로 선불교를 공부하기 시작하여, 1999년 위빠사나 스승 신젠 영Shinzen Young의 제자가 되었다. 그년 12권의 책(20개국 언어로 번역되었다)과 수많은 논문을 저술하였다. 현재 유연한 회복력, 여성의 발달, 부부관계 치료, 현대의 정신분석과 영성에 대한 주제로 국제적으로 강의하고 있다. 최근의 저서로는 『Women and Desire: Beyond Wanting to Be Wanted』, 『The

Psychology of Mature Spirituality: Integrity, Wisdom, Transcendence』
(Melvin Miller와 공저), 『Awakening and Insight: Zen Buddhism and
Psychotherapy』(Shoji Muramoto와 공저)가 있다.

오웬 레닉OWEN RENIK 의학 박사는 San Francisco Psychoanalytic
Institute의 수련 및 지도 분석가이며 학술잡지 〈Psychoanalytic Quarterly〉
전 편집장이다. 또한 『Knowledge and Authority in the Psychoanalytic
Relationship』의 편집자이고 『The Place of Reality in Psychoanalytic
Theory and Technique』의 공동 편집자이다.

라울 몬카요RAUL MONCAYO는 라캉 분석가이며 버컬리 선 센서의 선승이
다. California School of Professional Psychology와 Lacanian School
of Psychoanalysis, Berkeley의 전임교수이다. 그는 1978년부터 버클리
선 센터에서 수행을 하고 있으며 Roshi Mel Weitzman의 수석제자이다.
그는 「True Subject Is No-Subject: The Real, Imaginary and
Symbolic in Psychoanalysis and Zen Buddhism」와 「The Real and
Symbolic in Lacan, Zen and Kabbalah」 등 수많은 논문을 발표하였다.

가이 톰슨M. GUY THOMPSON 박사는 샌프란시스코의 Free Association,
Inc.의 설립자이자 감독관이다. Psychoanalytic Institute of Northern
California의 개인분석가이자 지도 분석가이고, International Federation
for Psychoanalytic Education의 전 회장이었고, Northern California
Society for Psychoanalytic Psychology의 회장이다. 저서로는 『The
Death of Desire: A Study in Psychopathology』, 『The Truth about
Freud's Technique: The Encounter with the Real』, 『The Ethic of
Honesty: The Fundamental Rule of Psychoanalysis』가 있다.

제프리 B. 루빈JEFFREY B. RUBIN 박사는 뉴욕의 베트포드 힐스에서 정신분석과 정신분석 지향 정신치료를 하고 있다. 그는 The Postgraduate Center for Mental Health, The Object Relations Institute of New York, The C. G. Jung Foundation of New York, Yeshiva University, Union Theological Seminary에서 강의를 하고 있다. Harlem Family Institute의 전임교수이고, 또한 『Psychotherapy and Buddhism』, 『A Psychoanalysis for Our Time : Exploring the Blindness of the Seeing I』, 『The Good Life: Psychoanalytic Reflections on Love, Ethics, Creativity, and Spirituality』, 『The Mystic in Sneakers』, 『Close Encounters of a New Kind: Passion, Ethics and the Good life in Psychoanalysis and Buddhism』의 저자이다. 그는 1970년대부터 불교명상과 요가를 하였으며, 그의 초기 스승들은 조셉 골드스타인Joseph Goldstein, 잭 콘필드Jack Kornfield, 크리스토퍼 티트머스Christopher Titmuss, 조엘 크레이머Joel Kramer, 돌피 워튼베이커Dolphi Wertenbaker, 데시카차르가T. K. V. Desikachar였다.

찰스 스페짜노CHARLES SPEZZANO 박사는 Psychoanalytic Institute of Northern California의 수련 및 지도 분석가이며, Los Angeles Institute and Society for Psychoanalytic Studies와 The International Psychoanalytic Association의 위원이다. 학술지 〈Psychoanalytic Dialogues〉의 객원 편집자, 〈Journal of the American Psychoanalytic Association〉의 편집위원이고, 『Affect in Psychoanalysis: A Clinical Synthesis』의 저자이며, 『Soul on the Couch: Spirituality, Religion, and Morality in Contemporary Psychoanalysis』 『Psychoanalysis at Its Limits: Navigating the Postmodern Turn』의 공동 편집자이다.

불교와 정신분석
Psychoanalysis and Buddhism

초판발행 2022년 9월 7일

편 저 자 제레미 사프란
역　　자 이성동
펴 낸 이 김성배
펴 낸 곳 도서출판 씨아이알

책임편집 신은미
디 자 인 박진아, 윤현경
제작책임 김문갑

등록번호 제2-3285호
등 록 일 2001년 3월 19일
주　　소 (04626) 서울특별시 중구 필동로 8길 43(예장동 1-151)
전화번호 02-2275-8603(대표)
팩스번호 02-2265-9394
홈페이지 www.circom.co.kr

I S B N 979-11-6856-086-4 (93180)